මහමෙව්නාවේ බෝධිඥාන ත්‍රිපිටක ග්‍රන්ථ මාලා 14

සූත්‍ර පිටකයට අයත්

ආශ්චර්යවත් ශ්‍රී සද්ධර්මය

අංගුත්තර නිකාය

(දෙවෙනි කොටස)

චතුක්ක නිපාතය

පරිවර්තනය

පූජ්‍ය කිරිබත්ගොඩ ඤාණානන්ද ස්වාමීන් වහන්සේ

ප්‍රකාශනය

මහාමේඝ ප්‍රකාශකයෝ

වඩුවාව, යටිගල්ඔළුව, පොල්ගහවෙල.

දුර : 037 2053300, 076 8255703

ඊ-මේල් : mahameghapublishers@gmail.com

ශ්‍රී. බු.ව. 2557 ව්‍යවහාර වර්ෂ : 2013

මහමෙව්නාවේ බෝධිඥාන ත්‍රිපිටක ග්‍රන්ථ මාලාව - 14

සූත්‍ර පිටකයට අයත් ආශ්චර්යවත් ශ්‍රී සද්ධර්මය

අංගුත්තර නිකාය - 2 කොටස

(චතුක්ක නිපාතය)

පරිවර්තනය : පූජ්‍ය කිරිබත්ගොඩ ඤාණානන්ද ස්වාමීන් වහන්සේ

ISBN : 978-955-687-029-9

ප්‍රථම මුද්‍රණය : ශ්‍රී බුද්ධ වර්ෂ 2557/ ව්‍යවහාරික වර්ෂ 2013

- පරිගණක අකුරු සැකසුම සහ ප්‍රකාශනය -
මහාමේඝ ප්‍රකාශකයෝ
වඩුවාව, යටිගල්ඔළුව, පොල්ගහවෙල.
දුර : (+94) 37 20 53 300, (+94) 76 82 55 703
ඊ-මේල් : mahameghapublishers@gmail.com

Mahamevnawa Bodhiñāna Tripitaka Series, Volume 14

The Wonderful Dhamma in the Suttantapitaka

ANGUTTARA NIKĀYA

(THE FURTHER-FACTORED DISCOURSES
OF THE
TATHĀGATA SAMMĀSAMBUDDHA)

(Part 02)

CHATHUKKA NIPĀTA

(BOOK OF THE FOURS)

Translated
By

VEN. KIRIBATHGODA ÑĀNĀNANDA BHIKKHU

PUBLISHED BY:

Mahamegha Publishers

Waduwawa, Yatigal-oluwa, Polgahawela, Sri Lanka.
Tel : (+94) 37 20 53 300, (+94) 76 82 55 703
e-mail : mahameghapublishers@gmail.com

B. E. 2557

C.E. 2013

"ධම්මෝ හි වාසෙට්ඨා, සෙට්ඨෝ ජනේතස්මිං
දිට්ඨේ චේව ධම්මේ, අභිසම්පරායේච."

වාසෙට්ඨයෙනි, මෙලොවෙහි ත්, පරලොවෙහි ත් ජනයා අතර
ධර්මය ම ශ්‍රේෂ්ඨ වෙයි !

- අපගේ ශාස්තෘන් වහන්සේ

පටුන

අංගුත්තර නිකායේ චතුක්ක නිපාතය
(කරුණු හතර බැගින් ඇතුළත් වන දේශනා)

පළමු පණ්ණාසකය
1. භණ්ඩගාම වර්ගය

2. චර වර්ගය

3. උරුවේල වර්ගය

4. චක්ක වර්ගය

5. රෝහිතස්ස වර්ගය

දෙවෙනි පණ්ණාසකය

1. පුඤ්ඤාභිසන්ද වර්ගය

2. පත්තකම්ම වර්ගය

3. අපණ්ණක වර්ගය

4. මවල වර්ගය

5. අසුර වර්ගය

තුන්වෙනි පණ්ණාසකය
1. වලාහක වර්ගය

2. කේසී වර්ගය

3. භය වර්ගය

4. පුග්ගල වර්ගය

සාරවත් දේ ගැන වදාළ දෙසුම

සිව්වෙනි පණ්ණාසකය

1. ඉන්ද්‍රිය වර්ගය

ඉන්ද්‍රිය ගැන වදාළ දෙසුම
බල ගැන වදාළ දෙසුම
බල ගැන වදාළ දෙවෙනි දෙසුම
බල ගැන වදාළ තෙවෙනි දෙසුම
බල ගැන වදාළ සිව්වෙනි දෙසුම
ගිණිය නොහැකි තරම් කාලය ගැන වදාළ දෙසුම
රෝගී වීම ගැන වදාළ දෙසුම
පිරිහීම ගැන වදාළ දෙසුම
භික්ෂුණියට වදාළ දෙසුම
සුගතවිනය ගැන වදාළ දෙසුම

2. පටිපදා වර්ගය

ප්‍රතිපදාව ගැන වදාළ දෙසුම
ප්‍රතිපදාව ගැන වදාළ දෙවෙනි දෙසුම
ප්‍රතිපදාව ගැන වදාළ තුන්වෙනි දෙසුම

3. සංචේතනීය වර්ගය

4. බුාහ්මණ වර්ගය

5. මහා වර්ගය

පස්වෙනි මහා පණ්ණාසකය

1. සප්පුරිස වර්ගය

2. පරිසසෝභන වර්ගය

3. සුචරිත වර්ගය

4. කම්ම වර්ගය

5. ආපත්තිභය වර්ගය

6. අභිඤ්ඤා වර්ගය

7. කම්මපථ වර්ගය

8. රාගාදී පෙයයාලය

චතුක්ක නිපාතය අවසන් විය.

දසබලසේලප්පභවා නිබ්බානමහාසමුද්දපරියන්තා
අට්ඨංග මග්ගසලිලා ජිනවචනනදී චිරං වහතූති

දසබලයන් වහන්සේ නමැති ශෛලමය පර්වතයෙන් පැන නැගී
අමා මහ නිවන නම් වූ මහා සාගරය අවසන් කොට ඇති
ආර්ය අෂ්ටාංගික මාර්ගය නම් වූ සිහිල් දිය දහරින් හෙබි
උතුම් ශ්‍රී මුඛ බුද්ධ වචන ගංගාව (ලෝ සතුන්ගේ සසර දුක් නිවාලමින්)
බොහෝ කල් ගලාබස්නා සේක්වා !

(සළායතන සංයුත්තය - උද්දාන ගාථා)

සූත්‍ර පිටකයට අයත්
අංගුත්තර නිකාය

(දෙවන කොටස)

චතුක්ක නිපාතය

(කරුණු සතර බැගින් වදාළ දෙසුම් ඇතුළත් කොටස)

නමෝ තස්ස භගවතෝ අරහතෝ සම්මාසම්බුද්ධස්ස
ඒ භාග්‍යවත් අරහත් සම්මා සම්බුදුරජාණන් වහන්සේට නමස්කාර වේවා!

සූත්‍ර පිටකයට අයත්

අංගුත්තර නිකාය
චතුක්ක නිපාතය

පළමු පණ්ණාසකය

1. භණ්ඩගාම වර්ගය

4.1.1.1.
අනුබුද්ධ සූත්‍රය
අවබෝධ කරන ලද දෙය ගැන වදාළ දෙසුම

මා විසින් මෙසේ අසන ලදී. එක් සමයක භාග්‍යවතුන් වහන්සේ වජ්ජී ජනපදයෙහි භණ්ඩ නම් ගමෙහි වැඩ වසන සේක. එකල්හී භාග්‍යවතුන් වහන්සේ "මහණෙනි" යි කියා භික්ෂූන් අමතා වදාළ සේක. "පින්වතුන් වහන්සැ"යි ඒ භික්ෂූහු භාග්‍යවතුන් වහන්සේට පිළිවදන් දුන්හ. භාග්‍යවතුන් වහන්සේ මෙය වදාළ සේක.

"මහණෙනි, මේ සා අතිදීර්ඝ කාලයක් මුළුල්ලෙහි භවයෙන් භවයට ඉපදෙමින් මැරෙමින් ඔබට ත්, මට ත් සැරිසරා යන්නට සිදුවූයේ සතර ධර්මයක් අවබෝධ නොකිරීම නිසා ය. නුවණින් ප්‍රත්‍යක්ෂ නොකිරීම නිසා ය. ඒ කවර සතර ධර්මයක් ද යත්;

මහණෙනි, ආර්ය වූ සීලය අවබෝධ නොකිරීම නිසා ය, නුවණින් ප්‍රත්‍යක්ෂ නොකිරීම නිසා ය, මේ සා අතිදීර්ඝ කාලයක් මුළුල්ලෙහි භවයෙන් භවයට ඉපදෙමින් මැරෙමින් ඔබට ත්, මට ත් සැරිසරා යන්නට සිදුවූයේ.

මහණෙනි, ආර්ය වූ සමාධිය අවබෝධ නොකිරීම නිසා ය, නුවණින් ප්‍රත්‍යක්ෂ නොකිරීම නිසා ය, මේ සා අතිදීර්ඝ කාලයක් මුළුල්ලෙහි භවයෙන් භවයට ඉපදෙමින් මැරෙමින් ඔබට ත්, මට ත් සැරිසරා යන්නට සිදුවූයේ.

මහණෙනි, ආර්ය වූ ප්‍රඥාව අවබෝධ නොකිරීම නිසා ය, නුවණින් ප්‍රත්‍යක්ෂ නොකිරීම නිසා ය, මේ සා අතිදීර්ඝ කාලයක් මුළුල්ලෙහි භවයෙන් භවයට ඉපදෙමින් මැරෙමින් ඔබට ත්, මට ත් සැරිසරා යන්නට සිදුවූයේ.

මහණෙනි, ආර්ය වූ විමුක්තිය අවබෝධ නොකිරීම නිසා ය, නුවණින් ප්‍රත්‍යක්ෂ නොකිරීම නිසා ය, මේ සා අතිදීර්ඝ කාලයක් මුළුල්ලෙහි භවයෙන් භවයට ඉපදෙමින් මැරෙමින් ඔබට ත්, මට ත් සැරිසරා යන්නට සිදුවූයේ.

මහණෙනි, ඒ ආර්ය වූ සීලය අවබෝධ කරගන්නට ත්, නුවණින් ප්‍රත්‍යක්ෂ කරගන්නට ත් පුළුවන් විය. ආර්ය වූ සමාධිය අවබෝධ කරගන්නට ත්, නුවණින් ප්‍රත්‍යක්ෂ කරගන්නට ත් පුළුවන් විය. ආර්ය වූ ප්‍රඥාව අවබෝධ කරගන්නට ත්, නුවණින් ප්‍රත්‍යක්ෂ කරගන්නට ත් පුළුවන් විය. ආර්ය වූ විමුක්තිය අවබෝධ කරගන්නට ත්, නුවණින් ප්‍රත්‍යක්ෂ කරගන්නට ත් පුළුවන් විය. භව තෘෂ්ණාව සිඳින ලද්දේ ය. භව රැහැන ක්ෂය වී ගියේ ය. දැන් අපට පුනර්භවයක් නැත්තේ ය.

භාග්‍යවතුන් වහන්සේ මෙය වදාළ සේක. මෙය වදාළ ශාස්තෘ වූ සුගතයන් වහන්සේ යළි ත් මෙය ද වදාළ සේක.

(ගාථා)

1. සීලය ත්, සමාධිය ත්, ප්‍රඥාව ත්, අනුත්තර වූ විමුක්තිය ත් යන මේ ආර්ය වූ ධර්මයන් විසිර ගිය යස සෝෂා ඇති ගෞතමයන් වහන්සේ විසින් අවබෝධ කරන ලදී.

2. මෙසේ බුදුරජාණන් වහන්සේ විශිෂ්ට වූ ඥානයෙන් පසක් කොට භික්ෂූන්

හට ධර්මය දෙසූ සේක. සසර දුක් නිමාවට පත් කළ, සදහම් ඇස් ඇති ශාස්තෲන් වහන්සේ මුළුමනින් ම නිවීමට පත් වූ සේක.

සාදු! සාදු!! සාදු!!!

අනුබුද්ධ සූත්‍රය නිමා විය.

4.1.1.2.
පපතිත සූත්‍රය
සසුනින් ගිලිහී වැටීම ගැන වදාළ දෙසුම

සැවැත් නුවර දී ය ....

මහණෙනි, සතර ධර්මයකින් තොර වූ පුද්ගලයා මේ ධර්ම විනයෙන් ගිලිහී වැටුණේ යැයි කියනු ලැබේ. ඒ කවර ධර්ම සතරකින් ද යත්;

1. මහණෙනි, ආර්ය වූ සීලයෙන් තොර වූ පුද්ගලයා මේ ධර්ම විනයෙන් ගිලිහී වැටුණේ යැයි කියනු ලැබේ.

2. මහණෙනි, ආර්ය වූ සමාධියෙන් තොර වූ පුද්ගලයා මේ ධර්ම විනයෙන් ගිලිහී වැටුණේ යැයි කියනු ලැබේ.

3. මහණෙනි, ආර්ය වූ ප්‍රඥාවෙන් තොර වූ පුද්ගලයා මේ ධර්ම විනයෙන් ගිලිහී වැටුණේ යැයි කියනු ලැබේ.

4. මහණෙනි, ආර්ය වූ විමුක්තියෙන් තොර වූ පුද්ගලයා මේ ධර්ම විනයෙන් ගිලිහී වැටුණේ යැයි කියනු ලැබේ.

මහණෙනි, මේ සතර ධර්මයෙන් තොර වූ පුද්ගලයා මේ ධර්ම විනයෙන් ගිලිහී වැටුණේ යැයි කියනු ලැබේ.

මහණෙනි, සතර ධර්මයකින් සමන්විත වූ පුද්ගලයා මේ ධර්ම විනයෙන් නොගිලිහී වැටුණේ යැයි කියනු ලැබේ. ඒ කවර ධර්ම සතරකින් ද යත්;

1. මහණෙනි, ආර්ය වූ සීලයෙන් සමන්විත වූ පුද්ගලයා මේ ධර්ම විනයෙන් නොගිලිහී වැටුණේ යැයි කියනු ලැබේ.

2. මහණෙනි, ආර්ය වූ සමාධියෙන් සමන්විත වූ පුද්ගලයා මේ ධර්ම

විනයෙන් නොගිලිහී වැටුණේ යැයි කියනු ලැබේ.

3. මහණෙනි, ආර්ය වූ ප්‍රඥාවෙන් සමන්විත වූ පුද්ගලයා මේ ධර්ම විනයෙන් නොගිලිහී වැටුණේ යැයි කියනු ලැබේ.

4. මහණෙනි, ආර්ය වූ විමුක්තියෙන් සමන්විත වූ පුද්ගලයා මේ ධර්ම විනයෙන් නොගිලිහී වැටුණේ යැයි කියනු ලැබේ.

මහණෙනි, මේ සතර ධර්මයෙන් සමන්විත වූ පුද්ගලයා මේ ධර්ම විනයෙන් නොගිලිහී වැටුණේ යැයි කියනු ලැබේ.

(ගාථා)

1. යමෙක් සසුනෙන් චුත වූවාහු ද, ගිලිහී වැටෙත් ද, ගිලිහී වැටී සිටිත් ද, කාමයන්හී ගිජු ව සිටිත් ද, ඔවුහු යළි යළි දුක කරා ම පැමිණෙති. එහෙත් යමෙක් කළ යුතු නිවන් මග පිරිපුන් කරන ලද්දේ ද, රම්‍ය වූ නිවනෙහි ඇළුණේ ද, ඔවුහු සැප වූ ප්‍රතිපදාවෙන් සැපයට පත්වූවාහු වෙති.

සාදු! සාදු!! සාදු!!!

පපතිත සූත්‍රය නිමා විය.

4.1.1.3.
පඨම ඛත සූත්‍රය
ගුණ සාරා ගැනීම ගැන වදාළ පළමු දෙසුම

මහණෙනි, සතර කරුණකින් යුක්ත බාල වූ, අව්‍යක්ත වූ අසත්පුරුෂයා සාරා ගත් ගුණ ඇති ව, වනසා ගත් ගුණ ඇති ජීවිතයක් පරිහරණය කරයි. දොස් සහිත වූයේ වෙයි. නැණවතුනට දොස් සහිත වූවෙක් ද වෙයි. බොහෝ පව් ද රැස් කරයි. ඒ කවර කරුණු සතරකින් ද යත්;

1. නොවිමසා, සම්පූර්ණයෙන් කරුණු නොසොයා වර්ණනා නොකළ යුතු තැනැත්තා ව වර්ණනා කරයි.

2. නොවිමසා, සම්පූර්ණයෙන් කරුණු නොසොයා වර්ණනා කළ යුතු තැනැත්තාට නින්දා අපහාස කරයි.

3. නොවිමසා, සම්පූර්ණයෙන් කරුණු නොසොයා අපැහැදිය යුතු කරුණෙහි පැහැදීම ඇති කරගනියි.

4. නොවිමසා, සම්පූර්ණයෙන් කරුණු නොසොයා පැහැදිය යුතු කරුණෙහි අපැහැදීම ඇති කරගනියි.

මහණෙනි, මේ සතර කරුණකින් යුක්ත බාල වූ, අව්‍යක්ත වූ අසත්පුරුෂයා සාරා ගත් ගුණ ඇති ව, වනසා ගත් ගුණ ඇති ජීවිතයක් පරිහරණය කරයි. දොස් සහිත වූයේ වෙයි. නැණවතුනට දොස් සහිත වූවෙක් ද වෙයි. බොහෝ පව් ද රැස් කරයි.

මහණෙනි, සතර කරුණකින් යුක්ත නුවණැති වූ, ව්‍යක්ත වූ සත්පුරුෂයා සාරා නොගත් ගුණ ඇති ව, වනසා නොගත් ගුණ ඇති ජීවිතයක් පරිහරණය කරයි. නිදොස් වූයේ වෙයි. නැණවතුනට දොස් රහිත වූවෙක් ද වෙයි. බොහෝ පින් ද රැස් කරයි. ඒ කවර කරුණු සතරකින් ද යත්;

1. විමසා, සම්පූර්ණයෙන් කරුණු සොයා වර්ණනා නොකළ යුතු තැනැත්තා ව වර්ණනා නොකරයි.

2. විමසා, සම්පූර්ණයෙන් කරුණු සොයා වර්ණනා කළ යුතු තැනැත්තා ව වර්ණනා කරයි.

3. විමසා, සම්පූර්ණයෙන් කරුණු සොයා අපැහැදිය යුතු කරුණෙහි අපැහැදීම ඇති කරගනියි.

4. විමසා, සම්පූර්ණයෙන් කරුණු සොයා පැහැදිය යුතු කරුණෙහි පැහැදීම ඇති කරගනියි.

මහණෙනි, මේ සතර කරුණකින් යුක්ත නුවණැති වූ, ව්‍යක්ත වූ සත්පුරුෂයා සාරා නොගත් ගුණ ඇති ව, වනසා නොගත් ගුණ ඇති ජීවිතයක් පරිහරණය කරයි. නිදොස් වූයේ වෙයි. නැණවතුනට දොස් රහිත වූවෙක් ද වෙයි. බොහෝ පින් ද රැස් කරයි.

(ගාථා)

1. යමෙක් නින්දා ලැබිය යුත්තා පසසයි ද, යමෙක් පැසසුම් ලැබිය යුත්තාට ගරහයි ද, ඔහු තම මුඛය හේතුවෙන් පව් රැස් කරගන්නේ ය. පවින් පවක් ම විනා සැපයක් නොවිඳියි.

2. යමෙක් සූදු ක්‍රීඩාවෙකින් තමා ත් සමඟ තමාගේ සියළුම දේපල වස්තුව

ත් පරදින්නේ ද, මෙය අල්ප වූ පරාජයකි. එහෙත් යමෙක් යහපත් මගට පිළිපන්නවුන් කෙරෙහි සිත දූෂ්‍ය කරගන්නේ ද, මහත් ම පරාජය යනු මෙය යි.

3. යම් හෙයකින් දරුණු වචනයෙන් ද, දූෂිත සිතින් ද යුතුව ආර්යයන් හට ගරහා නිරයෙහි උපදියි ද, එහි නිරබ්බුද එක්ලක්ෂ තිස් හයක කාලයකුත්, අබ්බුද පහක කාලයකුත් දුක් විඳින්නේ ය.

සාදු! සාදු!! සාදු!!!

පඨම ඛත සූත්‍රය නිමා විය.

4.1.1.4.
දුතිය ඛත සූත්‍රය
ගුණ සාරා ගැනීම ගැන වදාළ දෙවෙනි දෙසුම

මහණෙනි, සතර දෙනෙකු කෙරෙහි වැරදි ලෙස පිළිපන් බාල වූ, අව්‍යක්ත වූ අසත්පුරුෂයා සාරා ගත් ගුණ ඇති ව, වනසා ගත් ගුණ ඇති ජීවිතයක් පරිහරණය කරයි. දොස් සහිත වූයේ වෙයි. නැණවතුනට දොස් සහිත වූවෙක් ද වෙයි. බොහෝ පව් ද රැස් කරයි. ඒ කවර සතර දෙනෙකු කෙරෙහි ද යත්;

1. මහණෙනි, තම මව් කෙරෙහි වැරදි ලෙස පිළිපන් බාල වූ, අව්‍යක්ත වූ අසත්පුරුෂයා සාරා ගත් ගුණ ඇති ව, වනසා ගත් ගුණ ඇති ජීවිතයක් පරිහරණය කරයි. දොස් සහිත වූයේ වෙයි. නැණවතුනට දොස් සහිත වූවෙක් ද වෙයි. බොහෝ පව් ද රැස් කරයි.

2. මහණෙනි, තම පියා කෙරෙහි වැරදි ලෙස පිළිපන් බාල වූ, අව්‍යක්ත වූ අසත්පුරුෂයා සාරා ගත් ගුණ ඇති ව, වනසා ගත් ගුණ ඇති ජීවිතයක් පරිහරණය කරයි. දොස් සහිත වූයේ වෙයි. නැණවතුනට දොස් සහිත වූවෙක් ද වෙයි. බොහෝ පව් ද රැස් කරයි.

3. මහණෙනි, තථාගතයන් වහන්සේ කෙරෙහි වැරදි ලෙස පිළිපන් බාල වූ, අව්‍යක්ත වූ අසත්පුරුෂයා සාරා ගත් ගුණ ඇති ව, වනසා ගත් ගුණ ඇති ජීවිතයක් පරිහරණය කරයි. දොස් සහිත වූයේ වෙයි. නැණවතුනට දොස්

සහිත වූවෙක් ද වෙයි. බොහෝ පව් ද රැස් කරයි.

4. මහණෙනි, තථාගත ශ්‍රාවකයා කෙරෙහි වැරදි ලෙස පිළිපන් බාල වූ, අව්‍යක්ත වූ අසත්පුරුෂයා සාරා ගත් ගුණ ඇති ව, වනසා ගත් ගුණ ඇති ජීවිතයක් පරිහරණය කරයි. දොස් සහිත වූයේ වෙයි. නැණවතුනට දොස් සහිත වූවෙක් ද වෙයි. බොහෝ පව් ද රැස් කරයි.

මහණෙනි, මේ සතර දෙනා කෙරෙහි වැරදි ලෙස පිළිපන් බාල වූ, අව්‍යක්ත වූ අසත්පුරුෂයා සාරා ගත් ගුණ ඇති ව, වනසා ගත් ගුණ ඇති ජීවිතයක් පරිහරණය කරයි. දොස් සහිත වූයේ වෙයි. නැණවතුනට දොස් සහිත වූවෙක් ද වෙයි. බොහෝ පව් ද රැස් කරයි.

මහණෙනි, සතර දෙනෙකු කෙරෙහි යහපත් ලෙස පිළිපන් නුවණැති, ව්‍යක්ත වූ සත්පුරුෂයා සාරා නොගත් ගුණ ඇති ව, වනසා නොගත් ගුණ ඇති ජීවිතයක් පරිහරණය කරයි. නිදොස් වූයේ වෙයි. නැණවතුනට දොස් රහිත වූවෙක් ද වෙයි. බොහෝ පින් ද රැස් කරයි. ඒ කවර සතර දෙනෙකු කෙරෙහි ද යත්;

1. මහණෙනි, තම මව් කෙරෙහි යහපත් ලෙස පිළිපන් නුවණැති, ව්‍යක්ත වූ සත්පුරුෂයා සාරා නොගත් ගුණ ඇති ව, වනසා නොගත් ගුණ ඇති ජීවිතයක් පරිහරණය කරයි. නිදොස් වූයේ වෙයි. නැණවතුනට දොස් රහිත වූවෙක් ද වෙයි. බොහෝ පින් ද රැස් කරයි.

2. මහණෙනි, තම පියා කෙරෙහි යහපත් ලෙස පිළිපන් නුවණැති, ව්‍යක්ත වූ සත්පුරුෂයා සාරා නොගත් ගුණ ඇති ව, වනසා නොගත් ගුණ ඇති ජීවිතයක් පරිහරණය කරයි. නිදොස් වූයේ වෙයි. නැණවතුනට දොස් රහිත වූවෙක් ද වෙයි. බොහෝ පින් ද රැස් කරයි.

3. මහණෙනි, තථාගතයන් වහන්සේ කෙරෙහි යහපත් ලෙස පිළිපන් නුවණැති, ව්‍යක්ත වූ සත්පුරුෂයා සාරා නොගත් ගුණ ඇති ව, වනසා නොගත් ගුණ ඇති ජීවිතයක් පරිහරණය කරයි. නිදොස් වූයේ වෙයි. නැණවතුනට දොස් රහිත වූවෙක් ද වෙයි. බොහෝ පින් ද රැස් කරයි.

4. මහණෙනි, තථාගත ශ්‍රාවකයා කෙරෙහි යහපත් ලෙස පිළිපන් නුවණැති, ව්‍යක්ත වූ සත්පුරුෂයා සාරා නොගත් ගුණ ඇති ව, වනසා නොගත් ගුණ ඇති ජීවිතයක් පරිහරණය කරයි. නිදොස් වූයේ වෙයි. නැණවතුනට දොස් රහිත වූවෙක් ද වෙයි. බොහෝ පින් ද රැස් කරයි.

මහණෙනි, මේ සතර දෙනා කෙරෙහි යහපත් ලෙස පිළිපන් නුවණැති, ව්‍යක්ත වූ, සත්පුරුෂයා සාරා නොගත් ගුණ ඇති ව, වනසා නොගත් ගුණ ඇති ජීවිතයක් පරිහරණය කරයි. නිදොස් වූයේ වෙයි. නැණවතුනට දොස් රහිත වූවෙක් ද වෙයි. බොහෝ පින් ද රැස් කරයි.

(ගාථා)

1. යමෙක් තම මව් කෙරෙහි ද, තම පියා කෙරෙහි ද වරදවා පිළිපන්නේ නම්, සම්බුද්ධත්වයට පත් තථාගතයන් වහන්සේ කෙරෙහි ද, තථාගත ශ්‍රාවකයා කෙරෙහි ද වරදවා පිළිපන්නේ නම්, එබඳු වූ මනුෂ්‍යයා බොහෝ පව් රැස් කරගන්නේ ය.

2. මව් පිය ආදීන් කෙරෙහි කළ ඒ අධර්ම චර්යාව හේතුවෙන් නැණවත්හු ඔහුට මෙලොව දී ම ගරහති. මෙයින් චුත වූ විට අපායෙහි උපදියි.

3. යමෙක් මව් කෙරෙහි ද, තම පියා කෙරෙහි ද යහපත් ලෙස පිළිපන්නේ නම්, සම්බුද්ධත්වයට පත් තථාගතයන් වහන්සේ කෙරෙහි ද, තථාගත ශ්‍රාවකයා කෙරෙහි ද යහපත් ලෙස පිළිපන්නේ නම්, එබඳු වූ මනුෂ්‍යයා බොහෝ පින් රැස් කරගන්නේ ය.

4. මව් පිය ආදීන් කෙරෙහි කළ ඒ ධර්ම චර්යාව හේතුවෙන් නැණවත්හු ඔහුට මෙලොව දී ම ප්‍රශංසා කරති. මෙයින් චුත වූ විට සුගතියෙහි ඉපිද සතුටු වෙයි.

සාදු! සාදු!! සාදු!!!

දුතිය බත සූත්‍රය නිමා විය.

4.1.1.5.
අනුසෝත සූත්‍රය
සැඩපහරට අනුව යෑම ගැන වදාළ දෙසුම

මහණෙනි, පුද්ගලයෝ සතර දෙනෙක් ලෝකයෙහි පැහැදිලි ව දකින්නට සිටිති. ඒ කවර සතර දෙනෙක් ද යත්;

අනුසෝතගාමී පුද්ගලයා, පටිසෝතගාමී පුද්ගලයා, ඨිතත්ත පුද්ගලයා

සහ සැඩ පහරින් එතෙර ව ගොඩබිමෙහි පිහිටි නිකෙලෙස් පුද්ගලයා වශයෙනි.

1.   මහණෙනි, 'අනුසෝතගාමී' හෙවත් සැඩපහරට අනුව යන පුද්ගලයා කවුද? මහණෙනි, මෙහිලා ඇතැම් පුද්ගලයෙක් පංච කාමයන් සේවනය කරයි. පව් ද කරයි. මහණෙනි, මේ පුද්ගලයා ගසා ගෙන සැඩ පහරට අනුව යන්නා යැයි කියනු ලැබේ.

2.   මහණෙනි, 'පටිසෝතගාමී' හෙවත් සැඩපහරට එරෙහි ව යන පුද්ගලයා කවුද? මහණෙනි, මෙහිලා ඇතැම් පුද්ගලයෙක් පංච කාමයන් සේවනය නොකරයි. පාප කර්මයකුත් නොකරයි. දුකින් යුක්ත ව, දොම්නසින් යුක්ත ව, කඳුළු වැකුණු මුහුණින් යුක්ත ව, හඬමින් වීරිය ගෙන, පිරිපුන් අයුරින් බඹසරෙහි හැසිරෙයි. මහණෙනි, මේ තැනැත්තා සැඩ පහරට එරෙහි ව යන පුද්ගලයා යැයි කියනු ලැබේ.

3.   මහණෙනි, 'ඨිතත්ත' හෙවත් තමා ධර්මය තුළ පිහිටුවා ගත් පුද්ගලයා යනු කවුද? මහණෙනි, මෙහි ඇතැම් පුද්ගලයෙක් ඕරම්භාගීය සංයෝජනයන් ක්ෂය කොට ඕපපාතික ව සුද්ධාවාස බඹලොව උපදියි. ඒ ලෝකයෙන් නැවත මෙලොවට නොපැමිණෙන ස්වභාවයෙන් යුතුව එහිදී ම පිරිනිවන් පාන්නේ වෙයි. මහණෙනි, මොහු ඨිතත්ත හෙවත් තමා ධර්මය තුළ පිහිටුවා ගත් පුද්ගලයා යැයි කියනු ලැබේ.

4.   මහණෙනි, 'සැඩපහර තරණය කොට එතෙර වී ගොඩබිම නම් වූ නිවනෙහි පිහිටි බ්‍රාහ්මණයා' නම් වූ තැනැත්තා කවුද? මහණෙනි, මෙහිලා ඇතැම් පුද්ගලයෙක් ආශ්‍රවයන්ගේ ක්ෂය වීමෙන් ආශ්‍රව රහිත වූ චිත්ත විමුක්තිය ත්, ප්‍රඥා විමුක්තිය ත් මේ ජීවිතයේ දී ම තම විශිෂ්ට නුවණින් අත්දැක එය තුළ වාසය කරයි. මහණෙනි, මේ පුද්ගලයා සැඩපහර තරණය කොට එතෙර වී ගොඩබිම නම් වූ නිවනෙහි පිහිටි බ්‍රාහ්මණයා යැයි කියනු ලැබේ.

මහණෙනි, මේ සතර පුද්ගලයෝ ලෝකයෙහි පැහැදිලි ව දකින්නට සිටිති.

(ගාථා)

1.   යම්කිසි ජනතාවක් කාමයන්හී අසංවර ව රාගය ප්‍රහාණය නොකොට මෙලොවෙහි කාමභෝගී ව වාසය කරත් ද, තෘෂ්ණාවෙන් බැසගත් ඔවුහු නැවත නැවත ඉපදෙන දිරන ලෝකයට ම පැමිණෙති. ඔවුහු ඒ සැඩ පහරට අනුව යන්නා වූ පුද්ගලයෝ ය.

2. එහෙයින් නුවණැති තැනැත්තා මේ ජීවිතය තුළ මැනැවින් සිහිය පිහිටුවා ගෙන පංච කාමයනුත්, පාපය ත් සේවනය නොකොට ඉතා දුක සේ නමුත් කාමයන් අත්හරින්නේ ය. එබඳු පුද්ගලයා හට සැඩ පහරට එරෙහි ව යන්නා යැයි කියනු ලැබේ.

3. යම්කිසි ආර්ය ශ්‍රාවකයෙක් ඒකාන්තයෙන් ම පංච ඕරම්භාගීය සංයෝජනයන් ප්‍රහාණය කොට සම්පූර්ණ හික්මීමකින් යුතුව, නොපිරිහෙන ස්වභාවයෙන් යුතුව, මැනැවින් දමනය කළ සිතින් යුතුව, සංසුන් කරගත් ඉඳුරන් ඇතිව වාසය කරයි නම්, ඒ ශ්‍රාවකයා ඒකාන්තයෙන් ම ඨිතත්ත හෙවත් ධර්මය තුළ තමා ව පිහිටුවා ගත් පුද්ගලයා යැයි කියනු ලැබේ.

4. යමෙකු විසින් කුසලාකුසල කර්මයන් නුවණින් දැන අකුසල් වනසන ලද්දේ ද, පව් නසන ලද්දේ ද, ඔහු තුළ කිසි පාපයක් නොපෙනේ ද, ඒ තැනැත්තා නුවණින් අගපත් වූ, බඹසර වාසය නිම කළ, ලොවෙහි කෙළවරට ගිය, සැඩපහරින් එතෙර වූ කෙනා යැයි කියනු ලැබේ.

සාදු! සාදු!! සාදු!!!

අනුසෝත සූත්‍රය නිමා විය.

4.1.1.6.
අප්පස්සුත සූත්‍රය
අල්පශ්‍රැත භාවය ගැන වදාළ දෙසුම

මහණෙනි, පුද්ගලයෝ සතර දෙනෙක් ලෝකයෙහි පැහැදිලි ව දකින්නට සිටිති. ඒ කවර සතර දෙනෙක් ද යත්;

සවන් දීමෙන් ලැබෙන ප්‍රයෝජන නොලත් අල්පශ්‍රැතයා, සවන් දීමෙන් ලැබෙන ප්‍රයෝජනය ලත් අල්පශ්‍රැතයා, සවන් දීමෙන් ලැබෙන ප්‍රයෝජන නොලත් බහුශ්‍රැතයා, සවන් දීමෙන් ලැබෙන ප්‍රයෝජනය ලත් බහුශ්‍රැතයා,

1. මහණෙනි, සවන් දීමෙන් ලැබෙන ප්‍රයෝජනය නොලත් අල්පශ්‍රැතයා යනු කවුද? මහණෙනි, මෙහිලා කිසියම් පුද්ගලයෙක් විසින් සුත්ත, ගෙය්‍ය, වෙය්‍යාකරණ, ගාථා, උදාන, ඉතිවුත්තක, ජාතක, අබ්භුතධම්ම, වේදල්ල යන

නවාංග ශාස්තෘ ශාසනය අල්ප වශයෙන් අසන ලද්දේ වෙයි. ඒ තැනැත්තා අල්ප වශයෙන් ඇසූ ඒ කරුණු පිළිබඳ ව තේරුම් නොගෙන, ඒ ධර්මය වටහා නොගෙන, ධර්මානුකූල ජීවිතයකට නොබැසගත්තේ වෙයි. මහණෙනි, මෙසේ මේ පුද්ගලයා සවන් දීමෙන් ලැබෙන ප්‍රයෝජනය නොලත් අල්පශ්‍රැතයෙක් වෙයි.

2. මහණෙනි, සවන් දීමෙන් ලැබෙන ප්‍රයෝජනය ලත් අල්පශ්‍රැතයා යනු කවුද? මහණෙනි, මෙහිලා කිසියම් පුද්ගලයෙක් විසින් සුත්ත, ගෙය්‍ය, වෙය්‍යාකරණ, ගාථා, උදාන, ඉතිවුත්තක, ජාතක, අබ්භූතධම්ම, වේදල්ල යන නවාංග ශාස්තෘ ශාසනය අල්ප වශයෙන් අසන ලද්දේ වෙයි. ඒ තැනැත්තා අල්ප වශයෙන් ඇසූ ඒ කරුණු පිළිබඳ ව තේරුම් ගෙන, ඒ ධර්මය වටහා ගෙන, ධර්මානුකූල ජීවිතයකට බැසගත්තේ වෙයි. මහණෙනි, මෙසේ මේ පුද්ගලයා සවන් දීමෙන් ලැබෙන ප්‍රයෝජනය ලත් අල්පශ්‍රැතයෙක් වෙයි.

3. මහණෙනි, සවන් දීමෙන් ලැබෙන ප්‍රයෝජනය නොලත් බහුශ්‍රැතයා යනු කවුද? මහණෙනි, මෙහිලා කිසියම් පුද්ගලයෙක් විසින් සුත්ත, ගෙය්‍ය, වෙය්‍යාකරණ, ගාථා, උදාන, ඉතිවුත්තක, ජාතක, අබ්භූතධම්ම, වේදල්ල යන නවාංග ශාස්තෘ ශාසනය බොහෝ කොට අසන ලද්දේ වෙයි. ඒ තැනැත්තා බොහෝ කොට ඇසූ ඒ කරුණු පිළිබඳ ව තේරුම් නොගෙන, ඒ ධර්මය වටහා නොගෙන, ධර්මානුකූල ජීවිතයකට නොබැසගත්තේ වෙයි. මහණෙනි, මෙසේ මේ පුද්ගලයා සවන් දීමෙන් ලැබෙන ප්‍රයෝජනය නොලත් බහුශ්‍රැතයෙක් වෙයි.

2. මහණෙනි, සවන් දීමෙන් ලැබෙන ප්‍රයෝජනය ලත් බහුශ්‍රැතයා යනු කවුද? මහණෙනි, මෙහිලා කිසියම් පුද්ගලයෙක් විසින් සුත්ත, ගෙය්‍ය, වෙය්‍යාකරණ, ගාථා, උදාන, ඉතිවුත්තක, ජාතක, අබ්භූතධම්ම, වේදල්ල යන නවාංග ශාස්තෘ ශාසනය බොහෝ කොට අසන ලද්දේ වෙයි. ඒ තැනැත්තා බොහෝ කොට ඇසූ ඒ කරුණු පිළිබඳ ව තේරුම් ගෙන, ඒ ධර්මය වටහා ගෙන, ධර්මානුකූල ජීවිතයකට බැසගත්තේ වෙයි. මහණෙනි, මෙසේ මේ පුද්ගලයා සවන් දීමෙන් ලැබෙන ප්‍රයෝජනය ලත් බහුශ්‍රැතයෙක් වෙයි.

මහණෙනි, මේ සතර පුද්ගලයෝ ලෝකයෙහි දකින්නට සිටිති.

(ගාථා)

1. ඉදින් ධර්මය අසන ලද්දේ ත් අල්ප වශයෙන් නම්, සීලය ත් නොපුරයි නම්, ඒ තැනැත්තා සීලයෙනුත්, ශ්‍රැතයෙනුත් යන මේ දෙඅංශයෙන් ම ගැරහීමට ලක්වෙයි.

2. ඉදින් ස්වල්පයක් නමුත් ධර්මය අසන ලද්දේ නම්, සීලය ත් පුරයි නම් ඒ තැනැත්තා සීලයෙන් ප්‍රශංසා ලබන්නේ වෙයි. එනමුදු ශ්‍රැතය සම්පූර්ණ වී නැත.

3. ඉදින් යමෙක් බොහෝ කොට ධර්මය අසන ලද්දේ ද, එහෙත් සිල් නොපුරයි ද, ඔහු සීලය සම්බන්ධයෙන් ගැරහුම් ලබයි. ශ්‍රැතය සම්පූර්ණ වී ඇත්තේ ය.

4. ඉදින් යමෙක් බොහෝ කොට ධර්මය අසන ලද්දේ ද, සීලය පුරන්නේ ත් වෙයි ද, සීලයෙනුත්, ශ්‍රැතයෙනුත් යන මේ දෙඅංශයෙන් ම ඔහු ප්‍රශංසාවට බඳුන් වෙයි.

5. බහුශ්‍රැත වූ, ධර්මධර වූ, ප්‍රඥා සම්පන්න වූ බුද්ධ ශ්‍රාවකයා ඉතා දිළිසෙන වටිනා රනක් මෙන් බබලයි. ඒ ශ්‍රාවකයා හට ගරහන්නට කවරෙකුට නම් හැකි වෙයි ද? ඔහුට දෙවියෝ පවා ප්‍රශංසා කරති. බ්‍රහ්මරාජයා විසිනුත් පසසන ලද්දේ ය.

සාදු! සාදු!! සාදු!!!

අප්පස්සුත සූත්‍රය නිමා විය.

4.1.1.7.
සෝභෙන්ති සූත්‍රය
ශෝභමාන කිරීම ගැන වදාළ දෙසුම

මහණෙනි, ව්‍යක්ත වූ විනීත වූ විශාරද වූ බහුශ්‍රැත වූ ධර්මධර වූ ධර්මානුකූල පිළිවෙතෙහි යෙදී සිටින්නා වූ මේ සතර පුද්ගලයෝ සංඝයා ශෝභමාන කරති. ඒ කවර සතර දෙනෙක් ද යත්;

1. මහණෙනි, ව්‍යක්ත වූ විනීත වූ විශාරද වූ බහුශ්‍රැත වූ ධර්මධර වූ ධර්මානුකූල පිළිවෙතෙහි යෙදී සිටින්නා වූ භික්ෂුව සංඝයා ශෝභමාන කරයි.

2. මහණෙනි, ව්‍යක්ත වූ විනීත වූ විශාරද වූ බහුශ්‍රැත වූ ධර්මධර වූ ධර්මානුකූල පිළිවෙතෙහි යෙදී සිටින්නා වූ භික්ෂුණිය සංඝයා ශෝභමාන කරයි.

3. මහණෙනි, ව්‍යක්ත වූ විනීත වූ විශාරද වූ බහුශ්‍රැත වූ ධර්මධර වූ ධර්මානුකූල පිළිවෙතෙහි යෙදී සිටින්නා වූ උපාසකයා සංඝයා ශෝභමාන කරයි.

4. මහණෙනි, ව්‍යක්ත වූ විනීත වූ විශාරද වූ බහුශ්‍රැත වූ ධර්මධර වූ ධර්මානුකූල පිළිවෙතෙහි යෙදී සිටින්නා වූ උපාසිකාව සංඝයා ශෝභමාන කරයි.

මහණෙනි, ව්‍යක්ත වූ විනීත වූ විශාරද වූ බහුශ්‍රැත වූ ධර්මධර වූ ධර්මානුකූල පිළිවෙතෙහි යෙදී සිටින්නා වූ මේ සතර පුද්ගලයෝ සංඝයා ශෝභමාන කරති.

(ගාථා)

1. මහණෙනි, යමෙක් ව්‍යක්ත වූයේ, විශාරද වූයේ, බහුශ්‍රැත වූයේ, ධර්මධර වූයේ, ධර්මයට අනුකූල ව ධර්මයේ හැසිරෙන්නේ ත් වෙයි නම්, එබඳු ශ්‍රාවකයා සංඝයා ශෝභමාන කරන්නේ යැයි කියනු ලැබේ.

2. සීල සම්පන්න වූ භික්ෂුවක් වෙයි ද, බහුශ්‍රැත වූ භික්ෂුණියක් වෙයි ද, සැදැහැවත් උපාසකයෙක් වෙයි ද, යම් උපාසිකාවක් සැදැහැ ඇත්තී ද, මේ සියලු දෙනා සංඝයා ශෝභමාන කරති. මොවුහු වනාහී සංඝයා ශෝභමාන කරන්නෝ ය.

සාදු! සාදු!! සාදු!!!

සෝභෙන්ති සූත්‍රය නිමා විය.

4.1.1.8.
වේසාරජ්ජ සූත්‍රය
විශාරද ඥාන ගැන වදාළ දෙසුම

මහණෙනි, තථාගතයන් වහන්සේ හට විශාරද ඥාන සතරක් ඇත. ඒ විශාරද ඥානයන්ගෙන් යුක්ත වූ තථාගතයන් වහන්සේ ශ්‍රේෂ්ඨත්වය ප්‍රතිඥා කරයි. පිරිස් මැද සිහනද පතුරයි. ශ්‍රේෂ්ඨ වූ චක්‍රය වන ධර්ම චක්‍රය කරකවයි. කවර විශාරද ඥාන සතරක් ද යත්;

1. 'ගුරූපදේශ රහිත ව සම්‍යක් සම්බුද්ධත්වයට පත් වූ බවට ප්‍රතිඥා දෙන නමුත් ඔබ විසින් මේ මේ ධර්මයෝ අවබෝධ නොකරන ලද්දාහු ය' වශයෙන් මහණෙනි, ශ්‍රමණයෙක් හෝ බ්‍රාහ්මණයෙක් හෝ දෙවියෙක් හෝ මාරයෙක් හෝ බ්‍රහ්මයෙක් හෝ ලෝකයෙහි කිසිවෙකු හෝ කරුණු සහිත ව මා හට චෝදනා කරන්නේ ය යන කරුණ පිළිබඳ ව නිමිත්තක් වත් මම නොදකිමි. මහණෙනි, එබඳු නිමිත්තක් වත් මම නොදකින්නේ භය නැති තැනට පත් වී සිටිමි. නිර්භය ව සිටිමි. විශාරද බවට පත් වී වාසය කරමි.

2. 'ආශ්‍රවයන් ක්ෂය වූ බවට ප්‍රතිඥා දෙන නමුත් ඔබ විසින් මේ මේ ආශ්‍රවයෝ ක්ෂය නොකරන ලද්දාහු ය' වශයෙන් මහණෙනි, ශ්‍රමණයෙක් හෝ බ්‍රාහ්මණයෙක් හෝ දෙවියෙක් හෝ මාරයෙක් හෝ බ්‍රහ්මයෙක් හෝ ලෝකයෙහි කිසිවෙකු හෝ කරුණු සහිත ව මා හට චෝදනා කරන්නේ ය යන කරුණ පිළිබඳ ව නිමිත්තක් වත් මම නොදකිමි. මහණෙනි, එබඳු නිමිත්තක් වත් මම නොදකින්නේ භය නැති තැනට පත් වී සිටිමි. නිර්භය ව සිටිමි. විශාරද බවට පත් වී වාසය කරමි.

3. 'ඔබ විසින් නිවන් මගට අනතුරු පිණිස මේ මේ කරුණු පවතින්නේ යැයි පවසන ලද්දේ ය. එනමුදු ඒ කරුණු සේවනය කරන්නෙකුට එයින් වන අනතුරක් නැතැයි' වශයෙන් මහණෙනි, ශ්‍රමණයෙක් හෝ බ්‍රාහ්මණයෙක් හෝ දෙවියෙක් හෝ මාරයෙක් හෝ බ්‍රහ්මයෙක් හෝ ලෝකයෙහි කිසිවෙකු හෝ කරුණු සහිත ව මා හට චෝදනා කරන්නේ ය යන කරුණ පිළිබඳ ව නිමිත්තක් වත් මම නොදකිමි. මහණෙනි, එබඳු නිමිත්තක් වත් මම නොදකින්නේ භය නැති තැනට පත් වී සිටිමි. නිර්භය ව සිටිමි. විශාරද බවට පත් වී වාසය කරමි.

4. 'ඔබ විසින් යම් ඉලක්කයක් උදෙසා ධර්මය දේශනා කරන ලද්දේ ද, ඒ ධර්මය පුරුදු කරන්නෙකුට එම ඉලක්කය වන මැනැවින් දුක් ගෙවී යාම සිදු නොවන්නේ ය' වශයෙන් මහණෙනි, ශ්‍රමණයෙක් හෝ බ්‍රාහ්මණයෙක් හෝ දෙවියෙක් හෝ මාරයෙක් හෝ බ්‍රහ්මයෙක් හෝ ලෝකයෙහි කිසිවෙකු හෝ කරුණු සහිත ව මා හට චෝදනා කරන්නේ ය යන කරුණ පිළිබඳ ව නිමිත්තක් වත් මම නොදකිමි. මහණෙනි, එබඳු නිමිත්තක් වත් මම නොදකින්නේ භය නැති තැනට පත් වී සිටිමි. නිර්භය ව සිටිමි. විශාරද බවට පත් වී වාසය කරමි.

මහණෙනි, තථාගතයන් වහන්සේ හට තිබෙන්නේ මෙම විශාරද ඥාන සතර ය. මේ විශාරද ඥානයන්ගෙන් යුක්ත වූ තථාගතයන් වහන්සේ ශ්‍රේෂ්ඨත්වය ප්‍රතිඥා කරයි. පිරිස් මැද සිහනද පතුරයි. ශ්‍රේෂ්ඨ වූ චක්‍රය වන ධර්ම චක්‍රය කරකවයි.

(ගාථා)

1. යම්කිසි ශ්‍රමණ බ්‍රාහ්මණ කෙනෙක් නොයෙක් වාද විවාදයන් ඇසුරු කරමින් සිටිත් ද, ඒ වාද විවාදයන් ම බොහෝ දියුණු කොට සිටිත් ද, එබඳු වූ කිසි වාද විවාදයක් ඇත්නම් ඒ සියල්ල වාද විවාදයන් ඉක්මවා ගිය විශාරද වූ තථාගතයන් වහන්සේ කරා පැමිණ නැති වී යයි.

2. සියළු සත්වයන් හිතානුකම්පී වූ සකල ගුණයෙන් පිරිපුන් වූ වාදයන් මැඩලන්නා වූ යම් තථාගත කෙනෙක් ධර්ම චක්‍රය ප්‍රවර්තනය කළේ ද, භවයෙහි එතෙරට ගිය දෙව්මිනිසුන්ට ශ්‍රේෂ්ඨ වූ එබඳු තථාගතයන් හට ලෝක සත්වයෝ වන්දනා කරති.

සාදු! සාදු!! සාදු!!!

වේසාරජ්ජ සූත්‍රය නිමා විය.

4.1.1.9.
තණ්හා සූත්‍රය
තෘෂ්ණාව ගැන වදාළ දෙසුම

මහණෙනි, යම් කරුණක් පිළිබඳ ව භික්ෂුව තුළ තෘෂ්ණාව උපදියි නම් ඒ තෘෂ්ණාව උපදවන්නා වූ කරුණු සතරක් තිබේ. ඒ කවර කරුණු සතරක් ද යත්;

මහණෙනි, භික්ෂුව තුළ තෘෂ්ණාව ඉපදුනොත් උපදින්නේ සිවුරු හෝ පිළිබඳ ව ය. මහණෙනි, භික්ෂුව තුළ තෘෂ්ණාව ඉපදුනොත් උපදින්නේ ආහාරපාන හෝ පිළිබඳ ව ය. මහණෙනි, භික්ෂුව තුළ තෘෂ්ණාව ඉපදුනොත් උපදින්නේ වාසය කරන තැන් ආදී සෙනසුන් හෝ පිළිබඳ ව ය. මහණෙනි, භික්ෂුව තුළ තෘෂ්ණාව ඉපදුනොත් උපදින්නේ මේ අයුරින් තමන් හට ලැබෙන නොලැබෙන දේ හෝ පිළිබඳ ව ය.

මහණෙනි, යම් කරුණක් පිළිබඳ ව භික්ෂුව තුළ තෘෂ්ණාව උපදියි නම් ඒ තෘෂ්ණාව උපදවන්නා වූ කරුණු සතර මෙය යි.

(ගාථා)

1. තණ්හාව නම් වූ දෙවැනියෙක් සිටින පුරුෂයා මේ සා දීර්ඝ කාලයක් සසරෙහි සැරිසරන්නේ මෙලොවින් පරලොවට ත්, පරලොවින් මෙලොවට ත් ඉපිද ඉපිද යන ස්වභාවය ඉක්මවා නොයයි.

2. මෙහි ආදීනවය දැන, තණ්හාව යනු දුකෙහි හටගැනීමට මුල් වූ කරුණ යැයි අවබෝධ කරගත් තණ්හාව රහිත වූ උපාදාන රහිත වූ භික්ෂුව සිහි නුවණින් හැසිරෙන්නේ ය.

සාදු! සාදු!! සාදු!!!

තණ්හා සූත්‍රය නිමා විය.

4.1.1.10.
යෝග සූත්‍රය
කෙලෙස් තුළ යෙදී සිටීම ගැන වදාළ දෙසුම

මහණෙනි, මේ ක්ලේශ යෝගයෝ සතරකි. ඒ කවර සතරක් ද යත්;

කාමයෝගය හෙවත් පංච කාමයෙහි යෙදී සිටීම යි. භවයෝගය හෙවත් භවයන්හි යෙදී සිටීම යි. දිට්ඨියෝගය හෙවත් දෘෂ්ටි ග්‍රහණයෙහි යෙදී සිටීම යි. අවිජ්ජායෝගය හෙවත් අවිද්‍යාවෙහි යෙදී සිටීම යි.

1. මහණෙනි, කාමයෝගය හෙවත් පංච කාමයෙහි යෙදී සිටීම යනු කුමක්ද? මහණෙනි, මෙහිලා කෙනෙක් පංච කාමයන්ගේ හටගැනීම පිළිබඳ ව ත්, නැසීයාම පිළිබඳ ව ත්, ආශ්වාදය පිළිබඳ ව ත්, ආදීනවය පිළිබඳ ව ත්, නිස්සරණය හෙවත් එයින් නිදහස් වීම පිළිබඳ ව ත් ඇත්ත ඇති සැටියෙන් නොදනියි. මෙසේ පංච කාමයන්ගේ හටගැනීම ත්, නැසීයාම ත්, ආශ්වාදය ත්, ආදීනවය ත්, නිස්සරණය ත් ඒ වූ සැටියෙන් ම නොදැනීම නිසා ඔහු තුළ පංච කාමයන් පිළිබඳ ව යම් කාමරාගයක් ඇද්ද, කාමයෙන් සතුටු වීමක් ඇද්ද, කාමයන් කෙරෙහි බැඳීමක් ඇද්ද, කාමයන්හි මුසපත් වීමක් ඇද්ද, කාම පිපාසයක් ඇද්ද, කාම දාහයක් ඇද්ද, කාමය තුළ ම බැසගැනීමක් ඇද්ද, කාම තණ්හාවක් ඇද්ද, එය අත්නොහැර පවත්වයි. මහණෙනි, මෙය කාමයෝගය යැයි කියනු ලැබේ.

2. මහණෙනි, භවයෝගය යනු කුමක්ද? මහණෙනි, මෙහිලා කෙනෙක් භවයන්ගේ හටගැනීම පිළිබඳ ව ත්, නැසීයාම පිළිබඳ ව ත්, ආශ්වාදය පිළිබඳ ව ත්, ආදීනවය පිළිබඳ ව ත්, නිස්සරණය හෙවත් එයින් නිදහස් වීම පිළිබඳ ව ත් ඇත්ත ඇති සැටියෙන් නොදනියි. මෙසේ භවයන්ගේ හටගැනීම ත්, නැසීයාම ත්, ආශ්වාදය ත්, ආදීනවය ත්, නිස්සරණය ත් ඒ වූ සැටියෙන් ම නොදැනීම නිසා ඔහු තුළ භවයන් පිළිබඳ ව යම් භවරාගයක් ඇද්ද, භවයෙන් සතුටු වීමක් ඇද්ද, භවයන් කෙරෙහි බැඳීමක් ඇද්ද, භවයන්හි මුසපත් වීමක් ඇද්ද, භව පිපාසයක් ඇද්ද, භව දාහයක් ඇද්ද, භවය තුළ ම බැසගැනීමක් ඇද්ද, භව තණ්හාවක් ඇද්ද, එය අත්නොහැර පවත්වයි. මහණෙනි, මෙය භවයෝගය යැයි කියනු ලැබේ.

3. මහණෙනි, දිට්ඨියෝගය යනු කුමක්ද? මහණෙනි, මෙහිලා කෙනෙක් දෘෂ්ටීන්ගේ හටගැනීම පිළිබඳ ව ත්, නැසීයාම පිළිබඳ ව ත්, ආශ්වාදය පිළිබඳ ව ත්, ආදීනවය පිළිබඳ ව ත්, නිස්සරණය හෙවත් එයින් නිදහස් වීම පිළිබඳ ව ත් ඇත්ත ඇති සැටියෙන් නොදනියි. මෙසේ දෘෂ්ටීන්ගේ හටගැනීම ත්, නැසීයාම ත්, ආශ්වාදය ත්, ආදීනවය ත්, නිස්සරණය ත් ඒ වූ සැටියෙන් ම නොදැනීම නිසා ඔහු තුළ දෘෂ්ටීන් පිළිබඳ ව යම් දෘෂ්ටිරාගයක් ඇද්ද, දෘෂ්ටියෙන් සතුටු වීමක් ඇද්ද, දෘෂ්ටීන් කෙරෙහි බැඳීමක් ඇද්ද, දෘෂ්ටීන්හි මුසපත් වීමක් ඇද්ද, දෘෂ්ටි පිපාසයක් ඇද්ද, දෘෂ්ටි දාහයක් ඇද්ද, දෘෂ්ටි තුළ ම බැසගැනීමක් ඇද්ද, දෘෂ්ටි තණ්හාවක් ඇද්ද, එය අත්නොහැර පවත්වයි. මහණෙනි, මෙය දිට්ඨියෝගය යැයි කියනු ලැබේ.

4. මහණෙනි, අවිජ්ජායෝගය යනු කුමක්ද? මහණෙනි, මෙහිලා කෙනෙක් සය වැදෑරුම් ස්පර්ශ ආයතනයන්ගේ හටගැනීම පිළිබඳ ව ත්, නැසීයාම පිළිබඳ ව ත්, ආශ්වාදය පිළිබඳ ව ත්, ආදීනවය පිළිබඳ ව ත්, නිස්සරණය හෙවත් එයින් නිදහස් වීම පිළිබඳ ව ත් ඇත්ත ඇති සැටියෙන් නොදනියි. මෙසේ සය වැදෑරුම් ස්පර්ශ ආයතනයන්ගේ හටගැනීම ත්, නැසීයාම ත්, ආශ්වාදය ත්, ආදීනවය ත්, නිස්සරණය ත් ඒ වූ සැටියෙන් ම නොදැනීම නිසා ඔහු තුළ සය වැදෑරුම් ස්පර්ශ ආයතනයන් පිළිබඳ ව යම් අවිද්‍යාවක් ඇද්ද, එය අත්නොහැර පවත්වයි. මහණෙනි, මෙය අවිජ්ජායෝගය යැයි කියනු ලැබේ.

පාපී අකුසල ධර්මයන්ගෙන් ද, සිත කිළුටු කරන කරුණෙන් ද, පුනර්භවයක් ඇති කරන කරුණෙන් ද, පීඩා දුක් උපදවන කරුණෙන් ද, නැවත නැවත ඉපදීම් ජරා මරණ ආදියෙහි පමුණුවන කරුණෙන් ද යන මේ කරුණු වලින් යුක්ත වූ තැනැත්තාට 'අයෝගක්ඛේමී' යැයි කියනු ලැබේ.

මහණෙනි, කාමයෝගය හෙවත් පංච කාමයෙහි යෙදී සිටීම, භවයෝගය හෙවත් භවයන්හි යෙදී සිටීම, දිට්ඨියෝගය හෙවත් දෘෂ්ටි ග්‍රහණයෙහි යෙදී සිටීම, අවිජ්ජායෝගය හෙවත් අවිද්‍යාවෙහි යෙදී සිටීම යනු මෙය යි.

මහණෙනි, මේ විසංයෝගයෝ සතරකි. ඒ කවර සතරක් ද යත්;

කාමයෝගවිසංයෝගය හෙවත් පංච කාමයෙහි යෙදී සිටීමෙන් වෙන්වීම යි. භවයෝගවිසංයෝගය හෙවත් භවයන්හි යෙදී සිටීමෙන් වෙන්වීම යි. දිට්ඨියෝගවිසංයෝගය හෙවත් දෘෂ්ටි ග්‍රහණයෙහි යෙදී සිටීමෙන් වෙන්වීම යි. අවිජ්ජායෝගවිසංයෝගය හෙවත් අවිද්‍යාවෙහි යෙදී සිටීමෙන් වෙන්වීම යි.

1. මහණෙනි, කාමයෝගවිසංයෝගය හෙවත් පංච කාමයෙහි යෙදී සිටීමෙන් වෙන්වීම යනු කුමක්ද? මහණෙනි, මෙහිලා කෙනෙක් පංච කාමයන්ගේ හටගැනීම පිළිබඳ ව ත්, නැසීයාම පිළිබඳ ව ත්, ආශ්වාදය පිළිබඳ ව ත්, ආදීනවය පිළිබඳ ව ත්, නිස්සරණය හෙවත් එයින් නිදහස් වීම පිළිබඳ ව ත් ඇත්ත ඇති සැටියෙන් දනියි. මෙසේ පංච කාමයන්ගේ හටගැනීම ත්, නැසීයාම ත්, ආශ්වාදය ත්, ආදීනවය ත්, නිස්සරණය ත් ඒ වූ සැටියෙන් ම දැනීම නිසා ඔහු තුළ පංච කාමයන් පිළිබඳ ව යම් කාමරාගයක් ඇද්ද, කාමයෙන් සතුටු වීමක් ඇද්ද, කාමයන් කෙරෙහි බැඳීමක් ඇද්ද, කාමයන්හි මුසපත් වීමක් ඇද්ද, කාම පිපාසයක් ඇද්ද, කාම දාහයක් ඇද්ද, කාමය තුළ ම බැසගැනීමක් ඇද්ද, කාම තණ්හාවක් ඇද්ද, එය නොපවත්වයි. මහණෙනි, මෙය කාමයෝග විසංයෝගය යැයි කියනු ලැබේ.

2. මහණෙනි, භවයෝගවිසංයෝගය යනු කුමක්ද? මහණෙනි, මෙහිලා කෙනෙක් භවයන්ගේ හටගැනීම පිළිබඳ ව ත්, නැසීයාම පිළිබඳ ව ත්, ආශ්වාදය පිළිබඳ ව ත්, ආදීනවය පිළිබඳ ව ත්, නිස්සරණය හෙවත් එයින් නිදහස් වීම පිළිබඳ ව ත් ඇත්ත ඇති සැටියෙන් දනියි. මෙසේ භවයන්ගේ හටගැනීම ත්, නැසීයාම ත්, ආශ්වාදය ත්, ආදීනවය ත්, නිස්සරණය ත් ඒ වූ සැටියෙන් ම දැනීම නිසා ඔහු තුළ භවයන් පිළිබඳ ව යම් භවරාගයක් ඇද්ද, භවයෙන් සතුටු වීමක් ඇද්ද, භවයන් කෙරෙහි බැඳීමක් ඇද්ද, භවයන්හි මුසපත් වීමක් ඇද්ද, භව පිපාසයක් ඇද්ද, භව දාහයක් ඇද්ද, භවය තුළ ම බැසගැනීමක් ඇද්ද, භව තණ්හාවක් ඇද්ද, එය නොපවත්වයි. මහණෙනි, මෙය භවයෝගවිසංයෝගය යැයි කියනු ලැබේ.

3. මහණෙනි, දිට්ඨියෝගවිසංයෝගය යනු කුමක්ද? මහණෙනි, මෙහිලා කෙනෙක් දෘෂ්ටීන්ගේ හටගැනීම පිළිබඳ ව ත්, නැසීයාම පිළිබඳ ව ත්, ආශ්වාදය පිළිබඳ ව ත්, ආදීනවය පිළිබඳ ව ත්, නිස්සරණය හෙවත් එයින් නිදහස් වීම

පිළිබඳ ව ත් ඇත්ත ඇති සැටියෙන් දනියි. මෙසේ දෘෂ්ටීන්ගේ හටගැනීම ත්, නැසීයාම ත්, ආශ්වාදය ත්, ආදීනවය ත්, නිස්සරණය ත් ඒ වූ සැටියෙන් ම දැනීම නිසා ඔහු තුළ දෘෂ්ටීන් පිළිබඳ ව යම් දෘෂ්ටිරාගයක් ඇද්ද, දෘෂ්ටියෙන් සතුටු වීමක් ඇද්ද, දෘෂ්ටීන් කෙරෙහි බැඳීමක් ඇද්ද, දෘෂ්ටීන්හි මුසපත් වීමක් ඇද්ද, දෘෂ්ටි පිපාසයක් ඇද්ද, දෘෂ්ටි දාහයක් ඇද්ද, දෘෂ්ටි තුළ ම බැසගැනීමක් ඇද්ද, දෘෂ්ටි තණ්හාවක් ඇද්ද, එය නොපවත්වයි. මහණෙනි, මෙය දිට්ඨියෝග විසංයෝගය යැයි කියනු ලැබේ.

4. මහණෙනි, අවිජ්ජායෝගවිසංයෝගය යනු කුමක්ද? මහණෙනි, මෙහිලා කෙනෙක් සය වැදෑරුම් ස්පර්ශ ආයතනයන්ගේ හටගැනීම පිළිබඳ ව ත්, නැසීයාම පිළිබඳ ව ත්, ආශ්වාදය පිළිබඳ ව ත්, ආදීනවය පිළිබඳ ව ත්, නිස්සරණය හෙවත් එයින් නිදහස් වීම පිළිබඳ ව ත් ඇත්ත ඇති සැටියෙන් දනියි. මෙසේ සය වැදෑරුම් ස්පර්ශ ආයතනයන්ගේ හටගැනීම ත්, නැසීයාම ත්, ආශ්වාදය ත්, ආදීනවය ත්, නිස්සරණය ත් ඒ වූ සැටියෙන් ම දැනීම නිසා ඔහු තුළ සය වැදෑරුම් ස්පර්ශ ආයතනයන් පිළිබඳ ව යම් අවිද්‍යාවක් ඇද්ද එය නොපවත්වයි. මහණෙනි, මෙය අවිජ්ජායෝගවිසංයෝගය යැයි කියනු ලැබේ.

පාපී අකුසල ධර්මයන්ගෙන් ද, සිත කිළුටු කරන කරුණෙන් ද, පුනර්භවයක් ඇති කරන කරුණෙන් ද, පීඩා දුක් උපදවන කරුණෙන් ද, නැවත නැවත ඉපදීම් ජරා මරණ ආදියෙහි පමුණුවන කරුණෙන් ද යන මේ කරුණු වලින් වෙන් වූ තැනැත්තාට 'යෝගක්ඛේමී' යැයි කියනු ලැබේ.

මහණෙනි, කාමයෝගවිසංයෝගය හෙවත් පංච කාමයෙහි යෙදී සිටීමෙන් වෙන්වීම, භවයෝගවිසංයෝගය හෙවත් භවයන්හි යෙදී සිටීමන් වෙන්වීම, දිට්ඨියෝගවිසංයෝගය හෙවත් දෘෂ්ටි ග්‍රහණයෙහි යෙදී සිටීමෙන් වෙන්වීම, අවිජ්ජායෝගවිසංයෝගය හෙවත් අවිද්‍යාවෙහි යෙදී සිටීමෙන් වෙන්වීම යනු මෙය යි.

(ගාථා)

1. කාමයෝගයන් හා එක් වී සිටින්නා වූ ත්, භවයෝගය හා එක් වී සිටින්නා වූ ත්, දෘෂ්ටියෝගය හා එක් වී සිටින්නා වූ ත්, අවිද්‍යාව පෙරටු කොට සිටින්නා වූ ත් සත්වයෝ ඉපදෙන මැරෙන දුක් සහිත සසරට ම යති.

2. යම් කෙනෙක් කාමයන් පිරිසිඳ දැන සියලු භවයෝගය ත් අවබෝධ කොට, දෘෂ්ටි යෝගයන් මුලින් ම උදුරා දමා අවිද්‍යාව අත්හැර සියලු යෝගයන් ගෙන් වෙන් වී වසත් ද, ඔවුහු ඒකාන්තයෙන් ම කාමාදී

යෝගයන් ඉක්මවා ගිය මුනිවරයෝ ය.

සාදු! සාදු!! සාදු!!!

යෝග සූත්‍රය නිමා විය.

පළමුවෙනි භණ්ඩගාම වර්ගය අවසන් විය.

- එහි පිළිවෙල උද්දානයයි :

අනුබුද්ධ සූත්‍රය, පපතිත සූත්‍රය, ඛත සූත්‍ර දෙක, පස්වෙනි අනුසෝත සූත්‍රය, අප්පස්සුත සූත්‍රය, සෝභෙන්ති සූත්‍රය, වේසාරජ්ජ සූත්‍රය, තණ්හා සූත්‍රය සහ යෝග සූත්‍රය වශයෙන් මෙහි සූත්‍ර දශයෙකි.

2. චර වර්ගය

4.1.2.1.
චරන්ත සූත්‍රය
ඇවිදීම ගැන වදාළ දෙසුම

සැවැත් නුවර දී ය ....

1. ඉදින් මහණෙනි, ඇවිදිමින් සිටින භික්ෂුවකට ත් කාම විතර්කයක් හෝ ව්‍යාපාද විතර්කයක් හෝ විහිංසා විතර්කයක් හෝ උපදින්නේ ය. එවිට ඒ භික්ෂුව එම විතර්කය ඉවසයි. දුරු නොකරයි. බැහැරට නොහරියි. අභාවයට පත් නොකරයි. මහණෙනි, ඇවිදිමින් සිටින මෙබඳු වූ භික්ෂුව කෙලෙස් තවන වීරියෙන් තොර වූයේ, අකුසලයට භය නොවූයේ, හැමවිට නිරතුරු ව කුසීත වූයේ, හීන වූ වීරිය ඇත්තේ යැයි කියනු ලැබේ.

2. ඉදින් මහණෙනි, සිටගෙන සිටින භික්ෂුවකට ත් කාම විතර්කයක් හෝ ව්‍යාපාද විතර්කයක් හෝ විහිංසා විතර්කයක් හෝ උපදින්නේ ය. එවිට ඒ භික්ෂුව එම විතර්කය ඉවසයි. දුරු නොකරයි. බැහැරට නොහරියි. අභාවයට පත් නොකරයි. මහණෙනි, සිටගෙන සිටින මෙබඳු වූ භික්ෂුව කෙලෙස් තවන වීරියෙන් තොර වූයේ, අකුසලයට භය නොවූයේ, හැමවිට නිරතුරු ව කුසීත වූයේ, හීන වූ වීරිය ඇත්තේ යැයි කියනු ලැබේ.

3. ඉදින් මහණෙනි, වාඩි වී සිටින භික්ෂුවකට ත් කාම විතර්කයක් හෝ ව්‍යාපාද විතර්කයක් හෝ විහිංසා විතර්කයක් හෝ උපදින්නේ ය. එවිට ඒ භික්ෂුව එම විතර්කය ඉවසයි. දුරු නොකරයි. බැහැරට නොහරියි. අභාවයට පත් නොකරයි. මහණෙනි, වාඩි වී සිටින මෙබඳු වූ භික්ෂුව කෙලෙස් තවන වීරියෙන් තොර වූයේ, අකුසලයට භය නොවූයේ, හැමවිට නිරතුරු ව කුසීත වූයේ, හීන වූ වීරිය ඇත්තේ යැයි කියනු ලැබේ.

4. ඉදින් මහණෙනි, සැතපී නිදිවරමින් සිටින භික්ෂුවකට ත් කාම විතර්කයක් හෝ ව්‍යාපාද විතර්කයක් හෝ විහිංසා විතර්කයක් හෝ උපදින්නේ ය. එවිට ඒ භික්ෂුව එම විතර්කය ඉවසයි. දුරු නොකරයි. බැහැරට නොහරියි. අභාවයට පත් නොකරයි. මහණෙනි, සැතපී නිදිවරා සිටින මෙබඳු වූ භික්ෂුව කෙලෙස් තවන වීරියෙන් තොර වූයේ, අකුසලයට භය නොවූයේ, හැමවිට නිරතුරු ව කුසීත වූයේ, හීන වූ වීරිය ඇත්තේ යැයි කියනු ලැබේ.

1. ඉදින් මහණෙනි, ඇවිදිමින් සිටින භික්ෂුවකට ත් කාම විතර්කයක් හෝ ව්‍යාපාද විතර්කයක් හෝ විහිංසා විතර්කයක් හෝ උපදින්නේ ය. එවිට ඒ භික්ෂුව එම විතර්කය නොඉවසයි. දුරු කරයි. බැහැරට හරියි. අභාවයට පමුණුවයි. මහණෙනි, ඇවිදිමින් සිටින මෙබඳු වූ භික්ෂුව කෙලෙස් තවන වීරියෙන් යුතු වූයේ, අකුසලයට භය වූයේ, හැමවිට නිරතුරු ව පටන් ගත් වීරිය ඇත්තේ, දහමට දිවි පුදා වසන්නේ යැයි කියනු ලැබේ.

2. ඉදින් මහණෙනි, සිටගෙන සිටින භික්ෂුවකට ත් කාම විතර්කයක් හෝ ව්‍යාපාද විතර්කයක් හෝ විහිංසා විතර්කයක් හෝ උපදින්නේ ය. එවිට ඒ භික්ෂුව එම විතර්කය නොඉවසයි. දුරු කරයි. බැහැරට හරියි. අභාවයට පමුණුවයි. මහණෙනි, සිටගෙන සිටින මෙබඳු වූ භික්ෂුව කෙලෙස් තවන වීරියෙන් යුතු වූයේ, අකුසලයට භය වූයේ, හැමවිට නිරතුරු ව පටන් ගත් වීරිය ඇත්තේ, දහමට දිවි පුදා වසන්නේ යැයි කියනු ලැබේ.

3. ඉදින් මහණෙනි, වාඩි වී සිටින භික්ෂුවකට ත් කාම විතර්කයක් හෝ ව්‍යාපාද විතර්කයක් හෝ විහිංසා විතර්කයක් හෝ උපදින්නේ ය. එවිට ඒ භික්ෂුව එම විතර්කය නොඉවසයි. දුරු කරයි. බැහැරට හරියි. අභාවයට පමුණුවයි. මහණෙනි, වාඩි වී සිටින මෙබඳු වූ භික්ෂුව කෙලෙස් තවන වීරියෙන් යුතු වූයේ, අකුසලයට භය වූයේ, හැමවිට නිරතුරු ව පටන් ගත් වීරිය ඇත්තේ, දහමට දිවි පුදා වසන්නේ යැයි කියනු ලැබේ.

4. ඉදින් මහණෙනි, සැතැපී නිදිවරමින් සිටින භික්ෂුවකට ත් කාම විතර්කයක් හෝ ව්‍යාපාද විතර්කයක් හෝ විහිංසා විතර්කයක් හෝ උපදින්නේ ය. එවිට ඒ භික්ෂුව එම විතර්කය නොඉවසයි. දුරු කරයි. බැහැරට හරියි. අභාවයට පමුණුවයි. මහණෙනි, සැතැපී නිදිවරමින් සිටින මෙබඳු වූ භික්ෂුව කෙලෙස් තවන වීරියෙන් යුතු වූයේ, අකුසලයට භය වූයේ, හැමවිට නිරතුරු ව පටන් ගත් වීරිය ඇත්තේ, දහමට දිවි පුදා වසන්නේ යැයි කියනු ලැබේ.

(ගාථා)

1. යම් භික්ෂුවක් ඇවිදින විට හෝ සිටගෙන සිටිද්දී හෝ වාඩි වී සිටිනා විට හෝ සයනය කොට සිටිද්දී හෝ කාම නිශ්‍රිත වූ ලාමක පාපී අකුසල විතර්කයන් විතර්ක කරයි නම්,

2. නොමගක ගමන් කරන, මෝහනීය අරමුණුවල මුසපත් වූ එබඳු වූ භික්ෂුව උතුම් අරහත්වය පසක් කරන්නට සුදුස්සෙක් නොවෙයි.

3. යම් භික්ෂුවක් ඇවිදින විට හෝ සිටගෙන සිටින විට හෝ වාඩි වී සිටින විට හෝ සැතැපී සිටින විට හෝ අකුසල විතර්කයන් සංසිඳුවාගෙන, ඒ අකුසල විතර්කයන්ගේ සංසිඳීම කෙරෙහි ඇලී වසයි ද, එබඳු වූ භික්ෂුව උතුම් අරහත්වය පසක් කරන්නට සුදුස්සෙකි.

සාදු! සාදු!! සාදු!!!

චරන්ත සූත්‍රය නිමා විය.

4.1.2.2.
සීල සූත්‍රය
සීලය මුල්කොට වදාළ දෙසුම

මහණෙනි, සීල සම්පන්න ව, ප්‍රාතිමෝක්ෂ සම්පන්න ව වසව්. ප්‍රාතිමෝක්ෂ සංවරයෙන් සංවර ව, යහපත් ඇවතුම් පැවතුම් ඇතිව, අණුමාත්‍ර වූ වරදෙහි ත් බිය දකිමින් වසව්. ශික්ෂාපදයන් සමාදන් ව හික්මෙව්. මහණෙනි, සීල සම්පන්න ව, ප්‍රාතිමෝක්ෂ සම්පන්න ව වසන්නා වූ, ප්‍රාතිමෝක්ෂ සංවරයෙන් සංවර ව, යහපත් ඇවතුම් පැවතුම් ඇතිව, අණුමාත්‍ර වරදෙහි ත් බිය දකිමින් වසන්නා වූ සික පදයන්හි සමාදන් ව හික්මෙන්නා වූ ඔබ විසින් ඉන්පසු කළ යුත්තේ කුමක් ද?

1. මහණෙනි, ඇවිදිමින් සිටින භික්ෂුවක් හට ද ලෝභය ත් ව්‍යාපාදය ත් දුරුවූයේ නම්, නිදිමත හා අලස බව ත්, සිතේ විසිරීම හා පසුතැවීම ත්, සැකය ත් ප්‍රහාණය වූයේ නම්, නොහැකිළුණු වීරිය අරඹන ලද්දේ නම්, පිහිටුවාගත් සිහිය නොමුලා ව තිබේ නම්, පීඩා රහිත වූ සංසිඳුණු කයක් ඇත්තේ නම්, සමාහිත වූ එකඟ සිතක් ඇත්තේ නම්, මහණෙනි, මෙබඳු වූ භික්ෂුව ඇවිදින්නේ නමුදු කෙලෙස් තවන වීරියෙන් යුතු වූයේ, අකුසලයට බිය ඇත්තේ හැමවිට නිරතුරු පටන් ගත් වීරිය ඇත්තේ දහමට දිවි පුදා සිටින්නේ යැයි කියනු ලැබේ.

2. මහණෙනි, සිටගෙන සිටින භික්ෂුවක් හට ද ලෝභය ත් ව්‍යාපාදය ත් දුරුවූයේ නම්, නිදිමත හා අලස බව ත්, සිතේ විසිරීම හා පසුතැවීම ත්, සැකය ත් ප්‍රහාණය වූයේ නම්, නොහැකිළුණු වීරිය අරඹන ලද්දේ නම්, පිහිටුවාගත් සිහිය නොමුලා ව තිබේ නම්, පීඩා රහිත වූ සංසිඳුණු කයක් ඇත්තේ නම්, සමාහිත වූ එකග සිතක් ඇත්තේ නම්, මහණෙනි, මෙබඳු වූ භික්ෂුව සිටගෙන සිටින්නේ නමුදු කෙලෙස් තවන වීරියෙන් යුතු වූයේ, අකුසලයට බිය ඇත්තේ හැමවිට නිරතුරු පටන් ගත් වීරිය ඇත්තේ දහමට දිවි පුදා සිටින්නේ යැයි කියනු ලැබේ.

3. මහණෙනි, වාඩි වී සිටින භික්ෂුවක් හට ද ලෝභය ත් ව්‍යාපාදය ත් දුරුවූයේ නම්, නිදිමත හා අලස බව ත්, සිතේ විසිරීම හා පසුතැවීම ත්, සැකය ත් ප්‍රහාණය වූයේ නම්, නොහැකිළුණු වීරිය අරඹන ලද්දේ නම්, පිහිටුවාගත් සිහිය නොමුලා ව තිබේ නම්, පීඩා රහිත වූ සංසිඳුණු කයක් ඇත්තේ නම්, සමාහිත වූ එකග සිතක් ඇත්තේ නම්, මහණෙනි, මෙබඳු වූ භික්ෂුව වාඩි වී සිටින්නේ නමුදු කෙලෙස් තවන වීරියෙන් යුතු වූයේ, අකුසලයට බිය ඇත්තේ හැමවිට නිරතුරු පටන් ගත් වීරිය ඇත්තේ දහමට දිවි පුදා සිටින්නේ යැයි කියනු ලැබේ.

4. මහණෙනි, සැතැපී නිදි වරා සිටින භික්ෂුවක් හට ද ලෝභය ත් ව්‍යාපාදය ත් දුරුවූයේ නම්, නිදිමත හා අලස බව ත්, සිතේ විසිරීම හා පසුතැවීම ත්, සැකය ත් ප්‍රහාණය වූයේ නම්, නොහැකිළුණු වීරිය අරඹන ලද්දේ නම්, පිහිටුවාගත් සිහිය නොමුලා ව තිබේ නම්, පීඩා රහිත වූ සංසිඳුණු කයක් ඇත්තේ නම්, සමාහිත වූ එකග සිතක් ඇත්තේ නම්, මහණෙනි, මෙබඳු වූ භික්ෂුව සැතැපී නිදි වරා සිටින්නේ නමුදු කෙලෙස් තවන වීරියෙන් යුතු වූයේ, අකුසලයට බිය ඇත්තේ හැමවිට නිරතුරු පටන් ගත් වීරිය ඇත්තේ දහමට දිවි පුදා සිටින්නේ යැයි කියනු ලැබේ.

(ගාථා)

1. ඇවිදින විට ත් හික්මී සිටින්නේ වෙයි. සිටින විට ත් හික්මී සිටින්නේ වෙයි. හිඳින විට ත් හික්මී සිටින්නේ වෙයි. සැතැපෙන විට ත් හික්මී සිටින්නේ වෙයි. ඒ භික්ෂුව අතපය හකුලන විට ත් හික්මී සිටින්නේ වෙයි. දිගහරින විට ත් හික්මී සිටින්නේ වෙයි.

2. යම් භික්ෂුවක් උඩ, මැද, යට ආදී ලෝකයෙහි යම්තාක් ගති ඇද්ද, ඒ සියළු ආකාර පංච උපාදානස්කන්ධයන් පිළිබඳ ව හටගැනීම ත්, නැසීම ත් සම සේ දකින්නේ වෙයි.

3. හැමකල්හී සිහියෙන් යුතු සිතෙහි සංසිඳීමට යෝග්‍ය වූ ප්‍රතිපදාවෙහි හික්මෙන එබඳු වූ භික්ෂුව නිරතුරුව ම දහමට දිවි පුදා සිටින්නේ යැයි කියනු ලැබේ.

සාදු! සාදු!! සාදු!!!

සීල සූත්‍රය නිමා විය.

4.1.2.3.
පධාන සූත්‍රය
ප්‍රධන් වීර්යය ගැන වදාළ දෙසුම

මහණෙනි, මේ සම්‍යක් ප්‍රධන් වීර්යයෝ සතරකි. ඒ කවර සතරක් ද යත්;

1. මහණෙනි, මෙහිලා භික්ෂුව නූපන් පාපී අකුසල් නූපදවීම පිණිස කැමැත්ත උපදවයි. වෑයම් කරයි. වීරිය අරඹයි. සිත දැඩිකොට ගනියි. බලවත් උත්සාහයක යෙදෙයි.

2. උපන් පාපී අකුසල් ප්‍රහාණය කිරීම පිණිස කැමැත්ත උපදවයි. වෑයම් කරයි. වීරිය අරඹයි. සිත දැඩිකොට ගනියි. බලවත් උත්සාහයක යෙදෙයි.

3. නූපන් කුසල් ඉපිදවීම පිණිස කැමැත්ත උපදවයි. වෑයම් කරයි. වීරිය අරඹයි. සිත දැඩිකොට ගනියි. බලවත් උත්සාහයක යෙදෙයි.

4. උපන් කුසල් දහම් දිගට ම පැවැත්වීම පිණිස ත්, එහි නොමුලා බව පිණිස ත්, බොහෝ සෙයින් දියුණු වීම පිණිස ත්, විපුල බව පිණිස ත්, නැවත නැවත දියුණු කොට පිරිපුන් බවට පත් කිරීම පිණිස ත් කැමැත්ත උපදවයි. වෑයම් කරයි. වීරිය අරඹයි. සිත දැඩිකොට ගනියි. බලවත් උත්සාහයක යෙදෙයි.

(ගාථා)

1. සම්‍යක් ප්‍රධන් වීර්යයෙන් යුතුව මාරයාගේ බලපෑම මැඩගෙන සිටින ඒ රහතන් වහන්සේලා ඉපදෙන මැරෙන භයෙන් එතෙරට ගියාහු ය. උන්වහන්සේලා සේනා සහිත මරු දිනා සතුටින් සිටිති. උන්වහන්සේලා තෘෂ්ණා නැත්තෝ ය. සියළු මාර බලය ඉක්මවා ගොස් සිටින ඒ රහතන්

වහන්සේලා සැප සේ වසන්නෝ ය.

සාදු! සාදු!! සාදු!!!

පධාන සූත්‍රය නිමා විය.

4.1.2.4.
සංවරප්පධාන සූත්‍රය
ප්‍රධන් වීර්යය ගැන වදාළ දෙසුම

මහණෙනි, ප්‍රධන් වීර්යයෝ සතරකි. කවර සතරක් ද යත්; සංවරප්පධාන ය, පහාණප්පධාන ය, භාවනාප්පධාන ය, අනුරක්ඛණප්පධාන ය වශයෙනි.

1. මහණෙනි, සංවරප්පධානය යනු කුමක් ද? මහණෙනි, මෙහිලා භික්ෂුව ඇසින් රූපයක් දැක එහි සළකුණු සිතට නොගනියි. එම රූපයෙහි අනුකොටසක වත් සළකුණු සිතට නොගනියි. ඇස නම් වූ ඉන්ද්‍රිය අසංවර ව වාසය කිරීම හේතුවෙන් ලෝභ, ද්වේෂ ආදී පාපී අකුසල් තමා ව ලුහු බැඳ එයි නම් එබඳු වූ දෙය කරා නොයනු පිණිස ඇස සංවර වීමට පිළිපදියි. ඇස නම් වූ ඉන්ද්‍රිය රකියි. ඇස නම් වූ ඉන්ද්‍රියෙහි සංවරයට පැමිණෙයි. කනෙන් ශබ්දයක් අසා ....(පෙ).... නාසයෙන් ගඳ සුවඳ ආඝ්‍රාණය කොට ....(පෙ).... දිවෙන් රස විඳ ....(පෙ).... කයෙන් පහස ලබා ....(පෙ).... මනසින් අරමුණක් සිතා එහි සළකුණු සිතට නොගනියි. එම අරමුණෙහි අනුකොටසක වත් සළකුණු සිතට නොග නියි. මනස නම් වූ ඉන්ද්‍රිය අසංවර ව වාසය කිරීම හේතුවෙන් ලෝභ, ද්වේෂ ආදී පාපී අකුසල් තමා ව ලුහු බැඳ එයි නම් එබඳු වූ දෙය කරා නොයනු පිණිස මනස සංවර වීමට පිළිපදියි. මනස නම් වූ ඉන්ද්‍රිය රකියි. මනස නම් වූ ඉන්ද්‍රියෙහි සංවරයට පැමිණෙයි. මහණෙනි, මෙය සංවරප්පධාන යැයි කියනු ලැබේ.

2. මහණෙනි, පහාණප්පධාන යනු කුමක් ද? මහණෙනි, මෙහිලා භික්ෂුව උපන් කාම විතර්කය නොඉවසයි, බැහැර කරයි, දුරු කරයි, නැති කරයි, අභාවයට පත් කරයි. උපන් ව්‍යාපාද විතර්කය ....(පෙ).... උපන් විහිංසා විතර්කය ....(පෙ).... උපනුපන් පාපී අකුසල් නොඉවසයි, බැහැර කරයි, දුරු කරයි, නැති කරයි, අභාවයට පත් කරයි. මහණෙනි, මෙය පහාණප්පධාන යැයි කියනු ලැබේ.

3. මහණෙනි, භාවනාප්පධාන යනු කුමක් ද? මහණෙනි, මෙහිලා භික්ෂුව කාය චිත්ත විවේකයෙන් යුතු වූ, නොඇල්මෙන් යුතු වූ, ඇල්ම නිරුද්ධ කරන සිතින් යුතුව, නිවනට නැඹුරු වූ සිතින් යුතුව සති සම්බොජ්ඣංගය දියුණු කරයි. ධම්මවිචය සම්බොජ්ඣංගය දියුණු කරයි. ....(පෙ).... විරිය සම්බොජ්ඣංගය දියුණු කරයි. ....(පෙ).... පීති සම්බොජ්ඣංගය දියුණු කරයි. ....(පෙ).... පස්සද්ධි සම්බොජ්ඣංගය දියුණු කරයි. ....(පෙ).... සමාධි සම්බොජ්ඣංගය දියුණු කරයි. කාය චිත්ත විවේකයෙන් යුතු වූ, නොඇල්මෙන් යුතු වූ, ඇල්ම නිරුද්ධ කරන සිතින් යුතුව, නිවනට නැඹුරු වූ සිතින් යුතුව උපෙක්ඛා සම්බොජ්ඣංගය දියුණු කරයි. මහණෙනි, මෙය භාවනාප්පධාන යැයි කියනු ලැබේ.

4. මහණෙනි, අනුරක්ඛණප්පධාන යනු කුමක් ද? මහණෙනි, මෙහිලා භික්ෂුව තමා තුළ උපන් සොඳුරු සමාධි නිමිත්ත ආරක්ෂා කර ගනියි. එනම් අට්ඨික සංඥාව ය, පුලවක සංඥාව ය, විනීලක සංඥාව ය, විපුබ්බක සංඥාව ය, විච්ඡිද්දක සංඥාව ය, උද්ධුමාතක සංඥාව ය. මහණෙනි, මෙය අනුරක්ඛණප්පධාන යැයි කියනු ලැබේ.

මහණෙනි, මේවා සතර ප්‍රධන් වීර්යයෝ ය.

(ගාථා)

1. සංවරප්පධාන ය, පහාණප්පධාන ය, භාවනාප්පධාන ය, අනුරක්ඛණප්පධාන ය යන මේ ප්‍රධන් වීර්යයෝ සතර දෙන ආදිච්ච බන්ධු වූ භාග්‍යවතුන් වහන්සේ විසින් දෙසන ලද්දාහ. මේ සසුනෙහි භික්ෂුව කෙලෙස් තවන වීර්යය ඇතිව යම් ප්‍රධන් වීර්යය සතරකින් යුක්ත වූයේ වෙයි ද, දුකේ ක්ෂය වීම වූ නිවනට පැමිණෙන්නේ ය.

සාදු! සාදු!! සාදු!!!

සංවරප්පධාන සූත්‍රය නිමා විය.

4.1.2.5.
අග්ගපඤ්ඤත්ති සූත්‍රය
අග්‍ර පැණවීම් ගැන වදාළ දෙසුම

මහණෙනි, මේ අග්‍ර පැණවීම් සතරකි. ඒ කවර සතරක් ද යත්;

1. මහණෙනි, යම් මේ රාහු අසුරේන්ද්‍ර තෙමේ වෙයි ද, මෙතෙමේ ආත්මභාව ලාභීන් අතුරෙන් අග්‍ර වෙයි.

2. මහණෙනි, යම් මේ මහාමන්ධාතු නම් රජෙක් වෙයි ද, මෙතෙමේ කාමභෝගීන් අතුරෙන් අග්‍ර වෙයි.

3. මහණෙනි, යම් මේ පාපී වූ මාර තෙමේ වෙයි ද, මෙතෙමේ ලොවෙහි අධිපති බව දරන්නවුන් අතුරෙන් අග්‍ර වෙයි.

4. මහණෙනි, දෙවියන් සහිත වූ මරුන් සහිත වූ බඹුන් සහිත වූ ශ්‍රමණ බ්‍රාහ්මණයන් සහිත වූ දෙව් මිනිස් ප්‍රජාවෙන් යුතු ලෝකයෙහි තථාගත අරහත් සම්මා සම්බුදුරජාණන් වහන්සේ අග්‍ර යැයි කියනු ලැබේ.

මහණෙනි, මේ වනාහී සතරක් වූ අග්‍ර ප්‍රඥප්තියෝ ය.

(ගාථා)

1. ආත්මභාවීන් අතුරෙන් රාහු අසුරේන්ද්‍ර තෙමේ අග්‍ර වෙයි. කාමභෝගීන් අතුරෙන් මන්ධාතු සක්විති රජතෙමේ අග්‍ර වෙයි. ආධිපත්‍ය දරන්නවුන් අතුරෙන් මහා පරිවාර ඉර්ධියෙන් යුතු, කීර්තියෙන් යුතුව බබලන මාරයා අග්‍ර වෙයි.

2. උඩ, මැද, යට යම්තාක් ලෝකයෙහි ගති ඇද්ද, දෙවියන් සහිත ලෝකයෙහි බුදුරජාණන් වහන්සේ අග්‍ර යැයි කියනු ලැබේ.

සාදු! සාදු!! සාදු!!!

අග්ගපඤ්ඤත්ති සූත්‍රය නිමා විය.

4.1.2.6.
සෝබ්භම්ම සූත්‍රය
සියුම් බව ගැන වදාළ දෙසුම

මහණෙනි, සියුම් ස්වභාවයන් අවබෝධ කරන ඥාන සතරකි. ඒ කවර සතරක් ද යත්;

1. මහණෙනි, මෙහිලා භික්ෂුව ඉතා උසස් අයුරින් රූපයෙහි ඇති සියුම්

ස්වභාවයන් දක්නා ඥානයෙන් යුතු වෙයි. රූපයන් පිළිබඳ සියුම් ව දකිනා ඒ ඥානයට වඩා උත්තරීතර වූ හෝ ප්‍රණීතතර වූ හෝ වෙනත් රූප සූක්ෂම බවක් නොදකියි. රූපයන් පිළිබඳ ව සියුම් ව දකිනා එම ඥානයෙන් උත්තරීතර වූ ප්‍රණීතතර වූ හෝ වෙනත් රූප සූක්ෂම බවක් නොපතයි.

2. මහණෙනි, භික්ෂුව ඉතා උසස් අයුරින් විඳීමෙහි ඇති සියුම් ස්වභාවයන් දක්නා ඥානයෙන් යුතු වෙයි. විඳීම් පිළිබඳ සියුම් ව දකිනා ඒ ඥානයට වඩා උත්තරීතර වූ හෝ ප්‍රණීතතර වූ හෝ වෙනත් විඳීමක සූක්ෂම බවක් නොදකියි. විඳීම් පිළිබඳ ව සියුම් ව දකිනා එම ඥානයෙන් උත්තරීතර වූ ප්‍රණීතතර වූ හෝ වෙනත් විඳීමක සූක්ෂම බවක් නොපතයි.

3. මහණෙනි, භික්ෂුව ඉතා උසස් අයුරින් සංඥාවෙහි ඇති සියුම් ස්වභාවයන් දක්නා ඥානයෙන් යුතු වෙයි. සංඥාවන් පිළිබඳ සියුම් ව දකිනා ඒ ඥානයට වඩා උත්තරීතර වූ හෝ ප්‍රණීතතර වූ හෝ වෙනත් සංඥා සූක්ෂම බවක් නොදකියි. සංඥාවන් පිළිබඳ ව සියුම් ව දකිනා එම ඥානයෙන් උත්තරීතර වූ ප්‍රණීතතර වූ හෝ වෙනත් සංඥා සූක්ෂම බවක් නොපතයි.

4. මහණෙනි, භික්ෂුව ඉතා උසස් අයුරින් සංස්කාරයන්හි ඇති සියුම් ස්වභාවයන් දක්නා ඥානයෙන් යුතු වෙයි. සංස්කාරයන් පිළිබඳ සියුම් ව දකිනා ඒ ඥානයට වඩා උත්තරීතර වූ හෝ ප්‍රණීතතර වූ හෝ වෙනත් සංස්කාර සූක්ෂම බවක් නොදකියි. සංස්කාරයන් පිළිබඳ ව සියුම් ව දකිනා එම ඥානයෙන් උත්තරීතර වූ ප්‍රණීතතර වූ හෝ වෙනත් සංස්කාර සූක්ෂම බවක් නොපතයි.

මහණෙනි, මේ වනාහී සියුම් ස්වභාවයන් අවබෝධ කරන ඥාන සතරයි.

(ගාථා)

1. රූප උපාදානස්කන්ධයන්ගේ ඇති සියුම් ස්වභාවය අවබෝධ කොට, වේදනාවන්ගේ හටගැනීමෙහි ඇති සියුම් බව ත් අවබෝධ කොට, යම් කරුණකින් සංඥාව උපදියි ද, යම් තැනක නිරුද්ධ වෙයි ද, එය ත් අවබෝධ කොට,

2. සංස්කාරයන් අනුන් අයත් දෙයක් වශයෙන් අවබෝධ කොට, දුක් වශයෙන් අවබෝධ කොට, ආත්ම වශයෙන් නොගෙන, මැනැවින් පංච උපදාන ස්කන්ධය දකිනා භික්ෂුව ශාන්ත වූයේ, ශාන්ත නිවනෙහි ඇළුණේ වෙයි. සේනා සහිත මරු දිනූ ඒ භික්ෂුව ඒකාන්තයෙන් ම අන්තිම සිරුර දරන්නේ වෙයි.

සාදු! සාදු!! සාදු!!!

සෝබ්භන සූත්‍රය නිමා විය.

4.1.2.7.
අගති සූත්‍රය
අගතියට යාම ගැන වදාළ දෙසුම

මහණෙනි, අගතියට යන මේ කරුණු සතරකි. ඒ කවර සතරක් ද යත්;

කැමැත්ත හේතුවෙන් අගතියට යයි. ද්වේෂය හේතුවෙන් අගතියට යයි. මුලාව හේතුවෙන් අගතියට යයි. භය හේතුවෙන් අගතියට යයි.

මහණෙනි, මේ වනාහී සතරක් වූ අගතියට යෑම් ය.

(ගාථා)

1. යමෙක් කැමැත්ත හේතුවෙනුත්, ද්වේෂය හේතුවෙනුත්, භය හේතුවෙනුත්, මෝහය හේතුවෙනුත් සත්පුරුෂ ධර්මය ඉක්මවා යයි ද, කළුවර පක්ෂයෙහි සඳක් මෙන් ඔහුගේ කීර්තිය පිරිහී යයි.

සාදු! සාදු!! සාදු!!!

අගති සූත්‍රය නිමා විය.

4.1.2.7.
නාගති සූත්‍රය
අගතියට නොයාම ගැන වදාළ දෙසුම

මහණෙනි, අගතියට නොයන මේ කරුණු සතරකි. ඒ කවර සතරක් ද යත්;

කැමැත්ත හේතුවෙන් අගතියට නොයයි. ද්වේෂය හේතුවෙන් අගතියට නොයයි. මුලාව හේතුවෙන් අගතියට නොයයි. භය හේතුවෙන් අගතියට නොයයි.

මහණෙනි, මේ වනාහී සතරක් වූ අගතියට නොයෑම් ය.

(ගාථා)

1. යමෙක් කැමැත්ත හේතුවෙනුත්, ද්වේෂය හේතුවෙනුත්, භය හේතුවෙනුත්, මෝහය හේතුවෙනුත් සත්පුරුෂ ධර්මය ඉක්මවා නොයයි ද, මෝරන පක්ෂයෙහි සඳක් මෙන් ඔහුගේ කීර්තිය පැතිරී යයි.

සාදු! සාදු!! සාදු!!!

නාගති සූත්‍රය නිමා විය.

4.1.2.9.
අගතිනාගති සූත්‍රය
අගතියට යාම ත්, නොයාම ත් ගැන වදාළ දෙසුම

මහණෙනි, අගතියට යන මේ කරුණු සතරකි. ඒ කවර සතරක් ද යත්;

කැමැත්ත හේතුවෙන් අගතියට යයි. ද්වේෂය හේතුවෙන් අගතියට යයි. මුලාව හේතුවෙන් අගතියට යයි. භය හේතුවෙන් අගතියට යයි.

මහණෙනි, මේ වනාහී සතරක් වූ අගතියට යෑම් ය.

මහණෙනි, අගතියට නොයන මේ කරුණු සතරකි. ඒ කවර සතරක් ද යත්;

කැමැත්ත හේතුවෙන් අගතියට නොයයි. ද්වේෂය හේතුවෙන් අගතියට නොයයි. මුලාව හේතුවෙන් අගතියට නොයයි. භය හේතුවෙන් අගතියට නොයයි.

මහණෙනි, මේ වනාහී සතරක් වූ අගතියට නොයෑම් ය.

(ගාථා)

1. යමෙක් කැමැත්ත හේතුවෙනුත්, ද්වේෂය හේතුවෙනුත්, භය හේතුවෙනුත්, මෝහය හේතුවෙනුත් සත්පුරුෂ ධර්මය ඉක්මවා යයි ද, කළුවර පක්ෂයෙහි සඳක් මෙන් ඔහුගේ කීර්තිය පිරිහී යයි.

2. යමෙක් කැමැත්ත හේතුවෙනුත්, ද්වේෂය හේතුවෙනුත්, භය හේතුවෙනුත්, මෝහය හේතුවෙනුත් සත්පුරුෂ ධර්මය ඉක්මවා නොයයි ද, මෝරන පක්ෂයෙහි සඳක් මෙන් ඔහුගේ කීර්තිය පැතිරී යයි.

සාදු! සාදු!! සාදු!!!

අගතිනාගති සූත්‍රය නිමා විය.

4.1.2.10.
භත්තුද්දේසක සූත්‍රය
දන් පිළිගැනීමට පිරිස යොමු කරන භික්ෂුව ගැන වදාළ දෙසුම

මහණෙනි, කරුණු සතරකින් යුක්ත වූ භික්ෂුවක් දන් පිළිගැනීම පිණිස සංඝයා යොමු කරයි ද, හේ ඔසොවා ගෙන පැමිණි බරක් බිම තබන අයුරින් නිරයෙහි උපදින්නේ ය. ඒ කවර කරුණු සතරකින් ද?

කැමැත්ත හේතුවෙන් අගතියට යයි. ද්වේෂය හේතුවෙන් අගතියට යයි. මුලාව හේතුවෙන් අගතියට යයි. භය හේතුවෙන් අගතියට යයි.

මහණෙනි, මේ කරුණු සතරින් යුක්ත වූ භික්ෂුවක් දන් පිළිගැනීම පිණිස සංඝයා යොමු කරයි ද, හේ ඔසොවා ගෙන පැමිණි බරක් බිම තබන අයුරින් නිරයෙහි උපදින්නේ ය.

මහණෙනි, කරුණු සතරකින් යුක්ත වූ භික්ෂුවක් දන් පිළිගැනීම පිණිස සංඝයා යොමු කරයි ද, හේ ඔසොවා ගෙන පැමිණි බරක් බිම තබන අයුරින් සුගතියෙහි උපදින්නේ ය. ඒ කවර කරුණු සතරකින් ද?

කැමැත්ත හේතුවෙන් අගතියට නොයයි. ද්වේෂය හේතුවෙන් අගතියට නොයයි. මුලාව හේතුවෙන් අගතියට නොයයි. භය හේතුවෙන් අගතියට නොයයි.

මහණෙනි, මේ කරුණු සතරින් යුක්ත වූ භික්ෂුවක් දන් පිළිගැනීම පිණිස සංඝයා යොමු කරයි ද, හේ ඔසොවා ගෙන පැමිණි බරක් බිම තබන අයුරින් සුගතියෙහි උපදින්නේ ය.

(ගාථා)

1. යම් ජනතාවක් කාමයෙහි අසංවර ව සිටිත් ද, අධාර්මික ව සිටිත් ද, ධර්ම ගෞරව නැතුව සිටිත් ද, කැමැත්තෙනුත්, ද්වේෂයෙනුත්, භයෙනුත්, අගතියට යත් ද, මෙබඳු පිරිස අතරෙහි සිටින මේ භත්තුද්දේසක තෙමේ පිරිස් කසටයෙක් යැයි කියනු ලැබේ. මෙසේ වදාරණ ලද්දේ සියල්ල දන්නා වූ තථාගත ශ්‍රමණයන් වහන්සේ විසිනි.

2. යම් ජනතාවක් ධර්මයෙහි සිටියාහු ද, පව් නොකරත් ද, කැමැත්තෙන් හෝ ද්වේෂයෙන් හෝ භයෙන් හෝ අගතියට නොයත් ද, එහෙයින් ඒ සත්පුරුෂයෝ පැසසිය යුත්තෝ ය. එබඳු පිරිස අතරෙහි සිටින භත්තුද්දේසක තෙමේ උතුම් තැනැත්තා යැයි කියනු ලැබේ. මෙසේ වදාරණ ලද්දේ සියල්ල දන්නා වූ තථාගත ශ්‍රමණයන් වහන්සේ විසිනි.

සාදු! සාදු!! සාදු!!!

භත්තුද්දේසක සූත්‍රය නිමා විය.

දෙවෙනි චර වර්ගය අවසන් විය.

- **එහි පිළිවෙල උද්දානයයි :**

චර සූත්‍රය, සීල සූත්‍රය, පධාන සූත්‍රය, සංවර සූත්‍රය, පඤ්ඤත්ති සූත්‍රය, සෝඛුම්ම සූත්‍රය, අගති සූත්‍ර තුන සහ භත්තුද්දේසක සූත්‍රය වශයෙන් මෙහි සූත්‍ර දශයෙකි.

3. උරුවේල වර්ගය

4.1.3.1.
පඨම උරුවේල සූත්‍රය
උරුවෙල් දනව්ව මුල්කොට වදාළ පළමු දෙසුම

මා විසින් මෙසේ අසන ලදී. එක් සමයක භාග්‍යවතුන් වහන්සේ සැවැත් නුවර ජේතවනය නම් අනේපිඬු සිටුහුගේ ආරාමයේ වැඩවසන සේක. එකල්හී භාග්‍යවතුන් වහන්සේ "මහණෙනි" යි භික්ෂූන් අමතා වදාළ සේක. "පින්වතුන් වහන්සැ"යි ඒ භික්ෂූහු භාග්‍යවතුන් වහන්සේට පිළිවදන් දුන්හ. භාග්‍යවතුන් වහන්සේ මෙය වදාළ සේක.

මහණෙනි, එක් අවදියක මම සම්බුද්ධත්වයෙන් පළමු කොට උරුවෙල් දනව්වෙහි නේරංජරා නදී තෙර අජපාල නම් නුග රුක් සෙවණෙහි සිටියෙමි. මහණෙනි, හුදෙකලාවෙහි භාවනාවෙන් සිටි මා හට මෙබඳු වූ කල්පනාවක් ඇතිවූයේ ය. එනම් 'අනෙකෙකු කෙරෙහි ගෞරව නැතිව, පිහිට නැතිව වාසය කරයි නම් එය දුකකි. එනිසා මම් කවර හෝ ශ්‍රමණයෙකු හෝ බ්‍රාහ්මණයෙකු හෝ සත්කාර කොට, ගුරු තනතුරෙහි තබා ඔහු ඇසුරෙන් වසන්නේ නම් මැනැවැ'යි.

එකල්හී මහණෙනි, මට මේ අදහස ඇතිවිය. 'මම් අන්‍ය වූ ශ්‍රමණයෙකු හෝ බ්‍රාහ්මණයෙකු හෝ සත්කාර කොට ගුරු තනතුරෙහි තබා ඇසුරු කොට වසන්නෙම් නම් එසේ විසිය යුත්තේ මා තුළ යම් සීලයක් අසම්පූර්ණ නම් එය සම්පූර්ණ කරගැනීම පිණිස යි. දෙවියන් සහිත වූ මරුන් සහිත වූ බඹුන් සහිත වූ ශ්‍රමණ බ්‍රාහ්මණයන් සහිත වූ දෙව්මිනිස් ප්‍රජාවෙන් යුතු ලෝකයෙහි යමෙකුට මම සත්කාර කොට ගුරු තනතුරෙහි තබා විසිය යුත්තෙම් නම් එබඳු වූ අන්‍ය ශ්‍රමණයෙකු හෝ බ්‍රාහ්මණයෙකු හෝ මට වඩා සීලයෙන් උසස් වූ කෙනෙකු නොදකිමි.

මම් අන්‍ය වූ ශ්‍රමණයෙකු හෝ බ්‍රාහ්මණයෙකු හෝ සත්කාර කොට ගුරු තනතුරෙහි තබා ඇසුරු කොට වසන්නෙම් නම් එසේ විසිය යුත්තේ මා තුළ යම් සමාධියක් අසම්පූර්ණ නම් එය සම්පූර්ණ කරගැනීම පිණිස යි. දෙවියන් සහිත වූ මරුන් සහිත වූ බඹුන් සහිත වූ ශ්‍රමණ බ්‍රාහ්මණයන් සහිත වූ දෙව්මිනිස් ප්‍රජාවෙන් යුතු ලෝකයෙහි යමෙකුට මම සත්කාර කොට ගුරු තනතුරෙහි තබා විසිය යුත්තෙම් නම් එබඳු වූ අන්‍ය ශ්‍රමණයෙකු හෝ බ්‍රාහ්මණයෙකු හෝ මට වඩා සමාධියෙන් උසස් වූ කෙනෙකු නොදකිමි.

මම් අන්‍ය වූ ශ්‍රමණයෙකු හෝ බ්‍රාහ්මණයෙකු හෝ සත්කාර කොට ගුරු තනතුරෙහි තබා ඇසුරු කොට වසන්නෙම් නම් එසේ විසිය යුත්තේ මා තුළ යම් ප්‍රඥාවක් අසම්පූර්ණ නම් එය සම්පූර්ණ කරගැනීම පිණිස යි. දෙවියන් සහිත වූ මරුන් සහිත වූ බඹුන් සහිත වූ ශ්‍රමණ බ්‍රාහ්මණයන් සහිත වූ දෙව්මිනිස් ප්‍රජාවෙන් යුතු ලෝකයෙහි යමෙකුට මම සත්කාර කොට ගුරු තනතුරෙහි තබා විසිය යුත්තෙම් නම් එබඳු වූ අන්‍ය ශ්‍රමණයෙකු හෝ බ්‍රාහ්මණයෙකු හෝ මට වඩා ප්‍රඥාවෙන් උසස් වූ කෙනෙකු නොදකිමි.

මම් අන්‍ය වූ ශ්‍රමණයෙකු හෝ බ්‍රාහ්මණයෙකු හෝ සත්කාර කොට ගුරු තනතුරෙහි තබා ඇසුරු කොට වසන්නෙම් නම් එසේ විසිය යුත්තේ මා තුළ යම් විමුක්තියක් අසම්පූර්ණ නම් එය සම්පූර්ණ කරගැනීම පිණිස යි. දෙවියන් සහිත වූ මරුන් සහිත වූ බඹුන් සහිත වූ ශ්‍රමණ බ්‍රාහ්මණයන් සහිත වූ දෙව්මිනිස් ප්‍රජාවෙන් යුතු ලෝකයෙහි යමෙකුට මම සත්කාර කොට ගුරු තනතුරෙහි තබා විසිය යුත්තෙම් නම් එබඳු වූ අන්‍ය ශ්‍රමණයෙකු හෝ බ්‍රාහ්මණයෙකු හෝ මට වඩා විමුක්තියෙන් උසස් වූ කෙනෙකු නොදකිමි' යි.

එකල්හී මහණෙනි, මට මේ අදහස ඇතිවිය. 'මා විසින් යම් මේ ධර්මයක් අවබෝධ කරන ලද්දේ ද, ඒ ධර්මයට ම සත්කාර කොට ගුරු තනතුරෙහි තබා ඒ ධර්මය ම ඇසුරු කොටගෙන වසන්නෙම් නම් මැනැවි' යි.

ඉක්බිති මහණෙනි, සහම්පතී බ්‍රහ්මරාජයා ඔහුගේ සිතින් මාගේ සිතෙහි වූ කල්පනාව දැන බලවත් පුරුෂයෙක් හැකිලූ අතක් දිගහරින්නේ, දික් කළ අතක් හකුලන්නේ යම් වේගයකින් ද එපරිද්දෙන් බ්‍රහ්මලෝකයෙන් නොපෙනී ගොස් මා ඉදිරියෙහි පහළ වූයේ ය. එකල්හී මහණෙනි, ඒ සහම්පතී බ්‍රහ්මරාජ තෙමේ උතුරු සළුව ඒකාංශ කොට පොරොවා දකුණු දණ මඬල පොළොවෙහි තබා මා වෙත ඇඳිලි බැඳ මට මෙකරුණ පැවසූයේ ය.

"භාග්‍යවතුන් වහන්ස, එය එසේ ම ය. සුගතයාණන් වහන්ස, එය එසේ ම ය. ස්වාමීනී, යම් ඒ අරහත් සම්මා සම්බුදුරජාණන් වහන්සේලා අතීතයෙහි

වැඩසිටි සේක් ද, ඒ භාග්‍යවතුන් වහන්සේලා ත් ධර්මයට ම සත්කාර කොට, ගුරු තනතුරෙහි තබා ධර්මය ම ඇසුරෙන් වාසය කළ සේක. එමෙන් ම ස්වාමීනී, යම් ඒ අරහත් සම්මා සම්බුදුරජාණන් වහන්සේලා අනාගතයෙහි පහළවන සේක් ද, ඒ භාග්‍යවතුන් වහන්සේලා ත් ධර්මයට ම සත්කාර කොට, ගුරු තනතුරෙහි තබා ධර්මය ම ඇසුරෙන් වාසය කරන්නාහු ය. ස්වාමීනී, මෙකල අරහත් සම්මා සම්බුදු වූ භාග්‍යවතුන් වහන්සේ ද ධර්මයට ම සත්කාර කොට, ගුරු තනතුරෙහි තබා ධර්මය ම ඇසුරෙන් වැඩවාසය කරන සේක්වා!" යි.

සහම්පතී බ්‍රහ්මරාජයා මෙය පැවසුවේ ය. මෙසේ පවසා යළි අන්‍ය වූ මේ ගාථාවන් ද පැවසුවේ ය.

(ගාථා)

1. "යම් සම්බුදුවරයන් වහන්සේලා අතීතයෙහි සිටියාහු ද, අනාගතයෙහි පහළ වන යම් බුදුවරයෝ සිටිත් ද, මේ වර්තමානයෙහි බොහෝ දෙනාගේ දුක ශෝක නසන යම් සම්බුදු කෙනෙකුන් සිටිත් ද,

2. ඒ සියළු දෙනා වහන්සේ ම සද්ධර්මය ගුරු කොට විසූ සේක. වසන සේක. එමෙන් ම අනාගතයෙහිද වසන්නාහු ය. මෙය බුදුවරයන් වහන්සේලාගේ ස්වභාවයකි.

3. එහෙයින් තම යහපත කැමති, තමාගේ මහත් වූ අභිවෘද්ධිය කැමති යමෙක් බුදුවරයන් වහන්සේලාගේ අනුශාසනය සිහි කරයි නම් ඔහු සද්ධර්මයට ගරු කළ යුත්තේ ය."

මහණෙනි, සහම්පතී බ්‍රහ්මරාජයා මෙය පැවසුවේ ය. මෙය පවසා මා හට වන්දනා කොට, පැදකුණු කොට එහි ම නොපෙනී ගියේ ය.

ඉක්බිති මහණෙනි, මම බ්‍රහ්මරාජයාගේ ද අදහස දැන, මා හට ද එය යෝග්‍ය බව දැන, මා විසින් යම් ධර්මයක් අවබෝධ කරන ලද්දේ ද, ඒ ධර්මයට ම සත්කාර කොට ගුරු තනතුරෙහි තබා ඇසුරු කොට වාසය කළෙමි. මහණෙනි, යම් කලෙක සංඝ තෙමේ ද පිරිස වශයෙන් ද, ගුණ වශයෙන් ද මහත් බවින් යුක්ත වූයේ ද, එකල්හී මා තුළ සංඝයා කෙරෙහි ද බලවත් ගෞරවයක් ඇති විය.

සාදු! සාදු!! සාදු!!!

පඨම උරුවේල සූත්‍රය නිමා විය.

4.1.3.2.
දුතිය උරුවේල සූත්‍රය
උරුවෙල් දනව්ව මුල්කොට වදාළ දෙවෙනි දෙසුම

සැවැත් නුවර දී ය ....

මහණෙනි, එක් අවදියක මම සම්බුද්ධත්වයෙන් පළමු කොට උරුවෙල් දනව්වෙහි නේරංජරා නදී තෙර අජපාල නම් නුග රුක් සෙවණෙහි සිටියෙමි. එකල්හී මහණෙනි, බොහෝ වයසට ගිය, වයෝවෘද්ධ වූ, මහළු වූ, පශ්චිම වයසට පැමිණි, බොහෝ බ්‍රාහ්මණයෝ මා කරා පැමිණියාහු ය. පැමිණ මා සමඟ සතුටු වූහ. සතුටු විය යුතු පිළිසඳර කතා බහ නිමවා එකත්පස්ව හිඳගත්හ. මහණෙනි, එකත්පස් ව හුන් ඒ බ්‍රාහ්මණයෝ මා හට මෙය පැවසූහ.

"භවත් ගෞතමයන් වහන්ස, අප විසින් මෙය අසන ලද්දේ ය. එනම් 'ශ්‍රමණ ගෞතම තෙමේ බොහෝ වයසට ගිය, වයෝවෘද්ධ වූ, මහළු වූ, පශ්චිම වයසට පැමිණි බ්‍රාහ්මණයන් හට නොවඳින්නේ ය, දැක හුනස්නෙන් නොනැගිටින්නේ ය, ආසනයෙන් ආමන්ත්‍රණය නොකරන්නේ ය'යි. භවත් ගෞතමයෙනි, එය සැබෑවක් නොවැ. භවත් ගෞතම තෙමේ බොහෝ වයසට ගිය, වයෝවෘද්ධ වූ, මහළු වූ, පශ්චිම වයසට පැමිණි, බ්‍රාහ්මණයන් හට නොවඳියි. දැක හුනස්නෙන් නොනැගිටියි. අසුනෙන් ආමන්ත්‍රණය නොකරයි. භවත් ගෞතමයෙනි, එය ගැලපෙන දෙයක් නම් නොවෙයි."

මහණෙනි, එකල්හී මට මේ අදහස ඇතිවිය. 'ඒකාන්තයෙන් ම මේ ආයුෂ්මත්වරු ස්ථවිර බව හෝ ස්ථවිරභාවය ඇතිකරවන හෝ ධර්මයන් නොදනිති'යි. මහණෙනි, උපතින් වයස අසූවක හෝ අනූවක හෝ සියවසක හෝ වැඩිමහල්ලෙක් වුවද, හේ නුසුදුසු කාලයෙහි කතා කරයි ද, නොසිදු වූ දෙයින් කතා කරයි ද, අනර්ථය කතා කරයි ද, අධර්මය කතා කරයි ද, අවිනය කතා කරයි ද, මතක තබා නොගත යුතු දේ කියයි ද, නොකල්හී සීමාවක් නැති ව අනර්ථ වූ දෙයක් කතා කරයි ද, එබඳු තැනැත්තා බාලයෙකි. ස්ථවිර යන ගණනට නොවැටෙයි.

ඉදින් මහණෙනි, යම් තරුණ දරුවෙක් වේවා, ඉතා කළු කෙස් ඇති භද්‍ර යෞවනයෙන් යුතු පළමු වයසෙහි දරුවෙකු විය හැකි ය. එනමුදු හේ සුදුසු කළ කතා කරයි ද, වූ දෙයින් කතා කරයි ද, යහපත් දේ කියයි ද, ධර්මය

කියයි ද, විනය කියයි ද, සිතෙහි තබා ගත යුතු වූ වටිනා දේ කියයි ද, මෙසේ නිසි කල කරුණු සහිත ව සීමාවක් ඇති ව අර්ථ සහිත වූ වචන කියයි ද හේ පණ්ඩිතයෙකි. ස්ථවිර ම යැයි ගණනට වැටෙයි.

මහණෙනි, ස්ථවිර බවට පත් කරන ධර්මයෝ සතරෙකි. කවර සතරක් ද යත්;

1. මහණෙනි, මෙහිලා භික්ෂුව සිල්වත් වෙයි. ප්‍රාතිමෝක්ෂ සංවරයෙන් සංවර ව වාසය කරයි. යහපත් ඇවතුම් පැවතුම් වලින් යුක්ත වෙයි. අණුමාත්‍ර වූ වරදෙහි ත් භය දකිමින්, ශික්ෂා පදයන් සමාදන් ව වාසය කරයි.

2. බහුශ්‍රැත වෙයි. ඒ ඇසූ දේ දරා ගන්නේ වෙයි. බොහෝ සෙයින් අසා රැස් කරගත් ධර්මය ඇත්තේ වෙයි. යම් ධර්මයක් මුල කල්‍යාණ වෙයි ද, මැද කල්‍යාණ වෙයි ද, අවසානය කල්‍යාණ වෙයි ද, අර්ථ සහිත වෙයි ද, යහපත් ප්‍රකාශනයෙන් යුතු වෙයි ද, මුළුමනින් ම පිරිපුන්, පිරිසිදු නිවන් මග පවසයි ද, එබඳු වූ ධර්මය බොහෝ කොට අසන ලද්දේ වෙයි. මනසින් ධරණ ලද්දේ වෙයි. වචනයෙන් පිරිවහන ලද්දේ වෙයි. සිතෙන් මෙනෙහි කරන ලද්දේ වෙයි. එහි අර්ථ අවබෝධ කරන ලද්දේ වෙයි.

3. චිත්ත දියුණුව ඇසුරු කළ, මෙලොව දී ම සැප විහරණය ලබා දෙන සතරක් වූ ධ්‍යානයන් කැමති සේ ලබන්නේ වෙයි. සුව සේ ලබන්නේ වෙයි. බොහෝ සෙයින් ලබන්නේ වෙයි.

4. ආශ්‍රවයන් ක්ෂය කොට අනාශ්‍රව වූ චිත්ත විමුක්තිය ත්, ප්‍රඥා විමුක්තිය ත් මේ ජීවිතයේදී ම තම විශිෂ්ට නුවණින් පසක් කොට එයට පැමිණ වාසය කරන්නේ වෙයි.

මහණෙනි, මෙය වනාහී ස්ථවිර බවට පත්කරවන ධර්ම සතර යි.

(ගාථා)

1. යමෙක් විසුරුණු සිතින් යුතුව බොහෝ කොට නිසරු බස් කියමින් සිටියි ද, අසමාහිත සංකල්ප ඇති, අසද්ධර්මයෙහි ඇළුණු, සතෙක් වැනි හේ පාප දෘෂ්ටි ඇත්තේ ආදර රහිත වූයේ ස්ථවිර භාවයෙන් දුරු වූයේ ම වෙයි.

2. යම් කෙනෙක් සීල සම්පන්න ව, ශ්‍රැතවත් ව, වහා වැටහෙන නුවණින් යුතුව, සංසුන් ඉඳුරන් ඇති ව, ස්ථිර බවට පත් කරවන ධර්මයන් තුළ ප්‍රඥාවෙන් අර්ථ විමසා බලයි ද, සියළු ධර්මයන්ගෙන් එතෙරට ගිය හේ කෙලෙස් හුල් නැත්තේ වෙයි. ප්‍රතිභාන ඇත්තේ වෙයි.

3. ඉපදෙන මැරෙන ලෝකය ප්‍රහාණය කරන ලද්දේ, බඹසර පිරිපුන් කරන ලද්දේ වෙයි ද, යමෙකුට ආශ්‍රවයෝ නැද්ද, මම ඒ තැනැත්තා ස්ථවිර යැයි කියමි. ආශ්‍රවයන් ක්ෂය වූ ඒ භික්ෂුව 'ස්ථවිර' යැයි කියනු ලැබේ.

සාදු! සාදු!! සාදු!!!

දුතිය උරුවේල සූත්‍රය නිමා විය.

4.1.3.3.
ලෝක සූත්‍රය
ලෝකය ගැන වදාළ දෙසුම

සැවැත් නුවර දී ය ....

මහණෙනි, තථාගතයන් වහන්සේ විසින් ලෝකය අවබෝධ කරන ලද්දේ ය. තථාගත තෙමේ ලෝකයෙන් වෙන් වී සිටින්නේ වෙයි. මහණෙනි, ලෝකයෙහි හටගැනීම තථාගතයන් වහන්සේ විසින් අවබෝධ කරන ලද්දේ ය. තථාගතයන් වහන්සේ හට ලෝකයෙහි හටගැනීම ප්‍රහාණ වූයේ ය. මහණෙනි, ලෝක නිරෝධය තථාගතයන් වහන්සේ විසින් අවබෝධ කරන ලද්දේ ය. ඒ ලෝක නිරෝධය තථාගතයන් වහන්සේ විසින් අත්දකින ලද්දේ ය. මහණෙනි, ලෝක නිරෝධගාමිනී ප්‍රතිපදාව ද තථාගතයන් වහන්සේ විසින් අවබෝධ කරන ලද්දේ ය. තථාගතයන් විසින් ඒ ලොව නිරුද්ධ වන්නා වූ ප්‍රතිපදාව දියුණු කරන ලද්දේ ය.

1. මහණෙනි, දෙවියන් සහිත, මරුන් සහිත, බඹුන් සහිත, ශ්‍රමණ බමුණන් සහිත දෙව් මිනිස් ප්‍රජාවෙන් යුතු ලෝකයා විසින් දකින ලද, අසන ලද, ආඝ්‍රාණය කරන ලද, රස විඳින ලද, පහස ලබන ලද, සිතින් සිතන ලද, ලබන ලද, සොයන ලද, මනසින් විමසන ලද යමක් ඇද්ද, ඒ සියල්ල තථාගතයන් විසින් අවබෝධ කරන ලද්දේ ය. එනිසා තථාගත යැයි කියනු ලැබේ.

2. මහණෙනි, යම් රාත්‍රියක තථාගතයන් වහන්සේ සම්බුද්ධත්වයට පත්වූයේ ද, යම් රාත්‍රියක පිරිනිවන් පාන්නේ ද, මේ අතර කාලය තුළ යමක් පවසයි ද, කියයි ද, නිර්දේශ කරයි ද, ඒ සියල්ල ඒ අයුරින් ම වෙයි. අන් අයුරකින් නොවෙයි. එනිසා තථාගත යැයි කියනු ලැබේ.

3. මහණෙනි, තථාගතයන් වහන්සේ යම් අයුරකින් කියන්නේ වෙයි ද, ඒ අයුරින් කරන්නේ වෙයි. යම් අයුරකින් කරන්නේ වෙයි ද, ඒ අයුරින් කියන්නේ වෙයි. මෙසේ යම් සේ කියයි ද, එසේ කරයි. යම් සේ කරයි ද, එසේ කියයි. එනිසා තථාගත යැයි කියනු ලැබේ.

4. මහණෙනි, දෙවියන් සහිත, මරුන් සහිත, බඹුන් සහිත, ශ්‍රමණ බමුණන් සහිත දෙව් මිනිස් ප්‍රජාවෙන් යුතු මේ ලෝකයෙහි තථාගතයන් වහන්සේ සියල්ල මැඩගෙන වාසය කරයි. අන් කෙනෙකුට නොමැඩිය හැක්කේ වෙයි. ඒකාන්තයෙන් සියල්ල දක්නේ වෙයි. තම වසඟයෙහි පවත්වන්නේ වෙයි. එනිසා තථාගත යැයි කියනු ලැබේ.

(ගාථා)

1. සකල ලොව නුවණින් පිරිසිඳ දැන, සියළු ලොවෙහි ඇති සැබෑ තතු ඒ අයුරින් ම දැන, සියළු ලෝකයෙන් වෙන් ව, සියළු ලෝකයෙහි නොපිහිටා සිටින්නේ වෙයි.

2. ඒ තථාගත තෙමේ ඒකාන්තයෙන් ම සියල්ල මැඩ පැවැත්වූ ධීරයෙකි. සියළු ගැටයෙන් නිදහස් වූ කෙනෙකි. පරම ශාන්තිය වූ කිසි අයුරකින් බියක් නැත්තා වූ ඒ අමා නිවන ස්පර්ශ කරන ලද්දේ ය.

3. මේ ක්ෂීණාශ්‍රව වූ බුදුරජ තෙමේ දුක් නැත්තේ ය. සිඳ ලූ සැක ඇත්තේ ය. සියළු කර්මයන්ගේ ක්ෂයයට පත්වූයේ ය. කෙලෙස් සංඛ්‍යාත සියල්ලෙන් නිදහස් වූයේ ය.

4. මේ ඒ භාග්‍යවත් තෙමේ බුද්ධ නම් වෙයි. මෙතෙමේ අනුත්තර වූ සිංහරාජයෙකි. දෙවියන් සහිත ලෝකයෙහි බ්‍රහ්ම චක්‍රය කරකැවිවේ ය.

5. මෙසේ යම් දෙව් මිනිස් කෙනෙක් බුදුරදුන් සරණ ගියාහු වෙත් ද, ඔවුහු එක් රැස් ව පහ වූ බිය ඇති ගුණයෙන් මහත් වූ ඒ බුදුරජුන් වඳිති.

6. තමා දමනය වූයේ, අනුන් දමනය කිරීමෙහි ශ්‍රේෂ්ඨයහ. තමා ශාන්ත වූයේ, අනුන් ශාන්ත කිරීමෙහිලා ඍෂිවරයාණෝ ය. තමන් කෙලෙසුන් ගෙන් මිදුණේ, අනුන් කෙලෙසුන්ගෙන් මිදවීමෙහිලා අග්‍රයහ. තමන් සසරින් එතෙර වූයේ, අන් අය එතෙර කැරවීමෙහිලා උත්තමයහ.

7. මෙසේ දෙවියන් සහිත ලෝකයෙහි නුඹවහන්සේට ප්‍රතිපුද්ගලයෙක් නැතැයි පහ වූ බිය ඇති ගුණයෙන් මහත් වූ බුදුරජුන් හට ලෝවැස්සෝ වන්දනා කරති.

සාදු! සාදු!! සාදු!!!

ලෝක සූත්‍රය නිමා විය.

4.1.3.4.
කාළකාරාම සූත්‍රය
කාළකාරාමයෙහිදී වදාළ දෙසුම

මා විසින් මෙසේ අසන ලදී. එක් සමයක භාග්‍යවතුන් වහන්සේ සාකේත නුවර කාළකාරාමයෙහි වැඩවසන සේක. එකල්හී භාග්‍යවතුන් වහන්සේ 'මහණෙනි' යි භික්ෂූන් අමතා වදාළ සේක. 'පින්වතුන් වහන්සැ'යි ඒ භික්ෂූහු භාග්‍යවතුන් වහන්සේට පිළිවදන් දුන්හ. භාග්‍යවතුන් වහන්සේ මෙය වදාළ සේක.

මහණෙනි, දෙවියන් සහිත, මරුන් සහිත, බඹුන් සහිත, ශ්‍රමණ බ්‍රාහ්මණයන් සහිත, දෙව් මිනිස් ප්‍රජාවෙන් යුතු ලෝකයා විසින් දකින ලද, අසන ලද, ආඝ්‍රාණය කරන ලද, රස විඳින ලද, පහස ලබන ලද, මනසින් දැන ගන්නා ලද, ලබන ලද, සොයන ලද, සිතෙන් විමසන ලද, යමක් ඇද්ද, එය මම දනිමි.

මහණෙනි, දෙවියන් සහිත, මරුන් සහිත, බඹුන් සහිත, ශ්‍රමණ බ්‍රාහ්මණයන් සහිත, දෙව් මිනිස් ප්‍රජාවෙන් යුතු ලෝකයා විසින් දකින ලද, අසන ලද, ආඝ්‍රාණය කරන ලද, රස විඳින ලද, පහස ලබන ලද, මනසින් දැන ගන්නා ලද, ලබන ලද, සොයන ලද, සිතෙන් විමසන ලද යමක් ඇද්ද, එය මම මැනැවින් අවබෝධ කළෙමි. එය තථාගතයන් හට ඉතා ප්‍රකට ව අවබෝධ වූයේ ය. තථාගතයන් වහන්සේ එහි නොපිහිටා සිටියි.

මහණෙනි, දෙවියන් සහිත, මරුන් සහිත, බඹුන් සහිත, ශ්‍රමණ බ්‍රාහ්මණයන් සහිත, දෙව් මිනිස් ප්‍රජාවෙන් යුතු ලෝකයා විසින් දකින ලද, අසන ලද, ආඝ්‍රාණය කරන ලද, රස විඳින ලද, පහස ලබන ලද, මනසින් දැන ගන්නා ලද, ලබන ලද, සොයන ලද, සිතෙන් විමසන ලද යමක් ඇද්ද, එය මම සාමාන්‍ය ලෝකයා දකින පරිදි විපරීත සංඥාවෙන් දනිමි යි කියන්නෙම් නම් එය මාගේ බොරු බසෙකි.

මහණෙනි, දෙවියන් සහිත, ...(පෙ).... සිතෙන් විමසන ලද යමක් ඇද්ද,

එය මම සාමාන්‍ය ලෝකයා දකින පරිදි විපරීත සංඥාවෙන් දනිමි යි කියා ත්, නොදනිමි යි කියා ත්, කියන්නෙම් නම් එය එබඳු ම වූ දෙයකි. එමෙන් ම එය මම නොදනිමි යි කියා ත්, නොදන්නේ නොවෙමි කියා ත් කියන්නෙම් නම් එය මගේ දොස් ඇති කීමකි.

මහණෙනි, මෙසේ තථාගතයන් වහන්සේ දැකිය යුතු යමක් දකින ලද්දේ ද, එය පිළිබඳ ව විපරීත සංඥාවෙන් යුතු හැඟීමක් නැත. නොදැක්ක දේ ගැන ද විපරීත සංඥාවෙන් යුතු හැඟීමක් නැත. දැක්ක යුතු දේ ගැන ද විපරීත සංඥාවෙන් යුතු හැඟීමක් නැත. දකිනා පුද්ගලයෙක් පිළිබඳ ව ද විපරීත සංඥාවෙන් යුතු හැඟීමක් නැත. ඇසිය යුතු දේ පිළිබඳ ව ද යමක් අසන ලද්දේ නම් එහි විපරීත සංඥාවෙන් යුතු හැඟීමක් නැත. නොඅසන ලද්දේ නම් එහි ද විපරීත සංඥාවෙන් යුතු හැඟීමක් නැත. ඇසිය යුතු දේ ගැන ද විපරීත සංඥාවෙන් යුතු හැඟීමක් නැත. අසන්නා වූ පුද්ගලයෙක් ගැන ද විපරීත සංඥාවෙන් යුතු හැඟීමක් නැත. එමෙන් ම ආඝ්‍රාණය කරන දේ ත්, රස විඳින දේ ත්, පහස ලබන දේ ත් පිළිබඳ ව යම් අත්දැකීමක් ලැබූ විට ඒ පිළිබඳ ව විපරීත සංඥාවෙන් යුතු හැඟීමක් නැත. එය ලැබිය යුතු යැයි විපරීත සංඥාවෙන් යුතු හැඟීමක් නැත. එය ලබන්නෙක් සිටියි යයි විපරීත සංඥාවෙන් යුතු හැඟීමක් නැත. සිතින් දැනගත යුතු දේ පිළිබඳ ව යමක් සිතින් දැනගත්තේ ද එහි විපරීත සංඥාවෙන් යුතු හැඟීමක් නැත. සිතින් දැනගත යුතු යමක් ඇද්ද, එහි ද විපරීත සංඥාවෙන් යුතු හැඟීමක් නැත. සිතින් දැනගන්නා කෙනෙක් පිළිබඳව ද විපරීත සංඥාවෙන් යුතු හැඟීමක් නැත.

මෙසේ මහණෙනි, තථාගත තෙමේ දකින ලද, අසන ලද, ආඝ්‍රාණය කරන ලද, රස විඳින ලද, පහස ලබන ලද, මනසින් දැන ගන්නා ලද ධර්මයන් පිළිබඳ ව ඇතිවෙන අටලෝ දහම ඉදිරියෙහි කම්පා නොවන්නේ ම අකම්පිත ව සිටියි. ඒ තථාගතයන් තුළ ඇති තාදී ගුණයට වඩා උත්තරීතර වූ ප්‍රණීතතර වූ වෙනත් තාදී ගුණයක් නැතැයි කියමි.

(ගාථා)

1. යම් කිසිවක් දකින ලද්දේ ද, අසන ලද්දේ ද, ආඝ්‍රාණය කරන ලද්දේ ද, රස විඳින ලද්දේ ද, පහස ලබන ලද්දේ ද, මනසින් බැසගන්නා ලද්දේ ද, ඒවා අන්‍යයෝ සත්‍යය යැයි හඟිති. අටලෝ දහමින් නොසැලෙන තාදී ගුණයෙන් යුතු මම ඒ සියල්ල කෙරෙහි තෙමේ ම සංවර වූයේ සත්‍ය හෝ මුසාව හෝ වශයෙන් පවසන්නා වූ අන්‍යයන්ගේ බස නොපිළිග නිමි.

2. යම් ඉන්ද්‍රියබද්ධ අරමුණක ලෝක සත්ව ප්‍රජාව ඇලී වසත් ද, එය හුලක් වශයෙන් දැක සාමාන්‍ය ජනයා පවසන අයුරින් 'දනිමි, දකිමි' යැයි පැවසුව ද එහිලා තථාගතයන් තුළ කිසිදු විපරීත සංඥාවක බැස ගැනීමක් නැත.

සාදු! සාදු!! සාදු!!!

කාළකාරාම සූත්‍රය නිමා විය.

4.1.3.5.
බ්‍රහ්මචරිය සූත්‍රය
බඹසර ගැන වදාළ දෙසුම

සැවැත් නුවර දී ය ....

මහණෙනි, මේ නිවන් මග වනාහී ජනයා පුදුමයට පත් කරනු පිණිස හැසිරෙන දෙයක් නොවෙයි. ජනයා සුරතල් කරනු පිණිස හැසිරෙන දෙයක් නොවෙයි. ලාභ සත්කාර කීර්ති ප්‍රශංසා ඉපිදවීම අනුසස් කොට හැසිරෙන දෙයක් නොවෙයි. වාද විවාදයන් උපදවා ජයගැනීම අනුසස් කොට හැසිරෙන දෙයක් නොවෙයි. මහාජන තෙමේ මේ අයුරු වූ මා දැනගනිත්වා යනුවෙන් හැසිරෙන දෙයකුත් නොවෙයි. වැලිදු මහණෙනි, මේ බඹසරෙහි හැසිරෙන්නේ ඉඳුරන්ගේ සංවර වීම පිණිස ය. කෙලෙස් ප්‍රහාණය පිණිස ය. නොඇල්ම පිණිස ය. තෘෂ්ණා නිරෝධය පිණිස ය.

(ගාථා)

1. ඒ භාග්‍යවතුන් වහන්සේ සංවරය පිණිස ත්, ප්‍රහාණය පිණිස ත්, මෙසේ මෙසේ යැයි කතාවකින් අවසන් වන දෙයක් නොව නිවනෙහි බැස ගැනීම පිණිස ත් බ්‍රහ්මචරියාව වදාළ සේක.

2. මේ නිවන් මග මහාර්ෂීන් විසින් අනුගමනය කරන ලද්දකි. බුදුරජුන් වදාරණ ලද්දේ යම් අයුරකින් ද, ඒ අයුරින් යමෙක් ඒ මග පිළිපදිත් ද, ශාස්තෘන් වහන්සේගේ අනුශාසනය කරන ඔවුහු දුක් කෙළවර කරන්නාහු ය.

සාදු! සාදු!! සාදු!!!

බ්‍රහ්මචරිය සූත්‍රය නිමා විය.

4.1.3.6.
කුහක සූත්‍රය
කුහක භික්ෂූන් ගැන වදාළ දෙසුම

මහණෙනි, යම් ඒ භික්ෂූහු කුහක වෙත් ද, ක්‍රෝධයෙන් යුතුව අවවාදයට නොනැමී සිටිත් ද, චාටු බස් කියත් ද, දැඩි මාන්නයෙන් සිටිත් ද, තමා හුවා දක්වත් ද, ඔසොවා ගත් කෙලෙස් අං ඇද්ද, අසමාහිත සිත් ඇතුව සිටිත් ද, මහණෙනි, ඒ භික්ෂූහු මා උදෙසා පැවිදි වූ මා අයත් සඟ පිරිස නොවෙති. මහණෙනි, ඒ භික්ෂූහු මේ ධර්ම විනයෙහි බැහැර ව ගියාහු ය. මේ ධර්ම විනය තුළ අභිවෘද්ධියක්, වැඩිදියුණුවක්, විපුල බවක් අත්පත් කර නොගනිති.

මහණෙනි, යම් ඒ භික්ෂූහු කුහක නොවෙත් ද, චාටු බස් නොපවසත් ද, නුවණ ඇති ව සිටිත් ද, අවවාදයට නැමී සිටිත් ද, මැනැවින් එකඟ වූ සිත් ඇද්ද, ඔවුහු මා උදෙසා පැවිදි වූ, මා අයත් භික්ෂූහු ය. මහණෙනි, ඒ භික්ෂූහු මේ ධර්ම විනයෙහි බැහැර ව නොගියාහු ය. මේ ධර්ම විනය තුළ අභිවෘද්ධියක්, වැඩිදියුණුවක්, විපුල බවක් අත්පත් කරගනිති.

(ගාථා)

1. කුහක වූ, මාන්නයෙන් දැඩි වූ, චාටු බස් පවසන්නා වූ, කෙලෙස් අං ඇති, සිතට ගත් මාන්නයෙන් යුතු, එකඟ සිත් නැති, යම් භික්ෂූහු සිටිත් ද, ඔවුහු සම්මා සම්බුදුරජුන් විසින් දේශනා කරන ලද ධර්මයෙහි දියුණුවක් නොලබති.

2. කුහක බවින් තොර වූ, චාටු බස් නොපවසන, නුවණැති, මොලොක් ගතිගුණ ඇති, මැනැවින් එකඟ වූ සිත් ඇති යම් භික්ෂූහු වෙත් ද, ඔවුහු ඒකාන්තයෙන් සම්මා සම්බුදුරජුන් විසින් දේශනා කරන ලද ධර්මයෙහි දියුණුව ලබති.

සාදු! සාදු!! සාදු!!!

කුහක සූත්‍රය නිමා විය.

4.1.3.7.
සන්තුට්ඨි සූත්‍රය
ලද දෙයින් සතුටු වීම ගැන වදාළ දෙසුම

මහණෙනි, අල්ප වූ ත්, සුලභ වූ ත් කරුණු සතරකි. එමෙන් ම ඒවා වරදින් තොර ය. ඒ කවර සතරක් ද යත්;

1. මහණෙනි, සිවුරු අතුරින් පාංශුකූල චීවරය අල්ප වූයේ ත්, සුලභ වූයේ ත් වෙයි. එය වරදින් තොර වූ දෙයකි.

2. මහණෙනි, දානය අතුරින් පිඬු සිඟා යාමෙන් ලත් ආහරය අල්ප වූයේ ත්, සුලභ වූයේ ත් වෙයි. එය වරදින් තොර වූ දෙයකි.

3. මහණෙනි, නවාතැන් අතුරින් රුක් සෙවණ අල්ප වූයේ ත්, සුලභ වූයේ ත් වෙයි. එය වරදින් තොර වූ දෙයකි.

4. මහණෙනි, ඖෂධ අතුරින් පූතිමුත්තය අල්ප වූයේ ත්, සුලභ වූයේ ත් වෙයි. එය වරදින් තොර වූ දෙයකි.

මහණෙනි, අල්ප වූ ත්, සුලභ වූ ත් කරුණු සතර මේවා ය. එමෙන් ම ඒවා වරදින් තොර ය. මහණෙනි, යම් කලක භික්ෂුව අල්ප වූ ද, සුලභ වූ ද දෑයෙන් සතුටු වන්නේ වෙයි ද, මෙය ඒ භික්ෂුවගේ එක්තරා ශ්‍රමණ ගුණයකැයි පවසමි.

(ගාථා)

1. දොස් රහිත වූ දෙයින් සතුටු වන භික්ෂුව හට අල්ප වූ ත්, සුලභ වූ ත් සෙනසුන් අරභයා වේවා චීවර අරභයා වේවා ආහාරපාන අරභයා වේවා පීඩාවක් ඇති නොවෙයි. ඔහුගේ සිත කවර දිශාවකින් වත් නොපෙළෙයි.

2. ශ්‍රමණ ධර්මයට යෝග්‍ය වූ යම් ධර්මයක් පවසන ලද්දේ ද, ලද දෙයින් සතුටු වන අප්‍රමාදී වූ ඒ භික්ෂුව විසින් ඒ ධර්මයට අධිපතිභාවය පත්වයි.

සාදු! සාදු!! සාදු!!!

සන්තුට්ඨි සූත්‍රය නිමා විය.

4.1.3.8.
අරියවංස සූත්‍රය
අරියවංස ප්‍රතිපදාව ගැන වදාළ දෙසුම

මහණෙනි, මේ අරියවංස ප්‍රතිපදාවෝ සතරකි. මෙම අරියවංස ප්‍රතිපදාව අග්‍ර යැයි දත යුත්තේ ය. බොහෝ කල් පැවති දෙයක් බව දත යුත්තේ ය. බුද්ධාදී උතුමන්ගේ පරම්පරාවට අයත් දෙයක් බව දත යුත්තේ ය. පෞරාණික දෙයක් බව දත යුත්තේ ය. සංකීර්ණ නොවන දෙයක් බව දත යුත්තේ ය. පෙර බුදුවරු විසිනුත් බැහැර නොකළ දෙයකි. මෙකල්හි ද බැහැර නොකරන දෙයකි. අනාගතයෙහි බුදුවරුන් විසිනුත් බැහැර නොකරනු ලබන්නා වූ දෙයකි. නුවණැති ශ්‍රමණබ්‍රාහ්මණයින් විසින් නින්දා නොකරන ලද දෙයකි. ඒ කවර සතරක් ද යත්;

1. මහණෙනි, මෙහිලා භික්ෂුව ලද දෙයින් සතුටු වන්නේ වෙයි. එනම් ලද සිවුරකින් සතුටු වෙයි. ලද සිවුරකින් ලබන සතුට පිළිබඳ ව වර්ණනා කරන්නේ වෙයි. සිවුරක් උදෙසා භික්ෂූන් හට අයෝග්‍ය වූ නොසරුප් දෙයකට නොපැමිණෙයි. සිවුරක් නොලැබුණේ වුව ද එයින් කම්පා නොවෙයි. සිවුරක් ලැබුණේ වුව ද එහි දැඩි ආශා ඇත්තේ නොවෙයි. එයින් මුසපත් නොවී, එහි නොබැසගෙන, ආදීනව දකිනා සුළු ව එහි ඇල්ම දුරු කරන ප්‍රඥාවෙන් යුක්ත ව පරිහරණය කරයි. ඒ ලද සිවුරෙන් සතුටු වීම හේතුවෙන් තමා හුවා නොදක්වන්නේ වෙයි. අනුන් හෙළා නොදකියි. ඒ භික්ෂුව ලද සිවුරෙන් සතුටු වීමට දක්ෂ වූයේ, අලස නොවූයේ, මනා නුවණින් හා සිහියෙන් යුක්ත වූයේ වෙයි. මහණෙනි, මේ භික්ෂුව ඉතා පැරණි වූ, අග්‍ර යැයි දන්නා ලද, ආර්ය වංශයෙහි පිහිටා සිටින්නේ යැයි කියනු ලැබේ.

2. තව ද මහණෙනි, භික්ෂුව ලද දෙයින් සතුටු වන්නේ වෙයි. එනම් පිඬු සිඟීමෙන් ලත් ආහාරයකින් සතුටු වෙයි. පිඬු සිඟීමෙන් ලත් ආහාරයකින් ලබන සතුට පිළිබඳ ව වර්ණනා කරන්නේ වෙයි. ආහාරයක් උදෙසා භික්ෂූන් හට අයෝග්‍ය වූ නොසරුප් දෙයකට නොපැමිණෙයි. පිඬු සිඟීමෙන් ලත් ආහාරයක් නොලැබුණේ වුව ද එයින් කම්පා නොවෙයි. පිඬු සිඟීමෙන් ලත් ආහාරයක් ලැබුණේ වුව ද එහි දැඩි ආශා ඇත්තේ නොවෙයි. එයින් මුසපත් නොවී, එහි නොබැසගෙන, ආදීනව දකිනා සුළු ව එහි ඇල්ම දුරු කරන ප්‍රඥාවෙන් යුක්ත ව පරිහරණය කරයි. ඒ පිඬු සිඟීමෙන් ලත් ආහාරයෙන් සතුටු වීම හේතුවෙන්

තමා හුවා නොදක්වන්නේ වෙයි. අනුන් හෙළා නොදකියි. ඒ භික්ෂුව පිඬු සිඟීමෙන් ලත් ආහාරයෙන් සතුටු වීමට දක්ෂ වූයේ, අලස නොවූයේ, මනා නුවණින් හා සිහියෙන් යුක්ත වූයේ වෙයි. මහණෙනි, මේ භික්ෂුව ඉතා පැරණි වූ, අග්‍ර යැයි දන්නා ලද, ආර්ය වංශයෙහි පිහිටා සිටින්නේ යැයි කියනු ලැබේ.

3. තව ද මහණෙනි, භික්ෂුව ලද දෙයින් සතුටු වන්නේ වෙයි. එනම් ලද නවාතැනකින් සතුටු වෙයි. ලද නවාතැනකින් ලබන සතුට පිළිබඳ ව වර්ණනා කරන්නේ වෙයි. නවාතැනක් උදෙසා භික්ෂූන් හට අයෝග්‍ය වූ නොසරුප් දෙයකට නොපැමිණෙයි. නවාතැනක් නොලැබුණේ වුව ද එයින් කම්පා නොවෙයි. නවාතැනක් ලැබුණේ වුව ද එහි දැඩි ආශා ඇත්තේ නොවෙයි. එයින් මුසපත් නොවී, එහි නොබැසගෙන, ආදීනව දකිනා සුළු ව එහි ඇල්ම දුරු කරන ප්‍රඥාවෙන් යුක්ත ව පරිහරණය කරයි. ඒ ලද නවාතැනෙන් සතුටු වීම හේතුවෙන් තමා හුවා නොදක්වන්නේ වෙයි. අනුන් හෙළා නොදකියි. ඒ භික්ෂුව ලද නවාතැනෙන් සතුටු වීමට දක්ෂ වූයේ, අලස නොවූයේ, මනා නුවණින් හා සිහියෙන් යුක්ත වූයේ වෙයි. මහණෙනි, මේ භික්ෂුව ඉතා පැරණි වූ, අග්‍ර යැයි දන්නා ලද, ආර්ය වංශයෙහි පිහිටා සිටින්නේ යැයි කියනු ලැබේ.

4. තව ද මහණෙනි, භික්ෂුව භාවනාවට ආශා කරන්නේ වෙයි. භාවනාවෙහි ඇලුණේ වෙයි. කෙලෙස් ප්‍රහාණයට ආශා කරන්නේ වෙයි. කෙලෙස් ප්‍රහාණයෙහි ඇලුණේ වෙයි. භාවනාවට ආශා කිරීම, භාවනාවෙහි ඇලී සිටීම, කෙලෙස් ප්‍රහාණයට ආශා කිරීම, කෙලෙස් ප්‍රහාණයෙහි ඇලී සිටීම හේතුවෙන් තමා හුවා නොදක්වන්නේ වෙයි. අනුන් හෙළා නොදකියි. ඒ භික්ෂුව එම කරුණෙහි දක්ෂ වූයේ, අලස නොවූයේ, මනා නුවණින් හා සිහියෙන් යුක්ත වූයේ වෙයි. මහණෙනි, මේ භික්ෂුව ඉතා පැරණි වූ, අග්‍ර යැයි දන්නා ලද, ආර්ය වංශයෙහි පිහිටා සිටින්නේ යැයි කියනු ලැබේ.

මහණෙනි, මේ වනාහී අරියවංස ප්‍රතිපදාවෝ සතරයි. මෙම අරියවංස ප්‍රතිපදාව අග්‍ර යැයි දත යුත්තේ ය. බොහෝ කල් පැවති දෙයක් බව දත යුත්තේ ය. බුද්ධාදී උතුමන්ගේ පරම්පරාවට අයත් දෙයක් බව දත යුත්තේ ය. පෞරාණික දෙයක් බව දත යුත්තේ ය. සංකීර්ණ නොවන දෙයක් බව දත යුත්තේ ය. පෙර බුදුවරු විසිනුත් බැහැර නොකළ දෙයකි. මෙකල්හි ද බැහැර නොකරන දෙයකි. අනාගතයෙහි බුදුවරුන් විසිනුත් බැහැර නොකරනු ලබන්නා වූ දෙයකි. නුවණැති ශ්‍රමණබ්‍රාහ්මණයින් විසින් නින්දා නොකරන ලද දෙයකි.

මහණෙනි, මේ සතර අරියවංශ ධර්මයෙන් යුක්ත වූ භික්ෂුව පෙරදිග දිශාවෙහි වාසය කරයි නම්, තෙමේ ම කුසල් දහම්හි නොඇලීම නම් වූ

අනභිරතිය මැඩ නැගී සිටියි. ඒ අරතිය විසින් භික්ෂුව යටපත් නොකරයි. බටහිර දිශාවෙහි වාසය කරයි නම්, තෙමේ ම කුසල් දහම්හි නොඇලීම නම් වූ අනභිරතිය මැඩ නැගී සිටියි. ඒ අරතිය විසින් භික්ෂුව යටපත් නොකරයි. උතුරු දිශාවෙහි වාසය කරයි නම්, තෙමේ ම කුසල් දහම්හි නොඇලීම නම් වූ අනභිරතිය මැඩ නැගී සිටියි. ඒ අරතිය විසින් භික්ෂුව යටපත් නොකරයි. දකුණු දිශාවෙහි වාසය කරයි නම්, තෙමේ ම කුසල් දහම්හි නොඇලීම නම් වූ අනභිරතිය මැඩ නැගී සිටියි. ඒ අරතිය විසින් භික්ෂුව යටපත් නොකරයි. එයට හේතුව කුමක්ද? ඒ නුවණැති භික්ෂුව භාවනාවෙහි අරතිය ත්, කාමයෙහි රතිය ත් මැඩලීමට හැකියාව ඇති නිසාවෙනි.

(ගාථා)

1. වීර පුද්ගලයා ව අරතිය විසින් නොමඩිනු ලැබේ. අරතිය යනු වීරයා ව යටපත් නොකරන දෙයකි. වැලිඳු නුවණින් එඩිතර වූ තැනැත්තා අරතිය මැඩලයි. නුවණින් එඩිතර තැනැත්තා වනාහී අරතිය මැඩලන්නෙකි.

2. සියළු කර්මයන් අත්හැර සිටිනා කෙලෙස් දුරුලූ රහතන් වහන්සේලාගේ විමුක්තිය කවරෙක් නම් වළකයි ද? දඹරන් නිකක් සෙයින් බබලන ඒ රහතුන්ට ගරහන්නට කවුරුන්ට හැකිවෙයි ද? දෙවියෝ පවා ඔහුට පසසත්. බ්‍රහ්මරාජයා විසිනුත් පසසනු ලදදේ වෙයි.

සාදු! සාදු!! සාදු!!!

අරියවංස සූත්‍රය නිමා විය.

4.1.3.9.
ධම්මපද සූත්‍රය
ධම්මපදය ගැන වදාළ දෙසුම

මහණෙනි, මේ ධර්මපද සතරෙකි. මෙම ධර්මපද සතර අග්‍ර යැයි දත යුත්තේ ය. බොහෝ කල් පැවති දෙයක් බව දත යුත්තේ ය. බුද්ධාදී උතුමන්ගේ පරම්පරාවට අයත් දෙයක් බව දත යුත්තේ ය. පෞරාණික දෙයක් බව දත යුත්තේ ය. සංකීර්ණ නොවන දෙයක් බව දත යුත්තේ ය. පෙර බුදුවරු විසිනුත් බැහැර නොකළ දෙයකි. මෙකල්හි ද බැහැර නොකරන දෙයකි. අනාගතයෙහි බුදුවරුන් විසිනුත් බැහැර නොකරනු ලබන්නා වූ දෙයකි.

නුවණැති ශ්‍රමණබ්‍රාහ්මණයින් විසින් නින්දා නොකරන ලද දෙයකි. ඒ කවර සතරක් ද යත්;

1.   මහණෙනි, ලෝභ නැතිකම යනු ධර්මපදයකි. එය අග්‍ර යැයි දත යුත්තේ ය. බොහෝ කල් පැවති දෙයක් බව දත යුත්තේ ය. බුද්ධාදී උතුමන්ගේ පරම්පරාවට අයත් දෙයක් බව දත යුත්තේ ය. පෞරාණික දෙයක් බව දත යුත්තේ ය. සංකීර්ණ නොවන දෙයක් බව දත යුත්තේ ය. පෙර බුදුවරු විසිනුත් බැහැර නොකළ දෙයකි. මෙකල්හි ද බැහැර නොකරන දෙයකි. අනාගතයෙහි බුදුවරුන් විසිනුත් බැහැර නොකරනු ලබන්නා වූ දෙයකි. නුවණැති ශ්‍රමණබ්‍රාහ්මණයින් විසින් නින්දා නොකරන ලද දෙයකි.

2.   මහණෙනි, නොකිපෙන බව යනු ධර්මපදයකි. එය අග්‍ර යැයි දත යුත්තේ ය. බොහෝ කල් පැවති දෙයක් බව දත යුත්තේ ය. බුද්ධාදී උතුමන්ගේ පරම්පරාවට අයත් දෙයක් බව දත යුත්තේ ය. පෞරාණික දෙයක් බව දත යුත්තේ ය. සංකීර්ණ නොවන දෙයක් බව දත යුත්තේ ය. පෙර බුදුවරු විසිනුත් බැහැර නොකළ දෙයකි. මෙකල්හි ද බැහැර නොකරන දෙයකි. අනාගතයෙහි බුදුවරුන් විසිනුත් බැහැර නොකරනු ලබන්නා වූ දෙයකි. නුවණැති ශ්‍රමණබ්‍රාහ්මණයින් විසින් නින්දා නොකරන ලද දෙයකි.

3.   මහණෙනි, මනාකොට සිහියෙන් සිටීම යනු ධර්මපදයකි. එය අග්‍ර යැයි දත යුත්තේ ය. බොහෝ කල් පැවති දෙයක් බව දත යුත්තේ ය. බුද්ධාදී උතුමන්ගේ පරම්පරාවට අයත් දෙයක් බව දත යුත්තේ ය. පෞරාණික දෙයක් බව දත යුත්තේ ය. සංකීර්ණ නොවන දෙයක් බව දත යුත්තේ ය. පෙර බුදුවරු විසිනුත් බැහැර නොකළ දෙයකි. මෙකල්හි ද බැහැර නොකරන දෙයකි. අනාගතයෙහි බුදුවරුන් විසිනුත් බැහැර නොකරනු ලබන්නා වූ දෙයකි. නුවණැති ශ්‍රමණබ්‍රාහ්මණයින් විසින් නින්දා නොකරන ලද දෙයකි.

4.   මහණෙනි, සම්මා සමාධිය යනු ධර්මපදයකි. එය අග්‍ර යැයි දත යුත්තේ ය. බොහෝ කල් පැවති දෙයක් බව දත යුත්තේ ය. බුද්ධාදී උතුමන්ගේ පරම්පරාවට අයත් දෙයක් බව දත යුත්තේ ය. පෞරාණික දෙයක් බව දත යුත්තේ ය. සංකීර්ණ නොවන දෙයක් බව දත යුත්තේ ය. පෙර බුදුවරු විසිනුත් බැහැර නොකළ දෙයකි. මෙකල්හි ද බැහැර නොකරන දෙයකි. අනාගතයෙහි බුදුවරුන් විසිනුත් බැහැර නොකරනු ලබන්නා වූ දෙයකි. නුවණැති ශ්‍රමණබ්‍රාහ්මණයින් විසින් නින්දා නොකරන ලද දෙයකි.

මහණෙනි, මේ වනාහී ධර්මපද සතරයි. මෙම ධර්මපද සතර අග්‍ර යැයි දත යුත්තේ ය. බොහෝ කල් පැවති දෙයක් බව දත යුත්තේ ය. බුද්ධාදී

උතුමන්ගේ පරම්පරාවට අයත් දෙයක් බව දත යුත්තේ ය. පෞරාණික දෙයක් බව දත යුත්තේ ය. සංකීර්ණ නොවන දෙයක් බව දත යුත්තේ ය. පෙර බුදුවරු විසිනුත් බැහැර නොකළ දෙයකි. මෙකල්හි ද බැහැර නොකරන දෙයකි. අනාගතයෙහි බුදුවරුන් විසිනුත් බැහැර නොකරනු ලබන්නා වූ දෙයකි. නුවණැති ශ්‍රමණබ්‍රාහ්මණයින් විසින් නින්දා නොකරන ලද දෙයකි.

(ගාථා)

1. ලෝභ රහිත ව, නොකිපෙන සිතින් වසන්නේ ය. මනා සිහියෙන් යුතු ව, ඒකාග්‍ර සිතින් යුතු ව, තමා තුළ මැනැවින් සමාහිත වූ සිතක් පවත්වන්නේ ය.

සාදු! සාදු!! සාදු!!!

ධම්මපද සූත්‍රය නිමා විය.

4.1.3.10.
පරිබ්බාජක සූත්‍රය
පිරිවැජියන්ට වදාළ දෙසුම

මා විසින් මෙසේ අසන ලදී. එක් සමයක භාග්‍යවතුන් වහන්සේ රජගහ නුවර ගිජ්ඣකූට පර්වතයෙහි වැඩවසන සේක. එසමයෙහි බොහෝ ප්‍රසිද්ධ ප්‍රසිද්ධ වූ පරිබ්‍රාජකයෝ සප්පිනියා නදී තෙර පරිබ්‍රාජකාරාමයෙහි වාසය කරති. ඔවුන් කවරහු ද යත්, අන්නභාර ය, වරධර ය, සකුළුදායී ය, එමෙන් ම අන්‍ය වූ බොහෝ ප්‍රසිද්ධ පරිබ්‍රාජකයෝ ය.

එකල්හී භාග්‍යවතුන් වහන්සේ සවස් වරුවෙහි භාවනාවෙන් නැගිට සප්පිනියා නදී තෙර පිරිවැජි ආරාමය කරා වැඩි සේක. වැඩම කොට පණවන ලද අසුනෙහි වැඩහුන් සේක. එසේ වැඩහුන් භාග්‍යවතුන් වහන්සේ ඒ පිරිවැජියන් ඇමතූ සේක.

"පරිබ්‍රාජකයෙනි, මේ ධර්මපද සතරකි. මෙම ධර්මපද සතර අග්‍ර යැයි දත යුත්තේ ය. බොහෝ කල් පැවති දෙයක් බව දත යුත්තේ ය. බුද්ධාදී උතුමන්ගේ පරම්පරාවට අයත් දෙයක් බව දත යුත්තේ ය. පෞරාණික දෙයක් බව දත යුත්තේ ය. සංකීර්ණ නොවන දෙයක් බව දත යුත්තේ ය. පෙර බුදුවරු

විසිනුත් බැහැර නොකළ දෙයකි. මෙකල්හි ද බැහැර නොකරන දෙයකි. අනාගතයෙහි බුදුවරුන් විසිනුත් බැහැර නොකරනු ලබන්නා වූ දෙයකි. නුවණැති ශ්‍රමණබ්‍රාහ්මණයින් විසින් නින්දා නොකරන ලද දෙයකි. ඒ කවර සතරක් ද යත්;

පරිබ්‍රාජකයෙනි, ලෝභ නැතිකම යනු ධර්මපදයකි. එය අග්‍ර යැයි දත යුත්තේ ය. බොහෝ කල් පැවති දෙයක් බව දත යුත්තේ ය. බුද්ධාදී උතුමන්ගේ පරම්පරාවට අයත් දෙයක් බව දත යුත්තේ ය. පෞරාණික දෙයක් බව දත යුත්තේ ය. සංකීර්ණ නොවන දෙයක් බව දත යුත්තේ ය. පෙර බුදුවරු විසිනුත් බැහැර නොකළ දෙයකි. මෙකල්හි ද බැහැර නොකරන දෙයකි. අනාගතයෙහි බුදුවරුන් විසිනුත් බැහැර නොකරනු ලබන්නා වූ දෙයකි. නුවණැති ශ්‍රමණබ්‍රාහ්මණයින් විසින් නින්දා නොකරන ලද දෙයකි. පරිබ්‍රාජකයෙනි, නොකිපෙන බව යනු ධර්මපදයකි. ....(පෙ).... පරිබ්‍රාජකයෙනි, මනාකොට සිහියෙන් සිටීම යනු ධර්මපදයකි. ....(පෙ).... පරිබ්‍රාජකයෙනි, සම්මා සමාධිය යනු ධර්මපදයකි. එය අග්‍ර යැයි දත යුත්තේ ය. බොහෝ කල් පැවති දෙයක් බව දත යුත්තේ ය. බුද්ධාදී උතුමන්ගේ පරම්පරාවට අයත් දෙයක් බව දත යුත්තේ ය. පෞරාණික දෙයක් බව දත යුත්තේ ය. සංකීර්ණ නොවන දෙයක් බව දත යුත්තේ ය. පෙර බුදුවරු විසිනුත් බැහැර නොකළ දෙයකි. මෙකල්හි ද බැහැර නොකරන දෙයකි. අනාගතයෙහි බුදුවරුන් විසිනුත් බැහැර නොකරනු ලබන්නා වූ දෙයකි. නුවණැති ශ්‍රමණබ්‍රාහ්මණයින් විසින් නින්දා නොකරන ලද දෙයකි.

පරිබ්‍රාජකයෙනි, මේ වනාහී ධර්මපද සතරයි. මෙම ධර්මපද සතර අග්‍ර යැයි දත යුත්තේ ය. බොහෝ කල් පැවති දෙයක් බව දත යුත්තේ ය. බුද්ධාදී උතුමන්ගේ පරම්පරාවට අයත් දෙයක් බව දත යුත්තේ ය. පෞරාණික දෙයක් බව දත යුත්තේ ය. සංකීර්ණ නොවන දෙයක් බව දත යුත්තේ ය. පෙර බුදුවරු විසිනුත් බැහැර නොකළ දෙයකි. මෙකල්හි ද බැහැර නොකරන දෙයකි. අනාගතයෙහි බුදුවරුන් විසිනුත් බැහැර නොකරනු ලබන්නා වූ දෙයකි. නුවණැති ශ්‍රමණබ්‍රාහ්මණයින් විසින් නින්දා නොකරන ලද දෙයකි.

පරිබ්‍රාජකයෙනි, යමෙක් මෙසේ කියන්නේ නම්, 'මම් මේ ලෝභ නැතිකම නම් වූ ධර්මපදය ප්‍රතික්ෂේප කොට ලෝභයෙන් යුතු, කාමයන්හී තියුණු රාග ඇති කෙනෙකු ශ්‍රමණයෙකු හෝ බ්‍රාහ්මණයෙකු හෝ වශයෙන් පණවන්නෙමි' යි කියා. එවිට මම එහිදී ඔහුට මෙසේ කියමි. 'එබඳු කෙනෙක් පැමිණේවා ! පවසාවා. විස්තර කොට පවසාවා. ඔහුගේ ආනුභාවය දකිමි' යි. පරිබ්‍රාජකයෙනි, ඒකාන්තයෙන් ඒ තැනැත්තා ලෝභ නැති බව නම් වූ ධර්මපදය ප්‍රතික්ෂේප කොට ලෝභයෙන් යුතුව කාමයන්හී තියුණු රාග ඇතිව තමා ශ්‍රමණයෙකු

කියා හෝ බ්‍රාහ්මණයෙකු කියා හෝ පණවන්නේ නම් එකරුණ සිදුවන දෙයක් නොවෙයි.

පරිබ්‍රාජකයෙනි, යමෙක් මෙසේ කියන්නේ නම්, 'මම් මේ නොකිපෙන බව නම් වූ ධර්මපදය ප්‍රතික්ෂේප කොට ද්වේෂ සිතින් යුතුව, දූෂිත චිත්ත සංකල්ප ඇති කෙනෙකු ශ්‍රමණයෙකු හෝ බ්‍රාහ්මණයෙකු වශයෙන් හෝ පණවන්නෙමි' යි කියා. එවිට මම එහිදී ඔහුට මෙසේ කියමි. 'එබඳු කෙනෙක් පැමිණේවා ! පවසාවා. විස්තර කොට පවසාවා. ඔහුගේ ආනුභාවය දකිමි' යි. පරිබ්‍රාජකයෙනි, ඒකාන්තයෙන් ඒ තැනැත්තා නොකිපෙන බව නම් වූ ධර්මපදය ප්‍රතික්ෂේප කොට ද්වේෂ සිතින් යුතුව, දූෂිත චිත්ත සංකල්ප ඇතිව තමා ශ්‍රමණයෙකු කියා හෝ බ්‍රාහ්මණයෙකු කියා හෝ පණවන්නේ නම් එකරුණ සිදුවන දෙයක් නොවෙයි.

පරිබ්‍රාජකයෙනි, යමෙක් මෙසේ කියන්නේ නම්, 'මම් මේ සම්මා සතිය නම් වූ ධර්මපදය ප්‍රතික්ෂේප කොට මුළා වූ සිත් ඇති, නුවණින් තොර ව වසන කෙනෙකු ශ්‍රමණයෙකු හෝ බ්‍රාහ්මණයෙකු වශයෙන් හෝ පණවන්නෙමි' යි කියා. එවිට මම එහිදී ඔහුට මෙසේ කියමි. 'එබඳු කෙනෙක් පැමිණේවා ! පවසාවා. විස්තර කොට පවසාවා. ඔහුගේ ආනුභාවය දකිමි' යි. පරිබ්‍රාජකයෙනි, ඒකාන්තයෙන් ඒ තැනැත්තා සම්මා සතිය නම් වූ ධර්මපදය ප්‍රතික්ෂේප කොට මුළා වූ සිත් ඇති ව, නුවණින් තොර ව වසමින් තමා ශ්‍රමණයෙකු කියා හෝ බ්‍රාහ්මණයෙකු කියා හෝ පණවන්නේ නම් එකරුණ සිදුවන දෙයක් නොවෙයි.

පරිබ්‍රාජකයෙනි, යමෙක් මෙසේ කියන්නේ නම්, 'මම් මේ සම්මා සමාධිය නම් වූ ධර්මපදය ප්‍රතික්ෂේප කොට අසමාහිත සිත් ඇති, භ්‍රාන්ත සිත් ඇති කෙනෙකු ශ්‍රමණයෙකු හෝ බ්‍රාහ්මණයෙකු වශයෙන් හෝ පණවන්නෙමි' යි කියා. එවිට මම එහිදී ඔහුට මෙසේ කියමි. 'එබඳු කෙනෙක් පැමිණේවා ! පවසාවා. විස්තර කොට පවසාවා. ඔහුගේ ආනුභාවය දකිමි' යි. පරිබ්‍රාජකයෙනි, ඒකාන්තයෙන් ඒ තැනැත්තා සම්මා සමාධිය නම් වූ ධර්මපදය ප්‍රතික්ෂේප කොට අසමාහිත සිත් ඇති, භ්‍රාන්ත සිත් ඇති කෙනෙකු ශ්‍රමණයෙකු කියා හෝ බ්‍රාහ්මණයෙකු කියා හෝ පණවන්නේ නම් එකරුණ සිදුවන දෙයක් නොවෙයි.

පරිබ්‍රාජකයෙනි, යමෙක් මේ සතර ධර්මපදයන්ට ගැරහිය යුතු යැයි, ප්‍රතික්ෂේප කළ යුතු යැයි සිතයි ද, ඔහුට මෙලොව දී ම කරුණු සහිත වූ සාධාරණ ලෙස ගැරහීමට ලක් වන සතර කරුණකට මුහුණ දිය යුතු වෙයි. ඒ කවර සතරක් ද යත්;

ඉදින් භවත් තෙමේ ලෝභ නැති බවට ගරහයි නම්, ප්‍රතික්ෂේප කරයි

නම්, ලෝභයෙන් යුක්ත වූ, කාමයන්හී තියුණු රාගයෙන් යුක්ත වූ යම් ශ්‍රමණ බ්‍රාහ්මණවරු වෙත් නම්, භවත්හු විසින් ඔවුහු පුදනු ලද්දාහු ය. භවත්හු විසින් ඔවුහු පසසන ලද්දාහු ය.

ඉදින් භවත් තෙමේ කෝප නැති බවට ගරහයි නම්, ප්‍රතික්ෂේප කරයි නම්, කෝපයෙන් යුක්ත වූ, දූෂිත වූ චිත්ත සංකල්පයෙන් යුක්ත වූ යම් ශ්‍රමණ බ්‍රාහ්මණවරු වෙත් නම්, භවත්හු විසින් ඔවුහු පුදනු ලද්දාහු ය. භවත්හු විසින් ඔවුහු පසසන ලද්දාහු ය.

ඉදින් භවත් තෙමේ සම්මා සතියට ගරහයි නම්, ප්‍රතික්ෂේප කරයි නම්, සිහි මුලාවෙන් යුක්ත වූ, නුවණින් තොර වූ යම් ශ්‍රමණ බ්‍රාහ්මණවරු වෙත් නම්, භවත්හු විසින් ඔවුහු පුදනු ලද්දාහු ය. භවත්හු විසින් ඔවුහු පසසන ලද්දාහු ය.

ඉදින් භවත් තෙමේ සම්මා සමාධියට ගරහයි නම්, ප්‍රතික්ෂේප කරයි නම්, එකඟ සිතින් තොර වූ, භ්‍රාන්ත සිත් ඇති යම් ශ්‍රමණ බ්‍රාහ්මණවරු වෙත් නම්, භවත්හු විසින් ඔවුහු පුදනු ලද්දාහු ය. භවත්හු විසින් ඔවුහු පසසන ලද්දාහු ය.

පරිබ්‍රාජකයෙනි, යමෙක් මේ සතර ධර්මපදයන්ට ගැරහිය යුතු යැයි, ප්‍රතික්ෂේප කළ යුතු යැයි සිතයි ද, ඔහුට මෙලොව දී ම කරුණු සහිත වූ සාධාරණ ලෙස ගැරහීමට ලක් වන මේ සතර කරුණට මුහුණ දිය යුතු වෙයි.

පරිබ්‍රාජකයෙනි, උක්කලා ජනපදවාසී වස්ස ය, භඤ්ඤ ය යන අහේතුවාදී ක්‍රියාව නොපිළිගන්නා නාස්තිකවාදී යම් ඒ වාදකාරයෝ දෙදෙනෙක් වූවාහු ද, ඔවුනුත් මේ සතර ධර්ම පදයන් නොගැරහිය යුතු යැයි, පිළිකෙව් නොකළ යුතු යැයි සිතූහ. ඒ මක්නිසාද යත්, නැණවතුන්ගෙන් ලැබෙන නින්දා අපහාස ගැරහුම් වලට ඇති බිය නිසා ය.

(ගාථා)

1. කෝප නොවන සිතින් යුතුව, නිරතුරු ව සිහියෙන් යුතුව තමා තුළ මැනැවින් එකඟ කළ සිහි ඇතිව ලෝභය දුරු කොට හික්මෙන භික්ෂුව අප්‍රමාදී තැනැත්තා යැයි කියනු ලැබේ.

සාදු! සාදු!! සාදු!!!

පරිබ්බාජක සූත්‍රය නිමා විය.

තුන්වෙනි උරුවේල වර්ගය අවසන් විය.

- **එහි පිළිවෙල උද්දානයයි :**

උරුවේල සූත්‍ර දෙකකි. ලෝක සූත්‍රය, කාළකාරාම සූත්‍රය, බ්‍රහ්මචරිය සූත්‍රය, කුහක සූත්‍රය, සන්තුට්ඨි සූත්‍රය, අරියවංශ සූත්‍රය, ධම්මපද සූත්‍රය සහ පරිබ්බාජක සූත්‍රය වශයෙන් මෙහි සූත්‍ර දශයෙකි.

4. චක්ක වර්ගය

4.1.4.1.
චක්ක සූත්‍රය
චක්‍රය ගැන වදාළ දෙසුම

සැවැත් නුවර දී ය.......

මහණෙනි, මේ චක්‍රයෝ සතරකි. යමකින් යුක්ත වූ දෙව් මිනිසුන් හට සතර චක්‍රයක් පවතියි නම්, යමකින් යුක්ත වූ දෙව් මිනිස්හු නොබෝ කලකින් ම භෝග සම්පත්තියෙන් මහත් බවට ත්, විපුල බවට ත් පත්වෙත් නම්, ඒ සතර චක්‍රයන් මොනවාද?

එනම් පින් දහම් කිරීමට යෝග්‍ය ප්‍රදේශයක වාසය කිරීම ත්, සත්පුරුෂයන්ගේ ආශ්‍රය ත්, තමා මනාකොට ශ්‍රද්ධාදී ගුණධර්මයන්හී පිහිටුවා ගැනීම ත්, පෙර කරන ලද පින් ඇති බව ත් ය.

මහණෙනි, මේ චක්‍රයෝ සතරකි. යමකින් යුක්ත වූ දෙව් මිනිසුන් හට සතර චක්‍රයක් පවතියි නම්, යමකින් යුක්ත වූ දෙව් මිනිස්හු නොබෝ කලකින් ම භෝග සම්පත්තියෙන් මහත් බවට ත්, විපුල බවට ත් පත්වෙත් නම්, ඒ සතර චක්‍රයන් මේවා ය.

(ගාථා)

1. මනුෂ්‍යයා පින් දහම් කළ හැකි ප්‍රදේශයක වාසය කරන්නේ ය. බුද්ධාදී ආර්ය උතුමන් කෙරෙහි සිත පහදවා ගන්නේ ය. තමා මැනැවින් කුසලයෙහි පිහිටා සිටින්නේ ය. පෙර කළ පින් ඇති බව ද ඇත්තේ ය. මෙබඳු තැනැත්තා ධාන්‍යය ද, ධනය ද, යසස ද, කීර්තිය ද, සැපය ද, යන මෙහි බලවත් වන්නේ ය.

සාදු! සාදු!! සාදු!!!

චක්ක සූත්‍රය නිමා විය.

4.1.4.2.
සංගහ වත්ථු සූත්‍රය
සංග්‍රහවස්තු ගැන වදාළ දෙසුම

මහණෙනි, මේ සතර සංග්‍රහ වස්තු ය. ඒ කවර සතරක් ද යත්;

දානය ත්, ප්‍රිය වචනය ත්, අර්ථ චර්යාව ත්, සමානාත්මතාවය ත් ය.

මහණෙනි, මේ වනාහී සතර සංග්‍රහ වස්තු ය.

(ගාථා)

1. දානය ත්, ප්‍රිය වචනය ත්, අර්ථ චර්යාව ත්, සමානාත්මතාවය ත් යන යමක් මෙලොවෙහි තිබෙයි ද, ඒ ඒ කරුණු පිළිබඳ ව ඊට ගැලපෙන අයුරින් සංග්‍රහ කරයි ද, මේ සතර සංග්‍රහයන් ලෝකයෙහි තිබෙන්නේ ගමන් කරන රථයෙහි රෝදය මනාකොට සවිකළ ඇණයක් ලෙස ය.

2. මේ සතර සංග්‍රහ වස්තූන් ලොව නොතිබෙයි නම් මව් පුතු නිසා ගරු බුහුමන් හෝ පිදුමන් හෝ නොලබයි. පියා හෝ දරුවන්ගෙන් ගරු බුහුමන් නොලබයි.

3. යම්හෙයකින් නැණවත් මිනිස්හු මේ සතර සංග්‍රහ වස්තූන් මනාකොට හඳුනාගෙන ඒ අනුව කටයුතු කරත් ද, ඒ හේතුවෙන් ඔවුහු මහත් දියුණුවට පත්වෙති. ප්‍රශංසාවට ද බඳුන් වෙති.

සාදු! සාදු!! සාදු!!!

සංගහවත්ථු සූත්‍රය නිමා විය.

4.1.4.3.
සීහ සූත්‍රය
සිංහයා උපමා කොට වදාළ දෙසුම

මහණෙනි, මෘගරාජ වූ සිංහ තෙමේ හවස් වරුවෙහි ලැග සිටි තැනින් කලඑළි බසියි. එසේ ලැග සිටි තැනින් නික්ම අවුත් කෙසරු සළා ඇඟ සොළවයි. කෙසරු සළා ඇඟ සොළොවා හාත්පස සිව් දිශාව බලයි. හාත්පස සිව් දිශාව බලා තෙවිටක් සිංහනාද කරයි. එසේ තුන් යලක් සිංහනාද කොට ගොදුරු පිණිස නික්ම යයි.

මහණෙනි, යම් ඒ තිරිසන්ගත ප්‍රාණීහු මෘගරාජ වූ සිංහයාගේ නාදය අසත් ද, එවිට ඔවුහු බොහෝ සෙයින් භීතියට ත්, සංවේගයට ත්, සංත්‍රාසයට ත් පැමිණෙති. ගුලෙහි සිටින සත්තු ගුලට ම රිංගති. ජලයෙහි සිටින සත්තු ජලයට ම පිවිසෙති. වනවාසී සත්තු වනයේ සැඟවෙති. පක්ෂීහු අහසට ඉගිලෙති.

මහණෙනි, ගම් නියම්ගම් රාජධානිවල දැඩි සමින් කළ යොතින් බඳින ලද රජුගේ හස්තීහු සිටිත් ද, ඒ ඇතුන් පවා ඒ බන්ධන සිඳ බිඳ බියට පත් ව මළ මුත්‍රා වගුරවමින් හිස් ලූ ලූ අත පලා යති. මහණෙනි, මෘගරාජ සිංහයා යනු තිරිසන්ගත ප්‍රාණීන් හට මේ සා මහා ඉර්ධිමත්, මේ සා මහේශාක්‍ය වූ, මේ සා මහානුභාව වූ සතෙකි.

එසෙයින් ම මහණෙනි, යම් කලෙක අරහත් සම්මා සම්බුදු, විජ්ජාචරණ සම්පන්න, සුගත, ලෝකවිදූ, අනුත්තරෝ පුරිසදම්ම සාරථී, සත්ථා දේවමනුස්සානං, බුද්ධ, භගවා යන ගුණයෙන් යුතු තථාගතයන් වහන්සේ ලෝකයෙහි උපදිත් ද, ඒ තථාගතයන් වහන්සේ 'සක්කාය යනු මෙය යි, සක්කාය හටගැනීම යනු මෙය යි, සක්කාය නිරුද්ධ වීම යනු මෙය යි, සක්කාය නිරුද්ධ වීමේ ප්‍රතිපදාව යනු මෙය යි' වශයෙන් ධර්මය දේශනා කරයි ද, එකල්හී මහණෙනි, යම් ඒ දීර්ඝායුෂ්කල්ප වූ මනා පැහැයෙන් යුතු සැප බහුල වූ උසස් විමානයන්හි චිරාත් කල් සිටින්නා වූ යම් දෙවිවරු ඇද්ද, ඔවුනුත් තථාගතයන් වහන්සේගේ ධර්ම දේශනාව අසා බොහෝ සෙයින් භීතියට ත්, සංවේගයට ත්, සංත්‍රාසයට ත් පැමිණෙති. 'භවත්නී, ඒකාන්තයෙන් ම අපි අනිත්‍ය ව සිටිමින් නිත්‍ය යැයි සිතුවෙමු. භවත්නී, ඒකාන්තයෙන් ම අපි අස්ථිර ව සිටිමින් ස්ථිර යැයි සිතුවෙමු. භවත්නී, ඒකාන්තයෙන් ම අපි සදාකාලික නැතිව සිටිමින් සදාකාලික යැයි සිතුවෙමු. භවත්නී, අපි වනාහී අනිත්‍ය වූවෝ වෙමු. අස්ථිර

වූවෝ වෙමු. අශාස්වත වූවෝ වෙමු. පංච උපදානස්කන්ධයෙහි බැසගත්තෝ වෙමු' යි.

මහණෙනි, දෙවියන් සහිත ලෝකයෙහි තථාගතයෝ මේ සා මහා ඉර්ධි ඇත්තාහු ය. මේ සා මහේශාක්‍ය ඇත්තාහු ය. මේ සා මහානුභාව ඇත්තාහු ය.

(ගාථා)

1. යම් කලෙක බුදුරජ තෙමේ විශිෂ්ට ඥානයෙන් අවබෝධ කොට ධර්ම චක්‍රය පවත්වයි ද, දෙවියන් සහිත ලෝකයෙහි ඒ ශාස්තෘ තෙමේ ප්‍රතිපුද්ගල රහිත කෙනෙකි.

2. සක්කාය ද, එහි නිරෝධය ද, සක්කායේ හටගැනීම ද, දුක් සංසිඳුවන මාර්ගය වූ ආර්ය අෂ්ටාංගික මාර්ගය ද නම් වූයේ ඒ ධර්ම චක්‍රය යි.

3. යම් දීර්ඝායුෂ ඇති, මනා පැහැ ඇති යශස්වී වූ දෙවිවරු සිටිත් ද, ඔවුහු සිංහනාදයට බිය වූ වනසතුන් පරිද්දෙන් භීතියට ත්, සංත්‍රාසයට ත් පත් වූහ.

4. භවත්නි, සක්කායෙන් නිදහස් වූ, අට ලෝ දහමට අකම්පිත වූ රහතුන්ගේ වචන ඇසූ අපි වනාහී සක්කාය ඉක්මවා ගත නොහැකි ව නිත්‍ය රහිත ව සිටිමු.

සාදු! සාදු!! සාදු!!!

සීහ සූත්‍රය නිමා විය.

4.1.4.4.
අග්ගප්පසාද සූත්‍රය
අග්‍ර පැහැදීම ගැන වදාළ දෙසුම

මහණෙනි, මේ අග්‍ර වූ පැහැදීම් සතරකි. ඒ කවර සතරක් ද යත්;

මහණෙනි, යම්තාක් පා රහිත වූ හෝ, දෙපා ඇති හෝ, සිවුපා ඇති හෝ, බොහෝ පා ඇති හෝ, රූපවත් වූ හෝ, අරූපවත් වූ හෝ සංඥාවත් වූ හෝ, සංඥා රහිත වූ හෝ නේවසංඥානාසංඥායතන වූ හෝ සත්වයෝ සිටිත්

ද, තථාගත අරහත් සම්මා සම්බුදුරජාණන් වහන්සේ ඒ සකල සත්ව වර්ගයා අතර, අග්‍ර යැයි කියනු ලැබේ. මහණෙනි, යමෙක් බුදුරජුන් කෙරෙහි සිත පහදවා ගත්තාහු ද, ඔවුන් පැහැදුණේ අග්‍ර වූ ස්ථානයෙහි ය. අග්‍ර ස්ථානයෙහි පැහැදුනවුන්ගේ විපාකය ද අග්‍ර වන්නේ ය.

මහණෙනි, හේතු ප්‍රත්‍යයන්ගෙන් හටගත් යම්තාක් දේ ඇද්ද, ආර්ය අෂ්ටාංගික මාර්ගය ඒ සියල්ලට ම වඩා අග්‍ර වන්නේ යැයි කියනු ලැබේ. මහණෙනි, යම්කිසි කෙනෙක් ආර්ය අෂ්ටාංගික මාර්ගය කෙරෙහි සිත පහදවා ගත්තාහු ද, ඔවුන්ගේ ඒ ප්‍රසාදය ඇති වූයේ අග්‍ර වූ තැනක් කෙරෙහි ය. අග්‍ර ස්ථානයෙහි පැහැදුනවුන්ගේ විපාකය ද අග්‍ර වෙයි.

මහණෙනි, හේතු ප්‍රත්‍යයන්ගෙන් හටගත්තා වූ ත්, හට නොගත්තා වූ ත් යම්තාක් දේ ඇද්ද, ඒ සියල්ලට ම වඩා අග්‍ර වන්නේ නිර්වාණය යි. යම් මේ කෙලෙස් මද මඩින, කෙලෙස් පිපාසය සංසිඳුවන, තෘෂ්ණාව මුලින් ම නසන, සසර ගමන නැති කරන, තණ්හාව ක්ෂය වන, විරාගී වූ, තෘෂ්ණා නිරෝධයෙන් ලැබෙන යම් නිවනක් ඇද්ද එය යි. මහණෙනි, යමෙක් ඒ විරාගී වූ ධර්මය කෙරෙහි පැහැදුණාහු වෙත් ද, ඔවුනගේ ඒ පැහැදීම අග්‍ර වූ දෙයක් කෙරෙහි ය. අග්‍ර ස්ථානයෙහි පැහැදුනවුන්ගේ විපාකය ද අග්‍ර වෙයි.

මහණෙනි, යම්තාක් පිරිස් හෝ සමූහයන් හෝ සිටිත් ද, ඔවුන් සියල්ලන්ට ම වඩා අග්‍ර වන්නේ තථාගත ශ්‍රාවක සංඝයා ය. යම් මේ පුරුෂ යුගල සතරකින් යුක්ත වූ, පුරුෂ පුද්ගල අටකින් යුක්ත වූ ඒ භාග්‍යවතුන් වහන්සේගේ ශ්‍රාවක සංඝයා ආහුණෙය්‍ය, පාහුණෙය්‍ය, දක්ඛිණෙය්‍ය, අංජලිකරණීය, අනුත්තරං පුඤ්ඤක්ඛෙත්තං ලෝකස්ස යන ගුණයෙන් යුතු වෙයි ද ඒ සංඝයා ය. මහණෙනි, යමෙක් ආර්ය සංඝයා කෙරෙහි සිත පහදවා ගත්තාහු ද, ඔවුහු අග්‍ර වූ පිරිස කෙරෙහි පැහැදුණාහු ය. අග්‍ර ස්ථානයෙහි පැහැදුනවුන්ගේ විපාකය ද අග්‍ර ය.

මහණෙනි, මේ වනාහී අග්‍ර වූ පැහැදීම් සතර යි.

(ගාථා)

1. ඒකාන්තයෙන් අග්‍ර වූ පැහැදීමට අයත් අග්‍ර වූ ධර්මය අවබෝධ කොට වදාළ අනුත්තර වූ, දන් පිළිගැනීමෙහි සුදුසු වූ අග්‍ර වූ බුදුරජුන් කෙරෙහි පැහැදුණු සිත් ඇති තැනැත්තාට,

2. විරාගී වූ කෙලෙස් සංසිඳවාලන, සැපය ඇත්තා වූ අග්‍ර ධර්මයෙහි සිත පහදවාගත් තැනැත්තාට, අනුත්තර පින් කෙත වූ ආර්ය සංඝයා කෙරෙහි

සිත පහදවා ගත් තැනැත්තාට,

3. ඒ අග්‍ර වූ උතුමන් කෙරෙහි දෙන දානය ද අග්‍ර පින් ලබා දෙන්නේ වෙයි. අග්‍ර වශයෙන් ආයු, වර්ණ, සැප, යස, කීර්ති, බල ලබා දෙයි.

4. අග්‍ර වූ ධර්මයෙන් යුක්ත අග්‍ර වූ ශ්‍රාවක සංඝයා විෂයෙහි යම් නුවණැත්තෙක් දානාදිය පූජා කරයි ද, හේ දෙව් බවට හෝ මිනිස් බවට හෝ පැමිණි විට අග්‍ර බවට පත් ව සතුටු වෙයි.

සාදු! සාදු!! සාදු!!!

අග්ගප්පසාද සූත්‍රය නිමා විය.

4.1.4.5.
වස්සකාර සූත්‍රය
වස්සකාර බ්‍රාහ්මණයාට වදාළ දෙසුම

එක් සමයක භාග්‍යවතුන් වහන්සේ රජගහ නුවර කලන්දක නිවාප නම් වූ වේළුවනයෙහි වැඩවසන සේක. එකල්හී මගධ මහාමාත්‍ය වූ වස්සකාර බ්‍රාහ්මණ තෙමේ භාග්‍යවතුන් වහන්සේ යම් තැනක වැඩසිටි සේක් ද එතැනට පැමිණියේ ය. පැමිණ භාග්‍යවතුන් වහන්සේ සමඟ සතුටු විය. සතුටු විය යුතු පිළිසඳර කතා බහ නිමවා එකත්පස් ව හිඳගත්තේ ය. එකත්පස් ව හුන් මගධ මහාමාත්‍ය වස්සකාර බ්‍රාහ්මණ තෙමේ භාග්‍යවතුන් වහන්සේට මෙය සැළ කළේ ය.

"භවත් ගෞතමයන් වහන්ස, අපි කරුණු හතරකින් සමන්විත වූ පුද්ගලයා මහා ප්‍රාඥයෙකු වශයෙනුත්, මහා පුරුෂයෙකු වශයෙනුත් පණවමු. ඒ කවර කරුණු සතරකින් ද යත්,

භවත් ගෞතමයන් වහන්ස, මෙහිලා ඒ ඒ අසන ලද කරුණු පිළිබඳ ව බහුශ්‍රැත වූයේ වෙයි.

ඒ ඒ භාෂිතයාගේ අර්ථය දන්නේ වෙයි. එනම් 'මේ පවසන ලද කරුණෙහි අර්ථය මෙය යි. මේ පවසන ලද කරුණෙහි අර්ථය මෙය යි' වශයෙනි.

මනා සිහියෙන් යුතු වූයේ වෙයි. බොහෝ කලකට පෙර කළ දේ ත්,

බොහෝ කලකට පෙර කියූ දේ ත් සිහි කරන්නේ වෙයි. නැවත නැවත සිහි කරන්නේ වෙයි.

යම් මේ ගිහිගෙදර කටයුතු ඇද්ද, එහිලා දක්ෂ වෙයි. අලස නොවෙයි. එහිලා උපාය වීමංසනයෙන් යුක්ත වෙයි. කටයුතු කිරීමෙහි පිළිවෙලකට කිරීමෙහි දක්ෂ වෙයි.

භවත් ගෞතමයන් වහන්ස, අපි මේ කරුණු සතරින් යුක්ත වූ පුද්ගලයා මහා ප්‍රාඥයෙකු වශයෙනුත්, මහා පුරුෂයෙකු වශයෙනුත් පණවමු. භවත් ගෞතමයන් වහන්ස, ඉදින් මා පැවසූ මෙකරුණ අනුමෝදන් විය යුතු නම්, භවත් ගෞතමයන් වහන්සේ මාගේ වචනය අනුමෝදන් වෙත්වා. භවත් ගෞතමයන් වහන්ස, ඉදින් මාගේ වචනය ප්‍රතික්ෂේප කළ යුතු නම් භවත් ගෞතමයන් වහන්සේ එය ප්‍රතික්ෂේප කරත්වා."

"බ්‍රාහ්මණය, මම ඔබේ වචනය අනුමෝදන් නොවෙමි. එමෙන් ම ප්‍රතික්ෂේප ද නොකරමි. බ්‍රාහ්මණය, මම ද කරුණු සතරකින් යුක්ත පුද්ගලයා මහා ප්‍රාඥයෙකු, මහා පුරුෂයෙකු කොට පණවමි. ඒ කවර කරුණු සතරකින් ද යත්;

1. බ්‍රාහ්මණය, මෙහිලා බොහෝ ජනයාට හිත පිණිස, බොහෝ ජනයාට සැපය පිණිස පිළිපන්නේ වෙයි. බොහෝ ජනයා ආර්ය න්‍යායෙහි පිහිටුවන ලද්දේ වෙයි. එනම් මේ කල්‍යාණ ධර්මයන්, කුසල ධර්මයන් තුළ ය.

2. ඒ තැනැත්තා යම් විතර්කයක් සිතන්නට කැමති නම් ඒ විතර්කය සිතයි. යම් විතර්කයක් සිතන්නට අකමැති නම් ඒ විතර්කය නොසිතයි. යම් සංකල්පයක් සිතන්නට කැමති නම් ඒ සංකල්පය සිතයි. යමක් කල්පනා කරන්නට අකමැති නම් එය කල්පනා නොකරයි. මෙසේ තමන්ගේ සිතුවිලි රටාව තුළ සිත වසඟ ව පවත්වන්නේ වෙයි.

3. ගැඹුරු චිත්ත දියුණුවකින් යුතු මේ ජීවිතයේ සැප සේ වසන සතරක් වූ ධ්‍යානයන් කැමති සේ ලබන්නේ වෙයි. නිදුකින් ම ලබන්නේ වෙයි. බොහෝ සේ ලබන්නේ වෙයි.

4. ආශ්‍රවයන් ක්ෂය වීමෙන් අනාශ්‍රව වූ චිත්ත විමුක්තිය ත්, ප්‍රඥා විමුක්තිය ත් මේ ජීවිතයේදී ම තම විශිෂ්ට නුවණින් සාක්ෂාත් කොට එයට පැමිණ වසන්නේ වෙයි.

බ්‍රාහ්මණය, මම ඔබේ වචනය අනුමෝදන් නොවෙමි. එමෙන් ම

ප්‍රතික්ෂේප ද නොකරමි. බ්‍රාහ්මණය, මම ද මේ කරුණු සතරින් යුක්ත පුද්ගලයා මහා ප්‍රාඥයෙකු, මහා පුරුෂයෙකු කොට පණවමි."

"භවත් ගෞතමයන් වහන්ස, ආශ්චර්ය යි! භවත් ගෞතමයන් වහන්ස, අද්භූත යි! භවත් ගෞතමයන් වහන්සේ විසින් පවසන ලද්දේ මොනතරම් සුභාෂිතයක් ද? මේ කරුණු සතරින් සමන්වාගත වූවකු වශයෙන් භාග්‍යවතුන් වහන්සේ ව අපි පිළිගනිමු.

භවත් ගෞතමයන් වහන්සේ වනාහී බොහෝ ජනයාට හිත පිණිස, බොහෝ ජනයාට සැපය පිණිස පිළිපන් සේක. බොහෝ ජනයා ආර්ය න්‍යායෙහි පිහිටුවන ලද්දේ වෙයි. එනම් මේ කල්‍යාණ ධර්මයන්, කුසල ධර්මයන් තුළ ය.

භවත් ගෞතමයන් වහන්සේ වනාහී යම් විතර්කයක් සිතන්නට කැමති නම් ඒ විතර්කය සිතන සේක. යම් විතර්කයක් සිතන්නට අකමැති නම් ඒ විතර්කය නොසිතන සේක. යම් සංකල්පයක් සිතන්නට කැමති නම් ඒ සංකල්පය සිතන සේක. යමක් කල්පනා කරන්නට අකමැති නම් එය කල්පනා නොකරන සේක. මෙසේ තමන්ගේ සිතුවිලි රටාව තුළ සිත වසඟ ව පවත්වන සේක.

භවත් ගෞතමයන් වහන්සේ වනාහී ගැඹුරු චිත්ත දියුණුවකින් යුතු මේ ජීවිතයේ සැප සේ වසන සතරක් වූ ධ්‍යානයන් කැමති සේ ලබන සේක. නිදුකින් ම ලබන සේක. බොහෝ සේ ලබන සේක.

භවත් ගෞතමයන් වහන්සේ වනාහී ආශ්‍රවයන් ක්ෂය වීමෙන් අනාශ්‍රව වූ චිත්ත විමුක්තිය ත්, ප්‍රඥා විමුක්තිය ත් මේ ජීවිතයේදී ම තම විශිෂ්ට නුවණින් සාක්ෂාත් කොට එයට පැමිණ වසන සේක."

"බ්‍රාහ්මණය, ඒකාන්තයෙන් ම ඔබ විසින් මා වෙතට එල්ල කොට යම් වචනයක් පවසන ලද්දේ ය. වැලිදු එකරුණ මම ඔබට පැහැදිලි කරන්නෙමි.

බ්‍රාහ්මණය, මම් වනාහී බොහෝ ජනයාට හිත පිණිස, බොහෝ ජනයාට සැපය පිණිස පිළිපන්නේ වෙමි. බොහෝ ජනයා ආර්ය න්‍යායෙහි පිහිටුවන ලද්දේ වෙමි. එනම් මේ කල්‍යාණ ධර්මයන්, කුසල ධර්මයන් තුළ ය.

බ්‍රාහ්මණය, මම් වනාහී යම් විතර්කයක් සිතන්නට කැමති නම් ඒ විතර්කය සිතමි. යම් විතර්කයක් සිතන්නට අකමැති නම් ඒ විතර්කය නොසිතමි. යම් සංකල්පයක් සිතන්නට කැමති නම් ඒ සංකල්පය සිතමි. යමක් කල්පනා කරන්නට අකමැති නම් එය කල්පනා නොකරමි. මෙසේ තමන්ගේ සිතුවිලි

රටාව තුළ සිත වසඟ ව පවත්වන්නේ වෙමි.

බ්‍රාහ්මණය, මම් වනාහී ගැඹුරු චිත්ත දියුණුවකින් යුතු මේ ජීවිතයේ සැප සේ වසන සතරක් වූ ධ්‍යානයන් කැමති සේ ලබන්නේ වෙමි. නිදුකින් ම ලබන්නේ වෙමි. බොහෝ සේ ලබන්නේ වෙමි.

බ්‍රාහ්මණය, මම් වනාහී ආශ්‍රවයන් ක්ෂය වීමෙන් අනාශ්‍රව වූ චිත්ත විමුක්තිය ත්, ප්‍රඥා විමුක්තිය ත් මේ ජීවිතයේදී ම තම විශිෂ්ට නුවණින් සාක්ෂාත් කොට එයට පැමිණ වසන්නේ වෙමි."

(ගාථා)

1. යමෙක් සියළු සත්වයන්ගේ යළි යළි මිය යන උගුලෙන් මුදවාලන, දෙවි මිනිසුන්ගේ හිත සුව පිණිස වූ න්‍යාය ධර්මයක් පැවසූ සේක් ද, ඒකාන්තයෙන් ම බොහෝ ජනයා ඒ බුදුරජුන් දැක ත්, අසා ත් සිත පහදවා ගනිති.

2. මාර්ගය ත්, අමාර්ගය ත් පිළිබඳ ව පවසන්නට දක්ෂ වූ, කළ යුත්ත කොට නිම වූ, ආශ්‍රව රහිත වූ බුදුරජාණෝ අන්තිම ශරීරයකින් යුතු මහා ප්‍රාඥ වූ මහා පුරුෂයාණෝ යැයි කියනු ලැබේ.

සාදු! සාදු!! සාදු!!!

වස්සකාර සූත්‍රය නිමා විය.

4.1.4.6.
ද්‍රෝණ සූත්‍රය
ද්‍රෝණ බමුණාට වදාළ දෙසුම

එක් සමයක භාග්‍යවතුන් වහන්සේ උක්කට්ඨා නුවර ත්, සේතව්‍ය නුවරට ත් අතර දිගු මාර්ගයට පිළිපන් සේක. එකල්හී ද්‍රෝණ බ්‍රාහ්මණ තෙමේ ද උක්කට්ඨා නුවරට ත්, සේතව්‍ය නුවරට ත් අතර දිගු මාර්ගයට පිළිපන්නේ වෙයි. ද්‍රෝණ බමුණු තෙමේ භාග්‍යවතුන් වහන්සේගේ ශ්‍රී පාදයන්හී යටි පතුලෙහි පිහිටි දහසක් අර ඇති නිම්වළලු සහිත වූ, නැඹ සහිත වූ, සියළු අයුරින් පිරිපුන් චක්‍ර ලකුණු දුටුවේ ය. දැක මෙසේ සිතුවේ ය. 'භවත්නි, ඒකාන්තයෙන් ම අසිරිමත් දෙයකි! භවත්නි, ඒකාන්තයෙන් ම අද්භූත දෙයකි ! ඒකාන්තයෙන්

ම මේ පාදයන් මනුෂ්‍ය වූ කෙනෙකුගේ විය නොහැකි ය' යි.

එකල්හී භාග්‍යවතුන් වහන්සේ මගෙන් බැහැර වී එක්තරා රුක් සෙවණක පළඟක් බැඳ කය ඍජු කොට එළැඹ සිටි සිහියෙන් යුතුව වැඩහුන් සේක. එවිට ද්‍රෝණ බ්‍රාහ්මණ තෙමේ භාග්‍යවතුන් වහන්සේගේ පා සටහන් අනුව යමින් එක්තරා රුක් සෙවණක වැඩසිටින භාග්‍යවතුන් වහන්සේ දුටුවේ ය. සිත පහන් කරවන, ප්‍රසාදය ම ඇති කරවන, ශාන්ත වූ ඉඳුරන් ඇති, ශාන්ත වූ සිත් ඇති, උත්තම වූ ඉන්ද්‍රිය දමනයෙන් හා සංසිඳීමෙන් යුතු, මුළුමනින් ම දමනය වූ, වසා ගත් දොරටු ඇති, සංයත ඉඳුරන් ඇති, ශ්‍රේෂ්ඨ වූ භාග්‍යවතුන් වහන්සේ ව දුටුවේ ය. දැක භාග්‍යවතුන් වහන්සේ වෙත පැමිණියේ ය. පැමිණ භාග්‍යවතුන් වහන්සේට මෙකරුණ පැවසුවේ ය.

"භවත් තෙමේ දෙවියෙක් වත් වන්නෙහි ද?" "බ්‍රාහ්මණය මම දෙවියෙක් නොවෙමි."

"භවත් තෙමේ ගාන්ධර්වයෙක් වත් වන්නෙහි ද?" "බ්‍රාහ්මණය මම ගාන්ධර්වයෙක් නොවෙමි."

"භවත් තෙමේ යක්ෂයෙක් වත් වන්නෙහි ද?" "බ්‍රාහ්මණය මම යක්ෂයෙක් නොවෙමි."

"භවත් තෙමේ මනුෂ්‍යයෙක් වත් වන්නෙහි ද?" "බ්‍රාහ්මණය මම මනුෂ්‍යයෙක් නොවෙමි."

"භවත් තෙමේ දෙවියෙක් වත් වන්නෙහි දැයි මා ඇසූ විට 'බ්‍රාහ්මණය, මම දෙවියෙක් නොවෙමි' යි පැවසුවෙහි ය. භවත් තෙමේ ගාන්ධර්වයෙක් වත් වන්නෙහි දැයි මා ඇසූ විට 'බ්‍රාහ්මණය, මම ගාන්ධර්වයෙක් නොවෙමි' යි පැවසුවෙහි ය. භවත් තෙමේ යක්ෂයෙක් වත් වන්නෙහි දැයි මා ඇසූ විට 'බ්‍රාහ්මණය, මම යක්ෂයෙක් නොවෙමි' යි පැවසුවෙහි ය. භවත් තෙමේ මනුෂ්‍යයෙක් වත් වන්නෙහි දැයි මා ඇසූ විට 'බ්‍රාහ්මණය, මම මනුෂ්‍යයෙක් නොවෙමි' යි පැවසුවෙහි ය. එසේ නම් භවතාණෝ කවරහුද?"

"බ්‍රාහ්මණය, මම ආශ්‍රව ප්‍රහාණය කළ කෙනෙකි. යම් ආශ්‍රවයකින් දෙවි කෙනෙක් වන්නේ ද, ඒ ආශ්‍රවයන් මා තුළ ප්‍රහාණය වී ඇත. මුලින් ම සිඳී ඇත. කැඩුණු තල් කරටියක් මෙන් වී ඇත. අභාවයට පත් වී ඇත. නැවත නූපදින ස්වභාවයට පත් වී ඇත. බ්‍රාහ්මණය, මා ආශ්‍රවයන් ප්‍රහාණය කොට සිටින බැවින් යම් ආශ්‍රවයකින් ගාන්ධර්වයෙක් වන්නේ ද, ...(පෙ).... බ්‍රාහ්මණය, මා ආශ්‍රවයන් ප්‍රහාණය කොට සිටින බැවින් යම් ආශ්‍රවයකින් යක්ෂයෙක් වන්නේ

ද, ...(පෙ).... බ්‍රාහ්මණය, මා ආශ්‍රවයන් ප්‍රහාණය කොට සිටින බැවින් යම් ආශ්‍රවයකින් මනුෂ්‍යයෙක් වන්නේ ද ඒ ආශ්‍රවයන් මා තුළ ප්‍රහාණය වී ඇත. මුලින් ම සිඳී ඇත. කැඩුණු තල් කරටියක් මෙන් වී ඇත. අභාවයට පත් වී ඇත. නැවත නූපදින ස්වභාවයට පත් වී ඇත.

බ්‍රාහ්මණය, එය මෙබඳු දෙයකි. මහනෙල් මලක් හෝ රතු නෙළුමක් හෝ සුදු නෙළුමක් හෝ ජලයෙහි හටගෙන, ජලයෙහි වැඩී ජලයෙන් උඩට පැන නැගී ජලයෙහි පහස නොලබා සිටියි ද, බ්‍රාහ්මණය, මම් එබඳු කෙනෙක් මි. ලෝකයෙහි ඉපිද, ලෝකයෙහි වැඩී, ලෝකය මැඩ නැගී සිට, ලෝකයේ පහස නොලබා වාසය කරමි. බ්‍රාහ්මණය, මා 'බුද්ධ' යනුවෙන් දරා ගන්න."

(ගාථා)

1. යම් ආශ්‍රවයක් නිසා දෙව්ලොව උපත ලබන්නේ ද, ආකාශචාරී ගාන්ධර්වයෙක් වන්නේ ද, යක්ෂ බවට හෝ යන්නේ ද, මිනිසත් බවකට හෝ යන්නේ ද, එබඳු වූ ආශ්‍රවයෝ මා තුළ ප්‍රහාණය වී ඇත. විධ්වංසනය වී ඇත. විනාශයට පත් වී ඇත.

2. දියේ පහස නොලබා දියට ඉහළින් සිටින සිත්කළු සුදු නෙළුමක් සෙයින් ලෝකයෙහි නොතැවරී ඉහළින් සිටිමි. එහෙයින් බ්‍රාහ්මණය, මම බුදුන් වෙමි.

සාදු! සාදු!! සාදු!!!

ද්‍රෝණ සූත්‍රය නිමා විය.

4.1.4.7.
අපරිහානීය සූත්‍රය
නොපිරිහීම ගැන වදාළ දෙසුම

සැවැත් නුවර දී ය ....

මහණෙනි, සතර ධර්මයකින් සමන්විත වූ භික්ෂුව පිරිහීමට නුසුදුසු ය. නිවනට ළං වී සිටින්නේ ය. ඒ කවර කරුණු සතරකින් ද යත්;

මහණෙනි, මෙහිලා භික්ෂුව සීල සම්පන්න වූයේ වෙයි. ඉන්ද්‍රියයන්හි

වසන ලද දොරටු ඇත්තේ වෙයි. නුවණින් සළකා ආහාර ගන්නේ වෙයි. නිදි වරා ධර්මයෙහි හැසිරෙන්නේ වෙයි.

1. භික්ෂුවක් සීල සම්පන්න වන්නේ කෙසේ ද? මහණෙනි, මෙහිලා භික්ෂුව සිල්වත් වෙයි. ප්‍රාතිමෝක්ෂ සංවරයෙන් සංවර ව වාසය කරයි. යහපත් ඇවතුම් පැවතුම් වලින් යුතු වෙයි. අණුමාත්‍ර වරදෙහි ත් බිය දකියි. ශික්ෂා පදයන්හි සමාදන් ව හික්මෙයි. මහණෙනි, මෙසේ භික්ෂුව සීලයෙන් යුක්ත වෙයි.

2. මහණෙනි, භික්ෂුව ඉන්ද්‍රියයන්හි වසන ලද දොරටු ඇතිව ඉන්නේ කෙසේ ද? මහණෙනි, මෙහිලා භික්ෂුව ඇසින් රූපයක් දැක එහි සළකුණු සිතට නොගනියි. එම රූපයෙහි අනුකොටසක වත් සළකුණු සිතට නොග නියි. ඇස නම් වූ ඉන්ද්‍රිය අසංවර ව වාසය කිරීම හේතුවෙන් ලෝභ, ද්වේෂ ආදී පාපී අකුසල් තමා ව ලුහු බැඳ එයි නම් එබඳු වූ දෙය කරා නොයනු පිණිස ඇස සංවර වීමට පිළිපදියි. ඇස නම් වූ ඉන්ද්‍රිය රකියි. ඇස නම් වූ ඉන්ද්‍රියෙහි සංවරයට පැමිණෙයි. කනෙන් ශබ්දයක් අසා ....(පෙ).... නාසයෙන් ගඳ සුවඳ ආඝ්‍රාණය කොට ....(පෙ).... දිවෙන් රස විඳ ....(පෙ).... කයෙන් පහස ලබා ....(පෙ).... මනසින් අරමුණක් සිතා එහි සළකුණු සිතට නොගනියි. එම අරමුණෙහි අනුකොටසක වත් සළකුණු සිතට නොගනියි. මනස නම් වූ ඉන්ද්‍රිය අසංවර ව වාසය කිරීම හේතුවෙන් ලෝභ, ද්වේෂ ආදී පාපී අකුසල් තමා ව ලුහු බැඳ එයි නම් එබඳු වූ දෙය කරා නොයනු පිණිස මනස සංවර වීමට පිළිපදියි. මනස නම් වූ ඉන්ද්‍රිය රකියි. මනස නම් වූ ඉන්ද්‍රියෙහි සංවරයට පැමිණෙයි. මහණෙනි, මෙසේ භික්ෂුව ඉන්ද්‍රියයන්හි වසන ලද දොරටු ඇත්තේ වෙයි.

3. මහණෙනි, භික්ෂුව නුවණින් සළකා ආහාර ගන්නේ කෙසේ ද? මහණෙනි, මෙහිලා භික්ෂුව නුවණින් මෙනෙහි කොට ආහාර අනුභව කරයි. එනම් 'මේ ආහාර වළඳන්නේ ජවය පිණිස නොවෙයි. මදය පිණිස නොවෙයි. කය සැරසීම පිණිස නොවෙයි. කයෙහි අඩු තැන් පිරවීමට නොවෙයි. මේ කය පවත්වාලීම පිණිස ය. යැපීම පිණිස ය. පීඩා සංසිඳුවා ගැනීම පිණිස ය. බ්‍රහ්මචරියාවට අනුග්‍රහ පිණිස ය. මෙසේ පැරණි වේදනා නසමි. අළුත් වේදනා නූපදවන්නෙමි. මාගේ ජීවිත යාත්‍රාව වරදින් තොර බව ද, පහසු විහරණය ද වන්නේ ය' වශයෙනි. මහණෙනි, මෙසේ භික්ෂුව නුවණින් සළකා ආහාර වළඳන්නේ වෙයි.

4. මහණෙනි, භික්ෂුව නිදිවරා ධර්මයේ හැසිරෙන්නේ කෙසේ ද? මහණෙනි, මෙහිලා භික්ෂුව දහවල් කාලයෙහි සක්මන් කරමින් ද, වාඩිවෙමින් ද, නිවන් මග වසන ධර්මයන්ගෙන් සිත පිරිසිදු කරයි. රාත්‍රියෙහි පළමු යාමයෙහි සක්මන්

කරමින් ද, වාඩිවෙමින් ද නිවන් මග ආවරණය කරන ධර්මයන්ගෙන් සිත පිරිසිදු කරයි. රාත්‍රියෙහි මධ්‍යම යාමයෙහි දකුණු පසට හැරී සිංහ සෙය්‍යාවෙන් දකුණු පාදයට වම් පාදය මදක් ඇල කොට මනා සිහියෙන් යුතුව නැගිටින සංඥාව මෙනෙහි කොට සැතපෙයි. රාත්‍රියෙහි පශ්චිම යාමයෙහි යළි නැගිට සක්මන් කරමින් ද, වාඩිවෙමින් ද නිවන් මග ආවරණය කරන ධර්මයන්ගෙන් සිත පිරිසිදු කරයි. මහණෙනි, මෙසේ භික්ෂුව නිදිවැරීමෙහි යෙදුණේ වෙයි.

මහණෙනි, මේ සතර ධර්මයෙන් සමන්විත වූ භික්ෂුව පිරිහීමට නුසුදුසු ය. නිවනට ළං වී සිටින්නේ ය.

(ගාථා)

1. සීලයෙහි පිහිටි භික්ෂුව ඉන්ද්‍රිය සංවරයෙන් ද යුක්ත වූයේ, නුවණින් සළකා ආහාරය ද වළඳන්නේ, නිදි වැරීමෙහි යුක්ත වූයේ වෙයි.

2. මෙසේ කෙලෙස් තවන වීරියෙන් යුක්ත ව දිවා රාත්‍රී දෙක්හි මැළි නොවී නිවන ලබන අදහසින් කුසල ධර්මයන් දියුණු කරමින් සිටින,

3. අප්‍රමාදයෙහි ඇළුණු භික්ෂුව ප්‍රමාදයෙහි බිය දකිමින් සිටින්නේ පිරිහීමට නුසුදුසු ය. නිවනට ළං වී ම සිටින්නේ ය.

සාදු! සාදු!! සාදු!!!

අපරිහානීය සූත්‍රය නිමා විය.

4.1.4.8.
පතිලීන සූත්‍රය
හුදෙකලාවේ සිටීම ගැන වදාළ දෙසුම

මහණෙනි, වෙන් වෙන් ව සත්‍යය යැයි වශයෙන් පවසන දෑ බැහැර කළ, සියළු සෙවීම් නවත්වන ලද, සංසිඳුවා ගත් කාය සංස්කාරයෙන් යුතු භික්ෂුව හුදෙකලාවට ගියේ යැයි කියනු ලැබේ.

මහණෙනි, භික්ෂුව වෙන් වෙන් ව සත්‍යය යැයි වශයෙන් පවසන දෑ බැහැර කරන්නේ කෙසේ ද? මහණෙනි, මෙහිලා භික්ෂුවට යම් ඒ බොහෝ ශ්‍රමණ බමුණන් වෙන් වෙන් වශයෙන් සත්‍යය යැයි පවසන්නා වූ කරුණු

අසන්නට ලැබේ. එනම් ලෝකය සදාකාලික ය කියා හෝ ලෝකය සදාකාලික නැත කියා හෝ ලෝකය අන්තවත් කියා හෝ ලෝකය අනන්තවත් කියා හෝ ජීවය එය යි, ශරීරය එය යි කියා හෝ ජීවය අනිකකි, ශරීරය අනිකකි කියා හෝ තථාගතයන් වහන්සේ මරණින් මතු සිටියි කියා හෝ තථාගතයන් වහන්සේ මරණින් මතු නොසිටියි කියා හෝ තථාගතයන් වහන්සේ මරණින් මතු සිටියි, නොසිටියි කියා හෝ තථාගතයන් වහන්සේ මරණින් මතු නොසිටියි, නොම නොසිටියි කියා හෝ දෘෂ්ටීහු වෙත් ද, මේ සියළු දෘෂ්ටීහු ඒ භික්ෂුව විසින් බැහැර කරන ලද්දාහු ය. වමන කරන ලද්දාහු ය. අත්හරින ලද්දාහු ය. ප්‍රහාණය කරන ලද්දාහු ය. දුරු කරන ලද්දාහු ය. මෙසේ මහණෙනි, භික්ෂුව වෙන් වෙන් ව පවසන සත්‍යයන් බැහැර කරන ලද්දේ වෙයි.

මහණෙනි, භික්ෂුව සියළු සෙවීම් මැනැවින් අත්හැරියේ කෙසේ ද? මහණෙනි, මෙහිලා භික්ෂුව හට කාමයන් සෙවීම ප්‍රහීණ වූයේ වෙයි. භවයන් සෙවීම ප්‍රහීණ වූයේ වෙයි. වෙනත් ශාසනයන්හි විමුක්ති මගක් සෙවීම සංසිඳුණේ වෙයි. මහණෙනි, මෙසේ භික්ෂුව මැනැවින් සියළු සෙවීම් අත්හළේ වෙයි.

මහණෙනි, භික්ෂුව සංසිඳුණු කාය සංස්කාර ඇත්තේ කෙසේ ද? මහණෙනි, මෙහිලා භික්ෂුව සැපය ද ප්‍රහාණයෙන්, දුක ද ප්‍රහාණයෙන්, කලින් ම සොම්නස් දොම්නස් නැති ව යාමෙන් දුක් සැප රහිත වූ පාරිශුද්ධ සිහියෙන් යුතු උපේක්ෂාවෙන් යුතු සතර වන ධ්‍යානයට සමවැදී වාසය කරයි. මහණෙනි, මෙසේ භික්ෂුව සංසිඳුවා ගත් කාය සංස්කාර ඇත්තේ වෙයි.

මහණෙනි, භික්ෂුව හුදෙකලාව සිටින්නේ කෙසේ ද? මහණෙනි, මෙහිලා භික්ෂුවගේ අස්මිමානය ප්‍රහාණය වූයේ වෙයි. මුලින් ම සිඳින ලද්දේ වෙයි. කරටිය කැඩුණු තල් ගසක් බඳු වූයේ වෙයි. අභාවයට පත් වූයේ වෙයි. යලි නූපදින ස්වභාවය ඇත්තේ වෙයි. මහණෙනි, මෙසේ භික්ෂුව හුදෙකලාවෙහි සිටින්නේ වෙයි.

මහණෙනි, මෙසේ වෙන් වෙන් ව සත්‍යය යැයි වශයෙන් පවසන දෑ බැහැර කළ, සියළු සෙවීම් නවත්වන ලද, සංසිඳුවා ගත් කාය සංස්කාරයෙන් යුතු භික්ෂුව හුදෙකලාවට ගියේ යැයි කියනු ලැබේ.

(ගාථා)

1. කාමය සෙවීම, භවය සෙවීම, බඹසර සෙවීම මෙන් ම මෙය ම සත්‍යය යනාදී දෘෂ්ටීන් ද අත්හරින ලද්දේ වෙයි.

2. සියළු රාග විරාගයෙන්, තණ්හාව ක්ෂය වීමෙන්, විමුක්තියට පත් වූ භික්ෂුවගේ සියළු සෙවීම් දුරු වී ඇත්තේ ය. දෘෂ්ටීන් හටගන්නා තැන් මුළුමනින් ම නැසී ඇත්තේ ය.

3. ඒකාන්තයෙන් ම ශාන්ත සිත් ඇති, සිහි නුවණ ඇති, සංසිඳුණු කය ඇති, අපරාජිත වූ භික්ෂුව මාන්නය ද ප්‍රහාණය කිරීමෙන් ආර්ය සත්‍යාවබෝධයෙන් හුදෙකලාවට පත් වූයේ යැයි කියනු ලැබේ.

සාදු! සාදු!! සාදු!!!

පතිලීන සූත්‍රය නිමා විය.

4.1.4.9.
උජ්ජාය සූත්‍රය
උජ්ජාය බ්‍රාහ්මණයාට වදාළ දෙසුම

එකල්හී උජ්ජාය බ්‍රාහ්මණ තෙමේ භාග්‍යවතුන් වහන්සේ කරා පැමිණියේ ය. පැමිණ භාග්‍යවතුන් වහන්සේ සමඟ සතුටු වූයේ ය. සතුටු විය යුතු පිළිසඳර කතා බහේ යෙදී එකත්පස් ව හුන්නේ ය. එකත්පස් ව හුන් උජ්ජාය බ්‍රාහ්මණ තෙමේ භාග්‍යවතුන් වහන්සේගෙන් මෙකරුණ විමසී ය.

"භවත් ගෞතමයන් වහන්සේ ත් යාගය වර්ණනා කරන සේක් ද?"

"බ්‍රාහ්මණය, මම සියළු යාගය වර්ණනා නොකරමි. එමෙන් ම බ්‍රාහ්මණය, මම නොවර්ණනා ද නොකරමි. බ්‍රාහ්මණය, යම්බඳු යාගයකදී ගවයෝ මරත් ද, එළු බැටළුවෝ මරත් ද, කුකුළෝ ඌරෝ මරත් ද, විවිධ ප්‍රාණීහු වධයට පැමිණෙත් ද, බ්‍රාහ්මණය, මෙබඳු වූ ප්‍රාණවධ සහිත යාගය මම වර්ණනා නොකරමි. එයට හේතුව කුමක් ද? බ්‍රාහ්මණය, මෙබඳු වූ ප්‍රාණවධ සහිත ව කරන යාගය සඳහා රහතන් වහන්සේලා හෝ රහත් මගට පිළිපන් කෙනෙක් හෝ සහභාගී නොවෙති.

බ්‍රාහ්මණය, යම්බඳු යාගයකදී ගවයෝ නොනැසෙත් ද, එළු බැටළුවෝ නොනැසෙත් ද, කුකුළෝ ඌරෝ නොනැසෙත් ද, විවිධ ප්‍රාණීහු වධයට නොපැමිණෙත් ද, බ්‍රාහ්මණය, එබඳු වූ හිංසා රහිත යාගය මම වර්ණනා කරමි. යම් මේ නිත්‍ය දානයක් ඇද්ද, කුල පිළිවෙලින් දෙන දානයක් ඇද්ද, එය යි.

බ්‍රාහ්මණය, එබඳු වූ හිංසා රහිත යාගයට රහතන් වහන්සේලා ද, රහත් මගට පිළිපන් අය ද සහභාගී වෙති.

(ගාථා)

1. අස්සමේධ, පුරිසමේධ, සම්මාපාස, වාජපෙය්‍ය, නිරග්ගල ආදී සත්ව හිංසා ඇති මහා යාගයෝ වෙත් ද, මේවා මහත්ඵල නොවෙති.

2. යම් යාගයකදී එළු බැටලුවෝ ද, ගවයෝ ද, විවිධ ප්‍රාණීහු ද ඝාතනය වෙත් නම් එබඳු වූ යාගයන් කරා යහපත් මගෙහි පිළිපන් මහාර්ෂිවරු නොපැමිණෙති.

3. යම් යාගයක් ප්‍රාණීන් හිංසා රහිත වෙත් ද, එය හැම කල්හි අනුකූල වෙයි. ඒ යාගයන්හි එළු බැටළුවන්, ගවයන්, විවිධ ප්‍රාණීහු නොනැසෙති.

4. මෙවැනි යාගය කරා යහපත් මගට පිළිපන් මහර්ෂීහු පැමිණෙති. නුවණැති කෙනා මේ යාගය කරන්නේ ය. මේ යාගය මහත්ඵල සහිත ය.

5. මේ යාගය කරන තැනැත්තාට යහපතක් ම වෙයි. වරදක් නොවෙයි. යාගය ත් විපුල පල දෙයි. දෙවියෝ ත් පහදිති.

සාදු! සාදු!! සාදු!!!

උජ්ජාය සූත්‍රය නිමා විය.

4.1.4.10.
උදායි සූත්‍රය
උදායි බ්‍රාහ්මණයාට වදාළ දෙසුම

එකල්හී උදායි බ්‍රාහ්මණ තෙමේ භාග්‍යවතුන් වහන්සේ කරා පැමිණියේ ය. පැමිණ භාග්‍යවතුන් වහන්සේ සමඟ ....(පෙ).... එකත්පස් ව හුන් උදායි බ්‍රාහ්මණ තෙමේ භාග්‍යවතුන් වහන්සේගෙන් මෙකරුණ විමසී ය.

"භවත් ගෞතමයන් වහන්සේ ත් යාගය වර්ණනා කරන සේක් ද?"

"බ්‍රාහ්මණය, මම සියළු යාගය වර්ණනා නොකරමි. එමෙන් ම බ්‍රාහ්මණය,

මම නොවර්ණනා ද නොකරමි. බ්‍රාහ්මණය, යම්බඳු යාගයකදී ගවයෝ මරත් ද, එළු බැටළුවෝ මරත් ද, කුකුළෝ ඌරෝ මරත් ද, විවිධ ප්‍රාණීහු වධයට පැමිණෙත් ද, බ්‍රාහ්මණය, මෙබඳු වූ ප්‍රාණවධ සහිත යාගය මම වර්ණනා නොකරමි. එයට හේතුව කුමක් ද? බ්‍රාහ්මණය, මෙබඳු වූ ප්‍රාණවධ සහිත ව කරන යාගය සඳහා රහතන් වහන්සේලා හෝ රහත් මගට පිළිපන් කෙනෙක් හෝ සහභාගී නොවෙති.

බ්‍රාහ්මණය, යම්බඳු යාගයකදී ගවයෝ නොනැසෙත් ද, එළු බැටළුවෝ නොනැසෙත් ද, කුකුළෝ ඌරෝ නොනැසෙත් ද, විවිධ ප්‍රාණීහු වධයට නොපැමිණෙත් ද, බ්‍රාහ්මණය, එබඳු වූ හිංසා රහිත යාගය මම වර්ණනා කරමි. යම් මේ නිත්‍ය දානයක් ඇද්ද, කුල පිළිවෙලින් දෙන දානයක් ඇද්ද, එය යි. බ්‍රාහ්මණය, එබඳු වූ හිංසා රහිත යාගයට රහතන් වහන්සේලා ද, රහත් මගට පිළිපන් අය ද සහභාගී වෙති.

(ගාථා)

1. ප්‍රාණවධ රහිත වූ, කැප වූ, සුදුසු කාලයෙහි යාග උපකරණ රැස් කොට දන් දෙයි නම්, එයට සංවර වූ බ්‍රහ්මචාරීහු සහභාගී වෙති.

2. ලෝකයෙහි කෙලෙස් ආවරණ සිඳලූ ලොව සැරිසැරීම් ඉක්මවා ගිය පුණ්‍ය මාර්ගය පිළිබඳ ව කරුණු පැවසීමෙහි දක්ෂ වූ බුදුවරු එම යාගය පසසති.

3. යම් යාගයක් හෝ මළවුන් උදෙසා දෙන දානයක් හෝ නිසි පරිදි කරයි නම්, බඹසර සිල් ඇති යහපත් පුණ්‍ය ක්ෂේත්‍රයෙහි පහන් සිතින් යුතුව යාග කරන්නේ ය.

4. දන් පැන් ලැබීමට සුදුසු වූවන් කෙරෙහි යමක් කරන ලද්දේ ද, එය මැනැවින් කළ පූජාවකි. මැනැවින් කළ දානයකි. මනා ව ලැබූ දෙයකි. එම දානය විපුල ඵල ලබාදෙයි. දෙවියෝ ද පහදිති.

5. මෙබඳු වූ යාග කොට නුවණැති සැදැහැවත් කෙනා නොඇළුණු සිතින් යාග කොට දුක් රහිත වූ සැප ලොවක් කරා ඒ පණ්ඩිතයා යන්නේ ය.

සාදු! සාදු!! සාදු!!!

උදායී සූත්‍රය නිමා විය.

හතරවෙනි චක්ක වර්ගය අවසන් විය.

- එහි පිළිවෙල උද්දානයයි :

චක්ක සූත්‍රය, සංගහ සූත්‍රය, සීහ සූත්‍රය, පසාද සූත්‍රය, වස්සකාර සූත්‍රය, ද්‍රෝණ සූත්‍රය, අපරිහානීය සූත්‍රය, පතිලීන සූත්‍රය, උජ්ජාය සූත්‍රය සහ උදායී සූත්‍රය වශයෙන් මෙහි සූත්‍ර දශයකි.

5. රෝහිතස්ස වර්ගය

4.1.5.1.
සමාධිභාවනා සූත්‍රය
සමාධිය දියුණු කිරීම ගැන වදාළ දෙසුම

සැවැත් නුවර දී ය.......

මහණෙනි, මේ සමාධි භාවනා සතරකි. ඒ කවර සතරක් ද යත්;

මහණෙනි, සමාධි භාවනාවක් ඇත්තේ ය. එය දියුණු කරගත් විට, බහුල ව ප්‍රගුණ කරගත් විට මේ ජීවිතයේ සැප සේ ගත කළ හැක්කේ ය.

මහණෙනි, සමාධි භාවනාවක් ඇත්තේ ය. එය දියුණු කරගත් විට, බහුල ව ප්‍රගුණ කරගත් විට දිවැස් නුවණ ලැබීම පිණිස පවතින්නේ ය.

මහණෙනි, සමාධි භාවනාවක් ඇත්තේ ය. එය දියුණු කරගත් විට, බහුල ව ප්‍රගුණ කරගත් විට සිහි නුවණ වැඩීම පිණිස පවතින්නේ ය.

මහණෙනි, සමාධි භාවනාවක් ඇත්තේ ය. එය දියුණු කරගත් විට, බහුල ව ප්‍රගුණ කරගත් විට ආශ්‍රවයන් ක්ෂය වීම පිණිස පවතින්නේ ය.

1.   මහණෙනි, දියුණු කරගත් විට, බහුල ව ප්‍රගුණ කරගත් විට මේ ජීවිතයේ සැප සේ ගත කළ හැකි සමාධි භාවනාව කුමක් ද?

මහණෙනි, මෙහිලා භික්ෂුව කාමයන්ගෙන් වෙන් ව ....(පෙ).... සතර වෙනි ධ්‍යානය උපදවා ගෙන වාසය කරයි.

මහණෙනි, දියුණු කරගත් විට, බහුල ව ප්‍රගුණ කරගත් විට මේ ජීවිතයේ සැප සේ ගත කළ හැකි සමාධි භාවනාව යනු මෙය යි.

2. මහණෙනි, දියුණු කරගත් විට, බහුල ව ප්‍රගුණ කරගත් විට දිව්‍යස් නුවණ ලැබීම පිණිස පවතින සමාධි භාවනාව කුමක් ද?

මහණෙනි, මෙහිලා භික්ෂුව ආලෝක සංඥාව මෙනෙහි කරයි. දහවල් යන සංඥාව අදිටන් කරයි. දහවල් කාලය යම් සේ ද, රෑ කාලය ත් එසේ ය. රෑ කාලය යම් සේ ද, දහවල් කාලය ත් එසේ ය. මෙසේ ප්‍රකට වූ හාත්පස පැතිරී ගිය ආලෝකය සහිත ව සිත වඩයි.

මහණෙනි, මේ සමාධි භාවනාව දියුණු කරගත් විට, බහුල ව ප්‍රගුණ කරගත් විට දිව්‍යස් නුවණ ලැබීම පිණිස පවතියි.

3. මහණෙනි, දියුණු කරගත් විට, බහුල ව ප්‍රගුණ කරගත් විට සිහි නුවණ වැඩීම පිණිස පවතින සමාධි භාවනාව කුමක් ද?

මහණෙනි, මෙහිලා භික්ෂුව හට විඳීම් ප්‍රකට ව හටගනියි. ප්‍රකට ව වැටහෙයි. ප්‍රකට ව නැති වී යයි. සංඥාව ප්‍රකට ව හටගනියි. ප්‍රකට ව වැටහෙයි. ප්‍රකට ව නැති වී යයි. විතර්කයන් ප්‍රකට ව හටගනියි. ප්‍රකට ව වැටහෙයි. ප්‍රකට ව නැති වී යයි.

මහණෙනි, මේ සමාධි භාවනාව දියුණු කරගත් විට, බහුල ව ප්‍රගුණ කරගත් විට සිහි නුවණ ලැබීම පිණිස පවතියි.

4. මහණෙනි, දියුණු කරගත් විට, බහුල ව ප්‍රගුණ කරගත් විට ආශ්‍රවයන් ක්ෂය වීම පිණිස පවතින සමාධි භාවනාව කුමක් ද?

මහණෙනි, මෙහිලා භික්ෂුව පංච උපාදානස්කන්ධයන් පිළිබඳ ව හටගැනීම ත්, නැතිවීම ත් නුවණින් දකිමින් වාසය කරයි. එනම් රූපය යනු මෙය යි. රූපයෙහි හටගැනීම යනු මෙය යි. රූපය නැති වී යාම යනු මෙය යි. විඳීම යනු මෙය යි. විඳීමෙහි හටගැනීම යනු මෙය යි. විඳීම නැති වී යාම යනු මෙය යි. සංඥාව යනු මෙය යි. සංඥාවෙහි හටගැනීම යනු මෙය යි. සංඥාව නැති වී යාම යනු මෙය යි. සංස්කාර යනු මෙය යි. සංස්කාරයන්හි හටගැනීම යනු මෙය යි. සංස්කාරයන් නැති වී යාම යනු මෙය යි. විඤ්ඤාණය යනු මෙය යි. විඤ්ඤාණයෙහි හටගැනීම යනු මෙය යි. විඤ්ඤාණය නැති වී යාම යනු මෙය යි.

මහණෙනි, මේ සමාධි භාවනාව දියුණු කරගත් විට, බහුල ව ප්‍රගුණ කරගත් විට ආශ්‍රවයන් ක්ෂය වීම පිණිස පවතියි.

මහණෙනි, මේ වනාහී සමාධි භාවනා සතර යි. මහණෙනි, ඔය කාරණය

මවිසින් පාරායණ වර්ගයෙහි පුණ්ණක ප්‍රශ්නයෙහි දී පවසන ලද්දේ ය.

(ගාථා)

1. ලෝකයෙහි ඇති උසස් වූ ත්, පහත් වූ ත් දේ නුවණින් විමසා දැන ලෝකයෙහි කිසිවක් කෙරෙහි කම්පා වීමක් නැද්ද, ශාන්ත වූ ක්‍රෝධ රහිත වූ දුක් රහිත වූ ආශා රහිත වූ ඒ ක්ෂීණාශ්‍රව භික්ෂුව උපදින දිරන ලෝකයෙන් එතෙර වූයේ යැයි කියමි.

සාදු! සාදු!! සාදු!!!

සමාධි භාවනා සූත්‍රය නිමා විය.

4.1.5.2.
පඤ්හ ව්‍යාකරණ සූත්‍රය
ප්‍රශ්න විසඳීම ගැන වදාළ දෙසුම

මහණෙනි, ප්‍රශ්න විසඳීම් සතරකි. ඒ කවර සතරක් ද යත්;

මහණෙනි, කෙලින් ම විසඳිය යුතු ප්‍රශ්නයක් ඇත. විග්‍රහ කරමින් විසඳිය යුතු ප්‍රශ්නයක් ඇත. ප්‍රතිප්‍රශ්න නගමින් විසඳිය යුතු ප්‍රශ්නයක් ඇත. පසෙකින් තැබිය යුතු ප්‍රශ්නයක් ඇත.

මහණෙනි, මේ වනාහී ප්‍රශ්න විසඳීම් සතර යි.

(ගාථා)

1. එක් ප්‍රශ්නයක් ඍජුව ම විසඳිය යුත්තේ ය. අනෙත් ප්‍රශ්නය බෙදා විග්‍රහ කොට විසඳිය යුත්තේ ය. තුන්වැන්න ප්‍රතිප්‍රශ්න නගමින් විසඳිය යුත්තේ ය. සතරවැන්න පසෙක තැබිය යුත්තේ ය.

2. යමෙක් ඒ ප්‍රශ්නයන් පිළිබඳ ව ඒ ඒ තැන ධර්මයට අනුකූල ව විසඳුම් දන්නේ ද, එබඳු වූ භික්ෂුව මේ සතර ප්‍රශ්නයට පිළිතුරු සැපයීමෙහිලා දක්ෂ යැයි කියති.

3. ළං විය නොහැකි, මැඬලිය නොහැකි, ගැඹුරු වූ, පහර දිය නොහැකි, එමෙන් ම අර්ථ අනර්ථ දෙකෙහි දක්ෂ වූ,

4. නුවණැති භික්ෂුව අනර්ථය අත්හරින්නේ ය. අර්ථය ගන්නේ ය. අර්ථාවබෝධයෙන් යුතු ධීර වූ ඒ භික්ෂුව පණ්ඩිතයා යැයි කියනු ලැබේ.

සාදු! සාදු!! සාදු!!!

පඤ්හ ව්‍යාකරණ සූත්‍රය නිමා විය.

4.1.5.3.
පඨම කෝධගරු සූත්‍රය
ක්‍රෝධයට ගරු කරන්නා ගැන වදාළ පළමු දෙසුම

මහණෙනි, මේ පුද්ගලයෝ සතර දෙනා ලෝකයෙහි පැහැදිලි ව පෙනෙන්නට සිටිති. ඒ කවර සතර දෙනෙක් ද යත්;

1. ක්‍රෝධයට ගරු කරයි, නමුත් සද්ධර්මයට ගරු නොකරයි.

2. ගුණමකුකමට ගරු කරයි, නමුත් සද්ධර්මයට ගරු නොකරයි.

3. ලාභයට ගරු කරයි, නමුත් සද්ධර්මයට ගරු නොකරයි.

4. සත්කාරයට ගරු කරයි, නමුත් සද්ධර්මයට ගරු නොකරයි.

මහණෙනි, මේ පුද්ගලයෝ සතර දෙනා ලෝකයෙහි පැහැදිලි ව පෙනෙන්නට සිටිති.

මහණෙනි, මේ පුද්ගලයෝ සතර දෙනා ලෝකයෙහි පැහැදිලි ව පෙනෙන්නට සිටිති. ඒ කවර සතර දෙනෙක් ද යත්;

1. සද්ධර්මයට ගරු කරයි, ක්‍රෝධයට ගරු නොකරයි.

2. සද්ධර්මයට ගරු කරයි, ගුණමකුකමට ගරු නොකරයි.

3. සද්ධර්මයට ගරු කරයි, ලාභයට ගරු නොකරයි.

4. සද්ධර්මයට ගරු කරයි, සත්කාරයට ගරු නොකරයි.

මහණෙනි, මේ පුද්ගලයෝ සතර දෙනා ලෝකයෙහි පැහැදිලි ව පෙනෙන්නට සිටිති.

(ගාථා)

1. ක්‍රෝධයට ත්, ගුණමකුකමට ත්, ලාභයට ත්, සත්කාරයට ත් ගරු කරන භික්ෂූහු සම්මා සම්බුදුරජුන් විසින් දේශනා කරන ලද ධර්මය තුළ දියුණුවක් නොලබති.

2. යම් ඒ භික්ෂූහු සද්ධර්මයට ගරුසරු ඇතිව වාසය කළාහු ද, දැන් වාසය කරත් ද, ඔවුහු සම්මා සම්බුදුරජුන් විසින් දේශනා කරන ලද ධර්මය තුළ ඒකාන්තයෙන් ම දියුණුව ලබති.

සාදු! සාදු!! සාදු!!!

පඨම කෝධගරු සූත්‍රය නිමා විය.

4.1.5.4.
දුතිය කෝධගරු සූත්‍රය
ක්‍රෝධයට ගරු කරන්නා ගැන වදාළ දෙවෙනි දෙසුම

මහණෙනි, මේ අසද්ධර්මයෝ සතරකි. ඒ කවර සතරක් ද යත්;

1. ක්‍රෝධයට ගරු කිරීමක් තිබේ, නමුත් සද්ධර්මයට ගරු කිරීමක් නැත.

2. ගුණමකුකමට ගරු කිරීමක් තිබේ, නමුත් සද්ධර්මයට ගරු කිරීමක් නැත.

3. ලාභයට ගරු කිරීමක් තිබේ, නමුත් සද්ධර්මයට ගරු කිරීමක් නැත.

4. සත්කාරයට ගරු කිරීමක් තිබේ, නමුත් සද්ධර්මයට ගරු කිරීමක් නැත.

මහණෙනි, මේ වනාහී අසද්ධර්මයෝ සතරයි.

මහණෙනි, මේ සද්ධර්මයෝ සතරකි. ඒ කවර සතරක් ද යත්;

1. සද්ධර්මයට ගරු කිරීමක් තිබේ, ක්‍රෝධයට ගරු කිරීමක් නැත.

2. සද්ධර්මයට ගරු කිරීමක් තිබේ, ගුණමකුකමට ගරු කිරීමක් නැත.

3. සද්ධර්මයට ගරු කිරීමක් තිබේ, ලාභයට ගරු කිරීමක් නැත.

4. සද්ධර්මයට ගරු කිරීමක් තිබේ, සත්කාරයට ගරු කිරීමක් නැත.

මහණෙනි, මේ වනාහී සද්ධර්මයෝ සතරයි.

(ගාථා)

1. ක්‍රෝධයට ත්, ගුණමකුකමට ත්, ලාභයට ත්, සත්කාරයට ත් ගරු කරන යම් භික්ෂුවක් ඇද්ද, යහපත් කුඹුරක කුණු වූ බීජයක් මෙන් සද්ධර්මය තුළ දියුණුවක් නොලබයි.

2. යම් ඒ භික්ෂූහු සද්ධර්මයට ගරුසරු ඇතිව වාසය කළාහු ද, දැන් වාසය කරත් ද, ඔවුහු පෑවිලි සාරයෙන් මනා ව වැඩෙන ඖෂධීය වෘක්ෂයන් සේ ධර්මය තුළ ඒකාන්තයෙන් ම දියුණුව ලබත්.

සාදු! සාදු!! සාදු!!!

දුතිය කෝධගරු සූත්‍රය නිමා විය.

4.1.5.5.
පඨම රෝහිතස්ස සූත්‍රය
රෝහිතස්ස දෙව්පුතුට වදාළ පළමු දෙසුම

එක් සමයක භාග්‍යවතුන් වහන්සේ සැවැත් නුවර ජේතවනය නම් වූ අනේපිඬු සිටුහුගේ ආරාමයෙහි වැඩවසන සේක. එකල්හී රෝහිතස්ස දිව්‍යපුත්‍ර තෙමේ මධ්‍යම රාත්‍රියෙහි මනස්කාන්ත පැහැයකින් මුළු ජේතවනය බබුළුවාගෙන භාග්‍යවතුන් වහන්සේ වෙත පැමිණියේ ය. පැමිණ භාග්‍යවතුන් වහන්සේට සකසා වන්දනා කොට එකත්පස් ව සිටියේ ය. එකත්පස් ව සිටි රෝහිතස්ස දිව්‍යපුත්‍ර තෙමේ භාග්‍යවතුන් වහන්සේට මෙය පැවසුවේ ය.

"ස්වාමීනී, යම් තැනක නූපදින්නේ නම්, නොදිරන්නේ නම්, නොමැරෙන්නේ නම්, චුත නොවන්නේ නම්, යළි නූපදින්නේ නම්, ස්වාමීනී, පියවි ගමනින් ලෝකයෙහි එම කෙළවර දැනගැනීමට හෝ දැකගැනීමට හෝ පැමිණීමට හෝ හැකිවෙයි ද?"

"ආයුෂ්මත, යම් තැනක නූපදින්නේ නම්, නොදිරන්නේ නම්, නොමැරෙන්නේ නම්, චුත නොවන්නේ නම්, යළි නූපදින්නේ නම්, මම ඒ ලෝකයාගේ කෙළවර පියවි ගමනින් ගොස් දැනගත යුත්තේ ය කියා හෝ දැකගත යුත්තේ ය කියා හෝ පැමිණිය යුත්තේ ය කියා හෝ නොකියමි."

"ස්වාමීනී, ආශ්චර්යය යි! ස්වාමීනී, අද්භූත යි! ස්වාමීනී, භාග්‍යවතුන් වහන්සේ විසින් ඒ පවසන ලද්දේ සුභාෂිතයක් ම ය. එනම් 'ආයුෂ්මත, යම් තැනක නූපදින්නේ නම්, නොදිරන්නේ නම්, නොමැරෙන්නේ නම්, චුත නොවන්නේ නම්, යළි නූපදින්නේ නම්, මම ඒ ලෝකයාගේ කෙළවර පියවි ගමනින් ගොස් දැනගත යුත්තේ ය කියා හෝ දැකගත යුත්තේ ය කියා හෝ පැමිණිය යුත්තේ ය කියා හෝ නොකියමි' යන කරුණ යි.

ස්වාමීනී, මම පෙර සිදු වූ දෙයක් කියමි. එකල මම භෝජ පුත්‍ර වූ රෝහිතස්ස නමින් ඉර්ධිමත් වූ අහසින් යා හැකි ඍෂිවරයෙක් ව සිටියෙමි. ඉතින් ස්වාමීනී, ඒ මට මෙබඳු වූ ජවයක් තිබුණේ ය. එනම් ඉතා දක්ෂ ලෙස පුහුණුව ලැබූ, ධනුශිල්පයෙහි මැනැවින් හික්මුණු, කෘතහස්ත, මැනැවින් කළ දුනු ශිල්ප ඇති, සැහැල්ලු ඊතලයකින්, සුළු වෙහෙසකින් තල කොළයක් සැණෙකින් සිදුරු කරගෙන යයි ද, එබඳු වූ වේගවත් ජවයක් තිබුණේ ය.

පෙරදිග මුහුදින් බටහිර මුහුදට යම් දුරක් තිබුණේ ද, එබඳු වූ දුරක් පියවර මාරු කිරීමෙන් යා හැකි විය. ස්වාමීනී, මෙබඳු ජවයකින් සමන්විත වූ, මෙබඳු පියවර මාරු කිරීමකින් යුක්ත වූ මට මෙබඳු ආශාවක් හටගත්තේ ය. එනම් 'මම පියවි ගමනින් ලෝකයෙහි කෙළවරට පැමිණෙන්නෙමි' යි යන කරුණ යි.

ඉතින් ස්වාමීනි, ඒ මම කෑම්බීම් ආදිය ගන්නා කාලය හැර, වැසිකිළි කැසිකිළි කරන කාලය හැර, නිදාගැනීම් කායික පීඩා වෙහෙස දුරු කරගන්නා කාලය හැර, වසර සියයක් ආයුෂ ඇති ව සිටි මම ඒ සියක් අවුරුද්ද පුරා යන්නේ ම ලෝකයෙහි කෙළවරට නොගොස් අතරමග දී කළුරිය කළෙමි.

ස්වාමීනී, ආශ්චර්යය යි! ස්වාමීනී, අද්භූත යි! ස්වාමීනී, භාග්‍යවතුන් වහන්සේ විසින් ඒ පවසන ලද්දේ සුභාෂිතයක් ම ය. එනම් 'ආයුෂ්මත, යම් තැනක නූපදින්නේ නම්, නොදිරන්නේ නම්, නොමැරෙන්නේ නම්, චුත නොවන්නේ නම්, යළි නූපදින්නේ නම්, මම ඒ ලෝකයාගේ කෙළවර පියවි ගමනින් ගොස් දැනගත යුත්තේ ය කියා හෝ දැකගත යුත්තේ ය කියා හෝ පැමිණිය යුත්තේ ය කියා හෝ නොකියමි' යන කරුණ යි"

"ආයුෂ්මත, යම් තැනක නූපදින්නේ නම්, නොදිරන්නේ නම්, නොමැරෙන්නේ නම්, චුත නොවන්නේ නම්, යළි නූපදින්නේ නම්, මම ඒ ලෝකයාගේ කෙළවර පියවි ගමනින් ගොස් දැනගත යුත්තේ ය කියා හෝ දැකගත යුත්තේ ය කියා හෝ පැමිණිය යුත්තේ ය කියා හෝ නොකියමි. ආයුෂ්මත, ලෝකයෙහි කෙළවරට නොපැමිණ දුක් කෙළවර කිරීමක් ද නොකියමි. එනමුදු

ආයුෂ්මත, මේ සංඥාව සහිත වූ, මනස සහිත වූ බඹයක් පමණ වූ ජීවිතය තුළ මම ලෝකය ත් පණවමි. ලෝකයෙහි හටගැනීම ත් පණවමි. ලෝකයෙහි නිරුද්ධ වීම ත් පණවමි. ලෝකය නිරුද්ධ වීම පිණිස පවතින ප්‍රතිපදාව ත් පණවමි."

(ගාථා)

1. කවර කාලයකවත් පියවි ගමනින් ලෝකයෙහි කෙළවරකට යා නොහැක්කේ ය. ලෝකයෙහි කෙළවර වූ නිවනට නොපැමිණ දුකෙන් මිදීමක් ද නැත්තේ ය.

2. එහෙයින් ලෝකය අවබෝධ කළ, ප්‍රඥා සම්පන්න වූ, බඹසර වාසය නිම කළ භික්ෂුව ලොව කෙළවරට ගියේ ය. ඒකාන්තයෙන් ම ලොවෙහි අන්තය දත් ඒ අරහත් භික්ෂුව මෙලොව හෝ පරලොව හෝ නොපතන්නේ ය.

සාදු! සාදු!! සාදු!!!

පඨම රෝහිතස්ස සූත්‍රය නිමා විය.

4.1.5.6.
දුතිය රෝහිතස්ස සූත්‍රය
රෝහිතස්ස දෙව්පුත්‍ර ගැන වදාළ දෙවන දෙසුම

එකල්හී භාග්‍යවතුන් වහන්සේ ඒ රාත්‍රිය ඇවෑමෙන් භික්ෂූන් ඇමතූ සේක. "මහණෙනි, මේ රාත්‍රියෙහි රෝහිතස්ස දිව්‍යපුත්‍ර තෙමේ මධ්‍යම රාත්‍රියෙහි මනස්කාන්ත පැහැයකින් මුළු ජේතවනය බබුළුවාගෙන මා වෙත පැමිණියේ ය. පැමිණ මා හට සකසා වන්දනා කොට එකත්පස් ව සිටියේ ය. එකත්පස් ව සිටි රෝහිතස්ස දිව්‍යපුත්‍ර තෙමේ මට මෙය පැවසුවේ ය.

"ස්වාමීනී, යම් තැනක නූපදින්නේ නම්, නොදිරන්නේ නම්, නොමැරෙන්නේ නම්, චුත නොවන්නේ නම්, යළි නූපදින්නේ නම්, ස්වාමීනී, පියවි ගමනින් ලෝකයෙහි එම කෙළවර දැනගැනීමට හෝ දැකගැනීමට හෝ පැමිණීමට හෝ හැකිවෙයි ද?"

මෙසේ පැවසූ කල්හී මහණෙනි, මම රෝහිතස්ස දෙව්පුතුට මෙය

පැවසූයෙමි. "ආයුෂ්මත, යම් තැනක නූපදින්නේ නම්, නොදිරන්නේ නම්, නොමැරෙන්නේ නම්, චුත නොවන්නේ නම්, යළි නූපදින්නේ නම්, මම ඒ ලෝකයාගේ කෙළවර පියවි ගමනින් ගොස් දැනගත යුත්තේ ය කියා හෝ දැකගත යුත්තේ ය කියා හෝ පැමිණිය යුත්තේ ය කියා හෝ නොකියමි."

එසේ පැවසූ විට මහණෙනි, රෝහිතස්ස දෙව්පුත් තෙමේ මට මෙය පැවසුවේ ය. "ස්වාමීනී, ආශ්චර්යය යි! ස්වාමීනී, අද්භූත යි! ස්වාමීනී, භාග්‍යවතුන් වහන්සේ විසින් ඒ පවසන ලද්දේ සුභාෂිතයක් ම ය. එනම් 'ආයුෂ්මත, යම් තැනක නූපදින්නේ නම්, නොදිරන්නේ නම්, නොමැරෙන්නේ නම්, චුත නොවන්නේ නම්, යළි නූපදින්නේ නම්, මම ඒ ලෝකයාගේ කෙළවර පියවි ගමනින් ගොස් දැනගත යුත්තේ ය කියා හෝ දැකගත යුත්තේ ය කියා හෝ පැමිණිය යුත්තේ ය කියා හෝ නොකියමි' යන කරුණ යි.

ස්වාමීනී, මම පෙර සිදු වූ දෙයක් කියමි. එකල මම භෝජ පුත්‍ර වූ රෝහිතස්ස නමින් ඉර්ධිමත් වූ අහසින් යා හැකි ඍෂිවරයෙක් ව සිටියෙමි. ඉතින් ස්වාමීනී, ඒ මට මෙබඳු වූ ජවයක් තිබුණේ ය. එනම් ඉතා දක්ෂ ලෙස පුහුණුව ලැබූ, ධනුශිල්පයෙහි මැනැවින් හික්මුණු, කෘතහස්ත, මැනැවින් කළ දුනු ශිල්ප ඇති, සැහැල්ලු ඊතලයකින්, සුළු වෙහෙසකින් තල කොළයක් සැණෙකින් සිදුරු කරගෙන යයි ද, එබඳු වූ වේගවත් ජවයක් තිබුණේ ය.

පෙරදිග මුහුදින් බටහිර මුහුදට යම් දුරක් තිබුණේ ද, එබඳු වූ දුරක් පියවර මාරු කිරීමෙන් යා හැකි විය. ස්වාමීනී, මෙබඳු ජවයකින් සමන්විත වූ, මෙබඳු පියවර මාරු කිරීමකින් යුක්ත වූ මට මෙබඳු ආශාවක් හටගත්තේ ය. එනම් 'මම පියවි ගමනින් ලෝකයෙහි කෙළවරට පැමිණෙන්නෙමි' යි යන කරුණ යි.

ඉතින් ස්වාමීනි, ඒ මම කෑම්බීම් ආදිය ගන්නා කාලය හැර, වැසිකිළි කැසිකිළි කරන කාලය හැර, නිදාගැනීම් කායික පීඩා වෙහෙස දුරු කරගන්නා කාලය හැර, වසර සියයක් ආයුෂ ඇති ව සිටි මම ඒ සියක් අවුරුද්ද පුරා යන්නේ ම ලෝකයෙහි කෙළවරට නොගොස් අතරමග දී කළුරිය කළෙමි.

ස්වාමීනී, ආශ්චර්යය යි! ස්වාමීනී, අද්භූත යි! ස්වාමීනී, භාග්‍යවතුන් වහන්සේ විසින් ඒ පවසන ලද්දේ සුභාෂිතයක් ම ය. එනම් 'ආයුෂ්මත, යම් තැනක නූපදින්නේ නම්, නොදිරන්නේ නම්, නොමැරෙන්නේ නම්, චුත නොවන්නේ නම්, යළි නූපදින්නේ නම්, මම ඒ ලෝකයාගේ කෙළවර පියවි ගමනින් ගොස් දැනගත යුත්තේ ය කියා හෝ දැකගත යුත්තේ ය කියා හෝ පැමිණිය යුත්තේ ය කියා හෝ නොකියමි' යන කරුණ යි."

මහණෙනි, මෙසේ කී විට මම රෝහිතස්ස දිව්‍යපුත්‍රයාට මෙකරුණ පැවසූයෙමි. "ආයුෂ්මත, යම් තැනක නූපදින්නේ නම්, නොදිරන්නේ නම්, නොමැරෙන්නේ නම්, චුත නොවන්නේ නම්, යළි නූපදින්නේ නම්, මම ඒ ලෝකයාගේ කෙළවර පියවි ගමනින් ගොස් දැනගත යුත්තේ ය කියා හෝ දැකගත යුත්තේ ය කියා හෝ පැමිණිය යුත්තේ ය කියා හෝ නොකියමි. ආයුෂ්මත, ලෝකයෙහි කෙළවරට නොපැමිණ දුක් කෙළවර කිරීමක් ද නොකියමි. එනමුදු ආයුෂ්මත, මේ සංඥාව සහිත වූ, මනස සහිත වූ බඹයක් පමණ වූ ජීවිතය තුළ මම ලෝකය ත් පණවමි. ලෝකයෙහි හටගැනීම ත් පණවමි. ලෝකයෙහි නිරුද්ධ වීම ත් පණවමි. ලෝකය නිරුද්ධ වීම පිණිස පවතින ප්‍රතිපදාවත් පණවමි."

(ගාථා)

1. කවර කාලයකවත් පියවි ගමනින් ලෝකයෙහි කෙළවරකට යා නොහැක්කේ ය. ලෝකයෙහි කෙළවර වූ නිවනට නොපැමිණ දුකෙන් මිදීමක් ද නැත්තේ ය.

2. එහෙයින් ලෝකය අවබෝධ කළ, ප්‍රඥා සම්පන්න වූ, බඹසර වාසය නිම කළ භික්ෂුව ලොව කෙළවරට ගියේ ය. ඒකාන්තයෙන් ම ලොවෙහි අන්තය දත් ඒ අරහත් භික්ෂුව මෙලොව හෝ පරලොව හෝ නොපතන්නේ ය.

සාදු! සාදු!! සාදු!!!

දුතිය රෝහිතස්ස සූත්‍රය නිමා විය.

4.1.5.7.
සුවිදූරවිදූර සූත්‍රය
ඉතාමත් දුර, බොහෝ දුර ගැන වදාළ දෙසුම

මහණෙනි, ඉතාමත් දුර බොහෝ දුර වූ තැන් සතරකි. ඒ කවර සතරක් ද යත්;

මහණෙනි, අහස ත් පොළොව ත් ය. මෙය ඉතාමත් දුර වූ බොහෝ දුර වූ පළමුවැන්න යි. මහණෙනි, සමුද්‍රයෙහි මෙතෙර ත් එතෙරත් ය. මෙය ඉතාමත්

දුර වූ බොහෝ දුර වූ දෙවැන්න යි. මහණෙනි, යම් තැනකින් සූර්යයා නැග එයි ද, යම් තැනකින් සූර්යයා බැස යයි ද, මෙය ඉතාමත් දුර වූ බොහෝ දුර වූ තුන් වැන්න යි. මහණෙනි, සත්පුරුෂයන්ගේ ධර්මය ත් අසත්පුරුෂයන්ගේ ධර්මය ත් ය. මෙය ඉතාමත් දුර වූ බොහෝ දුර වූ සිව්වැන්න යි.

(ගාථා)

1. අහස ද දුර වෙයි. පොළොව ද දුර වෙයි. සමුද්‍රයෙහි යම් එතෙරක් ඇද්ද, එය ද ඉතා දුර යැයි කියනු ලැබේ. ආලෝකය ලබා දෙන සූර්යයා යම් තැනකින් උදාවෙයි ද, යම් තැනකින් අස්තයට යයි ද, ඒ අතර ද ඉතා දුර යැයි කියති.

2. සද්ධර්මය ත්, අසද්ධර්මය ත් අතර ඒකාන්තයෙන් ම එයට වඩා බොහෝ දුර යැයි කියති. සත්පුරුෂයන්ගේ එකතුව වෙන් නොවන ස්වභාවයෙන් ඇත්තේ ය. යම්තාක් සත්පුරුෂ ධර්මයේ සිටියි ද, එසේ ම සිටියි. අසත්පුරුෂ සමාගම වහා වෙන් ව යයි. එබැවින් සත්පුරුෂ ධර්මය අසත්පුරුෂයන්ගෙන් ඉතා ඈත් වූ දෙයකි.

සාදු! සාදු!! සාදු!!!

සුවිදූරවිදූර සූත්‍රය නිමා විය.

4.1.5.8.
විසාඛ සූත්‍රය
විශාඛ තෙරුන්ට වදාළ දෙසුම

එක් කලෙක භාග්‍යවතුන් වහන්සේ සැවැත් නුවර ජේතවන නම් වූ අනේපිඬු සිටුහුගේ ආරාමයෙහි වැඩවෙසෙන සේක. එසමයෙහි පංචාලිපුත්‍ර වූ ආයුෂ්මත් විශාඛ තෙරණුවෝ උපස්ථාන ශාලාවෙහි භික්ෂූන් හට වැදගත් වචනයෙන් යුතු, ගලා බස්නා අයුරු ඇති, දොස් රහිත වූ, අර්ථ මතුවෙන, නිවන් පිණිස වූ, සසර පිණිස නොවූ ධර්ම කථායෙන් කරුණු දක්වයි. සමාදන් කරවයි. උනන්දු කරවයි. සිත සතුටු කොට පහදවයි.

එකල්හී භාග්‍යවතුන් වහන්සේ සවස් වරුවෙහි භාවනාවෙන් නැගිට උපස්ථාන ශාලාව වෙත වැඩම කළ සේක. වැඩම කොට පණවන ලද අසුනෙහි

වැඩහුන් සේක. වැඩසිටි භාග්‍යවතුන් වහන්සේ භික්ෂූන් ඇමතූ සේක.

"මහණෙනි, මේ උපස්ථාන ශාලාවෙහි භික්ෂූන් හට වැදගත් වචනයෙන් යුතු, ගලා බස්නා අයුරු ඇති, දොස් රහිත වූ, අර්ථ මතුවෙන, නිවන් පිණිස වූ, සසර පිණිස නොවූ ධර්ම කථායෙන් කරුණු දැක්වූයේ, සමාදන් කරවූයේ, උනන්දු කරවූයේ, සිත සතුටු කොට පැහැදවූයේ කවරෙක් ද?"

"ස්වාමීනී, මේ උපස්ථාන ශාලාවෙහි භික්ෂූන් හට වැදගත් වචනයෙන් යුතු, ගලා බස්නා අයුරු ඇති, දොස් රහිත වූ, අර්ථ මතුවෙන, නිවන් පිණිස වූ, සසර පිණිස නොවූ ධර්ම කථායෙන් කරුණු දැක්වූවෝ, සමාදන් කරවූවෝ, උනන්දු කරවූවෝ, සිත සතුටු කොට පැහැදවූවෝ පංචාලි බැමිණියගේ පුත්‍ර වූ ආයුෂ්මත් විශාඛ තෙරණුවෝ ය."

එවිට භාග්‍යවතුන් වහන්සේ පංචාලිපුත්‍ර වූ ආයුෂ්මත් විශාඛ තෙරුන් හට මෙය වදාළ සේක. "සාදු! සාදු! විශාඛයෙනි, සාදු! විශාඛයෙනි, ඔබ වැදගත් වචනයෙන් යුතු, ගලා බස්නා අයුරු ඇති, දොස් රහිත වූ, අර්ථ මතුවෙන, නිවන් පිණිස වූ, සසර පිණිස නොවූ ධර්ම කථායෙන් කරුණු දක්වන්න. සමාදන් කරවන්න. උනන්දු කරවන්න. සිත සතුටු කොට පහදවන්න."

(ගාථා)

1. නුවණැත්තෝ බාලයන් හා මිශ්‍ර ව කියන කථාවන් නොදනිති. අමා නිවන් පදය නම් වූ ධර්මය දෙසන කල්හී දනිති.

2. ධර්මය දේශනා කරන්නේ ය. සසුන බබුළුවන්නේ ය. බුද්ධාදී ඍෂිවරුන්ගේ ධජය වූ ධර්මය උඩට ඔසොවන්නේ ය. බුද්ධාදී ඍෂිවරයෝ සුභාෂිත ධර්මය ධජය කොට ඇත්තාහ. ධර්මය වනාහී බුද්ධාදී ඍෂිවරුන්ගේ ධජය යි.

සාදු! සාදු!! සාදු!!!

විසාඛ සූත්‍රය නිමා විය.

4.1.5.9.
විපල්ලාස සූත්‍රය
විපරීත වූ දේ ගැන වදාළ දෙසුම

මහණෙනි, මේ විපරීත සංඥාවෝ, චිත්ත විපරීතයෝ, දෘෂ්ටි විපරීතයෝ සතරකි. ඒ කවර සතරක් ද යත්;

1. මහණෙනි, අනිත්‍ය දේ පිළිබඳ ව නිත්‍ය යයි දකියි ද, මෙය විපරීත සංඥාවකි. විපරීත සිතකි. විපරීත දෘෂ්ටියකි.

2. මහණෙනි, දුක් වූ දේ පිළිබඳ ව සැප යයි දකියි ද, මෙය විපරීත සංඥාවකි. විපරීත සිතකි. විපරීත දෘෂ්ටියකි.

3. මහණෙනි, අනාත්ම වූ දේ පිළිබඳ ව ආත්ම යයි දකියි ද, මෙය විපරීත සංඥාවකි. විපරීත සිතකි. විපරීත දෘෂ්ටියකි.

4. මහණෙනි, අසුභ දේ පිළිබඳ ව සුභ යයි දකියි ද, මෙය විපරීත සංඥාවකි. විපරීත සිතකි. විපරීත දෘෂ්ටියකි.

මහණෙනි, මේ වනාහී විපරීත සංඥාවෝ, චිත්ත විපරීතයෝ, දෘෂ්ටි විපරීතයෝ සතරයි.

මහණෙනි, මේ විපරීත සංඥා නොවන, චිත්ත විපරීතයක් නොවන, දෘෂ්ටි විපරීතයක් නොවන කරුණු සතරකි. ඒ කවර සතරක් ද යත්;

1. මහණෙනි, අනිත්‍ය දේ පිළිබඳ ව අනිත්‍ය වශයෙන් දකියි ද, මෙය අවිපරීත සංඥාවකි. අවිපරීත සිතකි. අවිපරීත දෘෂ්ටියකි.

2. මහණෙනි, දුක් වූ දේ පිළිබඳ ව දුක වශයෙන් දකියි ද, මෙය අවිපරීත සංඥාවකි. අවිපරීත සිතකි. අවිපරීත දෘෂ්ටියකි.

3. මහණෙනි, අනාත්ම වූ දේ පිළිබඳ ව අනාත්ම වශයෙන් දකියි ද, මෙය අවිපරීත සංඥාවකි. අවිපරීත සිතකි. අවිපරීත දෘෂ්ටියකි.

4. මහණෙනි, අසුභ දේ පිළිබඳ ව අසුභ වශයෙන් දකියි ද, මෙය අවිපරීත සංඥාවකි. අවිපරීත සිතකි. අවිපරීත දෘෂ්ටියකි.

මහණෙනි, මේ වනාහී විපරීත සංඥා නොවන, චිත්ත විපරීතයක්

නොවන, දෘෂ්ටි විපරීතයක් නොවන කරුණු සතරයි.

(ගාථා)

1. අනිත්‍ය දේ පිළිබඳ ව නිත්‍ය සංඥාවෙන් යුතු, දුක් දේ පිළිබඳ ව සැප සංඥාවෙන් යුතු, අනාත්ම දේ පිළිබඳ ව ආත්ම සංඥාවෙන් යුතු, අසුභ දේ පිළිබඳ ව සුභ සංඥාවෙන් යුතු,

2. වැරදි ලෙස දෘෂ්ටිගත වූ සත්වයෝ සැලෙන සිතින් යුතුව, විපරීත සිතින් යුතුව සිටිති. ඒ කෙලෙස් යෝගයන්ගෙන් නිදහස් ව ලබන බිය රහිත බව නොලැබූ ඔවුහු මාරයාගේ ක්ලේශ යෝගයෙහි යෙදුණාහු වෙති.

3. මෙසේ සත්වයෝ ඉපදෙන මැරෙන සසරේ සැරිසරා යති. යම් කලෙක අඳුරු ලොව එළිය කරන බුදුවරයෝ ලෝකයෙහි පහළ වෙත් ද,

4. ඒ බුදුවරු දුක් සංසිඳවන්නා වූ මේ චතුරාර්ය සත්‍ය ධර්මය ප්‍රකාශ කරති. ප්‍රඥාව ඇති සත්වයෝ ඒ බුදුවරුන්ගේ ධර්මය අසා තම සිතට අවබෝධය ලබා,

5. එකල්හී ඔවුහු අනිත්‍ය දෙය අනිත්‍ය වශයෙන් දුටහ. දුක් දෙය දුක් වශයෙන් දුටහ. අනාත්ම දෙය අනාත්ම වශයෙන් දුටහ. අසුභ දෙය සුභ වශයෙන් දුටහ. මෙසේ නිවැරදි දෘෂ්ටියක් සමාදන් වීම හේතුවෙන් සියළු සසර දුක් ඉක්මවා ගියහ.

සාදු! සාදු!! සාදු!!!

විපල්ලාස සූත්‍රය නිමා විය.

4.1.5.10.
උපක්කිලේස සූත්‍රය
උපක්ලේශයන් ගැන වදාළ දෙසුම

මහණෙනි, යම් උපක්ලේශයකින් කිළුටු වූ විට චන්ද්‍ර සූර්ය දෙදෙනා නොබබලත් නම්, එළිය නොදෙත් නම්, රැස් නොවිහිදුවත් නම් චන්ද්‍ර සූර්ය දෙදෙනාට මේ උපක්ලේශයෝ සතරකි. ඒ කවර සතරක් ද යත්;

1. මහණෙනි, යම් උපක්ලේශයකින් කිළුටු වූ විට චන්ද්‍ර සූර්ය දෙදෙනා

නොබබලත් නම්, එළිය නොදෙත් නම්, රැස් නොවිහිදුවත් නම් චන්ද්‍ර සූර්ය දෙදෙනාගේ ඒ උපක්ලේශය වළාකුළු ය.

2. මහණෙනි, යම් උපක්ලේශයකින් කිළුටු වූ විට චන්ද්‍ර සූර්ය දෙදෙනා නොබබලත් නම්, එළිය නොදෙත් නම්, රැස් නොවිහිදුවත් නම් චන්ද්‍ර සූර්ය දෙදෙනාගේ ඒ උපක්ලේශය මීදුම ය.

3. මහණෙනි, යම් උපක්ලේශයකින් කිළුටු වූ විට චන්ද්‍ර සූර්ය දෙදෙනා නොබබලත් නම්, එළිය නොදෙත් නම්, රැස් නොවිහිදුවත් නම් චන්ද්‍ර සූර්ය දෙදෙනාගේ ඒ උපක්ලේශය දුහුවිලි හා දුම් ය.

4. මහණෙනි, යම් උපක්ලේශයකින් කිළුටු වූ විට චන්ද්‍ර සූර්ය දෙදෙනා නොබබලත් නම්, එළිය නොදෙත් නම්, රැස් නොවිහිදුවත් නම් චන්ද්‍ර සූර්ය දෙදෙනාගේ ඒ උපක්ලේශය රාහු අසුරේන්ද්‍රයා ය.

මහණෙනි, යම් උපක්ලේශයකින් කිළුටු වූ විට චන්ද්‍ර සූර්ය දෙදෙනා නොබබලත් නම්, එළිය නොදෙත් නම්, රැස් නොවිහිදුවත් නම් චන්ද්‍ර සූර්ය දෙදෙනාට මේ ඒ උපක්ලේශයෝ සතරයි.

එසෙයින් ම මහණෙනි, යම් උපක්ලේශයකින් කිළුටු වූ විට ඇතැම් ශ්‍රමණ බ්‍රාහ්මණයෝ නොබබලත් නම්, එළිය නොදෙත් නම්, රැස් නොවිහිදුවත් නම් ශ්‍රමණ බ්‍රාහ්මණයන් හට මේ උපක්ලේශයෝ සතරකි. ඒ කවර සතරක් ද යත්;

1. මහණෙනි, ඇතැම් ශ්‍රමණබ්‍රාහ්මණයෝ සුරාමේරය බොති. සුරාමේරය බීමෙන් නොවැළකී සිටිති. මහණෙනි, යම් උපක්ලේශයකින් කිළුටු වූ විට ඇතැම් ශ්‍රමණ බ්‍රාහ්මණයෝ නොබබලත් නම්, එළිය නොදෙත් නම්, රැස් නොවිහිදුවත් නම් ශ්‍රමණ බ්‍රාහ්මණයන් හට මේ පළමු උපක්ලේශය යි.

2. මහණෙනි, ඇතැම් ශ්‍රමණබ්‍රාහ්මණයෝ මෛථුන සේවනයෙහි යෙදෙති. මෛථුන සේවනයෙන් නොවැළකී සිටිති. මහණෙනි, යම් උපක්ලේශයකින් කිළුටු වූ විට ඇතැම් ශ්‍රමණ බ්‍රාහ්මණයෝ නොබබලත් නම්, එළිය නොදෙත් නම්, රැස් නොවිහිදුවත් නම් ශ්‍රමණ බ්‍රාහ්මණයන් හට මේ දෙවෙනි උපක්ලේශය යි.

3. මහණෙනි, ඇතැම් ශ්‍රමණබ්‍රාහ්මණයෝ රන් රිදී මිල මුදල් පරිහරණය කරති. රන් රිදී මිල මුදල් ගැනීමෙන් නොවැළකී සිටිති. මහණෙනි, යම් උපක්ලේශයකින් කිළුටු වූ විට ඇතැම් ශ්‍රමණ බ්‍රාහ්මණයෝ නොබබලත් නම්, එළිය නොදෙත් නම්, රැස් නොවිහිදුවත් නම් ශ්‍රමණ බ්‍රාහ්මණයන් හට මේ තුන්වෙනි උපක්ලේශය යි.

4. මහණෙනි, ඇතැම් ශ්‍රමණබ්‍රාහ්මණයෝ මිථ්‍යා ආජීවයෙන් ජීවත් වෙති. මිථ්‍යා ආජීවයෙන් නොවැළකී සිටිති. මහණෙනි, යම් උපක්ලේශයකින් කිළුටු වූ විට ඇතැම් ශ්‍රමණ බ්‍රාහ්මණයෝ නොබබලත් නම්, එළිය නොදෙත් නම්, රැස් නොවිහිදුවත් නම් ශ්‍රමණ බ්‍රාහ්මණයන් හට මේ සිව්වෙනි උපක්ලේශය යි.

මහණෙනි, යම් උපක්ලේශයකින් කිළුටු වූ විට ඇතැම් ශ්‍රමණ බ්‍රාහ්මණයෝ නොබබලත් නම්, එළිය නොදෙත් නම්, රැස් නොවිහිදුවත් නම් ශ්‍රමණ බ්‍රාහ්මණයන් හට මේ ඒ උපක්ලේශයෝ සතරයි.

(ගාථා)

1. රාග ද්වේෂ විසින් ඇතැම් ශ්‍රමණ බ්‍රාහ්මණයෝ ඔබමොබ ඇදගෙන යන ලද්දාහ. ප්‍රිය ස්වරූප ඇති අරමුණු සතුටින් පිළිගන්නා වූ පුරුෂයෝ අවිද්‍යාවෙන් වැසී ගියාහු ය.

2. ඒ අනුවණයෝ රහමෙර බොති. මෛථූන සේවනයෙහි යෙදෙති. රන් රිදී මිල මුදල් ඉවසති.

3. ඇතැම් ශ්‍රමණ බ්‍රාහ්මණයෝ මිථ්‍යා ආජීවයෙන් ජීවත් වෙති. ආදිච්චබන්ධු වූ බුදුරජාණන් වහන්සේ විසින් මේවා උපක්ලේශයන් යැයි වදාරණ ලද්දේ ය.

4. යම් උපක්ලේශයකින් කිලිටි වූ විට ඇතැම් ශ්‍රමණබ්‍රාහ්මණයෝ නොබබලති. නොදිලිසෙති. අස්ථිර පැවතුම් ඇති ඔවුහු කෙලෙස් රජස් ඇත්තාහු ය.

5. අවිද්‍යා අන්ධකාරයෙන් දැස් වැසී ගිය තෘෂ්ණාවට දාස වූ මාරයාගේ රැහැනින් බැඳී ගිය ඔවුහු ඝෝර වූ සොහොන වඩති. නැවත නැවත භවයට පැමිණෙති.

සාදු! සාදු!! සාදු!!!

උපක්කිලේස සූත්‍රය නිමා විය.

පස්වෙනි රෝහිතස්ස වර්ගය අවසන් විය.

- එහි පිළිවෙල උද්දානයයි :

සමාධි සූත්‍රය, ප්‍රශ්න සූත්‍රය, ක්‍රෝධ සූත්‍ර දෙක, රෝහිතස්ස සූත්‍ර දෙක, සුවිදූර සූත්‍රය, විශාඛ සූත්‍රය, විපල්ලාස සූත්‍රය සහ උපක්කිලේස සූත්‍රය වශයෙන් මෙහි සූත්‍ර දශයකි.

පළමු පණ්ණාසකය නිමා විය.

දෙවෙනි පණ්ණාසකය

1. පුඤ්ඤාභිසන්ද වර්ගය

4.2.1.1.
පඨම පුඤ්ඤාභිසන්ද සූත්‍රය
පුණ්‍ය ප්‍රවාහය ගැන වදාළ පළමු දෙසුම

සැවැත් නුවර දී ය.......

මහණෙනි, මේ පුණ්‍ය ප්‍රවාහයෝ, කුසල ප්‍රවාහයෝ සතරකි. මෙයින් සුගති සැප ලබා දෙයි. සැප විපාක සළසයි. සුගතිය පිණිස පවතින්නාහු ය. සිතට ප්‍රිය ඇතිකරවන, කාන්ත වූ, මනාප වූ, හිතසුව පිණිස පවතින්නාහු ය. ඒ සතර මොනවාද?

1. මහණෙනි, යම් දායකයෙකුගේ සිවුරක් පරිහරණය කරන භික්ෂුව ගුණයෙන් අප්‍රමාණ වූ අරහත්ඵල සමාධියට සමවැදී වාසය කරයි ද, දායකයා හට ද අප්‍රමාණ වූ පුණ්‍ය ප්‍රවාහයක්, කුසල ප්‍රවාහයක් ගලා එයි. එයින් සුගති සැප ලබා දෙයි. සැප විපාක සළසයි. සුගතිය පිණිස පවතින්නේ ය. සිතට ප්‍රිය ඇතිකරවන, කාන්ත වූ, මනාප වූ, හිතසුව පිණිස පවතින්නේ ය.

2. මහණෙනි, යම් දායකයෙකුගේ දානයක් පරිහරණය කරන භික්ෂුව ගුණයෙන් අප්‍රමාණ වූ අරහත්ඵල සමාධියට සමවැදී වාසය කරයි ද, දායකයා හට ද අප්‍රමාණ වූ පුණ්‍ය ප්‍රවාහයක්, කුසල ප්‍රවාහයක් ගලා එයි. එයින් සුගති සැප ලබා දෙයි. සැප විපාක සළසයි. සුගතිය පිණිස පවතින්නේ ය. සිතට ප්‍රිය ඇතිකරවන, කාන්ත වූ, මනාප වූ, හිතසුව පිණිස පවතින්නේ ය.

3. මහණෙනි, යම් දායකයෙකුගේ කුටි සෙනසුනක් පරිහරණය කරන භික්ෂුව ගුණයෙන් අප්‍රමාණ වූ අරහත්ඵල සමාධියට සමවැදී වාසය කරයි ද,

දායකයා හට ද අප්‍රමාණ වූ පුණ්‍ය ප්‍රවාහයක්, කුසල ප්‍රවාහයක් ගලා එයි. එයින් සුගති සැප ලබා දෙයි. සැප විපාක සළසයි. සුගතිය පිණිස පවතින්නේ ය. සිතට ප්‍රිය ඇතිකරවන, කාන්ත වූ, මනාප වූ, හිතසුව පිණිස පවතින්නේ ය.

4. මහණෙනි, යම් දායකයෙකුගේ ගිලන්පස බෙහෙත් පිරිකරක් පරිහරණය කරන භික්ෂුව ගුණයෙන් අප්‍රමාණ වූ අරහත්ඵල සමාධියට සමවැදී වාසය කරයි ද, දායකයා හට ද අප්‍රමාණ වූ පුණ්‍ය ප්‍රවාහයක්, කුසල ප්‍රවාහයක් ගලා එයි. එයින් සුගති සැප ලබා දෙයි. සැප විපාක සළසයි. සුගතිය පිණිස පවතින්නේ ය. සිතට ප්‍රිය ඇතිකරවන, කාන්ත වූ, මනාප වූ, හිතසුව පිණිස පවතින්නේ ය.

මහණෙනි, මේ වනාහී පුණ්‍ය ප්‍රවාහයෝ, කුසල ප්‍රවාහයෝ සතරයි. මෙයින් සුගති සැප ලබා දෙයි. සැප විපාක සළසයි. සුගතිය පිණිස පවතින්නාහු ය. සිතට ප්‍රිය ඇතිකරවන, කාන්ත වූ, මනාප වූ, හිතසුව පිණිස පවතින්නාහු ය.

මහණෙනි, මේ පුණ්‍ය ප්‍රවාහයන්, කුසල ප්‍රවාහයන් සතරින් යුතු ආර්ය ශ්‍රාවකයාගේ පිනෙහි ප්‍රමාණයක් ගන්නට පහසු නැත. සුගති සැප ලබා දෙන, සැප විපාක සළසන, සුගතිය පිණිස පවතින, සිතට ප්‍රිය ඇතිකරවන, කාන්ත වූ, මනාප වූ, හිතසුව පිණිස පවතින පුණ්‍ය ප්‍රවාහය, කුසල ප්‍රවාහය මෙපමණෙකි යි කියා කිව නොහැකි ය. වැලිදු අසංඛෙය්‍ය වූ අප්‍රමාණ වූ මහා පුණ්‍යස්කන්ධයක් ය යන සංඛ්‍යාවට යන්නේ ය.

මහණෙනි, එය මෙබඳු දෙයකි. මහා සමුද්‍රයෙහි ඇති ජලය ප්‍රමාණයකට ගැනීම ඉතා අපහසු ය. එහි මෙතෙක් දිය බඳුන් සිය ගණනකි. මෙතෙක් දිය බඳුන් දහස් ගණනකි. මෙතෙක් දිය බඳුන් සිය දහස් ගණනකි වශයෙන් ගිණිය නොහැක්කේ ය. වැලිදු අසංඛෙය්‍ය වූ අප්‍රමාණ වූ මහා ජලස්කන්ධයක් යන සංඛ්‍යාවට වැටෙයි. එසෙයින් ම මහණෙනි, මේ පුණ්‍ය ප්‍රවාහයන්, කුසල ප්‍රවාහයන් සතරින් යුතු ආර්ය ශ්‍රාවකයාගේ පිනෙහි ප්‍රමාණයක් ගන්නට පහසු නැත. සුගති සැප ලබා දෙන, සැප විපාක සළසන, සුගතිය පිණිස පවතින, සිතට ප්‍රිය ඇතිකරවන, කාන්ත වූ, මනාප වූ, හිතසුව පිණිස පවතින පුණ්‍ය ප්‍රවාහය, කුසල ප්‍රවාහය මෙපමණෙකි යි කියා කිව නොහැකි ය. වැලිදු අසංඛෙය්‍ය වූ අප්‍රමාණ වූ මහා පුණ්‍යස්කන්ධයක් ය යන සංඛ්‍යාවට යන්නේ ය.

(ගාථා)

1. අප්‍රමාණ වූ, මහා කඳක් වැනි වූ, බොහෝ භයභේරව ඇති නොයෙක්

රත් රුවන්වලට ආකර වූ මහා සාගරයට මිනිස් සමූහයා විසින් සේවනය කරනු ලබන බොහෝ ගංගාවෝ වැද ගනිති.

2. මෙසෙයින් ආහාරපාන, වස්ත්‍ර, සයනාසන, පුටු, ඇතිරිලි ආදිය පූජා කරන්නා වූ නුවණැති මිනිසා කරා පුණ්‍යධාරාවෝ වැද ගනිති. ගංගාවන් සයුරට වදිනාක් ලෙසිනි.

සාදු! සාදු!! සාදු!!!

පඨම පුඤ්ඤාභිසන්ද සූත්‍රය නිමා විය.

4.2.1.2.
දුතිය පුඤ්ඤාභිසන්ද සූත්‍රය
පුණ්‍ය ප්‍රවාහය ගැන වදාළ දෙවෙනි දෙසුම

මහණෙනි, මේ පුණ්‍ය ප්‍රවාහයෝ, කුසල ප්‍රවාහයෝ සතරකි. මෙයින් සුගති සැප ලබා දෙයි. සැප විපාක සළසයි. සුගතිය පිණිස පවතින්නාහු ය. සිතට ප්‍රිය ඇතිකරවන, කාන්ත වූ, මනාප වූ, හිතසුව පිණිස පවතින්නාහු ය. ඒ සතර මොනවාද?

1. මහණෙනි, මෙහිලා ආර්ය ශ්‍රාවකයා බුදුරජුන් කෙරෙහි නොසෙල්වෙන පැහැදීමෙන් යුක්ත වූයේ වෙයි. එනම් මේ මේ කරුණෙනුත් ඒ භාග්‍යවතුන් වහන්සේ අරහං වන සේක. සම්මා සම්බුද්ධ වන සේක. විජ්ජාචරණ සම්පන්න වන සේක. සුගත වන සේක. ලෝකවිදූ වන සේක. අනුත්තරෝ පුරිසදම්ම සාරථී වන සේක. සත්ථා දේවමනුස්සානං වන සේක. බුද්ධ වන සේක. භගවා වන සේක වශයෙනි. මහණෙනි, මෙය වනාහී පළමු වැනි පුණ්‍ය ප්‍රවාහය යි. කුසල ප්‍රවාහය යි. එයින් සුගති සැප ලබා දෙයි. සැප විපාක සළසයි. සුගතිය පිණිස පවතින්නේ ය. සිතට ප්‍රිය ඇතිකරවන, කාන්ත වූ, මනාප වූ, හිතසුව පිණිස පවතින්නේ ය.

2. මහණෙනි, මෙහිලා ආර්ය ශ්‍රාවකයා ධර්මය කෙරෙහි නොසෙල්වෙන පැහැදීමෙන් යුක්ත වූයේ වෙයි. එනම් මේ මේ කරුණෙනුත් ඒ භාග්‍යවතුන් වහන්සේ ධර්මය මනාකොට දෙසන ලද්දේ ය. මේ ධර්මය සන්දිට්ඨික වූ ත්, අකාලික වූ ත්, ඇවිත් බලන්න කිව හැකි වූ ත්, තමා තුළට පමුණුවා ගත හැකි වූ ත්, නැණවතුන් විසින් තම තම නැණ පමණින් දත යුතු වූ ත් ධර්මයකි යි

වශයෙනි. මහණෙනි, මෙය වනාහී දෙවෙනි පුණ්‍ය ප්‍රවාහය යි. කුසල ප්‍රවාහය යි. එයින් සුගති සැප ලබා දෙයි. සැප විපාක සළසයි. සුගතිය පිණිස පවතින්නේ ය. සිතට ප්‍රිය ඇතිකරවන, කාන්ත වූ, මනාප වූ, හිතසුව පිණිස පවතින්නේ ය.

3. මහණෙනි, මෙහිලා ආර්ය ශ්‍රාවකයා සංඝයා කෙරෙහි නොසෙල්වෙන පැහැදීමෙන් යුක්ත වූයේ වෙයි. එනම් මේ මේ කරුණෙනුත් ඒ භාග්‍යවතුන් වහන්සේගේ ශ්‍රාවක සංඝයා සුපටිපන්න වන සේක. උජුපටිපන්න වන සේක. ඤායපටිපන්න වන සේක. සාමීචිපටිපන්න වන සේක. මාර්ගඵල යුගල වශයෙන් සතර දෙනෙකුත්, පුද්ගල වශයෙන් අටදෙනෙකුත් වන සේක. ආහුණෙය්‍ය වන සේක. පාහුණෙය්‍ය වන සේක. දක්ඛිණෙය්‍ය වන සේක. අංජලිකරණීය වන සේක. ලොවට උතුම් පින්කෙත වශයෙනි. මහණෙනි, මෙය වනාහී තුන් වෙනි පුණ්‍ය ප්‍රවාහය යි. කුසල ප්‍රවාහය යි. එයින් සුගති සැප ලබා දෙයි. සැප විපාක සළසයි. සුගතිය පිණිස පවතින්නේ ය. සිතට ප්‍රිය ඇතිකරවන, කාන්ත වූ, මනාප වූ, හිතසුව පිණිස පවතින්නේ ය.

4. මහණෙනි, මෙහිලා ආර්ය ශ්‍රාවකයා ආර්යකාන්ත සීලයෙන් යුක්ත වූයේ වෙයි. එනම් නොකැඩුණු, සිදුරු රහිත වූ, පැල්ලම් රහිත වූ, කැලැල් රහිත වූ, ණය රහිත වූ, දෘෂ්ටි පරාමර්ශ රහිත වූ, නැණවතුන්ගේ පැහැදීමට ලක්වන චිත්ත සමාධිය පිණිස පවතින්නා වූ සීලය යි. මහණෙනි, මෙය වනාහී සිව්වෙනි පුණ්‍ය ප්‍රවාහය යි. කුසල ප්‍රවාහය යි. එයින් සුගති සැප ලබා දෙයි. සැප විපාක සළසයි. සුගතිය පිණිස පවතින්නේ ය. සිතට ප්‍රිය ඇතිකරවන, කාන්ත වූ, මනාප වූ, හිතසුව පිණිස පවතින්නේ ය.

මහණෙනි, මේ වනාහී පුණ්‍ය ප්‍රවාහයෝ, කුසල ප්‍රවාහයෝ සතරයි. මෙයින් සුගති සැප ලබා දෙයි. සැප විපාක සළසයි. සුගතිය පිණිස පවතින්නාහු ය. සිතට ප්‍රිය ඇතිකරවන, කාන්ත වූ, මනාප වූ, හිතසුව පිණිස පවතින්නාහු ය.

(ගාථා)

1. යමෙක් තුළ තථාගතයන් වහන්සේ පිළිබඳ ව නොසෙල්වෙන පැහැදීමක් මැනැවින් පිහිටා ඇද්ද, යමෙකු හට නැණවතුන් විසින් පසසනු ලබන කල්‍යාණ වූ ආර්යකාන්ත සීලයක් ඇද්ද,

2. යමෙක් තුළ ශ්‍රාවක සංඝයා කෙරෙහි ප්‍රසාදයක් ඇද්ද, ඍජු වූ ධර්මාවබෝධයක් ඇද්ද, ඔහු නොදිළින්දෙක් යැයි කියති. ඔහුගේ ජීවිතය හිස් වූවක් නොවේ.

3. එහෙයින් ශ්‍රද්ධාව ත්, සීලය ත්, සංඝයා කෙරෙහි ප්‍රසාදය ත්, ධර්මාවබෝධය ත් යන මේ කරුණු වලින් යුතු වූ නුවණැත්තා බුදුරජාණන් වහන්සේගේ අනුශාසනය සිහි කරන්නේ ය.

සාදු! සාදු!! සාදු!!!

දුතිය පුඤ්ඤාභිසන්ද සූත්‍රය නිමා විය.

4.2.1.3.
පඨම සංවාස සූත්‍රය
එකට වාසය කිරීම ගැන වදාළ පළමු දෙසුම

එක් සමයක භාග්‍යවතුන් වහන්සේ මධුරාවට ත්, වේරඤ්ජාවට ත් අතර වූ දිගු මාර්ගයට පිළිපන් සේක. එකල්හී බොහෝ ගෘහපතියෝ ද, ඔවුන්ගේ බිරින්දෑවරු ද මධුරාවට ත්, වේරඤ්ජාවටත් අතර දිගු මාර්ගයට පිළිපන්නාහු වෙති. එකල්හී භාග්‍යවතුන් වහන්සේ මගින් බැහැර ව එක්තරා රුක් සෙවණක වැඩහුන් සේක. ඒ ගෘහපතිවරු ත්, ඔවුන්ගේ බිරින්දෑවරු ත් භාග්‍යවතුන් වහන්සේ එක්තරා රුක් සෙවණක වැඩහිඳිනා අයුරු දුටහ. දැක භාග්‍යවතුන් වහන්සේ කරා එළැඹියහ. එළැඹ භාග්‍යවතුන් වහන්සේට සකසා වන්දනා කොට එකත්පස් ව හිඳගත්හ. එකත්පස් ව හුන් ඒ ගෘහපතියන්ට ද, ගෘහපති බිරින්දෑවරුන්ට ද භාග්‍යවතුන් වහන්සේ මෙය වදාළ සේක.

"ගෘහපතිවරුනි, මේ එකට වාසය කිරීම් සතරකි. ඒ කවර සතරක් ද යත්;

මළමිනියක් සමඟ මළමිනියන් එකට වාසය කරයි. මළමිනියක් දෙව්දුවක් සමඟ එකට වාසය කරයි. දෙවියෙක් මළමිනියක් සමඟ එකට වාසය කරයි. දෙවියෙක් දෙව්දුවක් සමඟ එකට වාසය කරයි.

1. ගෘහපතිවරුනි, මළමිනියක් මළමිනියක් සමඟ වාසය කරන්නේ කෙසේ ද? ගෘහපතිවරුනි, මෙහිලා සැමියා සතුන් මරන්නේ වෙයි. සොරකම් කරන්නේ වෙයි. වැරදි කාමයෙහි හැසිරෙන්නේ වෙයි. බොරු කියන්නේ වෙයි. මත්පැන් මත්ද්‍රව්‍ය භාවිත කරන්නේ වෙයි. දුස්සීල වෙයි. පවිටු ගතිගුණ ඇත්තේ වෙයි. මසුරුමල බැඳුණු සිතින් යුතුව ගිහිගෙයි වසන්නේ වෙයි. ශ්‍රමණ බ්‍රාහ්මණයන් හට ආක්‍රෝශ නින්දා පරිභව කරන්නේ වෙයි. ඔහුගේ බිරිඳ ද සතුන් මරන්නී

වෙයි. සොරකම් කරන්නී වෙයි. වැරදි කාමයෙහි හැසිරෙන්නී වෙයි. බොරු කියන්නී වෙයි. මත්පැන් මත්ද්‍රව්‍ය භාවිත කරන්නී වෙයි. දුස්සීල ව පව්ටු ගතිගුණ ඇත්තී වෙයි. මසුරුමල බැඳුණු සිතින් ගිහි ගෙයි වසන්නී වෙයි. ශ්‍රමණ බ්‍රාහ්මණයන් හට ආක්‍රෝශ නින්දා පරිභව කරන්නී වෙයි. ගෘහපතිවරුනි, මළමිනියක් මළමිනියක් සමඟ එකට වසන්නේ ඔය අයුරිනි.

2. ගෘහපතිවරුනි, මළමිනියක් දෙව්දුවක් සමඟ වාසය කරන්නේ කෙසේ ද? ගෘහපතිවරුනි, මෙහිලා සැමියා සතුන් මරන්නේ වෙයි. සොරකම් කරන්නේ වෙයි. වැරදි කාමයෙහි හැසිරෙන්නේ වෙයි. බොරු කියන්නේ වෙයි. මත්පැන් මත්ද්‍රව්‍ය භාවිත කරන්නේ වෙයි. දුස්සීල වෙයි. පව්ටු ගතිගුණ ඇත්තේ වෙයි. මසුරුමල බැඳුණු සිතින් යුතුව ගිහිගෙයි වසන්නේ වෙයි. ශ්‍රමණ බ්‍රාහ්මණයන් හට ආක්‍රෝශ නින්දා පරිභව කරන්නේ වෙයි. එනමුදු ඔහුගේ බිරිඳ සතුන් මැරීමෙන් වැළකුණී වෙයි. සොරකම් කිරීමෙන් වැළකුණී වෙයි. වැරදි කාමයෙහි හැසිරීමෙන් වැළකුණී වෙයි. බොරු නොකියන්නී වෙයි. මත්පැන් මත්ද්‍රව්‍ය භාවිත නොකරන්නී වෙයි. සිල්වත් ව කලණ ගුණ ඇත්තී වෙයි. මසුරුමළ රහිත සිතින් ගිහි ගෙයි වසන්නී වෙයි. ශ්‍රමණ බ්‍රාහ්මණයන් හට ආක්‍රෝශ නින්දා පරිභව නොකරන්නී වෙයි. ගෘහපතිවරුනි, මළමිනියක් දෙව්දුවක් සමඟ එකට වසන්නේ ඔය අයුරිනි.

3. ගෘහපතිවරුනි, දෙවියෙක් මළමිනියක් සමඟ වාසය කරන්නේ කෙසේ ද? ගෘහපතිවරුනි, මෙහිලා සැමියා සතුන් මැරීමෙන් වැළකුණේ වෙයි. සොරකම් කිරීමෙන් වැළකුණේ වෙයි. වැරදි කාමයෙහි හැසිරීමෙන් වැළකුණේ වෙයි. බොරු කීමෙන් වැළකුණේ වෙයි. මත්පැන් මත්ද්‍රව්‍ය භාවිත නොකරන්නේ වෙයි. සිල්වත් වෙයි. කලණ ගුණ ඇත්තේ වෙයි. මසුරුමල නොබැඳුණු සිතින් යුතුව ගිහිගෙයි වසන්නේ වෙයි. ශ්‍රමණ බ්‍රාහ්මණයන් හට ආක්‍රෝශ නින්දා පරිභව නොකරන්නේ වෙයි. එනමුදු ඔහුගේ බිරිඳ සතුන් මරන්නී වෙයි. සොරකම් කරන්නී වෙයි. වැරදි කාමයෙහි හැසිරෙන්නී වෙයි. බොරු කියන්නී වෙයි. මත්පැන් මත්ද්‍රව්‍ය භාවිත කරන්නී වෙයි. දුස්සීල ව පව්ටු ගතිගුණ ඇත්තී වෙයි. මසුරුමළ බැඳුණු සිතින් ගිහි ගෙයි වසන්නී වෙයි. ශ්‍රමණ බ්‍රාහ්මණයන් හට ආක්‍රෝශ නින්දා පරිභව කරන්නී වෙයි. ගෘහපතිවරුනි, දෙවියෙක් මළමිනියක් සමඟ එකට වසන්නේ ඔය අයුරිනි.

4. ගෘහපතිවරුනි, දෙවියෙක් දෙව්දුවක් සමඟ වාසය කරන්නේ කෙසේ ද? ගෘහපතිවරුනි, මෙහිලා සැමියා සතුන් මැරීමෙන් වැළකුණේ වෙයි. සොරකම් කිරීමෙන් වැළකුණේ වෙයි. වැරදි කාමයෙහි හැසිරීමෙන් වැළකුණේ වෙයි. බොරු කීමෙන් වැළකුණේ වෙයි. මත්පැන් මත්ද්‍රව්‍ය භාවිත නොකරන්නේ

වෙයි. සිල්වත් වෙයි. කලණ ගුණ ඇත්තේ වෙයි. මසුරුමල නොබැඳුණු සිතින් යුතුව ගිහිගෙයි වසන්නේ වෙයි. ශ්‍රමණ බ්‍රාහ්මණයන් හට ආක්‍රෝශ නින්දා පරිභව නොකරන්නේ වෙයි. ඔහුගේ බිරිඳ ද සතුන් මැරීමෙන් වැළකුණී වෙයි. සොරකම් කිරීමෙන් වැළකුණී වෙයි. වැරදි කාමයෙහි හැසිරීමෙන් වැළකුණී වෙයි. බොරු නොකියන්නී වෙයි. මත්පැන් මත්ද්‍රව්‍ය භාවිත නොකරන්නී වෙයි. සිල්වත් ව කලණ ගුණ ඇත්තී වෙයි. මසුරුමල රහිත සිතින් ගිහි ගෙයි වසන්නී වෙයි. ශ්‍රමණ බ්‍රාහ්මණයන් හට ආක්‍රෝශ නින්දා පරිභව නොකරන්නී වෙයි. ගෘහපතිවරුනි, දෙවියෙක් දෙව්දුවක් සමඟ එකට වසන්නේ ඔය අයුරිනි.

මහණෙනි, මේ වනාහී එකට වාසය කිරීම් සතර යි.

(ගාථා)

1. දෙදෙනා ම දුස්සීලයෝ ය. දැඩි ලෝභ සිතින් යුත්තෝ ය. නින්දා අපහාස කරන්නෝ ය. ඒ අඹුසැමි දෙදෙනා එකට වාසය කරන මළකුණු වැන්නෝ ය.

2. සැමියා දුස්සීල වූ දැඩි ලෝභයෙන් යුතු අනුන්ට නින්දා අපහාස කරන්නෙකි. එනමුදු බිරිඳ සිල්වත් වෙයි. පරිත්‍යාගශීලී වෙයි. මසුරුමල නැත්තී වෙයි. ඒ දෙව්දුව මළකුණක් වැනි සැමියා සමඟ එක් ව වසයි.

3. සැමියා සිල්වත් වෙයි. පරිත්‍යාගශීලී වෙයි. මසුරුමල නැත්තේ වෙයි. එනමුදු බිරිඳ දුසිල් වෙයි. දැඩි ලෝභයෙන් යුතු වෙයි. අනුන්ට නින්දා අපහාස කරන්නී ය. එකල්හී ඒ දෙවි වූ සැමියා මළකුණක් සමඟ එක් ව වසයි.

4. දෙදෙනා ම සැදැහැවත් ය. දන් දීමට ඇලී සිටිති. සිල්වත් ය. දැහැමි ජීවිතයක් ගෙවති. ඒ පතිපත්නීහු දෙදෙන ඔවුනොවුන්ට ප්‍රිය බස් තෙපලමින් වාසය කරති.

5. සමසිල් ඇති ඒ දෙදෙනාගේ දියුණුව නිතැතින් සැළසෙයි. ඔවුනොවුන්ට එය ඉතා පහසුවෙකි. සතුරෝ දුෂ්ට සිත් ඇති ව සිටිති.

6. මෙහිදී දෙදෙනා ම ධර්මයෙහි හැසිර සම සීලයෙන් යුක්ත ව වාසය කරමින් මරණින් මතු දෙව්ලොව ඉපිද තමන් කැමති වූ පංච කාම සම්පත්තියෙන් සතුටු වෙමින් වාසය කරත්.

සාදු! සාදු!! සාදු!!!

පඨම සංවාස සූත්‍රය නිමා විය.

4.2.1.4.
දුතිය සංවාස සූත්‍රය
එකට වාසය කිරීම ගැන වදාළ දුතිය දෙසුම

මහණෙනි, මේ එකට වාසය කිරීම් සතරකි. ඒ කවර සතරක් ද යත්;

මළමිනියක් සමඟ මළමිනියන් එකට වාසය කරයි. මළමිනියක් දෙව්දුවක් සමඟ එකට වාසය කරයි. දෙවියෙක් මළමිනියක් සමඟ එකට වාසය කරයි. දෙවියෙක් දෙව්දුවක් සමඟ එකට වාසය කරයි.

1. මහණෙනි, මළමිනියක් මළමිනියක් සමඟ වාසය කරන්නේ කෙසේ ද? මහණෙනි, මෙහිලා සැමියා සතුන් මරන්නේ වෙයි. සොරකම් කරන්නේ වෙයි. වැරදි කාමයෙහි හැසිරෙන්නේ වෙයි. බොරු කියන්නේ වෙයි. කේළාම් කියන්නේ වෙයි. දරුණු වචන කියන්නේ වෙයි. නිසරු වචන කියන්නේ වෙයි. ලෝභ සිත් ඇත්තේ වෙයි. ද්වේෂ සිතින් යුතු වෙයි. මිසදිටු ගත්තේ වෙයි. දුස්සීල වෙයි. පව්ටු ගතිගුණ ඇත්තේ වෙයි. මසුරුමල බැඳුණු සිතින් යුතුව ගිහිගෙයි වසන්නේ වෙයි. ශ්‍රමණ බ්‍රාහ්මණයන් හට ආක්‍රෝශ නින්දා පරිභව කරන්නේ වෙයි. ඔහුගේ බිරිඳ ද සතුන් මරන්නී වෙයි. සොරකම් කරන්නී වෙයි. වැරදි කාමයෙහි හැසිරෙන්නී වෙයි. බොරු කියන්නී වෙයි. කේළාම් කියන්නී වෙයි. දරුණු වචනයෙන් බැණ වදින්නී වෙයි. නිසරු බස් තෙපලන්නී වෙයි. ලෝභ සිත් ඇත්තී වෙයි. ද්වේෂ සිත් ඇත්තී වෙයි. මිසදිටු ගත්තී වෙයි. දුස්සීල ව පව්ටු ගතිගුණ ඇත්තී වෙයි. මසුරුමල බැඳුණු සිතින් ගිහි ගෙයි වසන්නී වෙයි. ශ්‍රමණ බ්‍රාහ්මණයන් හට ආක්‍රෝශ නින්දා පරිභව කරන්නී වෙයි. මහණෙනි, මළමිනියක් මළමිනියක් සමඟ එකට වසන්නේ ඔය අයුරිනි.

2. මහණෙනි, මළමිනියක් දෙව්දුවක් සමඟ වාසය කරන්නේ කෙසේ ද? මහණෙනි, මෙහිලා සැමියා සතුන් මරන්නේ වෙයි. ....(පෙ).... මිසදිටු ගත්තේ වෙයි. දුස්සීල වෙයි. පව්ටු ගතිගුණ ඇත්තේ වෙයි. මසුරුමල බැඳුණු සිතින් යුතුව ගිහිගෙයි වසන්නේ වෙයි. ශ්‍රමණ බ්‍රාහ්මණයන් හට ආක්‍රෝශ නින්දා පරිභව කරන්නේ වෙයි. එනමුදු ඔහුගේ බිරිඳ සතුන් මැරීමෙන් වැළකුණී වෙයි. සොරකම් කිරීමෙන් වැළකුණී වෙයි. වැරදි කාමයෙහි හැසිරීමෙන් වැළකුණී වෙයි. බොරු නොකියන්නී වෙයි. කේළාම් නොකියන්නී වෙයි. දරුණු වචන නොකියන්නී වෙයි. නිසරු බස් නොකියන්නී වෙයි. ලෝභ සිත් නැත්තී වෙයි. ද්වේෂ සිත් නැත්තී වෙයි. සම්දිටු ගත්තී වෙයි. සිල්වත් ව කලණ ගුණ ඇත්තී

වෙයි. මසුරුමල රහිත සිතින් ගිහි ගෙයි වසන්නී වෙයි. ශ්‍රමණ බ්‍රාහ්මණයන් හට ආක්‍රෝශ නින්දා පරිභව නොකරන්නී වෙයි. මහණෙනි, මළමිනියක් දෙව්දුවක් සමඟ එකට වසන්නේ ඔය අයුරිනි.

3. මහණෙනි, දෙවියෙක් මළමිනියක් සමඟ වාසය කරන්නේ කෙසේ ද? මහණෙනි, මෙහිලා සැමියා සතුන් මැරීමෙන් වැළකුණේ වෙයි. සොරකම් කිරීමෙන් වැළකුණේ වෙයි. වැරදි කාමයෙහි හැසිරීමෙන් වැළකුණේ වෙයි. බොරු කීමෙන් වැළකුණේ වෙයි. කේළාම් කීමෙන් වැළකුණේ වෙයි. දරුණු වචන කීමෙන් වැළකුණේ වෙයි. නිසරු බස් කීමෙන් වැළකුණේ වෙයි. ලෝභ සිත් නැත්තේ වෙයි. ද්වේෂ සිත් නැත්තේ වෙයි. සම්දිටු ගත්තේ වෙයි. සිල්වත් වෙයි. කලණ ගුණ ඇත්තේ වෙයි. මසුරුමල නොබැඳුණු සිතින් යුතුව ගිහිගෙයි වසන්නේ වෙයි. ශ්‍රමණ බ්‍රාහ්මණයන් හට ආක්‍රෝශ නින්දා පරිභව නොකරන්නේ වෙයි. එනමුදු ඔහුගේ බිරිඳ සතුන් මරන්නී වෙයි. ....(පෙ).... මිසදිටු ගත්තී වෙයි. දුස්සීල ව පව්ටු ගතිගුණ ඇත්තී වෙයි. මසුරුමල බැඳුණු සිතින් ගිහි ගෙයි වසන්නී වෙයි. ශ්‍රමණ බ්‍රාහ්මණයන් හට ආක්‍රෝශ නින්දා පරිභව කරන්නී වෙයි. මහණෙනි, දෙවියෙක් මළමිනියක් සමඟ එකට වසන්නේ ඔය අයුරිනි.

4. මහණෙනි, දෙවියෙක් දෙව්දුවක් සමඟ වාසය කරන්නේ කෙසේ ද? මහණෙනි, මෙහිලා සැමියා සතුන් මැරීමෙන් වැළකුණේ වෙයි. ....(පෙ).... සම්දිටු ගත්තේ වෙයි. සිල්වත් වෙයි. කලණ ගුණ ඇත්තේ වෙයි. මසුරුමල නොබැඳුණු සිතින් යුතුව ගිහිගෙයි වසන්නේ වෙයි. ශ්‍රමණ බ්‍රාහ්මණයන් හට ආක්‍රෝශ නින්දා පරිභව නොකරන්නේ වෙයි. ඔහුගේ බිරිඳ ද සතුන් මැරීමෙන් වැළකුණී වෙයි. ....(පෙ).... සම්දිටු ගත්තී වෙයි. සිල්වත් ව කලණ ගුණ ඇත්තී වෙයි. මසුරුමල රහිත සිතින් ගිහි ගෙයි වසන්නී වෙයි. ශ්‍රමණ බ්‍රාහ්මණයන් හට ආක්‍රෝශ නින්දා පරිභව නොකරන්නී වෙයි. මහණෙනි, දෙවියෙක් දෙව්දුවක් සමඟ එකට වසන්නේ ඔය අයුරිනි.

මහණෙනි, මේ වනාහී එකට වාසය කිරීම් සතර යි.

(ගාථා)

1. දෙදෙනා ම දුස්සීලයෝ ය. දැඩි ලෝභ සිතින් යුත්තෝ ය. නින්දා අපහාස කරන්නෝ ය. ඒ අඹුසැමි දෙදෙනා එකට වාසය කරන මළකුණු වැන්නෝ ය.

2. සැමියා දුස්සීල වූ දැඩි ලෝභයෙන් යුතු අනුන්ට නින්දා අපහාස කරන්නෙකි. එනමුදු බිරිඳ සිල්වත් වෙයි. පරිත්‍යාගශීලී වෙයි. මසුරුමල

නැත්තී වෙයි. ඒ දෙව්දුව මළකුණක් වැනි සැමියා සමඟ එක් ව වසයි.

3. සැමියා සිල්වත් වෙයි. පරිත්‍යාගශීලී වෙයි. මසුරුමල නැත්තේ වෙයි. එනමුදු බිරිඳ දුසිල් වෙයි. දැඩි ලෝභයෙන් යුතු වෙයි. අනුන්ට නින්දා අපහාස කරන්නී ය. එකල්හී ඒ දෙවි වූ සැමියා මළකුණක් සමඟ එක් ව වසයි.

4. දෙදෙනා ම සැදැහැවත් ය. දන් දීමට ඇලී සිටිති. සිල්වත් ය. දැහැමි ජීවිතයක් ගෙවති. ඒ පතිපත්නීහු දෙදෙන ඔවුනොවුන්ට ප්‍රිය බස් තෙපලමින් වාසය කරති.

5. සමසිල් ඇති ඒ දෙදෙනාගේ දියුණුව නිතැතින් සැළසෙයි. ඔවුනොවුන්ට එය ඉතා පහසුවෙකි. සතුරෝ දුෂ්ට සිත් ඇති ව සිටිති.

6. මෙහිදී දෙදෙනා ම ධර්මයෙහි හැසිර සම සීලයෙන් යුක්ත ව වාසය කරමින් මරණින් මතු දෙව්ලොව ඉපිද තමන් කැමති වූ පංච කාම සම්පත්තියෙන් සතුටු වෙමින් වාසය කරත්.

සාදු! සාදු!! සාදු!!!

දුතිය සංවාස සූත්‍රය නිමා විය.

4.2.1.5.
පඨම සමජීවී සූත්‍රය
සම ගුණයෙන් දිවි ගෙවීම ගැන වදාළ පළමු දෙසුම

එක් සමයක භාග්‍යවතුන් වහන්සේ භග්‍ග රටෙහි සුංසුමාරගිරි නුවර භේසකලා වනය නම් වූ මිගදායෙහි වැඩවසන සේක. එකල්හී භාග්‍යවතුන් වහන්සේ පෙරවරුවෙහි සිවුරු හැඳ පොරොවාගෙන, පාත්‍රය හා සිවුර ගෙන නකුලපිතු ගෘහපතියාගේ නිවසට වැඩම කළ සේක. වැඩම කොට පැණවූ අසුනෙහි වැඩහුන් සේක. ඉක්බිති නකුලපිතා ගෘහපතිතුමා ද, නකුලමාතා බිරිඳ ද භාග්‍යවතුන් වහන්සේ කරා පැමිණියහ. පැමිණ භාග්‍යවතුන් වහන්සේ සකසා වන්දනා කොට එකත්පස් ව හිඳගත්හ. එකත්පස් ව හුන් නකුලපිතා ගෘහපති තෙමේ භාග්‍යවතුන් වහන්සේට මෙය පැවසුවේ ය.

"ස්වාමීනී, යම් දිනෙක මේ නකුල මාතා බිරිඳ ඉතා කුඩා යොවුන්

අවදියේ දී මේ නිවසට කැඳවාගෙන එන ලද්දී ද, එදා සිට මේ නකුලමාතා බිරිඳ සිතින් වත් මම් ඉක්මගිය බවක් නොදනිමි. කයින් ඉක්මයාම යනු කිම? ස්වාමීනී, අපි දෙදෙනා මේ ජීවිතයේදී ත් එකිනෙකා දකින්නට, මරණින් මතු පරලොවෙහිදී ත් එකිනෙකා දකින්නට කැමතියම්හ."

ඉක්බිති නකුලමාතා බිරිඳ භාග්‍යවතුන් වහන්සේට මෙය පැවසුවා ය.

"ස්වාමීනී, යම් දිනෙක මේ නකුල පිතා ගෘහපතිතුමා වෙනුවෙන් මම ඉතා කුඩා යොවුන් අවදියේ දී මේ නිවසට කැඳවාගෙන එන ලද්දී ද, එදා සිට මේ නකුලපිතා ගෘහපතිතුමා සිතින් වත් මම් ඉක්මගිය බවක් නොදනිමි. කයින් ඉක්මයාම යනු කිම? ස්වාමීනී, අපි දෙදෙනා මේ ජීවිතයේදී ත් එකිනෙකා දකින්නට, මරණින් මතු පරලොවෙහිදී ත් එකිනෙකා දකින්නට කැමතියම්හ."

"ගෘහපතිවරුනි, ඉදින් පතිපත්නීහු දෙදෙන මේ ජීවිතයේදී එකිනෙකා දකින්නට ත්, පරලොව ජීවිතයේදී එකිනෙකා දකින්නට ත් කැමති වන්නාහු නම් දෙදෙනා ම ශ්‍රද්ධාවෙන් සම විය යුත්තාහු ය. සීලයෙන් සම විය යුත්තාහු ය. ත්‍යාගයෙන් සම විය යුත්තාහු ය. ප්‍රඥාවෙන් සම විය යුත්තාහු ය. එවිට ඔවුහු මෙලොව ත් ඔවුනොවුන් දකිති. පරලොව ත් ඔවුනොවුන් දකිති."

(ගාථා)

1. දෙදෙනා ම සැදැහැ ඇත්තෝ ය. දන් පුදන්නෝ ය. සිල්වත්හු ය. දැහැමි ව දිවි ගෙවන්නෝ ය. ඒ පතිපත්නීහු එකිනෙකාට ප්‍රිය බස් තෙපලමින් සිටිති.

2. සමසිල් ඇති ඒ දෙදෙනාගේ දියුණුව නිතැතින් සැළසෙයි. ඔවුනොවුන්ට එය ඉතා පහසුවෙකි. සතුරෝ දුක්ට සිත් ඇති ව සිටිති.

3. මෙහිදී දෙදෙනා ම ධර්මයෙහි හැසිර සම සීලයෙන් යුක්ත ව වාසය කරමින් මරණින් මතු දෙව්ලොව ඉපිද තමන් කැමති වූ පංච කාම සම්පත්තියෙන් සතුටු වෙමින් වාසය කරත්.

සාදු! සාදු!! සාදු!!!

පඨම සමජීවී සූත්‍රය නිමා විය.

4.2.1.6.
දුතිය සමජීවී සූත්‍රය
සම ගුණයෙන් දිවි ගෙවීම ගැන වදාළ දෙවෙනි දෙසුම

මහණෙනි, ඉදින් පතිපත්නීහු දෙදෙන මේ ජීවිතයේදී එකිනෙකා දකින්නට ත්, පරලොව ජීවිතයේදී එකිනෙකා දකින්නට ත් කැමති වන්නාහු නම් දෙදෙනා ම ශ්‍රද්ධාවෙන් සම විය යුත්තාහු ය. සීලයෙන් සම විය යුත්තාහු ය. ත්‍යාගයෙන් සම විය යුත්තාහු ය. ප්‍රඥාවෙන් සම විය යුත්තාහු ය. එවිට ඔවුහු මෙලොව ත් ඔවුනොවුන් දකිති. පරලොව ත් ඔවුනොවුන් දකිති.

(ගාථා)

1. දෙදෙනා ම සැදැහැ ඇත්තෝ ය. දන් පුදන්නෝ ය. සිල්වත්හු ය. දැහැමි ව දිවි ගෙවන්නෝ ය. ඒ පතිපත්නීහු එකිනෙකාට ප්‍රිය බස් තෙපලමින් සිටිති.

2. සමසිල් ඇති ඒ දෙදෙනාගේ දියුණුව නිතැතින් සැළසෙයි. ඔවුනොවුන්ට එය ඉතා පහසුවෙකි. සතුරෝ දුක්ට සිත් ඇති ව සිටිති.

3. මෙහිදී දෙදෙනා ම ධර්මයෙහි හැසිර සම සීලයෙන් යුක්ත ව වාසය කරමින් මරණින් මතු දෙව්ලොව ඉපිද තමන් කැමති වූ පංච කාම සම්පත්තියෙන් සතුටු වෙමින් වාසය කරත්.

සාදු! සාදු!! සාදු!!!

දුතිය සමජීවී සූත්‍රය නිමා විය.

4.2.1.7.
සුප්පාවාසා සූත්‍රය
සුප්පාවාසා උපාසිකාවට වදාළ දෙසුම

එක් සමයක භාග්‍යවතුන් වහන්සේ කෝලිය ජනපදයෙහි සජ්ජනේල නම් කෝලියවරුන්ගේ නියම්ගමෙහි වැඩවෙසෙති. එකල්හී භාග්‍යවතුන් වහන්සේ

පෙරවරුවෙහි සිවුරු හැඳ පොරොවා ගෙන පාත්‍රය හා සිවුර ගෙන සුප්පාවාසා නම් කෝලිය රාජ දියණියගේ නිවසට වැඩම කළ සේක. වැඩමකොට පැණවූ අසුනෙහි වැඩහුන් සේක.

එකල්හී සුප්පාවාසා කෝලිය රාජදියණිය භාග්‍යවතුන් වහන්සේ ප්‍රණීත වූ ඛාද්‍ය භෝජ්‍යයෙන් සියතින් ම පිළිගැන්නුවා ය. මැනැවින් උපස්ථාන කළා ය. ඉක්බිති දන් වළඳා අවසන් වූ පාත්‍රයෙන් ඉවතට ගත් ශ්‍රී හස්තය ඇති භාග්‍යවතුන් වහන්සේ දැක කෝලිය රාජදියණිය එකත්පස්ව හුන්නා ය. එකත්පස් ව හුන් සුප්පාවාසා කෝලිය රාජදියණියට භාග්‍යවතුන් වහන්සේ මෙය වදාළ සේක.

"සුප්පාවාසාවෙනි, බොජුන් පුදන ආර්ය ශ්‍රාවිකා තොමෝ ඒ දන් පිළි ගන්නවුන් හට සතර කරුණක් දෙන්නී ය. ඒ කවර සතර කරුණක් ද යත්;

ආයුෂය දෙයි, පැහැය දෙයි, සැපය දෙයි, සවිය දෙයි.

ආයුෂය දන් දී දිව්‍ය හෝ මනුෂ්‍ය හෝ උපතක් ලැබූ විට ආයුෂයට හිමිකාරියක් වෙයි. පැහැය දන් දී දිව්‍ය හෝ මනුෂ්‍ය හෝ උපතක් ලැබූ විට පැහැයට හිමිකාරියක් වෙයි. සැපය දන් දී දිව්‍ය හෝ මනුෂ්‍ය හෝ උපතක් ලැබූ විට සැපයට හිමිකාරියක් වෙයි. සවිය දන් දී දිව්‍ය හෝ මනුෂ්‍ය හෝ උපතක් ලැබූ විට සවියට හිමිකාරියක් වෙයි.

සුප්පාවාසාවෙනි, බොජුන් පුදන ආර්ය ශ්‍රාවිකා තොමෝ ඒ දන් පිළිග න්නවුන් හට මේ සතර කරුණ දෙන්නී ය.

(ගාථා)

1. යම් ආර්ය ශ්‍රාවිකාවක් ඉතා පිරිසිදු වූ රසයෙන් ප්‍රණීත වූ බොජුන් මනාකොට සකසා පුදන්නී වෙයි ද, ඒ දක්ෂිණාව දෙන ලද්දේ උතුම් චරණ ගුණයෙන් යුක්ත වූ ඍජු මගෙහි පිළිපන් මහා ගුණැති රහතුන් විෂයෙහි ය. බුදුරජුන් විසින් වර්ණනා කරන ලද එම දානය පිනෙන් පින සසඳන කල්හී,

2. මේ අයුරින් පින සිහි කරන කල්හී යමෙක් උපන් චිත්ත ප්‍රීතියෙන් යුතුව ලොවෙහි වෙසෙත් ද, ඔවුහු මසුරුමල මුලින් ම සිඳ නින්දා රහිත වූ ස්වර්ගය කරා යති.

සාදු! සාදු!! සාදු!!!

සුප්පාවාසා සූත්‍රය නිමා විය.

4.2.1.8.
සුදත්ත අනාථපිණ්ඩික සූත්‍රය
අනේපිඬු සුදත්ත සිටාණන්ට වදාළ දෙසුම

සැවැත් නුවරදී ය......

එකල්හී අනාථපිණ්ඩික ගෘහපති තෙමේ භාග්‍යවතුන් වහන්සේ කරා පැමිණියේ ය. පැමිණ භාග්‍යවතුන් වහන්සේට සකසා වන්දනා කොට එකත්පස් ව හිඳගත්තේ ය. එකත්පස් ව හුන් අනාථපිණ්ඩික ගෘහපතිතුමාට භාග්‍යවතුන් වහන්සේ මෙය වදාළ සේක.

"ගෘහපතිය, බොජුන් පුදන ආර්ය ශ්‍රාවක තෙමේ ඒ දන් පිළිගන්නවුන් හට සතර කරුණක් දෙන්නේ ය. ඒ කවර සතර කරුණක් ද යත්;

ආයුෂය දෙයි, පැහැය දෙයි, සැපය දෙයි, සවිය දෙයි.

ආයුෂය දන් දී දිව්‍ය හෝ මනුෂ්‍ය හෝ උපතක් ලැබූ විට ආයුෂයට හිමිකාරයෙක් වෙයි. පැහැය දන් දී දිව්‍ය හෝ මනුෂ්‍ය හෝ උපතක් ලැබූ විට පැහැයට හිමිකාරයෙක් වෙයි. සැපය දන් දී දිව්‍ය හෝ මනුෂ්‍ය හෝ උපතක් ලැබූ විට සැපයට හිමිකාරයෙක් වෙයි. සවිය දන් දී දිව්‍ය හෝ මනුෂ්‍ය හෝ උපතක් ලැබූ විට සවියට හිමිකාරයෙක් වෙයි.

ගෘහපතිය, බොජුන් පුදන ආර්ය ශ්‍රාවක තෙමේ ඒ දන් පිළිගන්නවුන් හට මේ සතර කරුණ දෙන්නේ ය.

(ගාථා)

1. යමෙක් සංයත වූ ඉඳුරන් ඇති, අනුන් දුන් බොජුනෙන් යැපෙන, මුනිවරුන් හට කැප කාලයෙහි සකස් කොට බොජුන් පුදයි ද, හේ ආයුෂය ත්, වර්ණය ත්, සැපය ත්, සවිය ත් යන කරුණු සතර පිදුවේ වෙයි.

2. ආයුෂ දන් දෙන, සවිය ද දන් දෙන, සැපය ත් පැහැය ත් දන් දෙන ඒ මනුෂ්‍ය තෙමේ යම් යම් තැනක උපදින්නේ වෙයි ද, දීර්ඝායුෂ ඇත්තේ වෙයි. මහා පිරිවරින් යුක්ත වූයේ වෙයි.

සාදු! සාදු!! සාදු!!!

සුදත්ත අනාථපිණ්ඩික සූත්‍රය නිමා විය.

4.2.1.9.
භෝජනදායක සූත්‍රය
බොජුන් පුදන තැනැත්තා ගැන වදාළ දෙසුම

මහණෙනි, බොජුන් පුදන දායක තෙමේ ඒ දන් පිළිගන්නවුන් හට සතර කරුණක් දෙන්නේ ය. ඒ කවර සතර කරුණක් ද යත්;

ආයුෂය දෙයි, පැහැය දෙයි, සැපය දෙයි, සවිය දෙයි.

ආයුෂය දන් දී දිව්‍ය හෝ මනුෂ්‍ය හෝ උපතක් ලැබූ විට ආයුෂයට හිමිකාරයෙක් වෙයි. පැහැය දන් දී දිව්‍ය හෝ මනුෂ්‍ය හෝ උපතක් ලැබූ විට පැහැයට හිමිකාරයෙක් වෙයි. සැපය දන් දී දිව්‍ය හෝ මනුෂ්‍ය හෝ උපතක් ලැබූ විට සැපයට හිමිකාරයෙක් වෙයි. සවිය දන් දී දිව්‍ය හෝ මනුෂ්‍ය හෝ උපතක් ලැබූ විට සවියට හිමිකාරයෙක් වෙයි.

මහණෙනි, බොජුන් පුදන ආර්ය ශ්‍රාවක තෙමේ ඒ දන් පිළිගන්නවුන් හට මේ සතර කරුණ දෙන්නේ ය.

(ගාථා)

1.   යමෙක් සංයත වූ ඉඳුරන් ඇති, අනුන් දුන් බොජුනෙන් යැපෙන, මුනිවරුන් හට කැප කාලයෙහි සකස් කොට බොජුන් පුදයි ද, හේ ආයුෂය ත්, වර්ණය ත්, සැපය ත්, සවිය ත් යන කරුණු සතර පිදුවේ වෙයි.

2.   ආයුෂ දන් දෙන, සවිය ද දන් දෙන, සැපය ත් පැහැය ත් දන් දෙන ඒ මනුෂ්‍ය තෙමේ යම් යම් තැනක උපදින්නේ වෙයි ද, දීර්ඝායුෂ ඇත්තේ වෙයි. මහා පිරිවරින් යුක්ත වූයේ වෙයි.

සාදු! සාදු!! සාදු!!!

භෝජන දායක සූත්‍රය නිමා විය.

4.2.1.10.
ගිහිසාමීචිපටිපදා සූත්‍රය
ගිහි සාමීචි ප්‍රතිපදාව ගැන වදාළ දෙසුම

එකල්හී අනාථපිණ්ඩික ගෘහපති තෙමේ භාග්‍යවතුන් වහන්සේ කරා පැමිණියේ ය. පැමිණ භාග්‍යවතුන් වහන්සේට සකසා වන්දනා කොට එකත්පස් ව හිඳගත්තේ ය. එකත්පස් ව හුන් අනාථපිණ්ඩික ගෘහපතිතුමාට භාග්‍යවතුන් වහන්සේ මෙය වදාළ සේක.

"ගෘහපතිය, සතර කරුණකින් යුක්ත වූ ආර්ය ශ්‍රාවක තෙමේ ගිහි සාමීචි ප්‍රතිපදාවට පිළිපන්නේ වෙයි. පිරිවර සම්පත් ලැබීමට ත්, සුගතියෙහි ඉපදීමට ත්, හේතු වන්නේ වෙයි. කවර සතර කරුණකින් ද යත්;

ගෘහපතිය, මෙහිලා ආර්ය ශ්‍රාවක තෙමේ භික්ෂු සංඝයා හට සිවුරෙන් පිදීම පිණිස එළැඹ සිටියේ වෙයි. භික්ෂු සංඝයා හට දන් පිදීම පිණිස එළැඹ සිටියේ වෙයි. භික්ෂු සංඝයා හට කුටි සෙනසුන් පිදීම පිණිස එළැඹ සිටියේ වෙයි. භික්ෂු සංඝයා හට ගිලන්පස බෙහෙත් පිරිකර පිදීම පිණිස එළැඹ සිටියේ වෙයි.

ගෘහපතිය, මේ සතර කරුණෙන් යුක්ත වූ ආර්ය ශ්‍රාවක තෙමේ ගිහි සාමීචි ප්‍රතිපදාවට පිළිපන්නේ වෙයි. පිරිවර සම්පත් ලැබීමට ත්, සුගතියෙහි ඉපදීමට ත්, හේතු වන්නේ වෙයි.

(ගාථා)

1. යහපත් මගට පිළිපන් සිල්වතුන් වහන්සේලා උදෙසා සිවුරු, පිණ්ඩපාත, සයනාසන, ගිලන්පස ආදියෙන් උපස්ථාන කරන නුවණැති ගිහියෝ ගිහි සාමීචි ප්‍රතිපදාවට පිළිපන්නාහු වෙති.

2. ඔවුන් හට දිවා රාත්‍රී දෙක්හි නිරතුරු ව පින් වැඩෙයි. සොඳුරු වූ පුණ්‍ය කර්මයක් කොට ඔවුහු ස්වර්ගයට යන්නාහු ය.

සාදු! සාදු!! සාදු!!!

ගිහිසාමීචිපටිපදා සූත්‍රය නිමා විය.

පළමුවෙනි පුඤ්ඤාභිසන්ද වර්ගය අවසන් විය.

- එහි පිළිවෙල උද්දානයයි :

පුඤ්ඤාභිසන්ද සූත්‍ර දෙක, සංවාස සූත්‍ර දෙක, සමජීවී සූත්‍ර දෙක, සුප්පාවාස සූත්‍රය, සුදත්ත සූත්‍රය, භෝජන සූත්‍රය සහ ගිහී සාමීචි සූත්‍රය වශයෙන් මෙහි සූත්‍ර දශයකි.

2. පත්තකම්ම වර්ගය

4.2.2.1.
පත්තකම්ම සූත්‍රය
තමා වෙතට පැමිණි කටයුතු ගැන වදාළ දෙසුම

සැවැත් නුවර දී ය.......

එකල්හී අනාථපිණ්ඩික ගෘහපති තෙමේ භාග්‍යවතුන් වහන්සේ කරා පැමිණියේ ය. පැමිණ භාග්‍යවතුන් වහන්සේට සකසා වන්දනා කොට එකත්පස් ව හිඳගත්තේ ය. එකත්පස් ව හුන් අනාථපිණ්ඩික ගෘහපතිතුමාට භාග්‍යවතුන් වහන්සේ මෙය වදාළ සේක.

"ගෘහපතිය, සිතට ප්‍රිය වූ, කාන්ත වූ, මනාප වූ, දුර්ලභ වූ මේ කරුණු සතරෙකි. ඒ කවර සතර කරුණක් ද යත්;

1. 'මා හට දැහැමි බව රැකගනිමින් භෝග සම්පත් උපදීවා' යි මෙය සිතට ප්‍රිය වූ, කාන්ත වූ, මනාප වූ පළමුවෙනි කරුණ යි.

2. 'දැහැමි බව රැකගෙන භෝග සම්පත් ලැබ, ගුරුවර ඥාතිහිතමිත්‍රාදීන් සහිත වූ මාගේ පිරිවර සම්පත් දියුණුවට පත්වේවා' යි මෙය සිතට ප්‍රිය වූ, කාන්ත වූ, මනාප වූ දෙවෙනි කරුණ යි.

3. 'දැහැමි බව රැකගෙන භෝග සම්පත් ලැබ, ගුරුවර ඥාතිහිතමිත්‍රාදීන් සහිත වූ මාගේ පිරිවර සම්පත් දියුණුවට පත් ව, බොහෝ කලක් ජීවත් වෙම්වා, දීර්ඝායුෂ ලබම්වා' යි මෙය සිතට ප්‍රිය වූ, කාන්ත වූ, මනාප වූ තෙවෙනි කරුණ යි.

4. 'දැහැමි බව රැකගෙන භෝග සම්පත් ලැබ, ගුරුවර ඥාතිහිතමිත්‍රාදීන්

සහිත වූ මාගේ පිරිවර සම්පත් දියුණුවට පත් ව, බොහෝ කලක් ජීවත් ව, දීර්ඝායුෂ ලබා කය බිඳී මරණින් මතු සුගති සංඛ්‍යාත ස්වර්ගයෙහි ඉපදෙම්වා' යි මෙය සිතට ප්‍රිය වූ, කාන්ත වූ, මනාප වූ සිව්වෙනි කරුණ යි.

ගෘහපතිය, මේ වනාහී සිතට ප්‍රිය වූ, කාන්ත වූ, මනාප වූ, දුර්ලභ වූ කරුණු සතර යි.

ගෘහපතිය, ලෝකයෙහි ඇති සිතට ප්‍රිය වූ, කාන්ත වූ, මනාප වූ, දුර්ලභ වූ මේ කරුණු සතර ලැබීම පිණිස උපකාරී වන ධර්ම සතරක් ඇත්තේ ය. ඒ කවර සතරක් ද යත්;

ශ්‍රද්ධා සම්පත්තිය, සීල සම්පත්තිය, ත්‍යාග සම්පත්තිය සහ ප්‍රඥා සම්පත්තිය යි.

1. ගෘහපතිය, ශ්‍රද්ධා සම්පත්තිය යනු කුමක් ද? ගෘහපතිය, මෙහිලා ආර්ය ශ්‍රාවකයා ශ්‍රද්ධාවන්ත වූයේ වෙයි. තථාගතයන් වහන්සේගේ අවබෝධය අදහා ගත්තේ වෙයි. එනම්, 'මේ මේ කරුණෙනුත් ඒ භාග්‍යවතුන් වහන්සේ අරහං වන සේක. සම්මා සම්බුද්ධ වන සේක. විජ්ජාචරණ සම්පන්න වන සේක. සුගත වන සේක. ලෝකවිදූ වන සේක. අනුත්තරෝ පුරිසදම්ම සාරථී වන සේක. සත්ථා දේවමනුස්සානං වන සේක. බුද්ධ වන සේක. භගවා වන සේක' යනුවෙනි. ගෘහපතිය, මෙය ශ්‍රද්ධා සම්පත්තිය යැයි කියනු ලැබේ.

2. ගෘහපතිය සීල සම්පත්තිය යනු කුමක්ද? ගෘහපතිය, මෙහිලා ආර්ය ශ්‍රාවකයා සතුන් මැරීමෙන් වැළකුණේ වෙයි. සොරකමින් වැළකුණේ වෙයි. වැරදි කාම සේවනයෙන් වැළකුණේ වෙයි. බොරු කීමෙන් වැළකුණේ වෙයි. මත්පැන් මත්ද්‍රව්‍ය භාවිතයෙන් වැළකුණේ වෙයි. ගෘහපතිය, මෙය සීල සම්පත්තිය යැයි කියනු ලැබේ.

3. ගෘහපතිය, ත්‍යාග සම්පත්තිය යනු කුමක්ද? ගෘහපතිය, මෙහිලා ආර්ය ශ්‍රාවකයා මසුරුමල බැහැර කළ සිතින් යුතුව ගිහිගෙදර වාසය කරයි. දන් පැන් දීම පිණිස නොබැඳුණු සිතින් යුතු වෙයි. දෙන්නට සූදානම් වූ අත් ඇති ව සිටියි. දීමෙහි ඇළුණේ වෙයි. තමාගෙන් ඉල්ලීමට සුදුසු වූයේ වෙයි. දන් දීමෙහි බෙදීමෙහි ඇළුණේ වෙයි. ගෘහපතිය, මෙය ත්‍යාග සම්පත්තිය යැයි කියනු ලැබේ.

4. ගෘහපතිය, ප්‍රඥා සම්පත්තිය යනු කුමක්ද? ගෘහපතිය, දැඩි ලෝභය විෂම ලෝභයෙන් මැඩුණු සිතින් යුතු තැනැත්තා ගිහිගෙදර වසද්දී නොකළ යුත්ත කරයි. කළ යුත්ත අත්හරියි. නොකළ යුත්ත කරනුයේ, කළ යුත්ත

අත්හරිනුයේ පිරිවරෙනුත්, සැපයෙනුත් පිරිහී යයි. ගෘහපතිය, ද්වේෂයෙන් මැඩුණු සිතින් යුතු තැනැත්තා ගිහිගෙදර වසද්දී නොකළ යුත්ත කරයි. කළ යුත්ත අත්හරියි. නොකළ යුත්ත කරනුයේ, කළ යුත්ත අත්හරිනුයේ පිරිවරෙනුත්, සැපයෙනුත් පිරිහී යයි. ගෘහපතිය, නිදිමතෙන් හා අලස බවින් මැඩුණු සිතින් යුතු තැනැත්තා ගිහිගෙදර වසද්දී නොකළ යුත්ත කරයි. කළ යුත්ත අත්හරියි. නොකළ යුත්ත කරනුයේ, කළ යුත්ත අත්හරිනුයේ පිරිවරෙනුත්, සැපයෙනුත් පිරිහී යයි. ගෘහපතිය, සිතේ විසිරීමෙන් හා පසුතැවීමෙන් මැඩුණු සිතින් යුතු තැනැත්තා ගිහිගෙදර වසද්දී නොකළ යුත්ත කරයි. කළ යුත්ත අත්හරියි. නොකළ යුත්ත කරනුයේ, කළ යුත්ත අත්හරිනුයේ පිරිවරෙනුත්, සැපයෙනුත් පිරිහී යයි. ගෘහපතිය, සැකයෙන් මැඩුණු සිතින් යුතු තැනැත්තා ගිහිගෙදර වසද්දී නොකළ යුත්ත කරයි. කළ යුත්ත අත්හරියි. නොකළ යුත්ත කරනුයේ, කළ යුත්ත අත්හරිනුයේ පිරිවරෙනුත්, සැපයෙනුත් පිරිහී යයි.

ගෘහපතිය, ඒ ආර්යශ්‍රාවක තෙමේ ලෝභය ත්, විෂම ලෝභය ත් සිතට ඇති උපක්ලේශයක් බව නුවණින් දැන ඒ අභිධ්‍යා විෂම ලෝභය සිතින් බැහැර කරයි. ද්වේෂය සිතට ඇති උපක්ලේශයක් බව නුවණින් දැන ඒ ව්‍යාපාදය සිතින් බැහැර කරයි. නිදිමත හා අලස බව සිතට ඇති උපක්ලේශයක් බව නුවණින් දැන ඒ ථීනමිද්ධය සිතින් බැහැර කරයි. සිතේ විසිරීම හා පසුතැවීම සිතට ඇති උපක්ලේශයක් බව නුවණින් දැන ඒ උද්ධච්ච කුක්කුච්චය සිතින් බැහැර කරයි. සැකය සිතට ඇති උපක්ලේශයක් බව නුවණින් දැන ඒ විචිකිච්ඡාව සිතින් බැහැර කරයි.

ගෘහපතිය, යම් කලෙක සිත ආර්ය ශ්‍රාවකයාගේ ලෝභය ත්, විෂම ලෝභය ත් සිතට ඇති උපක්ලේශයක් බව නුවණින් දැන ඒ අභිධ්‍යා විෂම ලෝභය සිතින් බැහැර වූයේ වේ ද, ද්වේෂය සිතට ඇති උපක්ලේශයක් බව නුවණින් දැන ඒ ව්‍යාපාදය සිතින් බැහැර වූයේ වේ ද, නිදිමත හා අලස බව සිතට ඇති උපක්ලේශයක් බව නුවණින් දැන ඒ ථීනමිද්ධය සිතින් බැහැර වූයේ වේ ද, සිතේ විසිරීම හා පසුතැවීම සිතට ඇති උපක්ලේශයක් බව නුවණින් දැන ඒ උද්ධච්ච කුක්කුච්චය සිතින් බැහැර වූයේ වේ ද, සැකය සිතට ඇති උපක්ලේශයක් බව නුවණින් දැන ඒ විචිකිච්ඡාව සිතින් බැහැර වූයේ වේ ද, ගෘහපතිය, මෙම ආර්ය ශ්‍රාවකයා මහා ප්‍රඥාවන්තයෙක් ය, විපුල ප්‍රඥාවන්තයෙක් ය, ඉදිරිය දුටු කෙනෙක් ය, ප්‍රඥා සම්පන්නයෙක් යැයි කියනු ලැබේ. ගෘහපතිය, මෙය ප්‍රඥාසම්පත්තිය යි.

ගෘහපතිය, මේ වනාහී ලෝකයෙහි ඇති සිතට ප්‍රිය වූ, කාන්ත වූ, මනාප වූ, දුර්ලභ වූ මේ කරුණු සතර ලැබීම පිණිස උපකාරී වන ධර්ම සතර යි.

ගෘහපතිය, ඒ ආර්ය ශ්‍රාවක තෙමේ නැගී සිටි වීරියෙන් යුතුව, අතපය වෙහෙසීමෙන් යුතුව, ඩහදිය වැගිරීමෙන් යුතුව, ධාර්මික ව, දැහැමින් ලද භෝග සම්පත් වලින් කටයුතු සතරක් කරන්නේ වෙයි. ඒ කවර කටයුතු සතරක් ද යත්;

1. ගෘහපතිය, මෙහිලා ආර්ය ශ්‍රාවක තෙමේ නැගී සිටි වීරියෙන් යුතුව, අතපය වෙහෙසීමෙන් යුතුව, ඩහදිය වැගිරීමෙන් යුතුව, ධාර්මික ව, දැහැමින් ලද භෝග සම්පත් වලින් තමාගේ සැපය පිණිස ද, පිනවීම පිණිස ද කටයුතු කරයි. ඉතා සුව සේ වාසය කරයි. එමෙන් ම මව්පියන්ගේ සැපය පිණිස ද, පිනවීම පිණිස ද කටයුතු කරයි. අඹුදරුවන්ගේ දාස කම්කරු ජනයාගේ සැපය පිණිස ද, පිනවීම පිණිස ද කටයුතු කරයි. හිතමිතුරන්ගේ සැපය පිණිස ද, පිනවීම පිණිස ද කටයුතු කරයි. මෙය ඔහුගේ පළමුවෙනි කටයුත්ත වෙයි. තමා වෙත ලැබුණු දෙය නිසි අයුරින් පරිභෝග කරන ලද්දේ වෙයි.

2. තව ද ගෘහපතිය, ආර්ය ශ්‍රාවක තෙමේ නැගී සිටි වීරියෙන් යුතුව, අතපය වෙහෙසීමෙන් යුතුව, ඩහදිය වැගිරීමෙන් යුතුව, ධාර්මික ව, දැහැමින් ලද භෝග සම්පත් වලින් මෙසේ කටයුතු කරයි. එනම් යම් ආපදා අවස්ථාවක් වෙයි නම්, ගින්නෙන් වේවා, දියෙන් වේවා, රජයෙන් වේවා, සොරුන්ගෙන් වේවා, තමා අකමැති පුද්ගලයන් අයිතිය හඟවා පැහැර ගැනීමෙන් වේවා, එබඳු වූ ආපදාවන් හිදී තමාගේ භෝග සම්පත් යළි නැගී සිටීමට යොදවන්නේ වෙයි. තමාගේ ජීවිතය සුවපත් කරන්නේ වෙයි. මෙය ඔහුගේ දෙවෙනි කටයුත්ත වෙයි. තමා වෙත ලැබුණු දෙය නිසි අයුරින් පරිභෝග කරන ලද්දේ වෙයි.

3. තව ද ගෘහපතිය, ආර්ය ශ්‍රාවක තෙමේ නැගී සිටි වීරියෙන් යුතුව, අතපය වෙහෙසීමෙන් යුතුව, ඩහදිය වැගිරීමෙන් යුතුව, ධාර්මික ව, දැහැමින් ලද භෝග සම්පත් වලින් බලි හෙවත් සංග්‍රහ පසක් කරන්නේ වෙයි. එනම් ඥාතීන්ට සංග්‍රහ කරන්නේ වෙයි, ආගන්තුකයින්ට සංග්‍රහ කරන්නේ වෙයි, මියගිය ඥාතීන් උදෙසා සංග්‍රහ කරන්නේ වෙයි, රජුන් උදෙසා සංග්‍රහ කරන්නේ වෙයි, දෙවියන්ට ද සංග්‍රහ කරන්නේ වෙයි. මෙය ඔහුගේ තුන්වෙනි කටයුත්ත වෙයි. තමා වෙත ලැබුණු දෙය නිසි අයුරින් පරිභෝග කරන ලද්දේ වෙයි.

4. තව ද, ගෘහපතිය, ආර්ය ශ්‍රාවක තෙමේ නැගී සිටි වීරියෙන් යුතුව, අතපය වෙහෙසීමෙන් යුතුව, ඩහදිය වැගිරීමෙන් යුතුව, ධාර්මික ව, දැහැමින් ලද භෝග සම්පත් වලින් මෙසේ කටයුතු කරයි. යම් ඒ ශ්‍රමණ බ්‍රාහ්මණවරු මත්වෙන ප්‍රමාදවෙන කරුණෙන් වෙන් වී, ඉවසීම් කීකරුවීම් ආදී ගුණධර්මයන් තුළ සිටිති. කෙනෙක් තමා ව දමනය කරගනිති. කෙනෙක් තමා ව සංසිඳුවා

ගනිති. කෙනෙක් පිරිනිවීමට පත්වෙති. එබඳු වූ ශ්‍රමණ බ්‍රාහ්මණයන් උදෙසා උසස් විපාක දෙන දන්පැන් පුදන්නේ වෙයි. සුගතියෙහි සැප ලබා දෙන සැප විපාක ඇති සුගති උපත සළසාලන පින් කරන්නේ වෙයි. මෙය ඔහුගේ සිව්වෙනි කටයුත්ත වෙයි. තමා වෙත ලැබුණු දෙය නිසි අයුරින් පරිභෝග කරන ලද්දේ වෙයි.

ගෘහපතිය, ඒ ආර්ය ශ්‍රාවක තෙමේ නැගී සිටි වීරියෙන් යුතුව, අතපය වෙහෙසීමෙන් යුතුව, ඩහදිය වැගිරීමෙන් යුතුව, ධාර්මික ව, දැහැමින් ලද භෝග සම්පත් වලින් මේ තමන් වෙත පැමිණි කටයුතු සතර කරන්නේ වෙයි.

ගෘහපතිය, යම්කිසි කෙනෙකුට තමා වෙත පැමිණි මෙම කටයුතු සතර අත්හැර දමා වෙනත් කටයුතු වලින් තමන්ගේ භෝග සම්පත් වැනසී යන්නේ ද, ගෘහපතිය, මේ භෝගයන් නුසුදුසු තැනට ගිය බව ත්, නුසුදුසු සේ ලැබූ බව ත්, අනිසි අයුරින් පරිභෝග කළ බව ත් කියනු ලැබේ.

ගෘහපතිය, යම්කිසි කෙනෙකුට තමා වෙත පැමිණි මෙම කටයුතු සතර වෙනුවෙන් තමන්ගේ භෝග සම්පත් වියදම් වන්නේ ද, ගෘහපතිය, මේ භෝග යන් සුදුසු තැනට ගිය බව ත්, සුදුසු සේ ලැබූ බව ත්, නිසි අයුරින් පරිභෝග කළ බව ත් කියනු ලැබේ.

(ගාථා)

1. භෝග සම්පත් පරිභෝග කරන ලද්දේ ය. පෝෂණය කළ යුත්තෝ පෝෂණය කරන ලද්දාහ. ආපදාවන්හි දී මා විසින් ධනය යොදන ලද්දේ ය. මතු මත්තෙහි යහපත ලබාදෙන දන්පැන් දෙන ලද්දේ ය. එමෙන් ම පංච සංග්‍රහයන් කරන ලද්දේ ය.

2. සංවර වූ ඉඳුරන් ඇති, සිල්වත් වූ, බඹසරෙහි හැසිරෙන උතුමෝ උපස්ථාන කරන ලද්දාහු ය. ගිහිගෙයි වසන නුවණැති කෙනෙක් යම්කරුණක් උදෙසා ධන ධාන්‍ය උපදවනු කැමති වෙයි ද, මා විසින් ඒ කරුණු ලබන ලදී. පසුතැවිලි නොවන කටයුතු කරන ලදී.

3. මෙසේ ආර්ය ධර්මයෙහි පිහිටි මනුෂ්‍ය තෙමේ සිහි කරන්නේ වෙයි ද, මෙහිදී ම ඔහුට පැසසුම් ලැබේ. පරලොව සුගතියෙහි ගොස් ඉතා සතුටට පත්වෙයි.

සාදු! සාදු!! සාදු!!!

පත්තකම්ම සූත්‍රය නිමා විය.

4.2.2.2.
අනණ සූත්‍රය
ණය නැති ජීවිතය ගැන වදාළ දෙසුම

එකල්හී අනාථපිණ්ඩික ගෘහපති තෙමේ භාග්‍යවතුන් වහන්සේ කරා පැමිණියේ ය. පැමිණ භාග්‍යවතුන් වහන්සේට සකසා වන්දනා කොට එකත්පස් ව හිඳගත්තේ ය. එකත්පස් ව හුන් අනාථපිණ්ඩික ගෘහපතිතුමාට භාග්‍යවතුන් වහන්සේ මෙය වදාළ සේක.

"ගෘහපතිය, පංචකාමයන් පරිභෝග කරන ගිහියා විසින් කලින් කලට අවස්ථානුකූල ව සැප සතරක් ලැබිය යුත්තාහු ය. ඒ කවර සතරක් ද යත්;

අත්ථි සුඛ, භෝග සුඛ, අනණ සුඛ හා අනවජ්ජ සුඛය යි.

1. ගෘහපතිය, අත්ථි සුඛ යනු කුමක් ද? ගෘහපතිය, මෙහිලා කුලපුත්‍රයෙකු හට නැගී සිටි වීරියෙන් යුතුව, අතපය වෙහෙසීමෙන් යුතුව, ඩහදිය වැගිරීමෙන් යුතුව, ධාර්මික ව, දැහැමින් ලද භෝග සම්පත් ඇත්තේ වෙයි. හේ මෙසේ සිතයි. 'මා විසින් උපයා සපයා ගන්නා ලද්දේ නැගී සිටි වීරියෙන් යුතුව, අතපය වෙහෙසීමෙන් යුතුව, ඩහදිය වැගිරීමෙන් යුතුව, ධාර්මික ව, දැහැමින් ලද භෝග සම්පත් ය.' එයින් ඔහු සැපයක් ලබයි. සතුටක් විඳියි. ගෘහපතිය, මෙය අත්ථි සුඛ යැයි කියනු ලැබේ.

2. ගෘහපතිය, භෝග සුඛ යනු කුමක් ද? ගෘහපතිය, මෙහිලා කුලපුත්‍රයෙකු හට නැගී සිටි වීරියෙන් යුතුව, අතපය වෙහෙසීමෙන් යුතුව, ඩහදිය වැගිරීමෙන් යුතුව, ධාර්මික ව, දැහැමින් ලද භෝග සම්පත් ඇත්තේ වෙයි. ඔහු ඒ සම්පත් පරිභෝග කරයි. පින් ද කරයි. එවිට ඔහු මෙසේ සිතයි. 'මා විසින් උපයා සපයා ගන්නා ලද්දේ නැගී සිටි වීරියෙන් යුතුව, අතපය වෙහෙසීමෙන් යුතුව, ඩහදිය වැගිරීමෙන් යුතුව, ධාර්මික ව, දැහැමින් ලද භෝග සම්පත් ය. මම ඒවා ප්‍රයෝජනයට ගනිමි. පින් ද කරමි'යි. එයින් ඔහු සැපයක් ලබයි. සතුටක් විඳියි. ගෘහපතිය, මෙය භෝග සුඛ යැයි කියනු ලැබේ.

3. ගෘහපතිය, අනණ සුඛ යනු කුමක් ද? ගෘහපතිය, කුලපුත්‍ර තෙමේ වෙනත් කිසිවෙකුට හෝ ස්වල්ප වශයෙන් හෝ බොහෝ වශයෙන් හෝ කිසි ණයක් නැත්තේ වෙයි. එවිට ඔහු මෙසේ සිතයි. 'මම ස්වල්ප වූ හෝ බොහෝ වූ හෝ ණයක් කාටවත් ම නැත්තෙමි' යි. එයින් ඔහු සැපයක් ලබයි. සතුටක් විඳියි.

ගෘහපතිය, මෙය අනණ සුඛ යැයි කියනු ලැබේ.

4. ගෘහපතිය, අනවජ්ජ සුඛ යනු කුමක්ද? ගෘහපතිය, මෙහිලා ආර්ය ශ්‍රාවකයා නිවැරදි වූ කායික ක්‍රියාවෙන් යුක්ත වෙයි. නිවැරදි වූ වචන භාවිතයෙන් යුක්ත වෙයි. නිවැරදි වූ මානසික කල්පනාවන්ගෙන් යුක්ත වෙයි. එවිට හෙතෙමේ 'මම කයින් නිවැරදි ක්‍රියා කරන්නෙක්මි. මම වචනය නිවැරදි ලෙස යොදන්නෙක්මි. මම මනසින් යහපත් කල්පනා ඇත්තෙක්මි' යි. එයින් ඔහු සැපයක් ලබයි. සතුටක් විඳියි. ගෘහපතිය, මෙය අනවජ්ජ සුඛ යැයි කියනු ලැබේ.

ගෘහපතිය, පංචකාමයන් පරිභෝග කරන ගිහියා විසින් කලින් කලට අවස්ථානුකූල ව ලබන සැප සතර මේවා ය.

(ගාථා)

1. ණය නැතිකමින් උපදින සැපය දැන ඉක්බිති ධන සම්පත් තමා තුළ ඇති බැවින් ලද සැපත සිහි කරන්නේ ය. ධන සම්පත් නිසි ලෙස පරිහරණය කිරීමෙන් සැපය විඳින මනුෂ්‍ය තෙමේ එය නුවණින් විමසා බලන්නේ ය.

2. යහපත් නුවණැති ඒ මිනිසා එසේ නුවණින් විමසා බලන්නේ එය දෙපරිද්දෙන් දකියි. එනම් මෙහි සතර වැනි වූ යම් අනවජ්ජ සුඛයක් ඇද්ද, එයින් ලැබෙන සැපයෙන් සොළොස් කලාවෙන් එකක් වත් කලින් ලැබෙන සැප තුනෙහි නැත්තේ ය.

සාදු! සාදු!! සාදු!!!

අනණ සූත්‍රය නිමා විය.

4.2.2.3.
සබ්‍රහ්ම සූත්‍රය
බ්‍රහ්මයා සහිත බව ගැන වදාළ දෙසුම

මහණෙනි, යම් කුලදරුවන්ගේ නිවසක මව්පියෝ පුදනු ලද්දාහු වෙද්ද, ඒ පවුල් බ්‍රහ්මයා සහිත වේ. මහණෙනි, යම් කුලදරුවන්ගේ නිවසක මව්පියෝ පුදනු ලද්දාහු වෙද්ද, ඒ පවුල් මුලින් ම ලැබෙන ගුරුවරු සහිත වේ. මහණෙනි,

යම් කුලදරුවන්ගේ නිවසක මව්පියෝ පුදනු ලද්දාහු වෙද්ද, ඒ පවුල් මුලින් ම ලැබෙන දෙවිවරු සහිත වේ. මහණෙනි, යම් කුලදරුවන්ගේ නිවසක මව්පියෝ පුදනු ලද්දාහු වෙද්ද, ඒ පවුල් දන් පැන් පිළිගැනීමට සුදුසු උතුමන් සහිත වේ.

මහණෙනි, 'බ්‍රහ්මරාජයෝ' යනු මව්පියන් හට කියන නමකි. 'මුලින් ම ලැබෙන ගුරුවරු' යනු මව්පියන් හට කියන නමකි. 'මුලින් ම ලැබෙන දෙවිවරු' යනු මව්පියන් හට කියන නමකි. 'දන් පැන් පිළිගැනීමට සුදුසු උතුමෝ' යනු මව්පියන් හට කියන නමකි. එයට හේතුව කුමක්ද? මහණෙනි, මව්පියවරු දූදරුවන්ට බොහෝ උපකාරී වූවෝ ය. දූදරුවන් ඉපැද්දවූහ. පෝෂණය කළාහු ය. මේ ලෝකයෙහි යහපත පෙන්නුවාහු ය.

(ගාථා)

1. මව්පියවරු බ්‍රහ්මරාජයෝ ය. මුලින් ම ලැබෙන ආචාර්යවරු ය යි කියනු ලැබේ. දූදරුවන්ගේ පුද පූජාවන්ට නිසි වූ ඒ දෙමව්පියෝ දරු පරපුරට අනුකම්පා කරන්නෝ ය. එහෙයින් නුවණැති දරු තෙමේ තම දෙමව්පියන්ට වැඳුම් පිදුම් කරන්නේ ය. ඇප උපස්ථාන කරන්නේ ය.

2. ආහාරපානයෙනුත්, වස්ත්‍ර සයනාසනයෙනුත් පුදන්නේ ය. තම දෙමව්පියන්ගේ ඇඟ උලා නහවා දෙපා සෝදා උවටැන් කරන්නේ ය.

3. මව්පියන් විෂයෙහි කරනු ලබන ඒ ඇප උපස්ථානයන් හේතුවෙන් නැණවත්හු ඔහුට මෙහිදී ම ප්‍රශංසා කරති. පරලොව සුගතියට ගොස් වඩාත් සතුටට පත්වෙයි.

සාදු! සාදු!! සාදු!!!

සබ්‍රහ්ම සූත්‍රය නිමා විය.

4.2.2.4.
නිරය සූත්‍රය
නිරය ගැන වදාළ දෙසුම

මහණෙනි, සතර කරුණෙකින් යුක්ත වූ තැනැත්තා ඔසොවා ගෙන පැමිණි බරක් බිම තබන්නේ යම් සේ ද, එසෙයින් ම නිරයෙහි උපදින්නේ ය. ඒ කවර සතර කරුණකින් ද යත්;

සතුන් මරන්නේ වෙයි. සොරකම් කරන්නේ වෙයි. වැරදි කාම සේවනයෙන් යුක්ත වූයේ වෙයි. බොරු කියන්නේ වෙයි.

මහණෙනි, මේ සතර කරුණෙන් යුක්ත වූ තැනැත්තා ඔසොවා ගෙන පැමිණි බරක් බිම තබන්නේ යම් සේ ද, එසෙයින් ම නිරයෙහි උපදින්නේ ය.

(ගාථා)

1. සතුන් මැරීම ද, සොරකම් කිරීම ද, බොරු කීම ද, අන්‍ය ස්ත්‍රීන් කරා යාම ද යන මේ කරුණු සතරක් කියනු ලැබේ. මේවා නැණවත්හු කිසිදින ප්‍රශංසා නොකරති.

සාදු! සාදු!! සාදු!!!

නිරය සූත්‍රය නිමා විය.

4.2.2.5.
රූපප්පමාණ සූත්‍රය
රූපය මිනුම්දණ්ඩ කිරීම ගැන වදාළ දෙසුම

මහණෙනි, ලෝකයෙහි පුද්ගලයෝ සතර දෙනෙක් පැහැදිලි ව දකින්නට සිටිති. ඒ කවර පුද්ගලයෝ සතරක් ද යත්;

1. රූපය මිනුම් දණ්ඩ කොට රූපය කෙරෙහි පැහැදුණු තැනැත්තා.

2. ශබ්දය මිනුම් දණ්ඩ කොට හඬ කෙරෙහි පැහැදුණු තැනැත්තා.

3. රූක්ෂ චර්යාව මිනුම් දණ්ඩ කොට රූක්ෂ චර්යාව කෙරෙහි පැහැදුණු තැනැත්තා.

4. ධර්මය මිනුම් දණ්ඩ කොට ධර්මය කෙරෙහි පැහැදුණු තැනැත්තා.

මහණෙනි, ලෝකයෙහි මේ පුද්ගලයෝ සතර දෙනා පැහැදිලි ව දකින්නට සිටිති.

(ගාථා)

1. යම් කෙනෙක් රූපය මිනුම් දණ්ඩ කොට ගත්තාහු ද, තව කෙනෙක්

කටහඬ මිනුම් දණ්ඩ කරගත්තාහු ද, ඔවුහු ඡන්දරාග වසඟයට පත්වූවාහු ය. සත්පුරුෂයා ජනයා ව හඳුනා නොගනිති.

2. කෙනෙකුගේ අභ්‍යන්තරයේ ඇති දේ ත් නොදනිති. බාහිර ඇති දේ ත් නොදනිති. හාත්පසින් ම දැනුම අවුරාගෙන සිටින ඒ අනුවණ තැනැත්තා අන්‍යයන්ගේ වචනයෙන් මිනුම් කරන්නේ වෙයි.

3. කෙනෙකුගේ අභ්‍යන්තර දේ නොදනියි. නමුත් බාහිර ඇති දේ දකියි. බාහිරින් කෙනෙකුට ලැබෙන ලාභාසත්කාරාදිය දෙස බලා අන්‍යයන්ගේ වචනයෙන් මනින්නේ වෙයි.

4. කෙනෙකුගේ අභ්‍යන්තර දේ ත් දනියි. බාහිර වැඩපිළිවෙල ත් දනියි. ආවරණ රහිත ව කරුණු විමසා දකිනා හේ අනුන්ගේ වචනයෙන් මනින්නට නොයයි.

සාදු! සාදු!! සාදු!!!

රූපප්පමාණ සූත්‍රය නිමා විය.

4.2.2.6.
සරාගපුග්ගල සූත්‍රය
රාග සහිත පුද්ගලයා ගැන වදාළ දෙසුම

මහණෙනි, පුද්ගලයෝ සතර දෙනෙක් ලෝකයේ දකින්නට සිටිති. ඒ කවර සතර දෙනෙක් ද යත්;

රාග සහිත පුද්ගලයා ය, ද්වේෂ සහිත පුද්ගලයා ය, මෝහ සහිත පුද්ගලයා ය, මාන්නය සහිත පුද්ගලයා ය.

මහණෙනි, මේ පුද්ගලයෝ සතර දෙනා ලෝකයේ දකින්නට සිටිති.

(ගාථා)

1. කෙලෙස් ඇතිවෙන රූපාදී අරමුණු කෙරෙහි ඇලී සිටින්නා වූ ප්‍රිය ස්වභාව ඇති අරමුණු සතුටින් වැළඳ ගන්නා වූ ත්, මුලාවෙන් නීච බවට පත් සත්වයෝ සංසාර බන්ධනයෙන් බැඳි බැඳී යති.

2. අවිද්‍යාවෙන් යුතු සත්වයෝ රාගයෙනුත් උපන්, ද්වේෂයෙනුත් උපන්, මෝහයෙනුත් උපන් දුක් සහිත වූ, අනාගතයෙහි දුක් විපාක දෙන අකුසල කර්මයන් කරති.

3. අවිද්‍යාවෙන් ම වට වී ඇති, ප්‍රඥා ඇසින් තොර වූ, අන්ධභූත වූ පුරුෂයෝ තමාගේ කෙලෙස් තිබෙන්නේ යම් අයුරින් ද, ඒ අයුරින් ම අකුසලයට ඇද වැටෙති. අපට මෙබඳු වූ ස්වභාවයක් ඇත්තේ යැයි හඳුනා නොග නිති.

සාදු! සාදු!! සාදු!!!

සරාගපුග්ගල සූත්‍රය නිමා විය.

4.2.2.7.
අහි මෙත්ත සූත්‍රය
සර්පයන්ට මෙත් වැඩීම ගැන වදාළ දෙසුම

එක් සමයක භාග්‍යවතුන් වහන්සේ සැවැත් නුවර ජේතවන නම් වූ අනේපිඬු සිටුහුගේ ආරාමයෙහි වැඩවසන සේක. එසමයෙහි සැවැත් නුවර එක්තරා භික්ෂුවක් සර්පයෙකු දෂ්ට කිරීමෙන් කළුරිය කළේ වෙයි. එකල්හී බොහෝ භික්ෂූහු භාග්‍යවතුන් වහන්සේ කරා ගියහ. ගොස් භාග්‍යවතුන් වහන්සේට සකසා වන්දනා කොට එකත්පස් ව හුන්හ. එකත්පස් ව හුන් ඒ භික්ෂූහු භාග්‍යවතුන් වහන්සේට මෙය සැළකළහ.

"ස්වාමීනී, මෙහි සැවැත් නුවර එක්තරා භික්ෂුවක් සර්පයෙකු දෂ්ට කිරීමෙන් කළුරිය කළේ ය."

"මහණෙනි, ඒ භික්ෂුව සතරක් වූ සර්පරාජ කුලයන්ට මෛත්‍රී චිත්තය නොපැතිරුවේ ය. ඉදින් මහණෙනි, ඒ භික්ෂුව සතරක් වූ සර්පරාජ කුලයන්ට මෛත්‍රී චිත්තය පැතිර වූයේ නම්, මහණෙනි, ඒ භික්ෂුව සර්පයෙකු විසින් දෂ්ට කරනු ලදු ව කළුරිය නොකරන්නේ ය.

ඒ කවර සර්පරාජ කුල සතරක් ද යත්, විරූපාක්ෂ සර්පරාජ කුලය, ඒරාපථ සර්පරාජ කුලය, ඡබ්‍යාපුත්ත සර්පරාජ කුලය, කණ්හාගෝතමක සර්පරාජ කුලය යි.

මහණෙනි, ඒ භික්ෂුව සතරක් වූ මේ සර්පරාජ කුලයන්ට මෛත්‍රී චිත්තය නොපැතිරුවේ ය. ඉදින් මහණෙනි, ඒ භික්ෂුව සතරක් වූ මේ සර්පරාජ කුලයන්ට මෛත්‍රී චිත්තය පැතිර වූයේ නම්, මහණෙනි, ඒ භික්ෂුව සර්පයෙකු විසින් දෂ්ට කරනු ලදු ව කළුරිය නොකරන්නේ ය.

මහණෙනි, මේ සතරක් වූ සර්පරාජ කුලයන්ට මෙත් සිත පතුරුවන්නට අනුමත කරමි. ඒ තමා ව අනතුරින් වළක්වා ගැනීම පිණිස ත්, තමා ව රැක ගැනීම පිණිස ත්, තමාට යහපත් රැකවරණය පිණිස ත් ය.

(ගාථා)

1. විරූපාක්ෂ සර්පරාජ කුලයන් වෙත මාගේ මෙත් සිත වේවා! ඒරාපථ සර්පරාජ කුලයන් වෙත මාගේ මෙත් සිත වේවා! ඡබ්‍යාපුත්ත සර්පරාජ කුලයන් වෙත මාගේ මෙත් සිත වේවා! කණ්හාගෝතමක සර්පරාජ කුලයන් වෙත මාගේ මෙත් සිත වේවා!

2. පා රහිත සතුන් වෙත මාගේ මෙත් සිත වේවා! දෙපා ඇති සතුන් වෙත මාගේ මෙත් සිත වේවා! සිව් පා ඇති සතුන් වෙත මාගේ මෙත් සිත වේවා! බොහෝ පා ඇති සතුන් වෙත මාගේ මෙත් සිත වේවා!

3. පා රහිත වූ සතෙක් මා හට හිංසා නොකෙරේවා! දෙපා ඇති සතෙක් මා හට හිංසා නොකෙරේවා! සිව් පා ඇති සතෙක් මා හට හිංසා නොකෙරේවා! බොහෝ පා ඇති සතෙක් මා හට හිංසා නොකෙරේවා!

4. සියළු සත්වයෝ, සියළු ප්‍රාණීහු, සියළු භූතයෝ ද, සියල්ලෝ සියළු යහපත දකිත්වා! ඒ කිසිවෙකු කරා පවිටු දෙයක් නොපැමිණේවා!

බුදුරජාණෝ අප්‍රමාණ ගුණයෙන් යුතුයහ. ධර්මය අප්‍රමාණ ගුණයෙන් යුතුය. ආර්ය සංඝ තෙමේ අප්‍රමාණ ගුණයෙන් යුතුය. එනමුදු සර්පයෝ ය, ගෝනුස්සෝ ය, පත්තෑයෝ ය, මකුළුවෝ ය, සුහුණෝ ය, මීයෝ ය යනාදී සත්වයෝ ගුණ වශයෙන් සීමා ඇත්තාහු ය. මා විසින් රැකවරණය කරන ලද්දේ ය. මා විසින් පරිත්‍රාණ කරන ලද්දේ ය. භූතයෝ පසුබැස යත්වා! ඒ මම භාග්‍යවතුන් වහන්සේට නමස්කාර කරමි. සත්බුදුරජාණන් වහන්සේලාට නමස්කාර කරමි.

සාදු! සාදු!! සාදු!!!

අහි මෙත්ත සූත්‍රය නිමා විය.

4.2.2.8.
දේවදත්ත සූත්‍රය
දෙව්දත් අරභයා වදාළ දෙසුම

එක් සමයෙහි භාග්‍යවතුන් වහන්සේ රජගහ නුවර ගිජ්ඣකූටයෙහි වැඩවාසය කරන සේක. එකල්හී සංඝභේද කළ දේවදත්ත පිරිසෙන් බැහැර ගොස් නොබෝ කලකි. ඉක්බිති භාග්‍යවතුන් වහන්සේ දෙව්දත් අරභයා භික්ෂූන් අමතා වදාළ සේක.

"මහණෙනි, දේවදත්තයා හට තමාගේ විනාශය පිණිස ලාභ, සත්කාර හා පිරිවර ලැබුණේ ය. මහණෙනි, දේවදත්තයාගේ පිරිහීම පිණිස ලාභ, සත්කාර හා පිරිවර ලැබුණේ ය.

මහණෙනි, එය මෙබඳු දෙයකි. කෙසෙල් ගස එල ලබා දෙන්නේ තමාගේ විනාශය පිණිස යි. තමාගේ පිරිහීම පිණිස යි. එසෙයින් මහණෙනි, දේවදත්තයා හට තමාගේ විනාශය පිණිස ලාභ, සත්කාර හා පිරිවර ලැබුණේ ය. මහණෙනි, දේවදත්තයාගේ පිරිහීම පිණිස ලාභ, සත්කාර හා පිරිවර ලැබුණේ ය.

මහණෙනි, එය මෙබඳු දෙයකි. උණ ගස එල ලබා දෙන්නේ තමාගේ විනාශය පිණිස යි. තමාගේ පිරිහීම පිණිස යි. එසෙයින් මහණෙනි, දේවදත්තයා හට තමාගේ විනාශය පිණිස ලාභ, සත්කාර හා පිරිවර ලැබුණේ ය. මහණෙනි, දේවදත්තයාගේ පිරිහීම පිණිස ලාභ, සත්කාර හා පිරිවර ලැබුණේ ය.

මහණෙනි, එය මෙබඳු දෙයකි. බට ගස එල ලබා දෙන්නේ තමාගේ විනාශය පිණිස යි. තමාගේ පිරිහීම පිණිස යි. එසෙයින් මහණෙනි, දේවදත්තයා හට තමාගේ විනාශය පිණිස ලාභ, සත්කාර හා පිරිවර ලැබුණේ ය. මහණෙනි, දේවදත්තයාගේ පිරිහීම පිණිස ලාභ, සත්කාර හා පිරිවර ලැබුණේ ය.

මහණෙනි, එය මෙබඳු දෙයකි. බූරුවෙකු නිසා වෙළඹකගේ කුසේ උපන් අශ්වතරිය ගැබ් ගන්නේ තමාගේ විනාශය පිණිස යි. එසෙයින් මහණෙනි, දේවදත්තයා හට තමාගේ විනාශය පිණිස ලාභ, සත්කාර හා පිරිවර ලැබුණේ ය. මහණෙනි, දේවදත්තයාගේ පිරිහීම පිණිස ලාභ, සත්කාර හා පිරිවර ලැබුණේ ය.

(ගාථා)

1. යම් සේ ඒකාන්තයෙන් ඵලය කෙසෙල් ගස වනසයි ද, ඵලය උණ ගස වනසයි ද, ඵලය බට ගස වනසයි ද, ගැබ්ගැනීම අශ්වතරිය වනසයි ද, එසෙයින් ම සත්කාරය අසත්පුරුෂයා ව වනසන්නේ ය.

සාදු! සාදු!! සාදු!!!

දේවදත්ත සූත්‍රය නිමා විය.

4.2.2.9.
පධාන සූත්‍රය
ප්‍රධන් වීර්යය ගැන වදාළ දෙසුම

මහණෙනි, ප්‍රධන් වීර්යයෝ සතරෙකි. කවර සතරක් ද යත්; සංවරප්පධාන ය, පහාණප්පධාන ය, භාවනාප්පධාන ය, අනුරක්ඛණප්පධාන ය වශයෙනි.

1. මහණෙනි, සංවරප්පධානය යනු කුමක් ද? මහණෙනි, මෙහිලා භික්ෂුව නූපන් පාපී අකුසල් නූපදවීම පිණිස කැමැත්ත උපදවයි. වෑයම් කරයි. වීරිය අරඹයි. සිත දැඩිකොට ගනියි. බලවත් උත්සාහයක යෙදෙයි. මහණෙනි, මෙය සංවරප්පධාන යැයි කියනු ලැබේ.

2. මහණෙනි, පහාණප්පධානය යනු කුමක් ද? උපන් පාපී අකුසල් ප්‍රහාණය කිරීම පිණිස කැමැත්ත උපදවයි. වෑයම් කරයි. වීරිය අරඹයි. සිත දැඩිකොට ගනියි. බලවත් උත්සාහයක යෙදෙයි. මහණෙනි, මෙය පහාණප්පධාන යැයි කියනු ලැබේ.

3. මහණෙනි, භාවනප්පධානය යනු කුමක් ද? නූපන් කුසල් ඉපිදවීම පිණිස කැමැත්ත උපදවයි. වෑයම් කරයි. වීරිය අරඹයි. සිත දැඩිකොට ගනියි. බලවත් උත්සාහයක යෙදෙයි. මහණෙනි, මෙය භාවනප්පධාන යැයි කියනු ලැබේ.

4. මහණෙනි, අනුරක්ඛණප්පධානය යනු කුමක් ද? උපන් කුසල් දහම් දිගට ම පැවැත්වීම පිණිස ත්, එහි නොමුලා බව පිණිස ත්, බොහෝ සෙයින් දියුණු වීම පිණිස ත්, විපුල බව පිණිස ත්, නැවත නැවත දියුණු කොට පිරිපුන් බවට පත් කිරීම පිණිස ත් කැමැත්ත උපදවයි. වෑයම් කරයි. වීරිය අරඹයි. සිත දැඩිකොට ගනියි. බලවත් උත්සාහයක යෙදෙයි. මහණෙනි, මෙය අනුරක්ඛණප්පධානය

යැයි කියනු ලැබේ.

මහණෙනි, මේ වනාහී ප්‍රධන් වීර්යයෝ සතර යි.

(ගාථා)

1. සංවරප්පධාන ය, පහාණප්පධාන ය, භාවනාප්පධාන ය, අනුරක්ඛණප්පධාන ය යන මේ පධන් වීර්යයෝ සතර දෙන ආදිච්ච බන්ධු වූ භාග්‍යවතුන් වහන්සේ විසින් දෙසන ලද්දාහ. මේ සසුනෙහි භික්ෂුව කෙලෙස් තවන වීර්යය ඇති ව යම් ප්‍රධන් වීර්යය සතරකින් යුක්ත වූයේ වෙයි ද, දුකේ ක්ෂය වීම වූ නිවනට පැමිණෙන්නේ ය.

සාදු! සාදු!! සාදු!!!

පධාන සූත්‍රය නිමා විය.

4.2.2.10.
අධම්මික සූත්‍රය
අධාර්මික පාලනය ගැන වදාළ දෙසුම

මහණෙනි, යම් කලෙක රජවරු අධාර්මික වෙත් ද, එසමයෙහි රජුට අනුව කටයුතු කරන්නෝ ද අධාර්මික වෙති. රජුට අනුව කටයුතු කරන්නන් අධාර්මික වූ කල්හී බ්‍රාහ්මණ ගෘහපතිවරු ද අධාර්මික වෙති. බ්‍රාහ්මණ ගෘහපතිවරුන් අධාර්මික වූ කල්හි නිගම ජනපදවාසීහු ද අධාර්මික වෙති. නිගම ජනපදවාසීන් අධාර්මික වූ කල්හී හිරු සඳු දෙදෙන ද විෂමාකාරයෙන් පායයි. හිරු සඳු දෙදෙන විෂම ආකාරයෙන් පායන කල්හී නැකත් තරු ආදිය ද විෂමාකාරයෙන් පායයි. නැකත් තරු ආදිය ද විෂමාකාරයෙන් පායන කල්හී දිවා රාත්‍රී කාලය ද විෂමාකාරයෙන් ගෙවෙයි. දිවා රාත්‍රී විෂාමාකාරයෙන් පවතින විට මාසය, අඩමස ආදිය විෂමාකාරයෙන් ගෙවෙයි. මාසය, අඩමස ආදිය විෂමාකාරයෙන් පවතින විට වසරෙහි ඍතු භේදය ද විෂමාකාරයකට පත්වෙයි. විෂම වූ ඍතු භේදයක් වසර පුරා ඇති කල්හී විෂම අයුරින් සුළං හමයි. නොමගින් සුළං හමයි. විෂම අයුරින් සුළං හමන කල්හී, නොමගට සුළං හමන කල්හී දෙවියෝ කිපෙති. දෙවියන් කෝප වුණු කල්හී නිසි අයුරින් වැසි දහර නොවසියි. නිසි අයුරින් වැසි දහරාවන් නොවසින කල්හී ගොයම් විෂම අයුරින් පැසෙයි. මහණෙනි, විෂම අයුරින් පැසුණු ගොයමින් ලද ආහාර

අනුභව කරන මිනිස්සු අල්ප ආයුෂයෙන් යුතු වෙති. දුර්වර්ණ වෙති. දුර්වල වෙති. බොහෝ රෝගාබාධ සහිත වෙති.

මහණෙනි, යම් කලෙක රජවරු ධාර්මික වෙත් ද, එසමයෙහි රජුට අනුව කටයුතු කරන්නෝ ද ධාර්මික වෙති. රජුට අනුව කටයුතු කරන්නන් ධාර්මික වූ කල්හී බ්‍රාහ්මණ ගෘහපතිවරු ද ධාර්මික වෙති. බ්‍රාහ්මණ ගෘහපතිවරුන් ධාර්මික වූ කල්හි නිගම ජනපදවාසීහු ද ධාර්මික වෙති. නිගම ජනපදවාසීන් ධාර්මික වූ කල්හී හිරු සඳු දෙදෙන ද යහපත් ආකාරයෙන් පායයි. හිරු සඳු දෙදෙන යහපත් ආකාරයෙන් පායන කල්හී නැකත් තරු ආදිය ද යහපත් ආකාරයෙන් පායයි. නැකත් තරු ආදිය ද යහපත් ආකාරයෙන් පායන කල්හී දිවා රාත්‍රී කාලය ද යහපත් ආකාරයෙන් ගෙවෙයි. දිවා රාත්‍රී යහපත් ආකාරයෙන් පවතින විට මාසය, අඩමස ආදිය යහපත් ආකාරයෙන් ගෙවෙයි. මාසය, අඩමස ආදිය යහපත් ආකාරයෙන් පවතින විට වසරෙහි ඍතු භේදය ද යහපත් ආකාරයකට පත්වෙයි. යහපත් වූ ඍතු භේදයක් වසර පුරා ඇති කල්හී යහපත් අයුරින් සුළං හමයි. නිසි මගින් සුළං හමයි. යහපත් අයුරින් සුළං හමන කල්හී යහපත් අයුරින් නිසි මගට සුළං හමන කල්හී දෙවියෝ නොකිපෙති. දෙවියන් කෝප නොවුණු කල්හී නිසි අයුරින් වැසි දහර වසියි. නිසි අයුරින් වැසි දහරාවන් වසින කල්හී ගොයම් යහපත් අයුරින් පැසෙයි. මහණෙනි, යහපත් අයුරින් පැසුණු ගොයමින් ලද ආහාර අනුභව කරන මිනිස්සු දීර්ඝ ආයුෂයෙන් යුතු වෙති. වර්ණවත් වෙති. බලවත් වෙති. අල්ප රෝගාබාධ සහිත වෙති.

(ගාථා)

1. ඒකාන්තයෙන් ම එතෙරවන්නා වූ ගොනුන් අතුරින් ප්‍රධාන ගවයා වක්‍ර ව යයි නම්, ඒ ප්‍රධාන ගවයා වක්‍ර ව ගිය කල්හී සියළු ගවයෝ වක්‍ර ව යති.

2. එපරිද්දෙන් ම මිනිසුන් අතුරින් යමෙක් ශ්‍රේෂ්ඨ යැයි සම්මත වෙයි ද, ඉදින් ඒ තැනැත්තා අධර්මයෙහි හැසිරෙයි ද, අවශේෂ ප්‍රජාව ගැන කතා කරන්නට දෙයක් නැත. රජු අධාර්මික වූ කල්හී මුළු රට ම දුකට පත්වෙයි.

3. ඒකාන්තයෙන් ම එතෙරවන්නා වූ ගොනුන් අතුරින් ප්‍රධාන ගවයා ඍජු ව යයි නම්, ඒ ප්‍රධාන ගවයා ඍජු ව ගිය කල්හී සියළු ගවයෝ ඍජු ව යති.

4. එපරිද්දෙන් ම මිනිසුන් අතුරින් යමෙක් ශ්‍රේෂ්ඨ යැයි සම්මත වෙයි ද,

ඉදින් ඒ තැනැත්තා ධර්මයෙහි හැසිරෙයි ද, අවශේෂ ප්‍රජාව ගැන කතා කරන්නට දෙයක් නැත. රජු ධාර්මික වූ කල්හී මුළු රට ම සැපයට පත්වෙයි.

සාදු! සාදු!! සාදු!!!

අධම්මික සූත්‍රය නිමා විය.

දෙවෙනි පත්තකම්ම වර්ගය අවසන් විය.

- එහි පිළිවෙල උද්දානයයි :

පත්තකම්ම සූත්‍රය, අනණ සූත්‍රය, සබ්‍රහ්ම සූත්‍රය, නිරය සූත්‍රය, රූප සූත්‍රය, සරාග සූත්‍රය, අහි සූත්‍රය, දේවදත්ත සූත්‍රය, පධාන සූත්‍රය සහ අධම්ම සූත්‍රය වශයෙන් මෙහි සූත්‍රයෝ දශයකි.

3. අපණ්ණක වර්ගය

4.2.3.1.
අපණ්ණක පටිපදා සූත්‍රය
නිදොස් ප්‍රතිපදාව ගැන වදාළ දෙසුම

සැවැත් නුවර දී ය......

මහණෙනි, සතර ධර්මයකින් සමන්විත වූ භික්ෂුව දොස් රහිත වූ ප්‍රතිපදාවකට පිළිපන්නේ වෙයි. ආශ්‍රවයන්ගේ ක්ෂය වීම පිණිස ඔහුගේ මාර්ගය සම්පූර්ණ වෙයි. ඒ කවර සතරකින් ද යත්;

මහණෙනි, මෙහිලා භික්ෂුව සිල්වත් වෙයි. බහුශ්‍රැත වෙයි. පටන් ගත් වීරිය ඇත්තේ වෙයි. ප්‍රඥාවන්ත වෙයි.

මහණෙනි, මේ සතර ධර්මයෙන් සමන්විත වූ භික්ෂුව දොස් රහිත වූ ප්‍රතිපදාවකට පිළිපන්නේ වෙයි. ආශ්‍රවයන්ගේ ක්ෂය වීම පිණිස ඔහුගේ මාර්ගය සම්පූර්ණ වෙයි.

සාදු! සාදු!! සාදු!!!

අපණ්ණක පටිපදා සූත්‍රය නිමා විය.

4.2.3.2.
දිට්ඨි අපණ්ණක පටිපදා සූත්‍රය
යහපත් දැක්මෙන් යුතු නිදොස් ප්‍රතිපදාව ගැන
වදාළ දෙසුම

මහණෙනි, සතර ධර්මයකින් සමන්විත වූ භික්ෂුව දොස් රහිත වූ

ප්‍රතිපදාවකට පිළිපන්නේ වෙයි. ආශ්‍රවයන්ගේ ක්ෂය වීම පිණිස ඔහුගේ මාර්ගය සම්පූර්ණ වෙයි. ඒ කවර සතරකින් ද යත්;

මහණෙනි, නෙක්ඛම්ම විතර්කයෙන් යුක්ත වෙයි. අව්‍යාපාද විතර්කයෙන් යුක්ත වෙයි. අවිහිංසා විතර්කයෙන් යුක්ත වෙයි. සම්මා දිට්ඨියෙන් යුක්ත වෙයි.

මහණෙනි, මේ සතර ධර්මයෙන් සමන්විත වූ භික්ෂුව දොස් රහිත වූ ප්‍රතිපදාවකට පිළිපන්නේ වෙයි. ආශ්‍රවයන්ගේ ක්ෂය වීම පිණිස ඔහුගේ මාර්ගය සම්පූර්ණ වෙයි.

සාදු! සාදු!! සාදු!!!

දිට්ඨි අපණ්ණක පටිපදා සූත්‍රය නිමා විය.

4.2.3.3.
අසප්පුරිස වධුකා සූත්‍රය
අසත්පුරුෂ ලේලිය ගැන වදාළ දෙසුම

මහණෙනි, සතර කරුණකින් යුක්ත වූ අසත්පුරුෂයා හඳුනාගත යුත්තේ ය. ඒ කවර කරුණු සතරකින් ද යත්;

1. මහණෙනි, මෙහිලා අසත්පුරුෂයා අනුන්ගේ යම් අගුණයක් ඇද්ද, ඒ පිළිබඳ ව නොවිමසුවේ නමුත් හෙළි කරන්නේ වෙයි. විමසූ කල්හී හෙළි කිරීම ගැන කවර කතා ද? විමසන ලද්දේ, නැවත ප්‍රශ්න කරන ලද්දේ නොපිරිහෙලා, නොවසා සම්පූර්ණ විස්තර වශයෙන් අනුන්ගේ නුගුණ පවසන්නේ වෙයි. මහණෙනි, 'මේ භවතා අසත්පුරුෂයෙකි' යි මොහු හඳුනාගත යුත්තේ ය.

2. තව ද මහණෙනි, අසත්පුරුෂයා අනුන්ගේ යම් ගුණයක් ඇද්ද, ඒ පිළිබඳ ව විමසුවේ නමුත් හෙළි නොකරන්නේ වෙයි. නොවිමසූ කල්හී හෙළි නොකිරීම ගැන කවර කතා ද? විමසන ලද්දේ, නැවත ප්‍රශ්න කරන ලද්දේ පිරිහෙලා, වසා අසම්පූර්ණ වශයෙන් අනුන්ගේ ගුණ පවසන්නේ වෙයි. මහණෙනි, 'මේ භවතා අසත්පුරුෂයෙකි' යි මොහු හඳුනාගත යුත්තේ ය.

3. තව ද මහණෙනි, අසත්පුරුෂයා තමාගේ යම් අගුණයක් ඇද්ද, ඒ පිළිබඳ ව විමසුවේ නමුත් හෙළි නොකරන්නේ වෙයි. නොවිමසූ කල්හී හෙළි නොකිරීම

ගැන කවර කතා ද? විමසන ලද්දේ, නැවත ප්‍රශ්න කරන ලද්දේ පිරිහෙලා, වසා අසම්පූර්ණ වශයෙන් තමාගේ නුගුණ පවසන්නේ වෙයි. මහණෙනි, 'මේ භවතා අසත්පුරුෂයෙකි' යි මොහු හඳුනාගත යුත්තේ ය.

4. තව ද මහණෙනි, අසත්පුරුෂයා තමන්ගේ යම් ගුණයක් ඇද්ද, ඒ පිළිබඳ ව නොවිමසුවේ නමුත් හෙළි කරන්නේ වෙයි. විමසූ කල්හී හෙළි කිරීම ගැන කවර කතා ද? විමසන ලද්දේ, නැවත ප්‍රශ්න කරන ලද්දේ නොපිරිහෙලා, නොවසා සම්පූර්ණ විස්තර වශයෙන් තමාගේ ගුණ පවසන්නේ වෙයි. මහණෙනි, 'මේ භවතා අසත්පුරුෂයෙකි' යි මොහු හඳුනාගත යුත්තේ ය.

මහණෙනි, මේ සතර කරුණෙන් යුක්ත වූ අසත්පුරුෂයා හඳුනාගත යුත්තේ ය.

මහණෙනි, සතර කරුණකින් යුක්ත වූ සත්පුරුෂයා හඳුනාගත යුත්තේ ය. ඒ කවර කරුණු සතරකින් ද යත්;

1. මහණෙනි, මෙහිලා සත්පුරුෂයා අනුන්ගේ යම් අගුණයක් ඇද්ද, ඒ පිළිබඳ ව විමසුවේ නමුත් හෙළි නොකරන්නේ වෙයි. නොවිමසූ කල්හී හෙළි නොකිරීම ගැන කවර කතා ද? විමසන ලද්දේ, නැවත ප්‍රශ්න කරන ලද්දේ පිරිහෙලා, වසා අසම්පූර්ණ වශයෙන් අනුන්ගේ නුගුණ පවසන්නේ වෙයි. මහණෙනි, 'මේ භවතා සත්පුරුෂයෙකි' යි මොහු හඳුනාගත යුත්තේ ය.

2. තව ද මහණෙනි, සත්පුරුෂයා අනුන්ගේ යම් ගුණයක් ඇද්ද, ඒ පිළිබඳ ව නොවිමසුවේ නමුත් හෙළි කරන්නේ වෙයි. විමසූ කල්හී හෙළි කිරීම ගැන කවර කතා ද? විමසන ලද්දේ, නැවත ප්‍රශ්න කරන ලද්දේ නොපිරිහෙලා, නොවසා සම්පූර්ණ විස්තර වශයෙන් අනුන්ගේ ගුණ පවසන්නේ වෙයි. මහණෙනි, 'මේ භවතා සත්පුරුෂයෙකි' යි මොහු හඳුනාගත යුත්තේ ය.

3. තව ද මහණෙනි, සත්පුරුෂයා තමාගේ යම් අගුණයක් ඇද්ද, ඒ පිළිබඳ ව නොවිමසුවේ නමුත් හෙළි කරන්නේ වෙයි. විමසූ කල්හී හෙළි කිරීම ගැන කවර කතා ද? විමසන ලද්දේ, නැවත ප්‍රශ්න කරන ලද්දේ නොපිරිහෙලා, නොවසා සම්පූර්ණ විස්තර වශයෙන් තමාගේ නුගුණ පවසන්නේ වෙයි. මහණෙනි, 'මේ භවතා සත්පුරුෂයෙකි' යි මොහු හඳුනාගත යුත්තේ ය.

4. තව ද මහණෙනි, සත්පුරුෂයා තමන්ගේ යම් ගුණයක් ඇද්ද, ඒ පිළිබඳ ව විමසුවේ නමුත් හෙළි නොකරන්නේ වෙයි. නොවිමසූ කල්හී හෙළි නොකිරීම ගැන කවර කතා ද? විමසන ලද්දේ, නැවත ප්‍රශ්න කරන ලද්දේ පිරිහෙලා, වසා අසම්පූර්ණ වශයෙන් තමාගේ ගුණ පවසන්නේ වෙයි. මහණෙනි, 'මේ

භවතා සත්පුරුෂයෙකි' යි මොහු හඳුනාගත යුත්තේ ය.

මහණෙනි, මේ සතර කරුණෙන් යුක්ත වූ සත්පුරුෂයා හඳුනාගත යුත්තේ ය.

මහණෙනි, එය මෙබඳු දෙයකි. යම් සේ ලේලියක් යම් රැයක හෝ දහවලක හෝ කැඳවා ගෙන ලද්දේ ද, පැමිණි අළුත ඇය තුළ නැන්දනිය කෙරෙහි ද, මාමණ්ඩිය කෙරෙහි ද, ස්වාමියා කෙරෙහි ද, යටත් පිරිසෙන් දාසි කම්කරු පුරුෂයන් කෙරෙහි ද බලවත් විලිබිය පවතින්නේ වෙයි. ඕ පසු කලක එකට වාසය කිරීමෙන් විශ්වාසය වැඩී යාමෙන් පසු නැන්දනියට ද, මාමණ්ඩියට ද, ස්වාමියාට ද, මෙසේ පවසන්නී ය. 'පහව යව්. තෙපි කුමක් නම් දනිව් ද?'

එසෙයින් ම මහණෙනි, මේ ශාසනයෙහි යම්කිසි භික්ෂුවක් යම් රැයක හෝ දහවලක හෝ ගිහිගෙයින් නික්ම සසුනෙහි පැවිදි වූයේ වෙයි ද, එකල්හී ඔහුට භික්ෂූන් කෙරෙහි ද, භික්ෂුණීන් කෙරෙහි ද, උපාසකයන් කෙරෙහි ද, උපාසිකාවන් කෙරෙහි ද යටත් පිරිසෙන් ආරාමික සේවකාදීන් කෙරෙහි ද, බලවත් හිරි ඔතප් පවතින්නේ වෙයි. එහෙත් පසු කාලයක එකට සිටීමෙන්, විශ්වාසය වැඩීමෙන් තම ගුරුවරයාට ද, උපාධ්‍යායන් වහන්සේට ද මෙසේ කියයි. 'පහව යව්. තෙපි කුමක් නම් දන්නහුද?' යි. එහෙයින් මහණෙනි, මේ අයුරින් හික්මිය යුත්තේ ය. අළුත ගෙනා ලේලිය යම්බඳු විලිබිය ඇති සිතකින් වසන්නී ද, එබඳු සිතකින් වාසය කරන්නෙමු යි. මහණෙනි, ඔබ මේ අයුරින් හික්මිය යුත්තේ ය.

සාදු! සාදු!! සාදු!!!

අසප්පුරිස වධුකා සූත්‍රය නිමා විය.

4.2.3.4.
පඨම අග්ග සූත්‍රය
අග්‍ර බවට පත්වීම ගැන වදාළ පළමු දෙසුම

මහණෙනි, අග්‍ර බවට පත්වීම් සතරකි. කවර සතරක් ද යත්;

සීලයෙන් අග්‍ර බවට පත්වෙයි. සමාධියෙන් අග්‍ර බවට පත්වෙයි. ප්‍රඥාවෙන් අග්‍ර බවට පත්වෙයි. විමුක්තියෙන් අග්‍ර බවට පත්වෙයි.

මහණෙනි, මේ වනාහී අග්‍ර බවට පත්වීම් සතරයි.

සාදු! සාදු!! සාදු!!!

පඨම අග්ග සූත්‍රය නිමා විය.

4.2.3.5.
දුතිය අග්ග සූත්‍රය
අග්‍ර බවට පත්වීම ගැන වදාළ දෙවෙනි දෙසුම

මහණෙනි, අග්‍ර බවට පත්වීම් සතරකි. කවර සතරක් ද යත්;

රූපයෙන් අග්‍ර බවට පත්වීම හෙවත් රූපය විදසුන් කොට අරහත්වයට පත්වෙයි. වේදනාවෙන් අග්‍ර බවට පත්වීම හෙවත් වේදනාව විදසුන් කොට අරහත්වයට පත්වෙයි. සංඥාවෙන් අග්‍ර බවට පත්වීම හෙවත් සංඥාව විදසුන් කොට අරහත්වයට පත්වෙයි. යම් භවයක උපත ලබා ඒ භවයේදී අරහත්වයට පත් වෙයි ද, එය ඔහුගේ අග්‍ර භවය වෙයි.

මහණෙනි, මේ වනාහී අග්‍ර බවට පත්වීම් සතරයි.

සාදු! සාදු!! සාදු!!!

දුතිය අග්ග සූත්‍රය නිමා විය.

4.2.3.6.
කුසිනාරා සූත්‍රය
කුසිනාරාවෙහි දී වදාළ දෙසුම

එක් සමයක භාග්‍යවතුන් වහන්සේ කුසිනාරාවෙහි මල්ල රජදරුවන්ගේ උපවර්තන සාල වනෝද්‍යානයෙහි සල් රුක අතරෙහි පරිනිර්වාණ අවස්ථාවෙහි වැඩවසන සේක. එකල්හී භාග්‍යවතුන් වහන්සේ "මහණෙනි" යි භික්ෂූන් ඇමතූ සේක. "පින්වතුන් වහන්සැ"යි ඒ භික්ෂූහු භාග්‍යවතුන් වහන්සේට පිළිවදන් දුන්හ. භාග්‍යවතුන් වහන්සේ මෙය වදාළ සේක.

"මහණෙනි, එක් භික්ෂුවකට හෝ බුදුරජුන් කෙරෙහි වේවා, ධර්මය කෙරෙහි වේවා, සංඝයා කෙරෙහි වේවා, මාර්ගය කෙරෙහි වේවා, ප්‍රතිපදාව කෙරෙහි වේවා සැකයක් හෝ විමතියක් හෝ ඇත්නම් මහණෙනි, එය අසව්. පසුව පසුතැවිලි නොවව්. 'අනේ අපට ශාස්තෘන් වහන්සේ මුණගැසුණහ. එනමුදු ඒ භාග්‍යවතුන් වහන්සේ ඉදිරියෙහි මෙය අසන්නට නොහැකි වුණේ ය' යි."

මෙසේ වදාළ කල්හී ඒ භික්ෂූහු නිශ්ශබ්ද ව සිටියහ. දෙවෙනි වතාවට ද භාග්‍යවතුන් වහන්සේ භික්ෂූන් ඇමතූ සේක.

"මහණෙනි, එක් භික්ෂුවකට හෝ බුදුරජුන් කෙරෙහි වේවා, ධර්මය කෙරෙහි වේවා, සංඝයා කෙරෙහි වේවා, මාර්ගය කෙරෙහි වේවා, ප්‍රතිපදාව කෙරෙහි වේවා සැකයක් හෝ විමතියක් හෝ ඇත්නම් මහණෙනි, එය අසව්. පසුව පසුතැවිලි නොවව්. 'අනේ අපට ශාස්තෘන් වහන්සේ මුණගැසුණහ. එනමුදු ඒ භාග්‍යවතුන් වහන්සේ ඉදිරියෙහි මෙය අසන්නට නොහැකි වුණේ ය' යි."

දෙවෙනි වතාවට ද ඒ භික්ෂූහු නිශ්ශබ්ද ව සිටියහ. තෙවෙනි වතාවට ද භාග්‍යවතුන් වහන්සේ භික්ෂූන් ඇමතූ සේක.

"මහණෙනි, එක් භික්ෂුවකට හෝ බුදුරජුන් කෙරෙහි වේවා, ධර්මය කෙරෙහි වේවා, සංඝයා කෙරෙහි වේවා, මාර්ගය කෙරෙහි වේවා, ප්‍රතිපදාව කෙරෙහි වේවා සැකයක් හෝ විමතියක් හෝ ඇත්නම් මහණෙනි, එය අසව්. පසුව පසුතැවිලි නොවව්. 'අනේ අපට ශාස්තෘන් වහන්සේ මුණගැසුණහ. එනමුදු ඒ භාග්‍යවතුන් වහන්සේ ඉදිරියෙහි මෙය අසන්නට නොහැකි වුණේ ය' යි."

තෙවෙනි වතාවට ද ඒ භික්ෂූහු නිශ්ශබ්ද ව සිටියහ. එකල්හී භාග්‍යවතුන් වහන්සේ භික්ෂූන් ඇමතූ සේක.

"මහණෙනි, ශාස්තෘ ගෞරවය හේතුවෙන් නොවිමසන්නහු නම් මහණෙනි, යහළුවෙක් ද යහළුවෙකු වෙනුවෙන් විමසිය හැක්කේ ය."

මෙසේ ත් වදාළ කල්හී ඒ භික්ෂූහු නිශ්ශබ්ද ව සිටියහ. එවිට ආයුෂ්මත් ආනන්දයන් වහන්සේ භාග්‍යවතුන් වහන්සේට මෙය පැවසූහ.

"ස්වාමීනී, ආශ්චර්යය යි! ස්වාමීනී, අද්භූත යි! ස්වාමීනී, මම මේ භික්ෂු සංඝයා පිළිබඳ ව මේ අයුරින් පැහැදී සිටිමි. එනම් මේ භික්ෂු සංඝයා අතර

බුදුරජුන් කෙරෙහි වේවා, ධර්මය කෙරෙහි වේවා, මාර්ගය කෙරෙහි වේවා, ප්‍රතිපදාව කෙරෙහි වේවා සැකයක් හෝ විමතියක් හෝ ඇති එක් භික්ෂුවක් වත් නැත්තේ ය."

"ආනන්දය, ඔබ එය පවසන්නේ පැහැදීමෙනි. මෙහිලා ආනන්දය, තථාගතයන්ට අවබෝධයක් ම ඇත්තේ ය. එනම් 'මේ භික්ෂු සංඝයා අතර බුදුරජුන් කෙරෙහි වේවා, ධර්මය කෙරෙහි වේවා, මාර්ගය කෙරෙහි වේවා, ප්‍රතිපදාව කෙරෙහි වේවා සැකයක් හෝ විමතියක් හෝ ඇති එක් භික්ෂුවක් වත් නැත්තේ ය' යන කරුණ යි. ආනන්දය, මේ පන්සියයක් වූ භික්ෂූන් අතර කෙළවරින් ම සිටින යම් භික්ෂුවක් ඇද්ද, හේ ද සෝවාන් වූයේ වෙයි. නොපිරිහී වැටෙන ස්වභාවයෙන් යුක්ත වූයේ වෙයි. නියත වශයෙන් නිවන අවබෝධ කරන්නේ වෙයි."

සාදු! සාදු!! සාදු!!!

කුසිනාරා සූත්‍රය නිමා විය.

4.2.3.7.
අචින්තෙය්‍ය සූත්‍රය
නොසිතිය යුතු කරුණු ගැන වදාළ දෙසුම

සැවැත් නුවර දී ය......

මහණෙනි, සිතන්නට නොයා යුතු එහෙයින් ම නොසිතිය යුතු කරුණු සතරෙකි. යම් බඳු නොසිතිය යුතු යමක් සිතන්නට ගිය විට උම්මත්තක බවට පත්වෙයි ද, දුකට පත් වෙයි ද එය යි. ඒ කවර කරුණු සතරක් ද යත්;

1. මහණෙනි, බුදුවරුන්ගේ බුද්ධ විෂය පිළිබඳ ව සිතන්නට නොයා යුතුය. එහෙයින් නොසිතිය යුතුය. යමක් සිතන්නට ගිය විට උමතු බවට පත්වෙයි නම්, දුකට පත් වෙයි නම් මෙය ද කරුණෙකි.

2. මහණෙනි, ධ්‍යාන ඇත්තහුගේ ධ්‍යාන විෂය පිළිබඳ ව සිතන්නට නොයා යුතුය. එහෙයින් නොසිතිය යුතුය. යමක් සිතන්නට ගිය විට උමතු බවට පත්වෙයි නම්, දුකට පත් වෙයි නම් මෙය ද කරුණෙකි.

3. මහණෙනි, කර්ම විපාක පිළිබඳ ව සිතන්නට නොයා යුතුය. එහෙයින්

නොසිතිය යුතුය. යමක් සිතන්නට ගිය විට උමතු බවට පත්වෙයි නම්, දුකට පත් වෙයි නම් මෙය ද කරුණෙකි.

4.　　මහණෙනි, ලෝක චින්තා පිළිබඳ ව සිතන්නට නොයා යුතුය. එහෙයින් නොසිතිය යුතුය. යමක් සිතන්නට ගිය විට උමතු බවට පත්වෙයි නම්, දුකට පත් වෙයි නම් මෙය ද කරුණෙකි.

මහණෙනි, සිතන්නට නොයා යුතු එහෙයින් ම නොසිතිය යුතු කරුණු සතර මෙය යි. යම් බඳු නොසිතිය යුතු යමක් සිතන්නට ගිය විට උම්මත්තක බවට පත්වෙයි ද, දුකට පත් වෙයි ද එය යි.

සාදු! සාදු!! සාදු!!!

අචින්තෙය්‍ය සූත්‍රය නිමා විය.

4.2.3.8.

දක්ඛිණාවිසුද්ධි සූත්‍රය

දානය පිරිසිදු වීම ගැන වදාළ දෙසුම

මහණෙනි, මේ දක්ෂිණා විසුද්ධීහු සතරකි. ඒ කවර සතරක් ද යත්;

මහණෙනි, දානයක් ඇත්තේ ය. එම දානය දායක පක්ෂයෙන් පිරිසිදු වෙයි. නමුත් පිළිගන්නා පිරිසෙන් පිරිසිදු නොවෙයි.

මහණෙනි, දානයක් ඇත්තේ ය. එම දානය පිළිගන්නා පිරිස හේතුවෙන් පිරිසිදු වෙයි. නමුත් දෙන පිරිස නිසා පිරිසිදු නොවෙයි.

මහණෙනි, දානයක් ඇත්තේ ය. එම දානය දෙන පිරිස නිසා ත් පිරිසිදු නොවෙයි. පිළිගන්නා පිරිස නිසා ත් පිරිසිදු නොවෙයි.

මහණෙනි, දානයක් ඇත්තේ ය. එම දානය දෙන පිරිස නිසා ත් පිරිසිදු වෙයි. පිළිගන්නා පිරිස නිසා ත් පිරිසිදු වෙයි.

1.　　මහණෙනි, දානයක් දායකයන් නිසා පිරිසිදු වන්නේ ත්, පිළිගන්නා උදවියගෙන් පිරිසිදු නොවන්නේ ත් කෙසේ ද?

මහණෙනි, මෙහිලා දන් දෙන තැනැත්තා සිල්වත් වෙයි. කල්‍යාණ

ධර්මයන්ගෙන් යුක්ත වෙයි. නමුත් පිළිගන්නා පිරිස දුස්සීල වෙති. පවිටු ධර්මයන්ගෙන් යුක්ත වෙති. මහණෙනි, දානයක් දායකයන් නිසා පිරිසිදු වන්නේ ත්, පිළිගන්නා උදවියගෙන් පිරිසිදු නොවන්නේ ත් මේ අයුරිනි.

2. මහණෙනි, දානයක් පිළිගන්නා උදවියගෙන් පිරිසිදු වන්නේ ත්, දායකයන් නිසා පිරිසිදු නොවන්නේ ත්, කෙසේ ද?

මහණෙනි, මෙහිලා දන් දෙන තැනැත්තා දුස්සීල වෙයි. පවිටු ධර්මයන් ගෙන් යුක්ත වෙයි. නමුත් පිළිගන්නා පිරිස සිල්වත් වෙති. කල්‍යාණ ධර්මයන් ගෙන් යුක්ත වෙති. මහණෙනි, දානයක් පිළිගන්නා උදවියගෙන් පිරිසිදු වන්නේ ත්, දායකයන් නිසා පිරිසිදු නොවන්නේ ත් මේ අයුරිනි.

3. මහණෙනි, දානයක් දායකයන් නිසා පිරිසිදු නොවන්නේ ත්, පිළිගන්නා උදවියගෙන් පිරිසිදු නොවන්නේ ත් කෙසේ ද?

මහණෙනි, මෙහිලා දන් දෙන තැනැත්තා දුස්සීල වෙයි. පවිටු ධර්මයන් ගෙන් යුක්ත වෙයි. පිළිගන්නා පිරිස ත් දුස්සීල වෙති. පවිටු ධර්මයන්ගෙන් යුක්ත වෙති. මහණෙනි, දානයක් දායකයන් නිසා පිරිසිදු නොවන්නේ ත්, පිළිග න්නා උදවියගෙන් පිරිසිදු නොවන්නේ ත් මේ අයුරිනි.

4. මහණෙනි, දානයක් දායකයන් නිසා පිරිසිදු වන්නේ ත්, පිළිගන්නා උදවියගෙන් පිරිසිදු වන්නේ ත් කෙසේ ද?

මහණෙනි, මෙහිලා දන් දෙන තැනැත්තා සිල්වත් වෙයි. කල්‍යාණ ධර්මයන්ගෙන් යුක්ත වෙයි. පිළිගන්නා පිරිස ත් සිල්වත් වෙති. කල්‍යාණ ධර්මයන්ගෙන් යුක්ත වෙති. මහණෙනි, දානයක් දායකයන් නිසා පිරිසිදු වන්නේ ත්, පිළිගන්නා උදවියගෙන් පිරිසිදු වන්නේ ත් මේ අයුරිනි.

මහණෙනි, මේ වනාහී දාන පිරිසිදු වීම් සතර යි.

සාදු! සාදු!! සාදු!!!

දක්ඛිණාවිසුද්ධි සූත්‍රය නිමා විය.

4.2.3.9.
වණිජ්ජා සූත්‍රය
වෙළඳාම ගැන වදාළ දෙසුම

එකල්හී ආයුෂ්මත් සාරිපුත්තයන් වහන්සේ භාග්‍යවතුන් වහන්සේ වෙත පැමිණියහ. පැමිණ භාග්‍යවතුන් වහන්සේට සකසා වන්දනා කොට එකත්පස් ව හිඳගත්හ. එකත්පස් ව හුන් ආයුෂ්මත් සාරිපුත්තයන් වහන්සේ භාග්‍යවතුන් වහන්සේගෙන් මෙය ඇසූහ.

"ස්වාමීනී, මෙහිලා ඇතැම් කෙනෙකුගේ ප්‍රසිද්ධ වූ වෙළඳාමක් කඩාකප්පල් වී යන්නේ වෙයි නම් එයට හේතුව කුමක්ද? එයට කාරණය කුමක්ද?

ස්වාමීනී, මෙහිලා ඇතැම් කෙනෙකුගේ ප්‍රසිද්ධ වූ වෙළඳාමක් සිතූ පරිද්දෙන් දියුණු නොවෙන්නේ නම් එයට හේතුව කුමක්ද? එයට කාරණය කුමක්ද?

ස්වාමීනී, මෙහිලා ඇතැම් කෙනෙකුගේ ප්‍රසිද්ධ වූ වෙළඳාමක් තමා අදහස් කළ අයුරින් දියුණු වෙයි නම් එයට හේතුව කුමක්ද? එයට කාරණය කුමක්ද?

ස්වාමීනී, මෙහිලා ඇතැම් කෙනෙකුගේ ප්‍රසිද්ධ වූ වෙළඳාමක් තමා නොසිතූ අයුරින් අතිශයින් ම දියුණුවට පත්වෙයි නම් එයට හේතුව කුමක්ද? එයට කාරණය කුමක්ද?"

1. "සාරිපුත්තය, මෙහිලා ඇතැම් කෙනෙක් ශ්‍රමණයෙකු හෝ බ්‍රාහ්මණයෙකු හෝ කරා එළැඹ 'ස්වාමීනී, යම් අවශ්‍යතාවක් වෙතොත් මට දැනුම් දුන මැනැව'යි එය ලබා දෙන බවට පොරොන්දු වෙයි. මෙසේ හේ යමකින් පවරයි ද, එය නොදෙයි. ඉදින් එය නොදුන් තැනැත්තා මිනිස් ලොවට එයි නම් ඔහු යම් ම වෙළඳාමක් පටන් ගනියි ද, ඔහුගේ ඒ වෙළඳාම කඩාකප්පල් වෙයි.

2. සාරිපුත්තය, මෙහිලා ඇතැම් කෙනෙක් ශ්‍රමණයෙකු හෝ බ්‍රාහ්මණයෙකු හෝ කරා එළැඹ 'ස්වාමීනී, යම් අවශ්‍යතාවක් වෙතොත් මට දැනුම් දුන මැනැව'යි එය ලබා දෙන බවට පොරොන්දු වෙයි. මෙසේ හේ යමකින් පවරයි ද, එය අදහස් වූ පරිදි නොදෙයි. ඉදින් එය අදහස් වූ පරිදි නොදුන් තැනැත්තා මිනිස්

ලොවට එයි නම් ඔහු යම් ම වෙළඳාමක් පටන් ගනියි ද, ඔහුගේ ඒ වෙළඳාම සිතූ පරිද්දෙන් දියුණු නොවෙයි.

3. සාරිපුත්තය, මෙහිලා ඇතැම් කෙනෙක් ශ්‍රමණයෙකු හෝ බ්‍රාහ්මණයෙකු හෝ කරා එළැඹ 'ස්වාමීනී, යම් අවශ්‍යතාවක් වෙතොත් මට දැනුම් දුන මැනැව'යි එය ලබා දෙන බවට පොරොන්දු වෙයි. මෙසේ හේ යමකින් පවරයි ද, එය අදහස් වූ පරිදි දෙයි. ඉදින් එය අදහස් වූ පරිදි දුන් තැනැත්තා මිනිස් ලොවට එයි නම් ඔහු යම් ම වෙළඳාමක් පටන් ගනියි ද, ඔහුගේ ඒ වෙළඳාම සිතූ පරිද්දෙන් දියුණු වෙයි.

4. සාරිපුත්තය, මෙහිලා ඇතැම් කෙනෙක් ශ්‍රමණයෙකු හෝ බ්‍රාහ්මණයෙකු හෝ කරා එළැඹ 'ස්වාමීනී, යම් අවශ්‍යතාවක් වෙතොත් මට දැනුම් දුන මැනැව'යි එය ලබා දෙන බවට පොරොන්දු වෙයි. මෙසේ හේ යමකින් පවරයි ද, එය අදහස් කළ ප්‍රමාණයට ත් වඩා වැඩියෙන් දෙයි. ඉදින් එය අදහස් කළ ප්‍රමාණයට ත් වඩා වැඩියෙන් දුන් තැනැත්තා මිනිස් ලොවට එයි නම් ඔහු යම් ම වෙළඳාමක් පටන් ගනියි ද, ඔහුගේ ඒ වෙළඳාම නොසිතූ අයුරින් ඉතාමත් වැඩිදියුණු වෙයි.

සාරිපුත්තය, මෙහිලා ඇතැම් කෙනෙකුගේ ප්‍රසිද්ධ වූ වෙළඳාමක් කඩාකප්පල් වී යන්නේ වෙයි නම් එයට හේතුව මෙය යි. එයට කාරණය මෙය යි.

සාරිපුත්තය, මෙහිලා ඇතැම් කෙනෙකුගේ ප්‍රසිද්ධ වූ වෙළඳාමක් සිතූ පරිද්දෙන් දියුණු නොවන්නේ නම් එයට හේතුව මෙය යි. එයට කාරණය මෙය යි.

සාරිපුත්තය, මෙහිලා ඇතැම් කෙනෙකුගේ ප්‍රසිද්ධ වූ වෙළඳාමක් තමා අදහස් කළ අයුරින් දියුණු වෙයි නම් එයට හේතුව මෙය යි. එයට කාරණය මෙය යි.

සාරිපුත්තය, මෙහිලා ඇතැම් කෙනෙකුගේ ප්‍රසිද්ධ වූ වෙළඳාමක් තමා නොසිතූ අයුරින් අතිශයින් ම දියුණුවට පත්වෙයි නම් එයට හේතුව මෙය යි. එයට කාරණය මෙය යි."

සාදු! සාදු!! සාදු!!!

වණිජ්ජා සූත්‍රය නිමා විය.

4.2.3.10.
කාම්බෝජ සූත්‍රය
පිටරට යාම ගැන වදාළ දෙසුම

එක් සමයක භාග්‍යවතුන් වහන්සේ කොසඹෑ නුවර ඝෝෂිතාරාමයෙහි වැඩවසන සේක. එකල්හී ආයුෂ්මත් ආනන්දයන් වහන්සේ භාග්‍යවතුන් වහන්සේ යම් තැනක වැඩසිටි සේක් ද, එතැනට පැමිණියහ. පැමිණ භාග්‍යවතුන් වහන්සේට සකසා වන්දනා කොට එකත්පස් ව හිඳගත්හ. එකත්පස් ව හුන් ආයුෂ්මත් ආනන්දයන් වහන්සේ භාග්‍යවතුන් වහන්සේට මෙය සැළ කළහ.

"ස්වාමීනී, යම් ස්ත්‍රියක් විනිශ්චය සභාවෙහි නොහිඳියි ද, කර්මාන්ත නොකරයි ද, පිටරට නොයයි ද එයට හේතුව කුමක්ද? එයට කාරණය කුමක්ද?"

"ආනන්දය, ස්ත්‍රිය ක්‍රෝධ කරන සුළු ය. ආනන්දය, ස්ත්‍රිය ඊර්ෂ්‍යා කරන්නී ය. ආනන්දය, ස්ත්‍රිය මසුරුකමින් යුක්ත ය. ආනන්දය, ස්ත්‍රිය නුවණ නැත්තී ය.

ආනන්දය, යම් ස්ත්‍රියක් විනිශ්චය සභාවෙහි නොහිඳියි ද, කර්මාන්ත නොකරයි ද, පිටරට නොයයි ද එයට හේතුව මෙය යි. එයට කාරණය මෙය යි."

සාදු! සාදු!! සාදු!!!

කාම්බෝජ සූත්‍රය නිමා විය.

තෙවෙනි අපණ්ණක වර්ගය අවසන් විය.

- එහි පිළිවෙල උද්දානයයි :

පධාන සූත්‍රය, අපණ්ණක සූත්‍ර දෙක, අසප්පුරිස වධුකා සූත්‍රය, අග්ග සූත්‍ර දෙක, කුසිනාරා සූත්‍රය, අචින්තෙය්‍ය සූත්‍රය, දක්ඛිණා සූත්‍රය, වණිජ්ජා සූත්‍රය සහ කාම්භෝජ සූත්‍රය වශයෙන් මෙහි සූත්‍ර දශයෙකි.

4. මචල වර්ගය

4.2.4.1.
පාණාතිපාතී සූත්‍රය
සතුන් මරන්නා ගැන වදාළ දෙසුම

සැවැත් නුවර දී ය......

මහණෙනි, සතර කරුණකින් යුතු තැනැත්තා ඔසොවාගෙන පැමිණ බරක් බිම තබන සෙයින් නිරයෙහි උපදින්නේ ය. ඒ කවර සතර කරුණකින් ද යත්;

සතුන් මරන්නේ වෙයි. සොරකම් කරන්නේ වෙයි. කාමයෙහි වරදවා හැසිරෙන්නේ වෙයි. බොරු කියන්නේ වෙයි.

මහණෙනි, මේ සතර කරුණෙන් යුතු තැනැත්තා ඔසොවාගෙන පැමිණ බරක් බිම තබන සෙයින් නිරයෙහි උපදින්නේ ය.

මහණෙනි, සතර කරුණකින් යුතු තැනැත්තා ඔසොවාගෙන පැමිණ බරක් බිම තබන සෙයින් සුගතියෙහි උපදින්නේ ය. ඒ කවර සතර කරුණකින් ද යත්;

සතුන් මැරීමෙන් වැළකුණේ වෙයි. සොරකම් කිරීමෙන් වැළකුණේ වෙයි. කාමයෙහි වරදවා හැසිරීමෙන් වැළකුණේ වෙයි. බොරු කීමෙන් වැළකුණේ වෙයි.

මහණෙනි, මේ සතර කරුණෙන් යුතු තැනැත්තා ඔසොවාගෙන පැමිණ බරක් බිම තබන සෙයින් සුගතියෙහි උපදින්නේ ය.

සාදු! සාදු!! සාදු!!!

පාණාතිපාතී සූත්‍රය නිමා විය.

4.2.4.2.
මුසාවාදී සූත්‍රය
බොරු කියන්නා ගැන වදාළ දෙසුම

මහණෙනි, සතර කරුණකින් යුතු තැනැත්තා ඔසොවාගෙන පැමිණි බරක් බිම තබන සෙයින් නිරයෙහි උපදින්නේ ය. ඒ කවර සතර කරුණකින් ද යත්;

බොරු කියන්නේ වෙයි. කේලාම් කියන්නේ වෙයි. දරුණු වචන කියන්නේ වෙයි. නිසරු බස් කියන්නේ වෙයි.

මහණෙනි, මේ සතර කරුණෙන් යුතු තැනැත්තා ඔසොවාගෙන පැමිණි බරක් බිම තබන සෙයින් නිරයෙහි උපදින්නේ ය.

මහණෙනි, සතර කරුණකින් යුතු තැනැත්තා ඔසොවාගෙන පැමිණි බරක් බිම තබන සෙයින් සුගතියෙහි උපදින්නේ ය. ඒ කවර සතර කරුණකින් ද යත්;

බොරු කීමෙන් වැළකුණේ වෙයි. කේළාම් කීමෙන් වැළකුණේ වෙයි. දරුණු වචන කීමෙන් වැළකුණේ වෙයි. නිසරු බස් කීමෙන් වැළකුණේ වෙයි.

මහණෙනි, මේ සතර කරුණෙන් යුතු තැනැත්තා ඔසොවාගෙන පැමිණි බරක් බිම තබන සෙයින් සුගතියෙහි උපදින්නේ ය.

සාදු! සාදු!! සාදු!!!

මුසාවාදී සූත්‍රය නිමා විය.

4.2.4.3.
වණ්ණ සූත්‍රය
වර්ණනා කිරීම ගැන වදාළ දෙසුම

මහණෙනි, සතර කරුණකින් යුතු තැනැත්තා ඔසොවාගෙන පැමිණි බරක් බිම තබන සෙයින් නිරයෙහි උපදින්නේ ය. ඒ කවර සතර කරුණකින්

ද යත්;

නොවිමසා, සම්පූර්ණ වශයෙන් සොයා නොබලා අගුණ කිව යුත්තාගේ ගුණ කියයි. නොවිමසා, සම්පූර්ණ වශයෙන් සොයා නොබලා ගුණ කිව යුත්තාට නින්දා අපහාස කරයි. නොවිමසා, සම්පූර්ණ වශයෙන් සොයා නොබලා නොපැහැදිය යුතු කරුණෙහි පැහැදෙයි. නොවිමසා, සම්පූර්ණ වශයෙන් සොයා නොබලා පැහැදිය යුතු කරුණෙහි අපැහැදෙයි.

මහණෙනි, මේ සතර කරුණෙන් යුතු තැනැත්තා ඔසොවාගෙන පැමිණි බරක් බිම තබන සෙයින් නිරයෙහි උපදින්නේ ය.

මහණෙනි, සතර කරුණකින් යුතු තැනැත්තා ඔසොවාගෙන පැමිණි බරක් බිම තබන සෙයින් සුගතියෙහි උපදින්නේ ය. ඒ කවර සතර කරුණකින් ද යත්;

විමසා, සම්පූර්ණ වශයෙන් සොයා බලා අගුණ කිව යුත්තාගේ අගුණ කියයි. විමසා, සම්පූර්ණ වශයෙන් සොයා බලා ගුණ කිව යුත්තාගේ ගුණ කියයි. විමසා, සම්පූර්ණ වශයෙන් සොයා බලා නොපැහැදිය යුතු කරුණෙහි අපැහැදෙයි. විමසා, සම්පූර්ණ වශයෙන් සොයා බලා පැහැදිය යුතු කරුණෙහි පැහැදෙයි.

මහණෙනි, මේ සතර කරුණෙන් යුතු තැනැත්තා ඔසොවාගෙන පැමිණි බරක් බිම තබන සෙයින් සුගතියෙහි උපදින්නේ ය.

සාදු! සාදු!! සාදු!!!

වණ්ණ සූත්‍රය නිමා විය.

4.2.4.4.
කෝධගරු සූත්‍රය
ක්‍රෝධයට ගරු කරන්නා ගැන වදාළ දෙසුම

මහණෙනි, සතර කරුණකින් යුතු තැනැත්තා ඔසොවාගෙන පැමිණි බරක් බිම තබන සෙයින් නිරයෙහි උපදින්නේ ය. ඒ කවර සතර කරුණකින් ද යත්;

1. ක්‍රෝධයට ගරු කරයි, නමුත් සද්ධර්මයට ගරු නොකරයි.

2. ගුණමකුකමට ගරු කරයි, නමුත් සද්ධර්මයට ගරු නොකරයි.

3. ලාභයට ගරු කරයි, නමුත් සද්ධර්මයට ගරු නොකරයි.

4. සත්කාරයට ගරු කරයි, නමුත් සද්ධර්මයට ගරු නොකරයි.

මහණෙනි, මේ සතර කරුණෙන් යුතු තැනැත්තා ඔසොවාගෙන පැමිණි බරක් බිම තබන සෙයින් නිරයෙහි උපදින්නේ ය.

මහණෙනි, සතර කරුණකින් යුතු තැනැත්තා ඔසොවාගෙන පැමිණි බරක් බිම තබන සෙයින් සුගතියෙහි උපදින්නේ ය. ඒ කවර සතර කරුණකින් ද යත්;

1. සද්ධර්මයට ගරු කරයි, ක්‍රෝධයට ගරු නොකරයි.

2. සද්ධර්මයට ගරු කරයි, ගුණමකුකමට ගරු නොකරයි.

3. සද්ධර්මයට ගරු කරයි, ලාභයට ගරු නොකරයි.

4. සද්ධර්මයට ගරු කරයි, සත්කාරයට ගරු නොකරයි.

මහණෙනි, මේ සතර කරුණෙන් යුතු තැනැත්තා ඔසොවාගෙන පැමිණි බරක් බිම තබන සෙයින් සුගතියෙහි උපදින්නේ ය.

සාදු! සාදු!! සාදු!!!

කෝධගරු සූත්‍රය නිමා විය.

4.2.4.5.
තමෝතම පරායන සූත්‍රය
අඳුරෙන් අඳුරට යන්නා ගැන වදාළ දෙසුම

මහණෙනි, මේ පුද්ගලයෝ සතර දෙනා ලෝකයෙහි පැහැදිලි ව දකින්නට සිටිති. ඒ කවර සතර දෙනෙක් ද යත්;

තමෝතම පරායන හෙවත් අඳුරෙන් අඳුරට යන්නා. තමෝජෝති පරායන හෙවත් අඳුරෙන් එළියට යන්නා. ජෝතිතමෝ පරායන හෙවත් එළියෙන් අඳුරට

යන්නා. ජෝතිජෝති පරායන හෙවත් එළියෙන් එළියට යන්නා ය.

1. මහණෙනි, පුද්ගලයෙක් අඳුරෙන් අඳුරට යන්නේ කෙසේ ද? මහණෙනි, මෙහිලා ඇතැම් පුද්ගලයෙක් නීච කුලයෙහි උපන්නේ වෙයි. සැඩොල් කුලයේ හෝ කුළුපොතු කුලයේ හෝ වැදි කුලයේ හෝ රථකාර කුලයේ හෝ පුක්කුස කුලයේ හෝ උපන්නේ වෙයි. ඉතා දිළිඳු වූයේ වෙයි. අල්ප වූ ආහාරපාන ඇත්තේ වෙයි. දුක සේ දිවි ගෙවන්නේ වෙයි. ඉතා දුක සේ ආහාර වස්ත්‍ර ආදිය ලබයි. එමෙන් ම ඔහු අවලස්සන වෙයි. දුටුවන් අපහදින්නේ වෙයි. මිටි වූයේ වෙයි. බොහෝ ලෙඩ දුක් ඇත්තේ වෙයි. එකැස් ඇත්තේ වෙයි. වකුටු අත් පා ඇත්තේ වෙයි. කොර වූයේ හෝ වෙයි. පිළු හෝ වෙයි. ආහාර පාන වස්ත්‍ර යාන මල් සුවඳ විලවුන් සයනාසන නිවාස පහන් ආදී ගෘහෝපකරණ නැත්තේ වෙයි. ඒ තැනැත්තා කයින් දුසිරිතෙහි හැසිරෙයි. වචනයෙන් දුසිරිතෙහි හැසිරෙයි. මනසින් දුසිරිතෙහි හැසිරෙයි. කයින් දුසිරිතෙහි හැසිර, වචනයෙන් දුසිරිතෙහි හැසිර, මනසින් දුසිරිතෙහි හැසිර, කය බිඳී මරණින් මතු අපාය දුර්ගති විනිපාත නම් වූ නිරයෙහි උපදියි. මහණෙනි, පුද්ගලයෙක් අඳුරෙන් අඳුරට යන්නේ ඔය අයුරිනි.

2. මහණෙනි, පුද්ගලයෙක් අඳුරෙන් එළියට යන්නේ කෙසේ ද? මහණෙනි, මෙහිලා ඇතැම් පුද්ගලයෙක් නීච කුලයෙහි උපන්නේ වෙයි. සැඩොල් කුලයේ හෝ කුළුපොතු කුලයේ හෝ වැදි කුලයේ හෝ රථකාර කුලයේ හෝ පුක්කුස කුලයේ හෝ උපන්නේ වෙයි. ඉතා දිළිඳු වූයේ වෙයි. අල්ප වූ ආහාරපාන ඇත්තේ වෙයි. දුක සේ දිවි ගෙවන්නේ වෙයි. ඉතා දුක සේ ආහාර වස්ත්‍ර ආදිය ලබයි. එමෙන් ම ඔහු අවලස්සන වෙයි. දුටුවන් අපහදින්නේ වෙයි. මිටි වූයේ වෙයි. බොහෝ ලෙඩ දුක් ඇත්තේ වෙයි. එකැස් ඇත්තේ වෙයි. වකුටු අත් පා ඇත්තේ වෙයි. කොර වූයේ හෝ වෙයි. පිළු හෝ වෙයි. ආහාර පාන වස්ත්‍ර යාන මල් සුවඳ විලවුන් සයනාසන නිවාස පහන් ආදී ගෘහෝපකරණ නැත්තේ වෙයි. ඒ තැනැත්තා කයින් සුචරිතයෙහි හැසිරෙයි. වචනයෙන් සුචරිතයෙහි හැසිරෙයි. මනසින් සුචරිතයෙහි හැසිරෙයි. කයින් සුචරිතයෙහි හැසිර, වචනයෙන් සුචරිතයෙහි හැසිර, මනසින් සුචරිතයෙහි හැසිර, කය බිඳී මරණින් මතු සුගති සංඛ්‍යාත ස්වර්ග ලෝකයෙහි උපදියි. මහණෙනි, පුද්ගලයෙක් අඳුරෙන් එළියට යන්නේ ඔය අයුරිනි.

3. මහණෙනි, පුද්ගලයෙක් එළියෙන් අඳුරට යන්නේ කෙසේ ද? මහණෙනි, මෙහිලා ඇතැම් පුද්ගලයෙක් උසස් කුලයෙහි උපන්නේ වෙයි. ක්ෂත්‍රිය මහාසාර කුලයෙහි හෝ බ්‍රාහ්මණ මහාසාර කුලයෙහි හෝ ගෘහපති මහාසාර කුලයෙහි හෝ උපන්නේ වෙයි. ආඪ්‍ය වූයේ මහත් ධනය ඇත්තේ මහත් භෝග ඇත්තේ

වෙයි. බොහෝ රන් රිදී ඇති, බොහෝ වස්තූපකරණ ඇත්තේ වෙයි. හේ අභිරූප සම්පන්න වෙයි. ඉතා ලස්සන වෙයි. දුටුවන් පහදින්නේ වෙයි. උතුම් වර්ණ සෞන්දර්යයෙන් යුක්ත වූයේ වෙයි. ආහාර පාන වස්ත්‍ර යාන වාහන මල් සුවඳ විලවුන් ගෙවල් දොරවල් පහන් ගෘහෝපකරණ ලබන සුළු වෙයි. ඒ තැනැත්තා කයින් දුසිරිතෙහි හැසිරෙයි. වචනයෙන් දුසිරිතෙහි හැසිරෙයි. මනසින් දුසිරිතෙහි හැසිරෙයි. කයින් දුසිරිතෙහි හැසිර, වචනයෙන් දුසිරිතෙහි හැසිර, මනසින් දුසිරිතෙහි හැසිර, කය බිඳී මරණින් මතු අපාය දුර්ගති විනිපාත නම් වූ නිරයෙහි උපදියි. මහණෙනි, පුද්ගලයෙක් එළියෙන් අඳුරට යන්නේ ඔය අයුරිනි.

4. මහණෙනි, පුද්ගලයෙක් එළියෙන් එළියට යන්නේ කෙසේ ද? මහණෙනි, මෙහිලා ඇතැම් පුද්ගලයෙක් උසස් කුලයෙහි උපන්නේ වෙයි. ක්ෂත්‍රිය මහාසාර කුලයෙහි හෝ බ්‍රාහ්මණ මහාසාර කුලයෙහි හෝ ගෘහපති මහාසාර කුලයෙහි හෝ උපන්නේ වෙයි. ආඪ්‍ය වූයේ මහත් ධනය ඇත්තේ මහත් භෝග ඇත්තේ වෙයි. බොහෝ රන් රිදී ඇති, බොහෝ වස්තූපකරණ ඇත්තේ වෙයි. හේ අභිරූප සම්පන්න වෙයි. ඉතා ලස්සන වෙයි. දුටුවන් පහදින්නේ වෙයි. උතුම් වර්ණ සෞන්දර්යයෙන් යුක්ත වූයේ වෙයි. ආහාර පාන වස්ත්‍ර යාන වාහන මල් සුවඳ විලවුන් ගෙවල් දොරවල් පහන් ගෘහෝපකරණ ලබන සුළු වෙයි. ඒ තැනැත්තා කයින් සුචරිතයෙහි හැසිරෙයි. වචනයෙන් සුචරිතයෙහි හැසිරෙයි. මනසින් සුචරිතයෙහි හැසිරෙයි. කයින් සුචරිතයෙහි හැසිර, වචනයෙන් සුචරිතයෙහි හැසිර, මනසින් සුචරිතයෙහි හැසිර, කය බිඳී මරණින් මතු සුගති සංඛ්‍යාත ස්වර්ග ලෝකයෙහි උපදියි. මහණෙනි, පුද්ගලයෙක් එළියෙන් එළියට යන්නේ ඔය අයුරිනි.

මහණෙනි, මේ සතර පුද්ගලයෝ ලෝකයෙහි විද්‍යමාන ව සිටිති.

සාදු! සාදු!! සාදු!!!

තමෝතම පරායන සූත්‍රය නිමා විය.

4.2.4.6.
ඕනතෝනත සූත්‍රය
නීච බවින් නීච බවට යාම ගැන වදාළ දෙසුම

මහණෙනි, මේ පුද්ගලයෝ සතර දෙනා ලෝකයෙහි පැහැදිලි ව දකින්නට සිටිති. ඒ කවර සතර දෙනෙක් ද යත්;

ඕනතඕනත හෙවත් නීච බවින් නීච බවට යන්නා. ඕනතඋන්නත හෙවත් නීච බවින් උතුම් බවට යන්නා. උන්නතඕනත හෙවත් උතුම් බවින් නීච බවට යන්නා. උන්නතඋන්නත හෙවත් උතුම් බවින් උතුම් බවට යන්නා ය.

1. මහණෙනි, පුද්ගලයෙක් නීච බවින් නීච බවට යන්නේ කෙසේ ද? මහණෙනි, මෙහිලා ඇතැම් පුද්ගලයෙක් නීච කුලයෙහි උපන්නේ වෙයි. සැඩොල් කුලයේ ....(පෙ).... ඒ තැනැත්තා කයින් දුසිරිතෙහි හැසිරෙයි. වචනයෙන් දුසිරිතෙහි හැසිරෙයි. මනසින් දුසිරිතෙහි හැසිරෙයි. කයින් දුසිරිතෙහි හැසිර, වචනයෙන් දුසිරිතෙහි හැසිර, මනසින් දුසිරිතෙහි හැසිර, කය බිඳී මරණින් මතු අපාය දුර්ගති විනිපාත නම් වූ නිරයෙහි උපදියි. මහණෙනි, පුද්ගලයෙක් නීච බවින් නීච බවට යන්නේ ඔය අයුරිනි.

2. මහණෙනි, පුද්ගලයෙක් නීච බවින් උතුම් බවට යන්නේ කෙසේ ද? මහණෙනි, මෙහිලා ඇතැම් පුද්ගලයෙක් නීච කුලයෙහි උපන්නේ වෙයි. සැඩොල් කුලයේ ....(පෙ).... ඒ තැනැත්තා කයින් සුචරිතයෙහි හැසිරෙයි. වචනයෙන් සුචරිතයෙහි හැසිරෙයි. මනසින් සුචරිතයෙහි හැසිරෙයි. කයින් සුචරිතයෙහි හැසිර, වචනයෙන් සුචරිතයෙහි හැසිර, මනසින් සුචරිතයෙහි හැසිර, කය බිඳී මරණින් මතු සුගති සංඛ්‍යාත ස්වර්ග ලෝකයෙහි උපදියි. මහණෙනි, පුද්ගලයෙක් නීච බවින් උතුම් බවට යන්නේ ඔය අයුරිනි.

3. මහණෙනි, පුද්ගලයෙක් උතුම් බවින් නීච බවට යන්නේ කෙසේ ද? මහණෙනි, මෙහිලා ඇතැම් පුද්ගලයෙක් උසස් කුලයෙහි උපන්නේ වෙයි. ක්ෂත්‍රිය මහාසාර කුලයෙහි ....(පෙ).... ඒ තැනැත්තා කයින් දුසිරිතෙහි හැසිරෙයි. වචනයෙන් දුසිරිතෙහි හැසිරෙයි. මනසින් දුසිරිතෙහි හැසිරෙයි. කයින් දුසිරිතෙහි හැසිර, වචනයෙන් දුසිරිතෙහි හැසිර, මනසින් දුසිරිතෙහි හැසිර, කය බිඳී මරණින් මතු අපාය දුර්ගති විනිපාත නම් වූ නිරයෙහි උපදියි. මහණෙනි, පුද්ගලයෙක් උතුම් බවින් නීච බවට යන්නේ ඔය අයුරිනි.

4. මහණෙනි, පුද්ගලයෙක් උතුම් බවින් උතුම් බවට යන්නේ කෙසේ ද? මහණෙනි, මෙහිලා ඇතැම් පුද්ගලයෙක් උසස් කුලයෙහි උපන්නේ වෙයි. ක්ෂත්‍රිය මහාසාර කුලයෙහි ....(පෙ).... ඒ තැනැත්තා කයින් සුචරිතයෙහි හැසිරෙයි. වචනයෙන් සුචරිතයෙහි හැසිරෙයි. මනසින් සුචරිතයෙහි හැසිරෙයි. කයින් සුචරිතයෙහි හැසිර, වචනයෙන් සුචරිතයෙහි හැසිර, මනසින් සුචරිතයෙහි හැසිර, කය බිඳී මරණින් මතු සුගති සංඛ්‍යාත ස්වර්ග ලෝකයෙහි උපදියි. මහණෙනි, පුද්ගලයෙක් උතුම් බවින් උතුම් බවට යන්නේ ඔය අයුරිනි.

මහණෙනි, මේ සතර පුද්ගලයෝ ලෝකයෙහි විද්‍යමාන ව සිටිති.

සාදු! සාදු!! සාදු!!!

ඕනතෝනත සූත්‍රය නිමා විය.

4.2.4.7.
සමණමචල - පුත්ත සූත්‍රය
ශ්‍රමණ අචල - පුත්‍රයා ගැන වදාළ දෙසුම

මහණෙනි, මේ පුද්ගලයෝ සතර දෙනෙක් ලෝකයෙහි විද්‍යමාන ව සිටිති. ඒ කවර සතර දෙනෙක් ද යත්;

ශ්‍රමණ අචල ය. ශ්‍රමණ පුණ්ඩරීක ය. ශ්‍රමණ පදුම ය. ශ්‍රමණයන් අතර ශ්‍රමණ සුකුමාල ය.

1. මහණෙනි, පුද්ගලයෙක් ශ්‍රමණ අචල වන්නේ කෙසේ ද? මහණෙනි, මෙහිලා භික්ෂුව සේඛ වූයේ වෙයි. අනුත්තර වූ නිවන පතමින් ප්‍රතිපදාවෙහි හික්මෙමින් වාසය කරයි. මහණෙනි, එය මෙබඳු දෙයකි. ඔටුණු පළන් රජෙකුගේ ජ්‍යෙෂ්ඨ පුත්‍රයෙක් සිටියි. හේ ඔටුණු පළඳින්නට සුදුසු වූයේ වෙයි. එහෙත් ඔටුණු නොපැළැන්දේ වෙයි. ස්ථිර ව ම ඔටුණු පළඳින්නේ වෙයි. මහණෙනි, එපරිද්දෙන් ම භික්ෂුව සම්පූර්ණ නොකරන ලද ශික්ෂාව ඇත්තේ වෙයි. අනුත්තර යෝගක්ඛේමය නම් වූ නිවන පතමින් ප්‍රතිපදාවෙහි හික්මෙන්නේ වෙයි. මහණෙනි, මෙසේ පුද්ගල තෙමේ නොසැලෙන ශ්‍රමණයෙක් බවට පත්වූයේ වෙයි.

2. මහණෙනි, පුද්ගලයෙක් ශ්‍රමණ පුණ්ඩරීක වන්නේ කෙසේ ද? මහණෙනි,

මෙහිලා භික්ෂුව ආශ්‍රවයන් ක්ෂය වීම, අනාශ්‍රව වූ චිත්ත විමුක්තිය ත්, ප්‍රඥා විමුක්තිය ත් මේ ජීවිතයේ දී ම තම විශිෂ්ට ඥානයෙන් පසක් කොට සමවැදී වාසය කරයි. එනමුදු අෂ්ට විමෝක්ෂයන් කයින් ස්පර්ශ නොකොට වසන්නේ වෙයි. මහණෙනි, මෙසේ පුද්ගල තෙමේ ශ්‍රමණ පුණ්ඩරීක වෙයි.

3. මහණෙනි, පුද්ගලයෙක් ශ්‍රමණ පදුම වන්නේ කෙසේ ද? මහණෙනි, මෙහිලා භික්ෂුව ආශ්‍රවයන් ක්ෂය වීම, අනාශ්‍රව වූ චිත්ත විමුක්තිය ත්, ප්‍රඥා විමුක්තිය ත් මේ ජීවිතයේ දී ම තම විශිෂ්ට ඥානයෙන් පසක් කොට සමවැදී වාසය කරයි. එමෙන් ම අෂ්ට විමෝක්ෂයන් ද කයින් ස්පර්ශ කොට වසන්නේ වෙයි. මහණෙනි, මෙසේ පුද්ගල තෙමේ ශ්‍රමණ පදුම වෙයි.

4. මහණෙනි, පුද්ගලයෙක් ශ්‍රමණයන් අතර ශ්‍රමණ සුකුමාල වන්නේ කෙසේ ද? මහණෙනි, මෙහිලා භික්ෂුව දායකයන් විසින් යළි යළි ඉල්ලා සිටින ලද්දේ ම බොහෝ සිවුරු පරිහරණය කරයි. ඉල්ලා නොසිටින ලද්දේ නම් අල්ප වශයෙනි. දායකයන් විසින් යළි යළි ඉල්ලා සිටින ලද්දේ ම බොහෝ පිණ්ඩපාතය වළඳයි. ඉල්ලා නොසිටින ලද්දේ නම් අල්ප වශයෙනි. දායකයන් විසින් යළි යළි ඉල්ලා සිටින ලද්දේ ම බොහෝ කුටි සෙනසුන් පරිහරණය කරයි. ඉල්ලා නොසිටින ලද්දේ නම් අල්ප වශයෙනි. දායකයන් විසින් යළි යළි ඉල්ලා සිටින ලද්දේ ම බොහෝ ගිලන්පස බෙහෙත් පිරිකර පරිහරණය කරයි. ඉල්ලා නොසිටින ලද්දේ නම් අල්ප වශයෙනි.

යම් සබ්‍රහ්මචාරීන් පිරිසක් වාසය කරයි නම්, ඒ සබ්‍රහ්මචාරීන් වහන්සේලා ඒ භික්ෂුවගේ සිත පැහැදෙන අයුරින් බහුල වශයෙන් කායික ක්‍රියා පවත්වති. අපැහැදෙන අයුරු ඇත්තේ ස්වල්ප වශයෙනි. ඒ භික්ෂුවගේ සිත පැහැදෙන අයුරින් බහුල වශයෙන් වාචසික ක්‍රියා පවත්වති. අපැහැදෙන අයුරු ඇත්තේ ස්වල්ප වශයෙනි. ඒ භික්ෂුවගේ සිත පැහැදෙන අයුරින් බහුල වශයෙන් මානසික ක්‍රියා පවත්වති. අපැහැදෙන අයුරු ඇත්තේ ස්වල්ප වශයෙනි.

පිතෙන් හටගන්නා වූ හෝ සෙමෙන් හටගන්නා වූ හෝ වාතයෙන් හටගන්නා වූ හෝ තුන් දොස් එකතු වීමෙන් හටගන්නා හෝ ඍතු විපර්යාසයෙන් හටගන්නා හෝ විෂම පරිහරණයෙන් හටගන්නා වූ හෝ උපක්‍රමයෙන් හටගන්නා වූ හෝ කර්ම විපාකයෙන් හටගන්නා වූ හෝ යම් වේදනාවන් ඇද්ද, ඒ භික්ෂුවට ඒ වේදනාවන් බොහෝ අයුරින් නූපදිති. අල්පාබාධ ඇත්තේ වෙයි.

අධිචිත්තයෙන් යුතු සතරක් වූ ධ්‍යානයන් කැමති සේ ලබන්නේ වෙයි. නිදුකින් ලබන්නේ වෙයි. විපුල කොට ලබන්නේ වෙයි. ආශ්‍රවයන් ක්ෂය කිරීමෙන් අනාශ්‍රව වූ චිත්ත විමුක්තිය ත්, ප්‍රඥා විමුක්තිය ත් මෙලොවදී ම

ස්වකීය ප්‍රඥාවෙන් සාක්ෂාත් කොට පැමිණ වසන්නේ වෙයි. මහණෙනි, මෙසේ මේ පුද්ගල තෙමේ ශ්‍රමණයන් අතර ශ්‍රමණ සුකුමාල වෙයි.

මහණෙනි, ශ්‍රමණයන් අතර ශ්‍රමණ සුකුමාල යැයි යමෙකු අරභයා මැනැවින් පවසන්නේ නම් මහණෙනි, ශ්‍රමණයන් අතර ශ්‍රමණ සුකුමාල යැයි මැනැවින් පැවසිය යුත්තේ මා උදෙසා ම ය.

මහණෙනි, මම දායකයන් විසින් යළි යළි ඉල්ලා සිටින ලද්දේ ම බොහෝ සිවුරු පරිහරණය කරමි. ඉල්ලා නොසිටින ලද්දේ නම් අල්ප වශයෙනි. දායකයන් විසින් යළි යළි ඉල්ලා සිටින ලද්දේ ම බොහෝ පිණ්ඩපාතය වළඳමි. ඉල්ලා නොසිටින ලද්දේ නම් අල්ප වශයෙනි. දායකයන් විසින් යළි යළි ඉල්ලා සිටින ලද්දේ ම බොහෝ කුටි සෙනසුන් පරිහරණය කරමි. ඉල්ලා නොසිටින ලද්දේ නම් අල්ප වශයෙනි. දායකයන් විසින් යළි යළි ඉල්ලා සිටින ලද්දේ ම බොහෝ ගිලන්පස බෙහෙත් පිරිකර පරිහරණය කරමි. ඉල්ලා නොසිටින ලද්දේ නම් අල්ප වශයෙනි.

යම් සබ්‍රහ්මචාරීන් පිරිසක් වාසය කරයි නම්, ඒ සබ්‍රහ්මචාරීන් වහන්සේලා ඒ මාගේ සිත පැහැදෙන අයුරින් බහුල වශයෙන් කායික ක්‍රියා පවත්වති. අපැහැදෙන අයුරු ඇත්තේ ස්වල්ප වශයෙනි. ඒ මාගේ සිත පැහැදෙන අයුරින් බහුල වශයෙන් වාචසික ක්‍රියා පවත්වති. අපැහැදෙන අයුරු ඇත්තේ ස්වල්ප වශයෙනි. ඒ මාගේ සිත පැහැදෙන අයුරින් බහුල වශයෙන් මානසික ක්‍රියා පවත්වති. අපැහැදෙන අයුරු ඇත්තේ ස්වල්ප වශයෙනි.

පිතෙන් හටගන්නා වූ හෝ සෙමෙන් හටගන්නා වූ හෝ වාතයෙන් හටගන්නා වූ හෝ තුන් දොස් එකතු වීමෙන් හටගන්නා හෝ ඍතු විපර්යාසයෙන් හටගන්නා හෝ විෂම පරිහරණයෙන් හටගන්නා වූ හෝ උපක්‍රමයෙන් හටගන්නා වූ හෝ කර්ම විපාකයෙන් හටගන්නා වූ හෝ යම් වේදනාවන් ඇද්ද, මා හට ඒ වේදනාවන් බොහෝ අයුරින් නූපදිති. අල්පාබාධ ඇත්තේ වෙයි.

අධිචිත්තයෙන් යුතු සතරක් වූ ධ්‍යානයන් කැමති සේ ලබන්නේ වෙමි. නිදුකින් ලබන්නේ වෙමි. විපුල කොට ලබන්නේ වෙමි. ආශ්‍රවයන් ක්ෂය කිරීමෙන් අනාශ්‍රව වූ චිත්ත විමුක්තිය ත්, ප්‍රඥා විමුක්තිය ත් මෙලොවදී ම ස්වකීය ප්‍රඥාවෙන් සාක්ෂාත් කොට පැමිණ වසන්නේ වෙමි.

මහණෙනි, ශ්‍රමණයන් අතර ශ්‍රමණ සුකුමාල යැයි යමෙකු අරභයා මැනැවින් පවසන්නේ නම් මහණෙනි, ශ්‍රමණයන් අතර ශ්‍රමණ සුකුමාල යැයි

මැනැවින් පැවසිය යුත්තේ මා උදෙසා ම ය.

මහණෙනි, මේ පුද්ගලයෝ සතර දෙනා ලෝකයේ විද්‍යමාන ව සිටිති.

සාදු! සාදු!! සාදු!!!

සමණමචල - පුත්ත සූත්‍රය නිමා විය.

4.2.4.8.
සමණමචල - සඤ්ඤොජන සූත්‍රය
ශ්‍රමණ අචල - සංයෝජන ගැන වදාළ දෙසුම

මහණෙනි, මේ පුද්ගලයෝ සතර දෙනෙක් ලෝකයෙහි විද්‍යමාන ව සිටිති. ඒ කවර සතර දෙනෙක් ද යත්;

ශ්‍රමණ අචල ය. ශ්‍රමණ පුණ්ඩරීක ය. ශ්‍රමණ පදුම ය. ශ්‍රමණයන් අතර ශ්‍රමණ සුකුමාල ය.

1. මහණෙනි, පුද්ගලයෙක් ශ්‍රමණ අචල වන්නේ කෙසේ ද? මහණෙනි, මෙහිලා භික්ෂුව සංයෝජන තුනක් ප්‍රහාණය කිරීමෙන් සෝතාපන්න වූයේ වෙයි. අපායෙහි නොවැටෙන ස්වභාව ඇත්තේ වෙයි. නියත වශයෙන් නිවන අවබෝධ කරන්නේ වෙයි. මහණෙනි, මෙසේ පුද්ගල තෙමේ ශ්‍රමණ අචල වූයේ වෙයි.

2. මහණෙනි, පුද්ගලයෙක් ශ්‍රමණ පුණ්ඩරීක වන්නේ කෙසේ ද? මහණෙනි, මෙහිලා භික්ෂුව තුන් සංයෝජනයක් ප්‍රහාණය කිරීමෙන් රාග, ද්වේෂ, මෝහ ආදියෙහි බලය දුර්වල කිරීමෙන් සකදාගාමී වෙයි. යළි මේ ලොවට එක් වරක් ම අවුත් දුක් අවසන් කරන්නේ වෙයි. මහණෙනි, මෙසේ මේ පුද්ගල තෙමේ ශ්‍රමණ පුණ්ඩරීක වූයේ වෙයි.

3. මහණෙනි, පුද්ගලයෙක් ශ්‍රමණ පදුම වන්නේ කෙසේ ද? මහණෙනි, මෙහිලා භික්ෂුව පංච ඕරම්භාගීය සංයෝජනයන් ප්‍රහාණය කිරීමෙන් සුද්ධාවාස බඹලොව ඕපපාතික ව උපදින්නේ වෙයි. නැවත ඒ ලොවින් පහළට නොවැටෙන ස්වභාවයෙන් යුතු වූයේ එහි ම පිරිනිවන් පාන්නේ වෙයි. මහණෙනි, මේ පුද්ගල තෙමේ ශ්‍රමණ පදුම වූයේ වෙයි.

4. මහණෙනි, පුද්ගලයෙක් ශ්‍රමණයන් අතර ශ්‍රමණ සුකුමාල වන්නේ කෙසේ ද? මහණෙනි, මෙහිලා භික්ෂුව ආශ්‍රවයන් ක්ෂය කිරීමෙන් අනාශ්‍රව වූ චිත්ත විමුක්තිය ත්, ප්‍රඥා විමුක්තිය ත් මේ ජීවිතයේ දී ම තම විශිෂ්ට ඥානයෙන් පසක් කොට සමවැදී වසන්නේ වෙයි. මහණෙනි, මෙසේ මේ පුද්ගල තෙමේ ශ්‍රමණයන් අතර ශ්‍රමණ සුකුමාල වූයේ වෙයි.

මහණෙනි, මේ පුද්ගලයෝ සතර දෙනා ලෝකයේ විද්‍යමාන ව සිටිති.

සාදු! සාදු!! සාදු!!!

සමණමචල - සඤ්ඤොජන සූත්‍රය නිමා විය.

4.2.4.9.
සමණමචල - දිට්ඨි සූත්‍රය
ශ්‍රමණ අචල - දෘෂ්ටි ගැන වදාළ දෙසුම

මහණෙනි, මේ පුද්ගලයෝ සතර දෙනෙක් ලෝකයෙහි විද්‍යමාන ව සිටිති. ඒ කවර සතර දෙනෙක් ද යත්;

ශ්‍රමණ අචල ය. ශ්‍රමණ පුණ්ඩරීක ය. ශ්‍රමණ පදුම ය. ශ්‍රමණයන් අතර ශ්‍රමණ සුකුමාල ය.

1. මහණෙනි, පුද්ගලයෙක් ශ්‍රමණ අචල වන්නේ කෙසේ ද? මහණෙනි, මෙහිලා භික්ෂුව සම්මා දිට්ඨියෙන් යුක්ත වෙයි. සම්මා සංකල්පයෙන් යුක්ත වෙයි. සම්මා වාචාවෙන් යුක්ත වෙයි. සම්මා කම්මන්තයෙන් යුක්ත වෙයි. සම්මා ආජීවයෙන් යුක්ත වෙයි. සම්මා වායාමයෙන් යුක්ත වෙයි. සම්මා සතියෙන් යුක්ත වෙයි. සම්මා සමාධියෙන් යුක්ත වෙයි. මහණෙනි, මෙසේ පුද්ගල තෙමේ ශ්‍රමණ අචල වූයේ වෙයි.

2. මහණෙනි, පුද්ගලයෙක් ශ්‍රමණ පුණ්ඩරීක වන්නේ කෙසේ ද? මහණෙනි, මෙහිලා භික්ෂුව සම්මා දිට්ඨියෙන් යුක්ත වෙයි. සම්මා සංකල්පයෙන් යුක්ත වෙයි. සම්මා වාචාවෙන් යුක්ත වෙයි. සම්මා කම්මන්තයෙන් යුක්ත වෙයි. සම්මා ආජීවයෙන් යුක්ත වෙයි. සම්මා වායාමයෙන් යුක්ත වෙයි. සම්මා සතියෙන් යුක්ත වෙයි. සම්මා සමාධියෙන් යුක්ත වෙයි. සම්මා ඥානයෙන් යුක්ත වෙයි. සම්මා විමුක්තියෙන් යුක්ත වෙයි. එනමුදු අෂ්ට විමෝක්ෂයන් කයින් ස්පර්ශ

නොකොට වාසය කරන්නේ වෙයි. මහණෙනි, මෙසේ මේ පුද්ගල තෙමේ ශ්‍රමණ පුණ්ඩරීක වූයේ වෙයි.

3. මහණෙනි, පුද්ගලයෙක් ශ්‍රමණ පදුම වන්නේ කෙසේ ද? මහණෙනි, මෙහිලා භික්ෂුව සම්මා දිට්ඨියෙන් යුක්ත වෙයි. සම්මා සංකල්පයෙන් යුක්ත වෙයි. සම්මා වාචාවෙන් යුක්ත වෙයි. සම්මා කම්මන්තයෙන් යුක්ත වෙයි. සම්මා ආජීවයෙන් යුක්ත වෙයි. සම්මා වායාමයෙන් යුක්ත වෙයි. සම්මා සතියෙන් යුක්ත වෙයි. සම්මා සමාධියෙන් යුක්ත වෙයි. සම්මා ඥානයෙන් යුක්ත වෙයි. සම්මා විමුක්තියෙන් යුක්ත වෙයි. අෂ්ට විමෝක්ෂයන් කයින් ස්පර්ශ කොට වාසය කරන්නේ වෙයි. මහණෙනි, මේ පුද්ගල තෙමේ ශ්‍රමණ පදුම වූයේ වෙයි.

4. මහණෙනි, පුද්ගලයෙක් ශ්‍රමණයන් අතර ශ්‍රමණ සුකුමාල වන්නේ කෙසේ ද? මහණෙනි, මෙහිලා භික්ෂුව දායකයන් විසින් යළි යළි ඉල්ලා සිටින ලද්දේ ම බොහෝ සිවුරු පරිහරණය කරයි. ඉල්ලා නොසිටින ලද්දේ නම් අල්ප වශයෙනි. ....(පෙ).... මහණෙනි, ශ්‍රමණයන් අතර ශ්‍රමණ සුකුමාල යැයි යමෙකු අරභයා මැනැවින් පවසන්නේ නම් මහණෙනි, ශ්‍රමණයන් අතර ශ්‍රමණ සුකුමාල යැයි මැනැවින් පැවසිය යුත්තේ මා උදෙසා ම ය.

මහණෙනි, මේ පුද්ගලයෝ සතර දෙනා ලෝකයේ විද්‍යමාන ව සිටිති.

සාදු! සාදු!! සාදු!!!

සමණමචල - සඤ්ඤෝජන සූත්‍රය නිමා විය.

4.2.4.10.
සමණමචල - ඛන්ධ සූත්‍රය
ශ්‍රමණ අචල - ස්කන්ධ ගැන වදාළ දෙසුම

මහණෙනි, මේ පුද්ගලයෝ සතර දෙනෙක් ලෝකයෙහි විද්‍යමාන ව සිටිති. ඒ කවර සතර දෙනෙක් ද යත්;

ශ්‍රමණ අචල ය. ශ්‍රමණ පුණ්ඩරීක ය. ශ්‍රමණ පදුම ය. ශ්‍රමණයන් අතර ශ්‍රමණ සුකුමාල ය.

1. මහණෙනි, පුද්ගලයෙක් ශ්‍රමණ අචල වන්නේ කෙසේ ද? මහණෙනි, මෙහිලා භික්ෂුව සේඛ වූයේ වෙයි. නොපැමිණි අරහත්ඵලය ඇත්තේ වෙයි.

අනුත්තර වූ නිවන පතමින් ප්‍රතිපදාවෙහි හික්මෙමින් වාසය කරයි. මහණෙනි, මෙසේ පුද්ගල තෙමේ ශ්‍රමණ අචල වූයේ වෙයි.

2. මහණෙනි, පුද්ගලයෙක් ශ්‍රමණ පුණ්ඩරීක වන්නේ කෙසේ ද? මහණෙනි, මෙහිලා භික්ෂුව පංච උපාදානස්කන්ධයන් පිළිබඳ ව හටගැනීම ත්, නැතිවීම ත් නුවණින් දකිමින් වාසය කරයි. එනම් රූපය යනු මෙය යි. රූපයෙහි හටගැනීම යනු මෙය යි. රූපය නැති වී යාම යනු මෙය යි. විඳීම යනු මෙය යි. විඳීමෙහි හටගැනීම යනු මෙය යි. විඳීම නැති වී යාම යනු මෙය යි. සංඥාව යනු මෙය යි. සංඥාවෙහි හටගැනීම යනු මෙය යි. සංඥාව නැති වී යාම යනු මෙය යි. සංස්කාර යනු මෙය යි. සංස්කාරයන්හි හටගැනීම යනු මෙය යි. සංස්කාරයන් නැති වී යාම යනු මෙය යි. විඤ්ඤාණය යනු මෙය යි. විඤ්ඤාණයෙහි හටගැනීම යනු මෙය යි. විඤ්ඤාණය නැති වී යාම යනු මෙය යි වශයෙනි. එමෙන්ම අෂ්ට විමෝක්ෂයන් කයෙන් ස්පර්ශ කොට නොවසන්නේ වෙයි. මහණෙනි, මෙසේ මේ පුද්ගල තෙමේ ශ්‍රමණ පුණ්ඩරීක වූයේ වෙයි.

3. මහණෙනි, පුද්ගලයෙක් ශ්‍රමණ පදුම වන්නේ කෙසේ ද? මහණෙනි, මෙහිලා භික්ෂුව පංච උපාදානස්කන්ධයන් පිළිබඳ ව හටගැනීම ත්, නැතිවීම ත් නුවණින් දකිමින් වාසය කරයි. එනම් රූපය යනු මෙය යි. රූපයෙහි හටගැනීම යනු මෙය යි. රූපය නැති වී යාම යනු මෙය යි. විඳීම යනු මෙය යි. ....(පෙ).... සංඥාව යනු මෙය යි. ....(පෙ).... සංස්කාර යනු මෙය යි. ....(පෙ).... විඤ්ඤාණය යනු මෙය යි. විඤ්ඤාණයෙහි හටගැනීම යනු මෙය යි. විඤ්ඤාණය නැති වී යාම යනු මෙය යි වශයෙනි. එමෙන් ම අෂ්ට විමෝක්ෂයන් කයෙන් ස්පර්ශ කොට වසන්නේ වෙයි. මහණෙනි, මේ පුද්ගල තෙමේ ශ්‍රමණ පදුම වූයේ වෙයි.

4. මහණෙනි, පුද්ගලයෙක් ශ්‍රමණයන් අතර ශ්‍රමණ සුකුමාල වන්නේ කෙසේ ද? මහණෙනි, මෙහිලා භික්ෂුව දායකයන් විසින් යළි යළි ඉල්ලා සිටින ලද්දේ ම බොහෝ සිවුරු පරිහරණය කරයි. ඉල්ලා නොසිටින ලද්දේ නම් අල්ප වශයෙනි. ....(පෙ).... මහණෙනි, ශ්‍රමණයන් අතර ශ්‍රමණ සුකුමාල යැයි යමෙකු අරහයා මැනැවින් පවසන්නේ නම් මහණෙනි, ශ්‍රමණයන් අතර ශ්‍රමණ සුකුමාල යැයි මැනැවින් පැවසිය යුත්තේ මා උදෙසා ම ය.

මහණෙනි, මේ පුද්ගලයෝ සතර දෙනා ලෝකයේ විද්‍යමාන ව සිටිති.

සාදු! සාදු!! සාදු!!!

සමණමචල - බන්ධ සූත්‍රය නිමා විය.

සිව්වෙනි මචල වර්ගය අවසන් විය.

- එහි පිළිවෙල උද්දානයයි :

පාණාතිපාතී සූත්‍රය, මුසාවාදී සූත්‍රය, වණ්ණ සූත්‍රය, කෝධ සූත්‍රය, තමෝතම පරායන සූත්‍රය, ඕනත සූත්‍රය, පුත්ත සූත්‍රය, සංයෝජන සූත්‍රය, දිට්ඨි සූත්‍රය සහ ඛන්ධ සූත්‍රය වශයෙන් මෙහි සූත්‍ර දශයෙකි.

5. අසුර වර්ගය

4.2.5.1.
අසුර සූත්‍රය
අසුරයා උපමා කොට වදාළ දෙසුම

සැවැත් නුවර දී ය......

මහණෙනි, මේ පුද්ගලයෝ සතර දෙනෙක් ලෝකයෙහි විද්‍යමාන ව සිටිති. ඒ කවර සතර දෙනෙක් ද යත්;

අසුර පිරිවර ඇති අසුරයා ය. දෙව් පිරිවර ඇති අසුරයා ය. අසුර පිරිවර ඇති දෙවියා ය. දෙව් පිරිවර ඇති දෙවියා ය.

1. මහණෙනි, පුද්ගලයෙක් අසුර පිරිවර ඇති අසුරයා වන්නේ කෙසේ ද? මහණෙනි, මෙහිලා ඇතැම් පුද්ගලයෙක් දුස්සීල වෙයි. පවිටු ස්වභාවයෙන් යුක්ත වෙයි. ඔහුගේ පිරිස ද දුස්සීල වෙයි. පාපී ධර්මයන් ඇත්තේ වෙයි. මහණෙනි, පුද්ගලයෙක් අසුර පිරිවර ඇති අසුරයා වන්නේ මේ අයුරිනි.

2. මහණෙනි, පුද්ගලයෙක් දෙව් පිරිවර ඇති අසුරයා වන්නේ කෙසේ ද? මහණෙනි, මෙහිලා ඇතැම් පුද්ගලයෙක් දුස්සීල වෙයි. පවිටු ස්වභාවයෙන් යුක්ත වෙයි. ඔහුගේ පිරිස සිල්වත් වෙයි. කල්‍යාණ ධර්මයන් ඇත්තේ වෙයි. මහණෙනි, පුද්ගලයෙක් දෙව් පිරිවර ඇති අසුරයා වන්නේ මේ අයුරිනි.

3. මහණෙනි, පුද්ගලයෙක් අසුර පිරිවර ඇති දෙවියෙක් වන්නේ කෙසේ ද? මහණෙනි, මෙහිලා ඇතැම් පුද්ගලයෙක් සිල්වත් වෙයි. කල්‍යාණ ධර්මයෙන් යුක්ත වෙයි. එනමුදු ඔහුගේ පිරිස දුස්සීල වෙයි. පාපී ධර්මයන් ඇත්තේ වෙයි. මහණෙනි, පුද්ගලයෙක් අසුර පිරිවර ඇති දෙවියෙකු වන්නේ මේ අයුරිනි.

4. මහණෙනි, පුද්ගලයෙක් දෙව් පිරිවර ඇති දෙවියෙක් වන්නේ කෙසේ ද? මහණෙනි, මෙහිලා ඇතැම් පුද්ගලයෙක් සිල්වත් වෙයි. කල්‍යාණ ධර්මයෙන් යුක්ත වෙයි. ඔහුගේ පිරිස ද සිල්වත් වෙයි. කල්‍යාණ ධර්මයන් ඇත්තේ වෙයි. මහණෙනි, පුද්ගලයෙක් දෙව් පිරිවර ඇති දෙවියෙකු වන්නේ මේ අයුරිනි.

මහණෙනි, මේ පුද්ගලයෝ සතර දෙනෙක් ලෝකයෙහි විද්‍යමාන ව සිටිති.

සාදු! සාදු!! සාදු!!!

අසුර සූත්‍රය නිමා විය.

4.2.5.2.
පඨම සමාධි සූත්‍රය
සමාධිය ගැන වදාළ පළමු දෙසුම

මහණෙනි, මේ පුද්ගලයෝ සතර දෙනෙක් ලෝකයෙහි විද්‍යමාන ව සිටිති. ඒ කවර සතර දෙනෙක් ද යත්;

1. මහණෙනි, මෙහිලා ඇතැම් පුද්ගලයෙක් තමා තුළ චිත්ත සමාධිය ලබන්නේ වෙයි. එනමුදු ගැඹුරු ප්‍රඥාවට නිසි විදර්ශනාව නොලබන්නේ වෙයි.

2. මහණෙනි, මෙහිලා ඇතැම් පුද්ගලයෙක් ගැඹුරු ප්‍රඥාවට නිසි විදර්ශනාව ලබන්නේ වෙයි. එනමුදු තමා තුළ චිත්ත සමාධිය නොලබන්නේ වෙයි.

3. මහණෙනි, මෙහිලා ඇතැම් පුද්ගලයෙක් තමා තුළ චිත්ත සමාධිය නොලබන්නේ වෙයි. ගැඹුරු ප්‍රඥාවට නිසි විදර්ශනාව ද නොලබන්නේ වෙයි.

4. මහණෙනි, මෙහිලා ඇතැම් පුද්ගලයෙක් තමා තුළ චිත්ත සමාධිය ලබන්නේ වෙයි. ගැඹුරු ප්‍රඥාවට නිසි විදර්ශනාව ද ලබන්නේ වෙයි.

මහණෙනි, මේ පුද්ගලයෝ සතර දෙනා ලෝකයෙහි විද්‍යමාන ව සිටිති.

සාදු! සාදු!! සාදු!!!

පඨම සමාධි සූත්‍රය නිමා විය.

4.2.5.3.
දුතිය සමාධි සූත්‍රය
සමාධිය ගැන වදාළ දෙවෙනි දෙසුම

මහණෙනි, මේ පුද්ගලයෝ සතර දෙනෙක් ලෝකයෙහි විද්‍යමාන ව සිටිති. ඒ කවර සතර දෙනෙක් ද යත්;

මහණෙනි, මෙහිලා ඇතැම් පුද්ගලයෙක් තමා තුළ චිත්ත සමාධිය ලබන්නේ වෙයි. එනමුදු ගැඹුරු ප්‍රඥාවට නිසි විදර්ශනාව නොලබන්නේ වෙයි.

මහණෙනි, මෙහිලා ඇතැම් පුද්ගලයෙක් ගැඹුරු ප්‍රඥාවට නිසි විදර්ශනාව ලබන්නේ වෙයි. එනමුදු තමා තුළ චිත්ත සමාධිය නොලබන්නේ වෙයි.

මහණෙනි, මෙහිලා ඇතැම් පුද්ගලයෙක් තමා තුළ චිත්ත සමාධිය නොලබන්නේ වෙයි. ගැඹුරු ප්‍රඥාවට නිසි විදර්ශනාව ද නොලබන්නේ වෙයි.

මහණෙනි, මෙහිලා ඇතැම් පුද්ගලයෙක් තමා තුළ චිත්ත සමාධිය ලබන්නේ වෙයි. ගැඹුරු ප්‍රඥාවට නිසි විදර්ශනාව ද ලබන්නේ වෙයි.

1. මහණෙනි, එහිලා යම් මේ පුද්ගලයෙක් තමා තුළ චිත්ත සමාධිය ලබන්නේ වෙයි ද, එනමුදු ගැඹුරු ප්‍රඥාවට නිසි විදර්ශනාව නොලබන්නේ වෙයි ද, මහණෙනි, ඒ පුද්ගලයා විසින් තමා තුළ වූ චිත්ත සමාධියෙහි පිහිටා ගැඹුරු ප්‍රඥාවට නිසි විදර්ශනාව පිණිස උත්සාහවත් විය යුත්තේ ය. හේ පසු කලක තමා තුළ චිත්ත සමාධිය ලබනසුළු වූයේ ද, ගැඹුරු ප්‍රඥාවට නිසි විදර්ශනාව ලබනසුළු වූයේ ද වනු ඇත.

2. මහණෙනි, එහිලා යම් මේ පුද්ගලයෙක් ගැඹුරු ප්‍රඥාවට නිසි විදර්ශනාව ලබන්නේ වෙයි ද, එනමුදු තමා තුළ චිත්ත සමාධිය නොලබන්නේ වෙයි ද, මහණෙනි, ඒ පුද්ගලයා විසින් තමා තුළ වූ ගැඹුරු ප්‍රඥාවට නිසි විදර්ශනාවෙහි පිහිටා චිත්ත සමාධිය පිණිස උත්සාහවත් විය යුත්තේ ය. හේ පසු කලක ගැඹුරු ප්‍රඥාවට නිසි විදර්ශනාව ලබනසුළු වූයේ ද, තමා තුළ චිත්ත සමාධිය ලබනසුළු වූයේ ද වනු ඇත.

3. මහණෙනි, එහිලා යම් මේ පුද්ගලයෙක් තමා තුළ චිත්ත සමාධිය නොලබන්නේ වෙයි ද, ගැඹුරු ප්‍රඥාවට නිසි විදර්ශනාව ද නොලබන්නේ වෙයි ද, මහණෙනි, ඒ පුද්ගලයා විසින් ඒ කුසල ධර්මයන් ම උපදවා ගැනීම පිණිස

ඉතා බලවත් වූ කැමැත්තක් ද, වීර්යයක් ද, උත්සාහයක් ද, බලවත් උත්සාහයක් ද, අත්නොහරින උත්සාහයක් ද, සිහියක් ද, නුවණක් ද ඇති කරගත යුත්තේ ය.

මහණෙනි, එය මෙබඳු දෙයකි. ඇඳිවත ගිනිගත්තෙකු හෝ හිස ගිනිගත්තෙකු හෝ ඒ ඇඳිවත වේවා හිස වේවා නිවා දැමීම පිණිස අධිමාත්‍ර වූ කැමැත්තක් ද, වීර්යයක් ද, උත්සාහයක් ද, බලවත් උත්සාහයක් ද, අත්නොහරින උත්සාහයක් ද, සිහියක් ද, නුවණක් ද ඇතිකරගන්නේ වෙයි ද, එසෙයින් ම මහණෙනි, ඒ පුද්ගලයා විසින් ඒ කුසල ධර්මයන් ම උපදවා ගැනීම පිණිස ඉතා බලවත් වූ කැමැත්තක් ද, වීර්යයක් ද, උත්සාහයක් ද, බලවත් උත්සාහයක් ද, අත්නොහරින උත්සාහයක් ද, සිහියක් ද, නුවණක් ද ඇති කරගත යුත්තේ ය. හේ පසු කලක තමා තුළ චිත්ත සමාධිය ලබනසුළු වූයේ ද, ගැඹුරු ප්‍රඥාවට නිසි විදර්ශනාව ලබනසුළු වූයේ ද වනු ඇත.

4. මහණෙනි, එහිලා යම් මේ පුද්ගලයෙක් තමා තුළ චිත්ත සමාධිය ලබන්නේ වෙයි ද, ගැඹුරු ප්‍රඥාවට නිසි විදර්ශනාව ද ලබන්නේ වෙයි ද, මහණෙනි, ඒ පුද්ගලයා විසින් ඒ කුසල ධර්මයන් තුළ පිහිටා මත්තෙහි ආශ්‍රවයන්ගේ ක්ෂය වීම පිණිස එය දියුණු කිරීමට උත්සාහ කළ යුත්තේ ය.

මහණෙනි, මේ පුද්ගලයෝ සතර දෙනා ලෝකයෙහි විද්‍යමාන ව සිටිති.

සාදු! සාදු!! සාදු!!!

දුතිය සමාධි සූත්‍රය නිමා විය.

4.2.5.4.
තතිය සමාධි සූත්‍රය
සමාධිය ගැන වදාළ තෙවෙනි දෙසුම

මහණෙනි, මේ පුද්ගලයෝ සතර දෙනෙක් ලෝකයෙහි විද්‍යමාන ව සිටිති. ඒ කවර සතර දෙනෙක් ද යත්;

මහණෙනි, මෙහිලා ඇතැම් පුද්ගලයෙක් තමා තුළ චිත්ත සමාධිය ලබන්නේ වෙයි. එනමුදු ගැඹුරු ප්‍රඥාවට නිසි විදර්ශනාව නොලබන්නේ වෙයි.

මහණෙනි, මෙහිලා ඇතැම් පුද්ගලයෙක් ගැඹුරු ප්‍රඥාවට නිසි විදර්ශනාව

ලබන්නේ වෙයි. එනමුදු තමා තුළ චිත්ත සමාධිය නොලබන්නේ වෙයි.

මහණෙනි, මෙහිලා ඇතැම් පුද්ගලයෙක් තමා තුළ චිත්ත සමාධිය නොලබන්නේ වෙයි. ගැඹුරු ප්‍රඥාවට නිසි විදර්ශනාව ද නොලබන්නේ වෙයි.

මහණෙනි, මෙහිලා ඇතැම් පුද්ගලයෙක් තමා තුළ චිත්ත සමාධිය ලබන්නේ වෙයි. ගැඹුරු ප්‍රඥාවට නිසි විදර්ශනාව ද ලබන්නේ වෙයි.

1. මහණෙනි, එහිලා යම් මේ පුද්ගලයෙක් තමා තුළ චිත්ත සමාධිය ලබන්නේ වෙයි ද, එනමුදු ගැඹුරු ප්‍රඥාවට නිසි විදර්ශනාව නොලබන්නේ වෙයි ද, මහණෙනි, ඒ පුද්ගලයා විසින් යම් පුද්ගලයෙක් ගැඹුරු ප්‍රඥාවට නිසි විදර්ශනාවෙන් යුක්ත වූයේ වෙයි ද, ඔහු වෙත පැමිණ මෙසේ කිව යුතු වන්නේ ය. 'ආයුෂ්මත, සංස්කාරයන් දැක්ක යුත්තේ කෙසේ ද? සංස්කාරයන් පිළිබඳ ව නුවණින් විමසිය යුත්තේ කෙසේ ද? සංස්කාරයන් විදර්ශනා කළ යුත්තේ කෙසේ ද?' එවිට හේ දකින ලද්දේ යම් අයුරකින් ද, තමන්ට ප්‍රකට වූයේ යම් අයුරකින් ද එය ඔහුට පවසයි. 'ආයුෂ්මත, සංස්කාරයන් දැක්ක යුත්තේ මේ අයුරිනි. සංස්කාරයන් නුවණින් විමසිය යුත්තේ මේ අයුරිනි. සංස්කාරයන් විදර්ශනා කළ යුත්තේ මේ අයුරිනි' වශයෙනි. හේ පසු කලක තමා තුළ චිත්ත සමාධිය ලබනසුළු වූයේ ද, ගැඹුරු ප්‍රඥාවට නිසි විදර්ශනාව ලබනසුළු වූයේ ද වනු ඇත.

2. මහණෙනි, එහිලා යම් මේ පුද්ගලයෙක් ගැඹුරු ප්‍රඥාවට නිසි විදර්ශනාව ලබන්නේ වෙයි ද, එනමුදු තමා තුළ චිත්ත සමාධිය නොලබන්නේ වෙයි ද, මහණෙනි, ඒ පුද්ගලයා විසින් යම් පුද්ගලයෙක් තමා තුළ චිත්ත සමාධියෙන් යුක්ත වූයේ වෙයි ද, ඔහු වෙත පැමිණ මෙසේ කිව යුතු වන්නේ ය. 'ආයුෂ්මත, සිත පිහිටුවා ගත යුත්තේ කෙසේ ද? සිත සංසිඳුවා ගත යුත්තේ කෙසේ ද? සිත එක අරමුණකට ගත යුත්තේ කෙසේ ද? සිත අරමුණෙහි තැන්පත් කරගත යුත්තේ කෙසේ ද?' වශයෙනි. එවිට හේ දකින ලද්දේ යම් අයුරකින් ද, තමන්ට ප්‍රකට වූයේ යම් අයුරකින් ද එය ඔහුට පවසයි. 'ආයුෂ්මත, සිත පිහිටුවා ගත යුත්තේ මෙසේ ය. සිත සංසිඳුවා ගත යුත්තේ මෙසේ ය. සිත එක අරමුණකට ගත යුත්තේ මෙසේ ය. සිත අරමුණෙහි තැන්පත් කරගත යුත්තේ මෙසේ ය' වශයෙනි. හේ පසු කලක තමා තුළ චිත්ත සමාධිය ලබනසුළු වූයේ ද, ගැඹුරු ප්‍රඥාවට නිසි විදර්ශනාව ලබනසුළු වූයේ ද වනු ඇත.

3. මහණෙනි, එහිලා යම් මේ පුද්ගලයෙක් තමා තුළ චිත්ත සමාධිය නොලබන්නේ වෙයි ද, ගැඹුරු ප්‍රඥාවට නිසි විදර්ශනාව ද නොලබන්නේ වෙයි ද, මහණෙනි, ඒ පුද්ගලයා විසින් යම් පුද්ගලයෙක් තමා තුළ චිත්ත සමාධියෙන්

යුක්ත වූයේ වෙයි ද, යම් පුද්ගලයෙක් ගැඹුරු ප්‍රඥාවට නිසි විදර්ශනාවෙන් යුක්ත වූයේ වෙයි ද, ඔහු වෙත පැමිණ මෙසේ කිව යුතු වන්නේ ය. 'ආයුෂ්මත, සිත පිහිටුවා ගත යුත්තේ කෙසේ ද? සිත සංසිඳුවා ගත යුත්තේ කෙසේ ද? සිත එක අරමුණකට ගත යුත්තේ කෙසේ ද? සිත අරමුණෙහි තැන්පත් කරගත යුත්තේ කෙසේ ද? සංස්කාරයන් දැක්ක යුත්තේ කෙසේ ද? සංස්කාරයන් පිළිබඳ ව නුවණින් විමසිය යුත්තේ කෙසේ ද? සංස්කාරයන් විදර්ශනා කළ යුත්තේ කෙසේ ද?' වශයෙනි. එවිට හේ දකින ලද්දේ යම් අයුරකින් ද, තමන්ට ප්‍රකට වූයේ යම් අයුරකින් ද එය ඔහුට පවසයි. 'ආයුෂ්මත, සිත පිහිටුවා ගත යුත්තේ මෙසේ ය. සිත සංසිඳුවා ගත යුත්තේ මෙසේ ය. සිත එක අරමුණකට ගත යුත්තේ මෙසේ ය. සිත අරමුණෙහි තැන්පත් කරගත යුත්තේ මෙසේ ය. සංස්කාරයන් දැක්ක යුත්තේ මේ අයුරිනි. සංස්කාරයන් නුවණින් විමසිය යුත්තේ මේ අයුරිනි. සංස්කාරයන් විදර්ශනා කළ යුත්තේ මේ අයුරිනි' වශයෙනි. හේ පසු කලක තමා තුළ චිත්ත සමාධිය ලබනසුළු වූයේ ද, ගැඹුරු ප්‍රඥාවට නිසි විදර්ශනාව ලබනසුළු වූයේ ද වනු ඇත.

4. මහණෙනි, එහිලා යම් මේ පුද්ගලයෙක් තමා තුළ චිත්ත සමාධිය ලබන්නේ වෙයි ද, ගැඹුරු ප්‍රඥාවට නිසි විදර්ශනාව ද ලබන්නේ වෙයි ද, මහණෙනි, ඒ පුද්ගලයා විසින් ඒ කුසල ධර්මයන් තුළ පිහිටා මත්තෙහි ආශ්‍රවයන්ගේ ක්ෂය වීම පිණිස එය දියුණු කිරීමට උත්සාහ කළ යුත්තේ ය.

මහණෙනි, මේ පුද්ගලයෝ සතර දෙනා ලෝකයෙහි විද්‍යමාන ව සිටිති.

සාදු! සාදු!! සාදු!!!

තතිය සමාධි සූත්‍රය නිමා විය.

4.2.5.5.
ඡවාලාත සූත්‍රය
සොහොන් පෙණෙල්ල උපමා කොට වදාළ දෙසුම

මහණෙනි, මේ පුද්ගලයෝ සතර දෙනෙක් ලෝකයෙහි විද්‍යමාන ව සිටිති. ඒ කවර සතර දෙනෙක් ද යත්;

තමාට හිත පිණිස හෝ අනුන්ට හිත පිණිස හෝ පිළිපන්නේ නොවෙයි. අනුන්ට හිත පිණිස පිළිපන්නේ වෙයි, නමුත් තමාට හිත පිණිස නොවෙයි.

තමාට හිත පිණිස පිළිපන්නේ වෙයි, නමුත් අනුන්ට හිත පිණිස නොවෙයි. තමාට හිත පිණිස ත් අනුන්ට හිත පිණිස ත් පිළිපන්නේ වෙයි.

1. මහණෙනි, එය මෙබඳු දෙයකි. දෙපස ඇවිලගත් මැද මළමුත්‍රා වැකුණු සොහොන් පෙණෙල්ලක් ඇද්ද, එය ගමෙහි දර වලින් කළ යුතු දේ නොකරයි. වනයෙහි දර වලින් කළ යුතු දේ ද නොකරයි. මහණෙනි, යම් මේ පුද්ගලයෙක් තමාට හිත පිණිස හෝ අනුන්ට හිත පිණිස හෝ පිළිපන්නේ නොවෙයි ද, මේ පුද්ගලයා එබඳු දෙයකට උපමා කොට මම කියමි.

2. මහණෙනි, එහිලා යම් මේ පුද්ගලයෙක් අනුන්ට හිත පිණිස පිළිපන්නේ වෙයි, නමුත් තමාට හිත පිණිස නොවෙයි ද, මේ පුද්ගලයන් දෙදෙනා අතුරෙන් මොහු සුන්දරතර වෙයි. උසස් වෙයි.

3. මහණෙනි, එහිලා යම් මේ පුද්ගලයෙක් තමාට හිත පිණිස පිළිපන්නේ වෙයි, නමුත් අනුන්ට හිත පිණිස නොවෙයි ද, මේ පුද්ගලයන් තිදෙනා අතුරෙන් මොහු සුන්දරතර වෙයි. උසස් වෙයි.

4. මහණෙනි, එහිලා යම් මේ පුද්ගලයෙක් තමාට හිත පිණිස පිළිපන්නේ වෙයි ද, අනුන්ට ත් හිත පිණිස වෙයි ද, මේ පුද්ගලයන් සිව්දෙනා අතුරෙන් මොහු අග්‍ර ද, ශ්‍රේෂ්ඨ ද, ප්‍රමුඛ ද, උත්තම ද, වඩාත් උත්තම ද වෙයි. මහණෙනි, එය මෙබඳු දෙයකි. ගවදෙනගෙන් කිරි ද, කිරෙන් දිහි ද, දිහියෙන් වෙඬරු ද, වෙඬරුවෙන් ගිතෙල් ද, ගිතෙලෙන් ගී මණ්ඩි ද ගන්නේ වෙයි නම් එහිලා අග්‍ර යැයි කියනු ලබන්නේ ගී මණ්ඩි ය. එසෙයින් ම මහණෙනි, යම් මේ පුද්ගලයෙක් තමාට හිත පිණිස පිළිපන්නේ වෙයි ද, අනුන්ට ත් හිත පිණිස වෙයි ද, මේ පුද්ගලයන් සිව්දෙනා අතුරෙන් මොහු අග්‍ර ද, ශ්‍රේෂ්ඨ ද, ප්‍රමුඛ ද, උත්තම ද, වඩාත් උත්තම ද වෙයි.

මහණෙනි, මේ පුද්ගලයෝ සතර දෙනා ලෝකයෙහි විද්‍යමාන ව සිටිති.

සාදු! සාදු!! සාදු!!!

ඡවාලාත සූත්‍රය නිමා විය.

4.2.5.6.
රාගවිනය සූත්‍රය
රාගය දුරුකිරීම ගැන වදාළ දෙසුම

මහණෙනි, මේ පුද්ගලයෝ සතර දෙනෙක් ලෝකයෙහි විද්‍යමාන ව සිටිති. ඒ කවර සතර දෙනෙක් ද යත්;

තමාට හිත පිණිස පිළිපන්නේ වෙයි, අනුන්ට හිත පිණිස නොවෙයි. අනුන්ට හිත පිණිස පිළිපන්නේ වෙයි, නමුත් තමාට හිත පිණිස නොවෙයි. තමාට හිත පිණිස ත් පිළිපන්නේ නොවෙයි, අනුන්ට හිත පිණිස ත් පිළිපන්නේ නොවෙයි. තමාට හිත පිණිස ත් අනුන්ට හිත පිණිස ත් පිළිපන්නේ වෙයි.

1.   මහණෙනි, පුද්ගලයෙක් කෙසේ නම් තමාට හිත පිණිස පිළිපන්නේ වෙයි ද, අනුන්ට හිත පිණිස නොවෙයි ද? මහණෙනි, මෙහිලා ඇතැම් පුද්ගලයෙක් තමා රාගය දුරුකිරීම පිණිස පිළිපන්නේ වෙයි. එනමුදු අන්‍යයන් රාගය දුරු කිරීම පිණිස සමාදන් නොකරවයි. තමා ද්වේෂය දුරුකිරීම පිණිස පිළිපන්නේ වෙයි. එනමුදු අන්‍යයන් ද්වේෂය දුරු කිරීම පිණිස සමාදන් නොකරවයි. තමා මෝහය දුරුකිරීම පිණිස පිළිපන්නේ වෙයි. එනමුදු අන්‍යයන් මෝහය දුරු කිරීම පිණිස සමාදන් නොකරවයි. මහණෙනි, පුද්ගලයෙක් මේ අයුරින් තමාට හිත පිණිස පිළිපන්නේ වෙයි, අනුන්ට හිත පිණිස නොවෙයි.

2.   මහණෙනි, පුද්ගලයෙක් කෙසේ නම් අනුන්ට හිත පිණිස පිළිපන්නේ වෙයි ද, තමාට හිත පිණිස නොවෙයි ද? මහණෙනි, මෙහිලා ඇතැම් පුද්ගලයෙක් තමා රාගය දුරුකිරීම පිණිස පිළිපන්නේ නොවෙයි. එනමුදු අන්‍යයන් රාගය දුරු කිරීම පිණිස සමාදන් කරවයි. තමා ද්වේෂය දුරුකිරීම පිණිස පිළිපන්නේ නොවෙයි. එනමුදු අන්‍යයන් ද්වේෂය දුරු කිරීම පිණිස සමාදන් කරවයි. තමා මෝහය දුරුකිරීම පිණිස පිළිපන්නේ නොවෙයි. එනමුදු අන්‍යයන් මෝහය දුරු කිරීම පිණිස සමාදන් කරවයි. මහණෙනි, පුද්ගලයෙක් මේ අයුරින් අනුන්ට හිත පිණිස පිළිපන්නේ වෙයි, තමාට හිත පිණිස නොවෙයි.

3.   මහණෙනි, පුද්ගලයෙක් කෙසේ නම් තමාට ත් හිත පිණිස පිළිපන්නේ නොවෙයි ද, අනුන්ට ත් හිත පිණිස නොවෙයි ද? මහණෙනි, මෙහිලා ඇතැම් පුද්ගලයෙක් තමා රාගය දුරුකිරීම පිණිස පිළිපන්නේ නොවෙයි. අන්‍යයන් රාගය දුරු කිරීම පිණිස සමාදන් නොකරවයි. තමා ද්වේෂය දුරුකිරීම පිණිස

පිළිපන්නේ නොවෙයි. අන්‍යයන් ද්වේෂය දුරු කිරීම පිණිස සමාදන් නොකරවයි. තමා මෝහය දුරුකිරීම පිණිස පිළිපන්නේ නොවෙයි. අන්‍යයන් මෝහය දුරු කිරීම පිණිස සමාදන් නොකරවයි. මහණෙනි, පුද්ගලයෙක් මේ අයුරින් තමාට හිත පිණිස පිළිපන්නේ නොවෙයි, අනුන්ට ත් හිත පිණිස නොවෙයි.

4. මහණෙනි, පුද්ගලයෙක් කෙසේ නම් තමාට ත් හිත පිණිස පිළිපන්නේ වෙයි ද, අනුන්ට ත් හිත පිණිස වෙයි ද? මහණෙනි, මෙහිලා ඇතැම් පුද්ගලයෙක් තමා ත් රාගය දුරුකිරීම පිණිස පිළිපන්නේ වෙයි. අන්‍යයන් ද රාගය දුරු කිරීම පිණිස සමාදන් කරවයි. තමා ත් ද්වේෂය දුරුකිරීම පිණිස පිළිපන්නේ වෙයි. අන්‍යයන් ද ද්වේෂය දුරු කිරීම පිණිස සමාදන් කරවයි. තමා ත් මෝහය දුරුකිරීම පිණිස පිළිපන්නේ වෙයි. අන්‍යයන් ද මෝහය දුරු කිරීම පිණිස සමාදන් කරවයි. මහණෙනි, පුද්ගලයෙක් මේ අයුරින් තමාට ත් හිත පිණිස පිළිපන්නේ වෙයි, අනුන්ට ත් හිත පිණිස වෙයි.

මහණෙනි, මේ පුද්ගලයෝ සතර දෙනා ලෝකයෙහි විද්‍යමාන ව සිටිති.

සාදු! සාදු!! සාදු!!!

රාගවිනය සූත්‍රය නිමා විය.

4.2.5.7.
ඛිප්පනිසන්ති සූත්‍රය
වහා වැටහීම ගැන වදාළ දෙසුම

මහණෙනි, මේ පුද්ගලයෝ සතර දෙනෙක් ලෝකයෙහි විද්‍යමාන ව සිටිති. ඒ කවර සතර දෙනෙක් ද යත්;

තමාට හිත පිණිස පිළිපන්නේ වෙයි, අනුන්ට හිත පිණිස නොවෙයි. අනුන්ට හිත පිණිස පිළිපන්නේ වෙයි, නමුත් තමාට හිත පිණිස නොවෙයි. තමාට හිත පිණිස ත් පිළිපන්නේ නොවෙයි, අනුන්ට හිත පිණිස ත් පිළිපන්නේ නොවෙයි. තමාට හිත පිණිස ත් අනුන්ට හිත පිණිස ත් පිළිපන්නේ වෙයි.

1. මහණෙනි, පුද්ගලයෙක් කෙසේ නම් තමාට හිත පිණිස පිළිපන්නේ වෙයි ද, අනුන්ට හිත පිණිස නොවෙයි ද? මහණෙනි, මෙහිලා ඇතැම් පුද්ගලයෙක් කුසලධර්මයන් පිළිබඳ ව වහා වටහා ගැනීමට සමත් වෙයි. ඇසූ ධර්මයන්

මතකයෙහි දරණ ස්වභාවය ද ඇත්තේ වෙයි. මතකයෙහි රඳවා ගත් ධර්මයෙහි අර්ථ නුවණින් විමසන්නේ ද වෙයි. අර්ථ දැන, ධර්මය දැන, ධර්මානුධර්ම ප්‍රතිපදාවට පිළිපන්නේ ද වෙයි. එනමුදු හේ කල්‍යාණ වචන නැත්තේ වෙයි. කල්‍යාණ වචන ව්‍යවහාරය, වැදගත් වචන භාවිතය, නොවිසුරුණු වචන ඇති බව, කෙළතොළු වචන නැති බව, අරුත් ඉස්මතු කරවන වචන ඇති බව නැත්තේ වෙයි. සබ්‍රහ්මචාරීන් වහන්සේලාට කරුණු නොදක්වන්නේ වෙයි. සමාදන් නොකරවන්නේ වෙයි. උත්සාහවත් නොකරවන්නේ වෙයි. නොපහදවන්නේ වෙයි. මහණෙනි, පුද්ගලයෙක් මේ අයුරින් තමාට හිත පිණිස පිළිපන්නේ වෙයි, අනුන්ට හිත පිණිස නොවෙයි.

2. මහණෙනි, පුද්ගලයෙක් කෙසේ නම් අනුන්ට හිත පිණිස පිළිපන්නේ වෙයි ද, තමාට හිත පිණිස නොවෙයි ද? මහණෙනි, මෙහිලා ඇතැම් පුද්ගලයෙක් කුසලධර්මයන් පිළිබඳ ව වහා වටහා ගැනීමට සමත් නොවෙයි. ඇසූ ධර්මයන් මතකයෙහි දරණ ස්වභාවය ද ඇත්තේ නොවෙයි. මතකයෙහි රඳවා ගත් ධර්මයෙහි අර්ථ නුවණින් විමසන්නේ ද නොවෙයි. අර්ථ දැන, ධර්මය දැන, ධර්මානුධර්ම ප්‍රතිපදාවට පිළිපන්නේ ද නොවෙයි. එනමුදු හේ කල්‍යාණ වචන ඇත්තේ වෙයි. කල්‍යාණ වචන ව්‍යවහාරය, වැදගත් වචන භාවිතය, නොවිසුරුණු වචන ඇති බව, කෙළතොළු වචන නැති බව, අරුත් ඉස්මතු කරවන වචන ඇති බව ඇත්තේ වෙයි. සබ්‍රහ්මචාරීන් වහන්සේලාට කරුණු දක්වන්නේ වෙයි. සමාදන් කරවන්නේ වෙයි. උත්සාහවත් කරවන්නේ වෙයි. පහදවන්නේ වෙයි. මහණෙනි, පුද්ගලයෙක් මේ අයුරින් අනුන්ට හිත පිණිස පිළිපන්නේ වෙයි, තමාට හිත පිණිස නොවෙයි.

3. මහණෙනි, පුද්ගලයෙක් කෙසේ නම් තමාට ත් හිත පිණිස පිළිපන්නේ නොවෙයි ද, අනුන්ට ත් හිත පිණිස නොවෙයි ද? මහණෙනි, මෙහිලා ඇතැම් පුද්ගලයෙක් කුසලධර්මයන් පිළිබඳ ව වහා වටහා ගැනීමට සමත් නොවෙයි. ඇසූ ධර්මයන් මතකයෙහි දරණ ස්වභාවය ද ඇත්තේ නොවෙයි. මතකයෙහි රඳවා ගත් ධර්මයෙහි අර්ථ නුවණින් විමසන්නේ ද නොවෙයි. අර්ථ දැන, ධර්මය දැන, ධර්මානුධර්ම ප්‍රතිපදාවට පිළිපන්නේ ද නොවෙයි. එසෙයින්ම හේ කල්‍යාණ වචන නැත්තේ වෙයි. කල්‍යාණ වචන ව්‍යවහාරය, වැදගත් වචන භාවිතය, නොවිසුරුණු වචන ඇති බව, කෙළතොළු වචන නැති බව, අරුත් ඉස්මතු කරවන වචන ඇති බව නැත්තේ වෙයි. සබ්‍රහ්මචාරීන් වහන්සේලාට කරුණු නොදක්වන්නේ වෙයි. සමාදන් නොකරවන්නේ වෙයි. උත්සාහවත් නොකරවන්නේ වෙයි. නොපහදවන්නේ වෙයි. මහණෙනි, පුද්ගලයෙක් මේ අයුරින් තමාට ත් හිත පිණිස පිළිපන්නේ නොවෙයි, අනුන්ට ත් හිත පිණිස නොවෙයි.

4. මහණෙනි, පුද්ගලයෙක් කෙසේ නම් තමාට ත් හිත පිණිස පිළිපන්නේ වෙයි ද, අනුන්ට ත් හිත පිණිස වෙයි ද? මහණෙනි, මෙහිලා ඇතැම් පුද්ගලයෙක් කුසලධර්මයන් පිළිබඳ ව වහා වටහා ගැනීමට සමත් වෙයි. ඇසූ ධර්මයන් මතකයෙහි දරණ ස්වභාවය ද ඇත්තේ වෙයි. මතකයෙහි රඳවා ගත් ධර්මයෙහි අර්ථ නුවණින් විමසන්නේ ද වෙයි. අර්ථ දැන, ධර්මය දැන, ධර්මානුධර්ම ප්‍රතිපදාවට පිළිපන්නේ ද වෙයි. එසෙයින් ම හේ කල්‍යාණ වචන ඇත්තේ වෙයි. කල්‍යාණ වචන ව්‍යවහාරය, වැදගත් වචන භාවිතය, නොවිසුරුණු වචන ඇති බව, කෙළතොළු වචන නැති බව, අරුත් ඉස්මතු කරවන වචන ඇති බව ඇත්තේ වෙයි. සබ්‍රහ්මචාරීන් වහන්සේලාට කරුණු දක්වන්නේ වෙයි. සමාදන් කරවන්නේ වෙයි. උත්සාහවත් කරවන්නේ වෙයි. පහදවන්නේ වෙයි. මහණෙනි, පුද්ගලයෙක් මේ අයුරින් තමාට ත් හිත පිණිස පිළිපන්නේ වෙයි, අනුන්ට ත් හිත පිණිස වෙයි.

මහණෙනි, මේ පුද්ගලයෝ සතර දෙනා ලෝකයෙහි විද්‍යමාන ව සිටිති.

සාදු! සාදු!! සාදු!!!

ඛිප්පනිසන්ති සූත්‍රය නිමා විය.

4.2.5.8.
අත්තහිත සූත්‍රය
තමාට හිත බව ගැන වදාළ දෙසුම

මහණෙනි, මේ පුද්ගලයෝ සතර දෙනෙක් ලෝකයෙහි විද්‍යමාන ව සිටිති. ඒ කවර සතර දෙනෙක් ද යත්;

තමාට හිත පිණිස පිළිපන්නේ වෙයි, අනුන්ට හිත පිණිස නොවෙයි. අනුන්ට හිත පිණිස පිළිපන්නේ වෙයි, නමුත් තමාට හිත පිණිස නොවෙයි. තමාට හිත පිණිස ත් පිළිපන්නේ නොවෙයි, අනුන්ට හිත පිණිස ත් පිළිපන්නේ නොවෙයි. තමාට හිත පිණිස ත් අනුන්ට හිත පිණිස ත් පිළිපන්නේ වෙයි.

මහණෙනි, මේ පුද්ගලයෝ සතර දෙනා ලෝකයෙහි විද්‍යමාන ව සිටිති.

සාදු! සාදු!! සාදු!!!

අත්තහිත සූත්‍රය නිමා විය.

4.2.5.9.
සික්ඛාපද සූත්‍රය
ශික්ෂා පද ගැන වදාළ දෙසුම

මහණෙනි, මේ පුද්ගලයෝ සතර දෙනෙක් ලෝකයෙහි විද්‍යමාන ව සිටිති. ඒ කවර සතර දෙනෙක් ද යත්;

තමාට හිත පිණිස පිළිපන්නේ වෙයි, අනුන්ට හිත පිණිස නොවෙයි. අනුන්ට හිත පිණිස පිළිපන්නේ වෙයි, නමුත් තමාට හිත පිණිස නොවෙයි. තමාට හිත පිණිස ත් පිළිපන්නේ නොවෙයි, අනුන්ට හිත පිණිස ත් පිළිපන්නේ නොවෙයි. තමාට හිත පිණිස ත් අනුන්ට හිත පිණිස ත් පිළිපන්නේ වෙයි.

1. මහණෙනි, පුද්ගලයෙක් කෙසේ නම් තමාට හිත පිණිස පිළිපන්නේ වෙයි ද, අනුන්ට හිත පිණිස නොවෙයි ද? මහණෙනි, මෙහිලා ඇතැම් පුද්ගලයෙක් තමා සතුන් මැරීමෙන් වැළකුණේ වෙයි. සතුන් මැරීමෙන් වළකිනු පිණිස අන්‍යයන් සමාදන් නොකරවයි. තමා සොරකම් කිරීමෙන් වැළකුණේ වෙයි. සොරකම් කිරීමෙන් වළකිනු පිණිස අන්‍යයන් සමාදන් නොකරවයි. තමා වැරදි කාමසේවනයෙන් වැළකුණේ වෙයි. වැරදි කාමසේවනයෙන් වළකිනු පිණිස අන්‍යයන් සමාදන් නොකරවයි. තමා බොරු කීමෙන් වැළකුණේ වෙයි. බොරු කීමෙන් වළකිනු පිණිස අන්‍යයන් සමාදන් නොකරවයි. තමා මත්පැන් මත්ද්‍රව්‍ය භාවිතයෙන් වැළකුණේ වෙයි. මත්පැන් මත්ද්‍රව්‍ය භාවිතයෙන් වළකිනු පිණිස අන්‍යයන් සමාදන් නොකරවයි. මහණෙනි, පුද්ගලයෙක් මේ අයුරින් තමාට හිත පිණිස පිළිපන්නේ වෙයි, අනුන්ට හිත පිණිස නොවෙයි.

2. මහණෙනි, පුද්ගලයෙක් කෙසේ නම් අනුන්ට හිත පිණිස පිළිපන්නේ වෙයි ද, තමාට හිත පිණිස නොවෙයි ද? මහණෙනි, මෙහිලා ඇතැම් පුද්ගලයෙක් තමා සතුන් මැරීමෙන් නොවැළකුණේ වෙයි. සතුන් මැරීමෙන් වළකිනු පිණිස අන්‍යයන් සමාදන් කරවයි. තමා සොරකම් කිරීමෙන් නොවැළකුණේ වෙයි. සොරකම් කිරීමෙන් වළකිනු පිණිස අන්‍යයන් සමාදන් කරවයි. තමා වැරදි කාමසේවනයෙන් නොවැළකුණේ වෙයි. වැරදි කාමසේවනයෙන් වළකිනු පිණිස අන්‍යයන් සමාදන් කරවයි. තමා බොරු කීමෙන් නොවැළකුණේ වෙයි. බොරු කීමෙන් වළකිනු පිණිස අන්‍යයන් සමාදන් කරවයි. තමා මත්පැන් මත්ද්‍රව්‍ය භාවිතයෙන් නොවැළකුණේ වෙයි. මත්පැන් මත්ද්‍රව්‍ය භාවිතයෙන් වළකිනු පිණිස අන්‍යයන් සමාදන් කරවයි. මහණෙනි, පුද්ගලයෙක් මේ අයුරින් අනුන්ට

හිත පිණිස පිළිපන්නේ වෙයි, තමාට හිත පිණිස නොවෙයි.

3. මහණෙනි, පුද්ගලයෙක් කෙසේ නම් තමාට ත් හිත පිණිස පිළිපන්නේ නොවෙයි ද, අනුන්ට ත් හිත පිණිස නොවෙයි ද? මහණෙනි, මෙහිලා ඇතැම් පුද්ගලයෙක් තමා සතුන් මැරීමෙන් නොවැළකුණේ වෙයි. සතුන් මැරීමෙන් වළකිනු පිණිස අනායයන් සමාදන් නොකරවයි. තමා සොරකම් කිරීමෙන් නොවැළකුණේ වෙයි. සොරකම් කිරීමෙන් වළකිනු පිණිස අනායයන් සමාදන් නොකරවයි. තමා වැරදි කාමසේවනයෙන් නොවැළකුණේ වෙයි. වැරදි කාමසේවනයෙන් වළකිනු පිණිස අනායයන් සමාදන් නොකරවයි. තමා බොරු කීමෙන් නොවැළකුණේ වෙයි. බොරු කීමෙන් වළකිනු පිණිස අනායයන් සමාදන් නොකරවයි. තමා මත්පැන් මත්ද්‍රව්‍ය භාවිතයෙන් නොවැළකුණේ වෙයි. මත්පැන් මත්ද්‍රව්‍ය භාවිතයෙන් වළකිනු පිණිස අනායයන් සමාදන් නොකරවයි. මහණෙනි, පුද්ගලයෙක් මේ අයුරින් තමාට හිත පිණිස පිළිපන්නේ නොවෙයි, අනුන්ට ත් හිත පිණිස නොවෙයි.

4. මහණෙනි, පුද්ගලයෙක් කෙසේ නම් තමාට ත් හිත පිණිස පිළිපන්නේ වෙයි ද, අනුන්ට ත් හිත පිණිස වෙයි ද? මහණෙනි, මෙහිලා ඇතැම් පුද්ගලයෙක් තමා සතුන් මැරීමෙන් වැළකුණේ වෙයි. සතුන් මැරීමෙන් වළකිනු පිණිස අනායයන් සමාදන් කරවයි. තමා සොරකම් කිරීමෙන් වැළකුණේ වෙයි. සොරකම් කිරීමෙන් වළකිනු පිණිස අනායයන් සමාදන් කරවයි. තමා වැරදි කාමසේවනයෙන් වැළකුණේ වෙයි. වැරදි කාමසේවනයෙන් වළකිනු පිණිස අනායයන් සමාදන් කරවයි. තමා බොරු කීමෙන් වැළකුණේ වෙයි. බොරු කීමෙන් වළකිනු පිණිස අනායයන් සමාදන් කරවයි. තමා මත්පැන් මත්ද්‍රව්‍ය භාවිතයෙන් වැළකුණේ වෙයි. මත්පැන් මත්ද්‍රව්‍ය භාවිතයෙන් වළකිනු පිණිස අනායයන් සමාදන් කරවයි. මහණෙනි, පුද්ගලයෙක් මේ අයුරින් තමාට ත් හිත පිණිස පිළිපන්නේ වෙයි, අනුන්ට ත් හිත පිණිස වෙයි.

මහණෙනි, මේ පුද්ගලයෝ සතර දෙනා ලෝකයෙහි විද්‍යමාන ව සිටිති.

සාදු! සාදු!! සාදු!!!

සික්ඛාපද සූත්‍රය නිමා විය.

4.2.5.10.
පෝතලිය සූත්‍රය
පෝතලිය පිරිවැජියාට වදාළ දෙසුම

එකල්හී පෝතලිය පරිබ්‍රාජකයා භාග්‍යවතුන් වහන්සේ යම් තැනක වැඩසිටි සේක් ද, එතැනට පැමිණියේ ය. පැමිණ භාග්‍යවතුන් වහන්සේ සමඟ සතුටු වූයේ ය. සතුටු විය යුතු පිළිසඳර කථාව නිමවා එකත්පස් ව හිඳගත්තේ ය. එකත්පස් ව හුන් පෝතලිය පිරිවැජියාට භාග්‍යවතුන් වහන්සේ මෙය වදාළ සේක.

"පෝතලිය, මේ පුද්ගලයෝ සතර දෙනෙක් ලෝකයෙහි විද්‍යමාන ව සිටිති. ඒ කවර සතර දෙනෙක් ද යත්;

1. පෝතලිය, මෙහිලා ඇතැම් පුද්ගලයෙක් නුගුණ කිව යුත්තාගේ තිබෙන්නා වූ ම, සත්‍ය වූ ම නුගුණ සුදුසු වෙලාවෙහි කියන්නේ වෙයි. එහෙත් ගුණ කිව යුත්තාගේ තිබෙන්නා වූ ම, සත්‍ය වූ ම ගුණ සුදුසු වෙලාවෙහි නොකියන්නේ වෙයි.

2. පෝතලිය, මෙහිලා ඇතැම් පුද්ගලයෙක් ගුණ කිව යුත්තාගේ තිබෙන්නා වූ ම, සත්‍ය වූ ම ගුණ සුදුසු වෙලාවෙහි කියන්නේ වෙයි. එහෙත් නුගුණ කිව යුත්තාගේ තිබෙන්නා වූ ම, සත්‍ය වූ ම නුගුණ සුදුසු වෙලාවෙහි නොකියන්නේ වෙයි.

3. පෝතලිය, මෙහිලා ඇතැම් පුද්ගලයෙක් නුගුණ කිව යුත්තාගේ තිබෙන්නා වූ ම, සත්‍ය වූ ම නුගුණ සුදුසු වෙලාවෙහි නොකියන්නේ වෙයි. එමෙන් ම ගුණ කිව යුත්තාගේ තිබෙන්නා වූ ම, සත්‍ය වූ ම ගුණ සුදුසු වෙලාවෙහි නොකියන්නේ වෙයි.

4. පෝතලිය, මෙහිලා ඇතැම් පුද්ගලයෙක් නුගුණ කිව යුත්තාගේ තිබෙන්නා වූ ම, සත්‍ය වූ ම නුගුණ සුදුසු වෙලාවෙහි කියන්නේ වෙයි. එසේ ම ගුණ කිව යුත්තාගේ තිබෙන්නා වූ ම, සත්‍ය වූ ම ගුණ සුදුසු වෙලාවෙහි කියන්නේ වෙයි.

පෝතලිය, මේ පුද්ගලයෝ සතර දෙනා ලෝකයෙහි විද්‍යමාන ව සිටිති.

පෝතලිය, මේ පුද්ගලයන් සිව් දෙනා අතුරින් කවර පුද්ගලයෙක් සුන්දරතර වශයෙන්, උසස් වශයෙන් ඔබට රුචි වන්නේ ද?"

"භවත් ගෞතමයන් වහන්ස, මේ පුද්ගලයෝ සතර දෙනෙක් ලෝකයෙහි විද්‍යමාන ව සිටිති. ඒ කවර සතර දෙනෙක් ද යත්;

භවත් ගෞතමයන් වහන්ස, මෙහිලා ඇතැම් පුද්ගලයෙක් නුගුණ කිව යුත්තාගේ තිබෙන්නා වූ ම, සත්‍ය වූ ම නුගුණ සුදුසු වෙලාවෙහි කියන්නේ වෙයි. එහෙත් ගුණ කිව යුත්තාගේ තිබෙන්නා වූ ම, සත්‍ය වූ ම ගුණ සුදුසු වෙලාවෙහි නොකියන්නේ වෙයි.

භවත් ගෞතමයන් වහන්ස, මෙහිලා ඇතැම් පුද්ගලයෙක් ගුණ කිව යුත්තාගේ තිබෙන්නා වූ ම, සත්‍ය වූ ම ගුණ සුදුසු වෙලාවෙහි කියන්නේ වෙයි. එහෙත් නුගුණ කිව යුත්තාගේ තිබෙන්නා වූ ම, සත්‍ය වූ ම නුගුණ සුදුසු වෙලාවෙහි නොකියන්නේ වෙයි.

භවත් ගෞතමයන් වහන්ස, මෙහිලා ඇතැම් පුද්ගලයෙක් නුගුණ කිව යුත්තාගේ තිබෙන්නා වූ ම, සත්‍ය වූ ම නුගුණ සුදුසු වෙලාවෙහි නොකියන්නේ වෙයි. එමෙන් ම ගුණ කිව යුත්තාගේ තිබෙන්නා වූ ම, සත්‍ය වූ ම ගුණ සුදුසු වෙලාවෙහි නොකියන්නේ වෙයි.

භවත් ගෞතමයන් වහන්ස, මෙහිලා ඇතැම් පුද්ගලයෙක් නුගුණ කිව යුත්තාගේ තිබෙන්නා වූ ම, සත්‍ය වූ ම නුගුණ සුදුසු වෙලාවෙහි කියන්නේ වෙයි. එසේ ම ගුණ කිව යුත්තාගේ තිබෙන්නා වූ ම, සත්‍ය වූ ම ගුණ සුදුසු වෙලාවෙහි කියන්නේ වෙයි.

භවත් ගෞතමයන් වහන්ස, මේ පුද්ගලයෝ සතර දෙනා ලෝකයෙහි විද්‍යමාන ව සිටිති.

භවත් ගෞතමයන් වහන්ස, මේ පුද්ගලයන් සිව් දෙනා අතුරින් යම් මේ පුද්ගලයෙක් නුගුණ කිව යුත්තාගේ තිබෙන්නා වූ ම, සත්‍ය වූ ම නුගුණ සුදුසු වෙලාවෙහි නොකියන්නේ වෙයි ද, එමෙන් ම ගුණ කිව යුත්තාගේ තිබෙන්නා වූ ම, සත්‍ය වූ ම ගුණ සුදුසු වෙලාවෙහි නොකියන්නේ වෙයි ද, මේ සතර පුද්ගලයන් අතුරින් මේ පුද්ගලයා මා හට සුන්දරතර ද, උසස් ද වෙයි. මක් නිසාද යත්, භවත් ගෞතමයන් වහන්ස, යම් උපේක්ෂාවක් එය සුන්දර හෙයිනි."

"පෝතලිය, මේ පුද්ගලයෝ සතර දෙනෙක් ලෝකයෙහි විද්‍යමාන ව සිටිති. ඒ කවර සතර දෙනෙක් ද යත්;

පෝතලිය, මෙහිලා ඇතැම් පුද්ගලයෙක් නුගුණ කිව යුත්තාගේ තිබෙන්නා වූ ම, සත්‍ය වූ ම නුගුණ සුදුසු වෙලාවෙහි කියන්නේ වෙයි. ....(පෙ).... එසේ ම ගුණ කිව යුත්තාගේ තිබෙන්නා වූ ම, සත්‍ය වූ ම ගුණ සුදුසු වෙලාවෙහි කියන්නේ වෙයි.

පෝතලිය, මේ පුද්ගලයන් සිව් දෙනාගෙන් යම් පුද්ගලයෙක් නුගුණ කිව යුත්තාගේ තිබෙන්නා වූ ම, සත්‍ය වූ ම නුගුණ සුදුසු වෙලාවෙහි කියන්නේ වෙයි ද, එසේ ම ගුණ කිව යුත්තාගේ තිබෙන්නා වූ ම, සත්‍ය වූ ම ගුණ සුදුසු වෙලාවෙහි කියන්නේ වෙයි ද, මේ පුද්ගලයන් සිව් දෙනාගෙන් මොහු සුන්දරතර ද, උසස් ද වෙයි. මක් නිසාද යත්, පෝතලිය, ඒ ඒ කරුණ පැවසීම සුදුසු කල් දන්නා බවක් ඇද්ද, එය සුන්දර වූ දෙයක් නිසා ය."

"භවත් ගෞතමයන් වහන්ස, මේ පුද්ගලයෝ සතර දෙනෙක් ලෝකයෙහි විද්‍යමාන ව සිටිති. ඒ කවර සතර දෙනෙක් ද යත්;

භවත් ගෞතමයන් වහන්ස, මෙහිලා ඇතැම් පුද්ගලයෙක් නුගුණ කිව යුත්තාගේ තිබෙන්නා වූ ම, සත්‍ය වූ ම නුගුණ සුදුසු වෙලාවෙහි කියන්නේ වෙයි. ....(පෙ).... එසේ ම ගුණ කිව යුත්තාගේ තිබෙන්නා වූ ම, සත්‍ය වූ ම ගුණ සුදුසු වෙලාවෙහි කියන්නේ වෙයි.

භවත් ගෞතමයන් වහන්ස, මේ පුද්ගලයන් සිව් දෙනාගෙන් යම් පුද්ගලයෙක් නුගුණ කිව යුත්තාගේ තිබෙන්නා වූ ම, සත්‍ය වූ ම නුගුණ සුදුසු වෙලාවෙහි කියන්නේ වෙයි ද, එසේ ම ගුණ කිව යුත්තාගේ තිබෙන්නා වූ ම, සත්‍ය වූ ම ගුණ සුදුසු වෙලාවෙහි කියන්නේ වෙයි ද, මේ පුද්ගලයන් සිව් දෙනාගෙන් මොහු සුන්දරතර ද, උසස් ද වෙයි. මක් නිසාද යත්, භවත් ගෞතමයන් වහන්ස, ඒ ඒ කරුණ පැවසීම සුදුසු කල් දන්නා බවක් ඇද්ද, එය සුන්දර වූ දෙයක් නිසා ය.

භවත් ගෞතමයන් වහන්ස, ඉතා මනහර ය. භවත් ගෞතමයන් වහන්ස, ඉතා මනහර ය. භවත් ගෞතමයන් වහන්ස. යටිකුරු වූ දෙයක් උඩට හරවා තබන්නේ යම් සේ ද, වැසූ දෙයක් විවර කර පෙන්වන්නේ යම් සේ ද, මං මුළා වූවෙකුට නිවැරදි මග කියන්නේ යම් සේ ද, ඇස් ඇත්තෝ රූප දකිත්වා යි අඳුරෙහි තෙල් පහනක් දරන්නේ යම් සේ ද, එසෙයින් ම භවත් ගෞතමයන් වහන්සේ විසින් නොයෙක් ක්‍රමයෙන් ධර්මය වදාරණ ලද්දේ ය. ඒ මම භාග්‍යවත් ගෞතමයන් වහන්සේ සරණ යමි. ධර්මය ද, භික්ෂු සංඝයා ද සරණ යමි. අද පටන් මා දිවි හිමියෙන් තෙරුවන් සරණ ගිය උපාසකයෙකු වශයෙන් භවත් ගෞතමයන් වහන්සේ පිළිගන්නා සේක්වා !"

සාදු! සාදු!! සාදු!!!

පෝතලිය සූත්‍රය නිමා විය.

පස්වෙනි අසුර වර්ගය අවසන් විය.

- එහි පිළිවෙල උද්දානයයි :

අසුර සූත්‍රය, සමාධි සූත්‍ර තුන, ඡවාලාත සූත්‍රය, රාගවිනය සූත්‍රය, ඛිප්පනිසන්ති සූත්‍රය, අත්තහිත සූත්‍රය, සික්ඛාපද සූත්‍රය සහ පෝතලිය වශයෙන් මෙහි සූත්‍ර දශයෙකි.

දෙවෙනි පණ්ණාසකය නිමා විය.

තෙවන පණ්ණාසකය

1. වළාහක වර්ගය

4.3.1.1.
පඨම වළාහක සූත්‍රය
වළාකුළු උපමා කොට වදාළ පළමු දෙසුම

එක් සමයක භාග්‍යවතුන් වහන්සේ සැවැත් නුවර ජේතවනය නම් වූ අනේපිඬු සිටුහුගේ ආරාමයෙහි වැඩවසන සේක. එකල්හී භාග්‍යවතුන් වහන්සේ "මහණෙනි" යි භික්ෂූන් ඇමතූ සේක. "පින්වතුන් වහන්සැ"යි ඒ භික්ෂූහු භාග්‍යවතුන් වහන්සේට පිළිවදන් දුන්හ. භාග්‍යවතුන් වහන්සේ මෙය වදාළ සේක.

මහණෙනි, මේ වළාකුළු වර්ග සතරකි. ඒ කවර සතරක් ද යත්;

ගොරවයි, එහෙත් නොවසියි. වසින්නේ ය, එහෙත් ගෙරවිලි නැත්තේ ය. ගොරවන්නේ ද නැත, වසින්නේ ද නැත. ගොරවන්නේ ත් වෙයි, වසින්නේ ත් වෙයි. මහණෙනි, මේ වනාහී වළාකුළු වර්ග සතර යි.

මහණෙනි, මේ අයුරින් මේ වළාකුළු වර්ග සතර උපමා කොට ගත් පුද්ගලයෝ සතර දෙනෙක් ලෝකයෙහි විද්‍යමාන ව සිටිති. ඒ කවර සතර දෙනෙක් ද යත්;

ගොරවයි, එහෙත් නොවසියි. වසින්නේ ය, එහෙත් ගෙරවිලි නැත්තේ ය. ගොරවන්නේ ද නැත, වසින්නේ ද නැත. ගොරවන්නේ ත් වෙයි, වසින්නේ ත් වෙයි.

1. මහණෙනි, පුද්ගලයෙක් ගොරවන්නේ නමුත් නොවසින්නේ කෙසේ ද?

මහණෙනි, මෙහිලා ඇතැම් පුද්ගලයෙක් කියන්නේ වෙයි. එහෙත් නොකරන්නේ ය. මහණෙනි, මේ අයුරින් පුද්ගලයා ගොරවන නමුත් නොවසියි. මහණෙනි, යම් සේ ඒ වළාකුල ගොරවන නමුත් නොවසින්නේ ද, මහණෙනි, මම මේ පුද්ගලයා එබඳු දෙයකට උපමා ඇත්තෙකැයි කියමි.

2. මහණෙනි, පුද්ගලයෙක් වසින්නේ නමුත් නොගොරවන්නේ කෙසේ ද? මහණෙනි, මෙහිලා ඇතැම් පුද්ගලයෙක් කරන්නේ වෙයි. එහෙත් නොකියන්නේ ය. මහණෙනි, මේ අයුරින් පුද්ගලයා වසින නමුත් නොගොරවයි. මහණෙනි, යම් සේ ඒ වළාකුල වසින නමුත් නොගොරවන්නේ ද, මහණෙනි, මම මේ පුද්ගලයා එබඳු දෙයකට උපමා ඇත්තෙකැයි කියමි.

3. මහණෙනි, පුද්ගලයෙක් කෙසේ නම් ගොරවන්නේ ත් නොවෙයි ද? වසින්නේ ත් නොවෙයි ද? මහණෙනි, මෙහිලා ඇතැම් පුද්ගලයෙක් නොකියන්නේ ත් වෙයි. එමෙන් ම නොකරන්නේ ත් වෙයි. මහණෙනි, මේ අයුරින් පුද්ගලයා නොගොරවයි. නොවසියි. මහණෙනි, යම් සේ ඒ වළාකුල නොගොරවන්නේ ද, නොවසින්නේ ද, මහණෙනි, මම මේ පුද්ගලයා එබඳු දෙයකට උපමා ඇත්තෙකැයි කියමි.

4. මහණෙනි, පුද්ගලයෙක් කෙසේ නම් ගොරවන්නේ ත් වෙයි ද? වසින්නේ ත් වෙයි ද? මහණෙනි, මෙහිලා ඇතැම් පුද්ගලයෙක් කියන්නේ ත් වෙයි. එමෙන් ම කරන්නේ ත් වෙයි. මහණෙනි, මේ අයුරින් පුද්ගලයා ගොරවයි. වසියි. මහණෙනි, යම් සේ ඒ වළාකුල ගොරවන්නේ ද, වසින්නේ ද, මහණෙනි, මම මේ පුද්ගලයා එබඳු දෙයකට උපමා ඇත්තෙකැයි කියමි.

මහණෙනි, මේ අයුරින් මේ වළාකුළු වර්ග සතර උපමා කොට ගත් පුද්ගලයෝ සතර දෙනෙක් ලෝකයෙහි විද්‍යමාන ව සිටිති.

සාදු! සාදු!! සාදු!!!

පඨම වළාහක සූත්‍රය නිමා විය.

4.3.1.2.
දුතිය වළාහක සූත්‍රය
වළාකුළු උපමා කොට වදාළ දෙවෙනි දෙසුම

මහණෙනි, මේ වළාකුළු වර්ග සතරකි. ඒ කවර සතරක් ද යත්;

ගොරවයි, එහෙත් නොවසියි. වසින්නේ ය, එහෙත් ගෙරවිලි නැත්තේ ය. ගොරවන්නේ ද නැත, වසින්නේ ද නැත. ගොරවන්නේ ත් වෙයි, වසින්නේ ත් වෙයි. මහණෙනි, මේ වනාහී වළාකුළු වර්ග සතර යි.

මහණෙනි, මේ අයුරින් මේ වළාකුළු වර්ග සතර උපමා කොට ගත් පුද්ගලයෝ සතර දෙනෙක් ලෝකයෙහි විද්‍යමාන ව සිටිති. ඒ කවර සතර දෙනෙක් ද යත්;

ගොරවයි, එහෙත් නොවසියි. වසින්නේ ය, එහෙත් ගෙරවිලි නැත්තේ ය. ගොරවන්නේ ද නැත, වසින්නේ ද නැත. ගොරවන්නේ ත් වෙයි, වසින්නේ ත් වෙයි.

1. මහණෙනි, පුද්ගලයෙක් ගොරවන්නේ නමුත් නොවසින්නේ කෙසේ ද? මහණෙනි, මෙහිලා ඇතැම් පුද්ගලයෙක් ධර්මය ප්‍රගුණ කරයි. එනම් සුත්ත, ගෙය්‍ය, වෙය්‍යාකරණ, ගාථා, උදාන, ඉතිවුත්තක, ජාතක, අබ්භූතධම්ම, වේදල්ල වශයෙන් හදාරයි. එනමුදු හේ මෙය දුක යැයි ඒ වූ සැටියෙන් ම නොදනියි. මෙය දුකෙහි හටගැනීම යැයි ඒ වූ සැටියෙන් ම නොදනියි. මෙය දුකෙහි නිරුද්ධ වීම යැයි ඒ වූ සැටියෙන් ම නොදනියි. මෙය දුක නිරුද්ධ වන්නා වූ ප්‍රතිපදාව යැයි ඒ වූ සැටියෙන් ම නොදනියි. මහණෙනි, මේ අයුරින් පුද්ගලයා ගොරවන නමුත් නොවසියි. මහණෙනි, යම් සේ ඒ වළාකුල ගොරවන නමුත් නොවසින්නේ ද, මහණෙනි, මම මේ පුද්ගලයා එබඳු දෙයකට උපමා ඇත්තෙකැයි කියමි.

2. මහණෙනි, පුද්ගලයෙක් වසින්නේ නමුත් නොගොරවන්නේ කෙසේ ද? මහණෙනි, මෙහිලා ඇතැම් පුද්ගලයෙක් ධර්මය ප්‍රගුණ නොකරයි. එනම් සුත්ත, ගෙය්‍ය, වෙය්‍යාකරණ, ගාථා, උදාන, ඉතිවුත්තක, ජාතක, අබ්භූතධම්ම, වේදල්ල වශයෙන් නොහදාරයි. එනමුදු හේ මෙය දුක යැයි ඒ වූ සැටියෙන් ම දනියි. මෙය දුකෙහි හටගැනීම යැයි ඒ වූ සැටියෙන් ම දනියි. මෙය දුකෙහි නිරුද්ධ වීම යැයි ඒ වූ සැටියෙන් ම දනියි. මෙය දුක නිරුද්ධ වන්නා වූ ප්‍රතිපදාව යැයි ඒ වූ සැටියෙන් ම දනියි. මහණෙනි, මේ අයුරින් පුද්ගලයා වසින නමුත්

නොගොරවයි. මහණෙනි, යම් සේ ඒ වළාකුල වසින නමුත් නොගොරවන්නේ ද, මහණෙනි, මම මේ පුද්ගලයා එබඳු දෙයකට උපමා ඇත්තෙකැයි කියමි.

3. මහණෙනි, පුද්ගලයෙක් කෙසේ නම් ගොරවන්නේ ත් නොවෙයි ද? වසින්නේ ත් නොවෙයි ද? මහණෙනි, මෙහිලා ඇතැම් පුද්ගලයෙක් ධර්මය ප්‍රගුණ නොකරයි. එනම් සුත්ත, ගෙය්‍ය, වෙය්‍යාකරණ, ගාථා, උදාන, ඉතිවුත්තක, ජාතක, අබ්භූතධම්ම, වේදල්ල වශයෙන් නොහදාරයි. එසෙයින් ම හේ මෙය දුක යැයි ඒ වූ සැටියෙන් ම නොදනියි. මෙය දුකෙහි හටගැනීම යැයි ඒ වූ සැටියෙන් ම නොදනියි. මෙය දුකෙහි නිරුද්ධ වීම යැයි ඒ වූ සැටියෙන් ම නොදනියි. මෙය දුක නිරුද්ධ වන්නා වූ ප්‍රතිපදාව යැයි ඒ වූ සැටියෙන් ම නොදනියි. මහණෙනි, මේ අයුරින් පුද්ගලයා නොගොරවයි. නොවසියි. මහණෙනි, යම් සේ ඒ වළාකුල නොගොරවන්නේ ද, නොවසින්නේ ද, මහණෙනි, මම මේ පුද්ගලයා එබඳු දෙයකට උපමා ඇත්තෙකැයි කියමි.

4. මහණෙනි, පුද්ගලයෙක් කෙසේ නම් ගොරවන්නේ ත් වෙයි ද? වසින්නේ ත් වෙයි ද? මහණෙනි, මෙහිලා ඇතැම් පුද්ගලයෙක් ධර්මය ප්‍රගුණ කරයි. එනම් සුත්ත, ගෙය්‍ය, වෙය්‍යාකරණ, ගාථා, උදාන, ඉතිවුත්තක, ජාතක, අබ්භූතධම්ම, වේදල්ල වශයෙන් හදාරයි. එසේ ම හේ මෙය දුක යැයි ඒ වූ සැටියෙන් ම දනියි. මෙය දුකෙහි හටගැනීම යැයි ඒ වූ සැටියෙන් ම දනියි. මෙය දුකෙහි නිරුද්ධ වීම යැයි ඒ වූ සැටියෙන් ම දනියි. මෙය දුක නිරුද්ධ වන්නා වූ ප්‍රතිපදාව යැයි ඒ වූ සැටියෙන් ම දනියි. මහණෙනි, මේ අයුරින් පුද්ගලයා ගොරවයි. වසියි. මහණෙනි, යම් සේ ඒ වළාකුල ගොරවන්නේ ද, වසින්නේ ද, මහණෙනි, මම මේ පුද්ගලයා එබඳු දෙයකට උපමා ඇත්තෙකැයි කියමි.

මහණෙනි, මේ අයුරින් මේ වළාකුළු වර්ග සතර උපමා කොට ගත් පුද්ගලයෝ සතර දෙනෙක් ලෝකයෙහි විද්‍යමාන ව සිටිති.

සාදු! සාදු!! සාදු!!!

දුතිය වළාහක සූත්‍රය නිමා විය.

4.3.1.3.

කුම්භ සූත්‍රය

කළය උපමා කොට වදාළ දෙසුම

මහණෙනි, කළ සතරකි. ඒ කවර සතරක් ද යත්;

ඇතුළත හිස් වූ මුව වසා ඇති කළයකි. ඇතුළත දිය පිරී ඇති මුව නොවැසූ කළයකි. ඇතුළත හිස් වූ මුව නොවැසූ කළයකි. ඇතුළත දිය පිරී ඇති මුව වසන ලද කළයකි. මේ වනාහී කළ සතර යි.

මහණෙනි, මේ අයුරින් ම කළය උපමා කොට ගත් පුද්ගලයෝ සතර දෙනෙක් ලෝකයෙහි විද්‍යමානව සිටිති. ඒ කවර සතර දෙනෙක් ද යත්;

ඇතුළත හිස් වූ මුව වසා ඇති කළය බඳු පුද්ගලයා ය. ඇතුළත දිය පිරී ඇති මුව නොවැසූ කළය බඳු පුද්ගලයා ය. ඇතුළත හිස් වූ මුව නොවැසූ කළය බඳු පුද්ගලයා ය. ඇතුළත දිය පිරී ඇති මුව වසන ලද කළය බඳු පුද්ගලයා ය.

1.　　මහණෙනි, පුද්ගලයෙක් ඇතුළත හිස් වූ, වැසූ මුව ඇති කළයක් බඳු වන්නේ කෙසේ ද? මහණෙනි, මෙහිලා ඇතැම් පුද්ගලයෙක් ඉදිරියට යාම, ආපසු හැරී ඒම, ඉදිරිය බැලීම, වටපිට බැලීම, අත් පා හැකිලීම, දිගහැරීම, දෙපට සිවුරු - පාත්‍රා - චීවර දැරීම ආදිය ඉතා ප්‍රසාදජනක වෙයි. එනමුදු හේ මෙය දුක යැයි ඒ වූ සැටියෙන් ම නොදනියි. මෙය දුකෙහි හටගැනීම යැයි ඒ වූ සැටියෙන් ම නොදනියි. මෙය දුකෙහි නිරුද්ධ වීම යැයි ඒ වූ සැටියෙන් ම නොදනියි. මෙය දුක නිරුද්ධ වන්නා වූ ප්‍රතිපදාව යැයි ඒ වූ සැටියෙන් ම නොදනියි. මහණෙනි, මේ අයුරින් පුද්ගලයෙක් ඇතුළත හිස් වූ, වැසූ මුව ඇති කළයක් බඳු වෙයි. මහණෙනි, යම් සේ ඒ හිස් වූ කළය වසන ලද්දේ වෙයි ද, මහණෙනි, මම මේ පුද්ගලයා ද එබඳු දෙයකට උපමා ඇතියෙකැයි කියමි.

2.　　මහණෙනි, පුද්ගලයෙක් ඇතුළත පිරී ඇති, විවර වූ මුව ඇති කළයක් බඳු වන්නේ කෙසේ ද? මහණෙනි, මෙහිලා ඇතැම් පුද්ගලයෙක් ඉදිරියට යාම, ආපසු හැරී ඒම, ඉදිරිය බැලීම, වටපිට බැලීම, අත් පා හැකිලීම, දිගහැරීම, දෙපට සිවුරු - පාත්‍රා - චීවර දැරීම ආදිය ඉතා ප්‍රසාදජනක නොවෙයි. එනමුදු හේ මෙය දුක යැයි ඒ වූ සැටියෙන් ම දනියි. මෙය දුකෙහි හටගැනීම යැයි ඒ වූ සැටියෙන් ම දනියි. මෙය දුකෙහි නිරුද්ධ වීම යැයි ඒ වූ සැටියෙන් ම දනියි. මෙය දුක නිරුද්ධ වන්නා වූ ප්‍රතිපදාව යැයි ඒ වූ සැටියෙන් ම දනියි.

මහණෙනි, මේ අයුරින් පුද්ගලයෙක් ඇතුළත පිරී ඇති, විවර වූ මුව ඇති කළයක් බඳු වෙයි. මහණෙනි, යම් සේ ඒ පිරුණු කළය නොවසන ලද්දේ වෙයි ද, මහණෙනි, මම මේ පුද්ගලයා ද එබඳු දෙයකට උපමා ඇතියෙකැයි කියමි.

3.   මහණෙනි, පුද්ගලයෙක් ඇතුළත හිස් වූ, විවර වූ මුව ඇති කළයක් බඳු වන්නේ කෙසේ ද? මහණෙනි, මෙහිලා ඇතැම් පුද්ගලයෙක් ඉදිරියට යාම, ආපසු හැරී ඒම, ඉදිරිය බැලීම, වටපිට බැලීම, අත් පා හැකිලීම, දිගහැරීම, දෙපට සිවුරු - පාත්‍රා - චීවර දැරීම ආදිය ඉතා ප්‍රසාදජනක නොවෙයි. එමෙන් ම හේ මෙය දුක යැයි ඒ වූ සැටියෙන් ම නොදනියි. මෙය දුකෙහි හටගැනීම යැයි ඒ වූ සැටියෙන් ම නොදනියි. මෙය දුකෙහි නිරුද්ධ වීම යැයි ඒ වූ සැටියෙන් ම නොදනියි. මෙය දුක නිරුද්ධ වන්නා වූ ප්‍රතිපදාව යැයි ඒ වූ සැටියෙන් ම නොදනියි. මහණෙනි, මේ අයුරින් පුද්ගලයෙක් ඇතුළත හිස් වූ, විවර වූ මුව ඇති කළයක් බඳු වෙයි. මහණෙනි, යම් සේ ඒ හිස් වූ කළය නොවසන ලද්දේ වෙයි ද, මහණෙනි, මම මේ පුද්ගලයා ද එබඳු දෙයකට උපමා ඇතියෙකැයි කියමි.

4.   මහණෙනි, පුද්ගලයෙක් ඇතුළත පිරී ගිය, වැසූ මුව ඇති කළයක් බඳු වන්නේ කෙසේ ද? මහණෙනි, මෙහිලා ඇතැම් පුද්ගලයෙක් ඉදිරියට යාම, ආපසු හැරී ඒම, ඉදිරිය බැලීම, වටපිට බැලීම, අත් පා හැකිලීම, දිගහැරීම, දෙපට සිවුරු - පාත්‍රා - චීවර දැරීම ආදිය ඉතා ප්‍රසාදජනක වෙයි. එසේ ම හේ මෙය දුක යැයි ඒ වූ සැටියෙන් ම දනියි. මෙය දුකෙහි හටගැනීම යැයි ඒ වූ සැටියෙන් ම දනියි. මෙය දුකෙහි නිරුද්ධ වීම යැයි ඒ වූ සැටියෙන් ම දනියි. මෙය දුක නිරුද්ධ වන්නා වූ ප්‍රතිපදාව යැයි ඒ වූ සැටියෙන් ම දනියි. මහණෙනි, මේ අයුරින් පුද්ගලයෙක් ඇතුළත පිරී ගිය, වැසූ මුව ඇති කළයක් බඳු වෙයි. මහණෙනි, යම් සේ ඒ පිරුණු කළය වසන ලද්දේ වෙයි ද, මහණෙනි, මම මේ පුද්ගලයා ද එබඳු දෙයකට උපමා ඇතියෙකැයි කියමි.

මහණෙනි, මේ අයුරින් කළය උපමා කොට ගත් පුද්ගලයෝ සතර දෙනෙක් ලෝකයෙහි විද්‍යමාන ව සිටිති.

සාදු! සාදු!! සාදු!!!

කුම්භ සූත්‍රය නිමා විය.

4.3.1.4.
උදකරහද සූත්‍රය
දිය විල උපමා කොට වදාළ දෙසුම

මහණෙනි, දිය විල් සතරකි. ඒ කවර සතරක් ද යත්;

නොගැඹුරු වූ එහෙත් ගැඹුරු සේ පෙනෙන දිය විලකි. ගැඹුරු වූ නමුත් නොගැඹුරු සේ පෙනෙන දිය විලකි. නොගැඹුරු වූයේ ම නොගැඹුරු ලෙසින් ම පෙනෙන දිය විලකි. ගැඹුරු වූයේ ගැඹුරු සේ පෙනෙන දිය විලකි. මහණෙනි, මේ වනාහී දිය විල් සතර යි.

මහණෙනි, මේ අයුරින් ම දිය විල උපමා කොට ගත් පුද්ගලයෝ සතර දෙනෙක් ලෝකයෙහි විද්‍යමාන ව සිටිති. ඒ කවර සතර දෙනෙක් ද යත්;

නොගැඹුරු වූ එහෙත් ගැඹුරු සේ පෙනෙන දිය විල බඳු පුද්ගලයා ය. ගැඹුරු වූ නමුත් නොගැඹුරු සේ පෙනෙන දිය විල බඳු පුද්ගලයා ය. නොගැඹුරු වූයේ ම නොගැඹුරු ලෙසින් ම පෙනෙන දිය විල බඳු පුද්ගලයා ය. ගැඹුරු වූයේ ගැඹුරු සේ පෙනෙන දිය විල බඳු පුද්ගලයා ය.

1.   මහණෙනි, පුද්ගලයෙක් නොගැඹුරු වූ එහෙත් ගැඹුරු සේ පෙනෙන දිය විල බඳු වන්නේ කෙසේ ද? මහණෙනි, මෙහිලා ඇතැම් පුද්ගලයෙක් ඉදිරියට යාම, ආපසු හැරී ඒම, ඉදිරිය බැලීම, වටපිට බැලීම, අත් පා හැකිලීම, දිගහැරීම, දෙපට සිවුරු - පාත්‍රා - චීවර දැරීම ආදිය ඉතා ප්‍රසාදජනක වෙයි. එනමුදු හේ මෙය දුක යැයි ඒ වූ සැටියෙන් ම නොදනියි. මෙය දුකෙහි හටගැනීම යැයි ඒ වූ සැටියෙන් ම නොදනියි. මෙය දුකෙහි නිරුද්ධ වීම යැයි ඒ වූ සැටියෙන් ම නොදනියි. මෙය දුක නිරුද්ධ වන්නා වූ ප්‍රතිපදාව යැයි ඒ වූ සැටියෙන් ම නොදනියි. මහණෙනි, මේ අයුරින් පුද්ගලයෙක් නොගැඹුරු වූ එහෙත් ගැඹුරු සේ පෙනෙන දිය විල බඳු වෙයි. මහණෙනි, යම් සේ ඒ නොගැඹුරු වූ එහෙත් ගැඹුරු සේ පෙනෙන දිය විලක් වෙයි ද, මහණෙනි, මම මේ පුද්ගලයා ද එබඳු දෙයකට උපමා ඇතියෙකැයි කියමි.

2.   මහණෙනි, පුද්ගලයෙක් ගැඹුරු වූ නමුත් නොගැඹුරු සේ පෙනෙන දිය විල බඳු වන්නේ කෙසේ ද? මහණෙනි, මෙහිලා ඇතැම් පුද්ගලයෙක් ඉදිරියට යාම, ආපසු හැරී ඒම, ඉදිරිය බැලීම, වටපිට බැලීම, අත් පා හැකිලීම, දිගහැරීම, දෙපට සිවුරු - පාත්‍රා - චීවර දැරීම ආදිය ඉතා ප්‍රසාදජනක නොවෙයි. එනමුදු

හේ මෙය දුක යැයි ඒ වූ සැටියෙන් ම දනියි. මෙය දුකෙහි හටගැනීම යැයි ඒ වූ සැටියෙන් ම දනියි. මෙය දුකෙහි නිරුද්ධ වීම යැයි ඒ වූ සැටියෙන් ම දනියි. මෙය දුක නිරුද්ධ වන්නා වූ ප්‍රතිපදාව යැයි ඒ වූ සැටියෙන් ම දනියි. මහණෙනි, මේ අයුරින් පුද්ගලයෙක් ගැඹුරු වූ නමුත් නොගැඹුරු සේ පෙනෙන දිය විල බඳු වෙයි. මහණෙනි, යම් සේ ඒ ගැඹුරු වූ නමුත් නොගැඹුරු සේ පෙනෙන දිය විලක් වෙයි ද, මහණෙනි, මම මේ පුද්ගලයා ද එබඳු දෙයකට උපමා ඇතියෙකැයි කියමි.

3. මහණෙනි, පුද්ගලයෙක් නොගැඹුරු වූයේ ම නොගැඹුරු ලෙසින් ම පෙනෙන දිය විල බඳු වන්නේ කෙසේ ද? මහණෙනි, මෙහිලා ඇතැම් පුද්ගලයෙක් ඉදිරියට යාම, ආපසු හැරී ඒම, ඉදිරිය බැලීම, වටපිට බැලීම, අත් පා හැකිලීම, දිගහැරීම, දෙපට සිවුරු - පාත්‍රා - චීවර දැරීම ආදිය ඉතා ප්‍රසාදජනක නොවෙයි. එමෙන් ම හේ මෙය දුක යැයි ඒ වූ සැටියෙන් ම නොදනියි. මෙය දුකෙහි හටගැනීම යැයි ඒ වූ සැටියෙන් ම නොදනියි. මෙය දුකෙහි නිරුද්ධ වීම යැයි ඒ වූ සැටියෙන් ම නොදනියි. මෙය දුක නිරුද්ධ වන්නා වූ ප්‍රතිපදාව යැයි ඒ වූ සැටියෙන් ම නොදනියි. මහණෙනි, මේ අයුරින් පුද්ගලයෙක් නොගැඹුරු වූයේ ම නොගැඹුරු ලෙසින් ම පෙනෙන දිය විල බඳු වෙයි. මහණෙනි, යම් සේ ඒ නොගැඹුරු වූයේ ම නොගැඹුරු ලෙසින් ම පෙනෙන දිය විලක් වෙයි ද, මහණෙනි, මම මේ පුද්ගලයා ද එබඳු දෙයකට උපමා ඇතියෙකැයි කියමි.

4. මහණෙනි, පුද්ගලයෙක් ගැඹුරු වූයේ ගැඹුරු සේ පෙනෙන දිය විල බඳු වන්නේ කෙසේ ද? මහණෙනි, මෙහිලා ඇතැම් පුද්ගලයෙක් ඉදිරියට යාම, ආපසු හැරී ඒම, ඉදිරිය බැලීම, වටපිට බැලීම, අත් පා හැකිලීම, දිගහැරීම, දෙපට සිවුරු - පාත්‍රා - චීවර දැරීම ආදිය ඉතා ප්‍රසාදජනක වෙයි. එසේ ම හේ මෙය දුක යැයි ඒ වූ සැටියෙන් ම දනියි. මෙය දුකෙහි හටගැනීම යැයි ඒ වූ සැටියෙන් ම දනියි. මෙය දුකෙහි නිරුද්ධ වීම යැයි ඒ වූ සැටියෙන් ම දනියි. මෙය දුක නිරුද්ධ වන්නා වූ ප්‍රතිපදාව යැයි ඒ වූ සැටියෙන් ම දනියි. මහණෙනි, මේ අයුරින් පුද්ගලයෙක් ගැඹුරු වූයේ ගැඹුරු සේ පෙනෙන දිය විල බඳු වෙයි. මහණෙනි, යම් සේ ගැඹුරු වූයේ ගැඹුරු සේ පෙනෙන දිය විලක් වෙයි ද, මහණෙනි, මම මේ පුද්ගලයා ද එබඳු දෙයකට උපමා ඇතියෙකැයි කියමි.

මහණෙනි, මේ අයුරින් දිය විල උපමා කොට ගත් පුද්ගලයෝ සතර දෙනෙක් ලෝකයෙහි විද්‍යමාන ව සිටිති.

සාදු! සාදු!! සාදු!!!

උදකරහද සූත්‍රය නිමා විය.

4.3.1.5.
අම්බ සූත්‍රය
අඹ උපමා කොට වදාළ දෙසුම

මහණෙනි, අඹගෙඩි සතරකි. ඒ කවර සතරක් ද යත්;

ඉදුණු සේ පෙනෙන අමු අඹ ගෙඩියකි. ඉදී තිබෙන නමුත් අමු සේ පෙනෙන අඹ ගෙඩියකි. අමු වූයේ ම අමු සේ පෙනෙන අඹ ගෙඩියකි. ඉදුණේ ම ඉදුණු සේ පෙනෙන අඹ ගෙඩියකි. මහණෙනි, මේ වනාහී අඹගෙඩි සතර යි.

මහණෙනි, මේ අයුරින් ම අඹගෙඩි උපමා කොට ගත් පුද්ගලයෝ සතර දෙනෙක් ලෝකයෙහි විද්‍යමාන ව සිටිති. ඒ කවර සතර දෙනෙක් ද යත්;

ඉදුණු සේ පෙනෙන අමු අඹ ගෙඩිය බඳු පුද්ගලයා ය. ඉදී තිබෙන නමුත් අමු සේ පෙනෙන අඹ ගෙඩිය බඳු පුද්ගලයා ය. අමු වූයේ ම අමු සේ පෙනෙන අඹ ගෙඩිය බඳු පුද්ගලයා ය. ඉදුණේ ම ඉදුණු සේ පෙනෙන අඹ ගෙඩිය බඳු පුද්ගලයා ය.

1.   මහණෙනි, පුද්ගලයෙක් ඉදුණු සේ පෙනෙන අමු අඹ ගෙඩිය බඳු වන්නේ කෙසේ ද? මහණෙනි, මෙහිලා ඇතැම් පුද්ගලයෙක් ඉදිරියට යාම, ආපසු හැරී ඒම, ඉදිරිය බැලීම, වටපිට බැලීම, අත් පා හැකිලීම, දිගහැරීම, දෙපට සිවුරු - පාත්‍රා - චීවර දැරීම ආදිය ඉතා ප්‍රසාදජනක වෙයි. එනමුදු හේ මෙය දුක යැයි ඒ වූ සැටියෙන් ම නොදනියි. මෙය දුකෙහි හටගැනීම යැයි ඒ වූ සැටියෙන් ම නොදනියි. මෙය දුකෙහි නිරුද්ධ වීම යැයි ඒ වූ සැටියෙන් ම නොදනියි. මෙය දුක නිරුද්ධ වන්නා වූ ප්‍රතිපදාව යැයි ඒ වූ සැටියෙන් ම නොදනියි. මහණෙනි, මේ අයුරින් පුද්ගලයෙක් ඉදුණු සේ පෙනෙන අමු අඹ ගෙඩිය බඳු වෙයි. මහණෙනි, යම් සේ ඒ ඉදුණු සේ පෙනෙන අමු අඹ ගෙඩියක් වෙයි ද, මහණෙනි, මම මේ පුද්ගලයා ද එබඳු දෙයකට උපමා ඇතියෙකැයි කියමි.

2.   මහණෙනි, පුද්ගලයෙක් ඉදී තිබෙන නමුත් අමු සේ පෙනෙන අඹ ගෙඩිය

බඳු වන්නේ කෙසේ ද? මහණෙනි, මෙහිලා ඇතැම් පුද්ගලයෙක් ඉදිරියට යාම, ආපසු හැරී ඒම, ඉදිරිය බැලීම, වටපිට බැලීම, අත් පා හැකිලීම, දිගහැරීම, දෙපට සිවුරු - පාත්‍රා - චීවර දැරීම ආදිය ඉතා ප්‍රසාදජනක නොවෙයි. එනමුදු හේ මෙය දුක යැයි ඒ වූ සැටියෙන් ම දනියි. මෙය දුකෙහි හටගැනීම යැයි ඒ වූ සැටියෙන් ම දනියි. මෙය දුකෙහි නිරුද්ධ වීම යැයි ඒ වූ සැටියෙන් ම දනියි. මෙය දුක නිරුද්ධ වන්නා වූ ප්‍රතිපදාව යැයි ඒ වූ සැටියෙන් ම දනියි. මහණෙනි, මේ අයුරින් පුද්ගලයෙක් ඉදී තිබෙන නමුත් අමු සේ පෙනෙන අඹ ගෙඩිය බඳු වෙයි. මහණෙනි, යම් සේ ඒ ඉදී තිබෙන නමුත් අමු සේ පෙනෙන අඹ ගෙඩියක් වෙයි ද, මහණෙනි, මම මේ පුද්ගලයා ද එබඳු දෙයකට උපමා ඇතියෙකැයි කියමි.

3.   මහණෙනි, පුද්ගලයෙක් අමු වූයේ ම අමු සේ පෙනෙන අඹ ගෙඩිය බඳු වන්නේ කෙසේ ද? මහණෙනි, මෙහිලා ඇතැම් පුද්ගලයෙක් ඉදිරියට යාම, ආපසු හැරී ඒම, ඉදිරිය බැලීම, වටපිට බැලීම, අත් පා හැකිලීම, දිගහැරීම, දෙපට සිවුරු - පාත්‍රා - චීවර දැරීම ආදිය ඉතා ප්‍රසාදජනක නොවෙයි. එමෙන් ම හේ මෙය දුක යැයි ඒ වූ සැටියෙන් ම නොදනියි. මෙය දුකෙහි හටගැනීම යැයි ඒ වූ සැටියෙන් ම නොදනියි. මෙය දුකෙහි නිරුද්ධ වීම යැයි ඒ වූ සැටියෙන් ම නොදනියි. මෙය දුක නිරුද්ධ වන්නා වූ ප්‍රතිපදාව යැයි ඒ වූ සැටියෙන් ම නොදනියි. මහණෙනි, මේ අයුරින් පුද්ගලයෙක් අමු වූයේ ම අමු සේ පෙනෙන අඹ ගෙඩිය බඳු වෙයි. මහණෙනි, යම් සේ ඒ අමු වූයේ ම අමු සේ පෙනෙන අඹ ගෙඩියක් වෙයි ද, මහණෙනි, මම මේ පුද්ගලයා ද එබඳු දෙයකට උපමා ඇතියෙකැයි කියමි.

4.   මහණෙනි, පුද්ගලයෙක් ඉදුණේ ම ඉදුණු සේ පෙනෙන අඹ ගෙඩිය බඳු වන්නේ කෙසේ ද? මහණෙනි, මෙහිලා ඇතැම් පුද්ගලයෙක් ඉදිරියට යාම, ආපසු හැරී ඒම, ඉදිරිය බැලීම, වටපිට බැලීම, අත් පා හැකිලීම, දිගහැරීම, දෙපට සිවුරු - පාත්‍රා - චීවර දැරීම ආදිය ඉතා ප්‍රසාදජනක වෙයි. එසේ ම හේ මෙය දුක යැයි ඒ වූ සැටියෙන් ම දනියි. මෙය දුකෙහි හටගැනීම යැයි ඒ වූ සැටියෙන් ම දනියි. මෙය දුකෙහි නිරුද්ධ වීම යැයි ඒ වූ සැටියෙන් ම දනියි. මෙය දුක නිරුද්ධ වන්නා වූ ප්‍රතිපදාව යැයි ඒ වූ සැටියෙන් ම දනියි. මහණෙනි, මේ අයුරින් පුද්ගලයෙක් ඉදුණේ ම ඉදුණු සේ පෙනෙන අඹ ගෙඩිය බඳු වෙයි. මහණෙනි, යම් සේ ඉදුණේ ම ඉදුණු සේ පෙනෙන අඹ ගෙඩියක් වෙයි ද, මහණෙනි, මම මේ පුද්ගලයා ද එබඳු දෙයකට උපමා ඇතියෙකැයි කියමි.

මහණෙනි, මේ අයුරින් අඹගෙඩි උපමා කොට ගත් පුද්ගලයෝ සතර

දෙනෙක් ලෝකයෙහි විද්‍යමාන ව සිටිති.

සාදු! සාදු!! සාදු!!!

අම්බ සූත්‍රය නිමා විය.

4.3.1.6.

(මෙම සූත්‍රය පෙළෙහි දක්නට නැත. එනමුදු අටුවාවෙහි සඳහන් වන්නේ එම සූත්‍රයෙහි පැහැදිලි අර්ථය ඇති බව පමණි. වෙනත් විස්තර නැත.)

4.3.1.7.
මූසිකා සූත්‍රය
මූසිකාව (මීයාගේ ගැහැණු සතා) උපමා කොට වදාළ දෙසුම

මහණෙනි, මේ ගැහැණු මීයෝ සතර දෙනෙකි. ඒ කවර සතර දෙනෙක් ද යත්;

ගුල සාරන්නී නමුත් එහි නොවසන්නී ය. වසන්නී නමුත් ගුල නොසාරන්නී ය. ගුල නොසාරන්නී ම නොවසන්නී ද වෙයි. ගුල සාරන්නී ත් වෙයි, වසන්නී ත් වෙයි. මහණෙනි, මේ වනාහී ගැහැණු මීයන් සතර දෙනා ය.

මහණෙනි, මේ අයුරින් මේ මූසිකාවන් සිව් දෙනා උපමා කොට ගත් පුද්ගලයෝ සතර දෙනෙක් ලෝකයෙහි විද්‍යමාන ව සිටිති. ඒ කවර සතර දෙනෙක් ද යත්;

ගුල සාරන්නේ නමුත් එහි නොවසන්නේ ය. වසන්නේ නමුත් ගුල නොසාරන්නේ ය. ගුල නොසාරන්නේ ම නොවසන්නේ ද වෙයි. ගුල සාරන්නේ ත් වෙයි, වසන්නේ ත් වෙයි.

1. මහණෙනි, පුද්ගලයෙක් ගුල සාරන්නේ නමුත් එහි නොවසන්නේ කෙසේ ද? මහණෙනි, මෙහිලා ඇතැම් පුද්ගලයෙක් ධර්මය ප්‍රගුණ කරයි. එනම් සුත්ත, ගෙය්‍ය, වෙය්‍යාකරණ, ගාථා, උදාන, ඉතිවුත්තක, ජාතක, අබ්භූතධම්ම, වේදල්ල වශයෙන් හදාරයි. එනමුදු හේ මෙය දුක යැයි ඒ වූ සැටියෙන් ම නොදනියි.

මෙය දුකෙහි හටගැනීම යැයි ඒ වූ සැටියෙන් ම නොදනියි. මෙය දුකෙහි නිරුද්ධ වීම යැයි ඒ වූ සැටියෙන් ම නොදනියි. මෙය දුක නිරුද්ධ වන්නා වූ ප්‍රතිපදාව යැයි ඒ වූ සැටියෙන් ම නොදනියි. මහණෙනි, මේ අයුරින් පුද්ගලයා ගුල සාරන්නේ නමුත් එහි නොවසන්නේ වෙයි. මහණෙනි, යම් සේ ඒ මූසිකාව ගුල සාරන්නී නමුත් නොවසන්නී වෙයි ද, මහණෙනි, මම මේ පුද්ගලයා එබඳු දෙයකට උපමා ඇත්තෙකැයි කියමි.

2. මහණෙනි, පුද්ගලයෙක් වසන්නේ නමුත් ගුල නොසාරන්නේ කෙසේ ද? මහණෙනි, මෙහිලා ඇතැම් පුද්ගලයෙක් ධර්මය ප්‍රගුණ නොකරයි. එනම් සුත්ත, ගෙය්‍ය, වෙය්‍යාකරණ, ගාථා, උදාන, ඉතිවුත්තක, ජාතක, අබ්භූතධම්ම, වේදල්ල වශයෙන් නොහදාරයි. එනමුදු හේ මෙය දුක යැයි ඒ වූ සැටියෙන් ම දනියි. මෙය දුකෙහි හටගැනීම යැයි ඒ වූ සැටියෙන් ම දනියි. මෙය දුකෙහි නිරුද්ධ වීම යැයි ඒ වූ සැටියෙන් ම දනියි. මෙය දුක නිරුද්ධ වන්නා වූ ප්‍රතිපදාව යැයි ඒ වූ සැටියෙන් ම දනියි. මහණෙනි, මේ අයුරින් පුද්ගලයා වසන්නේ නමුත් ගුල නොසාරන්නේ වෙයි. මහණෙනි, යම් සේ ඒ මූසිකාව වසන්නී නමුත් ගුල නොසාරන්නී වෙයි ද, මහණෙනි, මම මේ පුද්ගලයා එබඳු දෙයකට උපමා ඇත්තෙකැයි කියමි.

3. මහණෙනි, පුද්ගලයෙක් කෙසේ නම් ගුල නොසාරන්නේ ම නොවසන්නේ ද? මහණෙනි, මෙහිලා ඇතැම් පුද්ගලයෙක් ධර්මය ප්‍රගුණ නොකරයි. එනම් සුත්ත, ගෙය්‍ය, වෙය්‍යාකරණ, ගාථා, උදාන, ඉතිවුත්තක, ජාතක, අබ්භූතධම්ම, වේදල්ල වශයෙන් නොහදාරයි. එසෙයින් ම හේ මෙය දුක යැයි ඒ වූ සැටියෙන් ම නොදනියි. මෙය දුකෙහි හටගැනීම යැයි ඒ වූ සැටියෙන් ම නොදනියි. මෙය දුකෙහි නිරුද්ධ වීම යැයි ඒ වූ සැටියෙන් ම නොදනියි. මෙය දුක නිරුද්ධ වන්නා වූ ප්‍රතිපදාව යැයි ඒ වූ සැටියෙන් ම නොදනියි. මහණෙනි, මේ අයුරින් පුද්ගලයා ගුල නොසාරන්නේ ම නොවසන්නේ ද වෙයි. මහණෙනි, යම් සේ ඒ මූසිකාව ගුල නොසාරන්නී ම නොවසන්නී ද, මහණෙනි, මම මේ පුද්ගලයා එබඳු දෙයකට උපමා ඇත්තෙකැයි කියමි.

4. මහණෙනි, පුද්ගලයෙක් කෙසේ නම් ගුල සාරන්නේ ත් වෙයි ද, වසන්නේ ත් වෙයි ද? මහණෙනි, මෙහිලා ඇතැම් පුද්ගලයෙක් ධර්මය ප්‍රගුණ කරයි. එනම් සුත්ත, ගෙය්‍ය, වෙය්‍යාකරණ, ගාථා, උදාන, ඉතිවුත්තක, ජාතක, අබ්භූතධම්ම, වේදල්ල වශයෙන් හදාරයි. එසේ ම හේ මෙය දුක යැයි ඒ වූ සැටියෙන් ම දනියි. මෙය දුකෙහි හටගැනීම යැයි ඒ වූ සැටියෙන් ම දනියි. මෙය දුකෙහි නිරුද්ධ වීම යැයි ඒ වූ සැටියෙන් ම දනියි. මෙය දුක නිරුද්ධ වන්නා වූ ප්‍රතිපදාව යැයි ඒ වූ සැටියෙන් ම දනියි. මහණෙනි, මේ අයුරින්

පුද්ගලයා ගුල සාරන්නේ ත් වෙයි, වසන්නේ ත් වෙයි. මහණෙනි, යම් සේ ඒ මූසිකාව ගුල සාරන්නී ත් වෙයි, වසන්නී ත් වෙයි ද, මහණෙනි, මම මේ පුද්ගලයා එබඳු දෙයකට උපමා ඇත්තෙකැයි කියමි.

මහණෙනි, මේ අයුරින් මේ මූසිකාවන් සතර දෙනෙකු උපමා කොට ගත් පුද්ගලයෝ සතර දෙනෙක් ලෝකයෙහි විද්‍යමාන ව සිටිති.

සාදු! සාදු!! සාදු!!!

මූසිකා සූත්‍රය නිමා විය.

4.3.1.8.
බලිවද්ද සූත්‍රය
ගවයා උපමා කොට වදාළ දෙසුම

මහණෙනි, ගවයෝ සතර දෙනෙකි. ඒ කවර සතර දෙනෙක් ද යත්;

තමන්ගේ ගවයන් හට සැඩපරුෂ නමුත් අන්‍ය වූ ගවයන් හට සැඩපරුෂ නැත. අන්‍ය වූ ගවයන් හට සැඩපරුෂ නමුත් තමන්ගේ ගවයන් හට සැඩපරුෂ නැත. තමන්ගේ ගවයන්ට ත් සැඩපරුෂ වූයේ අන්‍ය වූ ගවයන් හට ත් සැඩපරුෂ වූයේ වෙයි. තම ගවයන්ට ත් සැඩපරුෂ නොවූයේ අන්‍ය වූ ගවයන් හට ත් සැඩපරුෂ නොවූයේ වෙයි. මහණෙනි, මේ වනාහී ගවයෝ සතර දෙනා ය.

මහණෙනි, මේ අයුරින් ම ගවයන් උපමා කොට ගත් පුද්ගලයෝ සතර දෙනෙක් ලෝකයෙහි විද්‍යමාන ව සිටිති. ඒ කවර සතර දෙනෙක් ද යත්;

තමන්ගේ ගවයන් හට සැඩපරුෂ නමුත් අන්‍ය වූ ගවයන් හට සැඩපරුෂ නැති ගවයා බඳු පුද්ගලයා ය. අන්‍ය වූ ගවයන් හට සැඩපරුෂ නමුත් තමන්ගේ ගවයන් හට සැඩපරුෂ නැති ගවයා බඳු පුද්ගලයා ය. තමන්ගේ ගවයන්ට ත් සැඩපරුෂ වූයේ අන්‍ය වූ ගවයන් හට ත් සැඩපරුෂ වූ ගවයා බඳු පුද්ගලයා ය. තම ගවයන්ට ත් සැඩපරුෂ නොවූයේ අන්‍ය වූ ගවයන් හට ත් සැඩපරුෂ නොවූ ගවයා බඳු පුද්ගලයා ය.

1. මහණෙනි, පුද්ගලයෙකු කෙසේ නම් තමන්ගේ ගවයන් හට සැඩපරුෂ නමුත් අන්‍ය වූ ගවයන් හට සැඩපරුෂ නැති ගවයා බඳු වෙයි ද? මහණෙනි, මෙහිලා ඇතැම් පුද්ගලයෙක් තම පිරිස බියට පත් කරන්නේ වෙයි. අන්‍ය

පිරිසට එසේ නොකරයි. මහණෙනි, මේ අයුරින් පුද්ගලයෙක් තමන්ගේ ගවයන් හට සැඩපරුෂ නමුත් අන්‍ය වූ ගවයන් හට සැඩපරුෂ නැති ගවයා බඳු වෙයි. මහණෙනි, යම් සේ ඒ ගවයා සිය ගවයන්ට සැඩපරුෂ වූයේ අන්‍ය ගවයන්ට සැඩපරුෂ නොවූයේ වෙයි ද, මහණෙනි, මේ පුද්ගලයා මෙබඳු වූ දෙයකට උපමා කොට කියමි.

2. මහණෙනි, පුද්ගලයෙකු කෙසේ නම් අන්‍ය වූ ගවයන් හට සැඩපරුෂ නමුත් තමන්ගේ ගවයන් හට සැඩපරුෂ නැති ගවයා බඳු වෙයි ද? මහණෙනි, මෙහිලා ඇතැම් පුද්ගලයෙක් අන්‍ය පිරිස බියට පත් කරන්නේ වෙයි. තම පිරිසට එසේ නොකරයි. මහණෙනි, මේ අයුරින් පුද්ගලයෙක් අන්‍ය වූ ගවයන් හට සැඩපරුෂ නමුත් තම ගවයන් හට සැඩපරුෂ නැති ගවයා බඳු වෙයි. මහණෙනි, යම් සේ ඒ ගවයා අන්‍ය ගවයන්ට සැඩපරුෂ වූයේ තම ගවයන්ට සැඩපරුෂ නොවූයේ වෙයි ද, මහණෙනි, මේ පුද්ගලයා මෙබඳු වූ දෙයකට උපමා කොට කියමි.

3. මහණෙනි, පුද්ගලයෙකු කෙසේ නම් තමන්ගේ ගවයන්ට ත් සැඩපරුෂ වූයේ අන්‍ය වූ ගවයන් හට ත් සැඩපරුෂ වූ ගවයා බඳු වෙයි ද? මහණෙනි, මෙහිලා ඇතැම් පුද්ගලයෙක් තම පිරිස ත් බියට පත් කරන්නේ වෙයි. අන්‍ය පිරිසට ත් එසේ කරයි. මහණෙනි, මේ අයුරින් පුද්ගලයෙක් තමන්ගේ ගවයන්ට ත් සැඩපරුෂ වූයේ අන්‍ය වූ ගවයන් හට ත් සැඩපරුෂ වූ ගවයා බඳු වෙයි. මහණෙනි, යම් සේ ඒ ගවයා තම ගවයන්ට සැඩපරුෂ වූයේ ත් අන්‍ය ගවයන්ට සැඩපරුෂ වූයේ ත් වෙයි ද, මහණෙනි, මේ පුද්ගලයා මෙබඳු වූ දෙයකට උපමා කොට කියමි.

4. මහණෙනි, පුද්ගලයෙකු කෙසේ නම් තමන්ගේ ගවයන්ට ත් සැඩපරුෂ නොවූයේ අන්‍ය වූ ගවයන් හට ත් සැඩපරුෂ නොවූ ගවයා බඳු වෙයි ද? මහණෙනි, මෙහිලා ඇතැම් පුද්ගලයෙක් තම පිරිස ත් බියට පත් නොකරන්නේ වෙයි. අන්‍ය පිරිසට ත් එසේ නොකරයි. මහණෙනි, මේ අයුරින් පුද්ගලයෙක් තමන්ගේ ගවයන්ට ත් සැඩපරුෂ නොවූයේ අන්‍ය වූ ගවයන් හට ත් සැඩපරුෂ නොවූ ගවයා බඳු වෙයි. මහණෙනි, යම් සේ ඒ ගවයා තම ගවයන්ට සැඩපරුෂ නොවූයේ ත් අන්‍ය ගවයන්ට සැඩපරුෂ නොවූයේ ත් වෙයි ද, මහණෙනි, මේ පුද්ගලයා මෙබඳු වූ දෙයකට උපමා කොට කියමි.

මහණෙනි, මේ අයුරින් ගවයා උපමා කොට ගත් පුද්ගලයෝ සතර දෙනෙක් ලෝකයෙහි විද්‍යමාන ව සිටිති.

සාදු! සාදු!! සාදු!!!

බලිවද්ද සූත්‍රය නිමා විය.

4.3.1.9.
රුක්ඛ සූත්‍රය
ගස උපමා කොට වදාළ දෙසුම

මහණෙනි, ගස් සතරකි. ඒ කවර සතරක් ද යත්;

නිසරු ගස් පිරිවර කොට ඇති නිසරු ගසකි. සරු ගස් පිරිවර කොට ඇති නිසරු ගසකි. නිසරු ගස් පිරිවර කොට ඇති සරු ගසකි. සරු ගස් පිරිවර කොට ඇති සරු ගසකි. මහණෙනි, මේ වනාහී සිව්වැදෑරුම් වෘක්ෂයෝ ය.

මහණෙනි, මේ අයුරින් ම ගස උපමා කොට ගත් පුද්ගලයෝ සතර දෙනෙක් ලෝකයෙහි විද්‍යමාන ව සිටිති. ඒ කවර සතර දෙනෙක් ද යත්;

නිසරු ගස් පිරිවර කොට ඇති නිසරු ගස බඳු පුද්ගලයා ය. සරු ගස් පිරිවර කොට ඇති නිසරු ගස බඳු පුද්ගලයා ය. නිසරු ගස් පිරිවර කොට ඇති සරු ගස බඳු පුද්ගලයා ය. සරු ගස් පිරිවර කොට ඇති සරු ගස බඳු පුද්ගලයා ය.

1.	මහණෙනි, පුද්ගලයෙක් නිසරු ගස් පිරිවර කොට ඇති නිසරු ගස බඳු වන්නේ කෙසේ ද? මහණෙනි, මෙහිලා ඇතැම් පුද්ගලයෙක් දුස්සීල වෙයි. පව්ටු ස්වභාවයෙන් යුක්ත වෙයි. ඔහුගේ පිරිස ද දුස්සීල වෙයි. පාපී ධර්මයන් ඇත්තේ වෙයි. මහණෙනි, මේ අයුරින් පුද්ගලයෙක් නිසරු වූයේ නිසරු පිරිවර සහිත වූයේ වෙයි. මහණෙනි, යම් සේ ඒ ගසක් නිසරු වූයේ ද, නිසරු ගස් පිරිවර කොට ගත්තේ ද, මහණෙනි, මම මේ පුද්ගලයා එබඳු වූ ගසට උපමා කොට කියමි.

2.	මහණෙනි, පුද්ගලයෙක් සරු ගස් පිරිවර කොට ඇති නිසරු ගස බඳු වන්නේ කෙසේ ද? මහණෙනි, මෙහිලා ඇතැම් පුද්ගලයෙක් දුස්සීල වෙයි. පව්ටු ස්වභාවයෙන් යුක්ත වෙයි. ඔහුගේ පිරිස සිල්වත් වෙයි. කල්‍යාණ ධර්මයන් ඇත්තේ වෙයි. මහණෙනි, මේ අයුරින් පුද්ගලයෙක් නිසරු වූයේ සරු පිරිවර සහිත වූයේ වෙයි. මහණෙනි, යම් සේ ඒ ගසක් නිසරු වූයේ ද, සරු ගස් පිරිවර කොට ගත්තේ ද, මහණෙනි, මම මේ පුද්ගලයා එබඳු වූ ගසට උපමා කොට කියමි.

3. මහණෙනි, පුද්ගලයෙක් නිසරු ගස් පිරිවර කොට ඇති සරු ගස බඳු වන්නේ කෙසේ ද? මහණෙනි, මෙහිලා ඇතැම් පුද්ගලයෙක් සිල්වත් වෙයි. කල්‍යාණ ධර්මයෙන් යුක්ත වෙයි. එනමුදු ඔහුගේ පිරිස දුස්සීල වෙයි. පාපී ධර්මයන් ඇත්තේ වෙයි. මහණෙනි, මේ අයුරින් පුද්ගලයෙක් සරු වූයේ නිසරු පිරිවර සහිත වූයේ වෙයි. මහණෙනි, යම් සේ ඒ ගසක් සරු වූයේ ද, නිසරු ගස් පිරිවර කොට ගත්තේ ද, මහණෙනි, මම මේ පුද්ගලයා එබඳු වූ ගසට උපමා කොට කියමි.

4. මහණෙනි, පුද්ගලයෙක් සරු ගස් පිරිවර කොට ඇති සරු ගස බඳු වන්නේ කෙසේ ද? මහණෙනි, මෙහිලා ඇතැම් පුද්ගලයෙක් සිල්වත් වෙයි. කල්‍යාණ ධර්මයෙන් යුක්ත වෙයි. ඔහුගේ පිරිස ද සිල්වත් වෙයි. කල්‍යාණ ධර්මයන් ඇත්තේ වෙයි. මහණෙනි, මේ අයුරින් පුද්ගලයෙක් සරු වූයේ සරු පිරිවර සහිත වූයේ වෙයි. මහණෙනි, යම් සේ ඒ ගසක් සරු වූයේ ද, සරු ගස් පිරිවර කොට ගත්තේ ද, මහණෙනි, මම මේ පුද්ගලයා එබඳු වූ ගසට උපමා කොට කියමි.

මහණෙනි, මේ අයුරින් ගස උපමා කොට ගත් පුද්ගලයෝ සතර දෙනෙක් ලෝකයෙහි විද්‍යමාන ව සිටිති.

සාදු! සාදු!! සාදු!!!

රුක්ඛ සූත්‍රය නිමා විය.

4.3.1.10.
ආසිවිස සූත්‍රය
ඝෝර විෂ උපමා කොට වදාළ දෙසුම

මහණෙනි, ඝෝර විෂ සතරකි. ඒ කවර සතරක් ද යත්;

ශරීරයට ඇතුළු වූ විට විෂ ඇති නමුත් ඒ විෂ බොහෝ කල් නොපවතින්නේ වෙයි. විෂ බොහෝ කල් පවතින නමුත්, ශරීරයට ඇතුළු වූ විට විෂ නැත්තේ වෙයි. ශරීරයට ඇතුළු වූ විට ත් විෂ ඇත්තේ වෙයි, ඒ විෂ බොහෝ කල් පවතින්නේ ද වෙයි. ශරීරයට ඇතුළු වූ විට ත් විෂ නැත්තේ වෙයි, ඒ විෂ බොහෝ කල් නොපවතින්නේ ද වෙයි. මහණෙනි. මේ වනාහී ඝෝර විෂ සතර යි.

මහණෙනි, මේ අයුරින් ම ඝෝර විෂ උපමා කොට ගත් පුද්ගලයෝ සතර දෙනෙක් ලෝකයෙහි විද්‍යමාන ව සිටිති. ඒ කවර සතර දෙනෙක් ද යත්;

ශරීරයට ඇතුළු වූ විට විෂ ඇති නමුත් ඒ විෂ බොහෝ කල් නොපවතින පුද්ගලයා ය. විෂ බොහෝ කල් පවතින නමුත්, ශරීරයට ඇතුළු වූ විට විෂ නැති පුද්ගලයා ය. ශරීරයට ඇතුළු වූ විට ත් විෂ ඇත්තේ වෙයි ද, ඒ විෂ බොහෝ කල් පවතින්නේ ද එබඳු පුද්ගලයා ය. ශරීරයට ඇතුළු වූ විට ත් විෂ නැත්තේ ද, ඒ විෂ බොහෝ කල් නොපවතින්නේ ද එබඳු පුද්ගලයා ය.

1. මහණෙනි, පුද්ගලයෙක් කෙසේ නම් ශරීරයට ඇතුළු වූ විට විෂ ඇති නමුත් ඒ විෂ බොහෝ කල් නොපවතින්නේ බඳු වෙයි ද? මහණෙනි, මෙහිලා ඇතැම් පුද්ගලයෙක් නිතර කිපෙන්නේ වෙයි. එනමුදු ඔහුගේ ඒ ක්‍රෝධය බොහෝ කලක් තමා පසුපස හඹා නොඑයි. මහණෙනි, මේ අයුරින් පුද්ගල තෙමේ ශරීරයට ඇතුළු වූ විට විෂ ඇති නමුත් ඒ විෂ බොහෝ කල් නොපවතින්නේ වෙයි. මහණෙනි, යම් සේ ඒ ඝෝර විෂ සිරුරට පැමිණෙන්නේ නමුත් බොහෝ කල් නොපවතින්නේ වෙයි ද, මම මේ පුද්ගලයා මෙබඳු විෂට උපමා කොට කියමි.

2. මහණෙනි, පුද්ගලයෙක් කෙසේ නම් ශරීරයට ඇතුළු වූ විට විෂ නැති නමුත් ඒ විෂ බොහෝ කල් පවතින්නේ බඳු වෙයි ද? මහණෙනි, මෙහිලා ඇතැම් පුද්ගලයෙක් නිතර නොකිපෙන්නේ වෙයි. එනමුදු කිපුණු කල්හී ඔහුගේ ඒ ක්‍රෝධය බොහෝ කලක් තමා පසුපස හඹා එයි. මහණෙනි, මේ අයුරින් පුද්ගල තෙමේ ශරීරයට ඇතුළු වූ විට විෂ නැති නමුත් ඒ විෂ බොහෝ කල් පවතින්නේ වෙයි. මහණෙනි, යම් සේ ඒ ඝෝර විෂ සිරුරට නොපැමිණෙන්නේ නමුත් බොහෝ කල් පවතින්නේ වෙයි ද, මම මේ පුද්ගලයා මෙබඳු විෂට උපමා කොට කියමි.

3. මහණෙනි, පුද්ගලයෙක් කෙසේ නම් ශරීරයට ඇතුළු වූ විට විෂ ඇත්තේ ත්, ඒ විෂ බොහෝ කල් පවතින්නේ ත් බඳු වෙයි ද? මහණෙනි, මෙහිලා ඇතැම් පුද්ගලයෙක් නිතර කිපෙන්නේ වෙයි. එසේ ම ඔහුගේ ඒ ක්‍රෝධය බොහෝ කලක් තමා පසුපස හඹා එයි. මහණෙනි, මේ අයුරින් පුද්ගල තෙමේ ශරීරයට ඇතුළු වූ විට විෂ ඇත්තේ, ඒ විෂ බොහෝ කල් පවතින්නේ වෙයි. මහණෙනි, යම් සේ ඒ ඝෝර විෂ සිරුරට පැමිණෙන්නේ ත්, බොහෝ කල් පවතින්නේ ත් වෙයි ද, මම මේ පුද්ගලයා මෙබඳු විෂට උපමා කොට කියමි.

4. මහණෙනි, පුද්ගලයෙක් කෙසේ නම් ශරීරයට ඇතුළු වූ විට විෂ නැත්තේ ත්, ඒ විෂ බොහෝ කල් නොපවතින්නේ ත් බඳු වෙයි ද? මහණෙනි, මෙහිලා

ඇතැම් පුද්ගලයෙක් නිතර කිපෙන්නේ නොවෙයි. එසේ ම ඔහුගේ ඒ ක්‍රෝධය බොහෝ කලක් තමා පසුපස හඹා නොඑයි. මහණෙනි, මේ අයුරින් පුද්ගල තෙමේ ශරීරයට ඇතුළු වූ විට විෂ නැත්තේ, ඒ විෂ බොහෝ කල් නොපවතින්නේ වෙයි. මහණෙනි, යම් සේ ඒ ඝෝර විෂ සිරුරට නොපැමිණෙන්නේ ත්, බොහෝ කල් නොපවතින්නේ ත් වෙයි ද, මම මේ පුද්ගලයා මෙබඳු විෂට උපමා කොට කියමි.

මහණෙනි, මේ ඝෝර විෂ බඳු පුද්ගලයෝ සතර දෙනෙක් ලෝකයෙහි විද්‍යමාන ව සිටිති.

සාදු! සාදු!! සාදු!!!

ආසිවිස සූත්‍රය නිමා විය.

පළමුවෙනි වලාහක වර්ගය අවසන් විය.

- එහි පිළිවෙල උද්දානයයි :

වලාහක සූත්‍ර දෙක, කුම්භ සූත්‍රය, උදකරහද සූත්‍රය, අම්බ සූත්‍රය, මූසිකා සූත්‍රය, රුක්ඛ සූත්‍රය, බලිවද්ද සූත්‍රය සහ ආසිවිස සූත්‍රය වශයෙන් මෙහි සූත්‍ර දශයකි.

2. කේසි වර්ගය

4.3.2.1.
කේසී සූත්‍රය
කේසී නම් අශ්වයන් පුහුණු කරන්නාට වදාළ දෙසුම

සැවැත් නුවර දී ය ....

එකල්හී කේසී නම් අශ්වයන් පුහුණු කරන තැනැත්තා භාග්‍යවතුන් වහන්සේ යම් තැනක වැඩසිටි සේක් ද, එතැනට පැමිණියේ ය. පැමිණ භාග්‍යවතුන් වහන්සේට සකසා වන්දනා කොට එකත්පස් ව හිඳගත්තේ ය. එකත්පස් ව හුන් කේසී නම් අශ්වයන් පුහුණු කරන තැනැත්තාට භාග්‍යවතුන් වහන්සේ මෙය වදාළ සේක.

"කේසී, අශ්වයන් පුහුණු කිරීමෙහිලා ඔබ ඉතා ප්‍රසිද්ධ කෙනෙක් නොවැ. කේසී, ඔබ අශ්වයෙකු පුහුණු කරන්නේ කෙසේ ද?"

"ස්වාමීනී, මම හික්මවිය යුතු අශ්වයා මෘදු ආකාරයෙනුත් හික්මවමි. ඵරුෂ ආකාරයෙනුත් හික්මවමි. මෘදු ඵරුෂ දෙකෙන් ම ත් හික්මවමි."

"ඉදින් කේසී, ඒ හික්මවිය යුතු අශ්වයා මෘදු අයුරිනුත් හික්මීමකට නොපත් වෙයි නම්, ඵරුෂ අයුරිනුත් හික්මීමකට නොපත් වෙයි නම්, මෘදු ඵරුෂ දෙකෙන් ම ත් හික්මීමකට නොපත් වෙයි නම්, එවිට ඒ අසුට කුමක් කරන්නෙහි ද?"

"ඉදින් ස්වාමීනී, හික්මවිය යුතු මාගේ ඒ අශ්වයා මෘදු අයුරිනුත් හික්මීමකට නොපත් වෙයි නම්, ඵරුෂ අයුරිනුත් හික්මීමකට නොපත් වෙයි නම්, මෘදු ඵරුෂ දෙකෙන් ම ත් හික්මීමකට නොපත් වෙයි නම්, ස්වාමීනී, මම ඒ සතා මරා දමමි. මක් නිසා ද යත්, මාගේ ආචාර්ය කුලයට අවනම්බුවක්

නොවේවා කියා ය.

ස්වාමීනී, හික්මවිය යුතු පුරුෂයන් පුහුණු කිරීමෙහිලා භාග්‍යවතුන් වහන්සේ අනුත්තර වන සේක. ස්වාමීනී, භාග්‍යවතුන් වහන්සේ ඒ හික්මවිය යුතු පුරුෂයා කෙසේ හික්මවන සේක් ද?"

"කේසී, මම හික්මවිය යුතු පුරුෂයා මෘදු ආකාරයෙනුත් හික්මවමි. ඵරුෂ ආකාරයෙනුත් හික්මවමි. මෘදු ඵරුෂ දෙකෙන් ම ත් හික්මවමි.

කේසී, එහිලා මෘදු ආකාරයෙහි මෙය ඇත්තේ ය. එනම් කාය සුචරිතය යනු මෙය යි. කාය සුචරිතයෙහි විපාකය මෙය යි. වාක් සුචරිතය යනු මෙය යි. වාක් සුචරිතයෙහි විපාකය මෙය යි. මනෝ සුචරිතය යනු මෙය යි. මනෝ සුචරිතයෙහි විපාකය මෙය යි. දෙවියෝ මෙබඳු වූවෝ ය. මනුෂ්‍යයෝ මෙබඳු වූවෝ ය වශයෙනි.

කේසී, එහිලා ඵරුෂ ආකාරයෙහි මෙය ඇත්තේ ය. එනම් කාය දුශ්චරිතය යනු මෙය යි. කාය දුශ්චරිතයෙහි විපාකය මෙය යි. වාක් දුශ්චරිතය යනු මෙය යි. වාක් දුශ්චරිතයෙහි විපාකය මෙය යි. මනෝ දුශ්චරිතය යනු මෙය යි. මනෝ දුශ්චරිතයෙහි විපාකය මෙය යි. නිරි සත්වයෝ මෙබඳු වූවෝ ය. තිරිසන් යෝනිය මෙබඳු වූයේ ය. ප්‍රේත විෂය මෙබඳු වූයේ ය වශයෙනි.

කේසී, එහිලා මෘදු ඵරුෂ ආකාරයෙහි මෙය ඇත්තේ ය. එනම් කාය සුචරිතය යනු මෙය යි. කාය සුචරිතයෙහි විපාකය මෙය යි. වාක් සුචරිතය යනු මෙය යි. වාක් සුචරිතයෙහි විපාකය මෙය යි. මනෝ සුචරිතය යනු මෙය යි. මනෝ සුචරිතයෙහි විපාකය මෙය යි. කාය දුශ්චරිතය යනු මෙය යි. කාය දුශ්චරිතයෙහි විපාකය මෙය යි. වාක් දුශ්චරිතය යනු මෙය යි. වාක් දුශ්චරිතයෙහි විපාකය මෙය යි. මනෝ දුශ්චරිතය යනු මෙය යි. මනෝ දුශ්චරිතයෙහි විපාකය මෙය යි. දෙවියෝ මෙබඳු වූවෝ ය. මනුෂ්‍යයෝ මෙබඳු වූවෝ ය. නිරි සත්වයෝ මෙබඳු වූවෝ ය. තිරිසන් යෝනිය මෙබඳු වූයේ ය. ප්‍රේත විෂය මෙබඳු වූයේ ය වශයෙනි."

"ඉදින් ස්වාමීනී, ඒ හික්මවිය යුතු පුරුෂයා මෘදු අයුරිනුත් හික්මීමකට නොපත් වෙයි නම්, ඵරුෂ අයුරිනුත් හික්මීමකට නොපත් වෙයි නම්, මෘදු ඵරුෂ දෙකෙන් ම ත් හික්මීමකට නොපත් වෙයි නම්, එවිට ඒ පුරුෂයාට කුමක් කරන්නෙහි ද?"

"ඉදින් කේසී, හික්මවිය යුතු මාගේ ඒ පුරුෂයා මෘදු අයුරිනුත් හික්මීමකට නොපත් වෙයි නම්, ඵරුෂ අයුරිනුත් හික්මීමකට නොපත් වෙයි නම්, මෘදු ඵරුෂ

දෙකෙන් ම ත් හික්මීමකට නොපත් වෙයි නම්, කේසී, මම ඒ පුරුෂයා මරා දමමි."

"ස්වාමීනී, භාග්‍යවතුන් වහන්සේට සතුන් මැරීම කැප නැත්තේ ම ය. එසේ තිබිය දී භාග්‍යවතුන් වහන්සේ මෙසේ වදාරණ සේක. 'කේසී, මම ඔහු මරා දමමි' යි."

"කේසී, තථාගතයන් හට සතුන් මැරීම කැප නැති බව සැබෑ ය. එනමුදු හික්මවිය යුතු ඒ පුරුෂයා මෘදු අයුරිනුත් හික්මීමකට නොපත් වෙයි නම්, ඵරුෂ අයුරිනුත් හික්මීමකට නොපත් වෙයි නම්, මෘදු ඵරුෂ දෙකෙන් ම ත් හික්මීමකට නොපත් වෙයි නම්, තථාගත තෙමේ ඒ තැනැත්තා කරුණු කිව යුත්තෙකු වශයෙන්, අනුශාසනා කළ යුත්තෙකු වශයෙන් නොසිතයි. නුවණැති සබ්‍රහ්මචාරීහු ද ඒ තැනැත්තා කරුණු කිව යුත්තෙකු වශයෙන්, අනුශාසනා කළ යුත්තෙකු වශයෙන් නොසිතති. කේසී, තථාගතයන් වහන්සේ යමෙකු පිළිබඳව කිව යුතු කොට, අනුශාසනා කළ යුතු කොට නොසිතත් ද, නුවණැති සබ්‍රහ්මචාරීහු ද, කිව යුතු කොට, අනුශාසනා කළ යුතු කොට නොසිතත් ද, ආර්ය විනයෙහි මෙය වනාහී මරා දැමීමක් බඳු ය."

"ස්වාමීනී, තථාගතයන් වහන්සේ යමෙකු පිළිබඳව කිව යුතු කොට, අනුශාසනා කළ යුතු කොට නොසිතත් ද, නුවණැති සබ්‍රහ්මචාරීහු ද, කිව යුතු කොට, අනුශාසනා කළ යුතු කොට නොසිතත් ද, ඒකාන්තයෙන් ම එය වනාහී බරපතල මරා දැමීමක් බඳු ම ය.

භවත් ගෞතමයන් වහන්ස, ඉතා මනහර ය. භවත් ගෞතමයන් වහන්ස, ඉතා මනහර ය. ....(පෙ).... අද පටන් මා දිවි හිමියෙන් තෙරුවන් සරණ ගිය උපාසකයෙකු වශයෙන් භවත් ගෞතමයන් වහන්සේ පිළිගන්නා සේක්වා !"

සාදු! සාදු!! සාදු!!!

කේසී සූත්‍රය නිමා විය.

4.3.2.2.
අස්සාජානීය - ජව සූත්‍රය
ආජානේය අශ්වයා - ජවය ගැන වදාළ දෙසුම

මහණෙනි, රජුගේ සොඳුරු වූ ආජානේය අශ්වයා සතර කරුණකින් යුක්ත වූ විට රජුට යෝග්‍ය වූයේ වෙයි. රජු විසින් පරිහරණය කළ යුතු වූයේ වෙයි. රජුගේ අංගයක් ය යන ගණනට අයත් වෙයි. ඒ කවර සතර කරුණකින් ද යත්;

අවංකභාවයෙන් ද, වේගයෙන් ද, ඉවසීමෙන් ද, කීකරුකමින් ද වශයෙනි.

මහණෙනි, රජුගේ සොඳුරු වූ ආජානේය අශ්වයා මේ සතර කරුණෙන් යුක්ත වූ විට රජුට යෝග්‍ය වූයේ වෙයි. රජු විසින් පරිහරණය කළ යුතු වූයේ වෙයි. රජුගේ අංගයක් ය යන ගණනට අයත් වෙයි.

එසෙයින් ම මහණෙනි, සතර කරුණකින් යුක්ත වූ භික්ෂුව ආහුණෙය්‍ය වෙයි. පාහුණෙය්‍ය වෙයි. දක්ඛිණෙය්‍ය වෙයි. අංජලිකරණීය වෙයි. ලොවට උතුම් පින්කෙත වෙයි. ඒ කවර කරුණු සතරකින් ද යත්;

අවංකභාවයෙන් ද, ප්‍රඥා වේගයෙන් ද, ඉවසීමෙන් ද, කීකරුකමින් ද වශයෙනි.

මහණෙනි, මේ සතර කරුණින් යුක්ත වූ භික්ෂුව ආහුණෙය්‍ය වෙයි. පාහුණෙය්‍ය වෙයි. දක්ඛිණෙය්‍ය වෙයි. අංජලිකරණීය වෙයි. ලොවට උතුම් පින්කෙත වෙයි.

සාදු! සාදු!! සාදු!!!

අස්සාජානීය - ජව සූත්‍රය නිමා විය.

4.3.2.3.
අස්සාජානීය - පතෝද සූත්‍රය
ආජානේය අශ්වයා - කෙවිට ගැන වදාළ දෙසුම

මහණෙනි, සොඳුරු වූ ආජානේය අශ්වයෝ සතර දෙනෙක් ලෝකයේ විද්‍යමාන ව සිටිති. ඒ කවර සතර දෙනෙක් ද යත්;

1. මහණෙනි, මෙහිලා ඇතැම් සොඳුරු ආජානේය අශ්වයෙක් කෙවිටෙහි ඡායාව දැක සංවේග වෙයි. සංවේගයට පැමිණෙයි. 'කිම, අද අශ්වයන් පුහුණු කරන තැනැත්තා මට කවර නම් දඬුවමක් කරාවි ද? කිම, මම කවර නම් දෙයකින් ඔහුගේ වචනය කරන්නෙම් ද?' කියා ය. මහණෙනි, මෙබඳු ස්වභාව ඇති ඇතැම් සොඳුරු ආජානේය අශ්වයෙක් ඇත්තේ ය. මහණෙනි, ලෝකයෙහි දකින්නට ලැබෙන පළමුවෙනි ආජානේය අශ්වයා මොහු ය.

2. තව ද මහණෙනි, ඇතැම් සොඳුරු ආජානේය අශ්වයෙක් කෙවිටෙහි ඡායාව දැක සංවේග නොවෙයි. සංවේගයට නොපැමිණෙයි. නමුත් එම කෙවිටෙන් ලෝමයන්ට වදින කල්හී සංවේග වෙයි. සංවේගයට පත්වෙයි. 'කිම, අද අශ්වයන් පුහුණු කරන තැනැත්තා මට කවර නම් දඬුවමක් කරාවි ද? කිම, මම කවර නම් දෙයකින් ඔහුගේ වචනය කරන්නෙම් ද?' කියා ය. මහණෙනි, මෙබඳු ස්වභාව ඇති ඇතැම් සොඳුරු ආජානේය අශ්වයෙක් ඇත්තේ ය. මහණෙනි, ලෝකයෙහි දකින්නට ලැබෙන දෙවෙනි ආජානේය අශ්වයා මොහු ය.

3. තව ද මහණෙනි, ඇතැම් සොඳුරු ආජානේය අශ්වයෙක් කෙවිටෙහි ඡායාව දැක සංවේග නොවෙයි. සංවේගයට නොපැමිණෙයි. එමෙන් ම කෙවිටෙන් ලෝමයන්ට වදින කල්හී ද සංවේග නොවෙයි. සංවේගයට පත් නොවෙයි. වැලිඳු කෙවිටි පහරින් සමට වදින කල්හී සංවේග වෙයි. සංවේගයට පත්වෙයි. 'කිම, අද අශ්වයන් පුහුණු කරන තැනැත්තා මට කවර නම් දඬුවමක් කරාවි ද? කිම, මම කවර නම් දෙයකින් ඔහුගේ වචනය කරන්නෙම් ද?' කියා ය. මහණෙනි, මෙබඳු ස්වභාව ඇති ඇතැම් සොඳුරු ආජානේය අශ්වයෙක් ඇත්තේ ය. මහණෙනි, ලෝකයෙහි දකින්නට ලැබෙන තෙවෙනි ආජානේය අශ්වයා මොහු ය.

4. තව ද මහණෙනි, ඇතැම් සොඳුරු ආජානේය අශ්වයෙක් කෙවිටෙහි ඡායාව දැක සංවේග නොවෙයි. සංවේගයට නොපැමිණෙයි. එමෙන් ම

කෙවිටෙන් ලෝමයන්ට වදින කල්හී ද සංවේග නොවෙයි. සංවේගයට පත් නොවෙයි. එමෙන් ම කෙවිටි පහරින් සමට වදින කල්හී ද සංවේග නොවෙයි. සංවේගයට පත් නොවෙයි. කෙවිටි පහරින් ඇට වලට ද රිදෙන්නට වැදුණු කල්හී සංවේග වෙයි. සංවේගයට පත්වෙයි. 'කිම, අද අශ්වයන් පුහුණු කරන තැනැත්තා මට කවර නම් දඬුවමක් කරාවි ද? කිම, මම කවර නම් දෙයකින් ඔහුගේ වචනය කරන්නෙම් ද?' කියා ය. මහණෙනි, මෙබඳු ස්වභාව ඇති ඇතැම් සොඳුරු ආජානේය අශ්වයෙක් ඇත්තේ ය. මහණෙනි, ලෝකයෙහි දකින්නට ලැබෙන සිව්වෙනි ආජානේය අශ්වයා මොහු ය.

මහණෙනි, මේ සොඳුරු වූ ආජානේය අශ්වයෝ සතර දෙනා ලෝකයේ විද්‍යමාන ව සිටිති.

මේ අයුරින් ම මහණෙනි, සොඳුරු වූ ආජානේය පුරුෂයෝ සතර දෙනෙක් ලෝකයෙහි විද්‍යමාන ව සිටිති. ඒ කවර සතර දෙනෙක් ද යත්;

1. මහණෙනි, මෙහිලා ඇතැම් සොඳුරු වූ ආජානේය පුරුෂයෙක් මෙය අසයි. එනම් 'අසවල් ගමෙහි හෝ නියම් ගමෙහි හෝ අසවල් ස්ත්‍රිය හෝ පුරුෂයා හෝ දුකට පත් වූයේ වෙයි. කළුරිය කළේ වෙයි' යන කරුණ යි. එවිට එය අසා හේ සංවේග වෙයි. සංවේගයට පත්වෙයි. සංවේග වූයේ නුවණ යොදා වීරිය කරයි. කාය ජීවිත දෙකෙහි අපේක්ෂා රහිත ව වෙර වඩන්නේ පරම සත්‍යය කයෙනුත් සාක්ෂාත් කරයි. ප්‍රඥාවෙන් විනිවිද දකියි. මහණෙනි, යම් සේ ඒ සොඳුරු ආජානේය අශ්වයෙක් කෙවිටෙහි ඡායාව දැක සංවේග වෙයි ද, සංවේගයට පැමිණෙයි ද, මහණෙනි, මෙම භද්‍ර වූ ආජානේය පුරුෂයා එබඳු අශ්වයා උපමා කොට පවසමි. මහණෙනි, ලෝකයෙහි දකින්නට ලැබෙන පළමුවෙනි සොඳුරු ආජානේය පුරුෂයා මොහු ය.

2. තව ද මහණෙනි, ඇතැම් සොඳුරු වූ ආජානේය පුරුෂයෙක් 'අසවල් ගමෙහි හෝ නියම් ගමෙහි හෝ අසවල් ස්ත්‍රිය හෝ පුරුෂයා හෝ දුකට පත් වූයේ වෙයි. කළුරිය කළේ වෙයි' යන කරුණ නොඇසුවේ වෙයි. එනමුදු දුකට පත් වූ හෝ කළුරිය කළා වූ හෝ ස්ත්‍රියක හෝ පුරුෂයෙකු හෝ තෙමේ ම දකින්නේ වෙයි. එවිට එය තුළින් හේ සංවේග වෙයි. සංවේගයට පත්වෙයි. සංවේග වූයේ නුවණ යොදා වීරිය කරයි. කාය ජීවිත දෙකෙහි අපේක්ෂා රහිත ව වෙර වඩන්නේ පරම සත්‍යය කයෙනුත් සාක්ෂාත් කරයි. ප්‍රඥාවෙන් විනිවිද දකියි. මහණෙනි, යම් සේ ඒ සොඳුරු ආජානේය අශ්වයෙක් කෙවිටෙන් ලෝමයන්ට පහර වැද සංවේග වෙයි ද, සංවේගයට පැමිණෙයි ද, මහණෙනි, මෙම භද්‍ර වූ ආජානේය පුරුෂයා එබඳු අශ්වයා උපමා කොට පවසමි. මහණෙනි, ලෝකයෙහි දකින්නට ලැබෙන දෙවෙනි සොඳුරු ආජානේය පුරුෂයා මොහුය.

3. තව ද මහණෙනි, ඇතැම් සොඳුරු වූ ආජානේය පුරුෂයෙක් 'අසවල් ගමෙහි හෝ නියම් ගමෙහි හෝ අසවල් ස්ත්‍රිය හෝ පුරුෂයා හෝ දුකට පත් වූයේ වෙයි. කළුරිය කළේ වෙයි' යන කරුණ නොඇසුවේ වෙයි. එමෙන් ම දුකට පත් වූ හෝ කළුරිය කළා වූ හෝ ස්ත්‍රියක හෝ පුරුෂයෙකු හෝ තෙමේ ම නොදකින්නේ ද වෙයි. එනමුදු තමන්ගේ ඥාතියෙකු හෝ ලේ ඥාතියෙකු හෝ දුකට පත්වූයේ වෙයි. කළුරිය කළේ වෙයි. එවිට ඒ තුළින් හේ සංවේග වෙයි. සංවේගයට පත්වෙයි. සංවේග වූයේ නුවණ යොදා වීරිය කරයි. කාය ජීවිත දෙකෙහි අපේක්ෂා රහිත ව වෙර වඩන්නේ පරම සත්‍යය කයෙනුත් සාක්ෂාත් කරයි. ප්‍රඥාවෙන් විනිවිද දකියි. මහණෙනි, යම් සේ ඒ සොඳුරු ආජානේය අශ්වයෙක් කෙවිටෙන් සමට පහර වැද සංවේග වෙයි ද, සංවේග යට පැමිණෙයි ද, මහණෙනි, මෙම භද්‍ර වූ ආජානේය පුරුෂයා එබඳු අශ්වයා උපමා කොට පවසමි. මහණෙනි, ලෝකයෙහි දකින්නට ලැබෙන තෙවෙනි සොඳුරු ආජානේය පුරුෂයා මොහු ය.

4. තව ද මහණෙනි, ඇතැම් සොඳුරු වූ ආජානේය පුරුෂයෙක් 'අසවල් ගමෙහි හෝ නියම් ගමෙහි හෝ අසවල් ස්ත්‍රිය හෝ පුරුෂයා හෝ දුකට පත් වූයේ වෙයි. කළුරිය කළේ වෙයි' යන කරුණ නොඇසුවේ වෙයි. එමෙන් ම දුකට පත් වූ හෝ කළුරිය කළා වූ හෝ ස්ත්‍රියක හෝ පුරුෂයෙකු හෝ තෙමේ ම නොදකින්නේ ද වෙයි. එමෙන් ම තමන්ගේ ඥාතියෙකු හෝ ලේ ඥාතියෙකු හෝ දුකට පත් නොවූයේ වෙයි. කළුරිය නොකළේ වෙයි. එනමුදු තමන් ම දරුණු වූ, කටුක වූ, අමිහිරි වූ, අමනාප වූ, ප්‍රාණය නැතිවන තරමේ දුක්ඛිත වූ ශාරීරික වේදනාවකින් රිදුම් කන්නේ වෙයි. එවිට ඒ තුළින් හේ සංවේග වෙයි. සංවේගයට පත්වෙයි. සංවේග වූයේ නුවණ යොදා වීරිය කරයි. කාය ජීවිත දෙකෙහි අපේක්ෂා රහිත ව වෙර වඩන්නේ පරම සත්‍යය කයෙනුත් සාක්ෂාත් කරයි. ප්‍රඥාවෙන් විනිවිද දකියි. මහණෙනි, යම් සේ ඒ සොඳුරු ආජානේය අශ්වයෙක් කෙවිටෙන් ඇටවලට රිදෙන්නට පහර වැද සංවේග වෙයි ද, සංවේග යට පැමිණෙයි ද, මහණෙනි, මෙම භද්‍ර වූ ආජානේය පුරුෂයා එබඳු අශ්වයා උපමා කොට පවසමි. මහණෙනි, ලෝකයෙහි දකින්නට ලැබෙන සිව්වෙනි සොඳුරු ආජානේය පුරුෂයා මොහු ය.

මහණෙනි, මේ සොඳුරු වූ ආජානේය පුරුෂයෝ සතර දෙනා ලෝකයෙහි විද්‍යමාන ව සිටිති.

සාදු! සාදු!! සාදු!!!

අස්සාජානීය - පතෝද සූත්‍රය නිමා විය.

4.3.2.4.
නාග සූත්‍රය
හස්තිරාජයා ගැන වදාළ දෙසුම

මහණෙනි, රජුගේ හස්තිරාජයා සතර කරුණකින් යුක්ත වූ විට රජුට යෝග්‍ය වූයේ වෙයි. රජු විසින් පරිහරණය කළ යුතු වූයේ වෙයි. රජුගේ අංගයක් ය යන ගණනට අයත් වෙයි. ඒ කවර සතර කරුණකින් ද යත්;

මහණෙනි, මෙහිලා රජුගේ හස්තිරාජයා අසන්නේ ද වෙයි. නසන්නේ ද වෙයි. ඉවසන්නේ ද වෙයි. යන්නේ ද වෙයි.

1. මහණෙනි, මෙහිලා රජුගේ හස්තියා කෙසේ නම් අසන්නේ වෙයි ද? මහණෙනි, මෙහිලා රජුගේ හස්තිරාජයා යම් කරුණෙක්හිලා ඒ ඇතුන් දමනය කරන තැනැත්තා විසින් කරවයි ද, එය ඇතා විසින් කලින් කළ දෙයක් විය හැකි ය. එසේ ත් නැත්නම් නොකළ දෙයක් විය හැකි ය. හේ එකරුණ මැනැවින් සිත යොමුකොට, මුළු සිත ම එයට යොදවා, යොමු කළ කන් ඇතිව අසන්නේ වෙයි. මහණෙනි, රජුගේ හස්තිරාජයා අසන්නේ ඔය අයුරින් ය.

2. මහණෙනි, මෙහිලා රජුගේ හස්තියා කෙසේ නම් නසන්නේ වෙයි ද? මහණෙනි, මෙහිලා රජුගේ හස්තිරාජයා යුද බිමට ගිය කල්හී ඇතුත් නසයි. ඇතරුවාත් නසයි. අශ්වයා ත් නසයි. අසරුවා ත් නසයි. රථ ත් නසයි. රථයෙහි නැගී සිටින්නවුන් ද නසයි. පාබල සෙනඟ ත් නසයි. මහණෙනි, රජුගේ හස්තිරාජයා නසන්නේ ඔය අයුරින් ය.

3. මහණෙනි, මෙහිලා රජුගේ හස්තියා කෙසේ නම් ඉවසන්නේ වෙයි ද? මහණෙනි, මෙහිලා රජුගේ හස්තිරාජයා සංග්‍රාම භූමියට ගිය කල්හී සැත් පහර ද, හී පහර ද, කඩු පහර ද, පොරෝ පහර ද ඉවසන්නේ වෙයි. බෙර හඬ, පනා බෙර හඬ, සක් පිඹීම් ආදී දෙදුරුම් කන ශබ්ද ඉවසන්නේ වෙයි. මහණෙනි, රජුගේ හස්තිරාජයා ඉවසන්නේ ඔය අයුරින් ය.

4. මහණෙනි, මෙහිලා රජුගේ හස්තියා කෙසේ නම් යන්නේ වෙයි ද? මහණෙනි, මෙහිලා රජුගේ හස්තිරාජයා යම් කරුණක් උදෙසා ඇතුන් දමනය කරන තැනැත්තා යම් දිශාවකට මෙහෙයවයි ද, එය කලින් ගිය දිශාවක් විය හැකි ය. එසේ ත් නැත්නම් නොගිය දිශාවක් විය හැකි ය. හේ වහා ම ඒ දිශාව බලා යන්නේ වෙයි. මහණෙනි, රජුගේ හස්තිරාජයා යන්නේ ඔය අයුරින් ය.

මහණෙනි, රජුගේ හස්තිරාජයා මේ සතර කරුණෙන් යුක්ත වූ විට රජුට යෝග්‍ය වූයේ වෙයි. රජු විසින් පරිහරණය කළ යුතු වූයේ වෙයි. රජුගේ අංගයක් ය යන ගණනට අයත් වෙයි.

එසෙයින් ම මහණෙනි, සතර කරුණකින් යුක්ත වූ භික්ෂුව ආහුණෙය්‍ය වෙයි. පාහුණෙය්‍ය වෙයි. දක්ඛිණෙය්‍ය වෙයි. අංජලිකරණීය වෙයි. ලොවට උතුම් පින්කෙත වෙයි. ඒ කවර කරුණු සතරකින් ද යත්;

මහණෙනි, මෙහිලා භික්ෂුව අසන්නේ ද වෙයි. නසන්නේ ද වෙයි. ඉවසන්නේ ද වෙයි. යන්නේ ද වෙයි.

1. මහණෙනි, මෙහිලා භික්ෂුව කෙසේ නම් අසන්නේ වෙයි ද? මහණෙනි, මෙහිලා භික්ෂුව තථාගතයන් වහන්සේ විසින් වදාරණ ලද ධර්ම විනය දේශනා කරන කල්හී එකරුණට මැනැවින් සිත යොමුකොට, මුළු සිත ම එයට යොදවා, යොමු කළ කන් ඇතිව ධර්මය අසන්නේ වෙයි. මහණෙනි, මේ අයුරින් භික්ෂුව අසන්නේ වෙයි.

2. මහණෙනි, මෙහිලා භික්ෂුව කෙසේ නම් නසන්නේ වෙයි ද? මහණෙනි, මෙහිලා භික්ෂුව උපන් කාම විතර්කය නොඉවසයි. දුරු කරයි. බැහැර කරයි. නසා දමයි. අභාවයට පත් කරයි. උපන් ව්‍යාපාද විතර්කය ....(පෙ).... උපන් විහිංසා විතර්කය ....(පෙ).... උපනුපන් පාපී අකුසල් දහම් නොඉවසයි. දුරු කරයි. බැහැර කරයි. නසා දමයි. අභාවයට පත් කරයි. මහණෙනි, මේ අයුරින් භික්ෂුව නසන්නේ වෙයි.

3. මහණෙනි, මෙහිලා භික්ෂුව කෙසේ නම් ඉවසන්නේ වෙයි ද? මහණෙනි, මෙහිලා භික්ෂුව සීතල ත්, උණුසුම ත්, බඩගින්න ත්, පිපාසය ත්, මැසි මදුරු පහස ත්, අව් සුළං ආදිය ත්, සර්පාදීන්ගේ පහස ත් ඉවසන්නේ වෙයි. නපුරු කොට පැවසූ, නපුරු කොට පැමිණි නොයෙක් කියුම් ද, තියුණු වූ කර්කශ වූ කටුක වූ, අමිහිරි වූ, අමනාප වූ, මාරාන්තික වූ දුක්ඛිත ශාරීරික වේදනා ඉවසන ස්වභාවය ඇත්තේ වෙයි. මහණෙනි, මේ අයුරින් භික්ෂුව ඉවසන්නේ වෙයි.

4. මහණෙනි, මෙහිලා භික්ෂුව කෙසේ නම් යන්නේ වෙයි ද? මහණෙනි, මෙහිලා භික්ෂුව මේ සා දීර්ඝ කාලයක් මුළුල්ලෙහි සසරෙහි යම් නොගිය දිශාවක් ඇද්ද, එනම් යම් මේ සියළු සංස්කාරයන්ගේ සංසිඳීමක් ඇද්ද, සියළු කෙලෙසුන්ගේ නැතිවීමක් ඇද්ද, තණ්හාවේ ගෙවීමක් ඇද්ද, විරාගයක් ඇද්ද, නිරෝධයක් ඇද්ද, නිවනක් ඇද්ද එය යි. ඒ නිවන පිහිටි දිශාවට වහා ම යන්නේ වෙයි. මහණෙනි, මේ අයුරින් භික්ෂුව යන්නේ වෙයි.

මහණෙනි, මේ සතර කරුණෙන් යුක්ත වූ භික්ෂුව ආහුණෙය්‍ය වෙයි. ....(පෙ).... ලොවට උතුම් පින්කෙත වෙයි.

සාදු! සාදු!! සාදු!!!

නාග සූත්‍රය නිමා විය.

4.3.2.5.
ඨාන සූත්‍රය
කරුණ ගැන වදාළ දෙසුම

මහණෙනි, මේ කරුණු සතරකි. ඒ කවර සතරක් ද යත්;

මහණෙනි, කරුණක් තිබෙයි. එය කරන්නට ද කැමැත්තක් නැත. එය කරන කල්හී ද අයහපත පිණිස පවතින්නේ ය.

මහණෙනි, කරුණක් තිබෙයි. එය කරන්නට ද කැමැත්තක් නැත. එය කරන කල්හී යහපත පිණිස පවතින්නේ ය.

මහණෙනි, කරුණක් තිබෙයි. එය කරන්නට ද කැමැත්ත ඇත. එය කරන කල්හී ද අයහපත පිණිස පවතින්නේ ය.

මහණෙනි, කරුණක් තිබෙයි. එය කරන්නට ද කැමැත්ත ඇත. එය කරන කල්හී යහපත පිණිස පවතින්නේ ය.

1. මහණෙනි, එහිලා යම් කරුණක් කරන්නට අකමැති වෙයි ද, එය කරනු ලබන්නේ අයහපත පිණිස පවතියි ද, මහණෙනි, මේ කරුණ දෙපැත්තෙන් ම නොකළ යුතු බව සිතිය යුත්තේ ය. යම් කරුණක් කරන්නට අමනාප ද, මෙයිනුත් ඒ කරුණ නොකළ යුතු බව සිතිය යුත්තේ ය. යම් කරුණක් කරද්දී අයහපත පිණිස පවතියි ද, මෙයිනුත් එය නොකළ යුතු බවට සිතිය යුත්තේ ය. මහණෙනි, මෙකරුණ දෙපැත්තෙන් ම නොකළ යුතු බවට සිතිය යුත්තේ ය.

2. මහණෙනි, එහිලා යම් කරුණක් කරන්නට අකමැති වෙයි ද, එය කරනු ලබන්නේ යහපත පිණිස පවතියි ද, මහණෙනි, මේ කරුණ පිළිබඳ ව පුරුෂයාගේ ඥාන බලයෙහිලා, පුරුෂ වීර්යයෙහිලා, පුරුෂ පරාක්‍රමයෙහිලා

බාලයා ත් පණ්ඩිතයා ත් දත යුත්තේ ය. මහණෙනි, 'මෙකරුණ කරන්නට අමනාප නමුත් එය කරනු ලබන්නේ යහපත පිණිස පවතින්නේ ය' යි බාලයා මෙසේ නොසිතයි. ඔහු ඒ කරුණ නොකරයි. ඒ කරුණ නොකරන්නා වූ ඔහුට අයහපත පිණිස පවතියි. මහණෙනි, 'මෙකරුණ කරන්නට අමනාප නමුත් එය කරනු ලබන්නේ යහපත පිණිස පවතින්නේ ය' යි නුවණැත්තා මෙසේ සිතයි. ඔහු ඒ කරුණ කරයි. ඒ කරුණ කරන්නා වූ ඔහුට යහපත පිණිස පවතියි.

3.   මහණෙනි, එහිලා යම් කරුණක් කරන්නට කැමති වෙයි ද, එය කරනු ලබන්නේ අයහපත පිණිස පවතියි ද, මහණෙනි, මේ කරුණ පිළිබඳ ව පුරුෂයාගේ ඥාන බලයෙහිලා, පුරුෂ වීර්යයෙහිලා, පුරුෂ පරාක්‍රමයෙහිලා බාලයා ත් පණ්ඩිතයා ත් දත යුත්තේ ය. මහණෙනි, 'මෙකරුණ කරන්නට මනාප නමුත් එය කරනු ලබන්නේ අයහපත පිණිස පවතින්නේ ය' යි බාලයා මෙසේ නොසිතයි. ඔහු ඒ කරුණ කරයි. ඒ කරුණ කරන්නා වූ ඔහුට අයහපත පිණිස පවතියි. මහණෙනි, 'මෙකරුණ කරන්නට මනාප නමුත් එය කරනු ලබන්නේ අයහපත පිණිස පවතින්නේ ය' යි නුවණැත්තා මෙසේ සිතයි. ඔහු ඒ කරුණ නොකරයි. ඒ කරුණ නොකරන්නා වූ ඔහුට යහපත පිණිස පවතියි.

4.   මහණෙනි, එහිලා යම් කරුණක් කරන්නට කැමැති වෙයි ද, එය කරනු ලබන්නේ යහපත පිණිස පවතියි ද, මහණෙනි, මේ කරුණ දෙපැත්තෙන් ම කළ යුතු බව සිතිය යුත්තේ ය. යම් කරුණක් කරන්නට මනාප ද, මෙයිනුත් ඒ කරුණ කළ යුතු බව සිතිය යුත්තේ ය. යම් කරුණක් කරද්දී යහපත පිණිස පවතියි ද, මෙයිනුත් එය කළ යුතු බවට සිතිය යුත්තේ ය. මහණෙනි, මෙකරුණ දෙපැත්තෙන් ම කළ යුතු බවට සිතිය යුත්තේ ය.

මහණෙනි, මේ වනාහී කරුණු සතර යි.

සාදු! සාදු!! සාදු!!!

ඨාන සූත්‍රය නිමා විය.

4.3.2.6.
අප්පමාද සූත්‍රය
අප්‍රමාදය ගැන වදාළ දෙසුම

මහණෙනි, සතර කරුණක් පිළිබඳ ව අප්‍රමාදී ව කටයුතු කළ යුතුය. ඒ කවර සතර කරුණක් පිළිබඳ ව ද යත්;

1. මහණෙනි, කාය දුෂ්චරිතය අත්හැර දමනු. කාය සුචරිතය දියුණු කරනු. එහිලා ප්‍රමාද නොවෙනු.

2. මහණෙනි, වචී දුෂ්චරිතය අත්හැර දමනු. වචී සුචරිතය දියුණු කරනු. එහිලා ප්‍රමාද නොවෙනු.

3. මහණෙනි, මනෝ දුෂ්චරිතය අත්හැර දමනු. මනෝ සුචරිතය දියුණු කරනු. එහිලා ප්‍රමාද නොවෙනු.

4. මහණෙනි, මිථ්‍යා දෘෂ්ටිය අත්හැර දමනු. සම්‍යක් දෘෂ්ටිය දියුණු කරනු. එහිලා ප්‍රමාද නොවෙනු.

මහණෙනි, යම් විටෙක භික්ෂුවගේ කාය දුෂ්චරිතය ප්‍රහීණ වූයේ වෙයි ද, කාය සුචරිතය දියුණු වූයේ වෙයි ද, වාක් දුෂ්චරිතය ප්‍රහීණ වූයේ වෙයි ද, වාක් සුචරිතය දියුණු වූයේ වෙයි ද, මනෝ දුෂ්චරිතය ප්‍රහීණ වූයේ වෙයි ද, මනෝ සුචරිතය දියුණු වූයේ වෙයි ද, වැරදි දෘෂ්ටිය ප්‍රහාණය වූයේ වෙයි ද, සම්මා දිට්ඨිය දියුණු වූයේ වෙයි ද, ඔහු පරලොව යන මරණයට බියපත් නොවෙයි.

සාදු! සාදු!! සාදු!!!

අප්පමාද සූත්‍රය නිමා විය.

4.3.2.7.
ආරක්ඛ සූත්‍රය
රැකගැනීම ගැන වදාළ දෙසුම

මහණෙනි, සතර තැනක් කෙරෙහි තම යහපත කැමති ව අප්‍රමාදී ව

සිහියෙන් යුතුව සිත රැකීමට කටයුතු කළ යුත්තේ ය. ඒ කවර සතර තැනක් කෙරෙහි ද යත්;

1. රාගය ඇතිවන දේ කෙරෙහි මාගේ සිත නොඇලේවා යි තම යහපත කැමති ව අප්‍රමාදී ව සිහියෙන් යුතුව සිත රැකීමට කටයුතු කළ යුත්තේ ය.

2. ද්වේෂය ඇතිවන දේ කෙරෙහි මාගේ සිත දූෂිත නොවේවා යි තම යහපත කැමති ව අප්‍රමාදී ව සිහියෙන් යුතුව සිත රැකීමට කටයුතු කළ යුත්තේ ය.

3. මෝහය ඇතිවන දේ කෙරෙහි මාගේ සිත මුලා නොවේවා යි තම යහපත කැමති ව අප්‍රමාදී ව සිහියෙන් යුතුව සිත රැකීමට කටයුතු කළ යුත්තේ ය.

4. මත්වීම ඇතිවන දේ කෙරෙහි මාගේ සිත මත් නොවේවා යි තම යහපත කැමති ව අප්‍රමාදී ව සිහියෙන් යුතුව සිත රැකීමට කටයුතු කළ යුත්තේ ය.

මහණෙනි, යම් විටෙක භික්ෂුවගේ සිත වීතරාගී බවට පත්වීමෙන් රාගය ඇතිවන දේ කෙරෙහි නොඇලෙයි ද, වීතදෝෂී බවට පත්වීමෙන් ද්වේෂය ඇතිවන දේ කෙරෙහි සිත නොගැටෙයි ද, වීතමෝහී බවට පත්වීමෙන් මෝහය ඇතිවන දේ කෙරෙහි සිත මුලා නොවෙයි ද, මත්වීම දුරුවීම හේතුවෙන් මත්වීම ඇතිවන දේ කෙරෙහි සිත මත් නොවෙයි ද හේ තැති නොගනියි. නොසැලෙයි. නොවෙව්ලයි. සන්ත්‍රාසයට පත් නොවෙයි. අන්‍ය වූ ශ්‍රමණයන්ගේ වචන හේතුවෙන් මිසදිටුවක් කරා නොයයි.

සාදු! සාදු!! සාදු!!!

ආරක්ඛ සූත්‍රය නිමා විය.

4.3.2.8.
සංවේජනීය සූත්‍රය
සංවේගයට පත්විය යුතු කරුණු ගැන වදාළ දෙසුම

මහණෙනි, සැදැහැවත් කුලපුත්‍රයෙකු විසින් දැකබලා ගත යුතු, සංවේග යට පත් විය යුතු තැන් සතරකි. ඒ කවර සතරක් ද යත්;

1. මහණෙනි, මෙතැන තථාගතයන් වහන්සේ මනුලොව උපන් සේකැ යි

සැදැහැවත් කුලපුත්‍රයෙකු විසින් දැක බලා ගත යුතු, සංවේගයට පත් විය යුතු තැනක් ඇත.

2. මහණෙනි, මෙතැන තථාගතයන් වහන්සේ අනුත්තර වූ සම්මා සම්බෝධිය අවබෝධ කළ සේකැ යි සැදැහැවත් කුලපුත්‍රයෙකු විසින් දැක බලා ගත යුතු, සංවේගයට පත් විය යුතු තැනක් ඇත.

3. මහණෙනි, මෙතැන තථාගතයන් වහන්සේ අනුත්තර වූ ධර්ම චක්‍රය ප්‍රවර්තනය කළ සේකැ යි සැදැහැවත් කුලපුත්‍රයෙකු විසින් දැක බලා ගත යුතු, සංවේගයට පත් විය යුතු තැනක් ඇත.

4. මහණෙනි, මෙතැන තථාගතයන් වහන්සේ අනුපාදිසේස පරිනිර්වාණ ධාතුවෙන් පිරිනිවන් පා වදාළ සේකැ යි සැදැහැවත් කුලපුත්‍රයෙකු විසින් දැක බලා ගත යුතු, සංවේගයට පත් විය යුතු තැනක් ඇත.

මහණෙනි, මේ වනාහී සැදැහැවත් කුලපුත්‍රයෙකු විසින් දැකබලා ගත යුතු, සංවේගයට පත් විය යුතු තැන් සතර යි.

සාදු! සාදු!! සාදු!!!

සංවේජනීය සූත්‍රය නිමා විය.

4.3.2.9.

භය සූත්‍රය

භය ගැන වදාළ දෙසුම

මහණෙනි, මේ භය සතරකි. ඒ කවර සතරක් ද යත්; ඉපදීම නම් වූ භය ය. ජරාවට පත් වීම නම් වූ භය ය. රෝග වැළඳීම නම් වූ භය ය. මරණයට පත්වීම නම් වූ භය ය. මහණෙනි, මේ වනාහී භය සතර යි.

සාදු! සාදු!! සාදු!!!

භය සූත්‍රය නිමා විය.

4.3.2.10.
දුතිය භය සූත්‍රය
භය ගැන වදාළ දෙවෙනි දෙසුම

මහණෙනි, මේ භය සතරකි. ඒ කවර සතරක් ද යත්; ගින්නෙන් වන භය ය. ජලයෙන් වන භය ය. රජයෙන් වන භය ය. සොරුන්ගෙන් වන භය ය. මහණෙනි, මේ වනාහී භය සතර යි.

සාදු! සාදු!! සාදු!!!

දුතිය භය සූත්‍රය නිමා විය.

දෙවෙනි කේසී වර්ගය අවසන් විය.

- එහි පිළිවෙල උද්දානයයි :

කේසී සූත්‍රය, ජව සූත්‍රය, පතෝද සූත්‍රය, නාග සූත්‍රය, ඨාන සූත්‍රය, අප්පමාද සූත්‍රය, ආරක්ඛ සූත්‍රය, සංවේජනීය සූත්‍රය සහ භය සූත්‍ර දෙක වශයෙන් මෙහි සූත්‍ර දශයකි.

3. භය වර්ගය

4.3.3.1.
භය සූත්‍රය
භය ගැන වදාළ දෙසුම

සැවැත් නුවර දී ය ....

මහණෙනි, මේ භය සතරකි. ඒ කවර සතරක් ද යත්; තමාගෙන් තමාට නින්දා ලැබීමේ භය, අනුන්ගෙන් නින්දා ලැබීමේ භය, දඬුවම් ලැබීමේ භය, දුගතියෙහි ඉපදීමේ භය.

1. මහණෙනි, තමාගෙන් තමාට නින්දා ලැබීමේ භය යනු කුමක් ද? මහණෙනි, මෙහිලා ඇතැමෙක් මෙසේ නුවණින් සළකයි. 'ඉදින් මම ත් කයින් දුෂ්චරිතයෙහි හැසිරෙන්නෙම් නම්, වචනයෙන් දුෂ්චරිතයෙහි හැසිරෙන්නෙම් නම්, මනසින් දුෂ්චරිතයෙහි හැසිරෙන්නෙම් නම්, කිම? මගේ සිත මට සීලයෙන් නින්දා නොකරන්නේ දැ'යි. මෙසේ තමාගෙන් තමාට නින්දා ලැබීමේ භයෙන් බියපත් වූයේ කාය දුෂ්චරිතය අත්හැර කාය සුචරිතය දියුණු කරයි. වචී දුෂ්චරිතය අත්හැර වචී සුචරිතය දියුණු කරයි. මනෝ දුෂ්චරිතය අත්හැර මනෝ සුචරිතය දියුණු කරයි. පිරිසිදු ජීවිතයක් පරිහරණය කරයි. මහණෙනි, මෙය තමාගෙන් තමාට නින්දා ලැබෙන භය යැයි කියනු ලැබේ.

2. මහණෙනි, අනුන්ගෙන් තමාට නින්දා ලැබීමේ භය යනු කුමක් ද? මහණෙනි, මෙහිලා ඇතැමෙක් මෙසේ නුවණින් සළකයි. 'ඉදින් මම ත් කයින් දුෂ්චරිතයෙහි හැසිරෙන්නෙම් නම්, වචනයෙන් දුෂ්චරිතයෙහි හැසිරෙන්නෙම් නම්, මනසින් දුෂ්චරිතයෙහි හැසිරෙන්නෙම් නම්, කිම? කවුරුන් හෝ මට සීලයෙන් නින්දා නොකරන්නාහු දැ'යි. මෙසේ අනුන්ගෙන් තමාට නින්දා ලැබීමේ භයෙන් බියපත් වූයේ කාය දුෂ්චරිතය අත්හැර කාය සුචරිතය දියුණු

කරයි. වචී දුෂ්චරිතය අත්හැර වචී සුචරිතය දියුණු කරයි. මනෝ දුෂ්චරිතය අත්හැර මනෝ සුචරිතය දියුණු කරයි. පිරිසිදු ජීවිතයක් පරිහරණය කරයි. මහණෙනි, මෙය අනුන්ගෙන් තමාට නින්දා ලැබෙන භය යැයි කියනු ලැබේ.

3. මහණෙනි, දඬුවම් ලැබීමේ භය යනු කුමක් ද? මහණෙනි, මෙහිලා ඇතැමෙක් අපරාධකාරී සොරෙකු දකියි. ඔහුට රජයෙන් දඬුවම් නියම වෙයි. විවිධ වූ දඬුවමට ලක්වෙයි. ඔහුට කසයෙන් ද තලති. වේවැලෙනුත් තලති. දඬුමුගුරුවලිනුත් තලති. අත් ද සිඳිති. පා ත් සිඳිති. අත් පා ත් සිඳිති. කනුත් සිඳිති. නාසා ත් සිඳිති. කන් නාසා ත් සිඳිති. බිලංගථාලික නම් වධය දෙති. සංඛමුණ්ඩික නම් වධය දෙති. රාහුමුඛ නම් වධය දෙති. ජෝතිමාලික නම් වධය දෙති. හත්ථ පජ්ජෝතික නම් වධය දෙති. ඒරකවත්ථික නම් වධය දෙති. චීරකවාසික නම් වධය දෙති. ඒණෙය්‍යයක නම් වධය දෙති. බලිසමංසික නම් වධය දෙති. කහාපණක නම් වධය දෙති. ඛාරාපතච්ඡික නම් වධය දෙති. පළිඝපරිවත්තික නම් වධය දෙති. පළාලපීඨක නම් වධය දෙති. උතුරන තෙල ත් වත් කරති. සුනඛයන් ලවා ත් කවති. පණපිටින් උල හිඳුවති. කඩුවෙනුත් හිස සිඳිති.

එවිට ඔහුට මෙසේ සිතෙයි. 'යම් බඳු වූ පාප කර්මයන් කිරීම හේතුවෙන් අපරාධකාරී සොරෙකු ගෙන රජයෙන් දඬුවම් නියම වෙයි ද, විවිධ වූ දඬුවමට ලක්වෙයි ද, ...(පෙ).... කඩුවෙනුත් හිස සිඳිත් ද, මම ත් මෙබඳු වූ පව් කමක් කරන්නෙම් නම් රජදරුවෝ මා ත් අල්වාගෙන මෙබඳු වූ දඬුවම් කරන්නාහු ය. මට ද කසයෙන් ද තලන්නාහු ය. වේවැලෙනුත් තලන්නාහු ය. දඬුමුගුරුවලිනුත් තලන්නාහු ය. අත් ද සිඳින්නාහු ය. පා ත් සිඳින්නාහු ය. අත් පා ත් සිඳින්නාහු ය. කනුත් සිඳින්නාහු ය. නාසා ත් සිඳින්නාහු ය. කන් නාසා ත් සිඳින්නාහු ය. බිලංගථාලික නම් වධය දෙන්නාහු ය. සංඛමුණ්ඩික නම් වධය දෙන්නාහු ය. රාහුමුඛ නම් වධය දෙන්නාහු ය. ජෝතිමාලික නම් වධය දෙන්නාහු ය. හත්ථ පජ්ජෝතික නම් වධය දෙන්නාහු ය. ඒරකවත්ථික නම් වධය දෙන්නාහු ය. චීරකවාසික නම් වධය දෙන්නාහු ය. ඒණෙය්‍යයක නම් වධය දෙන්නාහු ය. බලිසමංසික නම් වධය දෙන්නාහු ය. කහාපණක නම් වධය දෙන්නාහු ය. ඛාරාපතච්ඡික නම් වධය දෙන්නාහු ය. පළිඝපරිවත්තික නම් වධය දෙන්නාහු ය. පළාලපීඨක නම් වධය දෙන්නාහු ය. උතුරන තෙල ත් වත් කරන්නාහු ය. සුනඛයන් ලවා ත් කවන්නාහු ය. පණපිටින් උල හිඳුවන්නාහු ය. කඩුවෙනුත් හිස සිඳින්නාහු ය' යි ඔහු දඬුවම් ලැබීමේ භයෙන් බියපත් වූයේ අනුන් සතු වස්තුව පැහැර නොගැනීමෙන් යුතුව හැසිරෙයි. මහණෙනි, මෙය දඬුවමෙන් ලැබෙන භය යැයි කියනු ලැබේ.

4. මහණෙනි, දුගතියෙහි ඉපදීමේ භය යනු කුමක් ද? මහණෙනි, මෙහිලා ඇතැමෙක් මෙසේ නුවණින් සළකයි. 'කාය දුෂ්චරිතයෙහි භයානක විපාක පරලොවදී ලැබෙයි. වචී දුෂ්චරිතයෙහි භයානක විපාක පරලොවදී ලැබෙයි. මනෝ දුෂ්චරිතයෙහි භයානක විපාක පරලොවදී ලැබෙයි. ඉදින් මම ත් කාය දුෂ්චරිතයෙහි හැසිරෙන්නෙම් නම්, වචී දුෂ්චරිතයෙහි හැසිරෙන්නෙම් නම්, මනෝ දුෂ්චරිතයෙහි හැසිරෙන්නෙම් නම්, කිම? එකරුණ හේතුවෙන් මම ත් කය බිඳී මරණින් මතු අපාය දුර්ගති විනිපාත නම් වූ නිරයෙහි උපදින්නෙම් නොවෙම් ද?' යි. ඔහු දුගතියෙහි ඉපදීමේ භයෙන් බියට පත්වූයේ කාය දුෂ්චරිතය හැර දමා කාය සුචරිතය දියුණු කරයි. වාක් දුෂ්චරිතය හැර දමා වාක් සුචරිතය දියුණු කරයි. මනෝ දුෂ්චරිතය හැර දමා මනෝ සුචරිතය දියුණු කරයි. පිරිසිදු ජීවිතයක් පරිහරණය කරයි. මහණෙනි, මෙය වනාහී දුගති භය යැයි කියනු ලැබේ.

මහණෙනි, මේ වනාහී සතර භය යි.

සාදු! සාදු!! සාදු!!!

භය සූත්‍රය නිමා විය.

4.3.3.2.
උදකෝරෝහ භය සූත්‍රය
දියට බැසීමේ භය ගැන වදාළ දෙසුම

මහණෙනි, දියට බසින තැනැත්තා හට මේ සතර භය කැමති විය යුත්තේ ය. ඒ කවර සතරක් ද යත්;

ඌමි භය හෙවත් රළ පහරින් වන භය යි. කුම්භීල භය හෙවත් කිඹුලන්ගෙන් වන භය යි. ආවට්ට භය හෙවත් දිය සුළියෙන් වන භය යි. සුසුකා භය හෙවත් චණ්ඩ මත්ස්‍යයන්ගෙන් වන භය යි.

මහණෙනි, මේ භීතීහු සතර දියට බසින තැනැත්තා හට කැමති විය යුත්තාහ.

මහණෙනි. එසෙයින් ම මෙහිලා ශ්‍රද්ධාවෙන් යුතුව ගිහිගෙයින් නික්ම මේ ධර්ම විනයෙහි පැවිදි වූ ඇතැම් කුලපුත්‍රයෙකු හට මේ සතර භීතීහු කැමති විය යුත්තාහ. ඒ කවර සතරක් ද යත්;

ඌර්මි භය ය, කුම්භීල භය ය, ආවට්ට භය ය, සුසුකා භය ය.

1. මහණෙනි, ඌර්මි භය හෙවත් රළ වේගයෙන් වන භය යනු කුමක් ද? මෙහිලා ඇතැම් කුලපුත්‍රයෙක් 'අහෝ! මම් ජාති, ජරා, මරණ, ශෝක, වැළපීම්, දුක්, දොම්නස් වලින් යුතු කෙනෙක්මි. දුකට පත් වූ කෙනෙක්මි. දුකින් මඩනා ලද්දෙමි. මේ මුළු මහත් දුක්ඛස්කන්ධයාගේ ම අවසානයක් දකින්නට ඇත් නම් මැනැවැ'යි ශ්‍රද්ධාවෙන් යුතුව ගිහි ගෙය අත්හැර බුදු සසුනෙහි පැවිදි වෙයි.

එසේ පැවිදි වූ කල්හී ඔහුට සබ්‍රහ්මචාරීන් වහන්සේලා අවවාද කරති. අනුශාසනා කරති. 'ඔබ ඉදිරියට යා යුත්තේ මේ අයුරිනි. ඔබ ආපසු හැරී ආ යුත්තේ මේ අයුරිනි. ඔබ ඉදිරිය බැලිය යුත්තේ මේ අයුරිනි. ඔබ වටපිට බැලිය යුත්තේ මේ අයුරිනි. ඔබ අත් පා හැකිලිය යුත්තේ මේ අයුරිනි. ඔබ අත් පා දිග හැරිය යුත්තේ මේ අයුරිනි. ඔබ දෙපට සිවුර - පාත්‍රා - සිවුරු දැරිය යුත්තේ මේ අයුරිනි' වශයෙනි. එවිට ඔහුට මෙසේ සිතෙයි. 'අපි කලින් ගිහි ගෙදර වසද්දී අන්‍යයන්ට අවවාද කළෙමු. අනුශාසනා ත් කළෙමු. මේ උදවිය වනාහී අපගේ දරුවෝ වැනියහ. මුණුබුරෝ වැනියහ. මෙබඳු අය ත් අපට අවවාද කළ යුතු යැයි, අනුශාසනා කළ යුතු යැයි හඟිති' යි හේ කිපෙයි. නොසතුටු වෙයි. ශික්ෂාව ප්‍රතික්ෂේප කොට යළි හීන වූ ගිහි බවට පත්වෙයි. මහණෙනි, මේ භික්ෂුව රළ වේග භයෙන් භීතියට පත්වූයේ ශික්ෂාව ප්‍රතික්ෂේප කොට හීන වූ ගිහි බවට පත්වූයේ යැයි කියනු ලැබේ. මහණෙනි, රළ වේග භය යනු ක්‍රෝධ උපායාසයට කියන නමකි. මහණෙනි, මෙය ඌර්මි භය යැයි කියනු ලැබේ.

2. මහණෙනි, කුම්භීල භය හෙවත් කිඹුලන්ගෙන් වන භය යනු කුමක් ද? මෙහිලා ඇතැම් කුලපුත්‍රයෙක් 'අහෝ! මම් ජාති, ජරා, මරණ, ශෝක, වැළපීම්, දුක්, දොම්නස් වලින් යුතු කෙනෙක්මි. දුකට පත් වූ කෙනෙක්මි. දුකින් මඩනා ලද්දෙමි. මේ මුළු මහත් දුක්ඛස්කන්ධයාගේ ම අවසානයක් දකින්නට ඇත් නම් මැනැවැ'යි ශ්‍රද්ධාවෙන් යුතුව ගිහි ගෙය අත්හැර බුදු සසුනෙහි පැවිදි වෙයි.

එසේ පැවිදි වූ කල්හී ඔහුට සබ්‍රහ්මචාරීන් වහන්සේලා අවවාද කරති. අනුශාසනා කරති. 'ඔබ කෑ යුත්තේ මෙය යි. ඔබ මෙය නොකෑ යුත්තේ ය. ඔබ මෙය අනුභව කළ යුත්තේ ය. ඔබ මෙය අනුභව නොකළ යුත්තේ ය. ඔබ මෙය රස විඳිය යුත්තේ ය. ඔබ මෙය රස නොවිඳිය යුත්තේ ය. ඔබ මෙය පානය කළ යුත්තේ ය. ඔබ මෙය පානය නොකළ යුත්තේ ය. ඔබ විසින් කැප වූ දෙය කෑ යුතුය. ඔබ විසින් අකැප වූ දෙය නොකෑ යුතුය. ඔබ විසින් කැප වූ දෙය අනුභව කළ යුතුය. ඔබ විසින් අකැප වූ දෙය අනුභව නොකළ යුතුය. ඔබ විසින් කැප වූ දෙය රස විඳිය යුතුය. ඔබ විසින් අකැප වූ දෙය රස නොවිඳිය යුතුය. ඔබ විසින් කැප වූ දෙය පානය කළ යුතුය. ඔබ විසින්

අකැප වූ දෙය පානය නොකළ යුතුය. ඔබ විසින් සුදුසු කාලයෙහි කෑ යුතුය. විකාලයෙහි නොකෑ යුතුය. ඔබ විසින් සුදුසු කාලයෙහි අනුභව කළ යුතුය. විකාලයෙහි අනුභව නොකළ යුතුය. ඔබ විසින් සුදුසු කාලයෙහි රස විඳිය යුතුය. විකාලයෙහි රස නොවිඳිය යුතුය. ඔබ විසින් සුදුසු කාලයෙහි පානය කළ යුතුය. විකාලයෙහි පානය නොකළ යුතුය' වශයෙනි.

එවිට ඔහුට මෙසේ සිතෙයි. 'අපි කලින් ගිහි ගෙදර වසද්දී යමක් කැමති ද එය කෑවෙමු. යමක් අකමැති ද එය නොකෑවෙමු. යමක් කැමති නම් එය අනුභව කළෙමු. යමක් අකමැති නම් එය අනුභව නොකළෙමු. යමක් කැමති නම් එය රස වින්දෙමු. යමක් අකමැති නම් එය රස නොවින්දෙමු. යමක් කැමති නම් එය පානය කළෙමු. යමක් අකමැති නම් එය පානය නොකළෙමු. කැප දේ ත් කෑවෙමු. අකැප දේ ත් කෑවෙමු. කැප දේ ත් අනුභව කළෙමු. අකැප දේ ත් අනුභව කළෙමු. කැප දේ ත් රස වින්දෙමු. අකැප දේ ත් රස වින්දෙමු. කැප දේ ත් පානය කළෙමු. අකැප දේ ත් පානය කළෙමු. කාලයේ ත් කෑවෙමු. විකාලයේ ත් කෑවෙමු. කාලයේ ත් අනුභව කළෙමු. විකාලයේ ත් අනුභව කළෙමු. කාලයේ ත් රස වින්දෙමු. විකාලයේ ත් රස වින්දෙමු. කාලයේ ත් පානය කළෙමු. විකාලයේ ත් පානය කළෙමු. යම් ඒ ශ්‍රද්ධාවන්ත ගෘහපතීහු අපට දහවල් විකාලයෙහි ත් ප්‍රණීත වූ ඛාද්‍ය භෝජ්‍ය ආදිය දෙති. එහිලා ත් මේ උදවිය අපට මුඛවාඩම් බැන්ද පරිද්දෙන් කටයුතු කරති' යි හේ කිපෙයි. නොසතුටු වෙයි. ශික්ෂාව ප්‍රතික්ෂේප කොට යළි හීන වූ ගිහි බවට පත්වෙයි. මහණෙනි, මේ භික්ෂුව කිඹුලන්ගෙන් වන භයෙන් භීතියට පත්වූයේ ශික්ෂාව ප්‍රතික්ෂේප කොට හීන වූ ගිහි බවට පත්වූයේ යැයි කියනු ලැබේ. මහණෙනි, කිඹුලන්ගෙන් වන භය යනු බොහෝ සෙයින් කන බඩජහරිකමට කියන නමකි. මහණෙනි, මෙය කුම්භීල භය යැයි කියනු ලැබේ.

3. මහණෙනි, ආවට්ට භය හෙවත් දිය සුළියෙන් වන භය යනු කුමක් ද? මෙහිලා ඇතැම් කුලපුත්‍රයෙක් 'අහෝ! මම් ජාති, ජරා, මරණ, ශෝක, වැළපීම්, දුක්, දොම්නස් වලින් යුතු කෙනෙක්මි. දුකට පත් වූ කෙනෙක්මි. දුකින් මඩනා ලද්දෙමි. මේ මුළු මහත් දුක්ඛස්කන්ධයාගේ ම අවසානයක් දකින්නට ඇත් නම් මැනැවැ'යි ශ්‍රද්ධාවෙන් යුතුව ගිහි ගෙය අත්හැර බුදු සසුනෙහි පැවිදි වෙයි.

මෙසේ පැවිදි වූ හේ පෙරවරුවෙහි සිවුරු හැඳ පොරොවා, පාත්‍රය හා සිවුරු ගෙන ගමකට හෝ නියම්ගමකට හෝ පිඬු පිණිස පිවිසෙයි. රකින ලද කයකින් තොර ව, රකින ලද වචනයෙන් තොර ව, රකින ලද සිතින් තොර ව, සිහිය නොපිහිටුවාගෙන, අසංවර ඉඳුරන්ගෙන් යුතු ව යයි. එහිදී හේ ගෘහපතියෙකු හෝ ගෘහපති පුත්‍රයෙකු හෝ පංච කාම ගුණයන්ගෙන් ඉඳුරන්

පිනවමින් සතුටු වෙමින් සිටින ආකාරයක් දකියි. එවිට ඔහුට මෙසේ සිතෙයි. 'අනේ අපිත් කලින් ගෙදර සිටියෙමු. පංච කාම ගුණයන් පිරිවරාගෙන එයින් සතුටු ව වාසය කළෙමු. මාගේ නිවසෙහි ද භෝග සම්පත් ඇත්තේ ය. මට ත් භෝග සම්පත් අනුභව කරන්නට ත්, පින් කරන්නට ත් හැකි ය. එහෙයින් මම් ශික්ෂාව ප්‍රතික්ෂේප කොට හීන වූ ගිහි බවට පත් ව භෝග සම්පත් අනුභව කරන්නෙම් නම්, පින් ද කරන්නෙම් නම් මැනැවැ' යි හේ ශික්ෂාව ප්‍රතික්ෂේප කොට යළි හීන වූ ගිහි බවට පත්වෙයි. මහණෙනි, මේ භික්ෂුව දිය සුළියෙන් වන භයෙන් භීතියට පත්වූයේ ශික්ෂාව ප්‍රතික්ෂේප කොට හීන වූ ගිහි බවට පත්වූයේ යැයි කියනු ලැබේ. මහණෙනි, දිය සුළියෙන් වන භය යනු පංච කාම ගුණයන්ට කියන නමකි. මහණෙනි, මෙය ආවට්ට භය යැයි කියනු ලැබේ.

4. මහණෙනි, සුසුකා භය හෙවත් චණ්ඩ මත්ස්‍යයන්ගෙන් වන භය යනු කුමක් ද? මෙහිලා ඇතැම් කුලපුත්‍රයෙක් 'අහෝ! මම් ජාති, ජරා, මරණ, ශෝක, වැළපීම්, දුක්, දොම්නස් වලින් යුතු කෙනෙක්මි. දුකට පත් වූ කෙනෙක්මි. දුකින් මඩනා ලද්දෙමි. මේ මුළු මහත් දුක්ඛස්කන්ධයාගේ ම අවසානයක් දකින්නට ඇත් නම් මැනැවැ'යි ශ්‍රද්ධාවෙන් යුතුව ගිහි ගෙය අත්හැර බුදු සසුනෙහි පැවිදි වෙයි.

මෙසේ පැවිදි වූ හේ පෙරවරුවෙහි සිවුරු හැඳ පොරොවා, පාත්‍රය හා සිවුරු ගෙන ගමකට හෝ නියම්ගමකට හෝ පිඬු පිණිස පිවිසෙයි. රකින ලද කයකින් තොර ව, රකින ලද වචනයෙන් තොර ව, රකින ලද සිතින් තොර ව, සිහිය නොපිහිටුවාගෙන, අසංවර ඉඳුරන්ගෙන් යුතු ව යයි. එහිදී හේ නොමනා අයුරින් වස්ත්‍ර හැඳගත් හෝ නොමනා අයුරින් වස්ත්‍ර පොරොවාගත් හෝ ස්ත්‍රියක දකියි. නොමනා අයුරින් වස්ත්‍ර හැඳගත් හෝ නොමනා අයුරින් වස්ත්‍ර පොරොවා ගත් ස්ත්‍රිය දැකීමෙන් ඔහුගේ සිත රාගයෙන් පීඩාවට පත්වෙයි. රාගයෙන් පීඩාවට පත් කරනු ලැබූ සිතින් යුතු හේ ශික්ෂාව ප්‍රතික්ෂේප කොට යළි හීන වූ ගිහි බවට පත්වෙයි. මහණෙනි, මේ භික්ෂුව චණ්ඩ මත්ස්‍යයන් ගෙන් වන භයෙන් භීතියට පත්වූයේ ශික්ෂාව ප්‍රතික්ෂේප කොට හීන වූ ගිහි බවට පත්වූයේ යැයි කියනු ලැබේ. මහණෙනි, චණ්ඩ මත්ස්‍යයන්ගෙන් වන භය යනු කාන්තාවන්ට කියන නමකි. මහණෙනි, මෙය සුසුකා භය යැයි කියනු ලැබේ.

මහණෙනි. ශ්‍රද්ධාවෙන් යුතුව ගිහිගෙයින් නික්ම මේ ධර්ම විනයෙහි පැවිදි වූ ඇතැම් කුලපුත්‍රයෙකු හට මේ සතර භීතීහු කැමති විය යුත්තාහ.

සාදු! සාදු!! සාදු!!!

උදකෝරෝහ භය සූත්‍රය නිමා විය.

4.3.3.3.
පුග්ගල සූත්‍රය
පුද්ගලයන් ගැන වදාළ දෙසුම

මහණෙනි, මේ පුද්ගලයෝ සතර දෙනෙක් ලෝකයෙහි විද්‍යමාන ව සිටිති. ඒ කවර සතර දෙනෙක් ද යත්;

1. මහණෙනි, මෙහිලා ඇතැම් පුද්ගලයෙක් කාමයන්ගෙන් වෙන් ව, අකුසල ධර්මයන්ගෙන් වෙන් ව, විතර්ක සහිත වූ, විචාර සහිත වූ, විවේකයෙන් හටගත් ප්‍රීති සුඛය ඇති පළමු වෙනි ධ්‍යානය උපදවාගෙන වාසය කරයි. හේ ඒ ධ්‍යාන සුඛය ආශ්වාදනය කරයි. එයට ම කැමති වෙයි. ඒ ධ්‍යානයෙන් ම සංතෝෂයට පත් වෙයි. ඒ ධ්‍යානය තුළ ම සිටියේ, එහි ම බැසගත්තේ, එහි බහුල ව වසන්නේ, නොපිරිහුණු ධ්‍යානයෙන් යුතු ව කළුරිය කොට බ්‍රහ්ම ලෝකයෙහි උපදින්නේ වෙයි. මහණෙනි, බ්‍රහ්මකායික දෙවියන්ගේ ආයුෂ ප්‍රමාණය කල්පයකි. එහිදී පෘථග්ජන තැනැත්තා ආයු ඇතිතාක් සිට යම්තාක් ඒ බඹලොව දෙවියන්ගේ ආයුෂ ඇද්ද, ඒ සියල්ල ගෙවා දමා නිරයට ද යයි. තිරිසන් යෝනියට ත් යයි. ප්‍රේත විෂයට ත් යයි. එනමුදු භාග්‍යවතුන් වහන්සේගේ ශ්‍රාවකයා වනාහී එහි ආයු ඇතිතාක් සිට ඒ බඹලොව දෙවියන්ගේ ආයුෂ යම්තාක් ඇද්ද, ඒ සියල්ල ගෙවා දමා ඒ බඹලොවෙහි ම පිරිනිවන් පාන්නේ වෙයි. මහණෙනි, ශ්‍රැතවත් ආර්ය ශ්‍රාවකයාගේ ත්, අශ්‍රැතවත් පෘථග්ජනයාගේ ත් යම් මේ ගතියක් ඇද්ද, උපතක් ඇද්ද, එහි මෙය විශේෂ වෙයි. මෙය පැහැදිලි විශේෂයක් වෙයි. මේ වෙනසක් වෙයි.

2. තව ද මහණෙනි, ඇතැම් පුද්ගලයෙක් විතර්ක විචාරයන්ගේ සංසිඳවීමෙන්, තමා තුළ පැහැදීම ඇති කරන සිතෙහි එකඟ බවින් යුතු, විතර්ක විචාර රහිත වූ, සමාධියෙන් හටගත් ප්‍රීති සැපය ඇති දෙවෙනි ධ්‍යානය උපදවාගෙන වාසය කරයි. හේ ඒ ධ්‍යාන සුඛය ආශ්වාදනය කරයි. එයට ම කැමති වෙයි. ඒ ධ්‍යානයෙන් ම සංතෝෂයට පත් වෙයි. ඒ ධ්‍යානය තුළ ම සිටියේ, එහි ම බැසගත්තේ, එහි බහුල ව වසන්නේ, නොපිරිහුණු ධ්‍යානයෙන් යුතු ව කළුරිය කොට ආභස්සර බ්‍රහ්ම ලෝකයෙහි උපදින්නේ වෙයි. මහණෙනි, ආභස්සර දෙවියන්ගේ ආයුෂ ප්‍රමාණය දෙකල්පයකි. එහිදී පෘථග්ජන තැනැත්තා ආයු ඇතිතාක් සිට යම්තාක් ඒ ආභස්සර දෙවියන්ගේ ආයුෂ ඇද්ද, ඒ සියල්ල ගෙවා

දමා නිරයට ද යයි. තිරිසන් යෝනියට ත් යයි. ප්‍රේත විෂයට ත් යයි. එනමුදු භාග්‍යවතුන් වහන්සේගේ ශ්‍රාවකයා වනාහී එහි ආයු ඇතිතාක් සිට ඒ ආභස්සර දෙවියන්ගේ ආයුෂ යම්තාක් ඇද්ද, ඒ සියල්ල ගෙවා දමා ඒ බඹලොවෙහි ම පිරිනිවන් පාන්නේ වෙයි. මහණෙනි, ශ්‍රැතවත් ආර්ය ශ්‍රාවකයාගේ ත්, අශ්‍රැතවත් පෘථග්ජනයාගේ ත් යම් මේ ගතියක් ඇද්ද, උපතක් ඇද්ද, එහි මෙය විශේෂ වෙයි. මෙය පැහැදිලි විශේෂයක් වෙයි. මේ වෙනසක් වෙයි.

3. තව ද මහණෙනි, ඇතැම් පුද්ගලයෙක් ප්‍රීතියට ද නොඇල්මෙන්, උපේක්ෂාවෙන් යුතු වූයේ, මනා සිහි නුවණින් යුතුව වාසය කරයි ද, කයෙන් සැපයකුත් විඳියි ද, ආර්යයන් වහන්සේලා උපේක්ෂාවෙන් යුතුව සිහියෙන් යුතුව සැපසේ වාසය කිරීම වශයෙන් යම් සමාධියක් කියන ලද්දේ ද ඒ තුන්වෙනි ධ්‍යානය උපදවාගෙන වාසය කරයි. හේ ඒ ධ්‍යාන සුඛය ආශ්වාදනය කරයි. එයට ම කැමති වෙයි. ඒ ධ්‍යානයෙන් ම සංතෝෂයට පත් වෙයි. ඒ ධ්‍යානය තුළ ම සිටියේ, එහි ම බැසගත්තේ, එහි බහුල ව වසන්නේ, නොපිරිහුණු ධ්‍යානයෙන් යුතු ව කළුරිය කොට සුභකිණ්ණ බ්‍රහ්ම ලෝකයෙහි උපදින්නේ වෙයි. මහණෙනි, සුභකිණ්ණ දෙවියන්ගේ ආයුෂ ප්‍රමාණය සතර කල්පයකි. එහිදී පෘථග්ජන තැනැත්තා ආයු ඇතිතාක් සිට යම්තාක් ඒ සුභකිණ්ණ දෙවියන්ගේ ආයුෂ ඇද්ද, ඒ සියල්ල ගෙවා දමා නිරයට ද යයි. තිරිසන් යෝනියට ත් යයි. ප්‍රේත විෂයට ත් යයි. එනමුදු භාග්‍යවතුන් වහන්සේගේ ශ්‍රාවකයා වනාහී එහි ආයු ඇතිතාක් සිට ඒ සුභකිණ්ණ දෙවියන්ගේ ආයුෂ යම්තාක් ඇද්ද, ඒ සියල්ල ගෙවා දමා ඒ බඹලොවෙහි ම පිරිනිවන් පාන්නේ වෙයි. මහණෙනි, ශ්‍රැතවත් ආර්ය ශ්‍රාවකයාගේ ත්, අශ්‍රැතවත් පෘථග්ජනයාගේ ත් යම් මේ ගතියක් ඇද්ද, උපතක් ඇද්ද, එහි මෙය විශේෂ වෙයි. මෙය පැහැදිලි විශේෂයක් වෙයි. මේ වෙනසක් වෙයි.

4. තව ද මහණෙනි, ඇතැම් පුද්ගලයෙක් සැපය ද ප්‍රහාණය කිරීමෙන්, දුක ද ප්‍රහාණය කිරීමෙන්, කලින් ම සොම්නස දොම්නස ඉක්මවා යෑමෙන් දුක් සැප රහිත වූ, පාරිශුද්ධ සිහියෙන් හා උපේක්ෂාවෙන් යුතු සිව් වෙනි ධ්‍යානය උපදවාගෙන වාසය කරයි. හේ ඒ ධ්‍යාන සුඛය ආශ්වාදනය කරයි. එයට ම කැමති වෙයි. ඒ ධ්‍යානයෙන් ම සංතෝෂයට පත් වෙයි. ඒ ධ්‍යානය තුළ ම සිටියේ, එහි ම බැසගත්තේ, එහි බහුල ව වසන්නේ, නොපිරිහුණු ධ්‍යානයෙන් යුතු ව කළුරිය කොට වේහප්ඵල බ්‍රහ්ම ලෝකයෙහි උපදින්නේ වෙයි. මහණෙනි, වේහප්ඵල දෙවියන්ගේ ආයුෂ ප්‍රමාණය පන්සිය කල්පයකි. එහිදී පෘථග්ජන තැනැත්තා ආයු ඇතිතාක් සිට යම්තාක් ඒ වේහප්ඵල දෙවියන්ගේ ආයුෂ ඇද්ද, ඒ සියල්ල ගෙවා දමා නිරයට ද යයි. තිරිසන් යෝනියට ත් යයි. ප්‍රේත

විෂයට ත් යයි. එනමුදු භාග්‍යවතුන් වහන්සේගේ ශ්‍රාවකයා වනාහී එහි ආයු ඇතිතාක් සිට ඒ වේහප්ඵල දෙවියන්ගේ ආයුෂ යම්තාක් ඇද්ද, ඒ සියල්ල ගෙවා දමා ඒ බඹලොවෙහි ම පිරිනිවන් පාන්නේ වෙයි. මහණෙනි, ශ්‍රැතවත් ආර්ය ශ්‍රාවකයාගේ ත්, අශ්‍රැතවත් පෘථග්ජනයාගේ ත් යම් මේ ගතියක් ඇද්ද, උපතක් ඇද්ද, එහි මෙය විශේෂ වෙයි. මෙය පැහැදිලි විශේෂයක් වෙයි. මේ වෙනසක් වෙයි.

මහණෙනි, මේ පුද්ගලයෝ සතර දෙනා ලෝකයෙහි විද්‍යමාන ව සිටිති.

සාදු! සාදු!! සාදු!!!

පුග්ගල සූත්‍රය නිමා විය.

4.3.3.4.
දුතිය පුග්ගල සූත්‍රය
පුද්ගලයන් ගැන වදාළ දෙවෙනි දෙසුම

මහණෙනි, මේ පුද්ගලයෝ සතර දෙනෙක් ලෝකයෙහි විද්‍යමාන ව සිටිති. ඒ කවර සතර දෙනෙක් ද යත්;

1. මහණෙනි, මෙහිලා ඇතැම් පුද්ගලයෙක් කාමයන්ගෙන් වෙන් ව ....(පෙ).... පළමුවෙනි ධ්‍යානය උපදවාගෙන වාසය කරයි. හේ එම ධ්‍යානයෙහි රූපයට අයත් යමක් ඇද්ද, විඳීමට අයත් යමක් ඇද්ද, සංඥාවට අයත් යමක් ඇද්ද, සංස්කාරයන්ට අයත් යමක් ඇද්ද, විඤ්ඤාණයට අයත් යමක් ඇද්ද ඒ ධර්මයන් අනිත්‍ය වශයෙන්, දුක් වශයෙන්, රෝග වශයෙන්, ගඬුවක් වශයෙන්, හුලක් වශයෙන්, පීඩාවක් වශයෙන්, ආබාධයක් වශයෙන්, අනුන් අයත් දෙයක් වශයෙන්, නැසී යන දෙයක් වශයෙන්, මම මාගේ යන දෙයින් හිස් වූවක් වශයෙන්, අනාත්ම වශයෙන් නුවණින් දකියි. හේ කය බිඳී මරණින් මතු සුද්ධාවාස දෙවියන්ගේ ලෝකයෙහි උපදින්නේ වෙයි. මහණෙනි, මෙම උත්පත්තිය පෘථග්ජන පුද්ගලයන් හා සාධාරණ නොවෙයි.

2-4. තව ද මහණෙනි, ඇතැම් පුද්ගලයෙක් විතර්ක විචාරයන් සංසිඳුවීමෙන් ....(පෙ).... දෙවෙනි ධ්‍යානය ....(පෙ).... තුන්වෙනි ධ්‍යානය ....(පෙ).... සිව්වෙනි ධ්‍යානය උපදවාගෙන වාසය කරයි. හේ එම ධ්‍යානයෙහි රූපයට අයත් යමක් ඇද්ද, විඳීමට අයත් යමක් ඇද්ද, සංඥාවට අයත් යමක් ඇද්ද, සංස්කාරයන්ට

අයත් යමක් ඇද්ද, විඤ්ඤාණයට අයත් යමක් ඇද්ද ඒ ධර්මයන් අනිත්‍ය වශයෙන්, දුක් වශයෙන්, රෝග වශයෙන්, ගඬුවක් වශයෙන්, හුලක් වශයෙන්, පීඩාවක් වශයෙන්, ආබාධයක් වශයෙන්, අනුන් අයත් දෙයක් වශයෙන්, නැසී යන දෙයක් වශයෙන්, මම මාගේ යන දෙයින් හිස් වූවක් වශයෙන්, අනාත්ම වශයෙන් නුවණින් දකියි. හේ කය බිඳී මරණින් මතු සුද්ධාවාස දෙවියන්ගේ ලෝකයෙහි උපදින්නේ වෙයි. මහණෙනි, මෙම උත්පත්තිය පෘථග්ජන පුද්ගලයන් හා සාධාරණ නොවෙයි.

මහණෙනි, මේ පුද්ගලයෝ සතර දෙනා ලෝකයෙහි විද්‍යමාන ව සිටිති.

සාදු! සාදු!! සාදු!!!

දුතිය පුග්ගල සූත්‍රය නිමා විය.

4.3.3.5.
තතිය පුග්ගල සූත්‍රය
පුද්ගලයන් ගැන වදාළ තෙවෙනි දෙසුම

මහණෙනි, මේ පුද්ගලයෝ සතර දෙනෙක් ලෝකයෙහි විද්‍යමාන ව සිටිති. ඒ කවර සතර දෙනෙක් ද යත්;

1. මහණෙනි, මෙහිලා ඇතැම් පුද්ගලයෙක් මෛත්‍රී සහගත සිතින් එක් දිශාවකට පතුරුවා වාසය කරයි. එසේ ම දෙවන දිශාවට ත්, තුන්වන දිශාවට ත්, හතරවන දිශාවට ත් පතුරුවා වාසය කරයි. එසේ ම උඩ යට සරස සියළු තැන් හි සියළු සත්වයන් කෙරෙහි සකල ලෝකයා වෙත මෛත්‍රී සහගත සිතින් විපුල වූ මහත්ගත වූ අප්‍රමාණ වූ වෛර නැති, තරහ නැති සිත පතුරුවා වාසය කරයි. හේ ඒ ධ්‍යාන සුඛය ආශ්වාදනය කරයි. එයට ම කැමති වෙයි. ඒ ධ්‍යානයෙන් ම සංතෝෂයට පත් වෙයි. ඒ ධ්‍යානය තුළ ම සිටියේ, එහි ම බැසගත්තේ, එහි බහුල වසන්නේ, නොපිරිහුණු ධ්‍යානයෙන් යුතු ව කළුරිය කොට බ්‍රහ්ම ලෝකයෙහි උපදින්නේ වෙයි. මහණෙනි, බ්‍රහ්මකායික දෙවියන්ගේ ආයුෂ ප්‍රමාණය කල්පයකි. එහිදී පෘථග්ජන තැනැත්තා ආයු ඇතිතාක් සිට යම්තාක් ඒ බඹලොව දෙවියන්ගේ ආයුෂ ඇද්ද, ඒ සියල්ල ගෙවා දමා නිරයට ද යයි. තිරිසන් යෝනියට ත් යයි. ප්‍රේත විෂයට ත් යයි. එනමුදු භාග්‍යවතුන් වහන්සේගේ ශ්‍රාවකයා වනාහී එහි ආයු ඇතිතාක් සිට ඒ බඹලොව

දෙවියන්ගේ ආයුෂ යම්තාක් ඇද්ද, ඒ සියල්ල ගෙවා දමා ඒ බඹලොවෙහි ම පිරිනිවන් පාන්නේ වෙයි. මහණෙනි, ශ්‍රැතවත් ආර්ය ශ්‍රාවකයාගේ ත්, අශ්‍රැතවත් පෘථග්ජනයාගේ ත් යම් මේ ගතියක් ඇද්ද, උපතක් ඇද්ද, එහි මෙය විශේෂ වෙයි. මෙය පැහැදිලි විශේෂයක් වෙයි. මේ වෙනසක් වෙයි.

2.-4. තව ද මහණෙනි, ඇතැම් පුද්ගලයෙක් කරුණා සහගත සිතින් ....(පෙ).... ආභස්සර බ්‍රහ්ම ලෝකයෙහි උපදින්නේ වෙයි. මහණෙනි, ආභස්සර දෙවියන්ගේ ආයුෂ ප්‍රමාණය දෙකල්පයකි. ....(පෙ).... මුදිතා සහගත සිතින් ....(පෙ).... සුභකිණ්ණ බ්‍රහ්ම ලෝකයෙහි උපදින්නේ වෙයි. මහණෙනි, සුභකිණ්ණ දෙවියන්ගේ ආයුෂ ප්‍රමාණය සතර කල්පයකි. ....(පෙ).... උපේක්ෂා සහගත සිතින් එක් දිශාවකට පතුරුවා වාසය කරයි. එසේ ම දෙවන දිශාවට ත්, තුන්වන දිශාවට ත්, හතරවන දිශාවට ත් පතුරුවා වාසය කරයි. එසේ ම උඩ යට සරස සියළු තැන් හි සියළු සත්වයන් කෙරෙහි සකල ලෝකයා වෙත උපේක්ෂා සහගත සිතින් විපුල වූ මහත්ගත වූ අප්‍රමාණ වූ වෛර නැති, තරහ නැති සිත පතුරුවා වාසය කරයි. හේ ඒ ධ්‍යාන සුඛය ආශ්වාදනය කරයි. එයට ම කැමති වෙයි. ඒ ධ්‍යානයෙන් ම සංතෝෂයට පත් වෙයි. ඒ ධ්‍යානය තුළ ම සිටියේ, එහි ම බැසගත්තේ, එහි බහුල වසන්නේ, නොපිරිහුණු ධ්‍යානයෙන් යුතු ව කළුරිය කොට වේහප්ඵල බ්‍රහ්ම ලෝකයෙහි උපදින්නේ වෙයි. මහණෙනි, වේහප්ඵල දෙවියන්ගේ ආයුෂ ප්‍රමාණය පන්සිය කල්පයකි. එහිදී පෘථග්ජන තැනැත්තා ආයු ඇතිතාක් සිට යම්තාක් ඒ වේහප්ඵල දෙවියන්ගේ ආයුෂ ඇද්ද, ඒ සියල්ල ගෙවා දමා නිරයට ද යයි. තිරිසන් යෝනියට ත් යයි. ප්‍රේත විෂයට ත් යයි. එනමුදු භාග්‍යවතුන් වහන්සේගේ ශ්‍රාවකයා වනාහී එහි ආයු ඇතිතාක් සිට ඒ වේහප්ඵල දෙවියන්ගේ ආයුෂ යම්තාක් ඇද්ද, ඒ සියල්ල ගෙවා දමා ඒ බඹලොවෙහි ම පිරිනිවන් පාන්නේ වෙයි. මහණෙනි, ශ්‍රැතවත් ආර්ය ශ්‍රාවකයාගේ ත්, අශ්‍රැතවත් පෘථග්ජනයාගේ ත් යම් මේ ගතියක් ඇද්ද, උපතක් ඇද්ද, එහි මෙය විශේෂ වෙයි. මෙය පැහැදිලි විශේෂයක් වෙයි. මේ වෙනසක් වෙයි.

මහණෙනි, මේ පුද්ගලයෝ සතර දෙනා ලෝකයෙහි විද්‍යමාන ව සිටිති.

සාදු! සාදු!! සාදු!!!

තතිය පුග්ගල සූත්‍රය නිමා විය.

4.3.3.6.
චතුත්ථ පුග්ගල සූත්‍රය
පුද්ගලයන් ගැන වදාළ සිව්වෙනි දෙසුම

මහණෙනි, මේ පුද්ගලයෝ සතර දෙනෙක් ලෝකයෙහි විද්‍යමාන ව සිටිති. ඒ කවර සතර දෙනෙක් ද යත්;

1.   මහණෙනි, මෙහිලා ඇතැම් පුද්ගලයෙක් මෛත්‍රී සහගත සිතින් එක් දිශාවකට පතුරුවා වාසය කරයි. එසේ ම දෙවන දිශාවට ත්, තුන්වන දිශාවට ත්, හතරවන දිශාවට ත් පතුරුවා වාසය කරයි. එසේ ම උඩ යට සරස සියළු තැන් හි සියළු සත්‍වයන් කෙරෙහි සකල ලෝකයා වෙත මෛත්‍රී සහගත සිතින් විපුල වූ මහත්ගත වූ අප්‍රමාණ වූ වෛර නැති, තරහ නැති සිත පතුරුවා වාසය කරයි. හේ එම ධ්‍යානයෙහි රූපයට අයත් යමක් ඇද්ද, විඳීමට අයත් යමක් ඇද්ද, සංඥාවට අයත් යමක් ඇද්ද, සංස්කාරයන්ට අයත් යමක් ඇද්ද, විඤ්ඤාණයට අයත් යමක් ඇද්ද ඒ ධර්මයන් අනිත්‍ය වශයෙන්, දුක් වශයෙන්, රෝග වශයෙන්, ගඬුවක් වශයෙන්, හුලක් වශයෙන්, පීඩාවක් වශයෙන්, ආබාධයක් වශයෙන්, අනුන් අයත් දෙයක් වශයෙන්, නැසී යන දෙයක් වශයෙන්, මම මාගේ යන දෙයින් හිස් වූවක් වශයෙන්, අනාත්ම වශයෙන් නුවණින් දකියි. හේ කය බිඳී මරණින් මතු සුද්ධාවාස දෙවියන්ගේ ලෝකයෙහි උපදින්නේ වෙයි. මහණෙනි, මෙම උත්පත්තිය පෘථග්ජන පුද්ගලයන් හා සාධාරණ නොවෙයි.

2-4.   තව ද මහණෙනි, ඇතැම් පුද්ගලයෙක් කරුණා සහගත සිතින් ....(පෙ).... මුදිතා සහගත සිතින් ....(පෙ).... උපේක්ෂා සහගත සිතින් එක් දිශාවකට පතුරුවා වාසය කරයි. එසේ ම දෙවන දිශාවට ත්, තුන්වන දිශාවට ත්, හතරවන දිශාවට ත් පතුරුවා වාසය කරයි. එසේ ම උඩ යට සරස සියළු තැන් හි සියළු සත්‍වයන් කෙරෙහි සකල ලෝකයා වෙත උපේක්ෂා සහගත සිතින් විපුල වූ මහත්ගත වූ අප්‍රමාණ වූ වෛර නැති, තරහ නැති සිත පතුරුවා වාසය කරයි. හේ එම ධ්‍යානයෙහි රූපයට අයත් යමක් ඇද්ද, විඳීමට අයත් යමක් ඇද්ද, සංඥාවට අයත් යමක් ඇද්ද, සංස්කාරයන්ට අයත් යමක් ඇද්ද, විඤ්ඤාණයට අයත් යමක් ඇද්ද ඒ ධර්මයන් අනිත්‍ය වශයෙන්, දුක් වශයෙන්, රෝග වශයෙන්, ගඬුවක් වශයෙන්, හුලක් වශයෙන්, පීඩාවක් වශයෙන්, ආබාධයක් වශයෙන්, අනුන් අයත් දෙයක් වශයෙන්, නැසී යන දෙයක් වශයෙන්, මම මාගේ යන දෙයින් හිස් වූවක් වශයෙන්, අනාත්ම වශයෙන් නුවණින් දකියි. හේ කය බිඳී

මරණින් මතු සුද්ධාවාස දෙවියන්ගේ ලෝකයෙහි උපදින්නේ වෙයි. මහණෙනි, මෙම උත්පත්තිය පෘථග්ජන පුද්ගලයන් හා සාධාරණ නොවෙයි.

මහණෙනි, මේ පුද්ගලයෝ සතර දෙනා ලෝකයෙහි විද්‍යමාන ව සිටිති.

සාදු! සාදු!! සාදු!!!

චතුත්ථ පුග්ගල සූත්‍රය නිමා විය.

4.3.3.7.
තථාගත අච්ඡරිය සූත්‍රය
තථාගත බුදුරජුන්ගේ අසිරිමත් බව ගැන වදාළ දෙසුම

මහණෙනි, තථාගත අරහත් සම්මා සම්බුදුරජුන්ගේ පහළ වීමෙන් ආශ්චර්ය වූ ත්, අද්භූත වූ ත් සතර ධර්මයක් පහළ වෙති. ඒ කවර සතරක් ද යත්;

1. මහණෙනි, යම් කලෙක බෝධිසත්ව තෙමේ තුසිත දෙව්ලොවින් චුත වී සිහි නුවණින් යුතුව මව් කුස පිළිසිඳ ගන්නේ වෙයි ද, එකල්හී දෙවියන් බඹුන් මරුන් සහිත ශ්‍රමණ බ්‍රාහ්මණයන් සහිත දෙව් මිනිස් ප්‍රජාවෙන් යුතු ලෝකයෙහි අප්‍රමාණ වූ උදාරතර ආලෝකයක් පහළ වෙයි. එය දෙවියන්ගේ දේවානුභාවය ඉක්මවා ගිය ආලෝකයකි. ලෝකාන්තරික නම් වූ යම් නිරයක මුළුමනින් වැසී ඇති ඝන අන්ධකාරයෙන් යුතු, ඉතාමත් දරුණු අන්ධකාරයකින් යුතු බවක් ඇද්ද, එහි මේ සා මහා ඉර්ධිමත්, මහානුභාව සම්පන්න සඳ හිරු දෙදෙනාගේ රශ්මිය නොවැටෙයි ද, ඒ ලෝකයේ ත් අප්‍රමාණ වූ උදාරතර ආලෝකයක් පහළ වෙයි. එය දෙවියන්ගේ දේවානුභාවය ඉක්මවා ගිය දෙයකි. ඒ ලෝකාන්තරික නරකයෙහි යම් සත්වයෝ ඉපදී සිටිත් ද, ඔවුහු ත් ඒ ආලෝකයෙන් එකිනෙකා ව හඳුනාගනිති. 'භවත්නි, මෙහි අන්‍ය වූ සත්වයෝ ත් ඉපදී සිටිත් නොවැ' යි. මහණෙනි, තථාගත අරහත් සම්මා සම්බුදුරජුන්ගේ පහළ වීමෙන් මේ පළමු වෙනි ආශ්චර්ය අද්භූත ධර්මය පහළ වෙයි.

2. තව ද මහණෙනි, යම් කලෙක බෝධිසත්ව තෙමේ මනා සිහි නුවණින් යුතුව මව් කුසින් බිහි වෙයි ද, එකල්හී දෙවියන් බඹුන් මරුන් සහිත ශ්‍රමණ බ්‍රාහ්මණයන් සහිත දෙව් මිනිස් ප්‍රජාවෙන් යුතු ලෝකයෙහි අප්‍රමාණ වූ උදාරතර ආලෝකයක් පහළ වෙයි. එය දෙවියන්ගේ දේවානුභාවය ඉක්මවා

ගිය ආලෝකයකි. ලෝකාන්තරික නම් වූ යම් නිරයක මුළුමනින් වැසී ඇති ඝන අන්ධකාරයෙන් යුතු, ඉතාමත් දරුණු අන්ධකාරයකින් යුතු බවක් ඇද්ද, එහි මේ සා මහා ඉර්ධිමත්, මහානුභාව සම්පන්න සඳ හිරු දෙදෙනාගේ රශ්මිය නොවැටෙයි ද, ඒ ලෝකයේ ත් අප්‍රමාණ වූ උදාරතර ආලෝකයක් පහළ වෙයි. එය දෙවියන්ගේ දේවානුභාවය ඉක්මවා ගිය දෙයකි. ඒ ලෝකාන්තරික නරකයෙහි යම් සත්වයෝ ඉපදී සිටිත් ද, ඔවුහු ත් ඒ ආලෝකයෙන් එකිනෙකා ව හඳුනාගනිති. 'භවත්නි, මෙහි අන්‍ය වූ සත්වයෝ ත් ඉපදී සිටිත් නොවැ' යි. මහණෙනි, තථාගත අරහත් සම්මා සම්බුදුරජුන්ගේ පහළ වීමෙන් මේ දෙවෙනි ආශ්චර්ය අද්භූත ධර්මය පහළ වෙයි.

3. තව ද මහණෙනි, යම් කලෙක තථාගතයන් වහන්සේ අනුත්තර වූ සම්මා සම්බෝධිය අවබෝධ කරන්නාහු ද, එකල්හී දෙවියන් බඹුන් මරුන් සහිත ශ්‍රමණ බ්‍රාහ්මණයන් සහිත දෙව් මිනිස් ප්‍රජාවෙන් යුතු ලෝකයෙහි අප්‍රමාණ වූ උදාරතර ආලෝකයක් පහළ වෙයි. එය දෙවියන්ගේ දේවානුභාවය ඉක්මවා ගිය ආලෝකයකි. ලෝකාන්තරික නම් වූ යම් නිරයක මුළුමනින් වැසී ඇති ඝන අන්ධකාරයෙන් යුතු, ඉතාමත් දරුණු අන්ධකාරයකින් යුතු බවක් ඇද්ද, එහි මේ සා මහා ඉර්ධිමත්, මහානුභාව සම්පන්න සඳ හිරු දෙදෙනාගේ රශ්මිය නොවැටෙයි ද, ඒ ලෝකයේ ත් අප්‍රමාණ වූ උදාරතර ආලෝකයක් පහළ වෙයි. එය දෙවියන්ගේ දේවානුභාවය ඉක්මවා ගිය දෙයකි. ඒ ලෝකාන්තරික නරකයෙහි යම් සත්වයෝ ඉපදී සිටිත් ද, ඔවුහු ත් ඒ ආලෝකයෙන් එකිනෙකා ව හඳුනාගනිති. 'භවත්නි, මෙහි අන්‍ය වූ සත්වයෝ ත් ඉපදී සිටිත් නොවැ' යි. මහණෙනි, තථාගත අරහත් සම්මා සම්බුදුරජුන්ගේ පහළ වීමෙන් මේ තෙවැනි ආශ්චර්ය අද්භූත ධර්මය පහළ වෙයි.

4. තව ද මහණෙනි, යම් කලෙක තථාගතයන් වහන්සේ අනුත්තර වූ ධර්ම චක්‍රය ප්‍රවර්තනය කරත් ද, එකල්හී දෙවියන් බඹුන් මරුන් සහිත ශ්‍රමණ බ්‍රාහ්මණයන් සහිත දෙව් මිනිස් ප්‍රජාවෙන් යුතු ලෝකයෙහි අප්‍රමාණ වූ උදාරතර ආලෝකයක් පහළ වෙයි. එය දෙවියන්ගේ දේවානුභාවය ඉක්මවා ගිය ආලෝකයකි. ලෝකාන්තරික නම් වූ යම් නිරයක මුළුමනින් වැසී ඇති ඝන අන්ධකාරයෙන් යුතු, ඉතාමත් දරුණු අන්ධකාරයකින් යුතු බවක් ඇද්ද, එහි මේ සා මහා ඉර්ධිමත්, මහානුභාව සම්පන්න සඳ හිරු දෙදෙනාගේ රශ්මිය නොවැටෙයි ද, ඒ ලෝකයේ ත් අප්‍රමාණ වූ උදාරතර ආලෝකයක් පහළ වෙයි. එය දෙවියන්ගේ දේවානුභාවය ඉක්මවා ගිය දෙයකි. ඒ ලෝකාන්තරික නරකයෙහි යම් සත්වයෝ ඉපදී සිටිත් ද, ඔවුහු ත් ඒ ආලෝකයෙන් එකිනෙකා ව හඳුනාගනිති. 'භවත්නි, මෙහි අන්‍ය වූ සත්වයෝ ත් ඉපදී සිටිත් නොවැ' යි. මහණෙනි, තථාගත අරහත් සම්මා සම්බුදුරජුන්ගේ පහළ වීමෙන් මේ සිව්

වෙනි ආශ්චර්ය අද්භූත ධර්මය පහළ වෙයි.

මහණෙනි, තථාගත අරහත් සම්මා සම්බුදුරජුන්ගේ පහළ වීමෙන් ආශ්චර්ය වූ ත්, අද්භූත වූ ත් මේ සතර ධර්මයෝ පහළ වෙති.

සාදු! සාදු!! සාදු!!!

තථාගත අච්ඡරිය සූත්‍රය නිමා විය.

4.3.3.8.
දුතිය තථාගත අච්ඡරිය සූත්‍රය
තථාගත බුදුරජුන්ගේ අසිරිමත් බව ගැන වදාළ දෙවෙනි දෙසුම

මහණෙනි, තථාගත අරහත් සම්මා සම්බුදුරජුන්ගේ පහළ වීමෙන් ආශ්චර්ය වූ ත්, අද්භූත වූ ත් සතර ධර්මයක් පහළ වෙති. ඒ කවර සතරක් ද යත්;

1. මහණෙනි, මේ ලෝක ප්‍රජාව තෘෂ්ණාව තුළ වාසය කරයි. තෘෂ්ණාවෙහි ඇලී සිටියි. තෘෂ්ණාවෙන් සතුටු වෙමින් සිටියි. එනමුදු තථාගතයන් විසින් තෘෂ්ණාව දුරු කරන ධර්මය දේශනා කරන කල්හී එය අසනු කැමති වෙයි. සවන් යොමා අසයි. එය අවබෝධ කිරීමට සිත පිහිටුවා ගනියි. මහණෙනි, තථාගත අරහත් සම්මා සම්බුදුරජුන්ගේ පහළ වීමෙන් මේ පළමු වෙනි ආශ්චර්ය අද්භූත ධර්මය පහළ වෙයි.

2. මහණෙනි, මේ ලෝක ප්‍රජාව මාන්නය තුළ වාසය කරයි. මාන්නයෙහි ඇලී සිටියි. මාන්නයෙන් සතුටු වෙමින් සිටියි. එනමුදු තථාගතයන් විසින් මාන්නය දුරු කරන ධර්මය දේශනා කරන කල්හී එය අසනු කැමති වෙයි. සවන් යොමා අසයි. එය අවබෝධ කිරීමට සිත පිහිටුවා ගනියි. මහණෙනි, තථාගත අරහත් සම්මා සම්බුදුරජුන්ගේ පහළ වීමෙන් මේ දෙවෙනි ආශ්චර්ය අද්භූත ධර්මය පහළ වෙයි.

3. මහණෙනි, මේ ලෝක ප්‍රජාව නොසංසිඳීම තුළ වාසය කරයි. නොසංසිඳීමෙහි ඇලී සිටියි. නොසංසිඳීමෙන් සතුටු වෙමින් සිටියි. එනමුදු

තථාගතයන් විසින් කෙලෙස් සංසිඳුවාලන ධර්මය දේශනා කරන කල්හී එය අසනු කැමති වෙයි. සවන් යොමා අසයි. එය අවබෝධ කිරීමට සිත පිහිටුවා ගනියි. මහණෙනි, තථාගත අරහත් සම්මා සම්බුදුරජුන්ගේ පහළ වීමෙන් මේ තෙවැනි ආශ්චර්ය අද්භූත ධර්මය පහළ වෙයි.

4. මහණෙනි, ලෝක ප්‍රජාව අවිද්‍යාවෙන් යුතු වූයේ ය. අවිද්‍යාව තුළ සිර වී ඇත්තේ ය. අවිද්‍යාවෙන් වෙලී ඇත්තේ ය. එනමුදු තථාගතයන් විසින් අවිද්‍යාව දුරු කරන ධර්මය දේශනා කරන කල්හී එය අසනු කැමති වෙයි. සවන් යොමා අසයි. එය අවබෝධ කිරීමට සිත පිහිටුවා ගනියි. මහණෙනි, තථාගත අරහත් සම්මා සම්බුදුරජුන්ගේ පහළ වීමෙන් මේ සිව් වෙනි ආශ්චර්ය අද්භූත ධර්මය පහළ වෙයි.

මහණෙනි, තථාගත අරහත් සම්මා සම්බුදුරජුන්ගේ පහළ වීමෙන් ආශ්චර්ය වූ ත්, අද්භූත වූ ත් මේ සතර ධර්මයෝ පහළ වෙති.

සාදු! සාදු!! සාදු!!!

දුතිය තථාගත අච්ඡරිය සූත්‍රය නිමා විය.

4.3.3.9.
ආනන්ද අච්ඡරිය සූත්‍රය
අනඳ තෙරුන්ගේ අසිරිමත් බව ගැන වදාළ දෙසුම

මහණෙනි, ආනන්දයන් තුළ ආශ්චර්ය අද්භූත කරුණු සතරක් ඇත. ඒ කවර සතරක් ද යත්;

1. ඉදින් මහණෙනි, භික්ෂු පිරිස ආනන්දයන් දකින්නට පැමිණෙයි ද, ඒ පිරිස දැකීමෙන් ම සතුටු සිත් ඇත්තේ වෙයි. ඉදින් එහිදී ආනන්දයන් ධර්මය දෙසයි නම්, ඒ පිරිස භාෂිතයෙනුත් සතුටු සිත් ඇත්තේ වෙයි. මහණෙනි, භික්ෂු පිරිස අතෘප්තියට පත් වූයේ ම වෙයි. එකල්හී ආනන්දයන් නිශ්ශබ්ද වෙයි.

2. ඉදින් මහණෙනි, භික්ෂුණී පිරිස ආනන්දයන් දකින්නට පැමිණෙයි ද, ඒ පිරිස දැකීමෙන් ම සතුටු සිත් ඇත්තේ වෙයි. ඉදින් එහිදී ආනන්දයන් ධර්මය දෙසයි නම්, ඒ පිරිස භාෂිතයෙනුත් සතුටු සිත් ඇත්තේ වෙයි. මහණෙනි,

භික්ෂුණී පිරිස අතෘප්තියට පත් වූයේ ම වෙයි. එකල්හී ආනන්දයන් නිශ්ශබ්ද වෙයි.

3. ඉදින් මහණෙනි, උපාසක පිරිස ආනන්දයන් දකින්නට පැමිණෙයි ද, ඒ පිරිස දැකීමෙන් ම සතුටු සිත් ඇත්තේ වෙයි. ඉදින් එහිදී ආනන්දයන් ධර්මය දෙසයි නම්, ඒ පිරිස භාෂිතයෙනුත් සතුටු සිත් ඇත්තේ වෙයි. මහණෙනි, උපාසක පිරිස අතෘප්තියට පත් වූයේ ම වෙයි. එකල්හී ආනන්දයන් නිශ්ශබ්ද වෙයි.

4. ඉදින් මහණෙනි, උපාසිකා පිරිස ආනන්දයන් දකින්නට පැමිණෙයි ද, ඒ පිරිස දැකීමෙන් ම සතුටු සිත් ඇත්තේ වෙයි. ඉදින් එහිදී ආනන්දයන් ධර්මය දෙසයි නම්, ඒ පිරිස භාෂිතයෙනුත් සතුටු සිත් ඇත්තේ වෙයි. මහණෙනි, උපාසිකා පිරිස අතෘප්තියට පත් වූයේ ම වෙයි. එකල්හී ආනන්දයන් නිශ්ශබ්ද වෙයි.

මහණෙනි, ආනන්දයන් තුළ මේ ආශ්චර්ය අද්භූත කරුණු සතර ඇත.

සාදු! සාදු!! සාදු!!!

ආනන්ද අච්ඡරිය සූත්‍රය නිමා විය.

4.3.3.10.
චක්කවත්ති අච්ඡරිය සූත්‍රය
සක්විති රජුගේ අසිරිමත් බව ගැන වදාළ දෙසුම

මහණෙනි, සක්විති රජු තුළ ආශ්චර්ය අද්භූත කරුණු සතරක් ඇත. ඒ කවර සතරක් ද යත්;

1. ඉදින් මහණෙනි, ක්ෂත්‍රිය පිරිස සක්විති රජුන් දකින්නට පැමිණෙයි ද, ඒ පිරිස දැකීමෙන් ම සතුටු සිත් ඇත්තේ වෙයි. ඉදින් එහිදී සක්විති රජ තෙමේ කතා බස් කරයි නම්, ඒ පිරිස භාෂිතයෙනුත් සතුටු සිත් ඇත්තේ වෙයි. මහණෙනි, ක්ෂත්‍රිය පිරිස අතෘප්තියට පත් වූයේ ම වෙයි. එකල්හී සක්විති රජ තෙමේ නිශ්ශබ්ද වෙයි.

2. ඉදින් මහණෙනි, බ්‍රාහ්මණ පිරිස සක්විති රජුන් දකින්නට පැමිණෙයි ද, ඒ පිරිස දැකීමෙන් ම සතුටු සිත් ඇත්තේ වෙයි. ඉදින් එහිදී සක්විති රජ

තෙමේ කතා බස් කරයි නම්, ඒ පිරිස භාෂිතයෙනුත් සතුටු සිත් ඇත්තේ වෙයි. මහණෙනි, බ්‍රාහ්මණ පිරිස අතෘප්තියට පත් වූයේ ම වෙයි. එකල්හී සක්විති රජ තෙමේ නිශ්ශබ්ද වෙයි.

3. ඉදින් මහණෙනි, ගෘහපති පිරිස සක්විති රජුන් දකින්නට පැමිණෙයි ද, ඒ පිරිස දැකීමෙන් ම සතුටු සිත් ඇත්තේ වෙයි. ඉදින් එහිදී සක්විති රජ තෙමේ කතා බස් කරයි නම්, ඒ පිරිස භාෂිතයෙනුත් සතුටු සිත් ඇත්තේ වෙයි. මහණෙනි, ගෘහපති පිරිස අතෘප්තියට පත් වූයේ ම වෙයි. එකල්හී සක්විති රජ තෙමේ නිශ්ශබ්ද වෙයි.

4. ඉදින් මහණෙනි, ශ්‍රමණ පිරිස සක්විති රජුන් දකින්නට පැමිණෙයි ද, ඒ පිරිස දැකීමෙන් ම සතුටු සිත් ඇත්තේ වෙයි. ඉදින් එහිදී සක්විති රජ තෙමේ කතා බස් කරයි නම්, ඒ පිරිස භාෂිතයෙනුත් සතුටු සිත් ඇත්තේ වෙයි. මහණෙනි, ශ්‍රමණ පිරිස අතෘප්තියට පත් වූයේ ම වෙයි. එකල්හී සක්විති රජ තෙමේ නිශ්ශබ්ද වෙයි.

මහණෙනි, සක්විති රජු තුළ මේ ආශ්චර්ය අද්භූත කරුණු සතර ඇත.

එසෙයින් ම මහණෙනි, ආනන්දයන් තුළ ආශ්චර්ය අද්භූත කරුණු සතරක් ඇත. ඒ කවර සතරක් ද යත්;

1. ඉදින් මහණෙනි, භික්ෂු පිරිස ආනන්දයන් දකින්නට පැමිණෙයි ද, ඒ පිරිස දැකීමෙන් ම සතුටු සිත් ඇත්තේ වෙයි. ඉදින් එහිදී ආනන්දයන් ධර්මය දෙසයි නම්, ඒ පිරිස භාෂිතයෙනුත් සතුටු සිත් ඇත්තේ වෙයි. මහණෙනි, භික්ෂු පිරිස අතෘප්තියට පත් වූයේ ම වෙයි. එකල්හී ආනන්දයන් නිශ්ශබ්ද වෙයි.

2.-4. ඉදින් මහණෙනි, භික්ෂුණී පිරිස ....(පෙ).... ඉදින් මහණෙනි, උපාසක පිරිස ....(පෙ).... ඉදින් මහණෙනි, උපාසිකා පිරිස ආනන්දයන් දකින්නට පැමිණෙයි ද, ඒ පිරිස දැකීමෙන් ම සතුටු සිත් ඇත්තේ වෙයි. ඉදින් එහිදී ආනන්දයන් ධර්මය දෙසයි නම්, ඒ පිරිස භාෂිතයෙනුත් සතුටු සිත් ඇත්තේ වෙයි. මහණෙනි, උපාසිකා පිරිස අතෘප්තියට පත් වූයේ ම වෙයි. එකල්හී ආනන්දයන් නිශ්ශබ්ද වෙයි.

මහණෙනි, ආනන්දයන් තුළ මේ ආශ්චර්ය අද්භූත කරුණු සතර ඇත.

සාදු! සාදු!! සාදු!!!

චක්කවත්ති අච්ඡරිය සූත්‍රය නිමා විය.

තුන්වෙනි භය වර්ගය අවසන් විය.

- එහි පිළිවෙල උද්දානයයි :

අත්තානුවාද සූත්‍රය, ඌමි සූත්‍රය, පුග්ගල සූත්‍ර හතර, අච්ඡරිය සූත්‍ර දෙකක් සහ යළි අච්ඡරිය සූත්‍ර දෙකක් වශයෙන් මෙහි සූත්‍ර දශයකි.

4. පුග්ගල වර්ගය

4.3.4.1.
සඤ්ඤෝජන පුග්ගල සූත්‍රය
සංයෝජනයෙන් බැඳුණු පුද්ගලයන් ගැන වදාළ දෙසුම

සැවැත් නුවර දී ය ....

මහණෙනි, මේ පුද්ගලයෝ සතර දෙනෙක් ලෝකයෙහි විද්‍යමාන ව සිටිති. ඒ කවර සතර දෙනෙක් ද යත්;

මහණෙනි, මෙහිලා ඇතැම් පුද්ගලයෙකු හට ඕරම්භාගීය සංයෝජන ප්‍රහාණයට පත් වී නැත්තේ ය. උපත ඇති කරදෙන සංයෝජනයන් ද ප්‍රහාණයට පත් වී නැත්තේ ය. භවය ඇති කරදෙන සංයෝජනයන් ද ප්‍රහාණයට පත් වී නැත්තේ ය.

මහණෙනි, මෙහිලා ඇතැම් පුද්ගලයෙකු හට ඕරම්භාගීය සංයෝජන ප්‍රහාණයට පත් වී ඇත්තේ ය. උපත ඇති කරදෙන සංයෝජනයන් ප්‍රහාණයට පත් වී නැත්තේ ය. භවය ඇති කරදෙන සංයෝජනයන් ද ප්‍රහාණයට පත් වී නැත්තේ ය.

මහණෙනි, මෙහිලා ඇතැම් පුද්ගලයෙකු හට ඕරම්භාගීය සංයෝජන ප්‍රහාණයට පත් වී ඇත්තේ ය. උපත ඇති කරදෙන සංයෝජනයන් ද ප්‍රහාණයට පත් වී ඇත්තේ ය. භවය ඇති කරදෙන සංයෝජනයන් ප්‍රහාණයට පත් වී නැත්තේ ය.

මහණෙනි, මෙහිලා ඇතැම් පුද්ගලයෙකු හට ඕරම්භාගීය සංයෝජන ප්‍රහාණයට පත් වී ඇත්තේ ය. උපත ඇති කරදෙන සංයෝජනයන් ද ප්‍රහාණයට පත් වී ඇත්තේ ය. භවය ඇති කරදෙන සංයෝජනයන් ද ප්‍රහාණයට පත් වී ඇත්තේ ය.

1. මහණෙනි, ඕරම්භාගීය සංයෝජන ප්‍රහාණයට පත් වී නැත්තේ, උපත ඇති කරදෙන සංයෝජනයන් ද ප්‍රහාණයට පත් වී නැත්තේ, භවය ඇති කරදෙන සංයෝජනයන් ද ප්‍රහාණයට පත් වී නැත්තේ කවර පුද්ගලයෙකු හට ද? සකදාගාමී කෙනා හට ය. මහණෙනි, මේ සකදාගාමී පුද්ගලයා හට ඕරම්භාගීය සංයෝජන ප්‍රහාණයට පත් වී නැත්තේ ය. උපත ඇති කරදෙන සංයෝජනයන් ද ප්‍රහාණයට පත් වී නැත්තේ ය. භවය ඇති කරදෙන සංයෝජනයන් ද ප්‍රහාණයට පත් වී නැත්තේ ය.

2. මහණෙනි, ඕරම්භාගීය සංයෝජන ප්‍රහාණයට පත් වී ඇත්තේ නමුත් උපත ඇති කරදෙන සංයෝජනයන් ප්‍රහාණයට පත් වී නැත්තේ, භවය ඇති කරදෙන සංයෝජනයන් ද ප්‍රහාණයට පත් වී නැත්තේ කවර පුද්ගලයෙකු හට ද? උඩු අතට අකණිටා බඹලොව තෙක් යන්නා වූ පුද්ගලයා හට ය. මහණෙනි, මේ උද්ධං සෝත අකණිට්ඨගාමී පුද්ගලයා හට ඕරම්භාගීය සංයෝජන ප්‍රහාණයට පත් වී ඇත්තේ ය. එනමුදු උපත ඇති කරදෙන සංයෝජනයන් ප්‍රහාණයට පත් වී නැත්තේ ය. භවය ඇති කරදෙන සංයෝජනයන් ද ප්‍රහාණයට පත් වී නැත්තේ ය.

3. මහණෙනි, ඕරම්භාගීය සංයෝජන ප්‍රහාණයට පත් වී ඇත්තේ ත් වෙයි ද, උපත ඇති කරදෙන සංයෝජනයන් ප්‍රහාණයට පත් වී ඇත්තේ ත් වෙයි ද, නමුත් භවය ඇති කරදෙන සංයෝජනයන් ප්‍රහාණයට පත් වී නැත්තේ කවර පුද්ගලයෙකු හට ද? සුද්ධාවාස බඹලොවෙහි උපදින අතරේ පිරිනිවන් පාන අන්තරා පරිනිබ්බායී පුද්ගලයාට ය. මහණෙනි, මේ අන්තරා පරිනිබ්බායී පුද්ගලයා හට ඕරම්භාගීය සංයෝජන ප්‍රහාණයට පත් වී ඇත්තේ ය. උපත ඇති කරදෙන සංයෝජනයන් ද ප්‍රහාණයට පත් වී ඇත්තේ ය. භවය ඇති කරදෙන සංයෝජනයන් ද ප්‍රහාණයට පත් වී නැත්තේ ය.

4. මහණෙනි, ඕරම්භාගීය සංයෝජන ප්‍රහාණයට පත් වී ඇත්තේ ත්, උපත ඇති කරදෙන සංයෝජනයන් ප්‍රහාණයට පත් වී ඇත්තේ ත්, භවය ඇති කරදෙන සංයෝජනයන් ප්‍රහාණයට පත් වී ඇත්තේ ත් කවර පුද්ගලයෙකු හට ද? රහතන් වහන්සේට ය. මහණෙනි, මේ අරහත් පුද්ගලයා හට ඕරම්භාගීය සංයෝජන ප්‍රහාණයට පත් වී ඇත්තේ ය. උපත ඇති කරදෙන සංයෝජනයන් ද ප්‍රහාණයට පත් වී ඇත්තේ ය. භවය ඇති කරදෙන සංයෝජනයන් ද ප්‍රහාණයට පත් වී ඇත්තේ ය.

මහණෙනි, මේ පුද්ගලයෝ සතර දෙනා ලෝකයෙහි විද්‍යමාන ව සිටිති.

සාදු! සාදු!! සාදු!!!

සංයෝජන පුග්ගල සූත්‍රය නිමා විය.

4.3.4.2.
පටිභාන පුග්ගල සූත්‍රය
පුද්ගල ප්‍රතිභානය ගැන වදාළ දෙසුම

මහණෙනි, මේ පුද්ගලයෝ සතර දෙනෙක් ලෝකයෙහි විද්‍යමාන ව සිටිති. ඒ කවර සතර දෙනෙක් ද යත්;

1. කරුණු කාරණා වටහා ගැනීමේ ශක්තිය ඇත්තේ ය. එනමුදු අන්‍යයන් හට පැහැදිලි ව කීමෙහි ප්‍රතිභාන නැත්තේ ය.

2. අන්‍යයන් හට කරුණු පැහැදිලි ව කීමෙහි ප්‍රතිභාන ඇත්තේ ය. එනමුදු කරුණු කාරණා වටහා ගැනීමේ ශක්තිය නැත්තේ ය.

3. කරුණු කාරණා වටහා ගැනීමේ ශක්තිය ද ඇත්තේ ය. අන්‍යයන් හට පැහැදිලි ව කීමෙහි ප්‍රතිභානය ද ඇත්තේ ය.

4. කරුණු කාරණා වටහා ගැනීමේ ශක්තිය ද නැත්තේ ය. අන්‍යයන් හට පැහැදිලි ව කීමෙහි ප්‍රතිභානය ද නැත්තේ ය.

මහණෙනි, මේ පුද්ගලයෝ සතර දෙනා ලෝකයෙහි විද්‍යමාන ව සිටිති.

සාදු! සාදු!! සාදු!!!

පටිභාන පුග්ගල සූත්‍රය නිමා විය.

4.3.4.3.
නෙය්‍ය පුග්ගල සූත්‍රය
අනුක්‍රමණයෙන් අවබෝධ වන පුද්ගලයා ගැන වදාළ දෙසුම

මහණෙනි, මේ පුද්ගලයෝ සතර දෙනෙක් ලෝකයෙහි විද්‍යමාන ව සිටිති. ඒ කවර සතර දෙනෙක් ද යත්;

1. ධර්මය දේශනා කරන අවස්ථාවේ ම යමෙක් ධර්මාවබෝධය ලබයි ද, හේ 'උග්ඝටිතඤ්ඤූ පුද්ගලයා' ය.

2. ධර්මය විස්තර විභාග වශයෙන් බෙදා දක්වන කල්හී අවබෝධය ලබයි ද, හේ 'විපචිතඤ්ඤූ පුද්ගලයා' ය.

3. යමෙක් කලණ මිතුරන් අසුරෙන් ධර්මය අසා නැවත නැවත විමසීමෙන්, සාකච්ඡා කිරීමෙන්, මෙනෙහි කිරීමෙන් අනුක්‍රමයෙන් ධර්මාවබෝධය ලබයි ද, හේ 'නෙය්‍ය පුද්ගලයා' ය.

4. යමෙක් බොහෝ කොට ඇසූ නමුත්, බොහෝ කොට ප්‍රගුණ කරන නමුත්, බොහෝ විමසන නමුත් එම ආත්මයෙහි ධර්මාවබෝධය නොලබයි ද, හේ 'පදපරම පුද්ගලයා' ය.

මහණෙනි, මේ පුද්ගලයෝ සතර දෙනා ලෝකයෙහි විද්‍යමාන ව සිටිති.

සාදු! සාදු!! සාදු!!!

නෙය්‍ය පුග්ගල සූත්‍රය නිමා විය.

4.3.4.4.
ඵලූපජීවී පුග්ගල සූත්‍රය
කර්මඵලයෙන් ජීවත් වන පුද්ගලයා ගැන වදාළ දෙසුම

මහණෙනි, මේ පුද්ගලයෝ සතර දෙනෙක් ලෝකයෙහි විද්‍යමාන ව සිටිති. ඒ කවර සතර දෙනෙක් ද යත්;

1. නැගී සිටි වීරිය නම් වූ ඵලයෙන් ජීවත් වන සුළු, කර්ම ඵලයෙන් ජීවත් නොවන පුද්ගලයා ය.

2. කර්ම ඵලයෙන් ජීවත් වන, නැගී සිටින වීරියෙන් ජීවත් නොවන පුද්ගලයා ය.

3. නැගී සිටි වීරියෙනුත්, කර්ම ඵලයෙනුත් ජීවත් වන පුද්ගලයා ය.

4. නැගී සිටින වීරියෙනුත් ජීවත් නොවන සුළු, කර්ම ඵලයෙනුත් ජීවත් නොවන පුද්ගලයා ය.

මහණෙනි, මේ පුද්ගලයෝ සතර දෙනා ලෝකයෙහි විද්‍යමාන ව සිටිති.

සාදු! සාදු!! සාදු!!!

එලුපජීවී පුග්ගල සූත්‍රය නිමා විය.

4.3.4.5.
වජ්ජ පුග්ගල සූත්‍රය
වැරදි සහිත පුද්ගලයා ගැන වදාළ දෙසුම

මහණෙනි, මේ පුද්ගලයෝ සතර දෙනෙක් ලෝකයෙහි විද්‍යමාන ව සිටිති. ඒ කවර සතර දෙනෙක් ද යත්;

වැරදි සහිත පුද්ගලයා ය, වැරදි බහුල පුද්ගලයා ය, අල්ප වරදින් යුතු පුද්ගලයා ය, නිවැරදි පුද්ගලයා ය.

1. මහණෙනි, පුද්ගලයා වැරදි සහිත වන්නේ කෙසේ ද? මහණෙනි, මෙහිලා ඇතැම් පුද්ගලයෙක් වැරදි සහිත කායික ක්‍රියාවෙන් යුක්ත වූයේ වෙයි. වැරදි සහිත වාචසික ක්‍රියාවෙන් යුක්ත වූයේ වෙයි. වැරදි සහිත මානසික ක්‍රියාවෙන් යුක්ත වූයේ වෙයි. මහණෙනි, මෙසේ පුද්ගලයා වැරදි සහිත වූයේ වෙයි.

2. මහණෙනි, පුද්ගලයා වැරදි බහුල වන්නේ කෙසේ ද? මහණෙනි, මෙහිලා ඇතැම් පුද්ගලයෙක් බහුල ලෙස වැරදි සහිත කායික ක්‍රියාවෙන් යුක්ත වූයේ වෙයි. නිවැරදි දෙය අල්ප වශයෙනි. බහුල ලෙස වැරදි සහිත වාචසික ක්‍රියාවෙන් යුක්ත වූයේ වෙයි. නිවැරදි දෙය අල්ප වශයෙනි. බහුල ලෙස වැරදි සහිත මානසික ක්‍රියාවෙන් යුක්ත වූයේ වෙයි. නිවැරදි දෙය අල්ප වශයෙනි. මහණෙනි, මෙසේ පුද්ගලයා වැරදි බහුල වූයේ වෙයි.

3 මහණෙනි, පුද්ගලයා වැරදි අල්ප වන්නේ කෙසේ ද? මහණෙනි, මෙහිලා ඇතැම් පුද්ගලයෙක් බහුල ලෙස නිවැරදි කායික ක්‍රියාවෙන් යුක්ත වූයේ වෙයි. වැරදි දෙය අල්ප වශයෙනි. බහුල ලෙස නිවැරදි වාචසික ක්‍රියාවෙන් යුක්ත වූයේ වෙයි. වැරදි දෙය අල්ප වශයෙනි. බහුල ලෙස නිවැරදි මානසික ක්‍රියාවෙන් යුක්ත වූයේ වෙයි. වැරදි දෙය අල්ප වශයෙනි. මහණෙනි, මෙසේ පුද්ගලයා වැරදි අල්ප වූයේ වෙයි.

4. මහණෙනි, පුද්ගලයා නිවැරදි වන්නේ කෙසේ ද? මහණෙනි, මෙහිලා

ඇතැම් පුද්ගලයෙක් නිවැරදි කායික ක්‍රියාවෙන් යුක්ත වූයේ වෙයි. නිවැරදි වාචසික ක්‍රියාවෙන් යුක්ත වූයේ වෙයි. නිවැරදි මානසික ක්‍රියාවෙන් යුක්ත වූයේ වෙයි. මහණෙනි, මෙසේ පුද්ගලයා නිවැරදි වූයේ වෙයි.

මහණෙනි, මේ පුද්ගලයෝ සතර දෙනා ලෝකයෙහි විද්‍යමාන ව සිටිති.

සාදු! සාදු!! සාදු!!!

වජ්ජ පුග්ගල සූත්‍රය නිමා විය.

4.3.4.6.
පරිපූරකාරී පුග්ගල සූත්‍රය
පිරිපුන් කරන පුද්ගලයා ගැන වදාළ දෙසුම

මහණෙනි, මේ පුද්ගලයෝ සතර දෙනෙක් ලෝකයෙහි විද්‍යමාන ව සිටිති. ඒ කවර සතර දෙනෙක් ද යත්;

1. මහණෙනි, මෙහිලා පුද්ගලයෙක් සීලය පිළිබඳ ව පිරිපුන් කරන්නේ නොවෙයි. සමාධිය පිළිබඳ ව පිරිපුන් කරන්නේ නොවෙයි. ප්‍රඥාව පිළිබඳ ව පිරිපුන් කරන්නේ නොවෙයි.

2. මහණෙනි, මෙහිලා පුද්ගලයෙක් සීලය පිළිබඳ ව පිරිපුන් කරන්නේ වෙයි. සමාධිය පිළිබඳ ව පිරිපුන් කරන්නේ නොවෙයි. ප්‍රඥාව පිළිබඳ ව පිරිපුන් කරන්නේ නොවෙයි.

3. මහණෙනි, මෙහිලා පුද්ගලයෙක් සීලය පිළිබඳ ව පිරිපුන් කරන්නේ වෙයි. සමාධිය පිළිබඳ ව පිරිපුන් කරන්නේ වෙයි. ප්‍රඥාව පිළිබඳ ව පිරිපුන් කරන්නේ නොවෙයි.

4. මහණෙනි, මෙහිලා පුද්ගලයෙක් සීලය පිළිබඳ ව පිරිපුන් කරන්නේ වෙයි. සමාධිය පිළිබඳ ව පිරිපුන් කරන්නේ වෙයි. ප්‍රඥාව පිළිබඳ ව පිරිපුන් කරන්නේ වෙයි.

මහණෙනි, මේ පුද්ගලයෝ සතර දෙනා ලෝකයෙහි විද්‍යමාන ව සිටිති.

සාදු! සාදු!! සාදු!!!

පරිපූරකාරී පුග්ගල සූත්‍රය නිමා විය.

4.3.4.7.
ගරු පුග්ගල සූත්‍රය
ගරු කරන පුද්ගලයා ගැන වදාළ දෙසුම

මහණෙනි, මේ පුද්ගලයෝ සතර දෙනෙක් ලෝකයෙහි විද්‍යමාන ව සිටිති. ඒ කවර සතර දෙනෙක් ද යත්;

1. මහණෙනි, මෙහිලා ඇතැම් පුද්ගලයෙක් සීලයට ගෞරව නොකරයි. සීලය අධිපති කොට නොවසයි. සමාධියට ගෞරව නොකරයි. සමාධිය අධිපති කොට නොවසයි. ප්‍රඥාවට ගෞරව නොකරයි. ප්‍රඥාව අධිපති කොට නොවසයි.

2. මහණෙනි, මෙහිලා ඇතැම් පුද්ගලයෙක් සීලයට ගෞරව කරයි. සීලය අධිපති කොට වසයි. සමාධියට ගෞරව නොකරයි. සමාධිය අධිපති කොට නොවසයි. ප්‍රඥාවට ගෞරව නොකරයි. ප්‍රඥාව අධිපති කොට නොවසයි.

3. මහණෙනි, මෙහිලා ඇතැම් පුද්ගලයෙක් සීලයට ගෞරව කරයි. සීලය අධිපති කොට වසයි. සමාධියට ගෞරව කරයි. සමාධිය අධිපති කොට වසයි. ප්‍රඥාවට ගෞරව නොකරයි. ප්‍රඥාව අධිපති කොට නොවසයි.

4. මහණෙනි, මෙහිලා ඇතැම් පුද්ගලයෙක් සීලයට ගෞරව කරයි. සීලය අධිපති කොට වසයි. සමාධියට ගෞරව කරයි. සමාධිය අධිපති කොට වසයි. ප්‍රඥාවට ගෞරව කරයි. ප්‍රඥාව අධිපති කොට වසයි.

මහණෙනි, මේ පුද්ගලයෝ සතර දෙනා ලෝකයෙහි විද්‍යමාන ව සිටිති.

සාධු! සාධු!! සාධු!!!

ගරු පුග්ගල සූත්‍රය නිමා විය.

4.3.4.8.
නිකට්ඨ පුග්ගල සූත්‍රය
සමීප පුද්ගලයා ගැන වදාළ දෙසුම

මහණෙනි, මේ පුද්ගලයෝ සතර දෙනෙක් ලෝකයෙහි විද්‍යමාන ව සිටිති. ඒ කවර සතර දෙනෙක් ද යත්;

වනයට සමීප වූ කය ඇත්තේ නමුත් වනයෙන් බැහැර වූ සිත් ඇත්තේ ය. වනයෙන් බැහැර වූ කය ඇත්තේ නමුත් වනයට සමීප වූ සිත් ඇත්තේ ය. වනයෙන් බැහැර වූ කය ද ඇත්තේ ය, වනයෙන් බැහැර වූ සිත ද ඇත්තේ ය. වනයට සමීප කය ද ඇත්තේ ය, වනයට සමීප සිත ද ඇත්තේ ය.

1. මහණෙනි, පුද්ගලයෙක් කෙසේ නම් වනයට සමීප කය ඇත්තේ වෙයි ද, වනයෙන් බැහැර වූ සිතක් ඇත්තේ වෙයි ද? මහණෙනි, මෙහිලා ඇතැම් පුද්ගලයෙක් ආරණ්‍ය, වනාන්තර, දුර ඈත වන සෙනසුන් සේවනය කරයි. එනමුදු හේ වනයෙහි දී ත් කාම විතර්කයන් සිතමින් සිටියි. ද්වේෂ සහගත විතර්කයන් සිතමින් සිටියි. හිංසා සහගත විතර්කයන් සිතමින් සිටියි. මෙසෙයින් මහණෙනි, පුද්ගල තෙමේ වනයට සමීප කය ඇත්තේ ද, වනයෙන් බැහැර සිත් ඇත්තේ ද වෙයි.

2. මහණෙනි, පුද්ගලයෙක් කෙසේ නම් වනයෙන් බැහැර වූ කය ඇත්තේ වෙයි ද, වනයට සමීප සිතක් ඇත්තේ වෙයි ද? මහණෙනි, මෙහිලා ඇතැම් පුද්ගලයෙක් ආරණ්‍ය, වනාන්තර, දුර ඈත වන සෙනසුන් සේවනය නොකරයි. එනමුදු හේ සිටින තැනක දී නෙක්ඛම්ම විතර්කයන් සිතමින් සිටියි. අව්‍යාපාද විතර්කයන් සිතමින් සිටියි. අහිංසා විතර්කයන් සිතමින් සිටියි. මෙසෙයින් මහණෙනි, පුද්ගල තෙමේ වනයෙන් බැහැර වූ කය ඇත්තේ ද, වනයට සමීප සිත් ඇත්තේ ද වෙයි.

3. මහණෙනි, පුද්ගලයෙක් කෙසේ නම් වනයෙන් බැහැර වූ කය ඇත්තේ වෙයි ද, වනයෙන් බැහැර වූ සිතක් ඇත්තේ වෙයි ද? මහණෙනි, මෙහිලා ඇතැම් පුද්ගලයෙක් ආරණ්‍ය, වනාන්තර, දුර ඈත වන සෙනසුන් සේවනය නොකරයි. එසේ ම හේ සිටිනා තැනක දී කාම විතර්කයන් සිතමින් සිටියි. ද්වේෂ සහගත විතර්කයන් සිතමින් සිටියි. හිංසා සහගත විතර්කයන් සිතමින් සිටියි. මෙසෙයින් මහණෙනි, පුද්ගල තෙමේ වනයෙන් බැහැර වූ කය ඇත්තේ ද, වනයෙන් බැහැර වූ සිත් ඇත්තේ ද වෙයි.

4. මහණෙනි, පුද්ගලයෙක් කෙසේ නම් වනයට සමීප කය ඇත්තේ වෙයි ද, වනයට සමීප සිතක් ඇත්තේ වෙයි ද? මහණෙනි, මෙහිලා ඇතැම් පුද්ගලයෙක් ආරණ්‍ය, වනාන්තර, දුර ඈත වන සෙනසුන් සේවනය කරයි. එසේ ම හේ වනයෙහිදී නෙක්ඛම්ම විතර්කයන් සිතමින් සිටියි. අව්‍යාපාද විතර්කයන් සිතමින් සිටියි. අහිංසා විතර්කයන් සිතමින් සිටියි. මෙසෙයින් මහණෙනි, පුද්ගල තෙමේ වනයට සමීප කය ඇත්තේ ද, වනයට සමීප සිත් ඇත්තේ ද වෙයි.

මහණෙනි, මේ පුද්ගලයෝ සතර දෙනා ලෝකයෙහි විද්‍යමාන ව සිටිති.

සාදු! සාදු!! සාදු!!!

නිකට්ඨ පුග්ගල සූත්‍රය නිමා විය.

4.3.4.9.
ධම්මකථික සූත්‍රය
ධර්ම කථිකයා ගැන වදාළ දෙසුම

මහණෙනි, ධර්ම කථිකයෝ සතර දෙනෙකි. ඒ කවර සතර දෙනෙක් ද යත්;

1. මහණෙනි, මෙහිලා ඇතැම් ධර්ම කථිකයෙක් අල්ප වශයෙන් කියයි. අර්ථ රහිත වූ දෙයක් කියයි. ධර්මය අසන පිරිස ද අර්ථවත් දෙය හෝ අර්ථ රහිත දෙය තේරුම් ගන්නට අදක්ෂ වෙයි. මහණෙනි, මෙබඳු ධර්ම කථිකයා ඒ අදක්ෂ පිරිස අතරෙහි ධර්ම කථිකයෙක් ය යන ගණයට වැටෙයි.

2. මහණෙනි, මෙහිලා ඇතැම් ධර්ම කථිකයෙක් අල්ප වශයෙන් කියයි. අර්ථවත් වූ දෙයක් කියයි. ධර්මය අසන පිරිස ද අර්ථවත් දෙය හෝ අර්ථ රහිත දෙය තේරුම් ගන්නට දක්ෂ වෙයි. මහණෙනි, මෙබඳු ධර්ම කථිකයා ඒ දක්ෂ පිරිස අතරෙහි ධර්ම කථිකයෙක් ය යන ගණයට වැටෙයි.

3. මහණෙනි, මෙහිලා ඇතැම් ධර්ම කථිකයෙක් බහුල වශයෙන් කියයි. අර්ථ රහිත වූ දෙයක් කියයි. ධර්මය අසන පිරිස ද අර්ථවත් දෙය හෝ අර්ථ රහිත දෙය තේරුම් ගන්නට අදක්ෂ වෙයි. මහණෙනි, මෙබඳු ධර්ම කථිකයා ඒ අදක්ෂ පිරිස අතරෙහි ධර්ම කථිකයෙක් ය යන ගණයට වැටෙයි.

2. මහණෙනි, මෙහිලා ඇතැම් ධර්ම කථිකයෙක් බහුල වශයෙන් කියයි.

අර්ථවත් වූ දෙයක් කියයි. ධර්මය අසන පිරිස ද අර්ථවත් දෙය හෝ අර්ථ රහිත දෙය තේරුම් ගන්නට දක්ෂ වෙයි. මහණෙනි, මෙබඳු ධර්ම කථිකයා ඒ දක්ෂ පිරිස අතරෙහි ධර්ම කථිකයෙක් ය යන ගණයට වැටෙයි.

මහණෙනි, මේ වනාහී ධර්ම කථිකයෝ සතර දෙනා ය.

සාදු! සාදු!! සාදු!!!

ධම්මකථික සූත්‍රය නිමා විය.

4.3.4.10.
වාදී සූත්‍රය
දේශනා කරන්නා ගැන වදාළ දෙසුම

මහණෙනි, දේශනා කරන්නෝ සතර දෙනෙකි. ඒ කවර සතර දෙනෙක් ද යත්;

1. මහණෙනි, දේශනා කරන්නෙක් සිටියි. හේ දේශනා කරද්දී අර්ථවත් කරුණු අවසන් වී යයි. නමුත් වචන ප්‍රකාශ කිරීම අවසන් නොවෙයි.

2. මහණෙනි, දේශනා කරන්නෙක් සිටියි. හේ දේශනා කරද්දී ප්‍රකාශ කරන වචන අවසන් වී යයි. නමුත් අර්ථ ප්‍රකාශ කිරීම අවසන් නොවෙයි.

3. මහණෙනි, දේශනා කරන්නෙක් සිටියි. හේ දේශනා කරද්දී අර්ථවත් කරුණු අවසන් වී යයි. එමෙන් ම වචන ප්‍රකාශ කිරීම ද අවසන් වී යයි.

4. මහණෙනි, දේශනා කරන්නෙක් සිටියි. හේ දේශනා කරද්දී අර්ථවත් කරුණු අවසන් වී නොයයි. එමෙන් ම වචන ප්‍රකාශ කිරීම අවසන් නොවෙයි.

මහණෙනි, මේ වනාහී දේශනා කරන්නෝ සතර දෙනා ය. මහණෙනි, පටිසම්භිදා සතරෙන් යුතු භික්ෂුව ධර්ම දේශනා කරද්දී අර්ථවත් කරුණු අවසන් වේ ය, වචන ප්‍රකාශ කිරීම ද අවසන් වේ ය යන කරුණ සිදු නොවන දෙයකි. එවැන්නකට අවකාශ රහිත දෙයකි.

සාදු! සාදු!! සාදු!!!

වාදී සූත්‍රය නිමා විය.

හතරවෙනි පුග්ගල වර්ගය අවසන් විය.

- **එහි පිළිවෙල උද්දානයයි :**

සංයෝජන සූත්‍රය, පටිභාන සූත්‍රය, උග්ඝටිතඤ්ඤූ සූත්‍රය, උට්ඨාන සූත්‍රය, සාවජ්ජ සූත්‍රය, සීල සූත්‍ර දෙක, නිකට්ඨ සූත්‍රය, ධම්මකථික සූත්‍රය සහ වාදී සූත්‍රය වශයෙන් මෙහි සූත්‍ර දශයකි.

5. ආභා වර්ගය

4.3.5.1.

ආභා සූත්‍රය

විහිදෙන එළිය ගැන වදාළ දෙසුම

සැවැත් නුවර දී ය ....

මහණෙනි, මේ විහිදෙන එළි සතරකි. ඒ කවර සතරක් ද යත්;

චන්ද්‍රයාගෙන් විහිදෙන එළියකි. සූර්යයාගෙන් විහිදෙන එළියකි. ගින්නෙන් විහිදෙන එළියකි. ප්‍රඥාවෙන් විහිදෙන එළියකි.

මහණෙනි, මේ වනාහී විහිදෙන එළි සතර යි. මහණෙනි, මේ විහිදෙන එළි සතරින් ප්‍රඥාවෙන් විහිදෙන්නා වූ යම් එළියක් ඇද්ද එය අග්‍ර වෙයි.

සාදු! සාදු!! සාදු!!!

ආභා සූත්‍රය නිමා විය.

4.3.5.2.

පභා සූත්‍රය

බබලන එළිය ගැන වදාළ දෙසුම

මහණෙනි, මේ බබලන එළි සතරකි. ඒ කවර සතරක් ද යත්;

චන්ද්‍රයාගෙන් බබලන එළියකි. සූර්යයාගෙන් බබලන එළියකි. ගින්නෙන්

බබලන එළියකි. ප්‍රඥාවෙන් බබලන එළියකි.

මහණෙනි, මේ වනාහී බබලන එළි සතර යි. මහණෙනි, මේ බබලන එළි සතරින් ප්‍රඥාවෙන් බබලන්නා වූ යම් එළියක් ඇද්ද එය අග්‍ර වෙයි.

සාදු! සාදු!! සාදු!!!

පභා සූත්‍රය නිමා විය.

4.3.5.3.
ආලෝක සූත්‍රය
ආලෝකය ගැන වදාළ දෙසුම

මහණෙනි, මේ ආලෝක සතරකි. ඒ කවර සතරක් ද යත්;

චන්ද්‍රයාගේ ආලෝකයකි. සූර්යයාගේ ආලෝකයකි. ගින්නේ ආලෝකයකි. ප්‍රඥාවේ ආලෝකයකි.

මහණෙනි, මේ වනාහී ආලෝක සතර යි. මහණෙනි, මේ ආලෝක සතරින් ප්‍රඥාවේ යම් ආලෝකයක් ඇද්ද එය අග්‍ර වෙයි.

සාදු! සාදු!! සාදු!!!

ආලෝක සූත්‍රය නිමා විය.

4.3.5.4.
ඕභාස සූත්‍රය
බැබලීම ගැන වදාළ දෙසුම

මහණෙනි, මේ බැබලීම් සතරකි. ඒ කවර සතරක් ද යත්;

චන්ද්‍රයාගේ බැබලීමකි. සූර්යයාගේ බැබලීමකි. ගින්නේ බැබලීමකි. ප්‍රඥාවේ බැබලීමකි.

මහණෙනි, මේ වනාහී බැබලීම් සතර යි. මහණෙනි, මේ බැබලීම් සතරින් ප්‍රඥාවේ යම් බැබලීමක් ඇද්ද එය අග්‍ර වෙයි.

සාදු! සාදු!! සාදු!!!

ඕභාස සූත්‍රය නිමා විය.

4.3.5.5.
පජ්ජෝත සූත්‍රය
බබලන දේවල් ගැන වදාළ දෙසුම

මහණෙනි, මේ බබලන දේ සතරකි. ඒ කවර සතරක් ද යත්;

චන්ද්‍රයා යනු බබලන දෙයකි. සූර්යයා යනු බබලන දෙයකි. ගින්න යනු බබලන දෙයකි. ප්‍රඥාව යනු බබලන දෙයකි.

මහණෙනි, මේ වනාහී බබලන දේවල් සතර යි. මහණෙනි, මේ බබලන දේවල් සතරින් ප්‍රඥාවේ යම් බැබලීමක් ඇද්ද එය අග්‍ර වෙයි.

සාදු! සාදු!! සාදු!!!

පජ්ජෝත සූත්‍රය නිමා විය.

4.3.5.6.
කාල සූත්‍රය
සුදුසු කාලය ගැන වදාළ දෙසුම

මහණෙනි, මේ සුදුසු කාලයෝ සතරකි. ඒ කවර සතරක් ද යත්;

සුදුසු කාලයෙහි ධර්ම ශ්‍රවණය කිරීම ය. සුදුසු කාලයෙහි ධර්ම සාකච්ඡා කිරීම ය. සුදුසු කාලයෙහි සමථ භාවනාවෙහි යෙදීම ය. සුදුසු කාලයෙහි විදර්ශනා භාවනාවෙහි යෙදීම ය.

මහණෙනි, මේ වනාහී සතරක් වූ සුදුසු කාලයෝ ය.

සාදු! සාදු!! සාදු!!!

කාල සූත්‍රය නිමා විය.

4.3.5.7.
දුතිය කාල සූත්‍රය
සුදුසු කාලය ගැන වදාළ දෙවෙනි දෙසුම

මහණෙනි, මේ සුදුසු කාලයන් සතර යහපත් අයුරින් භාවිතා කරන විට, යහපත් අයුරින් යළි යළි යොදන විට අනුක්‍රමයෙන් ආශ්‍රවයන්ගේ ක්ෂය වීමට පැමිණෙයි. ඒ කවර සතරක් ද යත්;

සුදුසු කාලයෙහි ධර්ම ශ්‍රවණය කිරීම ය. සුදුසු කාලයෙහි ධර්ම සාකච්ඡා කිරීම ය. සුදුසු කාලයෙහි සමථ භාවනාවෙහි යෙදීම ය. සුදුසු කාලයෙහි විදර්ශනා භාවනාවෙහි යෙදීම ය.

මහණෙනි, මේ සුදුසු කාලයන් සතර යහපත් අයුරින් භාවිතා කරන විට, යහපත් අයුරින් යළි යළි යොදන විට අනුක්‍රමයෙන් ආශ්‍රවයන්ගේ ක්ෂය වීමට පැමිණෙන්නේ ය.

මහණෙනි, එය මෙබඳු දෙයකි. පර්වතයන්ට ඉහළින් මහත් දිය පොද ඇති වැස්ස වසින කල්හී ඒ ජලය බෑවුම් ඇති තැන්වලින් පහළ වැටෙමින් පර්වත දිය ඇලි, පිපුරුම් ශාඛා ආදිය පුරවයි. පර්වත, දිය ඇලි, පිපුරුම් ශාඛා ආදිය පුරවමින් කුඩා විල් පුරවයි. කුඩා විල් පුරවමින් මහා විල් පුරවයි. මහා විල් පුරවමින් කුඩා ගංගා පුරවයි. කුඩා ගංගා පුරවමින් මහා ගංගා පුරවයි. මහා ගංගා පුරවමින් මහා සාගරය පුරවයි. මේ අයුරින් ම මහණෙනි, මේ සුදුසු කාලයන් සතර යහපත් අයුරින් භාවිතා කරන විට, යහපත් අයුරින් යළි යළි යොදන විට අනුක්‍රමයෙන් ආශ්‍රවයන්ගේ ක්ෂය වීමට පැමිණෙන්නේ ය.

සාදු! සාදු!! සාදු!!!

දුතිය කාල සූත්‍රය නිමා විය.

4.3.5.8.
වචී දුච්චරිත සූත්‍රය
වචී දුෂ්චරිතය ගැන වදාළ දෙසුම

මහණෙනි, මේ වචී දුෂ්චරිත සතරකි. ඒ කවර සතරක් ද යත්;

බොරු කීම ය. කේලාම් කීම ය. දරුණු වචන කීම ය. නිසරු බස් කීම ය.

මහණෙනි, මේ වනාහී වචී දුෂ්චරිත සතර යි.

සාදු! සාදු!! සාදු!!!

වචී දුච්චරිත සූත්‍රය නිමා විය.

4.3.5.9.
වචී සුචරිත සූත්‍රය
වචී සුචරිතය ගැන වදාළ දෙසුම

මහණෙනි, මේ වචී සුචරිත සතරකි. ඒ කවර සතරක් ද යත්;

සත්‍ය වචන කීම ය. කේලාම් නොවන දේ කීම ය. මොළොක් වචන කීම ය. නුවණින් යුතුව කතා බස් කිරීම ය.

මහණෙනි, මේ වනාහී වචී සුචරිත සතර යි.

සාදු! සාදු!! සාදු!!!

වචී සුචරිත සූත්‍රය නිමා විය.

4.3.5.10.
සාර සූත්‍රය
සාරවත් දේ ගැන වදාළ දෙසුම

මහණෙනි, මේ සාරවත් දේවල් සතරකි. ඒ කවර සතරක් ද යත්;

සීලය නම් වූ සාරවත් දෙය ය. සමාධිය නම් වූ සාරවත් දෙය ය. ප්‍රඥාව නම් වූ සාරවත් දෙය ය. විමුක්තිය නම් වූ සාරවත් දෙය ය.

මහණෙනි, මේ වනාහී සාරවත් දේවල් සතර යි.

සාදු! සාදු!! සාදු!!!

සාර සූත්‍රය නිමා විය.

පස්වෙනි ආභා වර්ගය අවසන් විය.

- එහි පිළිවෙල උද්දානයයි :

ආභා සූත්‍රය, පභා සූත්‍රය, ආලෝක සූත්‍රය, ඕභාස සූත්‍රය, පජ්ජෝත සූත්‍රය, කාල සූත්‍ර දෙක, චරිත සූත්‍ර දෙක සහ සාර සූත්‍රය වශයෙන් මෙහි සූත්‍ර දශයකි.

තුන්වෙනි පණ්ණාසකය නිමා විය.

සිව්වෙනි පණ්ණාසකය

1. ඉන්ද්‍රිය වර්ගය

4.4.1.1.
ඉන්ද්‍රිය සූත්‍රය
ඉන්ද්‍රිය ගැන වදාළ දෙසුම

සැවැත් නුවර දී ය ....

මහණෙනි, මේ ඉන්ද්‍රියයෝ සතරකි. ඒ කවර සතරක් ද යත්;

ශ්‍රද්ධාව නම් වූ ඉන්ද්‍රිය ය. වීරිය නම් වූ ඉන්ද්‍රිය ය. සිහිය නම් වූ ඉන්ද්‍රිය ය. සමාධිය නම් වූ ඉන්ද්‍රිය ය.

මහණෙනි, මේ වනාහී සතරක් වූ ඉන්ද්‍රියයෝ ය.

සාදු! සාදු!! සාදු!!!

ඉන්ද්‍රිය සූත්‍රය නිමා විය.

4.4.1.2.
බල සූත්‍රය
බල ගැන වදාළ දෙසුම

මහණෙනි, මේ බලයෝ සතරකි. ඒ කවර සතරක් ද යත්;

ශ්‍රද්ධාව නම් වූ බලය ය. වීරිය නම් වූ බලය ය. සිහිය නම් වූ බලය ය. සමාධිය නම් වූ බලය ය.

මහණෙනි, මේ වනාහී සතරක් වූ බලයෝ ය.

සාදු! සාදු!! සාදු!!!

බල සූත්‍රය නිමා විය.

4.4.1.3.
දුතිය බල සූත්‍රය
බල ගැන වදාළ දෙවෙනි දෙසුම

මහණෙනි, මේ බලයෝ සතරකි. ඒ කවර සතරක් ද යත්;

ප්‍රඥාව නම් වූ බලය ය. වීරිය නම් වූ බලය ය. නිවැරදි බව නම් වූ බලය ය. සංග්‍රහය නම් වූ බලය ය.

මහණෙනි, මේ වනාහී සතරක් වූ බලයෝ ය.

සාදු! සාදු!! සාදු!!!

දුතිය බල සූත්‍රය නිමා විය.

4.4.1.4.
තතිය බල සූත්‍රය
බල ගැන වදාළ තෙවෙනි දෙසුම

මහණෙනි, මේ බලයෝ සතරකි. ඒ කවර සතරක් ද යත්;

සිහිය නම් වූ බලය ය. සමාධිය නම් වූ බලය ය. නිවැරදි බව නම් වූ බලය ය. සංග්‍රහය නම් වූ බලය ය.

මහණෙනි, මේ වනාහී සතරක් වූ බලයෝ ය.

සාදු! සාදු!! සාදු!!!

තතිය බල සූත්‍රය නිමා විය.

4.4.1.5.
චතුත්ථ බල සූත්‍රය
බල ගැන වදාළ සිව්වෙනි දෙසුම

මහණෙනි, මේ බලයෝ සතරකි. ඒ කවර සතරක් ද යත්;

නුවණින් සළකා බැලීම නම් වූ බලය ය. භාවනාව නම් වූ බලය ය. නිවැරදි බව නම් වූ බලය ය. සංග්‍රහය නම් වූ බලය ය.

මහණෙනි, මේ වනාහී සතරක් වූ බලයෝ ය.

සාදු! සාදු!! සාදු!!!

චතුත්ථ බල සූත්‍රය නිමා විය.

4.4.1.6.
අසංඛෙය්‍ය සූත්‍රය
ගිණිය නොහැකි තරම් කාලය ගැන වදාළ දෙසුම

මහණෙනි, මේ කල්පයෙහි මේ ගිණිය නොහැකි තරම් කාල සතරකි. ඒ කවර සතරක් ද යත්;

1.   මහණෙනි, යම් කලෙක කල්පය වැනසෙයි ද, ඒ වැනසෙන කාලය වර්ෂ මෙපමණකි, වර්ෂ මෙපමණ සිය ගණනකි, වර්ෂ මෙපමණ දහස් ගණනකි, වර්ෂ මෙපමණ ලක්ෂ ගණනකි යි කියා ගණන් කිරීම ලෙහෙසි කටයුත්තක් නොවෙයි.

2.   මහණෙනි, යම් කලෙක කල්පය වැනසෙමින් තිබෙයි ද, ඒ වැනසෙමින් තිබෙන කාලය වර්ෂ මෙපමණකි, වර්ෂ මෙපමණ සිය ගණනකි, වර්ෂ මෙපමණ දහස් ගණනකි, වර්ෂ මෙපමණ ලක්ෂ ගණනකි යි කියා ගණන් කිරීම ලෙහෙසි කටයුත්තක් නොවෙයි.

3. මහණෙනි, යම් කලෙක කල්පය වැඩෙයි ද, ඒ වැඩෙන කාලය වර්ෂ මෙපමණකි, වර්ෂ මෙපමණ සිය ගණනකි, වර්ෂ මෙපමණ දහස් ගණනකි, වර්ෂ මෙපමණ ලක්ෂ ගණනකි යි කියා ගණන් කිරීම ලෙහෙසි කටයුත්තක් නොවෙයි.

4. මහණෙනි, යම් කලෙක කල්පය වැඩෙමින් තිබෙයි ද, ඒ වැඩෙමින් තිබෙන කාලය වර්ෂ මෙපමණකි, වර්ෂ මෙපමණ සිය ගණනකි, වර්ෂ මෙපමණ දහස් ගණනකි, වර්ෂ මෙපමණ ලක්ෂ ගණනකි යි කියා ගණන් කිරීම ලෙහෙසි කටයුත්තක් නොවෙයි.

මහණෙනි, මේ වනාහී කල්පයෙහි ගිණිය නොහැකි තරම් කාල සතරයි.

සාදු! සාදු!! සාදු!!!

අසංඛෙය්‍ය සූත්‍රය නිමා විය.

4.4.1.7.
රෝග සූත්‍රය
රෝගී වීම ගැන වදාළ දෙසුම

මහණෙනි, මේ රෝගයෝ දෙකකි. ඒ කවර දෙකක් ද යත්;

කායික රෝගය ත්, මානසික රෝගය ත් ය.

මහණෙනි, කායික රෝගයෙන් එක් අවුරුද්දකුත් නීරෝග බව ප්‍රතිඥා දෙන සත්වයෝ දකින්නට ලැබෙති. එමෙන් ම දෑ අවුරුද්දකුත් නීරෝග බව ප්‍රතිඥා දෙන, තුන් අවුරුද්දකුත් නීරෝග බව ප්‍රතිඥා දෙන, සිව් අවුරුද්දකුත් නීරෝග බව ප්‍රතිඥා දෙන, පස් අවුරුද්දකුත් නීරෝග බව ප්‍රතිඥා දෙන, දස අවුරුද්දකුත් නීරෝග බව ප්‍රතිඥා දෙන, විසි අවුරුද්දකුත් නීරෝග බව ප්‍රතිඥා දෙන, තිස් අවුරුද්දකුත් නීරෝග බව ප්‍රතිඥා දෙන, සතළිස් අවුරුද්දකුත් නීරෝග බව ප්‍රතිඥා දෙන, පනස් අවුරුද්දකුත් නීරෝග බව ප්‍රතිඥා දෙන, සිය අවුරුද්දකුත් නීරෝග බව ප්‍රතිඥා දෙන සත්වයෝ දකින්නට ලැබෙති.

මහණෙනි, මානසික රෝගයෙන් යම් සත්වයෝ මොහොතකුත් නීරෝග බව ප්‍රතිඥා දෙත් ද, රහතන් වහන්සේලා හැරුණු කොට ඒ සත්වයෝ

ලෝකයෙහි දුර්ලභ වෙති.

මහණෙනි, පැවිද්දාගේ මේ රෝග සතරකි. ඒ කවර සතරක් ද යත්;

මහණෙනි, මෙහිලා භික්ෂුව බොහෝ ආශා ඇත්තේ වෙයි. එහි දුකට පත්වූයේ වෙයි. ලද සිවුරෙන්, ලද පිණ්ඩපාතයෙන්, ලද කුටියෙන්, ලද බෙහෙත් පිරිකරෙන් සතුටුවන්නේ නොවෙයි. හේ බොහෝ ආශා ඇති ව දුකින් යුතුව, ලද සිවුරෙන්, ලද පිණ්ඩපාතයෙන්, ලද කුටියෙන්, ලද බෙහෙත් පිරිකරෙන් සතුටු නොවී අවඥා නොලබනු පිණිස ලාභ සත්කාර කීර්ති ප්‍රශංසා උපදවනු පිණිස පවිටු ආශාවක් ඇති කරගනියි. හේ අවඥා නොලැබීම වෙනුවෙන්, ලාභ සත්කාර කීර්ති ප්‍රශංසා ලැබීම වෙනුවෙන් උත්සාහ කරයි. වෙහෙස මහන්සි වෙයි. වෑයම් කරයි. හේ එය අපේක්ෂාවෙන් ම දායක පවුල් කරා එළැඹෙයි. එය අපේක්ෂාවෙන් ම වාඩි වෙයි. එය අපේක්ෂාවෙන් ම බණ කියයි. එය අපේක්ෂාවෙන් ම වැසිකිළි කැසිකිලි වේගය ත් උසුලාගෙන සිටියි. මහණෙනි, මෙය වනාහී පැවිද්දහුගේ සතර රෝගයෝ ය.

මහණෙනි, එහෙයින් මෙසේ හික්මිය යුත්තේ ය. 'අපි බොහෝ ආශා නැති උදවිය වන්නෙමු. එහි දුකට පත් නොවන්නෝ වන්නෙමු. ලද සිවුරෙන්, ලද පිණ්ඩපාතයෙන්, ලද කුටියෙන්, ලද බෙහෙත් පිරිකරෙන් නොසතුටු නොවන්නෝ වන්නෙමු. අවඥා නොලබනු පිණිස ලාභ සත්කාර කීර්ති ප්‍රශංසා උපදවනු පිණිස පවිටු ආශා ඇති නොකරගන්නෝ වන්නෙමු. අවඥා නොලැබීම වෙනුවෙන්, ලාභ සත්කාර කීර්ති ප්‍රශංසා ලැබීම වෙනුවෙන් උත්සාහ නොකරන්නෙමු. වෙහෙස මහන්සි නොවෙන්නෙමු. වෑයම් නොකරන්නෙමු. එය අපේක්ෂාවෙන් ම සීතල, උණුසුම, බඩගින්න, පිපාසය, මැසි මදුරු පහස, අව් සුළං පහස, සර්පාදීන්ගේ පහස නොඉවසන්නමෝ වම්හ. එය අපේක්ෂාවෙන් ම නපුරු කොට කියන ලද, නපුරු කොට පැමිණි වචන නොඉවසන්නමෝ වම්හ. දරුණු වූ, කටුක වූ, කර්කශ වූ, අමිහිරි වූ, අමනාප වූ, මාරාන්තික වූ දුක්ඛිත ශාරීරික වේදනා නොඉවසන සැහැවි ඇත්තමෝ වන්නෙමු' යි. මහණෙනි, ඔබ විසින් හික්මිය යුත්තේ මේ අයුරිනි.

සාදු! සාදු!! සාදු!!!

රෝග සූත්‍රය නිමා විය.

4.4.1.8.
පරිහානි සූත්‍රය
පිරිහීම ගැන වදාළ දෙසුම

එකල්හී ආයුෂ්මත් සාරිපුත්තයන් වහන්සේ "ආයුෂ්මත් මහණෙනි" යි කියා භික්ෂූන් ඇමතූහ. "ආයුෂ්මතුන් වහන්ස" යි ඒ භික්ෂූහු ආයුෂ්මත් සාරිපුත්තයන් වහන්සේට පිළිවදන් දුන්හ. ආයුෂ්මත් සාරිපුත්තයන් වහන්සේ මෙය වදාළහ.

"ආයුෂ්මත්නි, යම්කිසි භික්ෂුවක් වේවා, භික්ෂුණියක් වේවා තමා තුළ සතර කරුණක් දකින්නට ලැබෙන්නේ නම් 'මම කුසල ධර්මයන්ගෙන් පිරිහෙන කෙනෙක්මි' යි නිෂ්ඨාවට පැමිණිය යුත්තේ ය. භාග්‍යවතුන් වහන්සේ විසින් 'මෙය පිරිහීමකි' යි වදාරණ ලද්දේ ය. ඒ කවර සතරක් ද යත්;

බොහෝ රාග ඇති බව ය. බොහෝ ද්වේෂ ඇති බව ය. බොහෝ මුළාව ඇති බව ය. ඔහුගේ ප්‍රඥා ඇස ගාම්භීර කරුණු පිළිබඳ ව ස්පර්ශ නොවෙයි ද යන මෙය යි.

ආයුෂ්මත්නි, යම්කිසි භික්ෂුවක් වේවා, භික්ෂුණියක් වේවා තමා තුළ මෙම සතර කරුණ දකින්නට ලැබෙන්නේ නම් 'මම කුසල ධර්මයන්ගෙන් පිරිහෙන කෙනෙක්මි' යි නිෂ්ඨාවට පැමිණිය යුත්තේ ය. භාග්‍යවතුන් වහන්සේ විසින් 'මෙය පිරිහීමකි' යි වදාරණ ලද්දේ ය.

ආයුෂ්මත්නි, යම්කිසි භික්ෂුවක් වේවා, භික්ෂුණියක් වේවා තමා තුළ සතර කරුණක් දකින්නට ලැබෙන්නේ නම් 'මම කුසල ධර්මයන්ගෙන් නොපිරිහෙන කෙනෙක්මි' යි නිෂ්ඨාවට පැමිණිය යුත්තේ ය. භාග්‍යවතුන් වහන්සේ විසින් 'මෙය නොපිරිහීමකි' යි වදාරණ ලද්දේ ය. ඒ කවර සතරක් ද යත්;

තුනී වූ රාග ඇති බව ය. තුනී වූ ද්වේෂ ඇති බව ය. තුනී වූ මුළාව ඇති බව ය. ඔහුගේ ප්‍රඥා ඇස ගාම්භීර කරුණු පිළිබඳ ව ස්පර්ශ වෙයි ද යන මෙය යි.

ආයුෂ්මත්නි, යම්කිසි භික්ෂුවක් වේවා, භික්ෂුණියක් වේවා තමා තුළ මෙම සතර කරුණ දකින්නට ලැබෙන්නේ නම් 'මම කුසල ධර්මයන්ගෙන් නොපිරිහෙන කෙනෙක්මි' යි නිෂ්ඨාවට පැමිණිය යුත්තේ ය. භාග්‍යවතුන්

වහන්සේ විසින් 'මෙය නොපිරිහීමකි' යි වදාරණ ලද්දේ ය."

සාදු! සාදු!! සාදු!!!

පරිභානි සූත්‍රය නිමා විය.

4.4.1.9.
භික්ඛුනී සූත්‍රය
භික්ෂුණියට වදාළ දෙසුම

එක් සමයක ආයුෂ්මත් ආනන්දයන් වහන්සේ කොසඹෑ නුවර ඝෝෂිතාරාමයෙහි වැඩවසන සේක. එකල්හී එක්තරා භික්ෂුණියක් එක්තරා පුරුෂයෙකු ඇමතුවා ය. "එම්බා පුරුෂය, ඔබ මෙහි එව. ආර්ය වූ ආනන්දයන් වහන්සේ යම් තැනක සිටිත් නම් එතැනට ගොස් මාගේ වචනයෙන් ආර්ය වූ ආනන්දයන් වහන්සේගේ පාදයන් සිරසින් වඳුව. 'ස්වාමීනී, අසවල් නම් ඇති භික්ෂුණිය හටගත් ආබාධ ඇත්තී, දුක් ඇත්තී, බොහෝ සේ ගිලන් වූවා ය. ඕ ආර්ය වූ ආනන්දයන් වහන්සේගේ පාදයන් සිරසින් වඳියි' යනුවෙනි. එසේ ම මෙසේ ත් පවසව. 'ස්වාමීනී, ආර්ය වූ ආනන්දයන් වහන්සේ යම් මෙහෙණවරක ඒ භික්ෂුණිය සිටින්නී ද, අනුකම්පාව උපදවා එහි වඩිනා සේක් නම් මැනැවැ'යි."

"එසේය ආර්යාවෙනි" යි ඒ පුරුෂයා අර භික්ෂුණියට පිළිවදන් දී ආයුෂ්මත් ආනන්දයන් වහන්සේ යම් තැනක වැඩසිටි සේක් ද, එතැනට ගොස් ආයුෂ්මත් ආනන්දයන් වහන්සේට සකසා වන්දනා කොට එකත්පස් ව හිඳගත්තේ ය. එකත්පස් ව හුන් ඒ පුරුෂ තෙමේ ආයුෂ්මත් ආනන්දයන් වහන්සේට මෙය පැවසුවේ ය.

"ස්වාමීනී, අසවල් නම් ඇති භික්ෂුණිය හටගත් ආබාධ ඇත්තී, දුක් ඇත්තී, බොහෝ සේ ගිලන් වූවා ය. ඕ ආර්ය වූ ආනන්දයන් වහන්සේගේ පාදයන් සිරසින් වඳියි' යනුවෙනි. එසේ ම මෙසේ ත් කියයි. 'ස්වාමීනී, ආර්ය වූ ආනන්දයන් වහන්සේ යම් මෙහෙණවරක ඒ භික්ෂුණිය සිටින්නී ද, අනුකම්පාව උපදවා එහි වඩිනා සේක් නම් මැනැවැ" යි.

ආයුෂ්මත් ආනන්දයන් වහන්සේ නිහඬ භාවයෙන් එය පිළිගත්හ. ඉක්බිති ආයුෂ්මත් ආනන්දයන් වහන්සේ සිවුරු හැඳ පොරොවාගෙන පාත්‍රය

ද, සිවුර ද ගෙන මෙහෙණවර කරා වැඩියහ. ඒ භික්ෂුණිය දුරින් ම වඩින්නා වූ ආයුෂ්මත් ආනන්දයන් වහන්සේ ව දැක හිස පටන් පොරොවාගෙන ඇඳෙහි වැතිර හොත්තා ය. එකල්හී ආයුෂ්මත් ආනන්දයන් වහන්සේ ඒ භික්ෂුණිය වෙත වැඩියහ. වැඩම කොට පණවන ලද අසුනෙහි වැඩහුන්හ. වැඩහුන් ආයුෂ්මත් ආනන්දයන් වහන්සේ ඒ භික්ෂුණියට මෙය වදාළහ.

"සොයුරිය, මේ කය ආහාරයෙන් හටගත්තකි. ආහාරය ඇසුරු කොට ආහාරය ප්‍රහාණය කළ යුත්තේ ය.

සොයුරිය, මේ කය තෘෂ්ණාවෙන් හටගත්තකි. තෘෂ්ණාව ඇසුරු කොට තෘෂ්ණාව ප්‍රහාණය කළ යුත්තේ ය.

සොයුරිය, මේ කය මාන්නයෙන් හටගත්තකි. මාන්නය ඇසුරු කොට මාන්නය ප්‍රහාණය කළ යුත්තේ ය.

සොයුරිය, මේ කය මෛථුන සේවනය හේතුවෙන් හටගත්තකි. මෛථුන සේවනයට හේතු වූ කරුණ නැසීම පිළිබඳ ව භාග්‍යවතුන් වහන්සේ විසින් වදාරණ ලද්දේ ය.

1 'සොයුරිය, මේ කය ආහාරයෙන් හටගත්තකි. ආහාරය ඇසුරු කොට ආහාරය ප්‍රහාණය කළ යුත්තේ ය' යි මෙකරුණ කියන ලද්දේ ය. මෙය කියන ලද්දේ කුමක් උදෙසා ද? සොයුරිය, මෙහිලා භික්ෂුව නුවණින් සළකා ආහාර වළඳන්නේ වෙයි. ජවය පිණිස ද නොවෙයි. මත් වීම පිණිස ද නොවෙයි. සැරසීම පිණිස ද නොවෙයි. ශරීරය අලංකාරය පිණිස ද නොවෙයි. හුදෙක් මේ කයෙහි පැවැත්ම පිණිස ය. වෙහෙස නැසීම පිණිස ය. බඹසරට අනුග්‍රහ පිණිස ය. මෙසේ පැරණි වේදනා නැති කරමි. අලුත් වේදනාවන් නූපදවන්නෙමි. මාගේ ජීවිත යාත්‍රාව ද වන්නේ ය. නිවැරදි බව ත්, පහසු විහරණය ත් වන්නේ ය වශයෙනි. හේ පසු කාලයක ආහාරය ඇසුරු කොට ආහාරය අත්හරියි. සොයුරිය, මේ කය ආහාරයෙන් හටගත්තකි. ආහාරය ඇසුරු කොට ආහාරය ප්‍රහාණය කළ යුත්තේ යැයි යම් කරුණක් කියන ලද්දේ ද, එය කියන ලද්දේ මේ අරුත සඳහා ය.

2. 'සොයුරිය, මේ කය තෘෂ්ණාවෙන් හටගත්තකි. තෘෂ්ණාව ඇසුරු කොට තෘෂ්ණාව ප්‍රහාණය කළ යුත්තේ ය' යි මෙකරුණ කියන ලද්දේ ය. මෙය කියන ලද්දේ කුමක් උදෙසා ද? සොයුරිය, මෙහිලා භික්ෂුව අසවල් නම් ඇති භික්ෂුව ආශ්‍රවයන් ක්ෂය වීමෙන් අනාශ්‍රව වූ චිත්ත විමුක්තිය ත්, ප්‍රඥා විමුක්තිය ත් මේ ජීවිතයේ දී ම තම විශිෂ්ට නුවණින් සාක්ෂාත් කොට පැමිණ වසන්නේ

යැයි අසයි. එවිට ඔහුට මෙසේ සිතෙයි. 'අනේ, මම් කවරදාක නම් ආශ්‍රවයන් ක්ෂය කොට අනාශ්‍රව වූ චිත්ත විමුක්තිය ත්, ප්‍රඥා විමුක්තිය ත් සාක්ෂාත් කොට පැමිණ වසන්නෙම් ද'යි. හේ පසු කාලයක ඒ තෘෂ්ණාව ඇසුරු කොට තෘෂ්ණාව අත්හරියි. සොයුරිය, මේ කය තෘෂ්ණාවෙන් හටගත්තකි. තෘෂ්ණාව ඇසුරු කොට තෘෂ්ණාව ප්‍රහාණය කළ යුත්තේ යැයි යම් කරුණක් කියන ලද්දේ ද, එය කියන ලද්දේ මේ අරුත සඳහා ය.

3. 'සොයුරිය, මේ කය මාන්නයෙන් හටගත්තකි. මාන්නය ඇසුරු කොට මාන්නය ප්‍රහාණය කළ යුත්තේ ය' යි මෙකරුණ කියන ලද්දේ ය. මෙය කියන ලද්දේ කුමක් උදෙසා ද? සොයුරිය, මෙහිලා භික්ෂුව අසවල් නම් ඇති භික්ෂුව ආශ්‍රවයන් ක්ෂය වීමෙන් අනාශ්‍රව වූ චිත්ත විමුක්තිය ත්, ප්‍රඥා විමුක්තිය ත් මේ ජීවිතයේ දී ම තම විශිෂ්ට නුවණින් සාක්ෂාත් කොට පැමිණ වසන්නේ යැයි අසයි. එවිට ඔහුට මෙසේ සිතෙයි. 'ඒ ආයුෂ්මත් තෙමේ ත් ආශ්‍රවයන් ක්ෂය කොට අනාශ්‍රව වූ චිත්ත විමුක්තිය ත්, ප්‍රඥා විමුක්තිය ත් සාක්ෂාත් කොට පැමිණ වසන්නේ නම්, කිම? එය මට බැරි වූ දෙයක් ද'යි. හේ පසු කාලයක ඒ මාන්නය ඇසුරු කොට මාන්නය අත්හරියි. සොයුරිය, මේ කය මාන්නයෙන් හටගත්තකි. මාන්නය ඇසුරු කොට මාන්නය ප්‍රහාණය කළ යුත්තේ යැයි යම් කරුණක් කියන ලද්දේ ද, එය කියන ලද්දේ මේ අරුත සඳහා ය.

4. සොයුරිය, මේ කය මෛථුන සේවනය හේතුවෙන් හටගත්තකි. මෛථුන සේවනයට හේතු වූ කරුණ නැසීම පිළිබඳ ව භාග්‍යවතුන් වහන්සේ විසින් වදාරණ ලද්දේ ය.

එකල්හී ඒ භික්ෂුණිය ඇඳෙන් නැගිට සිවුර ඒකාංශ කොට පොරොවා ආයුෂ්මත් ආනන්දයන් වහන්සේගේ පා අභියස සිරසින් වැටී ආයුෂ්මත් ආනන්දයන් වහන්සේට මෙය පැවසුවා ය. "ස්වාමීනී, යම් බඳු මම් මෙවැන්නක් කළෙම් ද, යම් බඳු අඥාන කමක් ඇද්ද, යම් බඳු මුලාවක් ඇද්ද, යම් බඳු අකුසලයක් ඇද්ද ඒ වරද මා යට කරගෙන ගියේ ය. ස්වාමීනී, ආර්ය වූ ආනන්දයන් වහන්සේ මාගේ ඒ වරද, මත්තෙහි සංවර වීම පිණිස වරදක් වශයෙන් පිළිගන්නා සේක්වා!"

"සොයුරිය, යම් බඳු ඔබ මෙවැන්නක් කළා ද, යම් බඳු අඥාන කමක් ඇද්ද, යම් බඳු මුලාවක් ඇද්ද, යම් බඳු අකුසලයක් ඇද්ද ඒ වරද ඔබ යට කරගෙන ගියේ ය. සොයුරිය, ඔබ ඒ වරද, මත්තෙහි සංවර වීම පිණිස වරදක් වශයෙන් දැක ධර්මානුකූලව වූ ප්‍රතිකර්ම කරන්නී ද අපි ඔබගේ ඒ වරද පිළිග නිමු. සොයුරිය, යම් වරදක් වරද වශයෙන් දැක ධර්මානුකූලව ප්‍රතිකර්ම කරයි

ද, මත්තෙහි සංවර භාවයට පැමිණෙයි ද, මෙය ආර්ය විනයෙහි දියුණුවක් ම ය."

සාදු! සාදු!! සාදු!!!

භික්ඛුනී සූත්‍රය නිමා විය.

4.4.1.10.
සුගතවිනය සූත්‍රය
සුගතවිනය ගැන වදාළ දෙසුම

මහණෙනි, සුගතයන් වහන්සේ හෝ සුගතයන් වහන්සේගේ සුගත විනය නම් වූ සසුන ලෝකයෙහි පවතින්නේ නම් එය බොහෝ ජනයාට හිත පිණිස, බොහෝ ජනයාට සැප පිණිස, ලොවට අනුකම්පා පිණිස, දෙව් මිනිසුන් හට යහපත හිතසුව පිණිස පවතින්නේ ය.

මහණෙනි, සුගත යනු කවරහු ද? මහණෙනි, මෙහිලා තථාගතයන් වහන්සේ ලොවෙහි පහළ වෙති. ඒ තථාගතයෝ අරහත්යහ. සම්මා සම්බුද්ධයහ. විජ්ජාචරණසම්පන්නයහ. සුගතයහ. ලෝකවිදූයහ. අනුත්තරෝ පුරිසදම්ම සාරථීයහ. සත්ථා දේවමනුස්සානංයහ. බුද්ධයහ. භගවත්යහ වශයෙනි. මහණෙනි, මේ සුගතයාණෝ ය.

මහණෙනි, සුගතවිනය යනු කුමක්ද? ඒ තථාගත තෙමේ දහම් දෙසයි. මුල කලණ වූත්, මැද කලණ වූත්, නිමාව කලණ වූත්, අර්ථ සහිත වූත්, ව්‍යඤ්ජන සහිත වූත්, මුළුමනින් ම පිරිපුන්, පිරිසිදු බඹසර පවසන්නේ වෙයි. මහණෙනි, මෙය සුගත විනය යි.

මහණෙනි, මෙසේ සුගතයන් වහන්සේ හෝ සුගතයන් වහන්සේගේ සුගත විනය නම් වූ සසුන ලෝකයෙහි පවතින්නේ නම් එය බොහෝ ජනයාට හිත පිණිස, බොහෝ ජනයාට සැප පිණිස, ලොවට අනුකම්පා පිණිස, දෙව් මිනිසුන් හට යහපත හිතසුව පිණිස පවතින්නේ ය.

මහණෙනි, සද්ධර්මයෙහි විනාශය පිණිස, අතුරුදහන් වීම පිණිස මේ කරුණු සතරක් හේතු වෙයි. ඒ කවර කරුණු සතරක් ද යත්;

1. මහණෙනි, මෙහිලා භික්ෂූහු වැරදි ලෙස ගන්නා ලද වැරදි අයුරින්

ගත් පද ප්‍රකාශනයන්ගෙන් යුතුව සූත්‍රාන්තය හදාරති. මහණෙනි, වැරදි ලෙස ගන්නා ලද පද ප්‍රකාශයන්ගේ අර්ථය ද වැරදි ලෙස එන්නේ වෙයි. මහණෙනි, සද්ධර්මය නැසීම පිණිස ත්, අතුරුදහන් වීම පිණිස ත් පවතින පළමුවෙනි කරුණ මෙය යි.

2. තව ද මහණෙනි, භික්ෂූහු අකීකරු වෙති. අකීකරු බව ඇතිකරන දෙයින් යුක්ත වෙති. ඉවසීම නැත්තාහු වෙති. අනුශාසනය ගෞරවයෙන් පැදකුණු කොට නොගනිති. මහණෙනි, සද්ධර්මය නැසීම පිණිස ත්, අතුරුදහන් වීම පිණිස ත් පවතින දෙවෙනි කරුණ මෙය යි.

3. තව ද මහණෙනි, යම් ඒ භික්ෂූහු බහුශ්‍රැත වෙත් ද, උගත් සූත්‍රාන්තයෝ ඇද්ද, ධර්මධර වෙත් ද, විනයධර වෙත් ද, ප්‍රාතිමෝක්ෂ මාතෘකා දරත් ද, ඔවුහු අන්‍ය භික්ෂූන් හට සූත්‍රාන්ත ධර්මයන් සකස් කොට නොහදාරවත්. ඒ භික්ෂූන්ගේ ඇවෑමෙන් එම සූත්‍රාන්තයන් මුලින් ම සිඳී යයි. පිළිසරණ නැති වෙයි. මහණෙනි, සද්ධර්මය නැසීම පිණිස ත්, අතුරුදහන් වීම පිණිස ත් පවතින තුන්වෙනි කරුණ මෙය යි.

4. තව ද මහණෙනි, ස්ථවිර භික්ෂූහු බහුල වූ සිව්පසය පිණිස පිළිපන්නාහු වෙති. ශික්ෂා ශාසනය සැහැල්ලුවට ගනිති. පංච නීවරණයන් පෙරටු කොට සිටිති. හුදෙකලා විවේකයෙහි භාවනා කිරීම අත්හැර දමති. නොපැමිණි මාර්ගඵල අධිගමයන් ලබාගැනීම පිණිස සාක්ෂාත් නොකළ මාර්ගඵලයන් සාක්ෂාත් කිරීම පිණිස වීරිය නොඅරඹති. ඔවුන්ගේ පසුපෙළ ජනතාව ද ඔවුන් දරණ දෘෂ්ටියට ම පැමිණෙන්නේ වෙයි. එවිට ඒ ජනතාව ද සිව්පසය බහුල කොට වසයි. ශික්ෂා ශාසනය සැහැල්ලුවට ගනියි. නීවරණයන් පෙරට ගනියි. හුදෙකලාව භාවනා කිරීම අත්හරියි. නොපත් මගඵල ලබනු පිණිස ත්, පසක් නොකළ මගඵල පසක් කිරීම පිණිස ත් වෙර නොඅරඹයි. මහණෙනි, සද්ධර්මය නැසීම පිණිස ත්, අතුරුදහන් වීම පිණිස ත් පවතින සිව්වෙනි කරුණ මෙය යි.

මහණෙනි, සද්ධර්මයෙහි විනාශය පිණිස, අතුරුදහන් වීම පිණිස මේ කරුණු සතර හේතු වෙයි.

මහණෙනි, සද්ධර්මයෙහි විනාශ නොවීම පිණිස, අතුරුදහන් නොවීම පිණිස මේ කරුණු සතරක් හේතු වෙයි. ඒ කවර කරුණු සතරක් ද යත්;

1. මහණෙනි, මෙහිලා භික්ෂූහු මනා ලෙස ගන්නා ලද මනා අයුරින් ගත් පද ප්‍රකාශනයන්ගෙන් යුතුව සූත්‍රාන්තය හදාරති. මහණෙනි, මනා ලෙස ගන්නා

ලද පද ප්‍රකාශයන්ගේ අර්ථය ද මනා ලෙස එන්නේ වෙයි. මහණෙනි, සද්ධර්මය නොනැසීම පිණිස ත්, අතුරුදහන් නොවීම පිණිස ත් පවතින පළමුවෙනි කරුණ මෙය යි.

2. තව ද මහණෙනි, භික්ෂූහු කීකරු වෙති. කීකරු බව ඇතිකරන දෙයින් යුක්ත වෙති. ඉවසීම ඇත්තාහු වෙති. අනුශාසනය ගෞරවයෙන් පැදකුණු කොට ගනිති. මහණෙනි, සද්ධර්මය නොනැසීම පිණිස ත්, අතුරුදහන් නොවීම පිණිස ත් පවතින දෙවෙනි කරුණ මෙය යි.

3. තව ද මහණෙනි, යම් ඒ භික්ෂූහු බහුශ්‍රැත වෙත් ද, උගත් සූත්‍රාන්තයෝ ඇද්ද, ධර්මධර වෙත් ද, විනයධර වෙත් ද, ප්‍රාතිමෝක්ෂ මාතෘකා දරත් ද, ඔවුහු අන්‍ය භික්ෂූන් හට සූත්‍රාන්ත ධර්මයන් සකස් කොට හදාරවත්. ඒ භික්ෂූන්ගේ ඇවෑමෙන් එම සූත්‍රාන්තයන් මුලින් ම සිඳී නොයයි. පිළිසරණ ඇති වෙයි. මහණෙනි, සද්ධර්මය නොනැසීම පිණිස ත්, අතුරුදහන් නොවීම පිණිස ත් පවතින තුන්වෙනි කරුණ මෙය යි.

4. තව ද මහණෙනි, ස්ථවිර භික්ෂූහු බහුල වූ සිව්පසය පිණිස පිළිපන්නාහු නොවෙති. ශික්ෂා ශාසනය සැහැල්ලුවට නොගනිති. පංච නීවරණයන් පෙරටු කොට නොසිටිති. හුදෙකලා විවේකයෙහි භාවනා කරති. නොපැමිණි මාර්ගඵල අධිගමයන් ලබාගැනීම පිණිස සාක්ෂාත් නොකළ මාර්ගඵලයන් සාක්ෂාත් කිරීම පිණිස වීරිය අරඹති. ඔවුන්ගේ පසුපෙළ ජනතාව ද ඔවුන් දරණ දෘෂ්ටියට ම පැමිණෙන්නේ වෙයි. එවිට ඒ ජනතාව ද සිව්පසය බහුල කොට නොවසයි. ශික්ෂා ශාසනය සැහැල්ලුවට නොගනියි. නීවරණයන් පෙරට නොගනියි. හුදෙකලාව භාවනා කිරීම අත් නොහරියි. නොපත් මගඵල ලබනු පිණිස ත්, පසක් නොකළ මගඵල පසක් කිරීම පිණිස ත් වෙර අරඹයි. මහණෙනි, සද්ධර්මය නොනැසීම පිණිස ත්, අතුරුදහන් නොවීම පිණිස ත් පවතින සිව්වෙනි කරුණ මෙය යි.

මහණෙනි, සද්ධර්මයෙහි විනාශ නොවීම පිණිස, අතුරුදහන් නොවීම පිණිස මේ කරුණු සතර හේතු වෙයි.

සාදු! සාදු!! සාදු!!!

සුගතවිනය සූත්‍රය නිමා විය.

පළමු වෙනි ඉන්ද්‍රිය වර්ගය අවසන් විය.

- **එහි පිළිවෙල උද්දානයයි :**

ඉන්ද්‍රිය සූත්‍රය, බල සූත්‍ර සතර, කල්ප සූත්‍රය, රෝග සූත්‍රය, පරිහානි සූත්‍රය, භික්ඛුණී සූත්‍රය සහ සුගත සූත්‍රය වශයෙන් මෙහි සූත්‍ර දශයකි.

2. පටිපදා වර්ගය

4.4.2.1.
පටිපදා සූත්‍රය
ප්‍රතිපදාව ගැන වදාළ දෙසුම

සැවැත් නුවර දී ය ....

මහණෙනි, මේ ප්‍රතිපදාවෝ සතරකි. ඒ කවර සතරක් ද යත්;

දුක් වූ ප්‍රතිපදාවෙන් සෙමින් ලබන අවබෝධය ඇති බව ය. දුක් වූ ප්‍රතිපදාවෙන් වහා ලබන අවබෝධය ඇති බව ය. සැප වූ ප්‍රතිපදාවෙන් සෙමින් ලබන අවබෝධය ඇති බව ය. සැප වූ ප්‍රතිපදාවෙන් වහා ලබන අවබෝධය ඇති බව ය.

මහණෙනි, මේ වනාහී සතරක් වූ ප්‍රතිපදාවෝ ය.

සාදු! සාදු!! සාදු!!!

පටිපදා සූත්‍රය නිමා විය.

4.4.2.2.
දුතිය පටිපදා සූත්‍රය
ප්‍රතිපදාව ගැන වදාළ දෙවෙනි දෙසුම

මහණෙනි, මේ ප්‍රතිපදාවෝ සතරකි. ඒ කවර සතරක් ද යත්;

දුක් වූ ප්‍රතිපදාවෙන් සෙමින් ලබන අවබෝධය ඇති බව ය. දුක් වූ ප්‍රතිපදාවෙන් වහා ලබන අවබෝධය ඇති බව ය. සැප වූ ප්‍රතිපදාවෙන් සෙමින් ලබන අවබෝධය ඇති බව ය. සැප වූ ප්‍රතිපදාවෙන් වහා ලබන අවබෝධය ඇති බව ය.

1.   මහණෙනි, දුක් වූ ප්‍රතිපදාවෙන් සෙමින් ලබන අවබෝධය ඇති බව යනු කුමක් ද? මහණෙනි, මෙහිලා ඇතැමෙක් ස්වභාවයෙන් ම තියුණු රාග ඇත්තේ වෙයි. නිරන්තරයෙන් රාගයෙන් හටගත් දුක් දොම්නස් විඳින්නේ වෙයි. ස්වභාවයෙන් ම තියුණු ද්වේෂ ඇත්තේ වෙයි. නිරන්තරයෙන් ද්වේෂයෙන් හටගත් දුක් දොම්නස් විඳින්නේ වෙයි. ස්වභාවයෙන් ම තියුණු මෝහ ඇත්තේ වෙයි. නිරන්තරයෙන් මෝහයෙන් හටගත් දුක් දොම්නස් විඳින්නේ වෙයි. ඔහුට මේ පංච ඉන්ද්‍රියන් ඇති වන්නේ මෘදු වශයෙනි. එනම් සද්ධා ඉන්ද්‍රිය, විරිය ඉන්ද්‍රිය, සති ඉන්ද්‍රිය, සමාධි ඉන්ද්‍රිය සහ ප්‍රඥා ඉන්ද්‍රිය යි. හේ මේ පංච ඉන්ද්‍රියයන් මෘදු වශයෙන් හටගත් බැවින් ආශ්‍රවයන්ගේ ක්ෂය පිණිස මාර්ගඵලාවබෝධයට පැමිණෙන්නේ සෙමින් ය. මහණෙනි, මෙය දුක් වූ ප්‍රතිපදාවෙන් සෙමින් ලබන අවබෝධය ඇති බව යැයි කියනු ලැබේ.

2.   මහණෙනි, දුක් වූ ප්‍රතිපදාවෙන් වහා ලබන අවබෝධය ඇති බව යනු කුමක් ද? මහණෙනි, මෙහිලා ඇතැමෙක් ස්වභාවයෙන් ම තියුණු රාග ඇත්තේ වෙයි. නිරන්තරයෙන් රාගයෙන් හටගත් දුක් දොම්නස් විඳින්නේ වෙයි. ස්වභාවයෙන් ම තියුණු ද්වේෂ ඇත්තේ වෙයි. නිරන්තරයෙන් ද්වේෂයෙන් හටගත් දුක් දොම්නස් විඳින්නේ වෙයි. ස්වභාවයෙන් ම තියුණු මෝහ ඇත්තේ වෙයි. නිරන්තරයෙන් මෝහයෙන් හටගත් දුක් දොම්නස් විඳින්නේ වෙයි. ඔහුට මේ පංච ඉන්ද්‍රියන් ඉතා බලවත් අයුරින් ඇති වෙයි. එනම් සද්ධා ඉන්ද්‍රිය, විරිය ඉන්ද්‍රිය, සති ඉන්ද්‍රිය, සමාධි ඉන්ද්‍රිය සහ ප්‍රඥා ඉන්ද්‍රිය යි. හේ මේ පංච ඉන්ද්‍රියයන් ඉතා බලවත් ව හටගත් බැවින් ආශ්‍රවයන්ගේ ක්ෂය පිණිස මාර්ගඵලාවබෝධයට වේගයෙන් පැමිණෙන්නේ වෙයි. මහණෙනි, මෙය දුක් වූ ප්‍රතිපදාවෙන් වහා ලබන අවබෝධය ඇති බව යැයි කියනු ලැබේ.

3.   මහණෙනි, සැප වූ ප්‍රතිපදාවෙන් සෙමින් ලබන අවබෝධය ඇති බව යනු කුමක් ද? මහණෙනි, මෙහිලා ඇතැමෙක් ස්වභාවයෙන් ම තියුණු රාග ඇත්තේ නොවෙයි. නිරන්තරයෙන් රාගයෙන් හටගත් දුක් දොම්නස් නොවිඳින්නේ වෙයි. ස්වභාවයෙන් ම තියුණු ද්වේෂ ඇත්තේ නොවෙයි. නිරන්තරයෙන් ද්වේෂයෙන් හටගත් දුක් දොම්නස් නොවිඳින්නේ වෙයි. ස්වභාවයෙන් ම තියුණු මෝහ ඇත්තේ නොවෙයි. නිරන්තරයෙන් මෝහයෙන් හටගත් දුක් දොම්නස් විඳින්නේ නොවෙයි. ඔහුට මේ පංච ඉන්ද්‍රියන් ඇති වන්නේ මෘදු වශයෙනි. එනම් සද්ධා

ඉන්ද්‍රිය, විරිය ඉන්ද්‍රිය, සති ඉන්ද්‍රිය, සමාධි ඉන්ද්‍රිය සහ ප්‍රඥා ඉන්ද්‍රිය යි. හේ මේ පංච ඉන්ද්‍රියයන් මෘදු වශයෙන් හටගත් බැවින් ආශ්‍රවයන්ගේ ක්ෂය පිණිස මාර්ගඵලාවබෝධයට පැමිණෙන්නේ සෙමින් ය. මහණෙනි, මෙය සැප වූ ප්‍රතිපදාවෙන් සෙමින් ලබන අවබෝධය ඇති බව යැයි කියනු ලැබේ.

4.   මහණෙනි, සැප වූ ප්‍රතිපදාවෙන් වහා ලබන අවබෝධය ඇති බව යනු කුමක් ද? මහණෙනි, මෙහිලා ඇතැමෙක් ස්වභාවයෙන් ම තියුණු රාග ඇත්තේ නොවෙයි. නිරන්තරයෙන් රාගයෙන් හටගත් දුක් දොම්නස් නොවිඳින්නේ වෙයි. ස්වභාවයෙන් ම තියුණු ද්වේෂ ඇත්තේ නොවෙයි. නිරන්තරයෙන් ද්වේෂයෙන් හටගත් දුක් දොම්නස් නොවිඳින්නේ වෙයි. ස්වභාවයෙන් ම තියුණු මෝහ ඇත්තේ නොවෙයි. නිරන්තරයෙන් මෝහයෙන් හටගත් දුක් දොම්නස් නොවිඳින්නේ වෙයි. ඔහුට මේ පංච ඉන්ද්‍රියන් ඉතා බලවත් අයුරින් ඇති වෙයි. එනම් සද්ධා ඉන්ද්‍රිය, විරිය ඉන්ද්‍රිය, සති ඉන්ද්‍රිය, සමාධි ඉන්ද්‍රිය සහ ප්‍රඥා ඉන්ද්‍රිය යි. හේ මේ පංච ඉන්ද්‍රියයන් ඉතා බලවත් ව හටගත් බැවින් ආශ්‍රවයන්ගේ ක්ෂය පිණිස මාර්ගඵලාවබෝධයට වේගයෙන් පැමිණෙන්නේ වෙයි. මහණෙනි, මෙය සැප වූ ප්‍රතිපදාවෙන් වහා ලබන අවබෝධය ඇති බව යැයි කියනු ලැබේ.

මහණෙනි, මේ වනාහී සතරක් වූ ප්‍රතිපදාවෝ ය.

සාදු! සාදු!! සාදු!!!

දුතිය පටිපදා සූත්‍රය නිමා විය.

4.4.2.3.
තතිය පටිපදා සූත්‍රය
ප්‍රතිපදාව ගැන වදාළ තෙවෙනි දෙසුම

මහණෙනි, මේ ප්‍රතිපදාවෝ සතරකි. ඒ කවර සතරක් ද යත්;

දුක් වූ ප්‍රතිපදාවෙන් සෙමින් ලබන අවබෝධය ඇති බව ය. දුක් වූ ප්‍රතිපදාවෙන් වහා ලබන අවබෝධය ඇති බව ය. සැප වූ ප්‍රතිපදාවෙන් සෙමින් ලබන අවබෝධය ඇති බව ය. සැප වූ ප්‍රතිපදාවෙන් වහා ලබන අවබෝධය ඇති බව ය.

1. මහණෙනි, දුක් වූ ප්‍රතිපදාවෙන් සෙමින් ලබන අවබෝධය ඇති බව යනු කුමක් ද? මහණෙනි, මෙහිලා භික්ෂුව කය පිළිබඳ ව අසුභය නුවණින් දකිමින් වාසය කරයි. ආහාරය පිළිබඳ ව පිළිකුල් හැඟීම ඇත්තේ වෙයි. සියළු ලෝකය පිළිබඳ ව නොඇළුණු හැඟීම ඇත්තේ වෙයි. සියළු සංස්කාරයන් අනිත්‍ය වශයෙන් නුවණින් බලන්නේ වෙයි. ඔහුගේ සිතෙහි මරණය පිළිබඳ හැඟීම මැනැවින් පිහිටියේ වෙයි. හේ මේ පංච සේඛ බලයන් ඇසුරු කොට වාසය කරයි. එනම් ශ්‍රද්ධා බලය, හිරි බලය, ඔත්තප්ප බලය, විරිය බලය සහ ප්‍රඥා බලය යි. ඔහුට මේ පංච ඉන්ද්‍රියන් ඇති වන්නේ මෘදු වශයෙනි. එනම් සද්ධා ඉන්ද්‍රිය, විරිය ඉන්ද්‍රිය, සති ඉන්ද්‍රිය, සමාධි ඉන්ද්‍රිය සහ ප්‍රඥා ඉන්ද්‍රිය යි. හේ මේ පංච ඉන්ද්‍රියයන් මෘදු වශයෙන් හටගත් බැවින් ආශ්‍රවයන්ගේ ක්ෂය පිණිස මාර්ගඵලාවබෝධයට පැමිණෙන්නේ සෙමින් ය. මහණෙනි, මෙය දුක් වූ ප්‍රතිපදාවෙන් සෙමින් ලබන අවබෝධය ඇති බව යැයි කියනු ලැබේ.

2. මහණෙනි, දුක් වූ ප්‍රතිපදාවෙන් වහා ලබන අවබෝධය ඇති බව යනු කුමක් ද? මහණෙනි, මෙහිලා භික්ෂුව කය පිළිබඳ ව අසුභය නුවණින් දකිමින් වාසය කරයි. ආහාරය පිළිබඳ ව පිළිකුල් හැඟීම ඇත්තේ වෙයි. සියළු ලෝකය පිළිබඳ ව නොඇළුණු හැඟීම ඇත්තේ වෙයි. සියළු සංස්කාරයන් අනිත්‍ය වශයෙන් නුවණින් බලන්නේ වෙයි. ඔහුගේ සිතෙහි මරණය පිළිබඳ හැඟීම මැනැවින් පිහිටියේ වෙයි. හේ මේ පංච සේඛ බලයන් ඇසුරු කොට වාසය කරයි. එනම් ශ්‍රද්ධා බලය, හිරි බලය, ඔත්තප්ප බලය, විරිය බලය සහ ප්‍රඥා බලය යි. ඔහුට මේ පංච ඉන්ද්‍රියන් ඉතා බලවත් අයුරින් ඇති වෙයි. එනම් සද්ධා ඉන්ද්‍රිය, විරිය ඉන්ද්‍රිය, සති ඉන්ද්‍රිය, සමාධි ඉන්ද්‍රිය සහ ප්‍රඥා ඉන්ද්‍රිය යි. හේ මේ පංච ඉන්ද්‍රියයන් ඉතා බලවත් ව හටගත් බැවින් ආශ්‍රවයන්ගේ ක්ෂය පිණිස මාර්ගඵලාවබෝධයට වේගයෙන් පැමිණෙන්නේ වෙයි. මහණෙනි, මෙය දුක් වූ ප්‍රතිපදාවෙන් වහා ලබන අවබෝධය ඇති බව යැයි කියනු ලැබේ.

3. මහණෙනි, සැප වූ ප්‍රතිපදාවෙන් සෙමින් ලබන අවබෝධය ඇති බව යනු කුමක් ද? මහණෙනි, මෙහිලා භික්ෂුව කාමයන්ගෙන් වෙන් ව, අකුසල ධර්මයන්ගෙන් වෙන් ව, විතර්ක විචාර සහිත වූ විවේකයෙන් හටගත් ප්‍රීති සුඛය ඇති පළමුවෙනි ධ්‍යානය උපදවාගෙන වාසය කරයි. විතර්ක විචාරයන් සංසිඳීමෙන් තමා තුළ පැහැදීම ඇති කරවන සිතේ එකඟ බවින් යුතුව විතර්ක විචාර රහිත වූ සමාධියෙන් හටගත් ප්‍රීති සැපය ඇති දෙවෙනි ධ්‍යානය උපදවාගෙන වාසය කරයි. ප්‍රීතියට ද නොඇලීමෙන් සිහියෙන් හා නුවණින් යුතුව උපේක්ෂාවෙන් වසයි. කයෙන් සැපයක් ද විඳියි. ආර්යයන් වහන්සේලා උපේක්ෂාවෙන් යුතුව, සිහියෙන් යුතුව ඇති සැප විහරණය යැයි යම්

ධ්‍යානයකට කියන ලද්දේ ද, ඒ තුන්වෙනි ධ්‍යානය උපදවාගෙන වාසය කරයි. සැපය ද ප්‍රහාණය කිරීමෙන්, දුක ද ප්‍රහාණය කිරීමෙන් කලින් ම සොම්නස් දොම්නස් ඉක්ම යෑමෙන් දුක් සැප රහිත වූ උපෙක්ෂා සති පාරිශුද්ධියෙන් යුතු සතර වෙනි ධ්‍යානය උපදවාගෙන වාසය කරයි. හේ මේ පංච සේඛ බලයන් ඇසුරු කොට වාසය කරයි. එනම් ශ්‍රද්ධා බලය, හිරි බලය, ඔත්තප්ප බලය, විරිය බලය සහ ප්‍රඥා බලය යි. ඔහුට මේ පංච ඉන්ද්‍රියන් ඇති වන්නේ මෘදු වශයෙනි. එනම් සද්ධා ඉන්ද්‍රිය, විරිය ඉන්ද්‍රිය, සති ඉන්ද්‍රිය, සමාධි ඉන්ද්‍රිය සහ ප්‍රඥා ඉන්ද්‍රිය යි. හේ මේ පංච ඉන්ද්‍රියයන් මෘදු වශයෙන් හටගත් බැවින් ආශ්‍රවයන්ගේ ක්ෂය පිණිස මාර්ගඵලාවබෝධයට පැමිණෙන්නේ සෙමින් ය. මහණෙනි, මෙය සැප වූ ප්‍රතිපදාවෙන් සෙමින් ලබන අවබෝධය ඇති බව යැයි කියනු ලැබේ.

4. මහණෙනි, සැප වූ ප්‍රතිපදාවෙන් වහා ලබන අවබෝධය ඇති බව යනු කුමක් ද? මහණෙනි, මෙහිලා භික්ෂුව කාමයන්ගෙන් වෙන් ව, අකුසල ධර්මයන්ගෙන් වෙන් ව, විතර්ක විචාර සහිත වූ විවේකයෙන් හටගත් ප්‍රීති සුඛය ඇති පළමුවෙනි ධ්‍යානය උපදවාගෙන වාසය කරයි. ....(පෙ).... දෙවෙනි ධ්‍යානය ....(පෙ).... තුන්වෙනි ධ්‍යානය ....(පෙ).... සතර වෙනි ධ්‍යානය උපදවාගෙන වාසය කරයි. හේ මේ පංච සේඛ බලයන් ඇසුරු කොට වාසය කරයි. එනම් ශ්‍රද්ධා බලය, හිරි බලය, ඔත්තප්ප බලය, විරිය බලය සහ ප්‍රඥා බලය යි. ඔහුට මේ පංච ඉන්ද්‍රියන් ඉතා බලවත් අයුරින් ඇති වෙයි. එනම් සද්ධා ඉන්ද්‍රිය, විරිය ඉන්ද්‍රිය, සති ඉන්ද්‍රිය, සමාධි ඉන්ද්‍රිය සහ ප්‍රඥා ඉන්ද්‍රිය යි. හේ මේ පංච ඉන්ද්‍රියයන් ඉතා බලවත් ව හටගත් බැවින් ආශ්‍රවයන්ගේ ක්ෂය පිණිස මාර්ගඵලාවබෝධයට වේගයෙන් පැමිණෙන්නේ වෙයි. මහණෙනි, මෙය සැප වූ ප්‍රතිපදාවෙන් වහා ලබන අවබෝධය ඇති බව යැයි කියනු ලැබේ.

මහණෙනි, මේ වනාහී සතරක් වූ ප්‍රතිපදාවෝ ය.

සාදු! සාදු!! සාදු!!!

තතිය පටිපදා සූත්‍රය නිමා විය.

4.4.2.4.
චතුත්ථ පටිපදා සූත්‍රය
ප්‍රතිපදාව ගැන වදාළ සිව්වෙනි දෙසුම

මහණෙනි, මේ ප්‍රතිපදාවෝ සතරකි. ඒ කවර සතරක් ද යත්;

නොඉවසීම නම් වූ අක්ඛමා ප්‍රතිපදාව ය. ඉවසීම නම් වූ ඛමා ප්‍රතිපදාව ය. ඉන්ද්‍රිය දමනය නම් වූ දමා ප්‍රතිපදාව ය. අකුසල විතර්ක සංසිඳුවීම නම් වූ සමා ප්‍රතිපදාව ය.

1. මහණෙනි, නොඉවසීම නම් වූ අක්ඛමා ප්‍රතිපදාව යනු කුමක් ද? මහණෙනි, මෙහිලා ඇතැම් පුද්ගලයෙක් ආක්‍රෝශ කරන විට පෙරලා ආක්‍රෝශ කරයි. ගැටෙන්නහු සමඟ පෙරලා ගැටෙයි. පහර දෙන්නහුට පෙරලා පහර දෙයි. මහණෙනි, මෙය නොඉවසීමේ ප්‍රතිපදාව යැයි කියනු ලැබේ.

2. මහණෙනි, ඉවසීම නම් වූ ඛමා ප්‍රතිපදාව යනු කුමක් ද? මහණෙනි, මෙහිලා ඇතැම් පුද්ගලයෙක් ආක්‍රෝශ කරන විට පෙරලා ආක්‍රෝශ නොකරයි. ගැටෙන්නහු සමඟ පෙරලා නොගැටෙයි. පහර දෙන්නහුට පෙරලා පහර නොදෙයි. මහණෙනි, මෙය ඉවසීමේ ප්‍රතිපදාව යැයි කියනු ලැබේ.

3. මහණෙනි, ඉන්ද්‍රිය දමනය නම් වූ දමා ප්‍රතිපදාව යනු කුමක් ද? මහණෙනි, මෙහිලා භික්ෂුව ඇසින් රූපයක් දැක සළකුණු නොගන්නේ වෙයි. සළකුණක කොටසක් හෝ නොගන්නේ වෙයි. යම් හෙයකින් ඇස නම් වූ ඉන්ද්‍රිය අසංවර ව වසන කල්හී රාග, ද්වේෂ ආදී ලාමක අකුසල් දහම් ඒ භික්ෂුව පසුපස හඹා එයි ද, එය සංවර කිරීම පිණිස පිළිපදින්නේ වෙයි. ඇස නම් වූ ඉන්ද්‍රිය රකියි. ඇස නම් වූ ඉන්ද්‍රියෙහි සංවරයට පැමිණෙයි. කනෙන් ශබ්දයක් අසා ....(පෙ).... නාසයෙන් ආඝ්‍රාණය කොට ....(පෙ).... දිවෙන් රස විඳ ....(පෙ).... කයෙන් පහස ලබා ....(පෙ).... මනසින් අරමුණක් දැන සළකුණු නොගන්නේ වෙයි. සළකුණක කොටසක් හෝ නොගන්නේ වෙයි. යම් හෙයකින් මනස නම් වූ ඉන්ද්‍රිය අසංවර ව වසන කල්හී රාග, ද්වේෂ ආදී ලාමක අකුසල් දහම් ඒ භික්ෂුව පසුපස හඹා එයි ද, එය සංවර කිරීම පිණිස පිළිපදින්නේ වෙයි. මනස නම් වූ ඉන්ද්‍රිය රකියි. මනස නම් වූ ඉන්ද්‍රියෙහි සංවරයට පැමිණෙයි. මහණෙනි, මෙය ඉන්ද්‍රිය දමනයෙන් යුතු ප්‍රතිපදාව යැයි කියනු ලැබේ.

4. මහණෙනි, අකුසල විතර්ක සංසිඳුවීම නම් වූ සමා ප්‍රතිපදාව යනු කුමක්

ද? මහණෙනි, මෙහිලා භික්ෂුව උපන් කාම විතර්කය නොඉවසයි. දුරු කරයි. බැහැර කරයි. සංසිඳුවයි. නැති කරයි. අභාවයට පමුණුවයි. උපන් ව්‍යාපාද විතර්කය ....(පෙ).... උපන් විහිංසා විතර්කය ....(පෙ).... උපනූපන් පාපී අකුසල විතර්කයන් නොඉවසයි. දුරු කරයි. බැහැර කරයි. සංසිඳුවයි. නැති කරයි. අභාවයට පමුණුවයි. මහණෙනි, මෙය අකුසල විතර්කයන් සංසිඳුවීමෙන් යුතු ප්‍රතිපදාව යැයි කියනු ලැබේ.

මහණෙනි, මේ වනාහී සතරක් වූ ප්‍රතිපදාවෝ ය.

සාදු! සාදු!! සාදු!!!

චතුත්ථ පටිපදා සූත්‍රය නිමා විය.

4.4.2.5.
පඤ්චම පටිපදා සූත්‍රය
ප්‍රතිපදාව ගැන වදාළ පස්වෙනි දෙසුම

මහණෙනි, මේ ප්‍රතිපදාවෝ සතරකි. ඒ කවර සතරක් ද යත්;

නොඉවසීම නම් වූ අක්ඛමා ප්‍රතිපදාව ය. ඉවසීම නම් වූ ඛමා ප්‍රතිපදාව ය. ඉන්ද්‍රිය දමනය නම් වූ දමා ප්‍රතිපදාව ය. අකුසල විතර්ක සංසිඳුවීම නම් වූ සමා ප්‍රතිපදාව ය.

1. මහණෙනි, නොඉවසීම නම් වූ අක්ඛමා ප්‍රතිපදාව යනු කුමක් ද? මහණෙනි, මෙහිලා ඇතැම් පුද්ගලයෙක් සීතල, උණුසුම, බඩගින්න, පිපාසය, මැසි මදුරු පහස, අව් සුළං පහස, සර්පාදීන්ගේ පහස නොඉවසන්නේ වෙයි. නපුරු කොට කියන ලද, නපුරු කොට පැමිණි වචන නොඉවසන්නේ වෙයි. දරුණු වූ, කටුක වූ, කර්කශ වූ, අමිහිරි වූ, අමනාප වූ, මාරාන්තික වූ දුක්ඛිත ශාරීරික වේදනා නොඉවසන්නේ වෙයි. මහණෙනි, මෙය නොඉවසීමේ ප්‍රතිපදාව යැයි කියනු ලැබේ.

2. මහණෙනි, ඉවසීම නම් වූ ඛමා ප්‍රතිපදාව යනු කුමක් ද? මහණෙනි, මෙහිලා ඇතැම් පුද්ගලයෙක් සීතල, උණුසුම, ...(පෙ).... ඉවසන්නේ වෙයි. මහණෙනි, මෙය ඉවසීමේ ප්‍රතිපදාව යැයි කියනු ලැබේ.

3. මහණෙනි, ඉන්ද්‍රිය දමනය නම් වූ දමා ප්‍රතිපදාව යනු කුමක් ද?

මහණෙනි, මෙහිලා භික්ෂුව ඇසින් රූපයක් දැක සළකුණු නොගන්නේ වෙයි. සළකුණක කොටසක් හෝ නොගන්නේ වෙයි. යම් හෙයකින් ඇස නම් වූ ඉන්ද්‍රිය අසංවර ව වසන කල්හී රාග, ද්වේෂ ආදී ලාමක අකුසල් දහම් ඒ භික්ෂුව පසුපස හඹා එයි ද, එය සංවර කිරීම පිණිස පිළිපදින්නේ වෙයි. ඇස නම් වූ ඉන්ද්‍රිය රකියි. ඇස නම් වූ ඉන්ද්‍රියෙහි සංවරයට පැමිණෙයි. කනෙන් ශබ්දයක් අසා ....(පෙ).... නාසයෙන් ආඝ්‍රාණය කොට ....(පෙ).... දිවෙන් රස විඳ ....(පෙ).... කයෙන් පහස ලබා ....(පෙ).... මනසින් අරමුණක් දැන සළකුණු නොගන්නේ වෙයි. සළකුණක කොටසක් හෝ නොගන්නේ වෙයි. යම් හෙයකින් මනස නම් වූ ඉන්ද්‍රිය අසංවර ව වසන කල්හී රාග, ද්වේෂ ආදී ලාමක අකුසල් දහම් ඒ භික්ෂුව පසුපස හඹා එයි ද, එය සංවර කිරීම පිණිස පිළිපදින්නේ වෙයි. මනස නම් වූ ඉන්ද්‍රිය රකියි. මනස නම් වූ ඉන්ද්‍රියෙහි සංවරයට පැමිණෙයි. මහණෙනි, මෙය ඉන්ද්‍රිය දමනයෙන් යුතු ප්‍රතිපදාව යැයි කියනු ලැබේ.

4. මහණෙනි, අකුසල විතර්ක සංසිඳුවීම නම් වූ සමා ප්‍රතිපදාව යනු කුමක් ද? මහණෙනි, මෙහිලා භික්ෂුව උපන් කාම විතර්කය නොඉවසයි. දුරු කරයි. බැහැර කරයි. සංසිඳුවයි. නැති කරයි. අභාවයට පමුණුවයි. උපන් ව්‍යාපාද විතර්කය ....(පෙ).... උපන් විහිංසා විතර්කය ....(පෙ).... උපනූපන් පාපී අකුසල විතර්කයන් නොඉවසයි. දුරු කරයි. බැහැර කරයි. සංසිඳුවයි. නැති කරයි. අභාවයට පමුණුවයි. මහණෙනි, මෙය අකුසල විතර්කයන් සංසිඳුවීමෙන් යුතු ප්‍රතිපදාව යැයි කියනු ලැබේ.

මහණෙනි, මේ වනාහී සතරක් වූ ප්‍රතිපදාවෝ ය.

සාදු! සාදු!! සාදු!!!

පඤ්චම පටිපදා සූත්‍රය නිමා විය.

4.4.2.6.
ඡට්ඨ පටිපදා සූත්‍රය
ප්‍රතිපදාව ගැන වදාළ සයවෙනි දෙසුම

මහණෙනි, මේ ප්‍රතිපදාවෝ සතරකි. ඒ කවර සතරක් ද යත්;

දුක් වූ ප්‍රතිපදාවෙන් සෙමින් ලබන අවබෝධය ඇති බව ය. දුක් වූ ප්‍රතිපදාවෙන් වහා ලබන අවබෝධය ඇති බව ය. සැප වූ ප්‍රතිපදාවෙන් සෙමින්

ලබන අවබෝධය ඇති බව ය. සැප වූ ප්‍රතිපදාවෙන් වහා ලබන අවබෝධය ඇති බව ය.

1. මහණෙනි, එහිලා යම් මේ දුක් වූ ප්‍රතිපදාවෙන් සෙමින් ලබන අවබෝධය ඇති බවක් ඇද්ද, මහණෙනි, මේ ප්‍රතිපදාව දෙපැත්තෙන් ම හීන යැයි කියනු ලැබේ. යම් මේ ප්‍රතිපදාවක් දුක් සහිත වෙයි ද, මෙයින් ද මේ ප්‍රතිපදාව හීන යැයි කියනු ලැබේ. යම් මේ ප්‍රතිපදාවක් සෙමින් ලබන අවබෝධයක් ඇද්ද, මෙයින් ද මෙය හීන යැයි කියනු ලැබේ. මහණෙනි, මෙසේ මේ ප්‍රතිපදාව දෙපැත්තෙන් ම හීන යැයි කියනු ලැබේ.

2. මහණෙනි, එහිලා යම් මේ ප්‍රතිපදාවක් දුක් වෙයි ද, වේගවත් අවබෝධයෙන් යුක්ත වෙයි ද, මහණෙනි, මෙහි ප්‍රතිපදාව දුක් සහිත බැවින් හීන යැයි කියනු ලැබේ.

3. මහණෙනි, එහිලා යම් මේ ප්‍රතිපදාවක් සැපවත් වෙයි ද, සෙමින් ලබන අවබෝධයෙන් යුක්ත වෙයි ද, මහණෙනි, මේ ප්‍රතිපදාව සෙමින් ලබන අවබෝධයෙන් යුක්ත බැවින් හීන යැයි කියනු ලැබේ.

4. මහණෙනි, එහිලා යම් මේ සැප වූ ප්‍රතිපදාවෙන් වහා ලබන අවබෝධය ඇති බවක් ඇද්ද, මහණෙනි, මේ ප්‍රතිපදාව දෙපැත්තෙන් ම උසස් යැයි කියනු ලැබේ. යම් මේ ප්‍රතිපදාවක් සැප සහිත වෙයි ද, මෙයින් ද මේ ප්‍රතිපදාව උසස් යැයි කියනු ලැබේ. යම් මේ ප්‍රතිපදාවක් වහා ලබන අවබෝධයක් ඇද්ද, මෙයින් ද මෙය උසස් යැයි කියනු ලැබේ. මහණෙනි, මෙසේ මේ ප්‍රතිපදාව දෙපැත්තෙන් ම උසස් යැයි කියනු ලැබේ.

මහණෙනි, මේ වනාහී සතරක් වූ ප්‍රතිපදාවෝ ය.

සාදු! සාදු!! සාදු!!!

ඡට්ඨ පටිපදා සූත්‍රය නිමා විය.

4.4.2.7.
මොග්ගල්ලාන පටිපදා සූත්‍රය
මොග්ගල්ලාන තෙරුන්ගේ ප්‍රතිපදාව ගැන වදාළ දෙසුම

එකල්හී ආයුෂ්මත් සාරිපුත්තයන් වහන්සේ ආයුෂ්මත් මහා මොග්ගල්ලානයන් වහන්සේ යම් තැනක වැඩසිටි සේක් ද, එතැනට වැඩියහ. වැඩම කොට ආයුෂ්මත් මහා මොග්ගල්ලානයන් සමඟ සතුටු වූහ. සතුටු විය යුතු පිළිසඳර කතා බහ නිමවා එකත්පස් ව වැඩහුන්හ. එකත්පස් ව වැඩහුන් ආයුෂ්මත් සාරිපුත්තයන් වහන්සේ ආයුෂ්මත් මහා මොග්ගල්ලානයන් වහන්සේට මෙය වදාළහ.

"ආයුෂ්මත් මොග්ගල්ලානයෙනි, මේ ප්‍රතිපදාවෝ සතරකි. ඒ කවර සතරක් ද යත්;

දුක් වූ ප්‍රතිපදාවෙන් සෙමින් ලබන අවබෝධය ඇති බව ය. දුක් වූ ප්‍රතිපදාවෙන් වහා ලබන අවබෝධය ඇති බව ය. සැප වූ ප්‍රතිපදාවෙන් සෙමින් ලබන අවබෝධය ඇති බව ය. සැප වූ ප්‍රතිපදාවෙන් වහා ලබන අවබෝධය ඇති බව ය.

ආයුෂ්මත, මේ වනාහී සතරක් වූ ප්‍රතිපදාවෝ ය. ආයුෂ්මත, මේ සතරක් වූ ප්‍රතිපදාවන්ගෙන් කවර වූ ප්‍රතිපදාවකට පැමිණීමෙන් ද ඔබගේ සිත ආශ්‍රවයන්ගෙන් නිදහස් වූයේ?"

"ආයුෂ්මත් සාරිපුත්තයෙනි, මේ ප්‍රතිපදාවෝ සතරකි. ඒ කවර සතරක් ද යත්;

දුක් වූ ප්‍රතිපදාවෙන් සෙමින් ලබන අවබෝධය ඇති බව ය. දුක් වූ ප්‍රතිපදාවෙන් වහා ලබන අවබෝධය ඇති බව ය. සැප වූ ප්‍රතිපදාවෙන් සෙමින් ලබන අවබෝධය ඇති බව ය. සැප වූ ප්‍රතිපදාවෙන් වහා ලබන අවබෝධය ඇති බව ය.

ආයුෂ්මත, මේ වනාහී සතරක් වූ ප්‍රතිපදාවෝ ය. ආයුෂ්මත, මේ සතරක් වූ ප්‍රතිපදාවන්ගෙන් යම් මේ ප්‍රතිපදාවක් දුක් සහිත වූයේ ද වහා ලබන අවබෝධය ඇත්තේ ද මේ ප්‍රතිපදාවට පැමිණීමෙන් ය මාගේ සිත ආශ්‍රවයන්ගෙන් නිදහස් වූයේ."

සාදු! සාදු!! සාදු!!!

මොග්ගල්ලාන පටිපදා සූත්‍රය නිමා විය.

4.4.2.8.
සාරිපුත්ත පටිපදා සූත්‍රය
සැරියුත් තෙරුන්ගේ ප්‍රතිපදාව ගැන වදාළ දෙසුම

එකල්හී ආයුෂ්මත් මහා මොග්ගල්ලානයන් වහන්සේ ආයුෂ්මත් සාරිපුත්තයන් වහන්සේ යම් තැනක වැඩසිටි සේක් ද, එතැනට වැඩියහ. වැඩම කොට ආයුෂ්මත් සාරිපුත්තයන් සමඟ සතුටු වූහ. සතුටු විය යුතු පිළිසඳර කතා බහ නිමවා එකත්පස් ව වැඩහුන්හ. එකත්පස් ව වැඩහුන් ආයුෂ්මත් මහා මොග්ගල්ලානයන් වහන්සේ ආයුෂ්මත් සාරිපුත්තයන් වහන්සේට මෙය වදාළහ.

"ආයුෂ්මත් සාරිපුත්තයෙනි, මේ ප්‍රතිපදාවෝ සතරකි. ඒ කවර සතරක් ද යත්;

දුක් වූ ප්‍රතිපදාවෙන් සෙමින් ලබන අවබෝධය ඇති බව ය. දුක් වූ ප්‍රතිපදාවෙන් වහා ලබන අවබෝධය ඇති බව ය. සැප වූ ප්‍රතිපදාවෙන් සෙමින් ලබන අවබෝධය ඇති බව ය. සැප වූ ප්‍රතිපදාවෙන් වහා ලබන අවබෝධය ඇති බව ය.

ආයුෂ්මත, මේ වනාහී සතරක් වූ ප්‍රතිපදාවෝ ය. ආයුෂ්මත, මේ සතරක් වූ ප්‍රතිපදාවන්ගෙන් කවර වූ ප්‍රතිපදාවකට පැමිණීමෙන් ද ඔබගේ සිත ආශ්‍රවයන්ගෙන් නිදහස් වූයේ?"

"ආයුෂ්මත් මොග්ගල්ලානයෙනි, මේ ප්‍රතිපදාවෝ සතරකි. ඒ කවර සතරක් ද යත්;

දුක් වූ ප්‍රතිපදාවෙන් සෙමින් ලබන අවබෝධය ඇති බව ය. දුක් වූ ප්‍රතිපදාවෙන් වහා ලබන අවබෝධය ඇති බව ය. සැප වූ ප්‍රතිපදාවෙන් සෙමින් ලබන අවබෝධය ඇති බව ය. සැප වූ ප්‍රතිපදාවෙන් වහා ලබන අවබෝධය ඇති බව ය.

ආයුෂ්මත, මේ වනාහී සතරක් වූ ප්‍රතිපදාවෝ ය. ආයුෂ්මත, මේ සතරක් වූ ප්‍රතිපදාවන්ගෙන් යම් මේ ප්‍රතිපදාවක් සැපවත් වූයේ ද වහා ලබන අවබෝධය ඇත්තේ ද මේ ප්‍රතිපදාවට පැමිණීමෙන් ය මාගේ සිත ආශ්‍රවයන්ගෙන් නිදහස් වූයේ."

සාදු! සාදු!! සාදු!!!

සාරිපුත්ත පටිපදා සූත්‍රය නිමා විය.

4.4.2.9.
කිලේස පරිනිබ්බාන සූත්‍රය
කෙලෙස් පිරිනිවීම ගැන වදාළ දෙසුම

මහණෙනි, මේ පුද්ගලයෝ සතර දෙනෙක් ලෝකයෙහි විද්‍යමාන ව සිටිති. ඒ කවර සතර දෙනෙක් ද යත්;

මහණෙනි, මෙහිලා ඇතැම් පුද්ගලයෙක් මේ ජීවිතයේ දී ම සසංඛාර පරිනිබ්බායී වෙයි. මහණෙනි, මෙහිලා ඇතැම් පුද්ගලයෙක් මරණයෙන් පසු සසංඛාර පරිනිබ්බායී වෙයි. මහණෙනි, මෙහිලා ඇතැම් පුද්ගලයෙක් මේ ජීවිතයේ දී ම අසංඛාර පරිනිබ්බායී වෙයි. මහණෙනි, මෙහිලා ඇතැම් පුද්ගලයෙක් මරණයෙන් පසු අසංඛාර පරිනිබ්බායී වෙයි.

1. මහණෙනි, පුද්ගලයෙක් කෙසේ නම් මේ ජීවිතයේ දී ම සසංඛාර පරිනිබ්බායී වෙයි ද? මහණෙනි, මෙහිලා භික්ෂුව කය පිළිබඳ ව අසුභය නුවණින් දකිමින් වාසය කරයි. ආහාරය පිළිබඳ ව පිළිකුල් හැඟීම ඇත්තේ වෙයි. සියළු ලෝකය පිළිබඳ ව නොඇළුණු හැඟීම ඇත්තේ වෙයි. සියළු සංස්කාරයන් අනිත්‍ය වශයෙන් නුවණින් බලන්නේ වෙයි. ඔහුගේ සිතෙහි මරණය පිළිබඳ හැඟීම මැනැවින් පිහිටියේ වෙයි. හේ මේ පංච සේඛ බලයන් ඇසුරු කොට වාසය කරයි. එනම් ශ්‍රද්ධා බලය, හිරි බලය, ඔත්තප්ප බලය, විරිය බලය සහ ප්‍රඥා බලය යි. ඔහුට මේ පංච ඉන්ද්‍රියන් බලවත් ව ඇති වෙයි. එනම් සද්ධා ඉන්ද්‍රිය, විරිය ඉන්ද්‍රිය, සති ඉන්ද්‍රිය, සමාධි ඉන්ද්‍රිය සහ ප්‍රඥා ඉන්ද්‍රිය යි. හේ මේ පංච ඉන්ද්‍රියයන් බලවත් ව හටගත් බැවින් මේ ජීවිතයේ දී සසංඛාර පරිනිබ්බායී වෙයි. මහණෙනි, පුද්ගලයෙක් මේ ජීවිතයේදී ම සසංඛාර පරිනිබ්බායී වන්නේ ඔය අයුරිනි.

2. මහණෙනි, පුද්ගලයෙක් කෙසේ නම් මරණින් මතු සසංඛාර පරිනිබ්බායී වෙයි ද? මහණෙනි, මෙහිලා භික්ෂුව කය පිළිබඳ ව අසුභය නුවණින් දකිමින් වාසය කරයි. ආහාරය පිළිබඳ ව පිළිකුල් හැඟීම ඇත්තේ වෙයි. සියළු ලෝකය පිළිබඳ ව නොඇළුණු හැඟීම ඇත්තේ වෙයි. සියළු සංස්කාරයන් අනිත්‍ය වශයෙන් නුවණින් බලන්නේ වෙයි. ඔහුගේ සිතෙහි මරණය පිළිබඳ හැඟීම මැනැවින් පිහිටියේ වෙයි. හේ මේ පංච සේඛ බලයන් ඇසුරු කොට වාසය කරයි. එනම් ශ්‍රද්ධා බලය, හිරි බලය, ඔත්තප්ප බලය, විරිය බලය සහ ප්‍රඥා

බලය යි. ඔහුට මේ පංච ඉන්ද්‍රියන් මෘදු වශයෙන් ඇති වෙයි. එනම් සද්ධා ඉන්ද්‍රිය, විරිය ඉන්ද්‍රිය, සති ඉන්ද්‍රිය, සමාධි ඉන්ද්‍රිය සහ ප්‍රඥා ඉන්ද්‍රිය යි. හේ මේ පංච ඉන්ද්‍රියයන් මෘදු වශයෙන් හටගත් බැවින් මරණින් මතු සසංඛාර පරිනිබ්බායී වෙයි. මහණෙනි, පුද්ගලයෙක් මරණින් මතු සසංඛාර පරිනිබ්බායී වන්නේ ඔය අයුරිනි.

3. මහණෙනි, කෙසේ නම් පුද්ගලයෙක් මේ ජීවිතයේ දී ම අසංඛාර පරිනිබ්බායී වෙයි ද? මහණෙනි, මෙහිලා භික්ෂුව කාමයන්ගෙන් වෙන් ව, ...(පෙ).... සතර වෙනි ධ්‍යානය උපදවාගෙන වාසය කරයි. හේ මේ පංච සේඛ බලයන් ඇසුරු කොට වාසය කරයි. එනම් ශ්‍රද්ධා බලය, හිරි බලය, ඔත්තප්ප බලය, විරිය බලය සහ ප්‍රඥා බලය යි. ඔහුට මේ පංච ඉන්ද්‍රියන් බලවත් ව ඇති වෙයි. එනම් සද්ධා ඉන්ද්‍රිය, විරිය ඉන්ද්‍රිය, සති ඉන්ද්‍රිය, සමාධි ඉන්ද්‍රිය සහ ප්‍රඥා ඉන්ද්‍රිය යි. හේ මේ පංච ඉන්ද්‍රියයන් බලවත් ව හටගත් බැවින් මේ ජීවිතයේ දී ම අසංඛාර පරිනිබ්බායී වෙයි. මහණෙනි, පුද්ගලයෙක් මේ ජීවිතයේ දී ම අසංඛාර පරිනිබ්බායී වන්නේ ඔය අයුරිනි.

4. මහණෙනි, කෙසේ නම් පුද්ගලයෙක් මරණින් මතු අසංඛාර පරිනිබ්බායී වෙයි ද? මහණෙනි, මෙහිලා භික්ෂුව කාමයන්ගෙන් වෙන් ව, ...(පෙ).... සතර වෙනි ධ්‍යානය උපදවාගෙන වාසය කරයි. හේ මේ පංච සේඛ බලයන් ඇසුරු කොට වාසය කරයි. එනම් ශ්‍රද්ධා බලය, හිරි බලය, ඔත්තප්ප බලය, විරිය බලය සහ ප්‍රඥා බලය යි. ඔහුට මේ පංච ඉන්ද්‍රියන් මෘදු වශයෙන් ඇති වෙයි. එනම් සද්ධා ඉන්ද්‍රිය, විරිය ඉන්ද්‍රිය, සති ඉන්ද්‍රිය, සමාධි ඉන්ද්‍රිය සහ ප්‍රඥා ඉන්ද්‍රිය යි. හේ මේ පංච ඉන්ද්‍රියයන් මෘදු ලෙස හටගත් බැවින් මරණින් මතු අසංඛාර පරිනිබ්බායී වෙයි. මහණෙනි, පුද්ගලයෙක් මරණින් මතු අසංඛාර පරිනිබ්බායී වන්නේ ඔය අයුරිනි.

මහණෙනි, මේ වනාහී ලෝකයේ විද්‍යමානව සිටින පුද්ගලයෝ සතර දෙනා ය.

සාදු! සාදු!! සාදු!!!

කිලේස පරිනිබ්බාන සූත්‍රය නිමා විය.

4.4.2.10.
අරහත්තප්පත්ති සූත්‍රය
අරහත්වයට පත්වීම ගැන වදාළ දෙසුම

එක් සමයක ආයුෂ්මත් ආනන්දයන් වහන්සේ කොසඹෑ නුවර ඝෝෂිතාරාමයෙහි වැඩවෙසෙති. එකල්හී ආයුෂ්මත් ආනන්දයන් වහන්සේ "ආයුෂ්මත් මහණෙනි"යි භික්ෂූන් ඇමතූහ. "ආයුෂ්මතුන් වහන්ස"යි ඒ භික්ෂූහු ආයුෂ්මත් ආනන්දයන් වහන්සේට පිළිවදන් දුන්හ. ආයුෂ්මත් ආනන්දයන් වහන්සේ මෙය වදාළහ.

"ආයුෂ්මතුනි, යම්කිසි භික්ෂුවක් වේවා, භික්ෂුණියක් වේවා මා සමීපයෙහි අරහත්වයට පැමිණීම පිළිබඳ ව පවසයි ද ඒ සියල්ලෝ ම සතර මාර්ගයන් ගෙන් හෝ එයින් එක්තරා මාර්ගයකින් හෝ අරහත්වයට පත් වූ බව පවසති. ඒ කවර සතර මාර්ගයකින් ද යත්;

ආයුෂ්මත්නි, මෙහිලා භික්ෂුව සමථ භාවනාව මුල්කොට විදර්ශනාව දියුණු කරන්නේ වෙයි. සමථ භාවනාව මූලික අංගය කොට විදර්ශනා භාවනාව දියුණු කරන ඔහුට නිවන් මග උපදියි. හේ ඒ මාර්ගය සේවනය කරයි. දියුණු කරයි. බහුල ව ප්‍රගුණ කරයි. ඒ මාර්ගය සේවනය කරන, දියුණු කරන, බහුල ව ප්‍රගුණ කරන ඔහුගේ සංයෝජනයෝ ප්‍රහාණය වී යති. කෙලෙස් අනුසය නැති වී යයි.

තව ද ආයුෂ්මත්නි, භික්ෂුව විදර්ශනා භාවනාව මුල්කොට සමථ භාවනාව දියුණු කරන්නේ වෙයි. විදර්ශනා භාවනාව මූලික අංගය කොට සමථ භාවනාව දියුණු කරන ඔහුට නිවන් මග උපදියි. හේ ඒ මාර්ගය සේවනය කරයි. දියුණු කරයි. බහුල ව ප්‍රගුණ කරයි. ඒ මාර්ගය සේවනය කරන, දියුණු කරන, බහුල ව ප්‍රගුණ කරන ඔහුගේ සංයෝජනයෝ ප්‍රහාණය වී යති. කෙලෙස් අනුසය නැති වී යයි.

තව ද ආයුෂ්මත්නි, භික්ෂුව සමථ - විදර්ශනා භාවනාවන් දෙක ම එකවර දියුණු කරන්නේ වෙයි. සමථ - විදර්ශනා භාවනාවන් දෙක එකවර දියුණු කරන ඔහුට නිවන් මග උපදියි. හේ ඒ මාර්ගය සේවනය කරයි. දියුණු කරයි. බහුල ව ප්‍රගුණ කරයි. ඒ මාර්ගය සේවනය කරන, දියුණු කරන, බහුල

ව ප්‍රගුණ කරන ඔහුගේ සංයෝජනයෝ ප්‍රහාණය වී යති. කෙලෙස් අනුසය නැති වී යයි.

තව ද ආයුෂ්මත්නි, භික්ෂුව සමථ විදර්ශනා භාවනාවෙන් මුලින් ම ලැබෙන උපක්ලේශයන් නිසා හටගත් මාන්නයෙන් යුක්ත වූයේ වෙයි. ආයුෂ්මතුනි, යම් කලෙක යම් හෙයකින් සිත ආධ්‍යාත්මයෙහි පිහිටන්නේ ද, සංසිඳෙන්නේ ද, එකඟ වන්නේ ද, සමාධිමත් වන්නේ ද වෙයි නම් එවිට ඔහුට නිවන් මග උපදියි. හේ ඒ මාර්ගය සේවනය කරයි. දියුණු කරයි. බහුල ව ප්‍රගුණ කරයි. ඒ මාර්ගය සේවනය කරන, දියුණු කරන, බහුල ව ප්‍රගුණ කරන ඔහුගේ සංයෝජනයෝ ප්‍රහාණය වී යති. කෙලෙස් අනුසය නැති වී යයි.

ආයුෂ්මතුනි, යම්කිසි භික්ෂුවක් වේවා, භික්ෂුණියක් වේවා මා සමීපයෙහි අරහත්වයට පැමිණීම පිළිබඳ ව පවසයි ද ඒ සියල්ලෝ ම මේ සතර මාර්ග යන්ගෙන් හෝ එයින් එක්තරා මාර්ගයකින් හෝ අරහත්වයට පත් වූ බව පවසති.”

සාදු! සාදු!! සාදු!!!

අරහත්තප්පත්ති සූත්‍රය නිමා විය.

දෙවෙනි පටිපදා වර්ගය අවසන් විය.

3. සංචේතනීය වර්ගය

4.4.3.1.

සංචේතනා සූත්‍රය

සංචේතනාව ගැන වදාළ දෙසුම

සැවැත් නුවර දී ය ....

මහණෙනි, කය හෝ ඇති කල්හී කයින් කරනු ලබන කර්මයන් හේතුවෙන් තමා තුළ සැප දුක් හටගන්නේ වෙයි. මහණෙනි, වචනය හෝ ඇති කල්හී වචනයෙන් කරනු ලබන කර්මයන් හේතුවෙන් තමා තුළ සැප දුක් හටගන්නේ වෙයි. මහණෙනි, මනස හෝ ඇති කල්හී මනසින් කරනු ලබන කර්මයන් හේතුවෙන් තමා තුළ සැප දුක් හටගන්නේ වෙයි. අවිද්‍යාව හේතුවෙනුත් වෙයි.

මහණෙනි, යම් හේතුවකින් ඔහුට තමා තුළ සැප දුක් හටගන්නේ ද, ඒ කාය කර්මය තමා හෝ කරන්නේ වෙයි. යම් හේතුවකින් ඔහුට තමා තුළ සැප දුක් හටගන්නේ ද, ඒ කාය කර්මය අනුන් හෝ කරන්නේ වෙයි. යම් හේතුවකින් ඔහුට තමා තුළ සැප දුක් හටගන්නේ ද, ඒ කාය කර්මය දැන හෝ කරන්නේ වෙයි. යම් හේතුවකින් ඔහුට තමා තුළ සැප දුක් හටගන්නේ ද, ඒ කාය කර්මය නොදැන හෝ කරන්නේ වෙයි.

මහණෙනි, යම් හේතුවකින් ඔහුට තමා තුළ සැප දුක් හටගන්නේ ද, ඒ වචී කර්මය තමා හෝ කරන්නේ වෙයි. යම් හේතුවකින් ඔහුට තමා තුළ සැප දුක් හටගන්නේ ද, ඒ වචී කර්මය අනුන් හෝ කරන්නේ වෙයි. යම් හේතුවකින් ඔහුට තමා තුළ සැප දුක් හටගන්නේ ද, ඒ වචී කර්මය දැන හෝ කරන්නේ වෙයි. යම් හේතුවකින් ඔහුට තමා තුළ සැප දුක් හටගන්නේ ද, ඒ වචී කර්මය නොදැන හෝ කරන්නේ වෙයි.

මහණෙනි, යම් හේතුවකින් ඔහුට තමා තුළ සැප දුක් හටගන්නේ ද, ඒ මනෝ කර්මය තමා හෝ කරන්නේ වෙයි. යම් හේතුවකින් ඔහුට තමා තුළ සැප දුක් හටගන්නේ ද, ඒ මනෝ කර්මය අනුන් හෝ කරන්නේ වෙයි. යම් හේතුවකින් ඔහුට තමා තුළ සැප දුක් හටගන්නේ ද, ඒ මනෝ කර්මය දැන හෝ කරන්නේ වෙයි. යම් හේතුවකින් ඔහුට තමා තුළ සැප දුක් හටගන්නේ ද, ඒ මනෝ කර්මය නොදැන හෝ කරන්නේ වෙයි.

මහණෙනි, මේ කාය, වචී, මනෝ කර්මයන් මත අවිද්‍යාව වැටී ඇත්තේ ය. ඒ අවිද්‍යාවේ ම ඉතුරු නොකොට නොඇල්මෙන් නිරුද්ධ වීමෙන් යම් හේතුවකින් ඔහුට තමා තුළ සැප දුක් හටගන්නේ නම්, ඒ කය නැතිවෙයි. යම් හේතුවකින් ඔහුට තමා තුළ සැප දුක් හටගන්නේ නම්, ඒ වචනය නැතිවෙයි. යම් හේතුවකින් ඔහුට තමා තුළ සැප දුක් හටගන්නේ නම්, ඒ මනස නැතිවෙයි. යම් හේතුවකින් ඔහුට තමා තුළ සැප දුක් හටගන්නේ නම්, ඒ පසුබිම නැතිවෙයි. ඒ කාරණය නැතිවෙයි. ඒ ආයතනය නැතිවෙයි. ඒ අවුල නැතිවෙයි.

මහණෙනි, මේ ආත්මභාව ලැබීම් සතරකි. ඒ කවර සතරක් ද යත්;

1. යම් ආත්මභාවයක් ලැබීම තුළ තමාගේ කර්මය අනුව පවතියි ද, අන්‍යයන්ගේ කර්මය අනුව නොපවතියි ද, එබඳු ආත්මභාවයක ලැබීමක් ඇත.

2. යම් ආත්මභාවයක් ලැබීම තුළ අන්‍යයන්ගේ කර්මය අනුව පවතියි ද, තමන්ගේ කර්මය අනුව නොපවතියි ද, එබඳු ආත්මභාවයක ලැබීමක් ඇත.

3. යම් ආත්මභාවයක් ලැබීම තුළ තමාගේ කර්මය අනුව පවතියි ද, එමෙන් ම අන්‍යයන්ගේ කර්මය අනුව ත් පවතියි ද, එබඳු ආත්මභාවයක ලැබීමක් ඇත.

4. යම් ආත්මභාවයක් ලැබීම තුළ තමාගේ කර්මය අනුව නොපවතියි ද, එමෙන් ම අන්‍යයන්ගේ කර්මය අනුව ත් නොපවතියි ද, එබඳු ආත්මභාවයක ලැබීමක් ඇත.

මහණෙනි, මේ වනාහී ආත්මභාව ලැබීම් සතර යි.

මෙසේ වදාළ කල්හී ආයුෂ්මත් සාරිපුත්තයන් වහන්සේ භාග්‍යවතුන් වහන්සේට මෙය සැළ කළහ.

"ස්වාමීනී, භාග්‍යවතුන් වහන්සේ විසින් අරුත් හකුළුවා වදාරණ ලද මෙකරුණෙහි අර්ථය මම මේ අයුරින් විස්තර වශයෙන් දනිමි.

1. ස්වාමීනී, එහිලා යම් මේ ආත්මභාවයක් ලැබීම තුළ තමාගේ කර්මය අනුව පවතියි ද, අන්‍යයන්ගේ කර්මය අනුව නොපවතියි ද, එබඳු ආත්මභාවයක ලැබීමක් ඇත්තේ ද, තමාගේ ක්‍රියාව හේතුවෙන් ඒ සත්වයන්ගේ ඒ කයින් චුත වීම වෙයි.

2. ස්වාමීනී, එහිලා යම් මේ ආත්මභාවයක් ලැබීම තුළ අන්‍යයන්ගේ කර්මය අනුව පවතියි ද, තමන්ගේ කර්මය අනුව නොපවතියි ද, එබඳු ආත්මභාවයක ලැබීමක් ඇත්තේ ද, අනුන්ගේ ක්‍රියාව හේතුවෙන් ඒ සත්වයන්ගේ ඒ කයින් චුත වීම වෙයි.

3. ස්වාමීනී, එහිලා යම් මේ ආත්මභාවයක් ලැබීම තුළ තමාගේ කර්මය අනුව පවතියි ද, එමෙන් ම අන්‍යයන්ගේ කර්මය අනුව ත් පවතියි ද, එබඳු ආත්මභාවයක ලැබීමක් ඇත්තේ ද, තමාගේ ක්‍රියාව හේතුවෙනුත්, අනුන්ගේ ක්‍රියාව හේතුවෙනුත් ඒ සත්වයන්ගේ ඒ කයින් චුත වීම වෙයි.

4. ස්වාමීනී, එහිලා යම් මේ ආත්මභාවයක් ලැබීම තුළ තමාගේ කර්මය අනුව නොපවතියි ද, එමෙන් ම අන්‍යයන්ගේ කර්මය අනුව ත් නොපවතියි ද, එබඳු ආත්මභාවයක ලැබීමක් ඇත්තේ ද, එකරුණෙන් කවර දෙවියන් පිළිබඳ ව ද දත යුත්තේ?"

"සාරිපුත්තයෙනි, එකරුණෙන් දත යුත්තේ නේවසඤ්ඤානාසඤ්ඤායතනයේ උපන් දෙවියන් පිළිබඳව ය."

"ස්වාමීනී, මෙහිලා ඇතැම් සත්වයෝ ඒ කයින් චුත ව නැවත මෙලොවට එත් ද, යළි මේ මනුලොවෙහි එන සුළු වෙත් ද, එයට හේතුව කුමක් ද? එයට ප්‍රත්‍යය කුමක් ද? ස්වාමීනී, මෙහිලා ඇතැම් සත්වයෝ ඒ කයින් චුත ව නැවත මෙලොවට නොඑත් ද, යළි මේ මනුලොවෙහි නොඑන සුළු වෙත් ද, එයට හේතුව කුමක් ද? එයට ප්‍රත්‍යය කුමක් ද?"

"සාරිපුත්ත, මෙහිලා ඇතැම් පුද්ගලයෙකුගේ ඕරම්භාගීය සංයෝජනයන් ප්‍රහීණ නොවූයේ වෙයි. හේ මේ ජීවිතයේ දී ම නේවසඤ්ඤානාසඤ්ඤායතන සමාපත්තිය උපදවා වාසය කරයි. හේ එයින් සතුට විඳියි. එයට බලවත් කැමැත්තක් ඇතිකරගනියි. එයින් ම සතුටට පත්වෙයි. ඒ සමවත තුළ සිටියේ එහි ම බැසගත්තේ ඒ තුළ ම බහුල ව වසන්නේ එයින් නොපිරිහුණේ කළුරිය කරද්දී නේවසඤ්ඤානාසඤ්ඤායතන දෙවියන් අතර උපදින්නේ වෙයි. හෙතෙම එයින් චුත වූයේ පැමිණෙන්නේ වෙයි. මෙලොවට එන ස්වභාවයෙන් යුතු වූයේ වෙයි.

සාරිපුත්ත, මෙහිලා ඇතැම් පුද්ගලයෙකුගේ ඕරම්භාගීය සංයෝජනයන් ප්‍රහීණ වූයේ වෙයි. හේ මේ ජීවිතයේ දී ම නේවසඤ්ඤානාසඤ්ඤායතන සමාපත්තිය උපදවා වාසය කරයි. හේ එයින් සතුට විඳියි. එයට බලවත් කැමැත්තක් ඇතිකරගනියි. එයින් ම සතුටට පත්වෙයි. ඒ සමවත තුළ සිටියේ එහි ම බැසගත්තේ ඒ තුළ ම බහුල ව වසන්නේ එයින් නොපිරිහුණේ කළුරිය කරද්දී නේවසඤ්ඤානාසඤ්ඤායතන දෙවියන් අතර උපදින්නේ වෙයි. හෙතෙම එයින් චුත වූයේ නොපැමිණෙන්නේ වෙයි. මෙලොවට නොඑන ස්වභාවයෙන් යුතු වූයේ වෙයි.

සාරිපුත්තයෙනි, මෙහිලා ඇතැම් සත්වයෝ ඒ කයින් චුත ව නැවත මෙලොවට එත් ද, යළි මේ මනුලොවෙහි එන සුළු වෙත් ද, එයට හේතුව මෙය යි. එයට ප්‍රත්‍යය මෙය යි. සාරිපුත්තයෙනි, මෙහිලා ඇතැම් සත්වයෝ ඒ කයින් චුත ව නැවත මෙලොවට නොඑත් ද, යළි මේ මනුලොවෙහි නොඑන සුළු වෙත් ද, එයට හේතුව මෙය යි. එයට ප්‍රත්‍යය මෙය යි.”

සාදු! සාදු!! සාදු!!!

සංචේතනා සූත්‍රය නිමා විය.

4.4.3.2.
සාරිපුත්ත පටිසම්භිදා සූත්‍රය
සැරියුත් තෙරුන්ගේ පටිසම්භිදාව ගැන වදාළ දෙසුම

එකල්හී ආයුෂ්මත් සාරිපුත්තයන් වහන්සේ “ආයුෂ්මත් මහණෙනි” යි භික්ෂූන් ඇමතූහ. “ආයුෂ්මතුන් වහන්සැ”යි ඒ භික්ෂූහු ආයුෂ්මත් සාරිපුත්තයන් වහන්සේට පිළිවදන් දුන්හ. ආයුෂ්මත් සාරිපුත්තයන් වහන්සේ මෙය වදාළහ.

1. “ආයුෂ්මතුනි, උපසම්පදාවෙන් අඩමසක් ඇති මා විසින් වචන ප්‍රකාශ කිරීමේ ප්‍රමාණ වශයෙන් අර්ථ පටිසම්භිදාව සාක්ෂාත් කරන ලද්දේ ය. මම් එය නොයෙක් ආකාරයෙන් පවසමි. දේශනා කරමි. පණවමි. පිහිටුවමි. හෙළි කොට කියමි. බෙදා දක්වමින් කියමි. ඉස්මතු කොට කියමි. යමෙකු හට මේ පිළිබඳ ව සැකයක් හෝ විමතියක් හෝ ඇත්නම් හේ මාගෙන් ප්‍රශ්න කෙරේවා! මම පිළිතුරු දෙන්නෙමි. අපගේ ධර්මයන් පිළිබඳ ව අතිශයින් ම දක්ෂ වූ යමෙක්හු වෙත් ද, ඒ අපගේ ශාස්තෘන් වහන්සේ ද මුණගැසී ඇත්තේ ය.

2. ආයුෂ්මතුනි, උපසම්පදාවෙන් අඩමසක් ඇති මා විසින් වචන ප්‍රකාශ කිරීමේ ප්‍රමාණ වශයෙන් ධර්ම පටිසම්භිදාව සාක්ෂාත් කරන ලද්දේ ය. මම් එය නොයෙක් ආකාරයෙන් පවසමි. දේශනා කරමි. පණවමි. පිහිටුවමි. හෙළි කොට කියමි. බෙදා දක්වමින් කියමි. ඉස්මතු කොට කියමි. යමෙකු හට මේ පිළිබඳ ව සැකයක් හෝ විමතියක් හෝ ඇත්නම් හේ මාගෙන් ප්‍රශ්න කෙරේවා! මම පිළිතුරු දෙන්නෙමි. අපගේ ධර්මයන් පිළිබඳ ව අතිශයින් ම දක්ෂ වූ යමෙක්හු වෙත් ද, ඒ අපගේ ශාස්තෘන් වහන්සේ ද මුණගැසී ඇත්තේ ය.

3. ආයුෂ්මතුනි, උපසම්පදාවෙන් අඩමසක් ඇති මා විසින් වචන ප්‍රකාශ කිරීමේ ප්‍රමාණ වශයෙන් නිරුක්ති පටිසම්භිදාව සාක්ෂාත් කරන ලද්දේ ය. මම් එය නොයෙක් ආකාරයෙන් පවසමි. දේශනා කරමි. පණවමි. පිහිටුවමි. හෙළි කොට කියමි. බෙදා දක්වමින් කියමි. ඉස්මතු කොට කියමි. යමෙකු හට මේ පිළිබඳ ව සැකයක් හෝ විමතියක් හෝ ඇත්නම් හේ මාගෙන් ප්‍රශ්න කෙරේවා! මම පිළිතුරු දෙන්නෙමි. අපගේ ධර්මයන් පිළිබඳ ව අතිශයින් ම දක්ෂ වූ යමෙක්හු වෙත් ද, ඒ අපගේ ශාස්තෘන් වහන්සේ ද මුණගැසී ඇත්තේ ය.

4. ආයුෂ්මතුනි, උපසම්පදාවෙන් අඩමසක් ඇති මා විසින් වචන ප්‍රකාශ කිරීමේ ප්‍රමාණ වශයෙන් ප්‍රතිභාන පටිසම්භිදාව සාක්ෂාත් කරන ලද්දේ ය. මම් එය නොයෙක් ආකාරයෙන් පවසමි. දේශනා කරමි. පණවමි. පිහිටුවමි. හෙළි කොට කියමි. බෙදා දක්වමින් කියමි. ඉස්මතු කොට කියමි. යමෙකු හට මේ පිළිබඳ ව සැකයක් හෝ විමතියක් හෝ ඇත්නම් හේ මාගෙන් ප්‍රශ්න කෙරේවා! මම පිළිතුරු දෙන්නෙමි. අපගේ ධර්මයන් පිළිබඳ ව අතිශයින් ම දක්ෂ වූ යමෙක්හු වෙත් ද, ඒ අපගේ ශාස්තෘන් වහන්සේ ද මුණගැසී ඇත්තේ ය.”

සාදු! සාදු!! සාදු!!!

සාරිපුත්ත පටිසම්භිදා සූත්‍රය නිමා විය.

4.4.3.3.
මහා කොට්ඨිත සූත්‍රය
මහා කොට්ඨිත තෙරුන් වදාළ දෙසුම

එකල්හී ආයුෂ්මත් මහා කොට්ඨිතයන් වහන්සේ ආයුෂ්මත් සාරිපුත්තයන් වහන්සේ වෙත වැඩියහ. වැඩම කොට ආයුෂ්මත් සාරිපුත්තයන් වහන්සේ සමඟ සතුටු වූහ. සතුටු විය යුතු පිළිසඳර කතා බහ නිමවා එකත්පස් ව හිඳගත්හ. එකත්පස් ව හුන් ආයුෂ්මත් මහා කොට්ඨිතයන් වහන්සේ ආයුෂ්මත් සාරිපුත්තයන් වහන්සේට මෙය වදාළහ.

"ආයුෂ්මත, සය වැදෑරුම් ස්පර්ශ ආයතනයන්ගේ ඉතිරි නැති ව නොඇල්මෙන් නිරුද්ධ වීමෙන් පසු වෙනත් කිසිවක් ඉතිරි වන්නේ ද?"

"ආයුෂ්මත, එසේ නොපවසනු මැනැව."

"ආයුෂ්මත, සය වැදෑරුම් ස්පර්ශ ආයතනයන්ගේ ඉතිරි නැති ව නොඇල්මෙන් නිරුද්ධ වීමෙන් පසු වෙනත් කිසිවක් ඉතිරි නොවන්නේ ද?"

"ආයුෂ්මත, එසේ නොපවසනු මැනැව."

"ආයුෂ්මත, සය වැදෑරුම් ස්පර්ශ ආයතනයන්ගේ ඉතිරි නැති ව නොඇල්මෙන් නිරුද්ධ වීමෙන් පසු වෙනත් කිසිවක් ඉතිරි වන්නේ ද? නොවන්නේ ද?"

"ආයුෂ්මත, එසේ නොපවසනු මැනැව."

"ආයුෂ්මත, සය වැදෑරුම් ස්පර්ශ ආයතනයන්ගේ ඉතිරි නැති ව නොඇල්මෙන් නිරුද්ධ වීමෙන් පසු වෙනත් කිසිවක් ඉතිරි වන්නේ ත් නැද්ද? නොවන්නේ ත් නැද්ද?"

"ආයුෂ්මත, එසේ නොපවසනු මැනැව."

"ආයුෂ්මත, සය වැදෑරුම් ස්පර්ශ ආයතනයන්ගේ ඉතිරි නැති ව නොඇල්මෙන් නිරුද්ධ වීමෙන් පසු වෙනත් කිසිවක් ඉතිරි වන්නේ දැයි ඇසූ කල්හී 'ආයුෂ්මත, එසේ නොපවසනු මැනැවැ' යි කීවෙහි ය. 'ආයුෂ්මත, සය වැදෑරුම් ස්පර්ශ ආයතනයන්ගේ ඉතිරි නැති ව නොඇල්මෙන් නිරුද්ධ වීමෙන් පසු වෙනත් කිසිවක් ඉතිරි නොවන්නේ දැ' යි ඇසූ කල්හී 'ආයුෂ්මත,

එසේ නොපවසනු මැනැවැ'යි කීවෙහි ය. 'ආයුෂ්මත, සය වැදෑරුම් ස්පර්ශ ආයතනයන්ගේ ඉතිරි නැති ව නොඇල්මෙන් නිරුද්ධ වීමෙන් පසු වෙනත් කිසිවක් ඉතිරි වන්නේ ද? නොවන්නේ දැ'යි ඇසූ කල්හී 'ආයුෂ්මත, එසේ නොපවසනු මැනැවැ'යි කීවෙහි ය. 'ආයුෂ්මත, සය වැදෑරුම් ස්පර්ශ ආයතනයන්ගේ ඉතිරි නැති ව නොඇල්මෙන් නිරුද්ධ වීමෙන් පසු වෙනත් කිසිවක් ඉතිරි වන්නේ ත් නැද්ද? නොවන්නේ ත් නැද්දැ'යි ඇසූ කල්හී 'ආයුෂ්මත, එසේ නොපවසනු මැනැවැ' යි කීවෙහි ය. ආයුෂ්මත, මේ පැවසූ කරුණෙහි අර්ථය දැනගත යුත්තේ කෙසේ ද?"

"ආයුෂ්මත, සය වැදෑරුම් ස්පර්ශ ආයතනයන්ගේ ඉතිරි නැති ව නොඇල්මෙන් නිරුද්ධ වීමෙන් පසු වෙනත් කිසිවක් ඉතිරි වන්නේ දැයි ඔය අයුරින් පැවසීම කෙලෙස් නොහැදෙන දෙයක් ගැන කෙලෙස් සහිත විමසීමකි.

'ආයුෂ්මත, සය වැදෑරුම් ස්පර්ශ ආයතනයන්ගේ ඉතිරි නැති ව නොඇල්මෙන් නිරුද්ධ වීමෙන් පසු වෙනත් කිසිවක් ඉතිරි නොවන්නේ දැ' යි ඔය අයුරින් පැවසීම කෙලෙස් නොහැදෙන දෙයක් ගැන කෙලෙස් සහිත විමසීමකි.

'ආයුෂ්මත, සය වැදෑරුම් ස්පර්ශ ආයතනයන්ගේ ඉතිරි නැති ව නොඇල්මෙන් නිරුද්ධ වීමෙන් පසු වෙනත් කිසිවක් ඉතිරි වන්නේ ද? නොවන්නේ දැ'යි ඔය අයුරින් පැවසීම කෙලෙස් නොහැදෙන දෙයක් ගැන කෙලෙස් සහිත විමසීමකි.

'ආයුෂ්මත, සය වැදෑරුම් ස්පර්ශ ආයතනයන්ගේ ඉතිරි නැති ව නොඇල්මෙන් නිරුද්ධ වීමෙන් පසු වෙනත් කිසිවක් ඉතිරි වන්නේ ත් නැද්ද? නොවන්නේ ත් නැද්දැ'යි ඔය අයුරින් පැවසීම කෙලෙස් නොහැදෙන දෙයක් ගැන කෙලෙස් සහිත විමසීමකි.

ආයුෂ්මත, සය වැදෑරුම් ස්පර්ශ ආයතනයන්ගේ ක්‍රියාකාරීත්වය යම්තාක් ඇද්ද, ඒ තාක් කෙලෙස් සහිත විමසීමේ ක්‍රියාකාරීත්වය ඇත. යම්තාක් කෙලෙස් සහිත විමසීමේ ක්‍රියාකාරීත්වයක් ඇද්ද, ඒ තාක් සය වැදෑරුම් ස්පර්ශ ආයතනයන්ගේ ක්‍රියාකාරීත්වය ඇත. ආයුෂ්මත, සය වැදෑරුම් ස්පර්ශ ආයතනයන්ගේ ඉතිරි නැති ව නොඇල්මෙන් නිරුද්ධ වීමක් ඇද්ද, එය කෙලෙස් සහිත විමසීම නිරුද්ධ වීම යි. කෙලෙස් සහිත විමසීම නිරුද්ධ වීමෙන් කෙලෙස් සහිත විමසීම සංසිඳී යයි.

සාදු! සාදු!! සාදු!!!

මහා කොට්ඨිත සූත්‍රය නිමා විය.

4.4.3.4.
ආනන්ද සූත්‍රය
ආනන්ද තෙරුන් වදාළ දෙසුම

එකල්හී ආයුෂ්මත් ආනන්දයන් වහන්සේ ආයුෂ්මත් මහා කොට්ඨිතයන් වහන්සේ වෙත වැඩියහ. වැඩම කොට ආයුෂ්මත් මහා කොට්ඨිතයන් වහන්සේ සමඟ සතුටු වූහ. සතුටු විය යුතු පිළිසඳර කතා බහ නිමවා එකත්පස් ව හිඳගත්හ. එකත්පස් ව හුන් ආයුෂ්මත් ආනන්දයන් වහන්සේ ආයුෂ්මත් මහා කොට්ඨිතයන් වහන්සේට මෙය වදාළහ.

"ආයුෂ්මත, සය වැදෑරුම් ස්පර්ශ ආයතනයන්ගේ ඉතිරි නැති ව නොඇල්මෙන් නිරුද්ධ වීමෙන් පසු වෙනත් කිසිවක් ඉතිරි වන්නේ ද?"

"ආයුෂ්මත, එසේ නොපවසනු මැනැව."

"ආයුෂ්මත, සය වැදෑරුම් ස්පර්ශ ආයතනයන්ගේ ඉතිරි නැති ව නොඇල්මෙන් නිරුද්ධ වීමෙන් පසු වෙනත් කිසිවක් ඉතිරි නොවන්නේ ද?"

"ආයුෂ්මත, එසේ නොපවසනු මැනැව."

"ආයුෂ්මත, සය වැදෑරුම් ස්පර්ශ ආයතනයන්ගේ ඉතිරි නැති ව නොඇල්මෙන් නිරුද්ධ වීමෙන් පසු වෙනත් කිසිවක් ඉතිරි වන්නේ ද? නොවන්නේ ද?"

"ආයුෂ්මත, එසේ නොපවසනු මැනැව."

"ආයුෂ්මත, සය වැදෑරුම් ස්පර්ශ ආයතනයන්ගේ ඉතිරි නැති ව නොඇල්මෙන් නිරුද්ධ වීමෙන් පසු වෙනත් කිසිවක් ඉතිරි වන්නේ ත් නැද්ද? නොවන්නේ ත් නැද්ද?"

"ආයුෂ්මත, එසේ නොපවසනු මැනැව."

"ආයුෂ්මත, සය වැදෑරුම් ස්පර්ශ ආයතනයන්ගේ ඉතිරි නැති ව නොඇල්මෙන් නිරුද්ධ වීමෙන් පසු වෙනත් කිසිවක් ඉතිරි වන්නේ දැයි ඇසූ කල්හී 'ආයුෂ්මත, එසේ නොපවසනු මැනැවැ' යි කීවෙහි ය. 'ආයුෂ්මත, සය වැදෑරුම් ස්පර්ශ ආයතනයන්ගේ ඉතිරි නැති ව නොඇල්මෙන් නිරුද්ධ වීමෙන් පසු වෙනත් කිසිවක් ඉතිරි නොවන්නේ දැ' යි ඇසූ කල්හී 'ආයුෂ්මත,

එසේ නොපවසනු මැනැවැ'යි කීවෙහි ය. 'ආයුෂ්මත, සය වැදෑරුම් ස්පර්ශ ආයතනයන්ගේ ඉතිරි නැති ව නොඇල්මෙන් නිරුද්ධ වීමෙන් පසු වෙනත් කිසිවක් ඉතිරි වන්නේ ද? නොවන්නේ දැ'යි ඇසූ කල්හී 'ආයුෂ්මත, එසේ නොපවසනු මැනැවැ'යි කීවෙහි ය. 'ආයුෂ්මත, සය වැදෑරුම් ස්පර්ශ ආයතනයන්ගේ ඉතිරි නැති ව නොඇල්මෙන් නිරුද්ධ වීමෙන් පසු වෙනත් කිසිවක් ඉතිරි වන්නේ ත් නැද්ද? නොවන්නේ ත් නැද්දැ'යි ඇසූ කල්හී 'ආයුෂ්මත, එසේ නොපවසනු මැනැවැ' යි කීවෙහි ය. ආයුෂ්මත, මේ පැවසූ කරුණෙහි අර්ථය දැනගත යුත්තේ කෙසේ ද?"

"ආයුෂ්මත, සය වැදෑරුම් ස්පර්ශ ආයතනයන්ගේ ඉතිරි නැති ව නොඇල්මෙන් නිරුද්ධ වීමෙන් පසු වෙනත් කිසිවක් ඉතිරි වන්නේ දැ'යි ඔය අයුරින් පැවසීම කෙලෙස් නොහැදෙන දෙයක් ගැන කෙලෙස් සහිත විමසීමකි.

'ආයුෂ්මත, සය වැදෑරුම් ස්පර්ශ ආයතනයන්ගේ ඉතිරි නැති ව නොඇල්මෙන් නිරුද්ධ වීමෙන් පසු වෙනත් කිසිවක් ඉතිරි නොවන්නේ දැ' යි ඔය අයුරින් පැවසීම කෙලෙස් නොහැදෙන දෙයක් ගැන කෙලෙස් සහිත විමසීමකි.

'ආයුෂ්මත, සය වැදෑරුම් ස්පර්ශ ආයතනයන්ගේ ඉතිරි නැති ව නොඇල්මෙන් නිරුද්ධ වීමෙන් පසු වෙනත් කිසිවක් ඉතිරි වන්නේ ද? නොවන්නේ දැ'යි ඔය අයුරින් පැවසීම කෙලෙස් නොහැදෙන දෙයක් ගැන කෙලෙස් සහිත විමසීමකි.

'ආයුෂ්මත, සය වැදෑරුම් ස්පර්ශ ආයතනයන්ගේ ඉතිරි නැති ව නොඇල්මෙන් නිරුද්ධ වීමෙන් පසු වෙනත් කිසිවක් ඉතිරි වන්නේ ත් නැද්ද? නොවන්නේ ත් නැද්දැ'යි ඔය අයුරින් පැවසීම කෙලෙස් නොහැදෙන දෙයක් ගැන කෙලෙස් සහිත විමසීමකි.

ආයුෂ්මත, සය වැදෑරුම් ස්පර්ශ ආයතනයන්ගේ ක්‍රියාකාරීත්වය යම්තාක් ඇද්ද, ඒ තාක් කෙලෙස් සහිත විමසීමේ ක්‍රියාකාරීත්වය ඇත. යම්තාක් කෙලෙස් සහිත විමසීමේ ක්‍රියාකාරීත්වයක් ඇද්ද, ඒ තාක් සය වැදෑරුම් ස්පර්ශ ආයතනයන්ගේ ක්‍රියාකාරීත්වය ඇත. ආයුෂ්මත, සය වැදෑරුම් ස්පර්ශ ආයතනයන්ගේ ඉතිරි නැති ව නොඇල්මෙන් නිරුද්ධ වීමක් ඇද්ද, එය කෙලෙස් සහිත විමසීම නිරුද්ධ වීම යි. කෙලෙස් සහිත විමසීම නිරුද්ධ වීමෙන් කෙලෙස් සහිත විමසීම සංසිඳී යයි.

සාදු! සාදු!! සාදු!!!

ආනන්ද සූත්‍රය නිමා විය.

4.4.3.5.
උපවාන සූත්‍රය
උපවාන තෙරුන්ට වදාළ දෙසුම

එකල්හී ආයුෂ්මත් උපවානයන් වහන්සේ ආයුෂ්මත් සාරිපුත්තයන් වහන්සේ වෙත වැඩියහ. වැඩම කොට ආයුෂ්මත් සාරිපුත්තයන් වහන්සේ සමඟ සතුටු වූහ. සතුටු විය යුතු පිළිසඳර කතා බහ නිමවා එකත්පස් ව හිඳගත්හ. එකත්පස් ව හුන් ආයුෂ්මත් උපවානයන් වහන්සේ ආයුෂ්මත් සාරිපුත්තයන් වහන්සේට මෙය වදාළහ.

"කිම, ආයුෂ්මත් සාරිපුත්තයන් වහන්ස, විද්‍යාවෙන් දුක් අවසන් කිරීම වන්නේ ද?" "ආයුෂ්මත, මෙය නොවන්නකි."

"කිම, ආයුෂ්මත් සාරිපුත්තයන් වහන්ස, චරණයෙන් දුක් අවසන් කිරීම වන්නේ ද?" "ආයුෂ්මත, මෙය නොවන්නකි."

"කිම, ආයුෂ්මත් සාරිපුත්තයන් වහන්ස, විද්‍යාවෙන් හා චරණයෙන් දුක් අවසන් කිරීම වන්නේ ද?" "ආයුෂ්මත, මෙය නොවන්නකි."

"කිම, ආයුෂ්මත් සාරිපුත්තයන් වහන්ස, විද්‍යාවෙන් දුක් අවසන් කිරීම වන්නේ දැයි ඇසූ කල්හී 'ආයුෂ්මත, මෙය නොවන්නකි' යි කීවෙහි ය. 'කිම, ආයුෂ්මත් සාරිපුත්තයන් වහන්ස, චරණයෙන් දුක් අවසන් කිරීම වන්නේ දැ' යි ඇසූ කල්හී 'ආයුෂ්මත, මෙය නොවන්නකි' යි කීවෙහි ය. 'කිම, ආයුෂ්මත් සාරිපුත්තයන් වහන්ස, විද්‍යාවෙන් හා චරණයෙන් දුක් අවසන් කිරීම වන්නේ දැ' යි ඇසූ කල්හී 'ආයුෂ්මත, මෙය නොවන්නකි' යි කීවෙහි ය. ආයුෂ්මත, කෙසේ නම් දුක් අවසන් කිරීම වන්නේ ද?"

"ආයුෂ්මත, ඉදින් විද්‍යාවෙන් දුක් අවසන් කිරීම වන්නේ නම්, උපාදාන සහිත වූයේ ම දුක් අවසන් කරන්නේ වෙයි. ආයුෂ්මත, ඉදින් චරණයෙන් දුක් අවසන් කිරීම වන්නේ නම්, උපාදාන සහිත වූයේ ම දුක් අවසන් කරන්නේ වෙයි. ආයුෂ්මත, ඉදින් විද්‍යාවෙන් හා චරණයෙන් දුක් අවසන් කිරීම වන්නේ නම්, උපාදාන සහිත වූයේ ම දුක් අවසන් කරන්නේ වෙයි. ආයුෂ්මත, විද්‍යාවෙන් හා චරණයෙන් තොර ව දුක් අවසන් කිරීම වන්නේ නම් පෘථග්ජනයා දුක් අවසන් කරන්නේ වෙයි. ආයුෂ්මත, පෘථග්ජනයා වනාහී විද්‍යා චරණ දෙකෙන් තොර

වූවෙකි. ආයුෂ්මත, චරණය නැති කල්හී ඇත්ත ඇති සැටියෙන් නොදන්නේ ය, නොදක්නේ ය. චරණයෙන් යුතු තැනැත්තා ම ඇත්ත ඇති සැටියෙන් දන්නේ ය, දක්නේ ය. ඇත්ත ඇති සැටියෙන් දැනීමෙන්, දැකීමෙන් දුක් අවසන් කරන්නේ වෙයි.”

සාදු! සාදු!! සාදු!!!

උපවාන සූත්‍රය නිමා විය.

4.4.3.6.
ආයාචමාන සූත්‍රය
ප්‍රාර්ථනා කිරීම ගැන වදාළ දෙසුම

මහණෙනි, සැදැහැවත් භික්ෂුව මැනැවින් ප්‍රාර්ථනා කරන්නේ නම්, මේ අයුරින් ප්‍රාර්ථනා කරන්නේ වෙයි. ‘සාරිපුත්ත මොග්ගල්ලානයන් වහන්සේලා යම් බඳු වෙත් නම් මම් ද එබඳු කෙනෙක් වෙම් වා’ යි. මහණෙනි, යම් මේ සාරිපුත්ත මොග්ගල්ලානයෝ වෙත් ද, මාගේ ශ්‍රාවක භික්ෂූන් හට මෙකරුණ කිරා බලන දෙය වෙයි. මෙය මිනුම් දණ්ඩ වෙයි.

මහණෙනි, සැදැහැවත් භික්ෂුණිය මැනැවින් ප්‍රාර්ථනා කරන්නී නම්, මේ අයුරින් ප්‍රාර්ථනා කරන්නී වෙයි. ‘ඛේමා භික්ෂුණිය ත්, උප්පලවණ්ණා භික්ෂුණිය ත් යම් බඳු වෙත් නම් මම් ද එබඳු කෙනෙක් වෙම් වා’ යි. මහණෙනි, යම් මේ ඛේමාවෝ හා උප්පලවණ්ණාවෝ වෙත් ද, මාගේ ශ්‍රාවිකා භික්ෂුණීන් හට මෙකරුණ කිරා බලන දෙය වෙයි. මෙය මිනුම් දණ්ඩ වෙයි.

මහණෙනි, සැදැහැවත් උපාසක තෙමේ මැනැවින් ප්‍රාර්ථනා කරන්නේ නම්, මේ අයුරින් ප්‍රාර්ථනා කරන්නේ වෙයි. ‘චිත්ත ගෘහපති, හත්ථක ආලවක යම් බඳු වෙත් නම් මම් ද එබඳු කෙනෙක් වෙම් වා’ යි. මහණෙනි, යම් මේ චිත්ත ගෘහපති හා හත්ථක ආලවක වෙත් ද, මාගේ ශ්‍රාවක උපාසකයන් හට මෙකරුණ කිරා බලන දෙය වෙයි. මෙය මිනුම් දණ්ඩ වෙයි.

මහණෙනි, සැදැහැවත් උපාසිකාව මැනැවින් ප්‍රාර්ථනා කරන්නී නම්, මේ අයුරින් ප්‍රාර්ථනා කරන්නී වෙයි. ‘ඛුජ්ජුත්තරා ව හා වේළුකණ්ඨකියෙහි නන්ද මාතාව යම් බඳු වෙත් නම් මම් ද එබඳු කෙනෙක් වෙම් වා’ යි. මහණෙනි, යම් මේ ඛුජ්ජුත්තරාව සහ වේළුකණ්ඨකියෙහි නන්ද මාතාව වෙත් ද, මාගේ ශ්‍රාවිකා

උපාසිකාවන් හට මෙකරුණ කිරා බලන දෙය වෙයි. මෙය මිනුම් දණ්ඩ වෙයි.

සාදු! සාදු!! සාදු!!!

ආයාචමාන සූත්‍රය නිමා විය.

4.4.3.7.
රාහුල සූත්‍රය
රාහුල තෙරුන්ට වදාළ දෙසුම

එකල්හී ආයුෂ්මත් රාහුලයන් වහන්සේ භාග්‍යවතුන් වහන්සේ යම් තැනක වැඩසිටි සේක් ද, එතැනට පැමිණියහ. පැමිණ භාග්‍යවතුන් වහන්සේට සකසා වන්දනා කොට එකත්පස් ව හිඳගත්හ. එකත්පස් ව හුන් ආයුෂ්මත් රාහුලයන් වහන්සේට භාග්‍යවතුන් වහන්සේ මෙය වදාළ සේක.

"රාහුලය, තමා තුළ යම්කිසි පඨවි ධාතුවක් ඇද්ද, බාහිර යම්කිසි පඨවි ධාතුවක් ඇද්ද, මෙය පඨවි ධාතුව ම ය. එය 'මාගේ නොවෙයි, මම නොවෙමි, මාගේ ආත්මය නොවේ' යැයි මේ අයුරින් ඇත්ත ඇති සැටියෙන් ම මනා ප්‍රඥාවෙන් දැක්ක යුත්තේ ය. මේ අයුරින් ඇත්ත ඇති සැටියෙන් මනා ප්‍රඥාවෙන් දැකගත් විට පඨවි ධාතුව එපා වෙයි. පඨවි ධාතුව පිළිබඳ ව සිත නොඇලෙයි.

රාහුලය, තමා තුළ යම්කිසි ආපෝ ධාතුවක් ඇද්ද, බාහිර යම්කිසි ආපෝ ධාතුවක් ඇද්ද, මෙය ආපෝ ධාතුව ම ය. එය 'මාගේ නොවෙයි, මම නොවෙමි, මාගේ ආත්මය නොවේ' යැයි මේ අයුරින් ඇත්ත ඇති සැටියෙන් ම මනා ප්‍රඥාවෙන් දැක්ක යුත්තේ ය. මේ අයුරින් ඇත්ත ඇති සැටියෙන් මනා ප්‍රඥාවෙන් දැකගත් විට ආපෝ ධාතුව එපා වෙයි. ආපෝ ධාතුව පිළිබඳ ව සිත නොඇලෙයි.

රාහුලය, තමා තුළ යම්කිසි තේජෝ ධාතුවක් ඇද්ද, බාහිර යම්කිසි තේජෝ ධාතුවක් ඇද්ද, මෙය තේජෝ ධාතුව ම ය. එය 'මාගේ නොවෙයි, මම නොවෙමි, මාගේ ආත්මය නොවේ' යැයි මේ අයුරින් ඇත්ත ඇති සැටියෙන් ම මනා ප්‍රඥාවෙන් දැක්ක යුත්තේ ය. මේ අයුරින් ඇත්ත ඇති සැටියෙන් මනා ප්‍රඥාවෙන් දැකගත් විට තේජෝ ධාතුව එපා වෙයි. තේජෝ ධාතුව පිළිබඳ ව සිත නොඇලෙයි.

රාහුලය, තමා තුළ යම්කිසි වායෝ ධාතුවක් ඇද්ද, බාහිර යම්කිසි වායෝ ධාතුවක් ඇද්ද, මෙය වායෝ ධාතුව ම ය. එය 'මාගේ නොවෙයි, මම නොවෙමි, මාගේ ආත්මය නොවේ' යැයි මේ අයුරින් ඇත්ත ඇති සැටියෙන් ම මනා ප්‍රඥාවෙන් දැක්ක යුත්තේ ය. මේ අයුරින් ඇත්ත ඇති සැටියෙන් මනා ප්‍රඥාවෙන් දැකගත් විට වායෝ ධාතුව එපා වෙයි. වායෝ ධාතුව පිළිබඳ ව සිත නොඇලෙයි.

රාහුලය, යම් විටක භික්ෂුව මේ සතර ධාතූන් පිළිබඳ ව තමා කියා හෝ යමක් නොදකියි ද, තමාට අයත් යැයි යමක් නොදකියි ද, රාහුලය, මේ භික්ෂුව තෘෂ්ණාව සිඳ දැම්මේ ය. සංයෝජන උදුරා දැම්මේ ය. මනාකොට මාන්නය අවබෝධ කොට සසර දුක් කෙළවර කළේ යැයි කියනු ලැබේ."

සාදු! සාදු!! සාදු!!!

රාහුල සූත්‍රය නිමා විය.

4.4.3.8.
චේතෝ විමුක්ති සූත්‍රය
චිත්ත විමුක්තිය ගැන වදාළ දෙසුම

මහණෙනි, මේ පුද්ගලයෝ සතර දෙනෙක් ලෝකයෙහි විද්‍යමාන ව සිටිති. ඒ කවර සතර දෙනෙක් ද යත්;

1. මහණෙනි, මෙහිලා භික්ෂුව එක්තරා ශාන්ත චිත්ත විමුක්තියක් උපදවා වාසය කරන්නේ වෙයි. හේ සක්කාය නිරෝධය මෙනෙහි කරයි. සක්කාය නිරෝධය මෙනෙහි කරන්නා වූ ඔහුගේ සිත සක්කාය නිරෝධයෙහි නොබැස ගනියි. නොපහදියි. නොසිටියි. මැනැවින් නොපිහිටයි. මහණෙනි, ඒ භික්ෂුව හට සක්කාය නිරෝධය නොකැමති විය යුත්තේ ය. මහණෙනි, එය මෙබඳු දෙයකි. පුරුෂයෙක් කොහොල්ලෑ තැවරුණු අතින් ගසක අත්තක් අල්ලන්නේ නම් ඔහුගේ අත එහි ඇලවෙන්නේ වෙයි. එයට ඇදගත්තේ වෙයි. එයට කා වැදුණේ වෙයි. මහණෙනි, එසෙයින් ම භික්ෂුව එක්තරා ශාන්ත චිත්ත විමුක්තියක් උපදවා වාසය කරන්නේ වෙයි. හේ සක්කාය නිරෝධය මෙනෙහි කරයි. සක්කාය නිරෝධය මෙනෙහි කරන්නා වූ ඔහුගේ සිත සක්කාය නිරෝධයෙහි නොබැස ගනියි. නොපහදියි. නොසිටියි. මැනැවින් නොපිහිටයි. මහණෙනි, ඒ භික්ෂුව

හට සක්කාය නිරෝධය නොකැමති විය යුත්තේ ය.

2. මහණෙනි, මෙහිලා භික්ෂුව එක්තරා ශාන්ත චිත්ත විමුක්තියක් උපදවා වාසය කරන්නේ වෙයි. හේ සක්කාය නිරෝධය මෙනෙහි කරයි. සක්කාය නිරෝධය මෙනෙහි කරන්නා වූ ඔහුගේ සිත සක්කාය නිරෝධයෙහි බැස ගනියි. පහදියි. සිටියි. මැනැවින් පිහිටයි. මහණෙනි, ඒ භික්ෂුව හට සක්කාය නිරෝධය කැමති විය යුත්තේ ය. මහණෙනි, එය මෙබඳු දෙයකි. පුරුෂයෙක් සෝදා ගත් අතින් ගසක අත්තක් අල්ලන්නේ නම් ඔහුගේ අත එහි නොඇලවෙන්නේ වෙයි. එයට නොඇදගත්තේ වෙයි. එයට කා වැදුණේ නොවෙයි. මහණෙනි, එසෙයින් ම භික්ෂුව එක්තරා ශාන්ත චිත්ත විමුක්තියක් උපදවා වාසය කරන්නේ වෙයි. හේ සක්කාය නිරෝධය මෙනෙහි කරයි. සක්කාය නිරෝධය මෙනෙහි කරන්නා වූ ඔහුගේ සිත සක්කාය නිරෝධයෙහි බැස ගනියි. පහදියි. සිටියි. මැනැවින් පිහිටයි. මහණෙනි, ඒ භික්ෂුව හට සක්කාය නිරෝධය කැමති විය යුත්තේ ය.

3. මහණෙනි, මෙහිලා භික්ෂුව එක්තරා ශාන්ත චිත්ත විමුක්තියක් උපදවා වාසය කරන්නේ වෙයි. හේ අවිද්‍යාව බිඳ හෙළීම මෙනෙහි කරයි. අවිද්‍යාව බිඳ හෙළීම මෙනෙහි කරන්නා වූ ඔහුගේ සිත අවිද්‍යාව බිඳ හෙළීමෙහි නොබැස ගනියි. නොපහදියි. නොසිටියි. මැනැවින් නොපිහිටයි. මහණෙනි, ඒ භික්ෂුව හට අවිද්‍යාව බිඳ හෙළීම නොකැමති විය යුත්තේ ය. මහණෙනි, එය මෙබඳු දෙයකි. බොහෝ වසර ගණනක් පැරණි කුණු වළක් ඇත්තේ ය. පුරුෂයෙක් ඒ වළට දිය ඇතුල් වෙන දොරටු ඇත්නම් ඒවා වසා දමයි. එහි දිය පිටවෙන දොරටු ඇත්නම් ඒවා හැර දමයි. එනමුදු මනාකොට වැසි දහර නොවසින්නේ වෙයි. මහණෙනි, මෙසේ ඇති කල්හී ඒ කුණු වළෙහි බැම්ම බිඳ හෙළීම නොකැමති විය යුත්තේ ය. එසෙයින් ම මහණෙනි, භික්ෂුව එක්තරා ශාන්ත චිත්ත විමුක්තියක් උපදවා වාසය කරන්නේ වෙයි. හේ අවිද්‍යාව බිඳ හෙළීම මෙනෙහි කරයි. අවිද්‍යාව බිඳ හෙළීම මෙනෙහි කරන්නා වූ ඔහුගේ සිත අවිද්‍යාව බිඳ හෙළීමෙහි නොබැස ගනියි. නොපහදියි. නොසිටියි. මැනැවින් නොපිහිටයි. මහණෙනි, ඒ භික්ෂුව හට අවිද්‍යාව බිඳ හෙළීම නොකැමති විය යුත්තේ ය.

4. මහණෙනි, මෙහිලා භික්ෂුව එක්තරා ශාන්ත චිත්ත විමුක්තියක් උපදවා වාසය කරන්නේ වෙයි. හේ අවිද්‍යාව බිඳ හෙළීම මෙනෙහි කරයි. අවිද්‍යාව බිඳ හෙළීම මෙනෙහි කරන්නා වූ ඔහුගේ සිත අවිද්‍යාව බිඳ හෙළීමෙහි බැස ගනියි. පහදියි. සිටියි. මැනැවින් පිහිටයි. මහණෙනි, ඒ භික්ෂුව හට අවිද්‍යාව බිඳ හෙළීම කැමති විය යුත්තේ ය. මහණෙනි, එය මෙබඳු දෙයකි. බොහෝ

වසර ගණනක් පැරණි කුණු වළක් ඇත්තේ ය. පුරුෂයෙක් ඒ වළට දිය ඇතුල් වෙන දොරටු ඇත්නම් ඒවා හැර දමයි. එහි දිය පිටවෙන දොරටු ඇත්නම් ඒවා වසා දමයි. එකල්හී මනාකොට වැසි දහර වසින්නේ වෙයි. මහණෙනි, මෙසේ ඇති කල්හී ඒ කුණු වළෙහි බැම්ම බිඳ හෙලීම කැමති විය යුත්තේ ය. එසෙයින් ම මහණෙනි, භික්ෂුව එක්තරා ශාන්ත චිත්ත විමුක්තියක් උපදවා වාසය කරන්නේ වෙයි. හේ අවිද්‍යාව බිඳ හෙලීම මෙනෙහි කරයි. අවිද්‍යාව බිඳ හෙලීම මෙනෙහි කරන්නා වූ ඔහුගේ සිත අවිද්‍යාව බිඳ හෙලීමෙහි බැස ගනියි. පහදියි. සිටියි. මැනැවින් පිහිටයි. මහණෙනි, ඒ භික්ෂුව හට අවිද්‍යාව බිඳ හෙලීම කැමති විය යුත්තේ ය.

මහණෙනි, මේ පුද්ගලයෝ සතර දෙනා ලෝකයෙහි විද්‍යමාන ව සිටිති.

සාදු! සාදු!! සාදු!!!

චේතෝ විමුක්ති සූත්‍රය නිමා විය.

4.4.3.9.
පරිනිබ්බාන හේතු සූත්‍රය
පිරිනිවීමට හේතු ගැන වදාළ දෙසුම

එකල්හී ආයුෂ්මත් ආනන්දයන් වහන්සේ ආයුෂ්මත් සාරිපුත්තයන් වහන්සේ වෙත වැඩියහ. වැඩම කොට ආයුෂ්මත් සාරිපුත්තයන් වහන්සේ සමඟ සතුටු වූහ. සතුටු විය යුතු පිළිසඳර කතා බහ නිමවා එකත්පස් ව හිඳගත්හ. එකත්පස් ව හුන් ආයුෂ්මත් ආනන්දයන් වහන්සේ ආයුෂ්මත් සාරිපුත්තයන් වහන්සේට මෙය වදාළහ.

"ආයුෂ්මත් සාරිපුත්තයෙනි, මෙලොව ඇතැම් සත්වයෝ මේ ජීවිතයේ දී ම පිරිනිවී නොයත් නම් එයට හේතුව කුමක් ද? එයට ප්‍රත්‍යය කුමක් ද?"

"ආයුෂ්මත් ආනන්දයෙනි, මෙහිලා සත්වයෝ 'මේ පිරිහීම පිණිස පවතින සංඥාවෝ යැ' යි ඒ වූ සැටියෙන් ම නොදනිති. 'මේ ගුණධර්ම පවත්වන සංඥාවෝ යැ' යි ඒ වූ සැටියෙන් ම නොදනිති. 'මේ දියුණුව පිණිස පවතින සංඥාවෝ යැ' යි ඒ වූ සැටියෙන් ම නොදනිති. 'මේ තියුණු අවබෝධය පිණිස පවතින සංඥාවෝ යැ' යි ඒ වූ සැටියෙන් ම නොදනිති. ආයුෂ්මත් ආනන්දයෙනි, මෙලොව ඇතැම් සත්වයෝ මේ ජීවිතයේ දී ම පිරිනිවී නොයත් නම් එයට

හේතුව මෙය යි. ප්‍රත්‍යය මෙය යි."

"ආයුෂ්මත් සාරිපුත්තයෙනි, මෙලොව ඇතැම් සත්වයෝ මේ ජීවිතයේ දී ම පිරිනිවී යත් නම් එයට හේතුව කුමක් ද? එයට ප්‍රත්‍යය කුමක් ද?"

"ආයුෂ්මත් ආනන්දයෙනි, මෙහිලා සත්වයෝ 'මේ පිරිහීම පිණිස පවතින සංඥාවෝ යැ' යි ඒ වූ සැටියෙන් ම දනිති. 'මේ ගුණධර්ම පවත්වන සංඥාවෝ යැ' යි ඒ වූ සැටියෙන් ම දනිති. 'මේ දියුණුව පිණිස පවතින සංඥාවෝ යැ' යි ඒ වූ සැටියෙන් ම දනිති. 'මේ තියුණු අවබෝධය පිණිස පවතින සංඥාවෝ යැ' යි ඒ වූ සැටියෙන් ම දනිති. ආයුෂ්මත් ආනන්දයෙනි, මෙලොව ඇතැම් සත්වයෝ මේ ජීවිතයේ දී ම පිරිනිවී යත් නම් එයට හේතුව මෙය යි. ප්‍රත්‍යය මෙය යි."

සාදු! සාදු!! සාදු!!!

පරිනිබ්බාන හේතු සූත්‍රය නිමා විය.

4.4.3.10.
මහාපදේසදේසනා සූත්‍රය
මහාපදේශ දේශනාව ගැන වදාළ දෙසුම

එක් සමයක භාග්‍යවතුන් වහන්සේ භෝග නගරයෙහි ආනන්ද සෑයෙහි වැඩවසන සේක. එකල්හී භාග්‍යවතුන් වහන්සේ "මහණෙනි" යි භික්ෂූන් ඇමතූ සේක. "පින්වතුන් වහන්සැ"යි ඒ භික්ෂූහු භාග්‍යවතුන් වහන්සේට පිළිවදන් දුන්හ. භාග්‍යවතුන් වහන්සේ මෙය වදාළ සේක.

"මහණෙනි, මේ සතරක් වූ මහා අපදේශයන් දෙසන්නෙමි. එය අසව්. මැනැවින් මෙනෙහි කරව්. පවසන්නෙමි." "එසේය ස්වාමීනී" යි ඒ භික්ෂූහු භාග්‍යවතුන් වහන්සේට පිළිවදන් දුන්හ. භාග්‍යවතුන් වහන්සේ මෙය වදාළහ.

"මහණෙනි, සතර මහා අපදේශය යනු මොනවා ද?

1. මහණෙනි, මෙහිලා භික්ෂුවක් මෙසේ කියන්නේ වෙයි. 'ආයුෂ්මත්නි, මෙකරුණ මා විසින් භාග්‍යවතුන් වහන්සේ හමුවෙහි අසන ලද්දේ ය. හමුවෙහි පිළිගන්නා ලද්දේ ය. ධර්මය යනු මෙය යි. විනය යනු මෙය යි. ශාස්තෘ ශාසනය යනු මෙය යි' කියා ය. මහණෙනි, ඒ භික්ෂුවගේ කථාව නොපිළිගත යුත්තේ ය.

ප්‍රතික්ෂේප නොකළ යුත්තේ ය. නොපිළිගෙන, ප්‍රතික්ෂේප නොකොට ඒ පද ප්‍රකාශනයන් මැනැවින් ඉගෙන සූත්‍රයෙහි බහා බැලිය යුත්තේ ය. විනයෙහිලා සැසඳිය යුත්තේ ය. ඉදින් සූත්‍රයෙහි බහා බලද්දී, විනයෙහිලා සසඳද්දී ඒ පැවසූ දෙය සූත්‍රයෙහි නොබැස ගනියි නම්, විනයෙහි නොසැසඳෙයි නම් ඒ පිළිබඳ ව නිෂ්ඨාවකට පැමිණිය යුත්තේ ය. 'ඒකාන්තයෙන් මෙය ඒ භාග්‍යවත් අරහත් සම්බුදුරජුන්ගේ වචනයක් නොවෙයි. මේ භික්ෂුව විසින් වැරදි ලෙස ගන්නා ලද දෙයකි' යි. මහණෙනි, මෙසේ මෙය බැහැර කර දමව්.

මහණෙනි, මෙහිලා භික්ෂුවක් මෙසේ කියන්නේ වෙයි. 'ආයුෂ්මත්නි, මෙකරුණ මා විසින් භාග්‍යවතුන් වහන්සේ හමුවෙහි අසන ලද්දේ ය. හමුවෙහි පිළිගන්නා ලද්දේ ය. ධර්මය යනු මෙය යි. විනය යනු මෙය යි. ශාස්තෘ ශාසනය යනු මෙය යි' කියා ය. මහණෙනි, ඒ භික්ෂුවගේ කථාව නොපිළිගත යුත්තේ ය. ප්‍රතික්ෂේප නොකළ යුත්තේ ය. නොපිළිගෙන, ප්‍රතික්ෂේප නොකොට ඒ පද ප්‍රකාශනයන් මැනැවින් ඉගෙන සූත්‍රයෙහි බහා බැලිය යුත්තේ ය. විනයෙහිලා සැසඳිය යුත්තේ ය. ඉදින් සූත්‍රයෙහි බහා බලද්දී, විනයෙහිලා සසඳද්දී ඒ පැවසූ දෙය සූත්‍රයෙහි බැස ගනියි නම්, විනයෙහි ලා සැසඳෙයි නම් ඒ පිළිබඳ ව නිෂ්ඨාවකට පැමිණිය යුත්තේ ය. 'ඒකාන්තයෙන් මෙය ඒ භාග්‍යවත් අරහත් සම්බුදුරජුන්ගේ වචනයකි. මේ භික්ෂුව විසින් මැනැවින් ගන්නා ලද දෙයකි' යි. මහණෙනි, මෙම පළමු මහාපදේශය ධරාගනිව්.

2. මහණෙනි, මෙහිලා භික්ෂුවක් මෙසේ කියන්නේ වෙයි. 'ආයුෂ්මත්නි, අසවල් ආවාසයෙහි ස්ථවිරයන් වහන්සේලා සහිත ප්‍රමුඛයන් වහන්සේලා සහිත සංඝයා වහන්සේ වැඩවෙසෙති. මෙකරුණ මා විසින් සංඝයා හමුවෙහි අසන ලද්දේ ය. හමුවෙහි පිළිගන්නා ලද්දේ ය. ධර්මය යනු මෙය යි. විනය යනු මෙය යි. ශාස්තෘ ශාසනය යනු මෙය යි' කියා ය. මහණෙනි, ඒ භික්ෂුවගේ කථාව නොපිළිගත යුත්තේ ය. ප්‍රතික්ෂේප නොකළ යුත්තේ ය. නොපිළිගෙන, ප්‍රතික්ෂේප නොකොට ඒ පද ප්‍රකාශනයන් මැනැවින් ඉගෙන සූත්‍රයෙහි බහා බැලිය යුත්තේ ය. විනයෙහිලා සැසඳිය යුත්තේ ය. ඉදින් සූත්‍රයෙහි බහා බලද්දී, විනයෙහිලා සසඳද්දී ඒ පැවසූ දෙය සූත්‍රයෙහි නොබැස ගනියි නම්, විනයෙහි නොසැසඳෙයි නම් ඒ පිළිබඳ ව නිෂ්ඨාවකට පැමිණිය යුත්තේ ය. 'ඒකාන්තයෙන් මෙය ඒ භාග්‍යවත් අරහත් සම්බුදුරජුන්ගේ වචනයක් නොවෙයි. ඒ සංඝයා විසින් වැරදි ලෙස ගන්නා ලද දෙයකි' යි. මහණෙනි, මෙසේ මෙය බැහැර කර දමව්.

මහණෙනි, මෙහිලා භික්ෂුවක් මෙසේ කියන්නේ වෙයි. 'ආයුෂ්මත්නි, අසවල් ආවාසයෙහි ස්ථවිරයන් වහන්සේලා සහිත ප්‍රමුඛයන් වහන්සේලා සහිත

සංඝයා වහන්සේ වැඩවෙසෙති. මෙකරුණ මා විසින් සංඝයා හමුවෙහි අසන ලද්දේ ය. හමුවෙහි පිළිගන්නා ලද්දේ ය. ධර්මය යනු මෙය යි. විනය යනු මෙය යි. ශාස්තෘ ශාසනය යනු මෙය යි' කියා ය. මහණෙනි, ඒ භික්ෂුවගේ කථාව නොපිළිගත යුත්තේ ය. ප්‍රතික්ෂේප නොකළ යුත්තේ ය. නොපිළිගෙන, ප්‍රතික්ෂේප නොකොට ඒ පද ප්‍රකාශනයන් මැනැවින් ඉගෙන සූත්‍රයෙහි බහා බැලිය යුත්තේ ය. විනයෙහිලා සැසඳිය යුත්තේ ය. ඉදින් සූත්‍රයෙහි බහා බලද්දී, විනයෙහිලා සසඳද්දී ඒ පැවසූ දෙය සූත්‍රයෙහි බැස ගනියි නම්, විනයෙහි ලා සැසඳෙයි නම් ඒ පිළිබඳ ව නිෂ්ඨාවකට පැමිණිය යුත්තේ ය. 'ඒකාන්තයෙන් මෙය ඒ භාග්‍යවත් අරහත් සම්බුදුරජුන්ගේ වචනයකි. ඒ සංඝයා විසින් මැනැවින් ගන්නා ලද දෙයකි' යි. මහණෙනි, මෙම දෙවෙනි මහාපදේශය ධරාගනිව්.

3. මහණෙනි, මෙහිලා භික්ෂුවක් මෙසේ කියන්නේ වෙයි. 'ආයුෂ්මත්නි, අසවල් ආවාසයෙහි බහුශ්‍රැත වූ උගත් සූත්‍රාන්තයන් ඇති ධර්මධර විනයධර මාතෘකාධර බොහෝ ස්ථවිර භික්ෂූහු වැඩවෙසෙති. මෙකරුණ මා විසින් තෙරුන් වහන්සේලා හමුවෙහි අසන ලද්දේ ය. හමුවෙහි පිළිගන්නා ලද්දේ ය. ධර්මය යනු මෙය යි. විනය යනු මෙය යි. ශාස්තෘ ශාසනය යනු මෙය යි' කියා ය. මහණෙනි, ඒ භික්ෂුවගේ කථාව නොපිළිගත යුත්තේ ය. ප්‍රතික්ෂේප නොකළ යුත්තේ ය. නොපිළිගෙන, ප්‍රතික්ෂේප නොකොට ඒ පද ප්‍රකාශනයන් මැනැවින් ඉගෙන සූත්‍රයෙහි බහා බැලිය යුත්තේ ය. විනයෙහිලා සැසඳිය යුත්තේ ය. ඉදින් සූත්‍රයෙහි බහා බලද්දී, විනයෙහිලා සසඳද්දී ඒ පැවසූ දෙය සූත්‍රයෙහි නොබැස ගනියි නම්, විනයෙහි නොසැසඳෙයි නම් ඒ පිළිබඳ ව නිෂ්ඨාවකට පැමිණිය යුත්තේ ය. 'ඒකාන්තයෙන් මෙය ඒ භාග්‍යවත් අරහත් සම්බුදුරජුන්ගේ වචනයක් නොවෙයි. ඒ ස්ථවිර භික්ෂූන් විසින් වැරදි ලෙස ගන්නා ලද දෙයකි' යි. මහණෙනි, මෙසේ මෙය බැහැර කර දමව්.

මහණෙනි, මෙහිලා භික්ෂුවක් මෙසේ කියන්නේ වෙයි. 'ආයුෂ්මත්නි, අසවල් ආවාසයෙහි බහුශ්‍රැත වූ උගත් සූත්‍රාන්තයන් ඇති ධර්මධර විනයධර මාතෘකාධර බොහෝ ස්ථවිර භික්ෂූහු වැඩවෙසෙති. මෙකරුණ මා විසින් තෙරුන් වහන්සේලා හමුවෙහි අසන ලද්දේ ය. හමුවෙහි පිළිගන්නා ලද්දේ ය. ධර්මය යනු මෙය යි. විනය යනු මෙය යි. ශාස්තෘ ශාසනය යනු මෙය යි' කියා ය. මහණෙනි, ඒ භික්ෂුවගේ කථාව නොපිළිගත යුත්තේ ය. ප්‍රතික්ෂේප නොකළ යුත්තේ ය. නොපිළිගෙන, ප්‍රතික්ෂේප නොකොට ඒ පද ප්‍රකාශනයන් මැනැවින් ඉගෙන සූත්‍රයෙහි බහා බැලිය යුත්තේ ය. විනයෙහිලා සැසඳිය යුත්තේ ය. ඉදින් සූත්‍රයෙහි බහා බලද්දී, විනයෙහිලා සසඳද්දී ඒ පැවසූ දෙය සූත්‍රයෙහි බැස ගනියි නම්, විනයෙහි ලා සැසඳෙයි නම් ඒ පිළිබඳ ව නිෂ්ඨාවකට පැමිණිය

යුත්තේ ය. 'ඒකාන්තයෙන් මෙය ඒ භාග්‍යවත් අරහත් සම්බුදුරජුන්ගේ වචනයකි. ඒ ස්ථවිර භික්ෂූන් විසින් මැනැවින් ගන්නා ලද දෙයකි' යි. මහණෙනි, මෙම තෙවෙනි මහාපදේශය ධරාගනිව්.

4. මහණෙනි, මෙහිලා භික්ෂුවක් මෙසේ කියන්නේ වෙයි. 'ආයුෂ්මත්නි, අසවල් ආවාසයෙහි බහුශ්‍රැත වූ උගත් සූත්‍රාන්තයන් ඇති ධර්මධර විනයධර මාතෘකාධර එක් ස්ථවිරයන් වහන්සේ නමක් වැඩවෙසෙති. මෙකරුණ මා විසින් ඒ තෙරුන් වහන්සේ හමුවෙහි අසන ලද්දේ ය. හමුවෙහි පිළිගන්නා ලද්දේ ය. ධර්මය යනු මෙය යි. විනය යනු මෙය යි. ශාස්තෘ ශාසනය යනු මෙය යි' කියා ය. මහණෙනි, ඒ භික්ෂුවගේ කථාව නොපිළිගත යුත්තේ ය. ප්‍රතික්ෂේප නොකළ යුත්තේ ය. නොපිළිගෙන, ප්‍රතික්ෂේප නොකොට ඒ පද ප්‍රකාශනයන් මැනැවින් ඉගෙන සූත්‍රයෙහි බහා බැලිය යුත්තේ ය. විනයෙහිලා සැසඳිය යුත්තේ ය. ඉදින් සූත්‍රයෙහි බහා බලද්දී, විනයෙහිලා සසඳද්දී ඒ පැවසූ දෙය සූත්‍රයෙහි නොබැස ගනියි නම්, විනයෙහි නොසැසඳෙයි නම් ඒ පිළිබඳ ව නිෂ්ඨාවකට පැමිණිය යුත්තේ ය. 'ඒකාන්තයෙන් මෙය ඒ භාග්‍යවත් අරහත් සම්බුදුරජුන්ගේ වචනයක් නොවෙයි. ඒ ස්ථවිර භික්ෂුව විසින් වැරදි ලෙස ගන්නා ලද දෙයකි' යි. මහණෙනි, මෙසේ මෙය බැහැර කර දමව්.

මහණෙනි, මෙහිලා භික්ෂුවක් මෙසේ කියන්නේ වෙයි. 'ආයුෂ්මත්නි, අසවල් ආවාසයෙහි බහුශ්‍රැත වූ උගත් සූත්‍රාන්තයන් ඇති ධර්මධර විනයධර මාතෘකාධර එක් ස්ථවිරයන් වහන්සේ නමක් වැඩවෙසෙති. මෙකරුණ මා විසින් ඒ තෙරුන් වහන්සේ හමුවෙහි අසන ලද්දේ ය. හමුවෙහි පිළිගන්නා ලද්දේ ය. ධර්මය යනු මෙය යි. විනය යනු මෙය යි. ශාස්තෘ ශාසනය යනු මෙය යි' කියා ය. මහණෙනි, ඒ භික්ෂුවගේ කථාව නොපිළිගත යුත්තේ ය. ප්‍රතික්ෂේප නොකළ යුත්තේ ය. නොපිළිගෙන, ප්‍රතික්ෂේප නොකොට ඒ පද ප්‍රකාශනයන් මැනැවින් ඉගෙන සූත්‍රයෙහි බහා බැලිය යුත්තේ ය. විනයෙහිලා සැසඳිය යුත්තේ ය. ඉදින් සූත්‍රයෙහි බහා බලද්දී, විනයෙහිලා සසඳද්දී ඒ පැවසූ දෙය සූත්‍රයෙහි බැස ගනියි නම්, විනයෙහි ලා සැසඳෙයි නම් ඒ පිළිබඳ ව නිෂ්ඨාවකට පැමිණිය යුත්තේ ය. 'ඒකාන්තයෙන් මෙය ඒ භාග්‍යවත් අරහත් සම්බුදුරජුන්ගේ වචනයකි. ඒ ස්ථවිර භික්ෂුව විසින් මැනැවින් ගන්නා ලද දෙයකි' යි. මහණෙනි, මෙම සිව්වෙනි මහාපදේශය ධරාගනිව්.

මහණෙනි, මේ වනාහී සතරක් වූ මහාපදේශයෝ ය.

සාදු! සාදු!! සාදු!!!

මහාපදේසදේසනා සූත්‍රය නිමා විය.

තුන්වෙනි සංචේතනීය වර්ගය අවසන් විය.

- එහි පිළිවෙල උද්දානයයි :

චේතනා සූත්‍රය, පටිසම්භිදා සූත්‍රය, කොට්ඨිත සූත්‍රය, ආනන්ද සූත්‍රය, උපවාන සූත්‍රය, ආයාචන සූත්‍රය, රාහුල සූත්‍රය, චේතෝවිමුක්ති සූත්‍රය, නිබ්බාන සූත්‍රය සහ මහාපදේස සූත්‍රය වශයෙන් මෙහි සූත්‍ර දශයකි.

4. බ්‍රාහ්මණ වර්ගය

4.4.4.1.
යෝධාජීව සූත්‍රය
යුදහටයා උපමා කොට වදාළ දෙසුම

සැවැත් නුවර දී ය ....

මහණෙනි, සතර කරුණකින් යුක්ත වූ යුද හටයා රජුට යෝග්‍ය වෙයි. රාජ පරිහරණයට සුදුසු වෙයි. රජුගේ අංගයක් ය යන සංඛ්‍යාවට යයි. ඒ කවර සතර කරුණෙකින් ද යත්;

මහණෙනි, මෙහිලා යුද හටයා විදින තැන පිළිබඳ ව දක්ෂ වූයේ වෙයි. ඉතා දුර විදින්නේ වෙයි. අකුණු එළියෙන් විදින්නේ වෙයි. මහත් සතුරු සෙන් බිඳලන්නේ වෙයි. මහණෙනි, මේ සතර කරුණෙන් යුක්ත වූ යුද හටයා රජුට යෝග්‍ය වෙයි. රාජ පරිහරණයට සුදුසු වෙයි. රජුගේ අංගයක් ය යන සංඛ්‍යාවට යයි.

මහණෙනි, එසෙයින් ම සතර කරුණකින් යුක්ත වූ භික්ෂුව ආහුණෙය්‍ය වෙයි. පාහුණෙය්‍ය වෙයි. දක්ඛිණෙය්‍ය වෙයි. අංජලිකරණීය වෙයි. ලොවට උතුම් පින්කෙත වෙයි. ඒ කවර සතර කරුණකින් ද යත්;

මහණෙනි, මෙහිලා භික්ෂුව විදින තැන පිළිබඳ ව දක්ෂ වූයේ වෙයි. ඉතා දුර විදින්නේ වෙයි. අකුණු එළියෙන් විදින්නේ වෙයි. මහත් සතුරු සෙන් බිඳලන්නේ වෙයි.

1. මහණෙනි, භික්ෂුව විදින තැන පිළිබඳ ව දක්ෂ වන්නේ කෙසේ ද? මහණෙනි, මෙහිලා භික්ෂුව සිල්වත් වෙයි. ....(පෙ).... ශික්ෂා පදයන්හි සමාදන් ව හික්මෙයි. මහණෙනි, මේ අයුරින් භික්ෂුව විදින තැන පිළිබඳ ව දක්ෂ වෙයි.

2. මහණෙනි, භික්ෂුව කෙසේ නම් ඉතා දුර විදින්නේ වෙයි ද? මහණෙනි, මෙහිලා භික්ෂුව යම්කිසි රූපයක් අතීත වේවා, අනාගත වේවා, වර්තමාන වේවා, ආධ්‍යාත්ම වේවා, බාහිර වේවා, ගොරෝසු වේවා, සියුම් වේවා, පහත් වේවා, උසස් වේවා, දුර හෝ ළඟ හෝ යමක් වේවා ඒ සියළු රූප 'මෙය මාගේ නොවේ, මෙය මම නොවෙමි, මෙය මාගේ ආත්මය නොවේ' යැයි ඇත්ත ඇති සැටියෙන් ම මනා වූ ප්‍රඥාවෙන් දකියි. යම්කිසි විඳීමක් ....(පෙ).... යම්කිසි සංඥාවක් ....(පෙ).... යම්කිසි සංස්කාරයක් ....(පෙ).... යම්කිසි විඤ්ඤාණයක් අතීත වේවා, අනාගත වේවා, වර්තමාන වේවා, ආධ්‍යාත්ම වේවා, බාහිර වේවා, ගොරෝසු වේවා, සියුම් වේවා, පහත් වේවා, උසස් වේවා, දුර හෝ ළඟ හෝ යමක් වේවා ඒ සියළු විඤ්ඤාණය 'මෙය මාගේ නොවේ, මෙය මම නොවෙමි, මෙය මාගේ ආත්මය නොවේ' යැයි ඇත්ත ඇති සැටියෙන් ම මනා වූ ප්‍රඥාවෙන් දකියි. මහණෙනි, මේ අයුරින් භික්ෂුව ඉතා දුර විදින්නේ වෙයි.

3. මහණෙනි, භික්ෂුව කෙසේ නම් අකුණු එළියෙන් විදින්නේ වෙයි ද? මහණෙනි, මෙහිලා භික්ෂුව මෙය දුක යැයි ඒ වූ සැටියෙන් ම අවබෝධ කරයි. මෙය දුකෙහි හටගැනීම යැයි ඒ වූ සැටියෙන් ම අවබෝධ කරයි. මෙය දුකෙහි නිරුද්ධ වීම යැයි ඒ වූ සැටියෙන් ම අවබෝධ කරයි. මෙය දුක් නිරුද්ධ වන්නා වූ මාර්ගය යැයි ඒ වූ සැටියෙන් ම අවබෝධ කරයි. මහණෙනි, මේ අයුරින් භික්ෂුව අකුණු එළියෙන් විදින්නේ වෙයි.

4. මහණෙනි, භික්ෂුව මහත් වූ සතුරු සේනාව බිඳහෙලන්නේ කෙසේ ද? මහණෙනි, මෙහිලා භික්ෂුව මහත් වූ අවිද්‍යා කඳ බිඳින්නේ වෙයි. මහණෙනි, මේ අයුරින් භික්ෂුව මහත් වූ සතුරු කය බිඳින්නේ වෙයි.

මහණෙනි, මේ සතර කරුණෙන් යුක්ත වූ භික්ෂුව ආහුණෙය්‍ය වෙයි. ....(පෙ).... ලොවට උතුම් පින්කෙත වෙයි.

සාදු! සාදු!! සාදු!!!

යෝධාජීව සූත්‍රය නිමා විය.

4.4.4.3.
පටිභෝග සූත්‍රය
ඇපකාරයා ගැන වදාළ දෙසුම

මහණෙනි, කරුණු සතරකට ලෝකයෙහි ශ්‍රමණයෙක් වේවා, බ්‍රාහ්මණයෙක් වේවා, දෙවියෙක් වේවා, මාරයෙක් වේවා, බ්‍රහ්මයෙක් වේවා, කිසිවෙක් වේවා ඇපකාරයෙක් නැත්තේ ය. ඒ කවර කරුණු සතරකට ද යත්;

1. මහළු වන ස්වභාවයෙන් යුතු දෙය මහළු බවට පත් නොවේවා යි ලෝකයෙහි ශ්‍රමණයෙක් වේවා, බ්‍රාහ්මණයෙක් වේවා, දෙවියෙක් වේවා, මාරයෙක් වේවා, බ්‍රහ්මයෙක් වේවා, කිසිවෙක් වේවා ඇපකාරයෙක් නැත්තේ ය.

2. රෝගී වන ස්වභාවයෙන් යුතු දෙය රෝගී බවට පත් නොවේවා යි ලෝකයෙහි ශ්‍රමණයෙක් වේවා, බ්‍රාහ්මණයෙක් වේවා, දෙවියෙක් වේවා, මාරයෙක් වේවා, බ්‍රහ්මයෙක් වේවා, කිසිවෙක් වේවා ඇපකාරයෙක් නැත්තේ ය.

3. මැරී යන ස්වභාවයෙන් යුතු දෙය මරණයට පත් නොවේවා යි ලෝකයෙහි ශ්‍රමණයෙක් වේවා, බ්‍රාහ්මණයෙක් වේවා, දෙවියෙක් වේවා, මාරයෙක් වේවා, බ්‍රහ්මයෙක් වේවා, කිසිවෙක් වේවා ඇපකාරයෙක් නැත්තේ ය.

4. කෙලෙස් සහිත වූ, පුනර්භවය ලබා දෙන, දුක් සහිත, දුක් විපාක සහිත, අනාගතයෙහි ඉපදීම ජරා මරණ ඇති කරදෙන යම් පාප කර්මයෝ ඇද්ද, ඒ පාප කර්මයන්ගේ විපාකය හට නොගනීවා යි ලෝකයෙහි ශ්‍රමණයෙක් වේවා, බ්‍රාහ්මණයෙක් වේවා, දෙවියෙක් වේවා, මාරයෙක් වේවා, බ්‍රහ්මයෙක් වේවා, කිසිවෙක් වේවා ඇපකාරයෙක් නැත්තේ ය.

මහණෙනි, මේ කරුණු සතරට ලෝකයෙහි ශ්‍රමණයෙක් වේවා, බ්‍රාහ්මණයෙක් වේවා, දෙවියෙක් වේවා, මාරයෙක් වේවා, බ්‍රහ්මයෙක් වේවා, කිසිවෙක් වේවා ඇපකාරයෙක් නැත්තේ ය.

සාදු! සාදු!! සාදු!!!

පාටිභෝග සූත්‍රය නිමා විය.

4.4.4.3.
වස්සකාර සූත්‍රය
වස්සකාර බ්‍රහ්මණයාට වදාළ දෙසුම

එක් සමයක භාග්‍යවතුන් වහන්සේ රජගහ නුවර කලන්දක නිවාප නම් වේළුවනයෙහි වැඩවසන සේක. එකල්හී මගධ මහාමාත්‍ය වස්සකාර බ්‍රාහ්මණ තෙමේ භාග්‍යවතුන් වහන්සේ කරා පැමිණියේ ය. පැමිණ භාග්‍යවතුන් වහන්සේ සමඟ සතුටු වූයේ ය. සතුටු විය යුතු පිළිසඳර කතා බහේ යෙදී එකත්පස් ව හිඳගත්තේ ය. එකත්පස් ව හුන් මගධ මහාමාත්‍ය වස්සකාර බ්‍රාහ්මණයා භාග්‍යවතුන් වහන්සේට මෙය සැළ කළේ ය.

"භවත් ගෞතමයන් වහන්ස, මම් මෙබඳු දෙයක් පවසන, මෙබඳු දෘෂ්ටිගතිකයෙක් වෙමි. යමෙක් කිසිවක් දැක 'මා විසින් මෙසේ දක්නා ලද'යි පවසන්නේ නම් එහි දොසක් නැත්තේ ය. යමෙක් කිසිවක් අසා 'මා විසින් මෙසේ අසන ලද්දේ යැ'යි පවසන්නේ නම් එහි දොසක් නැත්තේ ය. යමෙක් කිසිවක් ආඝ්‍රාණය කොට 'මා විසින් මෙසේ ආඝ්‍රාණය කරන ලද'යි පවසන්නේ නම් එහි දොසක් නැත්තේ ය. යමෙක් කිසිවක් රස විඳ 'මා විසින් මෙසේ විඳින ලද'යි පවසන්නේ නම් එහි දොසක් නැත්තේ ය. යමෙක් කිසිවක් ස්පර්ශ කොට 'මා විසින් මෙසේ ස්පර්ශ කරන ලද'යි පවසන්නේ නම් එහි දොසක් නැත්තේ ය. යමෙක් කිසිවක් මනසින් දැන 'මා විසින් මෙසේ දන්නා ලද'යි පවසන්නේ නම් එහි දොසක් නැත්තේ ය."

"බ්‍රාහ්මණය, මම දැක්ක සියළු දෙය ම කිව යුතු යැයි නොකියමි. බ්‍රාහ්මණය, මම දැක්ක සියළු දෙය ම නොකිව යුතු යැයි ද නොකියමි. බ්‍රාහ්මණය, මම ඇසූ සියළු දෙය ම කිව යුතු යැයි නොකියමි. බ්‍රාහ්මණය, මම ඇසූ සියළු දෙය ම නොකිව යුතු යැයි ද නොකියමි. බ්‍රාහ්මණය, මම ආඝ්‍රාණය කළ සියළු දෙය ම කිව යුතු යැයි නොකියමි. බ්‍රාහ්මණය, මම ආඝ්‍රාණය කළ සියළු දෙය ම නොකිව යුතු යැයි ද නොකියමි. බ්‍රාහ්මණය, මම රස විඳි සියළු දෙය ම කිව යුතු යැයි නොකියමි. බ්‍රාහ්මණය, මම රස විඳි සියළු දෙය ම නොකිව යුතු යැයි ද නොකියමි. බ්‍රාහ්මණය, මම පහස ලද සියළු දෙය ම කිව යුතු යැයි නොකියමි. බ්‍රාහ්මණය, මම පහස ලද සියළු දෙය ම නොකිව යුතු යැයි ද නොකියමි. බ්‍රාහ්මණය, මම සිතෙන් දැනගත් සියළු දෙය ම කිව යුතු යැයි නොකියමි. බ්‍රාහ්මණය, මම සිතෙන් දැනගත් සියළු දෙය ම නොකිව යුතු යැයි

ද නොකියමි.

බ්‍රාහ්මණය, දකින ලද යමක් කියන විට අකුසල් දහම් වැඩී යයි නම්, කුසල් දහම් පිරිහී යයි නම් මේ අයුරු වූ දකින ලද දෙය නොකිව යුතු යැයි කියමි. බ්‍රාහ්මණය, දකින ලද යමක් කියන විට කුසල් දහම් වැඩී යයි නම්, අකුසල් දහම් පිරිහී යයි නම් මේ අයුරු වූ දකින ලද දෙය කිව යුතු යැයි කියමි.

බ්‍රාහ්මණය, අසන ලද යමක් කියන විට අකුසල් දහම් වැඩී යයි නම්, කුසල් දහම් පිරිහී යයි නම් මේ අයුරු වූ අසන ලද දෙය නොකිව යුතු යැයි කියමි. බ්‍රාහ්මණය, අසන ලද යමක් කියන විට කුසල් දහම් වැඩී යයි නම්, අකුසල් දහම් පිරිහී යයි නම් මේ අයුරු වූ අසන ලද දෙය කිව යුතු යැයි කියමි.

බ්‍රාහ්මණය, ආඝ්‍රාණය කරන ලද ....(පෙ).... රස විඳින ලද ....(පෙ).... පහස ලබන ලද යමක් කියන විට අකුසල් දහම් වැඩී යයි නම්, කුසල් දහම් පිරිහී යයි නම් මේ අයුරු වූ පහස ලබන ලද දෙය නොකිව යුතු යැයි කියමි. බ්‍රාහ්මණය, පහස ලබන ලද යමක් කියන විට කුසල් දහම් වැඩී යයි නම්, අකුසල් දහම් පිරිහී යයි නම් මේ අයුරු වූ පහස ලබන ලද දෙය කිව යුතු යැයි කියමි.

බ්‍රාහ්මණය, සිතින් සිතන ලද යමක් කියන විට අකුසල් දහම් වැඩී යයි නම්, කුසල් දහම් පිරිහී යයි නම් මේ අයුරු වූ සිතින් සිතන ලද දෙය නොකිව යුතු යැයි කියමි. බ්‍රාහ්මණය, සිතින් සිතන ලද යමක් කියන විට කුසල් දහම් වැඩී යයි නම්, අකුසල් දහම් පිරිහී යයි නම් මේ අයුරු වූ සිතින් සිතන ලද දෙය කිව යුතු යැයි කියමි.”

එකල්හී මගධ මහාමාත්‍ය වස්සකාර බ්‍රාහ්මණයා භාග්‍යවතුන් වහන්සේගේ භාෂිතය සතුටින් පිළිගෙන හුනස්නෙන් නැගිට ගියේ ය.

සාදු! සාදු!! සාදු!!!

වස්සකාර සූත්‍රය නිමා විය.

4.4.4.4.
ජාණුස්සෝණි සූත්‍රය
ජාණුස්සෝණි බ්‍රාහ්මණයාට වදාළ දෙසුම

එකල්හී ජාණුස්සෝණි බ්‍රාහ්මණ තෙමේ භාග්‍යවතුන් වහන්සේ කරා

පැමිණියේ ය. පැමිණ භාග්‍යවතුන් වහන්සේ සමඟ සතුටු වූයේ ය. සතුටු විය යුතු පිළිසඳර කතා බහේ යෙදී එකත්පස් ව හිඳගත්තේ ය. එකත්පස් ව හුන් ජාණුස්සෝණි බ්‍රාහ්මණයා භාග්‍යවතුන් වහන්සේට මෙය සැළ කළේ ය.

"භවත් ගෞතමයන් වහන්ස, මම් මෙබඳු වූ දෙයක් පවසන, මෙබඳු වූ දෘෂ්ටිගතිකයෙක්මි. එනම් 'මැරෙන ස්වභාවයෙන් යුතු යමෙක් සිටියි ද, හේ මරණයට භය නොවන්නේ ය, මරණය ඉදිරියෙහි සන්ත්‍රාසයට පත් නොවන්නේ ය යන කරුණ නැත' යනුවෙනි."

"බ්‍රාහ්මණය, මැරෙන ස්වභාවයෙන් යුතු යමෙක් සිටියි ද, හේ මරණයට භය වන්නේ ය, මරණය ඉදිරියෙහි සන්ත්‍රාසයට පත් වන්නේ ය යන මෙබඳු වූ කෙනෙක් ද ඇත. එමෙන් ම බ්‍රාහ්මණය, මැරෙන ස්වභාවයෙන් යුතු යමෙක් සිටියි ද, හේ මරණයට භය නොවන්නේ ය, මරණය ඉදිරියෙහි සන්ත්‍රාසයට පත් නොවන්නේ ය යන මෙබඳු වූ කෙනෙක් ද ඇත.

බ්‍රාහ්මණය, මැරෙන ස්වභාවයෙන් යුතුව සිට බිය වන්නා වූ, මරණය අභියස සන්ත්‍රාසයට පත්වන්නා වූ පුද්ගලයා කවරෙක් ද?

බ්‍රාහ්මණය, මෙහිලා ඇතැමෙක් කාමයන්හි රාගය දුරු නොකළේ වෙයි. කැමැත්ත දුරු නොකළේ වෙයි. ප්‍රේමය දුරු නොකළේ වෙයි. පිපාසය දුරු නොකළේ වෙයි. දාහය දුරු නොකළේ වෙයි. තෘෂ්ණාව දුරු නොකළේ වෙයි. ඔහු එක්තරා දරුණු රෝගයකින් පහස ලැබුවේ වෙයි. දරුණු රෝග යක් වැළඳුණු ඔහුට මෙසේ සිතෙයි. 'අහෝ! ප්‍රිය වූ කාමයෝ මා ව අත්හැර දමන්නාහු ය. මම් ද ප්‍රිය වූ කාමයන් අත්හරින්නෙමි' යි. හේ ශෝක කරයි. ක්ලාන්ත වෙයි. වැළපෙයි. ළයෙහි අත්පැහැර හඬයි. සිහි මුළාවට පත් වෙයි. බ්‍රාහ්මණය, මැරෙන ස්වභාවය ඇති ව සිට මරණයට බිය වෙයි නම්, මරණය අභියස සන්ත්‍රාසයට පත් වෙයි නම් ඒ මොහු ය.

තව ද බ්‍රාහ්මණය, මෙහිලා ඇතැමෙක් තම ශරීරයෙහි රාගය දුරු නොකළේ වෙයි. කැමැත්ත දුරු නොකළේ වෙයි. ප්‍රේමය දුරු නොකළේ වෙයි. පිපාසය දුරු නොකළේ වෙයි. දාහය දුරු නොකළේ වෙයි. තෘෂ්ණාව දුරු නොකළේ වෙයි. ඔහු එක්තරා දරුණු රෝගයකින් පහස ලැබුවේ වෙයි. දරුණු රෝගයක් වැළඳුණු ඔහුට මෙසේ සිතෙයි. 'අහෝ! ප්‍රිය වූ ශරීරය මා ව අත්හැර දමන්නේ ය. මම් ද ප්‍රිය වූ ශරීරය අත්හරින්නෙමි' යි. හේ ශෝක කරයි. ක්ලාන්ත වෙයි. වැළපෙයි. ළයෙහි අත්පැහැර හඬයි. සිහි මුළාවට පත් වෙයි. බ්‍රාහ්මණය, මැරෙන ස්වභාවය ඇති ව සිට මරණයට බිය වෙයි නම්, මරණය අභියස සන්ත්‍රාසයට පත් වෙයි නම් මොහු ත් එබන්දෙකි.

තව ද බ්‍රාහ්මණය, මෙහිලා ඇතැමෙක් පින් නොකළේ වෙයි. කුසල් නොකළේ වෙයි. බියට රැකවරණයක් සළසා නොගත්තේ වෙයි. පව් කළේ වෙයි. දරුණු පව් කළේ වෙයි. කිලිටි පව් කළේ වෙයි. ඔහු එක්තරා දරුණු රෝග යකින් පහස ලැබුවේ වෙයි. දරුණු රෝගයක් වැළඳුණු ඔහුට මෙසේ සිතෙයි. 'අහෝ මවිසින් පිනක් නොකරන ලද්දේ ය. කුසලයක් නොකරන ලද්දේ ය. බියට රැකවරණයක් නොකරන ලද්දේ ය. පව් කරන ලද්දේ ය. දරුණු පව් කරන ලද්දේ ය. කිලිටි පව් කරන ලද්දේ ය. භවත්නි, පින් නොකළ, කුසල් නොකළ, බියට රැකවරණ නොකළ, පව් කළ, දරුණු පව් කළ, කිලිටි පව් කළ උදවියට නියමිත යම් ගතියක් වෙයි නම්, මරණයෙන් පසු මම ඒ ගතිය කරා යන්නෙමි' යි. හේ ශෝක කරයි. ක්ලාන්ත වෙයි. වැළපෙයි. ළයෙහි අත්පැහැර හඬයි. සිහි මුළාවට පත් වෙයි. බ්‍රාහ්මණය, මැරෙන ස්වභාවය ඇති ව සිට මරණයට බිය වෙයි නම්, මරණය අභියස සන්ත්‍රාසයට පත් වෙයි නම් මොහු ත් එබන්දෙකි.

තව ද බ්‍රාහ්මණය, මෙහිලා ඇතැමෙක් සැක ඇත්තේ වෙයි. විකිච්ඡා ඇත්තේ වෙයි. සද්ධර්මය පිළිබඳ ව නිෂ්ඨාවට නොගියේ වෙයි. ඔහු එක්තරා දරුණු රෝගයකින් පහස ලැබුවේ වෙයි. දරුණු රෝගයක් වැළඳුණු ඔහුට මෙසේ සිතෙයි. 'අහෝ! මම සැක සහිත කෙනෙක්මි. විචිකිච්ඡා ඇති කෙනෙක්මි. සද්ධර්මයේ නිෂ්ඨාවට නොපැමිණියෙමි' යි. හේ ශෝක කරයි. ක්ලාන්ත වෙයි. වැළපෙයි. ළයෙහි අත්පැහැර හඬයි. සිහි මුළාවට පත් වෙයි. බ්‍රාහ්මණය, මැරෙන ස්වභාවය ඇති ව සිට මරණයට බිය වෙයි නම්, මරණය අභියස සන්ත්‍රාසයට පත් වෙයි නම් මොහු ත් එබන්දෙකි.

බ්‍රාහ්මණය, මේ පුද්ගලයෝ සතර දෙනා මැරෙන ස්වභාවයෙන් යුතුව සිට බිය වන්නෝ ය. මරණය අභියස සන්ත්‍රාසයට පත්වන්නෝ ය.

බ්‍රාහ්මණය, මැරෙන ස්වභාවයෙන් යුතුව සිට බිය නොවන්නා වූ, මරණය අභියස සන්ත්‍රාසයට පත් නොවන්නා වූ පුද්ගලයා කවරෙක් ද?

බ්‍රාහ්මණය, මෙහිලා ඇතැමෙක් කාමයන්හි රාගය දුරු කළේ වෙයි. කැමැත්ත දුරු කළේ වෙයි. ප්‍රේමය දුරු කළේ වෙයි. පිපාසය දුරු කළේ වෙයි. දාහය දුරු කළේ වෙයි. තෘෂ්ණාව දුරු කළේ වෙයි. ඔහු එක්තරා දරුණු රෝගයකින් පහස ලැබුවේ වෙයි. දරුණු රෝගයක් වැළඳුණු ඔහුට මෙසේ නොසිතෙයි. 'අහෝ! ප්‍රිය වූ කාමයෝ මා ව අත්හැර දමන්නාහු ය. මම් ද ප්‍රිය වූ කාමයන් අත්හරින්නෙමි' යි. හේ ශෝක නොකරයි. ක්ලාන්ත නොවෙයි. නොවැළපෙයි. ළයෙහි අත්පැහැර නොහඬයි. සිහි මුළාවට පත් නොවෙයි. බ්‍රාහ්මණය, මැරෙන ස්වභාවය ඇති ව සිට මරණයට බිය නොවෙයි නම්,

මරණය අභියස සන්ත්‍රාසයට පත් නොවෙයි නම් ඒ මොහු ය.

තව ද බ්‍රාහ්මණය, මෙහිලා ඇතැමෙක් තම ශරීරයෙහි රාගය දුරු කළේ වෙයි. කැමැත්ත දුරු කළේ වෙයි. ප්‍රේමය දුරු කළේ වෙයි. පිපාසය දුරු කළේ වෙයි. දාහය දුරු කළේ වෙයි. තෘෂ්ණාව දුරු කළේ වෙයි. ඔහු එක්තරා දරුණු රෝගයකින් පහස ලැබුවේ වෙයි. දරුණු රෝගයක් වැළඳුණු ඔහුට මෙසේ නොසිතෙයි. 'අහෝ! ප්‍රිය වූ ශරීරය මාව අත්හැර දමන්නේ ය. මම් ද ප්‍රිය වූ ශරීරය අත්හරින්නෙමි' යි. හේ ශෝක නොකරයි. ක්ලාන්ත නොවෙයි. නොවැළපෙයි. ළයෙහි අත්පැහැර නොහඬයි. සිහි මුළාවට පත් නොවෙයි. බ්‍රාහ්මණය, මැරෙන ස්වභාවය ඇති ව සිට මරණයට බිය නොවෙයි නම්, මරණය අභියස සන්ත්‍රාසයට පත් නොවෙයි නම් මොහු ත් එබන්දෙකි.

තව ද බ්‍රාහ්මණය, මෙහිලා ඇතැමෙක් පව් නොකළේ වෙයි. දරුණු පව් නොකළේ වෙයි. කිලිටි පව් නොකළේ වෙයි. පින් කළේ වෙයි. කුසල් කළේ වෙයි. බියට රැකවරණයක් සළසා ගත්තේ වෙයි. ඔහු එක්තරා දරුණු රෝග යකින් පහස ලැබුවේ වෙයි. දරුණු රෝගයක් වැළඳුණු ඔහුට මෙසේ සිතෙයි. 'ඒකාන්තයෙන් මවිසින් පව් නොකරන ලද්දේ ය. දරුණු පව් නොකරන ලද්දේ ය. කිලිටි පව් නොකරන ලද්දේ ය. පිනක් කරන ලද්දේ ය. කුසලයක් කරන ලද්දේ ය. බියට රැකවරණයක් කරන ලද්දේ ය. භවත්නි, පව් නොකළ, දරුණු පව් නොකළ, කිලිටි පව් නොකළ, පින් කළ, කුසල් කළ, බියට රැකවරණ කළ, උදවියට නියමිත යම් ගතියක් වෙයි නම්, මරණයෙන් පසු මම ඒ ගතිය කරා යන්නෙමි' යි. හේ ශෝක නොකරයි. ක්ලාන්ත නොවෙයි. නොවැළපෙයි. ළයෙහි අත්පැහැර නොහඬයි. සිහි මුළාවට පත් නොවෙයි. බ්‍රාහ්මණය, මැරෙන ස්වභාවය ඇති ව සිට මරණයට බිය නොවෙයි නම්, මරණය අභියස සන්ත්‍රාසයට පත් නොවෙයි නම් මොහු ත් එබන්දෙකි.

තව ද බ්‍රාහ්මණය, මෙහිලා ඇතැමෙක් සැක නැත්තේ වෙයි. විකිච්ඡා නැත්තේ වෙයි. සද්ධර්මය පිළිබඳ ව නිෂ්ඨාවට ගියේ වෙයි. ඔහු එක්තරා දරුණු රෝගයකින් පහස ලැබුවේ වෙයි. දරුණු රෝගයක් වැළඳුණු ඔහුට මෙසේ සිතෙයි. 'ඒකාන්තයෙන් ම මම සැක රහිත කෙනෙක්මි. විචිකිච්ඡා නැති කෙනෙක්මි. සද්ධර්මයේ නිෂ්ඨාවට පැමිණියෙමි' යි. හේ ශෝක නොකරයි. ක්ලාන්ත නොවෙයි. නොවැළපෙයි. ළයෙහි අත්පැහැර නොහඬයි. සිහි මුළාවට පත් නොවෙයි. බ්‍රාහ්මණය, මැරෙන ස්වභාවය ඇති ව සිට මරණයට බිය නොවෙයි නම්, මරණය අභියස සන්ත්‍රාසයට පත් නොවෙයි නම් මොහු ත් එබන්දෙකි.

බ්‍රාහ්මණය, මේ පුද්ගලයෝ සතර දෙනා මැරෙන ස්වභාවයෙන් යුතුව සිට බිය නොවන්නෝ ය. මරණය අභියස සන්ත්‍රාසයට පත් නොවන්නෝ ය."

භවත් ගෞතමයන් වහන්ස, ඉතා මනහර ය. භවත් ගෞතමයන් වහන්ස, ඉතා මනහර ය. ....(පෙ).... අද පටන් මා දිවි හිමියෙන් තෙරුවන් සරණ ගිය උපාසකයෙකු වශයෙන් භවත් ගෞතමයන් වහන්සේ පිළිගන්නා සේක්වා !"

සාදු! සාදු!! සාදු!!!

ජාණුස්සෝණි සූත්‍රය නිමා විය.

4.4.4.5.
චතුකෝටික සුඤ්ඤතා සූත්‍රය
සිව් කෙළවරකින් යුතු ශූන්‍යතාවය ගැන වදාළ දෙසුම

එක් සමයක භාග්‍යවතුන් වහන්සේ රජගහ නුවර ගිජ්ඣකූටයෙහි වැඩවසන සේක. එකල්හී බොහෝ ප්‍රසිද්ධ ප්‍රසිද්ධ පරිබ්‍රාජකයෝ සප්පිනිකා නදී තෙර පරිබ්‍රාජකාරාමයෙහි වාසය කරති. ඔවුන් කවරහුද යත්, අන්නභාර ය, වරධර ය, සකුළුදායී පරිබ්‍රාජක ය. අන්‍ය වූ ප්‍රසිද්ධ ප්‍රසිද්ධ පරිබ්‍රාජකයෝ එහි වෙසෙති. එකල්හී භාග්‍යවතුන් වහන්සේ සවස් වරුවෙහි භාවනාවෙන් නැගිට සප්පිනිකා නදී තෙර පරිබ්‍රාජක ආරාමය කරා වැඩිසේක.

එසමයෙහි ඒ රැස් ව සිටි අන්‍ය තීර්ථක පරිබ්‍රාජකයන් අතර මෙබඳු කථාවක් හටගත්තේ ය. 'මෙසේ ත් බ්‍රාහ්මණ සත්‍යයයෝ වෙති. මෙසේ ත් බ්‍රාහ්මණ සත්‍යයයෝ වෙති' යනුවෙනි. එකල්හී භාග්‍යවතුන් වහන්සේ ඒ පරිබ්‍රාජකයන් වෙත වැඩි සේක. වැඩම කොට පණවන ලද අසුනෙහි වැඩහුන් සේක. වැඩහුන් භාග්‍යවතුන් වහන්සේ ඒ පිරිවැජියන්ට මෙය වදාළ සේක.

"පරිබ්‍රාජකයෙනි, දැන් ඔබ කවර කථාවෙකින් යුතුව රැස් ව හුන්නාහු ද? ඔබගේ කවර වූ කථාවක් අඩාල වූයේ ද?"

"භවත් ගෞතමයන් වහන්ස, මෙහි රැස් ව සිටි අප අතර මෙම කථාව හටගත්තේ ය. එනම් 'මෙසේ ත් බ්‍රාහ්මණ සත්‍යයයෝ වෙති. මෙසේ ත් බ්‍රාහ්මණ සත්‍යයයෝ වෙති' යනුවෙනි."

"පරිබ්‍රාජකයෙනි, මා විසින් ස්වකීය විශිෂ්ට ඥානයෙන් ප්‍රත්‍යක්ෂ කොට

පවසන ලද මේ බ්‍රාහ්මණ සත්‍යයයෝ සතරකි. ඒ කවර සතරක් ද යත්;

1. පරිබ්‍රාජකයෙනි, මෙහිලා බ්‍රාහ්මණ තෙමේ මෙසේ පවසයි. 'සියළු ප්‍රාණීහු වඳ නැත්තෝ ය' යනුවෙනි. මෙසේ කියන බ්‍රාහ්මණයා සත්‍යයක් කියයි. බොරුවක් නොකියයි. හේ ඒ සත්‍යය පැවසීමෙන් 'මම ශ්‍රමණයෙක්මි' කියා නොහඟියි. 'මම බ්‍රාහ්මණයෙක්මි' කියා නොහඟියි. 'මම ශ්‍රේෂ්ඨ වෙමි' කියා නොහඟියි. 'මම සමාන වෙමි' කියා නොහඟියි. 'මම හීන වෙමි' කියා නොහඟියි. වැලිදු යම් වූ සත්‍යයක් ඇද්ද, එය විශිෂ්ට ඥානයෙන් දැන ප්‍රාණීන් කෙරෙහි දයාව පිණිස ම, අනුකම්පාව පිණිස ම පිළිපන්නේ වෙයි.

2. පරිබ්‍රාජකයෙනි, මෙහිලා බ්‍රාහ්මණ තෙමේ මෙසේ පවසයි. 'සියළු කාමයෝ අනිත්‍යයහ. දුක්යහ. වෙනස් වන ස්වභාවයෙන් යුක්තයහ' යනුවෙනි. මෙසේ කියන බ්‍රාහ්මණයා සත්‍යයක් කියයි. බොරුවක් නොකියයි. හේ ඒ සත්‍යය පැවසීමෙන් 'මම ශ්‍රමණයෙක්මි' කියා නොහඟියි. 'මම බ්‍රාහ්මණයෙක්මි' කියා නොහඟියි. 'මම ශ්‍රේෂ්ඨ වෙමි' කියා නොහඟියි. 'මම සමාන වෙමි' කියා නොහඟියි. 'මම හීන වෙමි' කියා නොහඟියි. වැලිදු යම් වූ සත්‍යයක් ඇද්ද, එය විශිෂ්ට ඥානයෙන් දැන ඒ කාමයන්ගේ ම එපා වීම පිණිස, නොඇල්ම පිණිස, නිරෝධය පිණිස පිළිපන්නේ වෙයි.

3. පරිබ්‍රාජකයෙනි, මෙහිලා බ්‍රාහ්මණ තෙමේ මෙසේ පවසයි. 'සියළු භවයෝ අනිත්‍යයහ. දුක්යහ. වෙනස් වන ස්වභාවයෙන් යුක්තයහ' යනුවෙනි. මෙසේ කියන බ්‍රාහ්මණයා සත්‍යයක් කියයි. බොරුවක් නොකියයි. හේ ඒ සත්‍යය පැවසීමෙන් 'මම ශ්‍රමණයෙක්මි' කියා නොහඟියි. 'මම බ්‍රාහ්මණයෙක්මි' කියා නොහඟියි. 'මම ශ්‍රේෂ්ඨ වෙමි' කියා නොහඟියි. 'මම සමාන වෙමි' කියා නොහඟියි. 'මම හීන වෙමි' කියා නොහඟියි. වැලිදු යම් වූ සත්‍යයක් ඇද්ද, එය විශිෂ්ට ඥානයෙන් දැන ඒ භවයන්ගේ ම එපා වීම පිණිස, නොඇල්ම පිණිස, නිරෝධය පිණිස පිළිපන්නේ වෙයි.

4. පරිබ්‍රාජකයෙනි, මෙහිලා බ්‍රාහ්මණ තෙමේ මෙසේ පවසයි. 'කිසි තැනක මම කියා දෙයක් නැත. කිසිවක්හුගේ කිසිවක් කෙරෙහි එබඳු දෙයක් නොදකිමි. මාගේ ආත්මය කියා දෙයක් නොදකිමි. අනුන්ගේ ආත්මය කියා දෙයක් ද නොදකිමි' යනුවෙනි. මෙසේ කියන බ්‍රාහ්මණයා සත්‍යයක් කියයි. බොරුවක් නොකියයි. හේ ඒ සත්‍යය පැවසීමෙන් 'මම ශ්‍රමණයෙක්මි' කියා නොහඟියි. 'මම බ්‍රාහ්මණයෙක්මි' කියා නොහඟියි. 'මම ශ්‍රේෂ්ඨ වෙමි' කියා නොහඟියි. 'මම සමාන වෙමි' කියා නොහඟියි. 'මම හීන වෙමි' කියා නොහඟියි. වැලිදු යම් වූ සත්‍යයක් ඇද්ද, එය විශිෂ්ට ඥානයෙන් දැන කිසිවක් නැති බව අවබෝධය

පිණිස පිළිපන්නේ වෙයි.

පරිබ්‍රාජකයෙනි, මා විසින් ස්වකීය විශිෂ්ට ඥානයෙන් ප්‍රත්‍යක්ෂ කොට පවසන ලද බ්‍රාහ්මණ සත්‍යයයෝ සතර මේවා ය."

සාදු! සාදු!! සාදු!!!

චතුකෝටික සුඤ්ඤතා සූත්‍රය නිමා විය.

4.4.4.6.
බහුස්සුත සූත්‍රය
බහුශ්‍රැත බව ගැන වදාළ දෙසුම

සැවැත් නුවර දී ය ....

එකල්හී එක්තරා භික්ෂුවක් භාග්‍යවතුන් වහන්සේ යම් තැනක වැඩසිටි සේක් ද, එතැනට පැමිණියේ ය. පැමිණ භාග්‍යවතුන් වහන්සේට සකසා වන්දනා කොට එකත්පස්ව හිඳගත්තේ ය. එකත්පස් ව හුන් ඒ භික්ෂුව භාග්‍යවතුන් වහන්සේට මෙය පැවසුවේ ය.

"ස්වාමීනී, ලෝකය ගෙන යනු ලබන්නේ කවුරුන් විසින් ද? ලෝකය කවුරුන් විසින් අදිනු ලැබෙයි ද? ලෝකය කවරෙකුගේ වසඟයට ගියේ ද?"

"සාදු! සාදු! භික්ෂුව, භික්ෂුව, ඔබගේ සිතන පිළිවෙල සොඳුරු ය. ප්‍රතිභානය සොඳුරු ය. විමසීම කල්‍යාණ ය. භික්ෂුව, ඔබ මෙසේ විමසන්නෙහි නොවේ ද? 'ස්වාමීනී, ලෝකය ගෙන යනු ලබන්නේ කවුරුන් විසින් ද? ලෝකය කවුරුන් විසින් අදිනු ලැබෙයි ද? ලෝකය කවරෙකුගේ වසඟයට ගියේ ද?' කියා."

"එසේ ය, ස්වාමීනී"

"භික්ෂුව, ලෝකය ගෙන යනු ලබන්නේ සිත විසිනි. අදිනු ලබන්නේ සිත විසිනි. හටගත් සිතෙහි වසඟයට ගියේ වෙයි."

"සාදු! ස්වාමීනී" යි ඒ භික්ෂුව භාග්‍යවතුන් වහන්සේ වදාළ කරුණ සතුටින් පිළිගෙන අනුමෝදන් ව භාග්‍යවතුන් වහන්සේගෙන් යළි ප්‍රශ්නයක් ඇසුවේ ය.

"ස්වාමීනී, 'බහුශ්‍රැත ය, ධර්මධර ය' 'බහුශ්‍රැත ය, ධර්මධර ය' යැයි කියනු ලැබේ. ස්වාමීනී, බහුශ්‍රැත වන්නේ ත්, ධර්මධර වන්නේ ත් කවර කරුණු මත ද?"

"සාදු! සාදු! භික්ෂුව, භික්ෂුව, ඔබගේ සිතන පිළිවෙල සොඳුරු ය. ප්‍රතිභානය සොඳුරු ය. විමසීම කල්‍යාණ ය. භික්ෂුව, ඔබ මෙසේ විමසන්නෙහි නොවේ ද? ස්වාමීනී, 'බහුශ්‍රැත ය, ධර්මධර ය' 'බහුශ්‍රැත ය, ධර්මධර ය' යැයි කියනු ලැබේ. ස්වාමීනී, බහුශ්‍රැත වන්නේ ත්, ධර්මධර වන්නේ ත් කවර කරුණු මත ද?' කියා."

"එසේ ය, ස්වාමීනී"

"භික්ෂුව, මා විසින් සුත්ත, ගෙය්‍ය, වෙය්‍යාකරණ, ගාථා, උදාන, ඉතිවුත්තක, ජාතක, අබ්භූතධම්ම, වේදල්ල වශයෙන් බොහෝ කොට ධර්මය දෙසන ලද්දේ ය. ඉදින් භික්ෂුවක් සිව්පද ගාථාවක නමුත් අර්ථය දැන, ධර්මය දැන, ධර්මානුධර්ම ප්‍රතිපදාවෙහි යෙදෙයි ද 'බහුශ්‍රැත ය, ධර්මධර ය' කියන්නට සුදුසු ය."

"සාදු! ස්වාමීනී" යි ඒ භික්ෂුව භාග්‍යවතුන් වහන්සේ වදාළ කරුණ සතුටින් පිළිගෙන අනුමෝදන් ව භාග්‍යවතුන් වහන්සේගෙන් යළි ප්‍රශ්නයක් ඇසුවේ ය.

"ස්වාමීනී, 'ශ්‍රැතවත් ය, කෙලෙස් නසන ප්‍රඥාවෙන් යුතුය', 'ශ්‍රැතවත් ය, කෙලෙස් නසන ප්‍රඥාවෙන් යුතුය' යැයි කියනු ලැබේ. ස්වාමීනී, ශ්‍රැතවත් වන්නේ ත්, කෙලෙස් සිඳලන තියුණු ප්‍රඥාවෙන් යුතු වන්නේ ත් කවර කරුණු මත ද?"

"සාදු! සාදු! භික්ෂුව, භික්ෂුව, ඔබගේ සිතන පිළිවෙල සොඳුරු ය. ප්‍රතිභානය සොඳුරු ය. විමසීම කල්‍යාණ ය. භික්ෂුව, ඔබ මෙසේ විමසන්නෙහි නොවේ ද? 'ස්වාමීනී, 'ශ්‍රැතවත් ය, කෙලෙස් නසන ප්‍රඥාවෙන් යුතුය', 'ශ්‍රැතවත් ය, කෙලෙස් නසන ප්‍රඥාවෙන් යුතුය' යැයි කියනු ලැබේ. ස්වාමීනී, ශ්‍රැතවත් වන්නේ ත්, කෙලෙස් සිඳලන තියුණු ප්‍රඥාවෙන් යුතු වන්නේ ත් කවර කරුණු මත ද?' කියා."

"එසේ ය, ස්වාමීනී"

"භික්ෂුව, මෙහිලා භික්ෂුව විසින් 'මෙය දුක යැ'යි අසන ලද්දේ වෙයි. එහි අර්ථය ඔහුගේ ප්‍රඥාව තුළින් විනිවිද දකියි. 'මෙය දුකෙහි හටගැනීම යැ'

යි අසන ලද්දේ වෙයි. එහි අර්ථය ඔහුගේ ප්‍රඥාව තුළින් විනිවිද දකියි. 'මෙය දුකෙහි නිරුද්ධ වීම යැ'යි අසන ලද්දේ වෙයි. එහි අර්ථය ඔහුගේ ප්‍රඥාව තුළින් විනිවිද දකියි. 'මෙය දුක නිරුද්ධ වන්නා වූ ප්‍රතිපදාව යැ'යි අසන ලද්දේ වෙයි. එහි අර්ථය ඔහුගේ ප්‍රඥාව තුළින් විනිවිද දකියි. භික්ෂුව, මේ අයුරින් ශ්‍රැතවත් වන්නේ වෙයි. කෙලෙස් නසන තියුණු ප්‍රඥාවෙන් යුක්ත වන්නේ ද වෙයි."

"සාදු! ස්වාමීනී" යි ඒ භික්ෂුව භාග්‍යවතුන් වහන්සේ වදාළ කරුණ සතුටින් පිළිගෙන අනුමෝදන් ව භාග්‍යවතුන් වහන්සේගෙන් යළි ප්‍රශ්නයක් ඇසුවේ ය.

"ස්වාමීනී, 'පණ්ඩිතයා ය, මහා ප්‍රාඥයා ය', 'පණ්ඩිතයා ය, මහා ප්‍රාඥයා ය' කියනු ලැබෙයි. ස්වාමීනී, පණ්ඩිතයෙක් වන්නේ ත්, මහා ප්‍රාඥයෙක් වන්නේ ත් කවර කරුණු මත ද?"

"සාදු! සාදු! භික්ෂුව, භික්ෂුව, ඔබගේ සිතන පිළිවෙල සොඳුරු ය. ප්‍රතිභානය සොඳුරු ය. විමසීම කල්‍යාණ ය. භික්ෂුව, ඔබ මෙසේ විමසන්නෙහි නොවේ ද? 'ස්වාමීනී, 'පණ්ඩිතයා ය, මහා ප්‍රාඥයා ය', 'පණ්ඩිතයා ය, මහා ප්‍රාඥයා ය' කියනු ලැබෙයි. ස්වාමීනී, පණ්ඩිතයෙක් වන්නේ ත්, මහා ප්‍රාඥයෙක් වන්නේ ත් කවර කරුණු මත ද?' කියා."

"එසේ ය, ස්වාමීනී"

"භික්ෂුව, මෙහිලා පණ්ඩිතයා, මහා ප්‍රාඥයා තමා ව පීඩාවට පත් කිරීමට නොසිතන්නේ වෙයි. අනුන් පෙළීමට ද නොසිතන්නේ වෙයි. තමා ව ත්, අනුන් ව ත් යන දෙපක්ෂය ම පෙළීමට නොසිතන්නේ වෙයි. තමාට හිත පිණිස ත්, අනුන්ට හිත පිණිස ත්, දෙපක්ෂයට ම හිත පිණිස ත්, සකල ලෝකයට හිත පිණිස ත් සිතන දේ සිතයි. භික්ෂුව, මේ අයුරින් පණ්ඩිතයා වෙයි. මහා ප්‍රාඥයා වෙයි."

සාදු! සාදු!! සාදු!!!

බහුස්සුත සූත්‍රය නිමා විය.

4.4.4.7.
දුතිය වස්සකාර සූත්‍රය
වස්සකාර බ්‍රහ්මණයාට වදාළ දෙවෙනි දෙසුම

එක් සමයක භාග්‍යවතුන් වහන්සේ රජගහ නුවර කලන්දක නිවාප නම් වේළුවනයෙහි වැඩවසන සේක. එකල්හී මගධ මහාමාත්‍ය වස්සකාර බ්‍රාහ්මණ තෙමේ භාග්‍යවතුන් වහන්සේ කරා පැමිණියේ ය. පැමිණ භාග්‍යවතුන් වහන්සේ සමඟ සතුටු වූයේ ය. සතුටු විය යුතු පිළිසඳර කතා බහේ යෙදී එකත්පස් ව හිඳගත්තේ ය. එකත්පස් ව හුන් මගධ මහාමාත්‍ය වස්සකාර බ්‍රාහ්මණයා භාග්‍යවතුන් වහන්සේට මෙය සැළ කළේ ය.

"භවත් ගෞතමයන් වහන්ස, අසත්පුරුෂ තෙමේ අසත්පුරුෂයෙකු ව 'මේ භවතා අසත්පුරුෂයෙකි'යි දන්නේ ද?"

"බ්‍රාහ්මණය, අසත්පුරුෂයෙක් යම් අසත්පුරුෂයෙකු පිළිබඳ ව 'මේ භවතා අසත්පුරුෂයෙකි' යි දන්නේ ය යන කරුණ නොවන දෙයකි. වන්නට අවකාශ නැති දෙයකි."

"භවත් ගෞතමයන් වහන්ස, අසත්පුරුෂ තෙමේ සත්පුරුෂයෙකු ව 'මේ භවතා සත්පුරුෂයෙකි'යි දන්නේ ද?"

"බ්‍රාහ්මණය, අසත්පුරුෂයෙක් යම් සත්පුරුෂයෙකු පිළිබඳ ව 'මේ භවතා සත්පුරුෂයෙකි' යි දන්නේ ය යන කරුණ නොවන දෙයකි. වන්නට අවකාශ නැති දෙයකි."

"භවත් ගෞතමයන් වහන්ස, සත්පුරුෂ තෙමේ සත්පුරුෂයෙකු ව 'මේ භවතා සත්පුරුෂයෙකි'යි දන්නේ ද?"

"බ්‍රාහ්මණය, සත්පුරුෂයෙක් යම් සත්පුරුෂයෙකු පිළිබඳ ව 'මේ භවතා සත්පුරුෂයෙකි' යි දන්නේ ය යන කරුණ වන දෙයකි."

"භවත් ගෞතමයන් වහන්ස, සත්පුරුෂ තෙමේ අසත්පුරුෂයෙකු ව 'මේ භවතා අසත්පුරුෂයෙකි'යි දන්නේ ද?"

"බ්‍රාහ්මණය, සත්පුරුෂයෙක් යම් අසත්පුරුෂයෙකු පිළිබඳ ව 'මේ භවතා අසත්පුරුෂයෙකි' යි දන්නේ ය යන කරුණ වන දෙයකි."

"භවත් ගෞතමයන් වහන්ස, ආශ්චර්ය ය! භවත් ගෞතමයන් වහන්ස, අද්භූත ය! භවත් ගෞතමයන් වහන්සේ විසින් කොතරම් සුභාෂිතයක් වදාරණ ලද්දේ ද. 'බ්‍රාහ්මණය, අසත්පුරුෂයෙක් යම් අසත්පුරුෂයෙකු පිළිබඳ ව 'මේ භවතා අසත්පුරුෂයෙකි' යි දන්නේ ය යන කරුණ නොවන දෙයකි. වන්නට අවකාශ නැති දෙයක්' ය, එමෙන් ම 'බ්‍රාහ්මණය, අසත්පුරුෂයෙක් යම් සත්පුරුෂයෙකු පිළිබඳ ව 'මේ භවතා සත්පුරුෂයෙකි' යි දන්නේ ය යන කරුණ නොවන දෙයකි. වන්නට අවකාශ නැති දෙයක්' ය, එමෙන් ම 'බ්‍රාහ්මණය, සත්පුරුෂයෙක් යම් සත්පුරුෂයෙකු පිළිබඳ ව 'මේ භවතා සත්පුරුෂයෙකි' යි දන්නේ ය යන කරුණ වන දෙයක්' ය, එමෙන් ම 'බ්‍රාහ්මණය, සත්පුරුෂයෙක් යම් අසත්පුරුෂයෙකු පිළිබඳ ව 'මේ භවතා අසත්පුරුෂයෙකි' යි දන්නේ ය යන කරුණ වන දෙයක්' ය යන කරුණ යි.

භවත් ගෞතමයන් වහන්ස, එක් කලක තෝදෙය්‍ය බ්‍රාහ්මණයාගේ පිරිස අතර අන්‍යයන්ට මෙබඳු අපහාස කිරීමක් ඇතිවිය. 'මේ එලෙය්‍ය රජු අඥානයෙකි. යමෙක් රාමපුත්ත ශ්‍රමණයා කෙරෙහි පැහැදුණේ ද, රාමපුත්ත ශ්‍රමණයා හට යම් මේ වන්දනා කිරීම්, නැගිට පෙරට යාම්, ඇඳිලි බැඳ වැඳීම්, සතුටු සාමීචි කතා බහ ආදී මෙබඳු උදාර යටහත් පැවතුම් කරන්නේ ද, මෙය බාල කමකි. එමෙන් ම යමක, මොග්ගල්ල, උග්ග, නාවින්දකී, ගන්ධබ්බ, අග්ගිවෙස්ස යන මේ එලෙය්‍ය රජුගේ පිරිස ද බාලයෝ ය. ඔවුනුත් රාමපුත්ත ශ්‍රමණයාට පැහැදුණහ. රාමපුත්ත ශ්‍රමණයා කෙරෙහි මෙබඳු වූ යටහත් පැවැතුම් දක්වති. එනම් ගෞරව දැක්වීම්, නැගිට පෙර ගමන් කිරීම්, ඇඳිලි බැඳීම්, සතුටු සාමීචි ආදිය යි.

එකල්හී තෝදෙය්‍ය බ්‍රාහ්මණ තෙමේ ඔවුන් මේ ක්‍රමයට හඳුන්වයි. 'භවත්නි, ඒ කිමෙකැයි සිතව් ද? එලෙය්‍ය රජ තෙමේ කළ යුතු වූ ත්, අතිරේක ව කළ යුතු වූ ත් දේ පිළිබඳ ව ත්, කිව යුතු වූ ත්, වැඩියෙන් කිව යුතු වූ දේ පිළිබඳ ව ත් නුවණැත්තෙක් වෙයි ද, කරුණු වටහා ගන්නවුන් අතුරෙහි කරුණු වටහා ගන්නෙක් ද?' 'එසේ ය, භවත. එලෙය්‍ය රජ තෙමේ කළ යුතු වූ ත්, අතිරේක ව කළ යුතු වූ ත් දේ පිළිබඳ ව ත්, කිව යුතු වූ ත්, වැඩියෙන් කිව යුතු වූ දේ පිළිබඳ ව ත් නුවණැත්තෙකි. කරුණු වටහා ගන්නවුන් අතුරෙහි කරුණු වටහා ගන්නෙකි.'

'භවත්නි, යම් කරුණකින් රාමපුත්ත ශ්‍රමණ තෙමේ එලෙය්‍ය රජුට වඩා කළ යුතු වූ ත්, අතිරේක ව කළ යුතු වූ ත් දේ පිළිබඳ ව ත්, කිව යුතු වූ ත්, වැඩියෙන් කිව යුතු වූ දේ පිළිබඳ ව ත් නුවණැත්තෙකුට ත් වඩා නුවණැත්තෙක් වෙයි ද, කරුණු වටහා ගන්නවුන් අතුරෙහි වඩාත් කරුණු වටහා ගන්නෙක්

වෙයි ද, එනිසා ය එලෙය්‍ය රජ තෙමේ ශ්‍රමණ රාමපුත්තයන් හට පැහැදුණේ. ශ්‍රමණ රාමපුත්‍රයන් කෙරෙහි මෙබඳු වූ වන්දනා කිරීම්, නැගිටීම්, ඇඳිලි බැඳීම්, මිහිරි තෙපුල් පැවසීම් ආදිය පරම ගෞරවාකාරයක් දක්වන්නේ.'

'භවත්නි, ඔබ කුමක් සිතව් ද? එලෙය්‍ය රජුගේ පිරිවර වූ ඒ යමක, මොග්ගල්ල, උග්ග, නාවින්දකී, ගන්ධබ්බ, අග්ගිවෙස්ස ආදීහු කළ යුතු වූ ත්, අතිරේක ව කළ යුතු වූ ත් දේ පිළිබඳ ව ත්, කිව යුතු වූ ත්, වැඩියෙන් කිව යුතු වූ දේ පිළිබඳ ව ත් නුවණැත්තන්ට වඩා නුවණැත්තෝ වෙත් ද, කරුණු වටහා ගන්නවුන් අතුරෙහි වඩාත් කරුණු වටහා ගන්නෝ වෙත් ද?'

'එසේ ය භවත, එලෙය්‍ය රජුගේ පිරිවර වූ ඒ යමක, මොග්ගල්ල, උග්ග, නාවින්දකී, ගන්ධබ්බ, අග්ගිවෙස්ස ආදීහු කළ යුතු වූ ත්, අතිරේක ව කළ යුතු වූ ත් දේ පිළිබඳ ව ත්, කිව යුතු වූ ත්, වැඩියෙන් කිව යුතු වූ දේ පිළිබඳ ව ත් නුවණැත්තන්ට වඩා නුවණැත්තෝ වෙති. කරුණු වටහා ගන්නවුන් අතුරෙහි වඩාත් කරුණු වටහා ගන්නෝ වෙති.'

'භවත්නි, යම් කරුණකින් රාමපුත්ත ශ්‍රමණ තෙමේ එලෙය්‍ය රජුගේ පිරිවරට වඩා කළ යුතු වූ ත්, අතිරේක ව කළ යුතු වූ ත් දේ පිළිබඳ ව ත්, කිව යුතු වූ ත්, වැඩියෙන් කිව යුතු වූ දේ පිළිබඳ ව ත් නුවණැත්තෙකුට ත් වඩා නුවණැත්තෙක් වෙයි ද, කරුණු වටහා ගන්නවුන් අතුරෙහි වඩාත් කරුණු වටහා ගන්නෙක් වෙයි ද, එනිසා ය එලෙය්‍ය රජ පිරිවර ශ්‍රමණ රාමපුත්තයන් හට පැහැදුණේ. ශ්‍රමණ රාමපුත්‍රයන් කෙරෙහි මෙබඳු වූ වන්දනා කිරීම්, නැගිටීම්, ඇඳිලි බැඳීම්, මිහිරි තෙපුල් පැවසීම් ආදිය පරම ගෞරවාකාරයක් දක්වන්නේ.'

භවත් ගෞතමයන් වහන්ස, ආශ්චර්ය ය! භවත් ගෞතමයන් වහන්ස, අද්භූත ය! භවත් ගෞතමයන් වහන්සේ විසින් කොතරම් සුභාෂිතයක් වදාරණ ලද්දේ ද. 'බ්‍රාහ්මණය, අසත්පුරුෂයෙක් යම් අසත්පුරුෂයෙකු පිළිබඳ ව 'මේ භවතා අසත්පුරුෂයෙකි' යි දන්නේ ය යන කරුණ නොවන දෙයකි. වන්නට අවකාශ නැති දෙයක්' ය, එමෙන් ම 'බ්‍රාහ්මණය, අසත්පුරුෂයෙක් යම් සත්පුරුෂයෙකු පිළිබඳ ව 'මේ භවතා සත්පුරුෂයෙකි' යි දන්නේ ය යන කරුණ නොවන දෙයකි. වන්නට අවකාශ නැති දෙයක්' ය, එමෙන් ම 'බ්‍රාහ්මණය, සත්පුරුෂයෙක් යම් සත්පුරුෂයෙකු පිළිබඳ ව 'මේ භවතා සත්පුරුෂයෙකි' යි දන්නේ ය යන කරුණ වන දෙයක්' ය, එමෙන් ම 'බ්‍රාහ්මණය, සත්පුරුෂයෙක් යම් අසත්පුරුෂයෙකු පිළිබඳ ව 'මේ භවතා අසත්පුරුෂයෙකි' යි දන්නේ ය යන කරුණ වන දෙයක්' ය යන කරුණ යි.

භවත් ගෞතමයන් වහන්ස, එසේ නම් දැන් අපි යන්නෙමු. අපි බොහෝ

කටයුතු ඇති, කළ යුතු බොහෝ දෑ ඇති උදවිය නෙව."

"බ්‍රාහ්මණය, දැන් යමකට කාලය යැයි ඔබ දන්නේ නම් ඒ කාලය යි."

එකල්හී මගධ මහාමාත්‍ය වස්සකාර බ්‍රාහ්මණ තෙමේ භාග්‍යවතුන් වහන්සේගේ භාෂිතය අනුමෝදන් වී සතුටින් පිළිගෙන හුනස්නෙන් නැගිට පිටත් ව ගියේ ය.

සාධු! සාධු!! සාධු!!!

දුතිය වස්සකාර සූත්‍රය නිමා විය.

4.4.4.8.
උපක සූත්‍රය
මණ්ඩිකාපුත්ත උපකට වදාළ දෙසුම

එක් සමයක භාග්‍යවතුන් වහන්සේ රජගහ නුවර ගිජ්ඣකූටයෙහි වැඩවසන සේක. එකල්හී මණ්ඩිකාපුත්‍ර උපක තෙමේ භාග්‍යවතුන් වහන්සේ වෙත පැමිණියේ ය. පැමිණ භාග්‍යවතුන් වහන්සේට වන්දනා කොට එකත්පස් ව හිඳගත්තේ ය. එකත්පස් ව හුන් මණ්ඩිකාපුත්‍ර උපක තෙමේ භාග්‍යවතුන් වහන්සේට මෙය පැවසුවේ ය.

"ස්වාමීනී, මම මෙබඳු දේ පවසන්නෙක්මි. මෙබඳු දෘෂ්ටිගතිකයෙක්මි. 'යමෙක් අනුන් හට කිසියම් අයුරකින් ගරහයි ද, ඒ අනුන්ට ගැරහීම කරන්නේ නම් ඒ සියළු දෙයින් හේ කුසලයක් නම් නොකරයි. හේ කුසල් නොකරන හෙයින් ගැරහිය යුත්තේ වෙයි. උපවාද කළ යුත්තේ වෙයි."

"උපකය, ඉදින් අනුන්ට ගරහයි නම්, අනුන්ට ගැරහීම හේතුවෙන් කුසල් නොකරයි නම්, ඒ කුසල් නොකිරීම ගැරහිය යුතු දෙයක් නම්, උපවාද කටයුතු දෙයක් නම්, උපකය, ඔබ අනුන්ට ගරහන්නෙහි ය. අනුන්ට ගරහමින් කුසල් නොකරන්නෙහි ය. කුසල් නොකරන හෙයින් ගැරහිය යුතු වන්නෙහි ය. උපවාද කළ යුත්තෙහි ය."

"ස්වාමීනී, යම් සේ දියෙන් උඩට හිස ඔසොවද්දී මහත් මළපුඩුවකින් සිර කොට බඳින්නේ වෙයි ද, එසෙයින් ම ස්වාමීනී, මම දියෙන් උඩට හිස ඔසොවද්දී ම භාග්‍යවතුන් වහන්සේ විසින් මහත් වාද මළපුඩුවකින් බඳිනා

ලද්දෙමි."

"උපකය, මා විසින් මෙය අකුසලය යැයි පණවන ලද්දේ ය. එහිලා අප්‍රමාණ පදයන්ගෙන් ද, අප්‍රමාණ ප්‍රකාශනයන්ගෙන් ද, අප්‍රමාණ ලෙස තථාගතයන්ගේ ධර්ම දේශනාවෙන් ද, මෙසේ ත් මෙය අකුසලය යැයි පණවන ලද්දේ ය.

උපකය, මා විසින් මෙම අකුසලය ප්‍රහාණය කළ යුතු යැයි පණවන ලද්දේ ය. එහිලා අප්‍රමාණ පදයන්ගෙන් ද, අප්‍රමාණ ප්‍රකාශනයන්ගෙන් ද, අප්‍රමාණ ලෙස තථාගතයන්ගේ ධර්ම දේශනාවෙන් ද, මෙසේ ත් මෙම අකුසලය ප්‍රහාණය කළ යුතු යැයි පණවන ලද්දේ ය.

උපකය, මා විසින් මෙය කුසලය යැයි පණවන ලද්දේ ය. එහිලා අප්‍රමාණ පදයන්ගෙන් ද, අප්‍රමාණ ප්‍රකාශනයන්ගෙන් ද, අප්‍රමාණ ලෙස තථාගතයන්ගේ ධර්ම දේශනාවෙන් ද, මෙසේ ත් මෙය කුසලය යැයි පණවන ලද්දේ ය.

උපකය, මා විසින් මෙම කුසලය දියුණු කරගත යුත්තේ යැයි පණවන ලද්දේ ය. එහිලා අප්‍රමාණ පදයන්ගෙන් ද, අප්‍රමාණ ප්‍රකාශනයන්ගෙන් ද, අප්‍රමාණ ලෙස තථාගතයන්ගේ ධර්ම දේශනාවෙන් ද, මෙසේ ත් මෙම කුසලය දියුණු කරගත යුත්තේ යැයි පණවන ලද්දේ ය."

ඉක්බිති මණ්ඩිකාපුත්‍ර උපක තෙමේ භාග්‍යවතුන් වහන්සේගේ භාෂිතය සතුටින් පිළිගෙන, අනුමෝදන් ව හුනස්නෙන් නැගිට භාග්‍යවතුන් වහන්සේට සකසා වන්දනා කොට, පැදකුණු කොට යම් තැනක වේදේහිපුත්‍ර මගධේශ්වර අජාසත් රජු සිටියේ ද, එතැනට ගියේ ය. ගොස් භාග්‍යතුන් වහන්සේ සමඟ වූ යම් කතා සල්ලාපයක් වෙයි ද, ඒ සියල්ල වේදේහිපුත්‍ර මගධේශ්වර අජාසත් රජුට පැවසුවේ ය. මෙසේ පැවසූ කල්හී වේදේහිපුත්‍ර මගධේශ්වර අජාසත් රජු කිපුණේ, නොසතුටට පත්වූයේ මණ්ඩිකාපුත්‍ර උපක හට මෙය පැවසුවේ ය.

"මේ ලෝණකාරක කොළුගැටයා අනුන්ගේ ගුණ නසන්නෙකි. ඉතා කෙළතොළුවෙකි. ඉතා නොහික්මුණෙකි. යම් සේ නම් ඒ භාග්‍යවත් වූ අරහත් වූ සම්මා සම්බුදුරජාණන් වහන්සේ ගැටිය යුත්තෙකු කොට සිතුවේ නොවැ. උපකය, නුඹ පහව යව. නැසී යව. නුඹ ව දකින්නට නොලැබේවා" යි.

සාදු! සාදු!! සාදු!!!

උපක සූත්‍රය නිමා විය.

4.4.4.9.
සච්ඡිකරණීය සූත්‍රය
අත්දැකිය යුතු දෑ ගැන වදාළ දෙසුම

සැවැත් නුවර දී ය ....

මහණෙනි, මේ අත්දැකිය යුතු ධර්මයෝ සතරකි. ඒ කවර සතරක් ද යත්;

මහණෙනි, කයෙන් අත්දැකිය යුතු ධර්මයෝ ඇත. මහණෙනි, සිහියෙන් අත්දැකිය යුතු ධර්මයෝ ඇත. මහණෙනි, දිවැසින් අත්දැකිය යුතු ධර්මයෝ ඇත. මහණෙනි, ප්‍රඥාවෙන් අත්දැකිය යුතු ධර්මයෝ ඇත.

1. මහණෙනි, කයෙන් අත්දැකිය යුතු ධර්මයෝ මොනවා ද? මහණෙනි, කයෙන් අත්දැකිය යුත්තේ අෂ්ට විමෝක්ෂයන් ය.

2. මහණෙනි, සිහියෙන් අත්දැකිය යුතු ධර්මයෝ මොනවා ද? මහණෙනි, සිහියෙන් අත්දැකිය යුත්තේ පෙර විසූ කඳ පිළිවෙල යි.

3. මහණෙනි, දිවැසින් අත්දැකිය යුතු ධර්මයෝ මොනවා ද? මහණෙනි, දිවැසින් අත්දැකිය යුත්තේ සත්වයන්ගේ චුතවීම ත්, ඉපදීම ත් ය.

4. මහණෙනි, ප්‍රඥාවෙන් අත්දැකිය යුතු ධර්මයෝ මොනවා ද? මහණෙනි, ප්‍රඥාවෙන් අත්දැකිය යුත්තේ ආශ්‍රවයන් ක්ෂය වීම යි.

මහණෙනි, මේ වනාහී අත්දැකිය යුතු ධර්මයෝ සතර යි.

සාදු! සාදු!! සාදු!!!

සච්ඡිකරණීය සූත්‍රය නිමා විය.

4.4.4.10.
භික්ඛුසංඝථෝමන සූත්‍රය
භික්ෂු සංඝයාට තුති පිදීම ගැන වදාළ දෙසුම

එක් සමයක භාග්‍යවතුන් වහන්සේ සැවැත් නුවර මිගාරමාතු ප්‍රාසාද

නම් වූ පූර්වාරාමයෙහි වැඩවසන සේක. එසමයෙහි ඒ පොහෝ දිනයෙහි භාග්‍යවතුන් වහන්සේ භික්ෂු සංඝයා පිරිවරා වැඩහුන් සේක. එකල්හී නිහඬ ව නිහඬ ව වැඩසිටි භික්ෂු සංඝයා දෙස හාත්පස බලා භාග්‍යවතුන් වහන්සේ භික්ෂූන් ඇමතූ සේක.

"මහණෙනි, මේ පිරිස ප්‍රලාප රහිත ය. මහණෙනි, මේ පිරිස නිෂ්ප්‍රලාප ය. පිරිසිදු ය. සාරයෙහි පිහිටියේ ය. මහණෙනි, මේ භික්ෂු සංඝයා එබඳු ය. මහණෙනි, යම් බඳු පිරිසක් ලෝකයෙහි දකින්නට පවා දුර්ලභ වෙයි නම්, මේ එබඳු පිරිස යි. මහණෙනි, යම්බඳු පිරිසක් ආහුණෙය්‍ය, පාහුණෙය්‍ය, දක්ඛිණෙය්‍ය, අංජලීකරණීය, ලොවට උතුම් පින්කෙත වූයේ වේ ද, මහණෙනි, මේ භික්ෂු සංඝයා එබඳු ය.

මහණෙනි, යම්බඳු පිරිසක් උදෙසා ඉතා ස්වල්ප වූ දෙයක් පූජා කළේ නමුත් එහි බොහෝ සැප විපාක ඇද්ද, බොහෝ දෙයක් පූජා කළේ නම් එහි ඉතා බොහෝ සැප විපාක ඇද්ද, මේ එබඳු පිරිස ය. මහණෙනි, මේ භික්ෂු සංඝයා එබඳු ය.

මහණෙනි, යම්බඳු පිරිසක් දැකබලා ගැනීම පිණිස මාර්ගෝපකරණ ද ගෙන යොදුන් ගණන් දුර ගෙවා යන්නට තිසි වෙයි ද, මේ එබඳු පිරිස ය. මහණෙනි, මේ භික්ෂු සංඝයා එබඳු ය.

මහණෙනි, මේ භික්ෂු සංඝයා අතර දිව්‍යභාවයට පත් ව වාසය කරන භික්ෂූහු සිටිති. මහණෙනි, මේ භික්ෂු සංඝයා අතර බ්‍රහ්මභාවයට පත් ව වාසය කරන භික්ෂූහු සිටිති. මහණෙනි, මේ භික්ෂු සංඝයා අතර නිශ්චල බවට පත් ව වාසය කරන භික්ෂූහු සිටිති. මහණෙනි, මේ භික්ෂු සංඝයා අතර ආර්යභාවයට පත් ව වාසය කරන භික්ෂූහු සිටිති.

මහණෙනි, භික්ෂුව කෙසේ නම් දිව්‍යභාවයට පත්වෙයි ද? මහණෙනි, මෙහිලා භික්ෂුව කාමයන්ගෙන් වෙන් ව ....(පෙ).... පළමු ධ්‍යානය උපදවා ගෙන වාසය කරයි. ....(පෙ).... දෙවෙනි ධ්‍යානය උපදවා ගෙන වාසය කරයි. ....(පෙ).... තුන්වෙනි ධ්‍යානය උපදවා ගෙන වාසය කරයි. ....(පෙ).... හතරවෙනි ධ්‍යානය උපදවා ගෙන වාසය කරයි. මහණෙනි, භික්ෂුවක් දිව්‍ය භාවයට පත්වන්නේ ඔය අයුරිනි.

මහණෙනි, භික්ෂුව කෙසේ නම් බ්‍රහ්මභාවයට පත්වෙයි ද? මහණෙනි, මෙහිලා භික්ෂුව මෛත්‍රී සහගත සිතින් එක් දිශාවකට පතුරුවා වාසය කරයි. එසේ ම දෙවන දිශාවට ත්, තුන්වන දිශාවට ත්, හතරවන දිශාවට ත් පතුරුවා වාසය කරයි. එසේ ම උඩ යට සරස සියළු තැන් හි සියළු සත්වයන් කෙරෙහි

සකල ලෝකයා වෙත මෛත්‍රී සහගත සිතින් විපුල වූ මහද්ගත වූ අප්‍රමාණ වූ වෛර නැති, තරහ නැති සිත පතුරුවා වාසය කරයි. කරුණා සහගත සිතින් ....(පෙ).... මුදිතා සහගත සිතින් ....(පෙ).... උපේක්ෂා සහගත සිතින් එක් දිශාවකට පතුරුවා වාසය කරයි. එසේ ම දෙවන දිශාවට ත්, තුන්වන දිශාවට ත්, හතරවන දිශාවට ත් පතුරුවා වාසය කරයි. එසේ ම උඩ යට සරස සියළු තැන් හි සියළු සත්වයන් කෙරෙහි සකල ලෝකයා වෙත උපේක්ෂා සහගත සිතින් විපුල වූ මහද්ගත වූ අප්‍රමාණ වූ වෛර නැති, තරහ නැති සිත පතුරුවා වාසය කරයි. මහණෙනි, භික්ෂුවක් බ්‍රහ්ම භාවයට පත්වන්නේ ඔය අයුරිනි.

මහණෙනි, භික්ෂුව කෙසේ නම් නිශ්චල භාවයට පත්වෙයි ද? මහණෙනි, මෙහිලා භික්ෂුව මුළුමනින් ම රූප සංඥාවන් ඉක්ම යෑමෙන්, ගොරෝසු සංඥාවන් නැති වීමෙන්, නොයෙක් සංඥා මෙනෙහි නොකිරීමෙන් 'අනන්ත ආකාසය යැ'යි ආකාසානඤ්චායතනය උපදවාගෙන වාසය කරයි. මුළුමනින් ම ආකාසානඤ්චායතනය ඉක්මවා 'අනන්ත විඤ්ඤාණය යැ'යි විඤ්ඤාණඤ්චායතනය උපදවාගෙන වාසය කරයි. මුළුමනින් ම විඤ්ඤාණඤ්චායතනය ඉක්ම ගොස් 'කිසිවක් නැතැ'යි ආකිඤ්චඤ්ඤායතනය උපදවාගෙන වාසය කරයි. මුළුමනින් ම ආකිඤ්චඤ්ඤායතනය ඉක්ම ගොස් නේවසඤ්ඤානාසඤ්ඤායතනය උපදවාගෙන වාසය කරයි. මහණෙනි, භික්ෂුවක් නිශ්චල භාවයට පත්වන්නේ ඔය අයුරිනි.

මහණෙනි, භික්ෂුව කෙසේ නම් ආර්යභාවයට පත්වෙයි ද? මහණෙනි, මෙහිලා භික්ෂුව 'මෙය දුක යැ'යි ඒ වූ පරිද්දෙන් ම අවබෝධ කරයි. 'මෙය දුකේ හටගැනීම යැ'යි ඒ වූ පරිද්දෙන් ම අවබෝධ කරයි. 'මෙය දුකේ නිරුද්ධ වීම යැ'යි ඒ වූ පරිද්දෙන් ම අවබෝධ කරයි. 'මෙය දුක නිරුද්ධ වන්නා වූ මාර්ගය යැ'යි ඒ වූ පරිද්දෙන් ම අවබෝධ කරයි. මහණෙනි, භික්ෂුවක් ආර්ය භාවයට පත්වන්නේ ඔය අයුරිනි."

සාදු! සාදු!! සාදු!!!

භික්ඛුසංඝථෝමන සූත්‍රය නිමා විය.

හතරවෙනි බ්‍රාහ්මණ වර්ගය අවසන් විය.

- එහි පිළිවෙල උද්දානයයි :

යෝධාජීව සූත්‍රය, පටිභෝග සූත්‍රය, අභය සූත්‍රය, සමණ සූත්‍රය, සච්ච සූත්‍රය, උම්මග්ග සූත්‍රය, වස්සකාර සූත්‍රය, උපක සූත්‍රය, සච්ඡිකිරිය සූත්‍රය සහ උපෝසථ සූත්‍රය වශයෙන් මෙහි සූත්‍ර දශයකි.

5. මහා වර්ගය

4.4.5.1.
සෝතානුධත සූත්‍රය
සවන් දීමෙන් ධාරණය ගැනීම ගැන වදාළ දෙසුම

සැවැත් නුවර දී ය ....

මහණෙනි, සවන් දීමෙන් දරාගන්නා ලද, වචනයෙන් පිරිවහන ලද, මනසින් විමසන ලද, නුවණින් අවබෝධ කරගන්නා ලද ධර්මයන්ගේ ආනිශංස සතරක් කැමති විය යුත්තේ ය. ඒ කවර සතරක් ද යත්;

1. මහණෙනි, මෙහිලා භික්ෂුව ධර්මය හදාරයි. එනම්, සුත්ත, ගෙය්‍ය, වෙය්‍යාකරණ, ගාථා, උදාන, ඉතිවුත්තක, ජාතක, අබ්භූතධම්ම, වේදල්ල වශයෙනි. ඔහු විසින් ඒ ධර්මයන් කතින් අසා, දරාගෙන, වචනයෙන් පුහුණු කරගෙන, සිතින් විමසා, නුවණින් අවබෝධ කරගෙන ඇද්ද, හේ සිහි මුලාව මරණයට පත්වන්නේ නම් කිසියම් දෙව්ලොවක උපදින්නේ ය. එහි සැප සේ වාසය කරන ඔහුට දහම් පද වැටහෙයි. මහණෙනි, ඔහුගේ සිහිය උපදින්නේ සෙමින් ය. නමුත් ඒ සත්වයා සිහි උපන් වහා ම විශේෂ අවබෝධයක් කරා යයි. මහණෙනි, කතින් අසා දරා ගත්, වචනයෙන් පුරුදු කරගත්, සිතින් විමසූ, නුවණින් අවබෝධ කළ ධර්මයන්ගේ මේ පළමු ආනිශංසය කැමති විය යුත්තේ ය.

2. තව ද මහණෙනි, භික්ෂුව ධර්මය හදාරයි. එනම්, සුත්ත, ගෙය්‍ය, වෙය්‍යාකරණ, ගාථා, උදාන, ඉතිවුත්තක, ජාතක, අබ්භූතධම්ම, වේදල්ල වශයෙනි. ඔහු විසින් ඒ ධර්මයන් කතින් අසා, දරාගෙන, වචනයෙන් පුහුණු කරගෙන, සිතින් විමසා, නුවණින් අවබෝධ කරගෙන ඇද්ද, හේ සිහි මුලාව මරණයට පත්වන්නේ නම් කිසියම් දෙව්ලොවක උපදින්නේ ය. එහි සැප සේ

වාසය කරන ඔහුට දහම් පද නොවැටහෙයි. එනමුදු ඉර්ධිමත් චිත්ත වශීප්‍රාප්ත භික්ෂුවක් දෙව්පිරිසට දහම් දෙසයි. එවිට ඔහුට මෙසේ සිතෙයි. 'මම පෙර ආත්ම භාවයෙහි යම් බුදුසසුනක බඹසර හැසිරුනෙම් ද මේ ඒ ධර්ම විනය නොවැ' යි. මහණෙනි, ඔහුගේ සිහිය උපදින්නේ සෙමින් ය. නමුත් ඒ සත්වයා සිහි උපන් වහා ම විශේෂ අවබෝධයක් කරා යයි.

මහණෙනි, එය මෙබඳු දෙයකි. බෙර හඬ හඳුනාගැනීමෙහි දක්ෂ පුරුෂයෙකු සිටියි. හේ දීර්ඝ මාර්ගයකට පිළිපන්නේ බෙර හඬක් අසයි. එවිට මේ බෙර හඬක් දෝ, බෙර හඬක් නොවෙයි දෝ යනුවෙන් සැකයක් හෝ විමතියක් හෝ ඇති නොවෙයි. එනමුත් බෙර හඬක් ම යැයි නිශ්චයකට යයි. එසෙයින් ම මහණෙනි, භික්ෂුව ධර්මය හදාරයි. එනම්, සුත්ත, ගෙය්‍ය, වෙය්‍යාකරණ, ගාථා, උදාන, ඉතිවුත්තක, ජාතක, අබ්භූතධම්ම, වේදල්ල වශයෙනි. ඔහු විසින් ඒ ධර්මයන් කනින් අසා, දරාගෙන, වචනයෙන් පුහුණු කරගෙන, සිතින් විමසා, නුවණින් අවබෝධ කරගෙන ඇද්ද, හේ සිහි මුලාව මරණයට පත්වන්නේ නම් කිසියම් දෙව්ලොවක උපදින්නේ ය. එහි සැප සේ වාසය කරන ඔහුට දහම් පද නොවැටහෙයි. එනමුදු ඉර්ධිමත් චිත්ත වශීප්‍රාප්ත භික්ෂුවක් දෙව්පිරිසට දහම් දෙසයි. එවිට ඔහුට මෙසේ සිතෙයි. 'මම පෙර ආත්ම භාවයෙහි යම් බුදුසසුනක බඹසර හැසිරුනෙම් ද මේ ඒ ධර්ම විනය නොවැ' යි. මහණෙනි, ඔහුගේ සිහිය උපදින්නේ සෙමෙන් ය. නමුත් ඒ සත්වයා සිහි උපන් වහා ම විශේෂ අවබෝධයක් කරා යයි.

මහණෙනි, කනින් අසා දරා ගත්, වචනයෙන් පුරුදු කරගත්, සිතින් විමසූ, නුවණින් අවබෝධ කළ ධර්මයන්ගේ මේ දෙවෙනි ආනිශංසය කැමති විය යුත්තේ ය.

3. තව ද මහණෙනි, භික්ෂුව ධර්මය හදාරයි. එනම්, සුත්ත, ගෙය්‍ය, වෙය්‍යාකරණ, ගාථා, උදාන, ඉතිවුත්තක, ජාතක, අබ්භූතධම්ම, වේදල්ල වශයෙනි. ඔහු විසින් ඒ ධර්මයන් කනින් අසා, දරාගෙන, වචනයෙන් පුහුණු කරගෙන, සිතින් විමසා, නුවණින් අවබෝධ කරගෙන ඇද්ද, හේ සිහි මුලාව මරණයට පත්වන්නේ නම් කිසියම් දෙව්ලොවක උපදින්නේ ය. එහි සැප සේ වාසය කරන ඔහුට දහම් පද නොවැටහෙන්නේ ත් වෙයි. එමෙන් ම ඉර්ධිමත් චිත්ත වශීප්‍රාප්ත භික්ෂුවක් දෙව්පිරිසට දහම් දෙසන්නේ ත් නොවෙයි. එහෙත් දිව්‍ය පුත්‍රයෙක් දෙව් පිරිසට ධර්මය දෙසයි. එවිට ඔහුට මෙසේ සිතෙයි. 'මම පෙර ආත්ම භාවයෙහි යම් බුදුසසුනක බඹසර හැසිරුනෙම් ද මේ ඒ ධර්ම විනය නොවැ' යි. මහණෙනි, ඔහුගේ සිහිය උපදින්නේ සෙමින් ය. නමුත් ඒ සත්වයා සිහි උපන් වහා ම විශේෂ අවබෝධයක් කරා යයි.

මහණෙනි, එය මෙබඳු දෙයකි. සක් පිඹින විට නැගෙන නාදය හොඳින් දන්නා පුරුෂයෙක් සිටියි. හේ දීර්ඝ මාර්ගයකට පිළිපන්නේ සක් පිඹින හඬක් අසයි. එවිට මේ සක් හඬක් දෝ, සක් හඬක් නොවෙයි දෝ කියා සැකයක් හෝ විමතියක් හෝ ඔහු තුළ ඇති නොවෙයි. එනමුදු සංඛ නාදයක් ම යැයි නිශ්චයකට පැමිණෙයි. එසෙයින් ම මහණෙනි, භික්ෂුව ධර්මය හදාරයි. එනම්, සුත්ත, ගෙය්‍ය, වෙය්‍යාකරණ, ගාථා, උදාන, ඉතිවුත්තක, ජාතක, අබ්භූතධම්ම, වේදල්ල වශයෙනි. ඔහු විසින් ඒ ධර්මයන් කනින් අසා, දරාගෙන, වචනයෙන් පුහුණු කරගෙන, සිතින් විමසා, නුවණින් අවබෝධ කරගෙන ඇද්ද, හේ සිහි මුලාව මරණයට පත්වන්නේ නම් කිසියම් දෙව්ලොවක උපදින්නේ ය. එහි සැප සේ වාසය කරන ඔහුට දහම් පද නොවැටහෙන්නේ ත් වෙයි. එමෙන් ම ඉර්ධිමත් චිත්ත වශීප්‍රාප්ත භික්ෂුවක් දෙව්පිරිසට දහම් දෙසන්නේ ත් නොවෙයි. එහෙත් දිව්‍ය පුත්‍රයෙක් දෙව් පිරිසට ධර්මය දෙසයි. එවිට ඔහුට මෙසේ සිතෙයි. 'මම පෙර ආත්ම භාවයෙහි යම් බුදුසසුනක බඹසර හැසිරුනෙම් ද මේ ඒ ධර්ම විනය නොවැ' යි. මහණෙනි, ඔහුගේ සිහිය උපදින්නේ සෙමින් ය. නමුත් ඒ සත්වයා සිහි උපන් වහා ම විශේෂ අවබෝධයක් කරා යයි.

මහණෙනි, කනින් අසා දරා ගත්, වචනයෙන් පුරුදු කරගත්, සිතින් විමසූ, නුවණින් අවබෝධ කළ ධර්මයන්ගේ මේ තුන්වෙනි ආනිශංසය කැමති විය යුත්තේ ය.

4. තව ද මහණෙනි, භික්ෂුව ධර්මය හදාරයි. එනම්, සුත්ත, ගෙය්‍ය, වෙය්‍යාකරණ, ගාථා, උදාන, ඉතිවුත්තක, ජාතක, අබ්භූතධම්ම, වේදල්ල වශයෙනි. ඔහු විසින් ඒ ධර්මයන් කනින් අසා, දරාගෙන, වචනයෙන් පුහුණු කරගෙන, සිතින් විමසා, නුවණින් අවබෝධ කරගෙන ඇද්ද, හේ සිහි මුලාව මරණයට පත්වන්නේ නම් කිසියම් දෙව්ලොවක උපදින්නේ ය. එහි සැප සේ වාසය කරන ඔහුට දහම් පද නොවැටහෙන්නේ ත් වෙයි. එමෙන් ම ඉර්ධිමත් චිත්ත වශීප්‍රාප්ත භික්ෂුවක් දෙව්පිරිසට දහම් දෙසන්නේ ත් නොවෙයි. එමෙන් ම දිව්‍ය පුත්‍රයෙක් දෙව් පිරිසට ධර්මය නොදෙසයි. එහෙත් ඕපපාතික ව උපන් දෙවියෙක් පසු ව ඕපපාතික ව උපන් තැනැත්තාට සිහි උපදවයි. 'නිදුකාණෙනි, සිහි කළ මැනැව. යම් සසුනක අපි පෙර මිනිස් ලොව බඹසර හැසිරුණෙමු' යි. එවිට ඔහු මෙසේ කියයි. 'නිදුකාණෙනි, සිහි කරමි. නිදුකාණෙනි, සිහි කරමි' යි. මහණෙනි, ඔහුගේ සිහිය උපදින්නේ සෙමින් ය. නමුත් ඒ සත්වයා සිහි උපන් වහා ම විශේෂ අවබෝධයක් කරා යයි.

මහණෙනි, එය මෙබඳු දෙයකි. වැලිකෙළියෙහි යෙදුණු යහළුවෝ දෙදෙනෙක් සිටියහ. ඔවුහු කිසියම් කලක එකිනෙකා මුණගැසෙත් නම් එක

යහළුවෙක් අනෙක් යහළුවාට මෙසේ කියයි. 'මිත්‍රය, මෙසේ ත් සිහි කෙරෙහි ද?' එවිට හේ මෙසේ කියයි. 'සිහි කරමි මිත්‍රය'. 'මිත්‍රය, මෙය ත් සිහි කෙරෙහි ද?' යි. එවිට හේ මෙසේ කියයි. 'සිහි කරමි මිත්‍රය'. එසෙයින් ම මහණෙනි, භික්ෂුව ධර්මය හදාරයි. එනම්, සුත්ත, ගෙය්‍ය, වෙය්‍යාකරණ, ගාථා, උදාන, ඉතිවුත්තක, ජාතක, අබ්භූතධම්ම, වේදල්ල වශයෙනි. ඔහු විසින් ඒ ධර්මයන් කනින් අසා, දරාගෙන, වචනයෙන් පුහුණු කරගෙන, සිතින් විමසා, නුවණින් අවබෝධ කරගෙන ඇද්ද, හේ සිහි මුලාව මරණයට පත්වන්නේ නම් කිසියම් දෙව්ලොවක උපදින්නේ ය. එහි සැප සේ වාසය කරන ඔහුට දහම් පද නොවැටහෙන්නේ ත් වෙයි. එමෙන් ම ඉර්ධිමත් චිත්ත වශීප්‍රාප්ත භික්ෂුවක් දෙව්පිරිසට දහම් දෙසන්නේ ත් නොවෙයි. එමෙන් ම දිව්‍ය පුත්‍රයෙක් දෙව් පිරිසට ධර්මය නොදෙසයි. එහෙත් ඕපපාතික ව උපන් දෙවියෙක් පසු ව ඕපපාතික ව උපන් තැනැත්තාට සිහි උපදවයි. 'නිදුකාණෙනි, සිහි කළ මැනැව. යම් සසුනක අපි පෙර මිනිස් ලොව බඹසර හැසිරුණෙමු' යි. එවිට ඔහු මෙසේ කියයි. 'නිදුකාණෙනි, සිහි කරමි. නිදුකාණෙනි, සිහි කරමි' යි. මහණෙනි, ඔහුගේ සිහිය උපදින්නේ සෙමින් ය. නමුත් ඒ සත්වයා සිහි උපන් වහා ම විශේෂ අවබෝධයක් කරා යයි.

මහණෙනි, කනින් අසා දරා ගත්, වචනයෙන් පුරුදු කරගත්, සිතින් විමසූ, නුවණින් අවබෝධ කළ ධර්මයන්ගේ මේ සිව්වෙනි ආනිශංසය කැමති විය යුත්තේ ය.

මහණෙනි, සවන් දීමෙන් දරාගන්නා ලද, වචනයෙන් පිරිවහන ලද, මනසින් විමසන ලද, නුවණින් අවබෝධ කරගන්නා ලද ධර්මයන්ගේ මේ ආනිශංස සතර කැමති විය යුත්තේ ය.

සාදු! සාදු!! සාදු!!!

සෝතානුධත සූත්‍රය නිමා විය.

4.4.5.2.
ඨාන සූත්‍රය
කාරණය ගැන වදාළ දෙසුම

මහණෙනි, මේ සතර කරුණ සතර කරුණක් තුළින් දත යුත්තේ ය. ඒ කවර සතරක් ද යත්;

1. මහණෙනි, එක් ව වාසය කිරීමෙන් සීලය දත යුත්තේ ය. එය ද බොහෝ කලක් ඇසුරු කිරීමෙනි. සුළු කලකින් නොවෙයි. එය දත හැකි වන්නේ නුවණින් මෙනෙහි කිරීමෙනි. මෙනෙහි නොකිරීමෙන් නොවෙයි. එය දත හැකි වන්නේ නැණවතාට ය. නුවණ නැත්තාට නොවෙයි.

2. මහණෙනි, කතා බස් කිරීමෙන් පුද්ගලයෙකුගේ පිරිසිදු බව දත යුත්තේ ය. එය ද බොහෝ කලක් ඇසුරු කිරීමෙනි. සුළු කලකින් නොවෙයි. එය දත හැකි වන්නේ නුවණින් මෙනෙහි කිරීමෙනි. මෙනෙහි නොකිරීමෙන් නොවෙයි. එය දත හැකි වන්නේ නැණවතාට ය. නුවණ නැත්තාට නොවෙයි.

3. මහණෙනි, විපත්තියකදී පුද්ගලයෙකුගේ බලය දත යුත්තේ ය. එය ද බොහෝ කලක් ඇසුරු කිරීමෙනි. සුළු කලකින් නොවෙයි. එය දත හැකි වන්නේ නුවණින් මෙනෙහි කිරීමෙනි. මෙනෙහි නොකිරීමෙන් නොවෙයි. එය දත හැකි වන්නේ නැණවතාට ය. නුවණ නැත්තාට නොවෙයි.

4. මහණෙනි, සාකච්ඡා කිරීමෙන් පුද්ගලයෙකුගේ ප්‍රඥාව දත යුත්තේ ය. එය ද බොහෝ කලක් ඇසුරු කිරීමෙනි. සුළු කලකින් නොවෙයි. එය දත හැකි වන්නේ නුවණින් මෙනෙහි කිරීමෙනි. මෙනෙහි නොකිරීමෙන් නොවෙයි. එය දත හැකි වන්නේ නැණවතාට ය. නුවණ නැත්තාට නොවෙයි.

'මහණෙනි, එක් ව වාසය කිරීමෙන් සීලය දත යුත්තේ ය. එය ද බොහෝ කලක් ඇසුරු කිරීමෙනි. සුළු කලකින් නොවෙයි. එය දත හැකි වන්නේ නුවණින් මෙනෙහි කිරීමෙනි. මෙනෙහි නොකිරීමෙන් නොවෙයි. එය දත හැකි වන්නේ නැණවතාට ය. නුවණ නැත්තාට නොවෙයි' යනුවෙන් කරුණක් පවසන ලද්දේ ය. එය කුමක් සඳහා කියන ලද්දේ ද?

මහණෙනි, මෙහිලා පුද්ගලයෙක් පුද්ගලයෙකු සමඟ එකට වසන්නේ මෙසේ දැනගනියි. 'මේ ආයුෂ්මත් තෙමේ බොහෝ කාලයක සිට සිල් කඩන්නේ

ය. සිදුරු වූ සිල් ඇත්තේ ය. පැල්ලම් සහිත සිල් ඇත්තේ ය. කැලැල් සහිත සිල් ඇත්තේ ය. නිතර සිල් සකස් නොකරන්නේ ය. නිතර පවත්වන සිල් නැත්තේ ය. මේ ආයුෂ්මත් තෙමේ දුස්සීලයෙකි. මේ ආයුෂ්මත් තෙමේ සිල්වත් නොවෙයි' යනුවෙනි.

මහණෙනි, මෙහිලා පුද්ගලයෙක් පුද්ගලයෙකු සමඟ එකට වසන්නේ මෙසේ දැනගනියි. 'මේ ආයුෂ්මත් තෙමේ බොහෝ කාලයක සිට නොකඩ කොට සිල් රකින්නේ ය. සිදුරු වූ සිල් නැත්තේ ය. පැල්ලම් සහිත සිල් නැත්තේ ය. කැලැල් සහිත සිල් නැත්තේ ය. නිතර සිල් සකස් කරන්නේ ය. නිතර පවත්වන සිල් ඇත්තේ ය. මේ ආයුෂ්මත් තෙමේ සිල්වතෙකි. මේ ආයුෂ්මත් තෙමේ සිල්වත් වෙයි' යනුවෙනි.

'මහණෙනි, එක් ව වාසය කිරීමෙන් සීලය දත යුත්තේ ය. එය ද බොහෝ කලක් ඇසුරු කිරීමෙනි. සුළු කලකින් නොවෙයි. එය දත හැකි වන්නේ නුවණින් මෙනෙහි කිරීමෙනි. මෙනෙහි නොකිරීමෙන් නොවෙයි. එය දත හැකි වන්නේ නැණවතාට ය. නුවණ නැත්තාට නොවෙයි' යනුවෙන් කරුණක් පවසන ලද්දේ ද, එය පවසන ලද්දේ මේ සඳහා ය.

'මහණෙනි, කතා බස් කිරීමෙන් පුද්ගලයෙකුගේ පිරිසිදු බව දත යුත්තේ ය. එය ද බොහෝ කලක් ඇසුරු කිරීමෙනි. සුළු කලකින් නොවෙයි. එය දත හැකි වන්නේ නුවණින් මෙනෙහි කිරීමෙනි. මෙනෙහි නොකිරීමෙන් නොවෙයි. එය දත හැකි වන්නේ නැණවතාට ය. නුවණ නැත්තාට නොවෙයි' යනුවෙන් කරුණක් පවසන ලද්දේ ය. එය කුමක් සඳහා කියන ලද්දේ ද?

මහණෙනි, මෙහිලා පුද්ගලයෙක් පුද්ගලයෙකු සමඟ එකට වසන්නේ මෙසේ දැනගනියි. 'මේ ආයුෂ්මත් තෙමේ තනිව සිටිද්දී තව කෙනෙක් හා අන් අයුරකින් කතා කරයි. දෙදෙනෙක් ඇති කල්හී අන් අයුරකින් කතා කරයි. තිදෙනෙක් ඇති කල්හී වෙනත් අයුරකින් කතා කරයි. බොහෝ දෙනා ඇති කල්හී තවත් අයුරකින් කතා කරයි. මේ ආයුෂ්මත් තෙමේ මුලින් කතා කළ කරුණින් පසුව කතා කළ කරුණට පැන යයි. මේ ආයුෂ්මත් තෙමේ අපිරිසිදු කතා ව්‍යවහාර ඇත්තෙකි. මේ ආයුෂ්මත් තෙමේ පිරිසිදු කතා ව්‍යවහාර නැත්තෙකි' යනුවෙනි.

මහණෙනි, මෙහිලා පුද්ගලයෙක් පුද්ගලයෙකු සමඟ එකට වසන්නේ මෙසේ දැනගනියි. 'මේ ආයුෂ්මත් තෙමේ තනිව සිටිද්දී තව කෙනෙක් හා කතා කරන්නේ යම් අයුරකින් ද, දෙදෙනෙක් ඇති කල්හී ඒ අයුරකින් කතා කරයි. තිදෙනෙක් ඇති කල්හී ද ඒ අයුරින් කතා කරයි. බොහෝ දෙනා ඇති කල්හී

ද ඒ අයුරින් කතා කරයි. මේ ආයුෂ්මත් තෙමේ මුලින් කතා කළ කරුණින් පසුව කතා කළ කරුණට පැන නොයයි. මේ ආයුෂ්මත් තෙමේ පිරිසිදු කතා ව්‍යවහාර ඇත්තෙකි. මේ ආයුෂ්මත් තෙමේ අපිරිසිදු කතා ව්‍යවහාර නැත්තෙකි' යනුවෙනි.

'මහණෙනි, කතා බස් කිරීමෙන් පුද්ගලයෙකුගේ පිරිසිදු බව දත යුත්තේ ය. එය ද බොහෝ කලක් ඇසුරු කිරීමෙනි. සුළු කලකින් නොවෙයි. එය දත හැකි වන්නේ නුවණින් මෙනෙහි කිරීමෙනි. මෙනෙහි නොකිරීමෙන් නොවෙයි. එය දත හැකි වන්නේ නැණවතාට ය. නුවණ නැත්තාට නොවෙයි' යනුවෙන් කරුණක් පවසන ලද්දේ ද, එය පවසන ලද්දේ මේ සඳහා ය.

'මහණෙනි, විපත්තියකදී පුද්ගලයෙකුගේ බලය දත යුත්තේ ය. එය ද බොහෝ කලක් ඇසුරු කිරීමෙනි. සුළු කලකින් නොවෙයි. එය දත හැකි වන්නේ නුවණින් මෙනෙහි කිරීමෙනි. මෙනෙහි නොකිරීමෙන් නොවෙයි. එය දත හැකි වන්නේ නැණවතාට ය. නුවණ නැත්තාට නොවෙයි' යනුවෙන් කරුණක් පවසන ලද්දේ ය. එය කුමක් සඳහා කියන ලද්දේ ද?

මහණෙනි, මෙහිලා ඇතැමෙක් ඥාතීන්ට වූ කරදරයකින් වේවා, දේපල වස්තුව නැතිවීමෙන් වේවා, රෝග පීඩා වැළඳීමෙන් වේවා මෙසේ නුවණින් නොසළකයි. 'මේ ලෝක සන්නිවාසය යම් බඳු වෙයි ද, මේ ජීවිත පැවැත්ම යම් බඳු වෙයි ද, එනම් ලාභය ත්, අලාභය ත්, අයස ත්, යස ත්, නින්දාව ත්, ප්‍රශංසාව ත්, සැප ත්, දුක ත් යන අෂ්ට ලෝක ධර්මය ලෝකයා පසුපස පෙරලි පෙරලී යයි. ලෝකයා ද අෂ්ට ලෝක ධර්මයට අනුව පෙරලෙමින් යයි' යනුවෙනි. මහණෙනි, හේ ඥාතීන්ට වූ කරදරයකින් වේවා, දේපල වස්තුව නැතිවීමෙන් වේවා, රෝග පීඩා වැළඳීමෙන් වේවා ශෝක කරයි. ක්ලාන්ත වෙයි. හඬා වැළපෙයි. ළයෙහි අත් පැහැර හඬයි. සිහිමුළාවට පත්වෙයි.

මහණෙනි, මෙහිලා ඇතැමෙක් ඥාතීන්ට වූ කරදරයකින් වේවා, දේපල වස්තුව නැතිවීමෙන් වේවා, රෝග පීඩා වැළඳීමෙන් වේවා මෙසේ නුවණින් සළකයි. 'මේ ලෝක සන්නිවාසය යම් බඳු වෙයි ද, මේ ජීවිත පැවැත්ම යම් බඳු වෙයි ද, එනම් ලාභය ත්, අලාභය ත්, අයස ත්, යස ත්, නින්දාව ත්, ප්‍රශංසාව ත්, සැප ත්, දුක ත් යන අෂ්ට ලෝක ධර්මය ලෝකයා පසුපස පෙරලි පෙරලී යයි. ලෝකයා ද අෂ්ට ලෝක ධර්මයට අනුව පෙරලෙමින් යයි' යනුවෙනි. මහණෙනි, හේ ඥාතීන්ට වූ කරදරයකින් වේවා, දේපල වස්තුව නැතිවීමෙන් වේවා, රෝග පීඩා වැළඳීමෙන් වේවා ශෝක නොකරයි. ක්ලාන්ත නොවෙයි. හඬා නොවැළපෙයි. ළයෙහි අත් පැහැර නොහඬයි. සිහිමුළාවට පත් නොවෙයි.

'මහණෙනි, විපත්තියකදී පුද්ගලයෙකුගේ බලය දත යුත්තේ ය. එය ද බොහෝ කලක් ඇසුරු කිරීමෙනි. සුළු කලකින් නොවෙයි. එය දත හැකි වන්නේ නුවණින් මෙනෙහි කිරීමෙනි. මෙනෙහි නොකිරීමෙන් නොවෙයි. එය දත හැකි වන්නේ නැණවතාට ය. නුවණ නැත්තාට නොවෙයි' යනුවෙන් කරුණක් පවසන ලද්දේ ද, එය පවසන ලද්දේ මේ සඳහා ය.

'මහණෙනි, සාකච්ඡා කිරීමෙන් පුද්ගලයෙකුගේ ප්‍රඥාව දත යුත්තේ ය. එය ද බොහෝ කලක් ඇසුරු කිරීමෙනි. සුළු කලකින් නොවෙයි. එය දත හැකි වන්නේ නුවණින් මෙනෙහි කිරීමෙනි. මෙනෙහි නොකිරීමෙන් නොවෙයි. එය දත හැකි වන්නේ නැණවතාට ය. නුවණ නැත්තාට නොවෙයි' යනුවෙන් කරුණක් පවසන ලද්දේ ය. එය කුමක් සඳහා කියන ලද්දේ ද?

මහණෙනි, මෙහිලා පුද්ගලයෙක් තවත් පුද්ගලයෙකු සමඟ සාකච්ඡා කරන කල්හී මෙසේ දැනගනියි. 'මේ ආයුෂ්මතුන්ගේ ප්‍රශ්න කිරීම පිළිබඳ යම් පිළිවෙලක් ඇද්ද, යම් බඳු ප්‍රශ්නයන් පෙරට ගැනීමක් ඇද්ද, යම්බඳු ප්‍රශ්න විමසීමක් ඇද්ද, මේ ආයුෂ්මත් තෙමේ දුෂ්ප්‍රාඥ කෙනෙකි. මේ ආයුෂ්මත් තෙමේ ප්‍රඥාවන්ත කෙනෙක් නොවෙයි. මක්නිසාද යත්, යම් පරිදි මේ ආයුෂ්මත් තෙමේ ගැඹුරු වූ අර්ථ පදයන් දක්වමින් කතා නොකරයි. ශාන්ත වූ, ප්‍රණීත වූ, තර්කයෙන් දත නොහැකි වූ, නිපුණ වූ, නැණවතුන් දත යුතු වූ අර්ථ පද නොපවසයි. මේ ආයුෂ්මත් තෙමේ යම් ධර්මයක් කියයි ද, එය හකුළුවා කියන්නට හෝ විස්තර කරන්නට හෝ අර්ථ පවසන්නට හෝ දෙසන්නට හෝ පණවන්නට හෝ පිහිටුවන්නට හෝ විවෘත කරන්නට හෝ බෙදා දක්වන්නට හෝ ඉස්මතු කරන්නට හෝ ප්‍රතිබල සම්පන්න නොවෙයි. මේ ආයුෂ්මත් තෙමේ දුෂ්ප්‍රාඥ කෙනෙකි. මේ ආයුෂ්මත් තෙමේ ප්‍රඥාවන්ත නොවෙයි' යනුවෙනි.

මහණෙනි, එය මෙබඳු දෙයකි. ඇස් ඇති පුරුෂයෙක් දිය විලක් අසළ සිටියේ උඩට එන කුඩා මත්ස්‍යයෙකු දකියි. එවිට ඔහුට මෙසේ සිතෙයි. යම් සේ මේ මත්ස්‍යයාගේ ගමන් මාර්ගයක් ඇද්ද, රළ බිඳී යන්නේ ත් ඒ අයුරිනි. දිය වේගය ඇත්තේ ත් ඒ අයුරිනි. මේ ඉතා කුඩා මත්ස්‍යයෙකි. මොහු ඉතා විශාල මත්ස්‍යයෙකු නොවෙයි. එසෙයින් ම මහණෙනි, පුද්ගලයෙක් තවත් පුද්ගලයෙකු සමඟ සාකච්ඡා කරන කල්හී මෙසේ දැනගනියි. 'මේ ආයුෂ්මතුන්ගේ ප්‍රශ්න කිරීම පිළිබඳ යම් පිළිවෙලක් ඇද්ද, යම් බඳු ප්‍රශ්නයන් පෙරට ගැනීමක් ඇද්ද, යම්බඳු ප්‍රශ්න විමසීමක් ඇද්ද, මේ ආයුෂ්මත් තෙමේ දුෂ්ප්‍රාඥ කෙනෙකි. මේ ආයුෂ්මත් තෙමේ ප්‍රඥාවන්ත කෙනෙක් නොවෙයි. මක්නිසාද යත්, යම් පරිදි මේ ආයුෂ්මත් තෙමේ ගැඹුරු වූ අර්ථ පදයන් දක්වමින් කතා නොකරයි. ශාන්ත වූ, ප්‍රණීත වූ, තර්කයෙන් දත නොහැකි වූ, නිපුණ වූ, නැණවතුන් දත

යුතු වූ අර්ථ පද නොපවසයි. මේ ආයුෂ්මත් තෙමේ යම් ධර්මයක් කියයි ද, එය හකුළුවා කියන්නට හෝ විස්තර කරන්නට හෝ අර්ථ පවසන්නට හෝ දෙසන්නට හෝ පණවන්නට හෝ පිහිටුවන්නට හෝ විවෘත කරන්නට හෝ බෙදා දක්වන්නට හෝ ඉස්මතු කරන්නට හෝ ප්‍රතිබල සම්පන්න නොවෙයි. මේ ආයුෂ්මත් තෙමේ දුෂ්ප්‍රාඥ කෙනෙකි. මේ ආයුෂ්මත් තෙමේ ප්‍රඥාවන්ත නොවෙයි' යනුවෙනි.

මහණෙනි, මෙහිලා පුද්ගලයෙක් තවත් පුද්ගලයෙකු සමඟ සාකච්ඡා කරන කල්හී මෙසේ දැනගනියි. 'මේ ආයුෂ්මතුන්ගේ ප්‍රශ්න කිරීම පිළිබඳ යම් පිළිවෙලක් ඇද්ද, යම් බඳු ප්‍රශ්නයන් පෙරට ගැනීමක් ඇද්ද, යම්බඳු ප්‍රශ්න විමසීමක් ඇද්ද, මේ ආයුෂ්මත් තෙමේ ප්‍රඥාවන්ත කෙනෙකි. මේ ආයුෂ්මත් තෙමේ දුෂ්ප්‍රාඥ කෙනෙක් නොවෙයි. මක්නිසාද යත්, යම් පරිදි මේ ආයුෂ්මත් තෙමේ ගැඹුරු වූ අර්ථ පදයන් දක්වමින් කතා කරයි. ශාන්ත වූ, ප්‍රණීත වූ, තර්කයෙන් දත නොහැකි වූ, නිපුණ වූ, නැණවතුන් දත යුතු වූ අර්ථ පද පවසයි. මේ ආයුෂ්මත් තෙමේ යම් ධර්මයක් කියයි ද, එය හකුළුවා කියන්නට හෝ විස්තර කරන්නට හෝ අර්ථ පවසන්නට හෝ දෙසන්නට හෝ පණවන්නට හෝ පිහිටුවන්නට හෝ විවෘත කරන්නට හෝ බෙදා දක්වන්නට හෝ ඉස්මතු කරන්නට හෝ ප්‍රතිබල සම්පන්න වෙයි. මේ ආයුෂ්මත් තෙමේ ප්‍රඥාවන්ත කෙනෙකි. මේ ආයුෂ්මත් තෙමේ දුෂ්ප්‍රාඥ කෙනෙකු නොවෙයි' යනුවෙනි.

මහණෙනි, එය මෙබඳු දෙයකි. ඇස් ඇති පුරුෂයෙක් දිය විලක් අසළ සිටියේ උඩට එන සුවිශාල මත්ස්‍යයෙකු දකියි. එවිට ඔහුට මෙසේ සිතෙයි. යම් සේ මේ මත්ස්‍යයාගේ ගමන් මාර්ගයක් ඇද්ද, රළ බිඳී යන්නේ ත් ඒ අයුරිනි. දිය වේගය ඇත්තේ ත් ඒ අයුරිනි. මේ ඉතා විශාල මත්ස්‍යයෙකි. මොහු කුඩා මත්ස්‍යයෙකු නොවෙයි. එසෙයින් ම මහණෙනි, පුද්ගලයෙක් තවත් පුද්ගලයෙකු සමඟ සාකච්ඡා කරන කල්හී මෙසේ දැනගනියි. 'මේ ආයුෂ්මතුන්ගේ ප්‍රශ්න කිරීම පිළිබඳ යම් පිළිවෙලක් ඇද්ද, යම් බඳු ප්‍රශ්නයන් පෙරට ගැනීමක් ඇද්ද, යම්බඳු ප්‍රශ්න විමසීමක් ඇද්ද, මේ ආයුෂ්මත් තෙමේ ප්‍රඥාවන්ත කෙනෙකි. මේ ආයුෂ්මත් තෙමේ දුෂ්ප්‍රාඥ කෙනෙක් නොවෙයි. මක්නිසාද යත්, යම් පරිදි මේ ආයුෂ්මත් තෙමේ ගැඹුරු වූ අර්ථ පදයන් දක්වමින් කතා කරයි. ශාන්ත වූ, ප්‍රණීත වූ, තර්කයෙන් දත නොහැකි වූ, නිපුණ වූ, නැණවතුන් දත යුතු වූ අර්ථ පද පවසයි. මේ ආයුෂ්මත් තෙමේ යම් ධර්මයක් කියයි ද, එය හකුළුවා කියන්නට හෝ විස්තර කරන්නට හෝ අර්ථ පවසන්නට හෝ දෙසන්නට හෝ පණවන්නට හෝ පිහිටුවන්නට හෝ විවෘත කරන්නට හෝ බෙදා දක්වන්නට හෝ ඉස්මතු කරන්නට හෝ ප්‍රතිබල සම්පන්න වෙයි. මේ ආයුෂ්මත් තෙමේ

ප්‍රඥාවන්ත කෙනෙකි. මේ ආයුෂ්මත් තෙමේ දුෂ්ප්‍රාඥ කෙනෙකු නොවෙයි' යනුවෙනි.

'මහණෙනි, සාකච්ඡා කිරීමෙන් පුද්ගලයෙකුගේ ප්‍රඥාව දත යුත්තේ ය. එය ද බොහෝ කලක් ඇසුරු කිරීමෙනි. සුළු කලකින් නොවෙයි. එය දත හැකි වන්නේ නුවණින් මෙනෙහි කිරීමෙනි. මෙනෙහි නොකිරීමෙන් නොවෙයි. එය දත හැකි වන්නේ නැණවතාට ය. නුවණ නැත්තාට නොවෙයි' යනුවෙන් කරුණක් පවසන ලද්දේ ද, එය පවසන ලද්දේ මේ සඳහා ය.

මහණෙනි, මේ සතර කරුණ වනාහී සතර කරුණක් තුළින් දත යුත්තේ ය.

සාදු! සාදු!! සාදු!!!

ඨාන සූත්‍රය නිමා විය.

4.4.5.3.
භද්දිය සූත්‍රය
භද්දිය ලිච්ඡවි හට වදාළ දෙසුම

එක් සමයක භාග්‍යවතුන් වහන්සේ විශාලා මහනුවර මහාවනයෙහි කූටා ගාර ශාලාවෙහි වැඩවසන සේක. එකල්හී භද්දිය ලිච්ඡවි තෙමේ භාග්‍යවතුන් වහන්සේ යම් තැනක වැඩසිටි සේක් ද, එතැනට පැමිණියේ ය. පැමිණ භාග්‍යවතුන් වහන්සේට සකසා වන්දනා කොට එකත්පස් ව හුන්නේ ය. එකත්පස් ව හුන් භද්දිය ලිච්ඡවි තෙමේ භාග්‍යවතුන් වහන්සේට මෙය පැවසුවේ ය.

"ස්වාමීනී, මා විසින් මෙය අසන ලද්දේ ය. 'ශ්‍රමණ ගෞතමයන් වහන්සේ මායා ඇත්තාහු ය. යම් වූ මායාවකින් අන්‍ය තීර්ථක ශ්‍රාවකයන් අද්දවාගනිත් ද ඒ ආවර්තනී මායාව දනිති' යි. ස්වාමීනී, යමෙක් ඔය අයුරින් පැවසුවාහු ද, එනම් 'ශ්‍රමණ ගෞතමයන් වහන්සේ මායා ඇත්තාහු ය. යම් වූ මායාවකින් අන්‍ය තීර්ථක ශ්‍රාවකයන් අද්දවාගනිත් ද ඒ ආවර්තනී මායාව දනිති' යි. ස්වාමීනී, කිම? ඔවුන් විසින් පවසනු ලැබුවේ භාග්‍යවතුන් වහන්සේ විසින් වදාරණ ලද දෙයක් ද? භාග්‍යවතුන් වහන්සේට අභූතයෙන් චෝදනා නොකරත් ද? ධර්මයට අනුකූල වූ දෙයක් පවසත් ද? නුවණැත්තන් කරුණු සහිත ව පවසන ලද

දෙයක දී ගැරහීමකට පත් නොවන්නක් ද? ස්වාමීනී, අපි වනාහී භාග්‍යවතුන් වහන්සේට අභූතයෙන් චෝදනා නොකරන්නට කැමැත්තෙමු."

"භද්දිය, ඔබ එන්න. ඇසූ පරිද්දෙන් නොගන්න. පරම්පරාවෙන් ආවේ යැයි නොගන්න. එය මෙසේ වූයේ යැයි නොගන්න. අපගේ පොත්වල ඇති කරුණකැයි නොගන්න. තර්ක හේතුවෙන් නොගන්න. න්‍යායට ගැලපුණේ යැයි නොගන්න. නොයෙක් අයුරින් කල්පනා කිරීමෙන් නොගන්න. දෘෂ්ටියකට බැසගැනීමෙන් නොගන්න. පෙනෙන හැටියට හරි නෙව යැයි නොගන්න. ශ්‍රමණ තෙමේ අපගේ ආචාර්යවරයා යැයි නොගන්න. භද්දිය, යම් කලක ඔබ තමා ම දැනගන්නහු නම් මේ දහම් අකුසල් ය, මේ දහම් වරදින් යුක්ත ය, මේ දහම් නැණවතුන් ගරහන ලද්දේ ය, මේ දහම් සමාදන් ව පුරුදු කරන්නෙකුට අහිත පිණිස, දුක් පිණිස පවතින්නේ යැයි. එකල්හී භද්දිය ඔබ එය බැහැර කරන්න.

භද්දිය, මේ ගැන කුමක් සිතව් ද? පුරුෂයාගේ සිතෙහි ලෝභය හටගන්නේ නම් එය හිත පිණිස පවතින්නේ වෙයි ද? අහිත පිණිස පවතින්නේ වෙයි ද?" "ස්වාමීනී, අහිත පිණිස ය." "භද්දිය, ලෝභී වූ ත් මේ පුරුෂ පුද්ගල තෙමේ ලෝභයට යට වූ සිතින්, ලෝභය වෙලා ගන්නා සිතින් යුක්ත වූයේ සතුන් ද මරයි. සොරකම් ද කරයි. පර අඹුවන් කරා ද යයි. බොරු ත් කියයි. අන් අය ව ත් ඒ අකුසල්හි සමාදන් කරවයි. එය ඔහුට බොහෝ කාලයක් අහිත පිණිස, දුක් පිණිස පවතින්නේ වෙයි ද?" "එසේ ය, ස්වාමීනී."

"භද්දිය, මේ ගැන කුමක් සිතව් ද? පුරුෂයාගේ සිතෙහි ද්වේෂය හටගන්නේ නම් ....(පෙ).... මෝහය හටගන්නේ නම් ....(පෙ).... පුරුෂයාගේ සිතෙහි එකටඑක කිරීම හටගන්නේ නම් එය හිත පිණිස පවතින්නේ වෙයි ද? අහිත පිණිස පවතින්නේ වෙයි ද?" "ස්වාමීනී, අහිත පිණිස ය." "භද්දිය, එකට එක කරන්නා වූ ත් මේ පුරුෂ පුද්ගල තෙමේ එකට එක කිරීමට යට වූ සිතින්, එකට එක කිරීම වෙලා ගන්නා සිතින් යුක්ත වූයේ සතුන් ද මරයි. සොරකම් ද කරයි. පර අඹුවන් කරා ද යයි. බොරු ත් කියයි. අන් අය ව ත් ඒ අකුසල්හි සමාදන් කරවයි. එය ඔහුට බොහෝ කාලයක් අහිත පිණිස, දුක් පිණිස පවතින්නේ වෙයි ද?" "එසේ ය, ස්වාමීනී."

"භද්දිය, මේ ගැන කුමක් සිතව් ද? ඔය පැවසූ කරුණ කුසල් වෙයි ද? අකුසල් වෙයි ද?" "ස්වාමීනී, අකුසල් ය." "දොසින් යුක්ත වෙයි ද? නිර්දෝෂී වෙයි ද?" "ස්වාමීනී, දොසින් යුක්ත ය." "නුවණැත්තන් ගරහන ලද්දේ වෙයි ද? නුවණැත්තන් පසසන ලද්දේ වෙයි ද?" "ස්වාමීනී, නුවණැත්තන් ගරහන ලද්දේ

ය." "මෙය සමාදන් ව පුරුදු කරන්නාට අහිත පිණිස, දුක් පිණිස පවතින්නේ වෙයි ද? නොහොත් නොපවතින්නේ වෙයි ද?" "ස්වාමීනී, මෙය සමාදන් ව පුරුදු කරන්නාට අහිත පිණිස, දුක් පිණිස පවතින්නේ ය. ස්වාමීනී, ඒ පිළිබඳ ව අපගේ අදහස ත් මෙසේ ය."

"භද්දිය, යම් කරුණක් අපි පැවසුවෙමු ද, එනම්, 'භද්දිය, ඔබ එන්න. ඇසූ පරිද්දෙන් නොගන්න. පරම්පරාවෙන් ආවේ යැයි නොගන්න. එය මෙසේ වූයේ යැයි නොගන්න. ....(පෙ).... භද්දිය, යම් කලක ඔබ තමා ම දැනගන්නහු නම් මේ දහම් අකුසල් ය, මේ දහම් වරදින් යුක්ත ය, මේ දහම් නැණවතුන් ගරහන ලද්දේ ය, මේ දහම් සමාදන් ව පුරුදු කරන්නෙකුට අහිත පිණිස, දුක් පිණිස පවතින්නේ යැයි. එකල්හී භද්දිය, ඔබ එය බැහැර කරන්න' යනුවෙන් යමක් පවසන ලද්දේ ද, එය පවසන ලද්දේ මෙකරුණ සඳහා ය.

භද්දිය, ඔබ එන්න. ඇසූ පරිද්දෙන් නොගන්න. පරම්පරාවෙන් ආවේ යැයි නොගන්න. එය මෙසේ වූයේ යැයි නොගන්න. අපගේ පොත්වල ඇති කරුණකැයි නොගන්න. තර්ක හේතුවෙන් නොගන්න. න්‍යායට ගැලපුණේ යැයි නොගන්න. නොයෙක් අයුරින් කල්පනා කිරීමෙන් නොගන්න. දෘෂ්ටියකට බැසගැනීමෙන් නොගන්න. පෙනෙන හැටියට හරි නෙව යැයි නොගන්න. ශ්‍රමණ තෙමේ අපගේ ආචාර්යවරයා යැයි නොගන්න. භද්දිය, යම් කලෙක ඔබ තමා ම දැනගන්නහු නම් මේ දහම් කුසල් ය, මේ දහම් වරදින් තොර ය, මේ දහම් නැණවතුන් පසසන ලද්දේ ය, මේ දහම් සමාදන් ව පුරුදු කරන්නෙකුට හිත පිණිස, සුව පිණිස පවතින්නේ යැයි. එකල්හී භද්දිය, ඔබ එය ඇති කරගෙන වාසය කරන්න.

භද්දිය, මේ ගැන කුමක් සිතව් ද? පුරුෂයාගේ සිතෙහි අලෝභය හටගන්නේ නම් එය හිත පිණිස පවතින්නේ වෙයි ද? අහිත පිණිස පවතින්නේ වෙයි ද?" "ස්වාමීනී, හිත පිණිස ය." "භද්දිය, අලෝභී වූ ත් මේ පුරුෂ පුද්ගල තෙමේ ලෝභයට යට නොවූ සිතින්, ලෝභය වෙලා නොගන්නා සිතින් යුක්ත වූයේ සතුන් ද නොමරයි. සොරකම් ද නොකරයි. පර අඹුවන් කරා ද නොයයි. බොරු ත් නොකියයි. අන් අය ව ත් ඒ කුසල්හි සමාදන් කරවයි. එය ඔහුට බොහෝ කාලයක් හිත පිණිස, සුව පිණිස පවතින්නේ වෙයි ද?" "එසේ ය, ස්වාමීනී."

"භද්දිය, මේ ගැන කුමක් සිතව් ද? පුරුෂයාගේ සිතෙහි අද්වේෂය හටගන්නේ නම් ....(පෙ).... අමෝහය හටගන්නේ නම් ....(පෙ).... පුරුෂයාගේ සිතෙහි එකටඑක නොකිරීම හටගන්නේ නම් එය හිත පිණිස පවතින්නේ වෙයි

ද? අහිත පිණිස පවතින්නේ වෙයි ද?" "ස්වාමීනී, හිත පිණිස ය." "භද්දිය, එකට එක නොකරන්නා වූ ත් මේ පුරුෂ පුද්ගල තෙමේ එකට එක කිරීමට යට නොවූ සිතින්, එකට එක කිරීම වෙලා නොගන්නා සිතින් යුක්ත වූයේ සතුන් ද නොමරයි. සොරකම් ද නොකරයි. පර අඹුවන් කරා ද නොයයි. බොරු ත් නොකියයි. අන් අය ව ත් ඒ කුසල්හි සමාදන් කරවයි. එය ඔහුට බොහෝ කාලයක් හිත පිණිස, සුව පිණිස පවතින්නේ වෙයි ද?" "එසේ ය, ස්වාමීනී."

"භද්දිය, මේ ගැන කුමක් සිතව් ද? ඔය පැවසූ කරුණ කුසල් වෙයි ද? අකුසල් වෙයි ද?" "ස්වාමීනී, කුසල් ය." "දොසින් යුක්ත වෙයි ද? නිර්දෝෂී වෙයි ද?" "ස්වාමීනී, නිර්දෝෂී ය." "නුවණැත්තන් ගරහන ලද්දේ වෙයි ද? නුවණැත්තන් පසසන ලද්දේ වෙයි ද?" "ස්වාමීනී, නුවණැත්තන් පසසන ලද්දේ ය." "මෙය සමාදන් ව පුරුදු කරන්නාට හිත පිණිස, සුව පිණිස පවතින්නේ වෙයි ද? නොහොත් නොපවතින්නේ වෙයි ද?" "ස්වාමීනී, මෙය සමාදන් ව පුරුදු කරන්නාට හිත පිණිස, සුව පිණිස පවතින්නේ ය. ස්වාමීනී, ඒ පිළිබඳ ව අපගේ අදහස ත් මෙසේ ය."

"භද්දිය, යම් කරුණක් අපි පැවසුවෙමු ද, එනම්, 'භද්දිය, ඔබ එන්න. ඇසූ පරිද්දෙන් නොගන්න. පරම්පරාවෙන් ආවේ යැයි නොගන්න. එය මෙසේ වූයේ යැයි නොගන්න. අපගේ පොත්වල ඇති කරුණකැයි නොගන්න. තර්ක හේතුවෙන් නොගන්න. න්‍යායට ගැලපුණේ යැයි නොගන්න. නොයෙක් අයුරින් කල්පනා කිරීමෙන් නොගන්න. දෘෂ්ටියකට බැසගැනීමෙන් නොගන්න. පෙනෙන හැටියට හරි නෙව යැයි නොගන්න. ශ්‍රමණ තෙමේ අපගේ ආචාර්යවරයා යැයි නොගන්න. භද්දිය, යම් කලක ඔබ තමා ම දැනගන්නහු නම් මේ දහම් කුසල් ය, මේ දහම් වරදින් තොර ය, මේ දහම් නැණවතුන් පසසන ලද්දේ ය, මේ දහම් සමාදන් ව පුරුදු කරන්නෙකුට හිත පිණිස, සුව පිණිස පවතින්නේ යැයි. එකල්හී භද්දිය, ඔබ එය ඇති කරගෙන වාසය කරන්න.' යනුවෙන් යමක් පවසන ලද්දේ ද, එය පවසන ලද්දේ මෙකරුණ සඳහා ය.

භද්දිය, ලෝකයෙහි යම් සත්පුරුෂයෝ සිටිත් ද, ඔවුහු ශ්‍රාවකයා මේ අයුරින් සමාදන් කරවති. 'එම්බා පුරුෂය, ඔබ එන්න. ලෝභය නැවත නැවත දුරුකරමින් වසන්න. ලෝභය නැවත නැවත දුරු කරමින් වසන විට ලෝභයෙන් හටගත් කර්මයන් කයින්, වචනයෙන්, මනසින් නොකරන්නෙහි ය. ද්වේෂය නැවත නැවත දුරුකරමින් වසන්න. ද්වේෂය නැවත නැවත දුරු කරමින් වසන විට ද්වේෂයෙන් හටගත් කර්මයන් කයින්, වචනයෙන්, මනසින් නොකරන්නෙහි ය. මෝහය නැවත නැවත දුරුකරමින් වසන්න. මෝහය නැවත නැවත දුරු කරමින් වසන විට මෝහයෙන් හටගත් කර්මයන් කයින්, වචනයෙන්, මනසින්

නොකරන්නෙහි ය. එකට එක කිරීම නැවත නැවත දුරුකරමින් වසන්න. එකට එක කිරීම නැවත නැවත දුරු කරමින් වසන විට එකට එක කිරීමෙන් හටගත් කර්මයන් කයින්, වචනයෙන්, මනසින් නොකරන්නෙහි ය."

මෙසේ වදාළ කල්හී භද්දිය ලිච්ඡවි තෙමේ භාග්‍යවතුන් වහන්සේට මෙය පැවසුවේ ය.

"භවත් ගෞතමයන් වහන්ස, ඉතා මනහර ය. ....(පෙ).... අද පටන් මා දිවි හිමියෙන් තෙරුවන් සරණ ගිය උපාසකයෙකු වශයෙන් භවත් ගෞතමයන් වහන්සේ පිළිගන්නා සේක්වා !"

"භද්දිය, මම ඔබට ඔය අයුරින් පැවසුවෙම් ද? එනම් 'භද්දිය, එන්න. මාගේ ශ්‍රාවකයෙක් වෙන්න. මම ඔබට ශාස්තෘ වන්නෙමි' යි?" "ස්වාමීනී, එසේ නොවදාළේ ම ය."

"භද්දිය, මෙබඳු වූ දෙයක් පවසන මා හට ඇතැම් ශ්‍රමණ බ්‍රාහ්මණයෝ අසත්‍ය වූ, හිස් වූ, බොරු වූ අභූතයෙන් චෝදනා කරති. 'ශ්‍රමණ ගෞතමයන් වහන්සේ මායා ඇත්තාහු ය. යම් වූ මායාවකින් අන්‍ය තීර්ථක ශ්‍රාවකයන් අද්දවාගනිත් ද ඒ ආවර්තනී මායාව දනිති' යි."

"ස්වාමීනී, ඒ ආවර්තනී මායාව සොඳුරු ය. ස්වාමීනී, ඒ ආවර්තනී මායාව කල්‍යාණ ය. ස්වාමීනී, මාගේ ප්‍රිය වූ ඥාති, ලේ ඥාතීහු මේ ආවර්තනී මායාවෙන් කැරකී එත් නම්, මාගේ ප්‍රිය වූ ඥාති, ලේ ඥාතීන් හට බොහෝ කාලයක් හිත සුව පිණිස පවතින්නේ ය. ස්වාමීනී, සියළු ම ක්ෂත්‍රියයෝ ත් මේ ආවර්තනී මායාවෙන් කැරකී එත් නම්, ඒ සියළු ම ක්ෂත්‍රියයන් හට බොහෝ කාලයක් හිත සුව පිණිස පවතින්නේ ය. ස්වාමීනී, සියළු ම බ්‍රාහ්මණයෝ ත් ....(පෙ).... වෛශ්‍යයෝ ත් ....(පෙ).... ශුද්‍රයෝ ත් මේ ආවර්තනී මායාවෙන් කැරකී එත් නම්, ඒ සියළුම ශුද්‍රයන් හට බොහෝ කාලයක් හිත සුව පිණිස පවතින්නේ ය."

"භද්දිය, එය එසේ ම ය. භද්දිය, එය එසේ ම ය. භද්දිය, ඉදින් සියළු ක්ෂත්‍රියයෝ ම අකුසල් දහම් ප්‍රහාණය පිණිස, කුසල් දහම් ඉපදවීම පිණිස කැරකී එත් නම්, ඒ සියළු ක්ෂත්‍රියයන්ට බොහෝ කල් හිතසුව පිණිස පවතින්නේ ය. ඉදින් සියළු බ්‍රාහ්මණයෝ ....(පෙ).... වෛශ්‍යයෝ ....(පෙ).... ශුද්‍රයෝ අකුසල් දහම් ප්‍රහාණය පිණිස, කුසල් දහම් ඉපදවීම පිණිස කැරකී එත් නම්, ඒ සියළු ශුද්‍රයන්ට බොහෝ කල් හිතසුව පිණිස පවතින්නේ ය. භද්දිය, දෙවියන් සහිත මරුන් සහිත බඹුන් සහිත ශ්‍රමණ බ්‍රාහ්මණයන් සහිත දෙව් මිනිස් ප්‍රජාවෙන්

යුතු සියළු සත්වයෝ අකුසල් දහම් ප්‍රහාණය පිණිස, කුසල් දහම් ඉපදවීම පිණිස කැරකී එත් නම්, ඒ සියළු දෙවියන් සහිත මරුන් සහිත බඹුන් සහිත ශ්‍රමණ බ්‍රාහ්මණයන් සහිත දෙව් මිනිස් ප්‍රජාවෙන් යුතු සියළු සත්වයන්ට බොහෝ කල් හිතසුව පිණිස පවතින්නේ ය. භද්දිය, ඉදින් මේ මහා සල් රුක් පවා අකුසල් දහම් ප්‍රහාණය පිණිස, කුසල් දහම් ඉපදවීම පිණිස මේ ආවර්තනී මායාවෙන් කැරකී එයි නම්, මේ සාල වෘක්ෂයන් හට ද බොහෝ කල් හිතසුව පිණිස පවතින්නේ ය. මනුෂ්‍යයන් ගැන කවර කථා ද?"

සාදු! සාදු!! සාදු!!!

භද්දිය සූත්‍රය නිමා විය.

4.4.5.4.
සාපූගීය සූත්‍රය
සාපූග නියම් ගමෙහි දී වදාළ දෙසුම

එක් සමයක ආයුෂ්මත් ආනන්දයන් වහන්සේ කෝලිය ජනපදයෙහි සාපූග නම් කෝලියවරුන්ගේ නියම් ගමෙහි වැඩවෙසෙති. එකල්හී බොහෝ සාපූගීය වාසී කෝලිය පුත්‍රයෝ ආයුෂ්මත් ආනන්දයන් වහන්සේ වෙත පැමිණියහ. පැමිණ ආයුෂ්මත් ආනන්දයන් වහන්සේට සකසා වන්දනා කොට එකත්පස් ව හිඳ ගත්හ. එකත්පස් ව හුන් සාපූගීයවාසී කෝලීය පුත්‍රයන් හට ආයුෂ්මත් ආනන්දයන් වහන්සේ මෙය වදාළහ.

"ව්‍යග්ඝපජ්ජයෙනි, මේ සතරක් වූ පාරිශුද්ධ පධාන අංගයෝ වෙති. සියල්ල දන්නා වූ, දක්නා වූ ඒ භාග්‍යවත් වූ අරහත් වූ සම්මා සම්බුදුරජාණන් වහන්සේ විසින් සත්වයන්ගේ පිරිසිදු බව පිණිස, ශෝක වැළපීම් ඉක්මවීම පිණිස, දුක් දොම්නස් නැතිවීම පිණිස, ධර්මාවබෝධය පිණිස, නිවන සාක්ෂාත් කිරීම පිණිස මැනැවින් වදාරණ ලද්දාහු ය. ඒ කවර සතරක් ද යත්;

සීලය නම් වූ පාරිශුද්ධ පධාන අංගය ය. සිත නම් වූ පාරිශුද්ධ පධාන අංගය ය. දෘෂ්ටිය නම් වූ පාරිශුද්ධ පධාන අංගය ය. විමුක්තිය නම් වූ පාරිශුද්ධ පධාන අංගය ය.

1. ව්‍යග්ඝපජ්ජයෙනි, සීලය නම් වූ පාරිශුද්ධ පධාන අංගය යනු කුමක් ද? ව්‍යග්ඝපජ්ජයෙනි, මෙහිලා භික්ෂුව සිල්වත් වෙයි. ....(පෙ).... ශික්ෂාපදයන්හි

සමාදන් ව හික්මෙයි. ව්‍යග්ඝපජ්ජයෙනි, මෙය සීල පාරිශුද්ධිය යැයි කියනු ලැබේ. මෙසේ මෙබඳු වූ පාරිශුද්ධ සීලයක් අසම්පූර්ණ ව තිබේ නම් එය පරිපූර්ණ කරන්නෙමි යි කියා හෝ පරිපූර්ණ ව තිබේ නම් ඒ ඒ කරුණෙහිලා ප්‍රඥාවෙන් අනුග්‍රහ කරන්නෙමි කියා හෝ එහිලා යම් කැමැත්තක් ඇද්ද, වීර්යයක් ඇද්ද, උත්සාහයක් ඇද්ද, බලවත් උත්සාහයක් ඇද්ද, අත්නොහරින උත්සාහයක් ඇද්ද, සිහියක් නුවණක් ඇද්ද, ව්‍යග්ඝපජ්ජයෙනි, මෙය සීලය නම් වූ පාරිශුද්ධ පධාන අංගය යැයි කියනු ලැබේ.

2. ව්‍යග්ඝපජ්ජයෙනි, සිත නම් වූ පාරිශුද්ධ පධාන අංගය යනු කුමක් ද? ව්‍යග්ඝපජ්ජයෙනි, මෙහිලා භික්ෂුව කාමයන්ගෙන් වෙන් ව ....(පෙ).... පළමු වෙනි ධ්‍යානය ....(පෙ).... දෙවෙනි ධ්‍යානය ....(පෙ).... තුන්වන ධ්‍යානය ....(පෙ).... සතර වන ධ්‍යානය උපදවා ගෙන වාසය කරයි. ව්‍යග්ඝපජ්ජයෙනි, මෙය චිත්ත පාරිශුද්ධිය යැයි කියනු ලැබේ. මෙසේ මෙබඳු වූ පාරිශුද්ධ සිතක් අසම්පූර්ණ ව තිබේ නම් එය පරිපූර්ණ කරන්නෙමි යි කියා හෝ පරිපූර්ණ ව තිබේ නම් ඒ ඒ කරුණෙහිලා ප්‍රඥාවෙන් අනුග්‍රහ කරන්නෙමි කියා හෝ එහිලා යම් කැමැත්තක් ඇද්ද, වීර්යයක් ඇද්ද, උත්සාහයක් ඇද්ද, බලවත් උත්සාහයක් ඇද්ද, අත්නොහරින උත්සාහයක් ඇද්ද, සිහියක් නුවණක් ඇද්ද, ව්‍යග්ඝපජ්ජයෙනි, මෙය සිත නම් වූ පාරිශුද්ධ පධාන අංගය යැයි කියනු ලැබේ.

3. ව්‍යග්ඝපජ්ජයෙනි, දෘෂ්ටිය නම් වූ පාරිශුද්ධ පධාන අංගය යනු කුමක් ද? ව්‍යග්ඝපජ්ජයෙනි, මෙහිලා භික්ෂුව මෙය දුක යැයි ඒ වූ සැටියෙන් ම අවබෝධ කරයි ....(පෙ).... මෙය දුක්ඛ සමුදය යැයි ....(පෙ).... මෙය දුක්ඛ නිරෝධය යැයි ....(පෙ).... මෙය දුක්ඛ නිරෝධ ගාමිනී ප්‍රතිපදාව යැයි ඒ වූ සැටියෙන් ම අවබෝධ කරයි. ව්‍යග්ඝපජ්ජයෙනි, මෙය දෘෂ්ටි පාරිශුද්ධිය යැයි කියනු ලැබේ. මෙසේ මෙබඳු වූ පාරිශුද්ධ දෘෂ්ටියක් අසම්පූර්ණ ව තිබේ නම් එය පරිපූර්ණ කරන්නෙමි යි කියා හෝ පරිපූර්ණ ව තිබේ නම් ඒ ඒ කරුණෙහිලා ප්‍රඥාවෙන් අනුග්‍රහ කරන්නෙමි කියා හෝ එහිලා යම් කැමැත්තක් ඇද්ද, වීර්යයක් ඇද්ද, උත්සාහයක් ඇද්ද, බලවත් උත්සාහයක් ඇද්ද, අත්නොහරින උත්සාහයක් ඇද්ද, සිහියක් නුවණක් ඇද්ද, ව්‍යග්ඝපජ්ජයෙනි, මෙය දෘෂ්ටිය නම් වූ පාරිශුද්ධ පධාන අංගය යැයි කියනු ලැබේ.

4. ව්‍යග්ඝපජ්ජයෙනි, විමුක්තිය නම් වූ පාරිශුද්ධ පධාන අංගය යනු කුමක් ද? ව්‍යග්ඝපජ්ජයෙනි, මෙහිලා ඒ ආර්ය ශ්‍රාවකයා මේ සීලය නම් වූ පාරිශුද්ධ පධාන අංගයෙන් ද සමන්විත වූයේ, මේ සිත නම් වූ පාරිශුද්ධ පධාන අංගයෙන් ද සමන්විත වූයේ, මේ දෘෂ්ටිය නම් වූ පාරිශුද්ධ පධාන අංගයෙන් ද සමන්විත වූයේ රාගය ඇති කරවන කරුණු වලින් සිත වෙන් කරයි. මුදවාගත යුතු

කරුණු වලින් සිත මුදවා ගනියි. හේ රාගය ඇති වන කරුණු වලින් සිත වෙන් කොට, මුදවා ගත යුතු කරුණු වලින් සිත මුදවා මනාකොට විමුක්තිය ස්පර්ශ කරයි. ව්‍යග්ඝපජ්ජයෙනි, මෙය විමුක්ති පාරිශුද්ධිය යැයි කියනු ලැබේ. මෙසේ මෙබඳු වූ පාරිශුද්ධ විමුක්තියක් අසම්පූර්ණ ව තිබේ නම් එය පරිපූර්ණ කරන්නෙමි යි කියා හෝ පරිපූර්ණ ව තිබේ නම් ඒ ඒ කරුණෙහිලා ප්‍රඥාවෙන් අනුග්‍රහ කරන්නෙමි කියා හෝ එහිලා යම් කැමැත්තක් ඇද්ද, වීර්යයක් ඇද්ද, උත්සාහයක් ඇද්ද, බලවත් උත්සාහයක් ඇද්ද, අත්නොහරින උත්සාහයක් ඇද්ද, සිහියක් නුවණක් ඇද්ද, ව්‍යග්ඝපජ්ජයෙනි, මෙය විමුක්තිය නම් වූ පාරිශුද්ධ පධාන අංගය යැයි කියනු ලැබේ.

ව්‍යග්ඝපජ්ජයෙනි, මේ සතරක් වූ පාරිශුද්ධ පධාන අංගයෝ වෙති. සියල්ල දන්නා වූ, දක්නා වූ ඒ භාග්‍යවත් වූ අරහත් වූ සම්මා සම්බුදුරජාණන් වහන්සේ විසින් සත්වයන්ගේ පිරිසිදු බව පිණිස, ශෝක වැළපීම් ඉක්මවීම පිණිස, දුක් දොම්නස් නැතිවීම පිණිස, ධර්මාවබෝධය පිණිස, නිවන සාක්ෂාත් කිරීම පිණිස මැනැවින් වදාරණ ලද්දාහු ය.

සාදු! සාදු!! සාදු!!!

සාපූගීය සූත්‍රය නිමා විය.

4.4.5.5.
වප්ප සූත්‍රය
වප්ප ශාක්‍යයා හට වදාළ දෙසුම

එක් සමයක භාග්‍යවතුන් වහන්සේ ශාක්‍ය ජනපදයෙහි කපිලවස්තුවෙහි නිග්‍රෝධාරාමයෙහි වැඩවසන සේක. එකල්හී නිගණ්ඨ ශ්‍රාවක වූ වප්ප ශාක්‍යයා ආයුෂ්මත් මහා මොග්ගල්ලානයන් වහන්සේ වෙත පැමිණියේ ය. පැමිණ ආයුෂ්මත් මහා මොග්ගල්ලානයන් වහන්සේට සකසා වන්දනා කොට එකත්පස් ව හිඳගත්තේ ය. එකත්පස් ව හුන් නිගණ්ඨ ශ්‍රාවක වප්ප ශාක්‍යයා හට ආයුෂ්මත් මහා මොග්ගල්ලානයන් වහන්සේ මෙය වදාළහ.

"වප්පයෙනි, මෙහිලා භික්ෂුව කයෙන් සංවර වූයේ, වචනයෙන් සංවර වූයේ, සිතින් සංවර වූයේ අවිද්‍යාව දුරු කිරීමෙන් විද්‍යාව උපදවන්නේ වෙයි. වප්පයෙනි, යමක් මුල්කොට පුරුෂයා හට දුක් විඳීම ඇති කරවන ආශ්‍රවයන්

ලුහුබඳියි නම් එබඳු දෙයකට ඉඩක් මෙහිලා ඔබ දකින්නෙහි ද?"

"ස්වාමීනී, මම ඒ කරුණ දකිමි. ස්වාමීනී, මෙහිලා පෙර කරන ලද පාප කර්මයක් ඇද්ද, එහි විපාකය මෝරා නැද්ද, එය මුල් කොට පුරුෂයාට දුක් විඳීම ඇති කරවන ආශ්‍රවයන් පරලොව දී ලුහු බඳියි."

ආයුෂ්මත් මහා මොග්ගල්ලානයන් වහන්සේ ත් නිගණ්ඨ ශ්‍රාවක වප්ප ශාක්‍යයා ත් අතර වූ මේ කථාව අඩාල වූයේ වෙයි. එකල්හි භාග්‍යවතුන් වහන්සේ සවස් වරුවෙහි භාවනාවෙන් නැගිට උපස්ථාන ශාලාවට වැඩම කළ සේක. වැඩම කොට පණවන ලද අසුනෙහි වැඩහුන් සේක. එසේ වැඩහුන් භාග්‍යවතුන් වහන්සේ ආයුෂ්මත් මහා මොග්ගල්ලානයන් වහන්සේ ඇමතූ සේක.

"මොග්ගල්ලානයෙනි, දැන් ඔබ කවර කථාවකින් හුන්නාහු ද? ඔබගේ කවර කථාවක් අඩාල වූයේ ද?"

"ස්වාමීනී, මම නිගණ්ඨ ශ්‍රාවක වප්ප ශාක්‍යයා හට මෙය පැවසුවෙමි. 'වප්පයෙනි, මෙහිලා භික්ෂුව කයෙන් සංවර වූයේ, වචනයෙන් සංවර වූයේ, සිතින් සංවර වූයේ අවිද්‍යාව දුරු කිරීමෙන් විද්‍යාව උපදවන්නේ වෙයි. වප්පයෙනි, යමක් මුල්කොට පුරුෂයා හට දුක් විඳීම ඇති කරවන ආශ්‍රවයන් ලුහුබඳියි නම් එබඳු දෙයකට ඉඩක් මෙහිලා ඔබ දකින්නෙහි දැ'යි. මෙසේ පැවසූ කල්හී ස්වාමීනි, නිගණ්ඨ ශ්‍රාවක වප්ප ශාක්‍යයා මට මෙය පැවසුවේ ය. 'ස්වාමීනී, මම ඒ කරුණ දකිමි. ස්වාමීනී, මෙහිලා පෙර කරන ලද පාප කර්මයක් ඇද්ද, එහි විපාකය මෝරා නැද්ද, එය මුල් කොට පුරුෂයාට දුක් විඳීම ඇති කරවන ආශ්‍රවයන් පරලොව දී ලුහු බඳියි' යි. ස්වාමීනී, නිගණ්ඨ ශ්‍රාවක වප්ප ශාක්‍යයා හා කෙරුණු මේ කථාව අඩාල වූයේ ය. එකල්හී භාග්‍යවතුන් වහන්සේ වැඩි සේක."

ඉක්බිති භාග්‍යවතුන් වහන්සේ නිගණ්ඨ ශ්‍රාවක වප්ප ශාක්‍යයා හට මෙය වදාළ සේක.

"ඉදින් වප්පයෙනි, ඔබ මාගේ වචනය පිළිගන්නේ නම් පිළිගත හැක්කෙහි ය. ප්‍රතික්ෂේප කළ යුතු නම් ප්‍රතික්ෂේප කළ හැක්කෙහි ය. මා පවසන කරුණෙහි අර්ථය නොවැටහෙයි නම් මත්තෙහි මාගෙන් ම ඒ කරුණ ඇසිය යුත්තේ ය. 'ස්වාමීනී, මෙය කෙසේද? මෙහි අර්ථය කිමෙක් ද?' මේ මත අපගේ කතා සල්ලාපය වන්නේ ය."

"ස්වාමීනී, භාග්‍යවතුන් වහන්සේගේ අනුමත කළ යුතු කතාවක් ඇත්නම්

එය මම අනුමත කරන්නෙමි. ප්‍රතික්ෂේප කළ යුත්තක් නම්, ප්‍රතික්ෂේප කරන්නෙමි. භාග්‍යවතුන් වහන්සේ යම් ම වදාළ දෙයක අර්ථය නොදන්නෙම් නම් භාග්‍යවතුන් වහන්සේගෙන් ම එය විමසා ලන්නෙමි. 'ස්වාමීනී, මෙය කෙසේද? මෙහි අර්ථය කිමෙක් ද?' මේ මත අපගේ කතා සල්ලාපය වන්නේ ය"

"වප්පයෙනි, මේ ගැන කුමක් සිතන්නෙහි ද? කාය කර්මය හේතුවෙන් දුක් තැවුල් ඇති කරවන යම් ආශ්‍රවයන් හටගනියි නම් ඒ කාය කර්මයෙන් වැළකී සිටින තැනැත්තාට මෙසේ ඒ දුක් තැවුල් ඇතිකරවන ආශ්‍රවයන් ඇති නොවෙයි ද, හේ අළුත් කර්මයකුත් නොකරයි නම්, පැරණි කර්මය ස්පර්ශ කරමින් ස්පර්ශ කරමින් නැති කරයි නම්, මෙලොව දී ම ඒ කර්මයන් දිරා යයි නම්, එය අකාලික වූ ත්, ඇවිත් බලන්න යැයි කිව හැකි වූ ත්, තමා තුළට පමුණුවා ගත යුතු වූ ත්, නුවණැත්තන් විසින් තමා තුළින් දත යුතු වූ ත් දෙයක් නම්, වප්පයෙනි, යම් කරුණෙකින් පුරුෂයා හට දුක් වේදනා ඇති කරන ආශ්‍රවයන් පරලොව තෙක් ලුහුබඳින්නේ වෙයි ද, එබඳු වූ කරුණක් එහිලා ඔබ දකින්නෙහි ද?" "ස්වාමීනී, එය නොවේ ම ය."

"වප්පයෙනි, මේ ගැන කුමක් සිතන්නෙහි ද? වචී කර්මය හේතුවෙන් දුක් තැවුල් ඇති කරවන යම් ආශ්‍රවයන් හටගනියි නම් ඒ වචී කර්මයෙන් වැළකී සිටින තැනැත්තාට මෙසේ ඒ දුක් තැවුල් ඇතිකරවන ආශ්‍රවයන් ඇති නොවෙයි ද, හේ අළුත් කර්මයකුත් නොකරයි නම්, පැරණි කර්මය ස්පර්ශ කරමින් ස්පර්ශ කරමින් නැති කරයි නම්, මෙලොව දී ම ඒ කර්මයන් දිරා යයි නම්, එය අකාලික වූ ත්, ඇවිත් බලන්න යැයි කිව හැකි වූ ත්, තමා තුළට පමුණුවා ගත යුතු වූ ත්, නුවණැත්තන් විසින් තමා තුළින් දත යුතු වූ ත් දෙයක් නම්, වප්පයෙනි, යම් කරුණෙකින් පුරුෂයා හට දුක් වේදනා ඇති කරන ආශ්‍රවයන් පරලොව තෙක් ලුහුබඳින්නේ වෙයි ද, එබඳු වූ කරුණක් එහිලා ඔබ දකින්නෙහි ද?" "ස්වාමීනී, එය නොවේ ම ය."

"වප්පයෙනි, මේ ගැන කුමක් සිතන්නෙහි ද? මනෝ කර්මය හේතුවෙන් දුක් තැවුල් ඇති කරවන යම් ආශ්‍රවයන් හටගනියි නම් ඒ මනෝ කර්මයෙන් වැළකී සිටින තැනැත්තාට මෙසේ ඒ දුක් තැවුල් ඇතිකරවන ආශ්‍රවයන් ඇති නොවෙයි ද, හේ අළුත් කර්මයකුත් නොකරයි නම්, පැරණි කර්මය ස්පර්ශ කරමින් ස්පර්ශ කරමින් නැති කරයි නම්, මෙලොව දී ම ඒ කර්මයන් දිරා යයි නම්, එය අකාලික වූ ත්, ඇවිත් බලන්න යැයි කිව හැකි වූ ත්, තමා තුළට පමුණුවා ගත යුතු වූ ත්, නුවණැත්තන් විසින් තමා තුළින් දත යුතු වූ ත් දෙයක් නම්, වප්පයෙනි, යම් කරුණෙකින් පුරුෂයා හට දුක් වේදනා ඇති කරන

ආශ්‍රවයන් පරලොව තෙක් ලුහුබඳින්නේ වෙයි ද, එබඳු වූ කරුණක් එහිලා ඔබ දකින්නෙහි ද?" "ස්වාමීනී, එය නොවේ ම ය."

"වප්පයෙනි, මේ ගැන කුමක් සිතන්නෙහි ද? අවිද්‍යාව හේතුවෙන් දුක් තැවුල් ඇති කරවන යම් ආශ්‍රවයන් හටගනියි නම් අවිද්‍යාව දුරුවීමෙන්, විද්‍යාව ඉපදීමෙන් මෙසේ ඒ දුක් තැවුල් ඇතිකරවන ආශ්‍රවයන් ඇති නොවෙයි ද, හේ අළුත් කර්මයකුත් නොකරයි නම්, පැරණි කර්මය ස්පර්ශ කරමින් ස්පර්ශ කරමින් නැති කරයි නම්, මෙලොව දී ම ඒ කර්මයන් දිරා යයි නම්, එය අකාලික වූ ත්, ඇවිත් බලන්න යැයි කිව හැකි වූ ත්, තමා තුළට පමුණුවා ගත යුතු වූ ත්, නුවණැත්තන් විසින් තමා තුළින් දත යුතු වූ ත් දෙයක් නම්, වප්පයෙනි, යම් කරුණකින් පුරුෂයා හට දුක් වේදනා ඇති කරන ආශ්‍රවයන් පරලොව තෙක් ලුහුබඳින්නේ වෙයි ද, එබඳු වූ කරුණක් එහිලා ඔබ දකින්නෙහි ද?" "ස්වාමීනී, එය නොවේ ම ය."

වප්පයෙනි, මෙසේ මැනැවින් විමුක්තියට පත් සිත ඇති භික්ෂුව විසින් නිරතුරු ව සය වැදෑරුම් විහරණයකින් යුතු වෙයි. හේ ඇසින් රූපයක් දැක සතුටු වන්නේ ද නොවෙයි. නොසතුටු වන්නේ ද නොවෙයි. උපේක්ෂාවෙන් යුතුව මනා සිහි නුවණින් යුතුව වාසය කරයි. කනින් ශබ්දයක් අසා ....(පෙ).... නාසයෙන් ආඝ්‍රාණය කොට ....(පෙ).... දිවෙන් රස විඳ ....(පෙ).... කයෙන් පහස ලබා ....(පෙ).... මනසින් අරමුණක් දැන සතුටු වන්නේ ද නොවෙයි. නොසතුටු වන්නේ ද නොවෙයි. උපේක්ෂාවෙන් යුතුව මනා සිහි නුවණින් යුතුව වාසය කරයි. හේ කය පවතින තෙක් වේදනාවක් විඳින්නේ ද, කය පවතින තෙක් වේදනාවක් විඳිමි යැයි දන්නේ ය. ජීවිතය පවතින තෙක් වේදනාවක් විඳින්නේ ද, ජීවිතය පවතින තෙක් වේදනාවක් විඳිමි යැයි දන්නේ ය. කය බිඳී යාමෙන් ජීවිතය අවසන් වීමෙන් මෙහිදී ම ඒ නොපිළිගන්නා ලද සියළු විඳීම් සිහිල් වී යන්නේ ය යන කරුණ දන්නේ ය.

වප්පය, එය මෙබඳු දෙයකි. වෘක්ෂයක් හේතු කොට ඡායාවක් පැණෙයි. එකල්හී පුරුෂයෙක් උදල්ලක් හා පැසක් ගෙන එයි. හේ ඒ රුක මුලින් සිඳින්නේ ය. මුලින් සිඳ වටා සාරන්නේ ය. වටේ සාරා මුල් උදුරන්නේ ය. යටත් පිරිසයින් සැවැන්දරා මුල් තරමේ මුල් ද උදුරන්නේ ය. හේ ඒ වෘක්ෂය කැබලි කැබලි වලට සිඳින්නේ ය. කැබලි කැබලි වලට සිඳ පලන්නේ ය. පලා කුඩා කුඩා කැබලි කරන්නේ ය. කුඩා කුඩා කැබලි කොට අව්වේ වියළන්නේ ය. අව්වේ වියළවා ගින්නෙන් දවන්නේ ය. ගින්නෙන් දවා අළු බවට පත් කරන්නේ ය. අළු බවට පත් කොට මහා සුළඟෙහි හෝ විසිරුවා හරින්නේ ය. ගඟක සැඩ පහරෙහි හෝ පා කොට හරින්නේ ය. වප්පයෙනි, මෙසේ වෘක්ෂය හේතුවෙන්

යම් ඡායාවක් තිබුණේ ද, ඒ ඡායාව මුලින් ම සිඳී ගියේ ය. කරටිය සුන් තල් ගසක් මෙන් වූයේ ය. අභාවයට පත් වූයේ ය. යළි හට නොගන්නා ස්වභාවයට පත් වූයේ ය.

එසෙයින් ම වප්පයෙනි, මෙසේ මැනැවින් විමුක්තියට පත් සිත ඇති භික්ෂුව විසින් නිරතුරු ව සය වැදෑරුම් විහරණයකින් යුතු වෙයි. හේ ඇසින් රූපයක් දැක සතුටු වන්නේ ද නොවෙයි. නොසතුටු වන්නේ ද නොවෙයි. උපේක්ෂාවෙන් යුතුව මනා සිහි නුවණින් යුතුව වාසය කරයි. කනින් ශබ්දයක් අසා ....(පෙ).... නාසයෙන් ආඝ්‍රාණය කොට ....(පෙ).... දිවෙන් රස විඳ ....(පෙ).... කයෙන් පහස ලබා ....(පෙ).... මනසින් අරමුණක් දැන සතුටු වන්නේ ද නොවෙයි. නොසතුටු වන්නේ ද නොවෙයි. උපේක්ෂාවෙන් යුතුව මනා සිහි නුවණින් යුතුව වාසය කරයි. හේ කය පවතින තෙක් වේදනාවක් විඳින්නේ ද, කය පවතින තෙක් වේදනාවක් විඳිමි යැයි දන්නේ ය. ජීවිතය පවතින තෙක් වේදනාවක් විඳින්නේ ද, ජීවිතය පවතින තෙක් වේදනාවක් විඳිමි යැයි දන්නේ ය. කය බිඳී යාමෙන් ජීවිතය අවසන් වීමෙන් මෙහිදී ම ඒ නොපිළිගන්නා ලද සියළු විඳීම් සිහිල් වී යන්නේ ය යන කරුණ දන්නේ ය."

මෙසේ වදාළ කල්හී නිගණ්ඨ ශ්‍රාවක වප්ප ශාක්‍යයා භාග්‍යවතුන් වහන්සේට මෙය පැවසුවේ ය. "ස්වාමීනී, පොලියක් ලබනු කැමති පුරුෂයෙක් අශ්ව පැටවෙකු පෝෂණය කරන්නේ වෙයි. හේ එයින් ලාභයක් ද නොලබයි. මත්තෙහි බොහෝ ක්ලාන්තයට ද, දුකට ද පත්වෙයි. එසෙයින් ම ස්වාමීනී, මම ලාභයක් කැමති ව අඥාන වූ නිගණ්ඨයන් ඇසුරු කළෙමි. ඒ මම ලාභයක් ද නොලැබුවෙමි. මත්තෙහි ක්ලාන්තයට ද, දුකට ද පත්වුණෙමි. ස්වාමීනී, ඒ මම අද පටන් අඥාන නිගණ්ඨයන් පිළිබඳ ව යම් පැහැදීමක් තිබුණේ ද, එය මහා සුළඟෙහි හෝ විසුරුවා හරමි. නදී සැඩ පහරෙහි හෝ පා කොට හරිමි. ස්වාමීනී, ඉතා මනහර ය. ....(පෙ).... අද පටන් මා දිවි හිමියෙන් තෙරුවන් සරණ ගිය උපාසකයෙකු වශයෙන් භවත් ගෞතමයන් වහන්සේ පිළිගන්නා සේක්වා!"

සාදු! සාදු!! සාදු!!!

වප්ප සූත්‍රය නිමා විය.

4.4.5.6.
සාළ්හ සූත්‍රය
සාළ්හ ලිච්ඡවි හට වදාළ දෙසුම

එක් සමයක භාග්‍යවතුන් වහන්සේ විශාලා මහනුවර මහාවනයෙහි කූටාගාර ශාලාවෙහි වැඩවසන සේක. එකල්හී සාළ්හ ලිච්ඡවි ද, අභය ලිච්ඡවි ද භාග්‍යවතුන් වහන්සේ වෙත පැමිණියහ. පැමිණ භාග්‍යවතුන් වහන්සේට සකසා වන්දනා කොට එකත්පස් ව හිඳගත්හ. එකත්පස් ව හුන් සාළ්හ ලිච්ඡවි භාග්‍යවතුන් වහන්සේට මෙකරුණ පැවසුවේ ය.

"ස්වාමීනී, සීල විශුද්ධිය හේතුවෙනුත්, තපෝ ජුගුප්සා හේතුවෙනුත් යන මේ දෙකරුණෙන් සසර සැඩපහරින් එතෙර වීම පණවන ඇතැම් ශ්‍රමණ බ්‍රාහ්මණයෝ සිටිති. මෙහිලා ස්වාමීනී, භාග්‍යවතුන් වහන්සේ කුමක් වදාරණ සේක් ද?"

"සාළ්හයෙනි, මම සීල විශුද්ධිය එක්තරා ශ්‍රමණ අංගයක් යැයි පවසමි. සාළ්හයෙනි, තපෝ ජුගුප්සාව ගැන කියන, තපෝ ජුගුප්සාව සාර කොට ගත් තපෝ ජුගුප්සාවෙහි ඇළුණු යම් ඒ ශ්‍රමණ බ්‍රාහ්මණයෝ සිටිත් ද, සසර සැඩපහර තරණය කිරීමට ඔවුන්ට හැකියාවක් නැත්තේ ය. සාළ්හයෙනි, අපරිශුද්ධ කාය කර්ම ඇති, අපරිශුද්ධ වචී කර්ම ඇති, අපරිශුද්ධ මනෝ කර්ම ඇති, අපරිශුද්ධ ජීවිකාව ඇති යම් ඒ ශ්‍රමණ බ්‍රාහ්මණවරු සිටිත් ද, ඥාන දර්ශනයෙන් යුතු අනුත්තර වූ අවබෝධය ලබන්නට ඔවුන්ට ද හැකියාවක් නැත්තේ ය.

සාළ්හයෙනි, එය මෙබඳු දෙයකි. පුරුෂයෙක් නදියකින් එතෙර වනු කැමති වෙයි. හේ පොරොවක් ගෙන වනයට පිවිසෙයි. හේ එහිදී මහත් වූ, ඍජු වූ, නිසැක අරටු ඇති සල් රුකක් දකියි. හේ ඒ සල් රුක මුලින් සිඳින්නේ ය. මුලින් සිඳ අග ත් සිඳින්නේ ය. අගින් සිඳ අතු පතර මැනැවින් පිරිසිදු කරන්නේ ය. අතුපතර මැනැවින් පිරිසිදු කොට පොරොවෙන් සහින්නේ ය. පොරොවෙන් සැස වෑයෙන් සහින්නේ ය. වෑයෙන් සැස ලියන සැතින් ලියන්නේ ය. ලියන සැතින් ලියා යකඩ ඇණයෙන් තද කරන්නේ ය. යකඩ ඇණයෙන් තද කොට නදී තරණයට වෑයම් කරන්නේ ය. සාළ්හයෙනි, ඒ ගැන කුමක් සිතන්නෙහි ද? ඒ පුද්ගලයා නදිය තරණය කරන්නට සුදුසු වෙයි ද?" "ස්වාමීනී, එය නොවන්නේ ය." "එයට හේතුව කුමක් ද?" "ස්වාමීනී, ඒ සල් කඳ බාහිරින් පිරියම් කරන ලද නමුත් ඇතුළ අපිරිසිදු වෙයි. ඔහු කැමති විය යුත්තේ මෙය යි. එනම් ඒ

සල් කඳ ගිලෙන්නේ ය. පුරුෂයා ද ව්‍යසනයකට පත්වන්නේ ය යන්නයි."

"එසෙයින් ම සාළ්හයෙනි, තපෝ ජුගුප්සාව ගැන කියන, තපෝ ජුගුප්සාව සාර කොට ගත් තපෝ ජුගුප්සාවෙහි ඇළුණු යම් ඒ ශ්‍රමණ බ්‍රාහ්මණයෝ සිටිත් ද, සසර සැඩපහර තරණය කිරීමට ඔවුන්ට හැකියාවක් නැත්තේ ය. සාළ්හයෙනි, අපරිශුද්ධ කාය කර්ම ඇති, අපරිශුද්ධ වචී කර්ම ඇති, අපරිශුද්ධ මනෝ කර්ම ඇති, අපරිශුද්ධ ජීවිකාව ඇති යම් ඒ ශ්‍රමණ බ්‍රාහ්මණවරු සිටිත් ද, ඥාන දර්ශනයෙන් යුතු අනුත්තර වූ අවබෝධය ලබන්නට ඔවුන්ට ද හැකියාවක් නැත්තේ ය.

සාළ්හයෙනි, තපෝ ජුගුප්සාව ගැන නොකියන, තපෝ ජුගුප්සාව සාර කොට නොගත් තපෝ ජුගුප්සාවෙහි නොඇළුණු යම් ඒ ශ්‍රමණ බ්‍රාහ්මණයෝ සිටිත් ද, සසර සැඩපහර තරණය කිරීමට ඔවුන්ට හැකියාවක් ඇත්තේ ය. සාළ්හයෙනි, පරිශුද්ධ කාය කර්ම ඇති, පරිශුද්ධ වචී කර්ම ඇති, පරිශුද්ධ මනෝ කර්ම ඇති, පරිශුද්ධ ජීවිකාව ඇති යම් ඒ ශ්‍රමණ බ්‍රාහ්මණවරු සිටිත් ද, ඥාන දර්ශනයෙන් යුතු අනුත්තර වූ අවබෝධය ලබන්නට ඔවුන්ට ද හැකියාවක් ඇත්තේ ය.

සාළ්හයෙනි, එය මෙබඳු දෙයකි. පුරුෂයෙක් නදියකින් එතෙර වනු කැමති වෙයි. හේ පොරොවක් ගෙන වනයට පිවිසෙයි. හේ එහිදී මහත් වූ, ඍජු වූ, නිසැක අරටු ඇති සල් රුකක් දකියි. හේ ඒ සල් රුක මුලින් සිඳින්නේ ය. මුලින් සිඳ අග ත් සිඳින්නේ ය. අගින් සිඳ අතු පතර මැනැවින් පිරිසිදු කරන්නේ ය. අතුපතර මැනැවින් පිරිසිදු කොට පොරොවෙන් සහින්නේ ය. පොරොවෙන් සැස වෑයෙන් සහින්නේ ය. වෑයෙන් සැස ලියන සැතින් ලියන්නේ ය. ලියන සැතින් ලියා යකඩ ඇණයෙන් තද කරන්නේ ය. යකඩ ඇණයෙන් තද කොට ඔරුවක් කරන්නේ ය. ඔරුවක් කොට පළුපත් හා රිටි බඳින්නේ ය. පළුපත් හා රිටි බැඳ නදී තරණයට වෑයම් කරන්නේ ය. සාළ්හයෙනි, ඒ ගැන කුමක් සිතන්නෙහි ද? ඒ පුද්ගලයා නදිය තරණය කරන්නට සුදුසු වෙයි ද?" "එසේය ස්වාමීනී." "එයට හේතුව කුමක් ද?" "ස්වාමීනී, ඒ සල් කඳ බාහිරින් ද පිරියම් කරන ලද්දේ ඇතුළින් ද මැනැවින් පිරිසිදු කරන ලද්දේ ඔරුවක් කරන ලද්දේ වෙයි. පළුපත් රිටි බඳින ලද්දේ වෙයි. ඔහු කැමති විය යුත්තේ මෙය යි. එනම් ඒ ඔරුව නොගිලෙන්නේ ය. පුරුෂයා ද සුවසේ එතෙර යන්නේ ය යන්නයි."

"එසෙයින් ම සාළ්හයෙනි, තපෝ ජුගුප්සාව ගැන නොකියන, තපෝ ජුගුප්සාව සාර කොට නොගත් තපෝ ජුගුප්සාවෙහි නොඇළුණු යම් ඒ ශ්‍රමණ බ්‍රාහ්මණයෝ සිටිත් ද, සසර සැඩපහර තරණය කිරීමට ඔවුන්ට හැකියාවක් ඇත්තේ ය. සාළ්හයෙනි, පරිශුද්ධ කාය කර්ම ඇති, පරිශුද්ධ වචී කර්ම ඇති,

පරිශුද්ධ මනෝ කර්ම ඇති, පරිශුද්ධ ජීවිකාව ඇති යම් ඒ ශ්‍රමණ බ්‍රාහ්මණවරු සිටිත් ද, ඥාන දර්ශනයෙන් යුතු අනුත්තර වූ අවබෝධය ලබන්නට ඔවුන්ට ද හැකියාවක් ඇත්තේ ය.

සාළ්හයෙනි, එය මෙබඳු දෙයකි. යුද හටයෙක් බොහෝ කණ්ඩචිත්‍ර දන්නේ වෙයි. නමුත් හේ තුන් කරුණකින් රජුට යෝග්‍ය වෙයි. රාජ පරිහරණයට සුදුසු වෙයි. රජුගේ අංගයක් ය සංඛ්‍යාවයට යයි. ඒ කවර තුන් කරුණකින් ද යත්, ඈතට විදින්නේ වෙයි. අකුණු එළියෙන් විදින්නේ ත් වෙයි. මහත් වූ සතුරු කය බිඳලන්නේ වෙයි. සාළ්හයෙනි, යම් සේ යුද හටයා දුරට විදින්නේ වෙයි ද, සාළ්හයෙනි, එසෙයින් ම ආර්ය ශ්‍රාවකයා සම්මා සමාධිය ඇත්තේ වෙයි. සාළ්හයෙනි, සම්මා සමාධියෙන් යුතු ආර්ය ශ්‍රාවකයා යම්කිසි රූපයක් අතීත වේවා, අනාගත වේවා, වර්තමාන වේවා, ආධ්‍යාත්ම වේවා, බාහිර වේවා, ගොරෝසු වේවා, සියුම් වේවා, පහත් වේවා, උසස් වේවා, දුර හෝ ළඟ හෝ යමක් වේවා ඒ සියළු රූප 'මෙය මාගේ නොවේ, මෙය මම නොවෙමි, මෙය මාගේ ආත්මය නොවේ' යැයි ඇත්ත ඇති සැටියෙන් ම මනා වූ ප්‍රඥාවෙන් දකියි. යම්කිසි විඳීමක් ....(පෙ).... යම්කිසි සංඥාවක් ....(පෙ).... යම්කිසි සංස්කාරයක් ....(පෙ).... යම්කිසි විඤ්ඤාණයක් අතීත වේවා, අනාගත වේවා, වර්තමාන වේවා, ආධ්‍යාත්ම වේවා, බාහිර වේවා, ගොරෝසු වේවා, සියුම් වේවා, පහත් වේවා, උසස් වේවා, දුර හෝ ළඟ හෝ යමක් වේවා ඒ සියළු විඤ්ඤාණය 'මෙය මාගේ නොවේ, මෙය මම නොවෙමි, මෙය මාගේ ආත්මය නොවේ' යැයි ඇත්ත ඇති සැටියෙන් ම මනා වූ ප්‍රඥාවෙන් දකියි.

සාළ්හයෙනි, යම් සේ යුද හටයා අකුණු එළියෙන් විදින්නේ වෙයි ද, එසෙයින් ම ආර්ය ශ්‍රාවකයා සම්මා දිට්ඨියෙන් යුක්ත වෙයි. සාළ්හයෙනි, සම්මා දිට්ඨියෙන් යුතු ආර්ය ශ්‍රාවකයා මෙය දුක යැයි ඒ වූ සැටියෙන් ම අවබෝධ කරයි. ....(පෙ).... මේ දුකෙහි හටගැනීම යැයි ....(පෙ).... මෙය දුකෙහි නිරෝධය යැයි ....(පෙ).... මෙය දුක් නිරුද්ධ වන මාර්ගය යැයි ඒ වූ සැටියෙන් ම අවබෝධ කරයි.

සාළ්හයෙනි, යම් සේ යුද හටයා මහත් වූ සතුරු සේනා කය බිඳින්නේ වෙයි ද, එසෙයින් ම සාළ්හයෙනි, ආර්ය ශ්‍රවකයා මැනැවින් ම විමුක්තියට පත්වන්නේ වෙයි. සාළ්හයෙනි, නිවැරදි විමුක්තියෙන් යුතු ආර්ය ශ්‍රාවකයා මහත් වූ අවිද්‍යා කඳ පළන්නේ වෙයි.

සාදු! සාදු!! සාදු!!!

සාළ්හ සූත්‍රය නිමා විය.

4.4.5.7.
මල්ලිකා සූත්‍රය
මල්ලිකා දේවියට වදාළ දෙසුම

එක් සමයක භාග්‍යවතුන් වහන්සේ සැවැත් නුවර ජේතවන නම් වූ අනේපිඬු සිටුහුගේ ආරාමයෙහි වැඩවසන සේක. එකල්හී මල්ලිකා දේවිය භාග්‍යවතුන් වහන්සේ කරා පැමිණියා ය. පැමිණ භාග්‍යවතුන් වහන්සේට සකසා වන්දනා කොට එකත්පස් ව හිඳ ගත්තා ය. එකත්පස් ව හුන් මල්ලිකා දේවිය භාග්‍යවතුන් වහන්සේට මෙය පැවසුවා ය.

"ස්වාමීනී, මෙහිලා ඇතැම් ස්ත්‍රියක් අවලක්ෂණ වෙයි ද, විරූපිනී වෙයි ද, දැකීමට අප්‍රසන්න වෙයි ද, දිළිඳු වෙයි ද, අල්ප ධනධාන්‍ය ඇත්තී වෙයි ද, අල්ප භෝග ඇත්තී වෙයි ද, අල්පේශාක්‍ය වෙයි ද එයට හේතු කුමක් ද? ප්‍රත්‍ය කුමක් ද?

ස්වාමීනී, මෙහිලා ඇතැම් ස්ත්‍රියක් අවලක්ෂණ වෙයි ද, විරූපිනී වෙයි ද, දැකීමට අප්‍රසන්න වෙයි ද, ආඪ්‍ය වෙයි ද, මහා ධනය ඇත්තී වෙයි ද, මහා භෝග ඇත්තී වෙයි ද, මහේශාක්‍ය වෙයි ද එයට හේතු කුමක් ද? ප්‍රත්‍ය කුමක් ද?

ස්වාමීනී, මෙහිලා ඇතැම් ස්ත්‍රියක් අභිරූපවත් වෙයි ද, දර්ශනීය වෙයි ද, දුටුවන් පහදන්නී වෙයි ද, උතුම් වූ වර්ණ සෞන්දර්යයෙන් යුක්ත වන්නී වෙයි ද, එනමුත් දිළිඳු වෙයි ද, අල්ප ධනධාන්‍ය ඇත්තී වෙයි ද, අල්ප භෝග ඇත්තී වෙයි ද, අල්පේශාක්‍ය වෙයි ද එයට හේතු කුමක් ද? ප්‍රත්‍ය කුමක් ද?

ස්වාමීනී, මෙහිලා ඇතැම් ස්ත්‍රියක් අභිරූපවත් වෙයි ද, දර්ශනීය වෙයි ද, දුටුවන් පහදන්නී වෙයි ද, උතුම් වූ වර්ණ සෞන්දර්යයෙන් යුක්ත වන්නී වෙයි ද, ආඪ්‍ය වෙයි ද, මහා ධනය ඇත්තී වෙයි ද, මහා භෝග ඇත්තී වෙයි ද, මහේශාක්‍ය වෙයි ද එයට හේතු කුමක් ද? ප්‍රත්‍ය කුමක් ද?"

"මල්ලිකාවෙනි, මෙහිලා ඇතැම් ස්ත්‍රියක් ක්‍රෝධ ඇත්තී වෙයි. බොහෝ සෙයින් කිපෙන සුළු වෙයි. සුළු දෙයක් පැවසුව ද ගැටෙයි. කිපෙයි. තරහා ගනියි. දැඩිවෙයි. කෝපය ත්, ද්වේෂයත් නොසතුට ත් පහළ කරයි. එමෙන් ම ඇය ශ්‍රමණයෙකුට වේවා, බ්‍රාහ්මණයෙකුට වේවා ආහාර පාන වස්ත්‍ර පාවහන් මල් සුවඳ විලවුන් සයනාසන ආවාස පහන් ආදිය නොදෙන්නී වෙයි.

ඊර්ෂ්‍යාවෙන් යුක්ත සිත් ඇත්තී වෙයි. අනුන්ගේ ලාභ සත්කාර, ගෞරව, වන්දන, පූජා කෙරෙහි ඊර්ෂ්‍යා කරයි. ද්වේෂ කරයි. ඊර්ෂ්‍යාව බැඳ ගනියි. ඉදින් ඇය ඒ ලොවින් චුත වූයේ මෙලොවට පැමිණෙන්නී නම් ඇය යම් යම් තැනක උපදියි ද, අවලක්ෂණ වෙයි. විරූපී වෙයි. දැකීමට අප්‍රසන්න වෙයි. දිළිඳු වෙයි. අල්ප ධාන්‍ය ඇත්තී, අල්ප භෝග ඇත්තී, අල්පේශාක්‍ය වෙයි.

මල්ලිකාවෙනි, මෙහිලා ඇතැම් ස්ත්‍රියක් ක්‍රෝධ ඇත්තී වෙයි. බොහෝ සෙයින් කිපෙන සුළු වෙයි. සුළු දෙයක් පැවසුව ද ගැටෙයි. කිපෙයි. තරහා ගනියි. දැඩිවෙයි. කෝපය ත්, ද්වේෂයත් නොසතුට ත් පහළ කරයි. එහෙත් ඇය ශ්‍රමණයෙකුට වේවා, බ්‍රාහ්මණයෙකුට වේවා ආහාර පාන වස්ත්‍ර පාවහන් මල් සුවඳ විලවුන් සයනාසන ආවාස පහන් ආදිය දෙන්නී වෙයි. ඊර්ෂ්‍යාවෙන් තොර සිත් ඇත්තී වෙයි. අනුන්ගේ ලාභ සත්කාර, ගෞරව, වන්දන, පූජා කෙරෙහි ඊර්ෂ්‍යා නොකරයි. ද්වේෂ නොකරයි. ඊර්ෂ්‍යාව නොබැඳ ගනියි. ඉදින් ඇය ඒ ලොවින් චුත වූයේ මෙලොවට පැමිණෙන්නී නම් ඇය යම් යම් තැනක උපදියි ද, අවලක්ෂණ වෙයි. විරූපී වෙයි. දැකීමට අප්‍රසන්න වෙයි. ආඪ්‍ය වෙයි. මහා ධනය ඇත්තී වෙයි. මහා භෝග ඇත්තී වෙයි. මහේශාක්‍ය වෙයි.

මල්ලිකාවෙනි, මෙහිලා ඇතැම් ස්ත්‍රියක් ක්‍රෝධ නැත්තී වෙයි. බොහෝ සෙයින් නොකිපෙන සුළු වෙයි. බොහෝ දෙයක් පැවසුව ද නොගැටෙයි. නොකිපෙයි. තරහා නොගනියි. දැඩි නොවෙයි. කෝපය ත්, ද්වේෂයත් නොසතුට ත් පහළ නොකරයි. එහෙත් ඇය ශ්‍රමණයෙකුට වේවා, බ්‍රාහ්මණයෙකුට වේවා ආහාර පාන වස්ත්‍ර පාවහන් මල් සුවඳ විලවුන් සයනාසන ආවාස පහන් ආදිය නොදෙන්නී වෙයි. ඊර්ෂ්‍යාවෙන් යුක්ත සිත් ඇත්තී වෙයි. අනුන්ගේ ලාභ සත්කාර, ගෞරව, වන්දන, පූජා කෙරෙහි ඊර්ෂ්‍යා කරයි. ද්වේෂ කරයි. ඊර්ෂ්‍යාව බැඳ ගනියි. ඉදින් ඇය ඒ ලොවින් චුත වූයේ මෙලොවට පැමිණෙන්නී නම් ඇය යම් යම් තැනක උපදියි ද, අභිරූපවත් වෙයි. දර්ශනීය වෙයි. දුටුවන් පහදන්නී වෙයි. උතුම් වූ වර්ණ සෞන්දර්යයෙන් යුක්ත වන්නී වෙයි. දිළිඳු වෙයි. අල්ප ධාන්‍ය ඇත්තී, අල්ප භෝග ඇත්තී, අල්පේශාක්‍ය වෙයි.

මල්ලිකාවෙනි, මෙහිලා ඇතැම් ස්ත්‍රියක් ක්‍රෝධ නැත්තී වෙයි. බොහෝ සෙයින් නොකිපෙන සුළු වෙයි. බොහෝ දෙයක් පැවසුව ද නොගැටෙයි. නොකිපෙයි. තරහා නොගනියි. දැඩි නොවෙයි. කෝපය ත්, ද්වේෂයත් නොසතුට ත් පහළ නොකරයි. එමෙන් ම ඇය ශ්‍රමණයෙකුට වේවා, බ්‍රාහ්මණයෙකුට වේවා ආහාර පාන වස්ත්‍ර පාවහන් මල් සුවඳ විලවුන් සයනාසන ආවාස පහන් ආදිය දෙන්නී වෙයි. ඊර්ෂ්‍යාවෙන් තොර සිත් ඇත්තී වෙයි. අනුන්ගේ ලාභ සත්කාර, ගෞරව, වන්දන, පූජා කෙරෙහි ඊර්ෂ්‍යා නොකරයි. ද්වේෂ නොකරයි. ඊර්ෂ්‍යාව

නොබැඳ ගනියි. ඉදින් ඇය ඒ ලොවින් චුත වූයේ මෙලොවට පැමිණෙන්නී නම් ඇය යම් යම් තැනක උපදියි ද, අභිරූපවත් වෙයි. දර්ශනීය වෙයි. දුටුවන් පහදන්නී වෙයි. උතුම් වූ වර්ණ සෞන්දර්යයෙන් යුක්ත වන්නී වෙයි. ආඪ්‍ය වෙයි. මහා ධනය ඇත්තී වෙයි. මහා භෝග ඇත්තී වෙයි. මහේශාක්‍ය වෙයි.

මල්ලිකාවෙනි, යම් හෙයකින් ඇතැම් ස්ත්‍රියක් අවලක්ෂණ වෙයි ද, විරූපිනී වෙයි ද, දැකීමට අප්‍රසන්න වෙයි ද, දිළිඳු වෙයි ද, අල්ප ධනධාන්‍ය ඇත්තී වෙයි ද, අල්ප භෝග ඇත්තී වෙයි ද, අල්පේශාක්‍ය වෙයි ද එයට හේතුව මෙය යි. ප්‍රත්‍ය මෙය යි.

මල්ලිකාවෙනි, යම් හෙයකින් ඇතැම් ස්ත්‍රියක් අවලක්ෂණ වෙයි ද, විරූපිනී වෙයි ද, දැකීමට අප්‍රසන්න වෙයි ද, එනමුත් ආඪ්‍ය වෙයි ද, මහා ධනය ඇත්තී වෙයි ද, මහා භෝග ඇත්තී වෙයි ද, මහේශාක්‍ය වෙයි ද එයට හේතුව මෙය යි. ප්‍රත්‍ය මෙය යි.

මල්ලිකාවෙනි, යම් හෙයකින් ඇතැම් ස්ත්‍රියක් අභිරූපවත් වෙයි ද, දර්ශනීය වෙයි ද, දුටුවන් පහදන්නී වෙයි ද, උතුම් වූ වර්ණ සෞන්දර්යයෙන් යුක්ත වන්නී වෙයි ද, එනමුත් දිළිඳු වෙයි ද, අල්ප ධනධාන්‍ය ඇත්තී වෙයි ද, අල්ප භෝග ඇත්තී වෙයි ද, අල්පේශාක්‍ය වෙයි ද එයට හේතුව මෙය යි. ප්‍රත්‍ය මෙය යි.

මල්ලිකාවෙනි, යම් හෙයකින් ඇතැම් ස්ත්‍රියක් අභිරූපවත් වෙයි ද, දර්ශනීය වෙයි ද, දුටුවන් පහදන්නී වෙයි ද, උතුම් වූ වර්ණ සෞන්දර්යයෙන් යුක්ත වන්නී වෙයි ද, ආඪ්‍ය වෙයි ද, මහා ධනය ඇත්තී වෙයි ද, මහා භෝග ඇත්තී වෙයි ද, මහේශාක්‍ය වෙයි ද එයට හේතුව මෙය යි. ප්‍රත්‍ය මෙය යි"

මෙසේ වදාළ කල්හී මල්ලිකා දේවිය භාග්‍යවතුන් වහන්සේට මෙය පැවසුවා ය.

"ස්වාමීනී, යම් බඳු මම් වෙනත් ජාතියක දී ක්‍රෝධ සිත් ඇත්තී ව සිටියෙම් ද, බොහෝ සෙයින් කිපුණෙම් ද, සුළු දෙයක් පැවසුව ද ගැටුනී වෙම් ද, කිපුනී වෙම් ද, තරහා ගත්තී වෙම් ද, දැඩි සිත් ඇත්තී වෙම් ද, කෝපය ත්, ද්වේෂයත් නොසතුට ත් පහළ කළා වෙම් ද, ස්වාමීනී, ඒ මම මේ ආත්මයෙහි අවලස්සන ය. විරූපී ය. දැකුමට ප්‍රසන්න නොවන්නී ය.

ස්වාමීනී, වෙනත් ජාතියක දී ශ්‍රමණයෙකුට වේවා, බ්‍රාහ්මණයෙකුට වේවා ආහාර පාන වස්ත්‍ර පාවහන් මල් සුවඳ විලවුන් සයනාසන ආවාස පහන් ආදිය දුන්නී වෙමි. ස්වාමීනී, ඒ මම් මේ ආත්මයෙහිදී ආඪ්‍ය වූ ත්, මහා ධන ඇත්තී

වූ ත්, මහා භෝග ඇත්තී වෙමි.

ස්වාමීනී, මම වෙනත් ජාතියක දී ඊර්ෂ්‍යාවෙන් තොර සිත් ඇත්තී ව සිටියෙමි. අනුන්ගේ ලාභ සත්කාර, ගෞරව, වන්දන, පූජා කෙරෙහි ඊර්ෂ්‍යා නොකළෙමි. ද්වේෂ නොකළෙමි. ඊර්ෂ්‍යාව නොබැඳ ගතිමි. ස්වාමීනී, ඒ මම මේ ජීවිතයේ දී මහේශාක්‍ය වෙමි. ස්වාමීනී, මේ රාජ කුලයෙහි ක්ෂත්‍රිය කන්‍යාවෝ ත්, බ්‍රාහ්මණ කන්‍යාවෝ ත්, ගෘහපති කන්‍යාවෝ ත් සිටිති. ඔවුන් සැමට වඩා මම ඉසුරුමත් බවින්, අධිපති බවින් කටයුතු කරවමි.

ස්වාමීනී, ඒ මම අද පටන් ක්‍රෝධ නැත්තී වන්නෙමි. බොහෝ සෙයින් නොකිපෙන සුළු නොවන්නෙමි. බොහෝ දෙයක් පැවසුව ද නොගැටෙන්නෙමි. නොකිපෙන්නෙමි. තරහා නොගන්නෙමි. දැඩි නොවන්නෙමි. කෝපය ත්, ද්වේෂයත් නොසතුට ත් පහළ නොකරන්නෙමි. එමෙන් ම ශ්‍රමණයෙකුට වේවා, බ්‍රාහ්මණයෙකුට වේවා ආහාර පාන වස්ත්‍ර පාවහන් මල් සුවඳ විලවුන් සයනාසන ආවාස පහන් ආදිය දෙන්නී වෙමි. ඊර්ෂ්‍යාවෙන් තොර සිත් ඇත්තී වෙමි. අනුන්ගේ ලාභ සත්කාර, ගෞරව, වන්දන, පූජා කෙරෙහි ඊර්ෂ්‍යා නොකරමි. ද්වේෂ නොකරමි. ඊර්ෂ්‍යාව නොබැඳ ගනිමි.

ස්වාමීනී, ඉතා මනහර ය. ස්වාමීනී, ඉතා මනහර ය. ....(පෙ).... අද පටන් මා දිවි හිමියෙන් තෙරුවන් සරණ ගිය උපාසිකාවක වශයෙන් භාග්‍යවතුන් වහන්සේ පිළිගන්නා සේක්වා !"

සාදු! සාදු!! සාදු!!!

මල්ලිකා සූත්‍රය නිමා විය.

4.4.5.8.
තප සූත්‍රය
තපස් කිරීම ගැන වදාළ දෙසුම

මහණෙනි, මේ පුද්ගලයෝ සතර දෙනෙක් ලෝකයෙහි විද්‍යමාන ව සිටිති. ඒ කවර සතර දෙනෙක් ද යත්;

මහණෙනි, මෙහිලා ඇතැම් පුද්ගලයෙක් තමා ව පීඩාවට පත් කරගන්නේ තමා ව පීඩාවට පත්කරවන ක්‍රමයන්හි යෙදුණේ වෙයි.

මහණෙනි, මෙහිලා ඇතැම් පුද්ගලයෙක් අනුන් ව පීඩාවට පත් කරන්නේ අනුන් ව පීඩාවට පත්කරවන ක්‍රමයන්හි යෙදුණේ වෙයි.

මහණෙනි, මෙහිලා ඇතැම් පුද්ගලයෙක් තමා ව පීඩාවට පත් කරගන්නේ ත්, තමා ව පීඩාවට පත්කරවන ක්‍රමයන්හි යෙදුණේ ත් වෙයි. අනුන් ව පීඩාවට පත් කරන්නේ ත්, අනුන් ව පීඩාවට පත්කරවන ක්‍රමයන්හි යෙදුණේ ත් වෙයි.

මහණෙනි, මෙහිලා ඇතැම් පුද්ගලයෙක් තමා ව පීඩාවට පත් නොකර ගන්නේ ත්, තමා ව පීඩාවට පත්කරවන ක්‍රමයන්හි නොයෙදුණේ ත් වෙයි. අනුන් ව පීඩාවට පත් නොකරන්නේ ත්, අනුන් ව පීඩාවට පත්කරවන ක්‍රමයන්හි නොයෙදුණේ ත් වෙයි. මෙලොවදී ම තෘෂ්ණා රහිත වූයේ, නිවුණේ, සිහිල් වූයේ, සැප විඳින්නේ ශ්‍රේෂ්ඨ වූ ජීවිතයකින් යුතුව වාසය කරයි.

1. මහණෙනි, පුද්ගලයෙක් තමා ව පීඩාවට පත් කරගන්නේ, තමා ව පීඩාවට පත්කරවන ක්‍රමයන්හි යෙදෙන්නේ කෙසේ ද?

මහණෙනි, මෙහිලා ඇතැම් පුද්ගලයෙක් නිරුවත් වූයේ වෙයි. ආචාර ධර්ම අත්හැරියේ වෙයි. ආහාර ගත් පසු අත ලෙවකන්නේ වෙයි. 'හිමියනි, එනු මැනැවැ' යි කී කල්හී නොඑන්නේ වෙයි. 'හිමියනි, සිටිනු මැනැවැ'යි කී කල්හී නොසිටින්නේ වෙයි. තමා උදෙසා කළ දන් නොපිළිගන්නේ වෙයි. ඇරයුම් නොපිළිගන්නේ වෙයි. හේ කළයේ උඩින් දුන් ආහාර නොපිළිගන්නේ වෙයි. බඳුනේ උඩින් දුන් ආහාර නොපිළිගන්නේ වෙයි. එළිපත අතරෙහි දෙන ආහාරය ද, දඬු අතර සිට දෙන ආහාරය ද, මොහොල් අතර සිට දෙන ආහාරය ද, දෙදෙනෙක් අනුභව කරද්දී කෙනෙකු නැඟී සිට දෙන ආහාරය ද, ගැබිණිය දෙන ආහාරය ද, කිරිපොවන්නිය දෙන ආහාරය ද, පුරුෂ ඇසුරට ගිය ස්ත්‍රිය දෙන ආහාරය ද, සම්මාදන් කොට පිසූ ආහාරය ද, සුනඛයෙකු සිටි තැනින් දෙන ආහාරය ද, මැස්සන් පිරී ඇති තැනින් දෙන ආහාරය ද නොපිළිගන්නේ වෙයි. මත්ස්‍ය, මාංශ, සුරා, මේරය, සෝවීරක ආදිය නොපිළිගන්නේ වෙයි.

හේ එක් ගෙයකින් එක් පිඬුවක් ලැබ යැපෙන්නේ වෙයි. ගෙවල් දෙකකින් පිඬු ලැබ යැපෙන්නේ වෙයි. ගෙවල් සතකින් පිඬු ලැබ යැපෙන්නේ වෙයි. එක් ආහාර බඳුනකින් යැපෙන්නේ වෙයි. ආහාර බඳුන් දෙකකින් යැපෙන්නේ වෙයි. ආහාර බඳුන් තුනකින් යැපෙන්නේ වෙයි. එක් දවසක් හැර ආහාර ගනියි. දෙදවසක් හැර ආහාර ගනියි. සත් දවසක් හැර ආහාර ගනියි. මෙසේ අඩ මසක් හැර ආහාර ගනියි. මෙසේ සීමා කොට ගත් ආහාර ගන්නේ වෙයි.

හේ පළා වර්ග අනුභව කරන්නේ වෙයි. ධාන්‍ය වර්ග අනුභව කරන්නේ

වෙයි. හූරුහැල් අනුභව කරන්නේ වෙයි. සම්කඩ අනුභව කරන්නේ වෙයි. ලාටු වර්ග අනුභව කරන්නේ වෙයි. පිටි වර්ග අනුභව කරන්නේ වෙයි. දංකුඩ අනුභව කරන්නේ වෙයි. පුන්නක්කු අනුභව කරන්නේ වෙයි. ගොම අනුභව කරන්නේ වෙයි. වැටුණු ගෙඩි අනුභව කරන්නේ වෙයි. වන මුල් එල ආහාර කොට යැපෙන්නේ වෙයි.

හේ හණ වැහැරි ද දරයි. මුසු හණ වැහැරි ද දරයි. මිනී එතු වස්ත්‍ර ද දරයි. පාංශුකූල ද දරයි. රුක් සුඹුළු ද දරයි. අඳුන් දිවි සම් ද දරයි. කුර සහිත අඳුන් දිවි සම් ද දරයි. කුස වැහැරි ද දරයි. පට්ටා කෙඳි වලින් කළ වස්ත්‍ර ද දරයි. පතුරු වලින් කළ වස්ත්‍ර ද දරයි. කේශ කම්බල ද දරයි. අස් කෙඳි වලින් කළ වස්ත්‍ර ද දරයි. බකමූහුණු පිහාටුවෙන් කළ වස්ත්‍ර ද දරයි.

කෙස් රැවුල් උදුරන්නේ වෙයි. කෙස් රැවුල් ඉදිරීමෙහි යෙදෙන්නේ වෙයි. ආසන ප්‍රතික්ෂේප කොට උඩුකුරු ව සිටින්නේ වෙයි. උක්කුටියෙන් සිටීමෙහි යෙදුණේ වෙයි. කටු ඇතිරියෙහි සයනය කරන්නේ වෙයි. සවස තුන් වෙනි කොට ජලයට බැස පව් සෝදන්නේ වෙයි. මෙසේ අනේකප්‍රකාරයෙන් ශරීරයට පීඩා ඇති කරවන ක්‍රියාවන්හි යෙදුණේ වෙයි.

මහණෙනි, මේ අයුරින් පුද්ගලයා තමා ව පීඩාවට පත් කරන්නේ, තමා ව පීඩාවට පත් කරන ක්‍රියාවන්හි යෙදුණේ වෙයි.

2. මහණෙනි, පුද්ගලයෙක් අනුන් ව පීඩාවට පත් කරන්නේ, අනුන් ව පීඩාවට පත්කරවන ක්‍රමයන්හි යෙදෙන්නේ කෙසේ ද?

මහණෙනි, මෙහිලා ඇතැම් පුද්ගලයෙක් බැටළුවන් මරා ජීවත් වන්නේ වෙයි. හූරන් මරා ජීවත් වන්නේ වෙයි. පක්ෂි කුකුළන් මරා ජීවත් වන්නේ වෙයි. මුවන් මරා ජීවත් වන්නේ වෙයි. රෞද්‍ර වෙයි. මසුන් මරන්නේ වෙයි. සොරෙක් වෙයි. සොරු මරන්නේ ත් වෙයි. සිර ගෙවල් ඇත්තේ වෙයි. මෙබඳු වූ යම් අන්‍ය වූ කෲර ක්‍රියාවන්හි ද යෙදුණේ වෙයි.

මහණෙනි, මේ අයුරින් පුද්ගලයා අනුන් ව පීඩාවට පත් කරන්නේ, අනුන් ව පීඩාවට පත් කරවන ක්‍රියාවන්හි යෙදුණේ වෙයි.

3. මහණෙනි, පුද්ගලයෙක් තමා ව පීඩාවට පත් කරගන්නේ ත්, තමා ව පීඩාවට පත්කරවන ක්‍රමයන්හි යෙදෙන්නේ ත්, අනුන් ව පීඩාවට පත් කරන්නේ ත්, අනුන් ව පීඩාවට පත්කරවන ක්‍රමයන්හි යෙදෙන්නේ ත් කෙසේ ද?

මහණෙනි, මෙහිලා පුද්ගලයෙක් ඔටුණු පළන් ක්ෂත්‍රිය රජෙක් හෝ

මහාසාර බ්‍රාහ්මණයෙක් හෝ වෙයි. හේ නගරයේ පෙරදිගින් අළුත් සන්ථාගාරයක් කරවා කෙස් රැවුල් බහා අඳුන් දිවි සමක් හැඳ ගිතෙලින් කය ගල්වා මුව අඟින් පිට කසමින් සිය මෙහෙසිය සමඟ ද, පුරෝහිත බ්‍රාහ්මණයා සමඟ ද සන්ථාගාරයට පිවිසෙයි.

හේ එහිදී ගොම පිරියම් කළ, නිල් තණ ඇතිරූ බිම සයනය කරයි. එක් සොඳුරු පැටියෙකු ඇති ගවදෙනකගේ තනයෙහි එක් තන බුරුල්ලකින් ලැබෙන කිරෙන් රජ යැපෙයි. දෙවන තන බුරුල්ලෙන් ලැබෙන කිරෙන් මෙහෙසිය යැපෙයි. තෙවන තන බුරුල්ලෙන් ලැබෙන කිරෙන් පුරෝහිත බ්‍රාහ්මණයා යැපෙයි. සිව්වන තන බුරුල්ලෙන් ලැබෙන කිරෙන් ගිනි පුදයි. ඉතිරි තන බුරුල්ලෙන් ලැබෙන කිරෙන් වසු පැටියා යැපෙයි.

හේ මෙසේ කියයි. 'යාගය පිණිස මෙපමණ වෘෂභයෝ මරත්වා! යාගය පිණිස මෙපමණ තරුණ වස්සෝ මරත්වා! යාගය පිණිස මෙපමණ තරුණ වැස්සියෝ මරත්වා! යාගයෙහි කණු පිණිස මෙපමණ වෘක්ෂයෝ සිඳිත්වා! යාග බිම අතුරනු පිණිස මෙපමණ ඉලුක් තණ සිඳිනු ලැබේවා! ඔහුගේ යම් දාසයෝ හෝ මෙහෙකරුවෝ හෝ කම්කරුවෝ හෝ යමෙක් සිටිත් නම් ඔවුහු ත් දඬුවමින් තැති ගෙන, බියෙන් තැති ගෙන, කඳුළු වැකුණු මුහුණු ඇතිව හඬමින් වැඩ කරමින් සිටිති.

මහණෙනි, පුද්ගලයෙක් මේ අයුරින් තමා ව පීඩාවට පත් කරගන්නේ ත්, තමා ව පීඩාවට පත්කරවන ක්‍රමයන්හි යෙදෙන්නේ ත්, අනුන් ව පීඩාවට පත් කරන්නේ ත්, අනුන් ව පීඩාවට පත්කරවන ක්‍රමයන්හි යෙදෙන්නේ ත් වෙයි.

4. මහණෙනි, පුද්ගලයෙක් තමා ව පීඩාවට පත් නොකර ගන්නේ ත්, තමා ව පීඩාවට පත්කරවන ක්‍රමයන්හි නොයෙදුණේ ත් වෙයි ද, අනුන් ව පීඩාවට පත් නොකරන්නේ ත්, අනුන් ව පීඩාවට පත්කරවන ක්‍රමයන්හි නොයෙදුණේ ත් වෙයි ද, මෙලොවදී ම තෘෂ්ණා රහිත වූයේ, නිවුණේ, සිහිල් වූයේ, සැප විඳින්නේ ශ්‍රේෂ්ඨ වූ ජීවිතයකින් යුතුව වාසය කරන්නේ කෙසේ ද?

මහණෙනි, මෙහිලා තථාගතයන් වහන්සේ ලොවෙහි උපදින්නේ ය. ඒ තථාගතයෝ අරහත්යහ. සම්මා සම්බුද්ධයහ. විජ්ජාචරණ සම්පන්නයහ. සුගතයහ. ලෝකවිදූහ. අනුත්තරෝ පුරිසදම්ම සාරථීහ. දෙව් මිනිස්නට ශාස්තෘහු ය. බුද්ධයහ. භගවත්හ. ඒ තථාගතයන් වහන්සේ දෙවියන් සහිත, බඹුන් සහිත, මරුන් සහිත, ශ්‍රමණ බමුණන් සහිත, දෙව්මිනිස් ප්‍රජාවෙන් යුතු ලෝකයෙහි තම විශිෂ්ට ඥානයෙන් අත්දුටු ධර්මය පවසයි. ඒ තථාගතයන් වහන්සේ මුල

මැද අග කලණ වූ, අර්ථ සහිත වූ, ව්‍යඤ්ජන සහිත වූ, සියළු අයුරින් පිරිපුන් නිවන් මග පවසයි. එකල්හී ගෘහපතියෙක් හෝ ගෘහපතිපුත්‍රයෙක් හෝ අන්‍ය වූ කුලයක උපන්නෙක් හෝ වේවා ඒ ධර්මය අසන්නේ ය. හේ ඒ ධර්මය අසා තථාගතයන්ගේ සම්බුද්ධත්වය පිළිබඳ ශ්‍රද්ධාව ඇති කරගනී. හේ ඒ ශ්‍රද්ධා ලාභයෙන් යුක්ත ව මෙසේ නුවණින් විමසයි. 'ගෘහවාසය කරදර සහිත ය. ක්ලේශ මාර්ගයකි. එනමුදු පැවිද්ද වනාහී අහස් තලය වැනි ය. ගෘහවාසයෙහි සිටින්නේ මේ ඒකාන්ත පිරිපුන් පිරිසිදු සංඛයක් වැනි ඒකාන්ත පිරිසිදු නිවන් මගෙහි හැසිරීම පහසු නොවෙයි. මම් ද කෙස් රැවුල් බහා කසාවත් පෙරොවා ගෘහ වාසයෙන් නික්ම අනගාරික සසුනෙහි පැවිදි වන්නෙම් නම් මැනැවැ'යි. ඉක්බිති හේ පසු කලක අල්ප වූ හෝ භෝග සම්පත් අත්හැර, බොහෝ වූ හෝ භෝග සම්පත් අත්හැර අල්ප වූ හෝ ඥාති පිරිවර අත්හැර, බොහෝ වූ හෝ ඥාති පිරිවර අත්හැර කෙස් රැවුල් බහා කසාවත් පොරොවා ගෘහ වාසයෙන් නික්ම අනගාරික සසුනෙහි පැවිදි වෙයි.

හේ එසේ පැවිදි වූයේ භික්ෂූන් රකින ශික්ෂාපදයන් සමාදන් වූයේ වෙයි. ප්‍රාණඝාතය අත්හැර පාණාතිපාතයෙන් වැළකුණේ වෙයි. දඬු මුගුරු බහා තැබුවේ වෙයි. අවිආයුධ බහා තැබුවේ වෙයි. ලැජ්ජා ඇත්තේ වෙයි. දයාවෙන් යුක්ත වූයේ වෙයි. සියළු ප්‍රාණීන් කෙරෙහි හිතානුකම්පී ව වාසය කරයි.

නුදුන් දේ ගැනීම අත්හැර සොරකමින් වැළකුණේ වෙයි. දුන් දේ පමණක් ගන්නේ වෙයි. දුන් දේ පමණක් ගැනීමට කැමති වෙයි. නොසොර සිතින් යුතුව පිරිසිදු වූ ජීවිතයකින් වාසය කරයි.

අබ්‍රහ්මචාරී බව අත්හැර බ්‍රහ්මචාරී ව වාසය කරයි. ග්‍රාම්‍ය දෙයක් වන මෛථුනයෙන් වැළකී යහපත් ඇවතුම් පැවැතුම්වලින් වාසය කරයි.

බොරු කීම අත්හැර බොරු කීමෙන් වැළකුණේ වෙයි. සත්‍ය කියන්නේ වෙයි. ඇත්තෙන් ඇත්ත ගලපා කියන්නේ වෙයි. සත්‍ය වූ ධර්මයක් ම කියන්නේ වෙයි. ආරවුල් ඇති නොවන කතා කියන්නේ වෙයි.

කේලාම් කීම අත්හැර කේලාම් වචනයෙන් වළකින්නේ වෙයි. මොවුන් බිඳවීම පිණිස මෙතැනින් අසා ගොස් අසවල් තැන නොකියන්නේ වෙයි. අසවලුන් බිඳවීම පිණිස එතැනින් අසාගෙන විත් මෙතන නොකියන්නේ වෙයි. මෙසේ බිඳුණු අය සමඟි කරවීම පිණිස ත්, සමගි වූවන්ට අනුබල දීම පිණිස ත් සමඟියෙහි ඇළුණේ වෙයි. සමඟියට කැමති වූයේ වෙයි. සමඟියෙන් සතුටු වෙයි. සමඟිය ඇතිවෙන කරුණු පවසන්නේ වෙයි.

දරුණු වචන අත්හැර, දරුණු වචනයෙන් වැළකුණේ වෙයි. යම් වචනයක් දොස් රහිත වෙයි ද, ශ්‍රවණයට සැප දෙයි ද, දයාව උපදවයි ද, හෘදයාංගම වෙයි ද, වැදගත් වචන වෙයි ද, බොහෝ ජනයාට කාන්ත වූ, බොහෝ ජනයාට මනාප වූ බස් ම කියන්නේ වෙයි.

නිසරු බස් හැර දමා නිසරු කථායෙන් වළකින්නේ වෙයි. කාලානුරූප වූ දෙයක් කියන්නේ වෙයි. සත්‍යයක් කියන්නේ වෙයි. දෙලොවට හිත වූ දෙයක් කියන්නේ වෙයි. ධර්මය කියන්නේ වෙයි. හික්මෙන දෙයක් කියන්නේ වෙයි. මතකයෙහි ධරා ගැනීමට වටිනා දෙයක් කියන්නේ වෙයි. මෙසේ කරුණු සහිත ව එහි ද සීමාව දන අර්ථ සහිත වූ දෙයක් කියන්නේ වෙයි.

හේ ගස් කොළන් සිඳලීමෙහි වැළකී සිටින්නේ වෙයි. රාත්‍රී බොජුනෙන් වැළකුණේ විකල් බොජුනෙන් වැළකුණේ උදේ වරුවෙහි වළඳන්නේ වෙයි. නැටුම්, ගැයුම්, වැයුම් ආදී විසූක දර්ශන නැරඹීමෙන් වැළකුණේ වෙයි. මල් සුවඳ විලවුන් දැරීම්, ඇඟ සැරසීම් ආදියෙන් වැළකුණේ වෙයි. වටිනා සුඛෝපභෝගී ආසන පරිහරණයෙන් වැළකුණේ වෙයි. අමු ධාන්‍ය පිළිගැනීමෙන් වැළකුණේ වෙයි. අමු මස් පිළිගැනීමෙන් වැළකුණේ වෙයි. ස්ත්‍රීන් හා කුමරියන් පිළි ගැනීමෙන් වැළකුණේ වෙයි. දාසි දස්සන් පිළිගැනීමෙන් වැළකුණේ වෙයි. එළු බැටළුවන් පිළිගැනීමෙන් වැළකුණේ වෙයි. කුකුලන් ඌරන් පිළිගැනීමෙන් වැළකුණේ වෙයි. ඇත් අස් ගව වෙළඹ ආදී සතුන් පිළිගැනීමෙන් වැළකුණේ වෙයි. කෙත් වත් පිළිගැනීමෙන් වැළකුණේ වෙයි.

ගිහියන්ගේ පණිවිඩ පණත් ගෙනයාමෙන් වැළකුණේ වෙයි. වෙළඳාමෙන් වැළකුණේ වෙයි. තරාදියෙන් කරන වංචා, කිරීමෙන් කරන වංචා, මැනීමෙන් කරන වංචා ආදියෙන් වැළකුණේ වෙයි. වංචාවෙන් වැරදි විනිශ්චය දීම ආදී කටයුතුවලින් වැළකුණේ වෙයි. අත් පා සිඳීම්, මැරීම්, බන්ධන, මං පැහැරීම්, ගම් පැහැරීම්, සැහැසි ක්‍රියා ආදියෙන් වැළකුණේ වෙයි.

හේ ලද දෙයින් සතුටු වන්නේ වෙයි. කයට යැපෙන සිවුරෙන් ද, කුසට යැපෙන ආහාරයෙන් ද සතුටු වෙයි. හේ යම් ම දිශාවක යයි නම් ඒ පා සිවුරු පමණක් රැගෙන යයි. පක්ෂී ලිහිණියෙක් පියාපත් බර ඇති ව පමණක් ඉගිල යයි ද, එසෙයින් ම භික්ෂුව ද කයට යැපෙන සිවුරෙනුත්, කුසට යැපෙන පිණ්ඩපාතයෙනුත් සතුටු වෙයි. යම් ම දිශාවක යයි නම් ඒ පා සිවුරු පමණක් රැගෙන යයි. මෙසේ හේ මේ ආර්ය වූ සීලස්කන්ධයෙන් සමන්විත වූයේ ආධ්‍යාත්මයෙහි දොස් රහිත වූ සැපයක් විඳියි.

හේ ඇසින් රූපයක් දැක නිමිති නොගනියි. නිමිත්තකින් කොටසක් හෝ

නොගනියි. යම් හෙයකින් ඇස නම් වූ ඉන්ද්‍රිය අසංවර ව වාසය කරමින් දැඩි ලෝභය දොම්නස ආදී පාපී අකුසල් දහම් තමා ව ලුහු බඳියි නම් එයින් සංවර වීමට පිළිපදියි. ඇස නම් වූ ඉන්ද්‍රිය රකියි. ඇස නම් වූ ඉන්ද්‍රියේ සංවරයට පැමිණෙයි. කනින් ශබ්දයක් අසා ....(පෙ).... නාසයෙන් ගඳ සුවඳ දැන ....(පෙ).... දිවෙන් රසයක් විඳ ....(පෙ).... කයෙන් පහස ලබා ....(පෙ).... මනසින් අරමුණක් දැන නිමිති නොගනියි. නිමිත්තක කොටසක් හෝ නොගනියි. යම් හෙයකින් මනස නම් වූ ඉන්ද්‍රිය අසංවර ව වාසය කරමින් දැඩි ලෝභය දොම්නස ආදී පාපී අකුසල් දහම් තමා ව ලුහු බඳියි නම් එයින් සංවර වීමට පිළිපදියි. මනස නම් වූ ඉන්ද්‍රිය රකියි. මනස නම් වූ ඉන්ද්‍රියේ සංවරයට පැමිණෙයි. හේ මේ ආර්ය වූ ඉන්ද්‍රිය සංවරයෙන් සමන්විත වූයේ කෙලෙස් නොවැගිරෙන සැපයක් විඳියි.

හේ නුවණ හසුරුවමින් ඉදිරියට යන්නේ ද වෙයි, නැවත හැරී එන්නේ ද වෙයි. නුවණ හසුරුවමින් ඉදිරිය බලන්නේ ද වෙයි, වටපිට බලන්නේ ද වෙයි. නුවණ හසුරුවමින් අත් පා දිගහරින්නේ ද වෙයි, හකුළුවන්නේ ද වෙයි. නුවණ හසුරුවමින් දෙපට සිවුර, පාත්‍ර, තනිපට සිවුරු ආදිය දරන්නේ වෙයි. නුවණ හසුරුවමින් අෂ්ටපානාදිය වළඳන්නේ වෙයි, පැන් පානය කරන්නේ වෙයි, ආහාර වළඳන්නේ වෙයි, කැවිලි ආදිය රස විඳින්නේ වෙයි. නුවණ හසුරුවමින් වැසිකිලි කැසිකිලි කරන්නේ වෙයි. යැමෙහිදී ද, සිටීමෙහිදී ද, හිඳීමෙහිදී ද, සැතපීමෙහිදී ද, නිදිවරා සිටීමෙහිදී ද, යමක් පැවසීමෙහිදී ද, නිහඬ ව සිටීමෙහිදී ද නුවණ හසුරුවන්නේ වෙයි.

හේ මේ ආර්ය සීලස්කන්ධයෙන් ද සමන්විත ව, මේ ආර්ය ඉන්ද්‍රිය සංවරයෙන් ද සමන්විත ව, මේ ආර්ය සිහිනුවණින් ද සමන්විත ව, ජනයා රහිත සෙනසුන් ඇසුරු කරයි. එනම් අරණ්‍යය, රුක් සෙවණ, පර්වතය, දිය ඇලි, ගිරි ගුහා, සොහොන, වනපෙත, හිස් අවකාශය, පිදුරු කුටිය යනාදියයි. හේ වනයට ගියේ හෝ රුක් සෙවණට ගියේ හෝ ජනශූන්‍ය තැනකට ගියේ හෝ පළඟක් බැඳ කය ඍජු කොට සිහිය පෙරට ගෙන වාඩි වෙයි.

හේ තම ලොවෙහි ඇති ලෝභය අත්හැර ලෝභ රහිත වූ සිතින් වාසය කරයි. සිත ලෝභයෙන් පිරිසිදු කරයි. ද්වේෂයෙන් සිත දූෂිත වීම අත්හැර ද්වේෂ රහිත සිතින් සියළු ප්‍රාණීන් කෙරෙහි හිතානුකම්පී ව වාසය කරයි. ව්‍යාපාද දෝෂයෙන් සිත පිරිසිදු කරයි. ථීනමිද්ධය අත්හැර ථීනමිද්ධයෙන් තොර ව ආලෝක සංඥීව සිහිනුවණින් යුතුව වාසය කරයි. ථීනමිද්ධයෙන් සිත පිරිසිදු කරයි. සිතේ විසිරීම ත්, පසුතැවීම ත් අත්හැර නොවිසිරෙන ශාන්ත සිතින් වාසය කරයි. උද්ධච්ච කුක්කුච්චයෙන් සිත පිරිසිදු කරයි. සැකය අත්හැර සැකයෙන්

එතෙර වූයේ කුසල් දහම් පිළිබඳ කෙසේද කෙසේද යන සැකයෙන් තොර ව වාසය කරයි. විචිකිච්ඡාවෙන් සිත පිරිසිදු කරයි.

හේ මේ සිතට උපක්ලේශ වූ ප්‍රඥාව දුර්වල කරන පංච නීවරණයන් දුරු කොට කාමයන්ගෙන් වෙන් ව ....(පෙ).... පළමු ධ්‍යානය ....(පෙ).... දෙවෙනි ධ්‍යානය ....(පෙ).... තුන්වෙනි ධ්‍යානය ....(පෙ).... සිව්වෙනි ධ්‍යානය උපදවා වාසය කරන්නේ වෙයි.

මෙසේ හේ සිත සමාධිමත් වූ කල්හී, පිරිසිදු වූ කල්හී, බබලන කල්හී, උපක්ලේශ රහිත කල්හී, මෘදු වූ කල්හී, කර්මණ්‍ය ව මැනැවින් පිහිටා නිශ්චල බවට පත් ව තිබෙන කල්හී පෙර විසූ කඳ පිළිවෙල දකිනු පිණිස ....(පෙ).... සත්වයන්ගේ චුත වන බව උපදින බව දන්නා නුවණ ලබනු පිණිස ....(පෙ).... ආශ්‍රවයන් ක්ෂය වීම පිණිස සිත යොමු කරයි. හේ මෙය දුක යැයි ඒ වූ සැටියෙන් ම අවබෝධ කරයි. මෙය දුකෙහි හටගැනීම යැයි ඒ වූ සැටියෙන් ම අවබෝධ කරයි. මෙය දුකෙහි නිරෝධය යැයි ඒ වූ සැටියෙන් ම අවබෝධ කරයි. මෙය දුක නිරුද්ධ වන මාර්ගය යැයි ඒ වූ සැටියෙන් ම අවබෝධ කරයි. මේවා ආශ්‍රවයෝ යැයි ඒ වූ සැටියෙන් ම අවබෝධ කරයි. මේ ආශ්‍රවයන්ගේ හටගැනීම යැයි ඒ වූ සැටියෙන් ම අවබෝධ කරයි. මේ ආශ්‍රව නිරෝධය යැයි ඒ වූ සැටියෙන් ම අවබෝධ කරයි. මේ ආශ්‍රව නිරුද්ධ වන්නා වූ වැඩපිළිවෙල යැයි ඒ වූ සැටියෙන් ම අවබෝධ කරයි.

මේ අයුරින් දන්නා, මේ අයුරින් දක්නා ඔහුගේ සිත කාමාශ්‍රවයෙන් ද නිදහස් වෙයි. ඔහුගේ සිත භවාශ්‍රවයෙන් ද නිදහස් වෙයි. ඔහුගේ සිත අවිජ්ජාශ්‍රවයෙන් ද නිදහස් වෙයි. කෙලෙසුන්ගෙන් නිදහස් වූ කල්හී නිදහස් වූයේ යැයි ඥානය ඇතිවෙයි. 'ඉපදීම ක්ෂය විය. බඹසර වාසය සපුරන ලදී. කළ යුත්ත කරන ලදී. නිවන පිණිස වෙන කළ යුතු දෙයක් නැතැ'යි දැනගනියි.

මහණෙනි, පුද්ගලයෙක් මේ අයුරින් තමා ව පීඩාවට පත් නොකර ගන්නේ ත්, තමා ව පීඩාවට පත්කරවන ක්‍රමයන්හි නොයෙදුණේ ත් වෙයි ද, අනුන් ව පීඩාවට පත් නොකරන්නේ ත්, අනුන් ව පීඩාවට පත්කරවන ක්‍රමයන්හි නොයෙදුණේ ත් වෙයි ද, මෙලොවදී ම තෘෂ්ණා රහිත වූයේ, නිවුණේ, සිහිල් වූයේ, සැප විඳින්නේ ශ්‍රේෂ්ඨ වූ ජීවිතයකින් යුතුව වාසය කරන්නේ වෙයි.

මහණෙනි, මේ පුද්ගලයෝ සතර දෙනා ලෝකයෙහි විද්‍යමාන ව සිටිති.

සාදු! සාදු!! සාදු!!!

තප සූත්‍රය නිමා විය.

4.4.5.9.
තණ්හා ජාලිනී සූත්‍රය
තෘෂ්ණා දැල ගැන වදාළ දෙසුම

මහණෙනි, ඔබට හාත්පස විහිදී ගිය, පැතිරී ගිය, ඇලී ගිය තෘෂ්ණා දැල ගැන දෙසන්නෙමි. මේ ලෝක සත්වයා ඒ තෘෂ්ණා දැලෙන් පැටලී ගොස්, වෙලී ගොස්, අවුල් වී ගිය නූල් බඳු වූයේ, කැඳ දමා අවුලට පත් වූ නූල් බඳු වූයේ, අවුල් වී ගිය මුදු තණ බබුස් තණ බඳු වූයේ අපාය දුර්ගති විනිපාතයෙන් යුතු මේ බිහිසුණු සසරින් ඉක්ම යා ගත නොහැකි ව එහි ගැලී සිටියි. එය අසව්. මැනැවින් මෙනෙහි කරව්. කියන්නෙමි." "එසේය ස්වාමීනී"යි ඒ භික්ෂූහු භාග්‍යවතුන් වහන්සේට පිළිවදන් දුන්හ. භාග්‍යවතුන් වහන්සේ මෙය වදාළ සේක.

මහණෙනි, මේ ලෝක සත්වයා හාත්පස විහිදී ගිය, පැතිරී ගිය, ඇලී ගිය තෘෂ්ණා දැල නිසාවෙන් එහි ම පැටලී ගොස්, වෙලී ගොස්, අවුල් වී ගිය නූල් බඳු වූයේ, කැඳ දමා අවුලට පත් වූ නූල් බඳු වූයේ, අවුල් වී ගිය මුදු තණ බබුස් තණ බඳු වූයේ අපාය දුර්ගති විනිපාතයෙන් යුතු මේ බිහිසුණු සසරින් ඉක්ම යා ගත නොහැකි ව එහි ගැලී සිටින්නේ කෙසේ ද?

මහණෙනි, තමාට ග්‍රහණය වූ තෘෂ්ණා හැසිරීම් දහ අටකි. බාහිරට ග්‍රහණය වූ තෘෂ්ණා හැසිරීම් දහ අටකි.

මහණෙනි, තමාට ග්‍රහණය වූ තෘෂ්ණා හැසිරීම් දහ අට මොනවා ද? මහණෙනි, 'මම වෙමි' යි හැඟීම ඇති කල්හී 'මම මෙබඳු ආකාර වෙමි' යි හැඟීම ඇතිවෙයි. 'මෙසේ වෙමි' යි හැඟීම ඇතිවෙයි. 'අන් අයුරු වෙමි' යි හැඟීම ඇතිවෙයි. 'නොනැසෙන ස්වභාව ඇත්තෙමි'යි හැඟීම ඇතිවෙයි. 'නැසෙන ස්වභාව ඇත්තෙමි'යි හැඟීම ඇතිවෙයි. 'මම කියා කෙනෙක් සිටින්නෙම් ද'යි හැඟීම ඇතිවෙයි. 'මෙබඳු අයුරින් සිටින්නෙම් ද'යි හැඟීම ඇතිවෙයි. 'මෙසේ සිටින්නෙම් ද'යි හැඟීම ඇතිවෙයි. 'අන් අයුරකින් සිටින්නෙම් ද'යි හැඟීම ඇතිවෙයි. 'මම යන්නෙක් සිටිය හැකි වෙම් ද'යි හැඟීම ඇතිවෙයි. 'මෙබඳු ආකාරයෙන් සිටිය හැකි වෙම් ද'යි හැඟීම ඇතිවෙයි. 'මෙසේ සිටිය හැකි වෙම් ද'යි හැඟීම ඇතිවෙයි. 'අන් අයුරකින් සිටිය හැකි වෙම් ද'යි හැඟීම ඇතිවෙයි. 'අනාගතයේ මම වන්නෙම් ද'යි හැඟීම ඇතිවෙයි. 'මෙබඳු ආකාර වන්නෙම් ද'යි හැඟීම ඇතිවෙයි. 'මෙසේ වන්නෙම් ද'යි හැඟීම ඇතිවෙයි. 'අන් අයුරකින්

වන්නෙම් දැ'යි හැඟීම ඇතිවෙයි. මහණෙනි, තමාට ග්‍රහණය වූ තෘෂ්ණා හැසිරීම් දහ අට මේවා ය.

මහණෙනි, බාහිරට ග්‍රහණය වූ තෘෂ්ණා හැසිරීම් දහ අට මොනවා ද? මහණෙනි, 'මේ රූපාදියෙන් මම වෙමි' යි හැඟීම ඇති කල්හී 'මේ රූපාදියෙන් මම මෙබඳු ආකාර වෙමි' යි හැඟීම ඇතිවෙයි. 'මේ රූපාදියෙන් මෙසේ වෙමි' යි හැඟීම ඇතිවෙයි. 'මේ රූපාදියෙන් අන් අයුරු වෙමි' යි හැඟීම ඇතිවෙයි. 'මේ රූපාදියෙන් නොනැසෙන ස්වභාව ඇත්තෙමි'යි හැඟීම ඇතිවෙයි. 'මේ රූපාදියෙන් නැසෙන ස්වභාව ඇත්තෙමි'යි හැඟීම ඇතිවෙයි. 'මේ රූපාදියෙන් මම කියා කෙනෙක් සිටින්නෙම් දැ'යි හැඟීම ඇතිවෙයි. 'මේ රූපාදියෙන් මෙබඳු අයුරින් සිටින්නෙම් දැ'යි හැඟීම ඇතිවෙයි. 'මේ රූපාදියෙන් මෙසේ සිටින්නෙම් දැ'යි හැඟීම ඇතිවෙයි. 'මේ රූපාදියෙන් අන් අයුරකින් සිටින්නෙම් දැ'යි හැඟීම ඇතිවෙයි. 'මේ රූපාදියෙන් මම යන්නෙක් සිටිය හැකි වෙම් දැ'යි හැඟීම ඇතිවෙයි. 'මේ රූපාදියෙන් මෙබඳු ආකාරයෙන් සිටිය හැකි වෙම් දැ'යි හැඟීම ඇතිවෙයි. 'මේ රූපාදියෙන් මෙසේ සිටිය හැකි වෙම් දැ'යි හැඟීම ඇතිවෙයි. 'මේ රූපාදියෙන් අන් අයුරකින් සිටිය හැකි වෙම් දැ'යි හැඟීම ඇතිවෙයි. 'මේ රූපාදියෙන් අනාගතයේ මම වන්නෙම් දැ'යි හැඟීම ඇතිවෙයි. 'මේ රූපාදියෙන් මෙබඳු ආකාර වන්නෙම් දැ'යි හැඟීම ඇතිවෙයි. 'මේ රූපාදියෙන් මෙසේ වන්නෙම් දැ'යි හැඟීම ඇතිවෙයි. 'මේ රූපාදියෙන් අන් අයුරකින් වන්නෙම් දැ'යි හැඟීම ඇතිවෙයි. මහණෙනි, බාහිරට ග්‍රහණය වූ තෘෂ්ණා හැසිරීම් දහ අට මේවා ය.

මෙසේ තමාට ග්‍රහණය වූ තෘෂ්ණා හැසිරීම් දහඅටකි. බාහිරට ග්‍රහණය වූ තෘෂ්ණා හැසිරීම් දහඅටකි. මහණෙනි, මේවා තිස් හයක් වූ තෘෂ්ණා හැසිරීම් යැයි කියනු ලැබේ. මෙසේ මෙබඳු වූ අතීතයට ගිය තෘෂ්ණා හැසිරීම් තිස් හයකි. අනාගතයේ හටගන්නා වූ තෘෂ්ණා හැසිරීම් තිස් හයකි. වර්තමානයේ තෘෂ්ණා හැසිරීම් තිස් හයකි. මෙසේ තෘෂ්ණා හැසිරීම් එකසිය අටක් වෙයි.

මහණෙනි, මේ ලෝක සත්වයා හාත්පස විහිදී ගිය, පැතිරී ගිය, ඇලී ගිය තෘෂ්ණා දැල නිසාවෙන් එහි ම පැටලී ගොස්, වෙලී ගොස්, අවුල් වී ගිය නූල් බඳු වූයේ, කැඳ දමා අවුලට පත් වූ නූල් බඳු වූයේ, අවුල් වී ගිය මුදු තණ බබුස් තණ බඳු වූයේ අපාය දුර්ගති විනිපාතයෙන් යුතු මේ බිහිසුණු සසරින් ඉක්ම යා ගත නොහැකි ව එහි ගැලී සිටින තෘෂ්ණා දැල මෙය යි.

සාදු! සාදු!! සාදු!!!

තණ්හා ජාලිනී සූත්‍රය නිමා විය.

4.4.5.10.
පේම දෝස සූත්‍රය
ප්‍රේමය ත්, ද්වේෂය ත් ගැන වදාළ දෙසුම

මහණෙනි, ඉපදීම් සතරකි. ඒ කවර සතරක් ද යත්; ප්‍රේමයෙන් ප්‍රේමය උපදියි. ප්‍රේමයෙන් ද්වේෂය උපදියි. ද්වේෂයෙන් ප්‍රේමය උපදියි. ද්වේෂයෙන් ද්වේෂය උපදියි.

1. මහණෙනි, ප්‍රේමයෙන් ප්‍රේමය උපදින්නේ කෙසේ ද? මෙහිලා පුද්ගලයෙක් තව පුද්ගලයෙකු පිළිබඳ ව සිතෙන් ප්‍රිය වූයේ වෙයි. කාන්ත වූයේ වෙයි. මනාප වූයේ වෙයි. අන්‍යයෝ ත් ඒ පුද්ගලයාට සිතෙන් ප්‍රිය ව, කාන්ත ව, මනාප අයුරින් කටයුතු කරත්. එවිට ඔහුට මෙසේ සිතෙයි. 'යම් පුද්ගලයෙක් මට ප්‍රිය වූයේ ද, කාන්ත වූයේ ද, මනාප වූයේ ද ඔහුට අන්‍යයෝත් ඉෂ්ට වූ කාන්ත වූ මනාප වූ අයුරින් කටයුතු කරති' යි හේ ඔවුන් කෙරෙහි ප්‍රේමය උපදවයි. මහණෙනි, මේ අයුරින් ප්‍රේමයෙන් ප්‍රේමය උපදින්නේ වෙයි.

2. මහණෙනි, ප්‍රේමයෙන් ද්වේෂය උපදින්නේ කෙසේ ද? මෙහිලා පුද්ගලයෙක් තව පුද්ගලයෙකු පිළිබඳ ව සිතෙන් ප්‍රිය වූයේ වෙයි. කාන්ත වූයේ වෙයි. මනාප වූයේ වෙයි. අන්‍යයෝ ඒ පුද්ගලයාට සිතෙන් ප්‍රිය නොවූ, කාන්ත නොවූ, අමනාප අයුරින් කටයුතු කරත්. එවිට ඔහුට මෙසේ සිතෙයි. 'යම් පුද්ගලයෙක් මට ප්‍රිය වූයේ ද, කාන්ත වූයේ ද, මනාප වූයේ ද ඔහුට අන්‍යයෝ අනිෂ්ට වූ අකාන්ත වූ අමනාප වූ අයුරින් කටයුතු කරති' යි හේ ඔවුන් කෙරෙහි ද්වේෂය උපදවයි. මහණෙනි, මේ අයුරින් ප්‍රේමයෙන් ද්වේෂය උපදින්නේ වෙයි.

3. මහණෙනි, ද්වේෂයෙන් ප්‍රේමය උපදින්නේ කෙසේ ද? මෙහිලා පුද්ගලයෙක් තව පුද්ගලයෙකු පිළිබඳ ව සිතෙන් අප්‍රිය වූයේ වෙයි. අකාන්ත වූයේ වෙයි. අමනාප වූයේ වෙයි. අන්‍යයෝ ත් ඒ පුද්ගලයාට සිතෙන් අප්‍රිය ව, අකාන්ත ව, අමනාප අයුරින් කටයුතු කරත්. එවිට ඔහුට මෙසේ සිතෙයි. 'යම් පුද්ගලයෙක් මට අප්‍රිය වූයේ ද, අකාන්ත වූයේ ද, අමනාප වූයේ ද ඔහුට අන්‍යයෝ ත් අනිෂ්ට වූ අකාන්ත වූ අමනාප වූ අයුරින් කටයුතු කරති' යි හේ ඔවුන් කෙරෙහි ප්‍රේමය උපදවයි. මහණෙනි, මේ අයුරින් ද්වේෂයෙන් ප්‍රේමය උපදින්නේ වෙයි.

4. මහණෙනි, ද්වේෂයෙන් ද්වේෂය උපදින්නේ කෙසේ ද? මෙහිලා පුද්ගලයෙක් තව පුද්ගලයෙකු පිළිබඳ ව සිතෙන් අප්‍රිය වූයේ වෙයි. අකාන්ත වූයේ වෙයි. අමනාප වූයේ වෙයි. අන්‍යයෝ ඒ පුද්ගලයාට සිතෙන් ප්‍රිය ව, කාන්ත ව, මනාප අයුරින් කටයුතු කරත්. එවිට ඔහුට මෙසේ සිතෙයි. 'යම් පුද්ගලයෙක් මට අප්‍රිය වූයේ ද, අකාන්ත වූයේ ද, අමනාප වූයේ ද ඔහුට අන්‍යයෝ ඉෂ්ට වූ කාන්ත වූ මනාප වූ අයුරින් කටයුතු කරති' යි හේ ඔවුන් කෙරෙහි ද්වේෂය උපදවයි. මහණෙනි, මේ අයුරින් ද්වේෂයෙන් ද්වේෂය උපදින්නේ වෙයි. මහණෙනි, මේ වනාහී ඉපදීම් සතර යි.

මහණෙනි, යම් කලෙක භික්ෂුව කාමයන්ගෙන් වෙන් ව ....(පෙ).... පළමුවෙනි ධ්‍යානය උපදවාගෙන වාසය කරයි. ඔහුට ප්‍රේමයෙන් යම් ප්‍රේමයක් උපදින්නේ ද, එසමයෙහි එය ත් ඔහුට නැත. ඔහුට ප්‍රේමයෙන් යම් ද්වේෂයක් උපදින්නේ ද, එසමයෙහි එය ත් ඔහුට නැත. ඔහුට ද්වේෂයෙන් යම් ප්‍රේමයක් උපදින්නේ ද, එසමයෙහි එය ත් ඔහුට නැත. ඔහුට ද්වේෂයෙන් යම් ද්වේෂයක් උපදින්නේ ද, එසමයෙහි එය ත් ඔහුට නැත.

මහණෙනි, යම් කලෙක භික්ෂුව විතක්ක විචාරයන් සංසිඳීමෙන් ....(පෙ).... දෙවෙනි ධ්‍යානය ....(පෙ).... තුන්වෙනි ධ්‍යානය ....(පෙ).... සතරවෙනි ධ්‍යානය උපදවාගෙන වාසය කරයි. ඔහුට ප්‍රේමයෙන් යම් ප්‍රේමයක් උපදින්නේ ද, එසමයෙහි එය ත් ඔහුට නැත. ඔහුට ප්‍රේමයෙන් යම් ද්වේෂයක් උපදින්නේ ද, එසමයෙහි එය ත් ඔහුට නැත. ඔහුට ද්වේෂයෙන් යම් ප්‍රේමයක් උපදින්නේ ද, එසමයෙහි එය ත් ඔහුට නැත. ඔහුට ද්වේෂයෙන් යම් ද්වේෂයක් උපදින්නේ ද, එසමයෙහි එය ත් ඔහුට නැත.

මහණෙනි, යම් කලක භික්ෂුව ආශ්‍රවයන් ක්ෂය වීමෙන් අනාශ්‍රව වූ චිත්ත විමුක්තිය ත්, ප්‍රඥා විමුක්තිය ත් මෙලොව දී තම විශිෂ්ට ඥානයෙන් සාක්ෂාත් කොට එයට පැමිණ වාසය කරන්නේ වෙයි. ඔහුට ප්‍රේමයෙන් යම් ප්‍රේමයක් උපදින්නේ ද, එය ඔහුට ප්‍රහාණය වූයේ වෙයි. මුලින් ම සිඳුණේ වෙයි. කරටිය සුන් තල් ගසක් මෙන් වූයේ වෙයි. අභාවයට පත්වූයේ වෙයි. යළි නූපදින ස්වභාව ඇත්තේ වෙයි. ඔහුට ප්‍රේමයෙන් යම් ද්වේෂයක් උපදින්නේ ද, එය ඔහුට ප්‍රහාණය වූයේ වෙයි. මුලින් ම සිඳුණේ වෙයි. කරටිය සුන් තල් ගසක් මෙන් වූයේ වෙයි. අභාවයට පත්වූයේ වෙයි. යළි නූපදින ස්වභාව ඇත්තේ වෙයි. ඔහුට ද්වේෂයෙන් යම් ප්‍රේමයක් උපදින්නේ ද, එය ඔහුට ප්‍රහාණය වූයේ වෙයි. මුලින් ම සිඳුණේ වෙයි. කරටිය සුන් තල් ගසක් මෙන් වූයේ වෙයි. අභාවයට පත්වූයේ වෙයි. යළි නූපදින ස්වභාව ඇත්තේ වෙයි. ඔහුට ද්වේෂයෙන් යම් ද්වේෂයක් උපදින්නේ ද, එය ඔහුට ප්‍රහාණය වූයේ වෙයි. මුලින් ම සිඳුණේ

වෙයි. කරටිය සුන් තල් ගසක් මෙන් වූයේ වෙයි. අභාවයට පත්වූයේ වෙයි. යළි නූපදින ස්වභාව ඇත්තේ වෙයි.

මහණෙනි, මේ භික්ෂුව තමාගේ පැත්තෙන් හුවා නොදක්වන්නේ ත් වෙයි. ප්‍රතිවිරුද්ධ පැත්තකින් හුවා නොදක්වන්නේ ත් වෙයි. දුම් නොදමන්නේ වෙයි. නොඇවිලෙන්නේ වෙයි. මැතීමකට නොගන්නේ වෙයි.

මහණෙනි, භික්ෂුව තමා හුවා දක්වන්නේ කෙසේ ද? මහණෙනි, මෙහිලා භික්ෂුව රූපය ආත්මය වශයෙන් දකියි. රූපයෙන් හටගත් හෝ ආත්මයක් දකියි. ආත්මය තුළ හෝ රූපයක් දකියි. රූපය තුළ හෝ ආත්මය දකියි. වේදනාව ආත්මය වශයෙන් දකියි. වේදනාවෙන් හටගත් හෝ ආත්මයක් දකියි. ආත්මය තුළ හෝ වේදනාවක් දකියි. වේදනාව තුළ හෝ ආත්මය දකියි. සංඥාව ආත්මය වශයෙන් දකියි. සංඥාවෙන් හටගත් හෝ ආත්මයක් දකියි. ආත්මය තුළ හෝ සංඥාවක් දකියි. සංඥාව තුළ හෝ ආත්මය දකියි. සංස්කාර ආත්මය වශයෙන් දකියි. සංස්කාරවලින් හටගත් හෝ ආත්මයක් දකියි. ආත්මය තුළ හෝ සංස්කාර දකියි. සංස්කාර තුළ හෝ ආත්මය දකියි. විඤ්ඤාණය ආත්මය වශයෙන් දකියි. විඤ්ඤාණයෙන් හටගත් හෝ ආත්මයක් දකියි. ආත්මය තුළ හෝ විඤ්ඤාණයක් දකියි. විඤ්ඤාණය තුළ හෝ ආත්මය දකියි. මහණෙනි, මෙසේ භික්ෂුව තමා හුවා දක්වන්නේ වෙයි.

මහණෙනි, භික්ෂුව තමා හුවා නොදක්වන්නේ කෙසේ ද? මහණෙනි, මෙහිලා භික්ෂුව රූපය ආත්මය වශයෙන් නොදකියි. රූපයෙන් හටගත් හෝ ආත්මයක් නොදකියි. ආත්මය තුළ හෝ රූපයක් නොදකියි. රූපය තුළ හෝ ආත්මය නොදකියි. වේදනාව ආත්මය වශයෙන් නොදකියි. වේදනාවෙන් හටගත් හෝ ආත්මයක් නොදකියි. ආත්මය තුළ හෝ වේදනාවක් නොදකියි. වේදනාව තුළ හෝ ආත්මය නොදකියි. සංඥාව ආත්මය වශයෙන් නොදකියි. සංඥාවෙන් හටගත් හෝ ආත්මයක් නොදකියි. ආත්මය තුළ හෝ සංඥාවක් නොදකියි. සංඥාව තුළ හෝ ආත්මය නොදකියි. සංස්කාර ආත්මය වශයෙන් නොදකියි. සංස්කාරවලින් හටගත් හෝ ආත්මයක් නොදකියි. ආත්මය තුළ හෝ සංස්කාර නොදකියි. සංස්කාර තුළ හෝ ආත්මය නොදකියි. විඤ්ඤාණය ආත්මය වශයෙන් නොදකියි. විඤ්ඤාණයෙන් හටගත් හෝ ආත්මයක් නොදකියි. ආත්මය තුළ හෝ විඤ්ඤාණයක් නොදකියි. විඤ්ඤාණය තුළ හෝ ආත්මය නොදකියි. මහණෙනි, මෙසේ භික්ෂුව තමා හුවා නොදක්වන්නේ වෙයි.

මහණෙනි, භික්ෂුව ප්‍රතිවිරුද්ධ පැත්තට හුවා දක්වන්නේ කෙසේ ද?

මහණෙනි, මෙහිලා භික්ෂුව ආක්‍රෝෂ කරන්නා හට පෙරලා ආක්‍රෝෂ කරයි. කෝප කරන්නා හට පෙරලා කෝප වෙයි. පහර දෙන්නා හට පෙරලා පහර දෙයි. මහණෙනි, මෙසේ භික්ෂුව ප්‍රතිවිරුද්ධ පැත්තට හුවා දක්වන්නේ වෙයි.

මහණෙනි, භික්ෂුව ප්‍රතිවිරුද්ධ පැත්තට හුවා නොදක්වන්නේ කෙසේ ද? මහණෙනි, මෙහිලා භික්ෂුව ආක්‍රෝෂ කරන්නා හට පෙරලා ආක්‍රෝෂ නොකරයි. කෝප කරන්නා හට පෙරලා කෝප නොවෙයි. පහර දෙන්නා හට පෙරලා පහර නොදෙයි. මහණෙනි, මෙසේ භික්ෂුව ප්‍රතිවිරුද්ධ පැත්තට හුවා නොදක්වන්නේ වෙයි.

මහණෙනි, භික්ෂුව දුම් දමන්නේ කෙසේ ද? මහණෙනි, 'මම වෙමි' යි හැඟීම ඇති කල්හී 'මම මෙබඳු ආකාර වෙමි' යි හැඟීම ඇතිවෙයි. 'මෙසේ වෙමි' යි හැඟීම ඇතිවෙයි. 'අන් අයුරු වෙමි' යි හැඟීම ඇතිවෙයි. 'නොනැසෙන ස්වභාව ඇත්තෙමි'යි හැඟීම ඇතිවෙයි. 'නැසෙන ස්වභාව ඇත්තෙමි'යි හැඟීම ඇතිවෙයි. 'මම කියා කෙනෙක් සිටින්නෙම් දෑ'යි හැඟීම ඇතිවෙයි. 'මෙබඳු අයුරින් සිටින්නෙම් දෑ'යි හැඟීම ඇතිවෙයි. 'මෙසේ සිටින්නෙම් දෑ'යි හැඟීම ඇතිවෙයි. 'අන් අයුරකින් සිටින්නෙම් දෑ'යි හැඟීම ඇතිවෙයි. 'මම යන්නෙක් සිටිය හැකි වෙම් දෑ'යි හැඟීම ඇතිවෙයි. 'මෙබඳු ආකාරයෙන් සිටිය හැකි වෙම් දෑ'යි හැඟීම ඇතිවෙයි. 'මෙසේ සිටිය හැකි වෙම් දෑ'යි හැඟීම ඇතිවෙයි. 'අන් අයුරකින් සිටිය හැකි වෙම් දෑ'යි හැඟීම ඇතිවෙයි. 'අනාගතයේ මම වන්නෙමි දෑ'යි හැඟීම ඇතිවෙයි. 'මෙබඳු ආකාර වන්නෙම් දෑ'යි හැඟීම ඇතිවෙයි. 'මෙසේ වන්නෙම් දෑ'යි හැඟීම ඇතිවෙයි. 'අන් අයුරකින් වන්නෙම් දෑ'යි හැඟීම ඇතිවෙයි. මහණෙනි, මෙසේ භික්ෂුව දුම් දමන්නේ වෙයි.

මහණෙනි, භික්ෂුව දුම් නොදමන්නේ කෙසේ ද? මහණෙනි, 'මම වෙමි' යි හැඟීම නැති කල්හී 'මම මෙබඳු ආකාර වෙමි' යි හැඟීම නොවෙයි. 'මෙසේ වෙමි' යි හැඟීම නොවෙයි. 'අන් අයුරු වෙමි' යි හැඟීම නොවෙයි. 'නොනැසෙන ස්වභාව ඇත්තෙමි'යි හැඟීම නොවෙයි. 'නැසෙන ස්වභාව ඇත්තෙමි'යි හැඟීම නොවෙයි. 'මම කියා කෙනෙක් සිටින්නෙම් දෑ'යි හැඟීම නොවෙයි. 'මෙබඳු අයුරින් සිටින්නෙම් දෑ'යි හැඟීම නොවෙයි. 'මෙසේ සිටින්නෙම් දෑ'යි හැඟීම නොවෙයි. 'අන් අයුරකින් සිටින්නෙම් දෑ'යි හැඟීම නොවෙයි. 'මම යන්නෙක් සිටිය හැකි වෙම් දෑ'යි හැඟීම නොවෙයි. 'මෙබඳු ආකාරයෙන් සිටිය හැකි වෙම් දෑ'යි හැඟීම නොවෙයි. 'මෙසේ සිටිය හැකි වෙම් දෑ'යි හැඟීම නොවෙයි. 'අන් අයුරකින් සිටිය හැකි වෙම් දෑ'යි හැඟීම නොවෙයි. 'අනාගතයේ මම වන්නෙමි දෑ'යි හැඟීම නොවෙයි. 'මෙබඳු ආකාර වන්නෙම් දෑ'යි හැඟීම නොවෙයි. 'මෙසේ වන්නෙම් දෑ'යි හැඟීම නොවෙයි.

'අන් අයුරකින් වන්නෙම් දැ'යි හැඟීම නොවෙයි. මහණෙනි, මෙසේ භික්ෂුව දුම් දමන්නේ නොවෙයි.

මහණෙනි, කෙසේ නම් ඇවිලෙන්නේ වෙයි ද? මහණෙනි, 'මේ රූපාදියෙන් මම වෙමි' යි හැඟීම ඇති කල්හී 'මේ රූපාදියෙන් මම මෙබඳු ආකාර වෙමි' යි හැඟීම ඇතිවෙයි. 'මේ රූපාදියෙන් මෙසේ වෙමි' යි හැඟීම ඇතිවෙයි. 'මේ රූපාදියෙන් අන් අයුරු වෙමි' යි හැඟීම ඇතිවෙයි. 'මේ රූපාදියෙන් නොනැසෙන ස්වභාව ඇත්තෙමි'යි හැඟීම ඇතිවෙයි. 'මේ රූපාදියෙන් නැසෙන ස්වභාව ඇත්තෙමි'යි හැඟීම ඇතිවෙයි. 'මේ රූපාදියෙන් මම කියා කෙනෙක් සිටින්නෙම් දැ'යි හැඟීම ඇතිවෙයි. 'මේ රූපාදියෙන් මෙබඳු අයුරින් සිටින්නෙම් දැ'යි හැඟීම ඇතිවෙයි. 'මේ රූපාදියෙන් මෙසේ සිටින්නෙම් දැ'යි හැඟීම ඇතිවෙයි. 'මේ රූපාදියෙන් අන් අයුරකින් සිටින්නෙම් දැ'යි හැඟීම ඇතිවෙයි. 'මේ රූපාදියෙන් මම යන්නෙක් සිටිය හැකි වෙම් දැ'යි හැඟීම ඇතිවෙයි. 'මේ රූපාදියෙන් මෙබඳු ආකාරයෙන් සිටිය හැකි වෙම් දැ'යි හැඟීම ඇතිවෙයි. 'මේ රූපාදියෙන් මෙසේ සිටිය හැකි වෙම් දැ'යි හැඟීම ඇතිවෙයි. 'මේ රූපාදියෙන් අන් අයුරකින් සිටිය හැකි වෙම් දැ'යි හැඟීම ඇතිවෙයි. 'මේ රූපාදියෙන් අනාගතයේ මම වන්නෙම් දැ'යි හැඟීම ඇතිවෙයි. 'මේ රූපාදියෙන් මෙබඳු ආකාර වන්නෙම් දැ'යි හැඟීම ඇතිවෙයි. 'මේ රූපාදියෙන් මෙසේ වන්නෙම් දැ'යි හැඟීම ඇතිවෙයි. 'මේ රූපාදියෙන් අන් අයුරකින් වන්නෙම් දැ'යි හැඟීම ඇතිවෙයි. මහණෙනි, මෙසේ භික්ෂුව ඇවිලෙන්නේ වෙයි.

මහණෙනි, කෙසේ නම් නොඇවිලෙන්නේ වෙයි ද? මහණෙනි, 'මේ රූපාදියෙන් මම වෙමි' යි හැඟීම නැති කල්හී 'මේ රූපාදියෙන් මම මෙබඳු ආකාර වෙමි' යි හැඟීම නොවෙයි. 'මේ රූපාදියෙන් මෙසේ වෙමි' යි හැඟීම නොවෙයි. 'මේ රූපාදියෙන් අන් අයුරු වෙමි' යි හැඟීම නොවෙයි. 'මේ රූපාදියෙන් නොනැසෙන ස්වභාව ඇත්තෙමි'යි හැඟීම නොවෙයි. 'මේ රූපාදියෙන් නැසෙන ස්වභාව ඇත්තෙමි'යි හැඟීම නොවෙයි. 'මේ රූපාදියෙන් මම කියා කෙනෙක් සිටින්නෙම් දැ'යි හැඟීම නොවෙයි. 'මේ රූපාදියෙන් මෙබඳු අයුරින් සිටින්නෙම් දැ'යි හැඟීම නොවෙයි. 'මේ රූපාදියෙන් මෙසේ සිටින්නෙම් දැ'යි හැඟීම නොවෙයි. 'මේ රූපාදියෙන් අන් අයුරකින් සිටින්නෙම් දැ'යි හැඟීම නොවෙයි. 'මේ රූපාදියෙන් මම යන්නෙක් සිටිය හැකි වෙම් දැ'යි හැඟීම නොවෙයි. 'මේ රූපාදියෙන් මෙබඳු ආකාරයෙන් සිටිය හැකි වෙම් දැ'යි හැඟීම නොවෙයි. 'මේ රූපාදියෙන් මෙසේ සිටිය හැකි වෙම් දැ'යි හැඟීම නොවෙයි. 'මේ රූපාදියෙන් අන් අයුරකින් සිටිය හැකි වෙම් දැ'යි හැඟීම නොවෙයි. 'මේ රූපාදියෙන් අනාගතයේ මම වන්නෙම් දැ'යි හැඟීම නොවෙයි. 'මේ රූපාදියෙන්

මෙබඳු ආකාර වන්නෙම් ද'යි හැඟීම නොවෙයි. 'මේ රූපාදියෙන් මෙසේ වන්නෙම් ද'යි හැඟීම නොවෙයි. 'මේ රූපාදියෙන් අන් අයුරකින් වන්නෙම් ද'යි හැඟීම නොවෙයි. මහණෙනි, මෙසේ භික්ෂුව නොඇවිලෙන්නේ වෙයි.

මහණෙනි, භික්ෂුව කෙසේ මැනීමකට යන්නේ වෙයි ද? මහණෙනි, මෙහිලා භික්ෂුවගේ අස්මිමානය ප්‍රහාණය නොවුණේ වෙයි ....(පෙ).... යළි උපදින ස්වභාවය ඇත්තේ වෙයි. මහණෙනි, මෙසේ භික්ෂුව මැනීමකට යන්නේ වෙයි.

මහණෙනි, භික්ෂුව කෙසේ මැනීමකට නොයන්නේ වෙයි ද? මහණෙනි, මෙහිලා භික්ෂුවගේ අස්මිමානය ප්‍රහාණය වූයේ වෙයි. මුලින් ම සිඳුණේ වෙයි. කරටිය සුන් තල්ගසක් බඳු වූයේ වෙයි. අභාවයට පත් වූයේ වෙයි. යළි උපදින ස්වභාවය ඇත්තේ වෙයි. මහණෙනි, මෙසේ භික්ෂුව මැනීමකට නොයන්නේ වෙයි.

සාදු! සාදු!! සාදු!!!

පේම දෝස සූත්‍රය නිමා විය.

පස්වෙනි මහා වර්ගය අවසන් විය.

- එහි පිළිවෙල උද්දානයයි :

සෝතානුධත සූත්‍රය, ඨාන සූත්‍රය, භද්දිය සූත්‍රය, සාපූග සූත්‍රය, වප්ප සූත්‍රය, සාළ්හ සූත්‍රය, මල්ලිකා සූත්‍රය, තප සූත්‍රය, තණ්හා සූත්‍රය සහ ප්‍රේම සූත්‍රය වශයෙන් මෙහි සූත්‍ර දශයකි.

සිව්වෙනි පණ්ණාසකය නිමා විය.

පස්වෙනි මහා පණ්ණාසකය

1. සප්පුරිස වර්ගය

4.5.1.1.
සප්පුරිස සූත්‍රය
සත්පුරුෂයා ගැන වදාළ දෙසුම

සැවැත් නුවර දී ය ....

මහණෙනි, ඔබට අසත්පුරුෂයා ගැන ත්, අසත්පුරුෂයාට ත් වඩා අසත්පුරුෂයා ගැන ත්, සත්පුරුෂයා ගැන ත්, සත්පුරුෂයාට ත් වඩා සත්පුරුෂයා ගැන ත් දේශනා කරන්නෙමි. එය අසව්. මැනැවින් මෙනෙහි කරව්. කියන්නෙමි. 'එසේය ස්වාමීනී'යි ඒ භික්ෂූහු භාග්‍යවතුන් වහන්සේට පිළිවදන් දුන්හ. භාග්‍යවතුන් වහන්සේ මෙය වදාළ සේක.

මහණෙනි, අසත්පුරුෂයා යනු කවරෙක් ද? මහණෙනි, මෙහිලා ඇතැමෙක් සතුන් මරන්නේ වෙයි. සොරකම් කරන්නේ වෙයි. වැරදි කාම සේවනයෙහි යෙදෙන්නේ වෙයි. බොරු කියන්නේ වෙයි. මත්පැන් මත්ද්‍රව්‍ය භාවිත කරන්නේ වෙයි. මහණෙනි, මොහු අසත්පුරුෂයා යැයි කියනු ලැබේ.

මහණෙනි, අසත්පුරුෂයාට ත් වඩා අසත්පුරුෂයා යනු කවරෙක් ද? මහණෙනි, මෙහිලා ඇතැමෙක් තමා ත් සතුන් මරන්නේ වෙයි. අන්‍යයන් ද සතුන් මැරීමෙහි යොදවන්නේ වෙයි. තමා ත් සොරකම් කරන්නේ වෙයි. අන්‍යයන් ද සොරකම් කිරීමෙහි යොදවන්නේ වෙයි. තමා ත් වැරදි කාම සේවනයෙහි යෙදෙන්නේ වෙයි. අන්‍යයන් ද වැරදි කාම සේවනයෙහි යොදවන්නේ වෙයි. තමා ත් බොරු කියන්නේ වෙයි. අන්‍යයන් ද බොරු කීමෙහි යොදවන්නේ වෙයි. තමා ත් මත්පැන් මත්ද්‍රව්‍ය භාවිත කරන්නේ වෙයි. අන්‍යයන් ද මත්පැන්

මත්ද්‍රව්‍ය භාවිතයෙහි යොදවන්නේ වෙයි. මහණෙනි, මොහු අසත්පුරුෂයාට ත් වඩා අසත්පුරුෂයා යැයි කියනු ලැබේ.

මහණෙනි, සත්පුරුෂයා යනු කවරෙක් ද? මහණෙනි, මෙහිලා ඇතැමෙක් සතුන් මැරීමෙන් වැළකුණේ වෙයි. සොරකම් කිරීමෙන් වැළකුණේ වෙයි. වැරදි කාම සේවනයෙහි යෙදීමෙන් වැළකුණේ වෙයි. බොරු කීමෙන් වැළකුණේ වෙයි. මත්පැන් මත්ද්‍රව්‍ය භාවිතයෙන් වැළකුණේ වෙයි. මහණෙනි, මොහු සත්පුරුෂයා යැයි කියනු ලැබේ.

මහණෙනි, සත්පුරුෂයාට ත් වඩා සත්පුරුෂයා යනු කවරෙක් ද? මහණෙනි, මෙහිලා ඇතැමෙක් තමා ත් සතුන් මැරීමෙන් වැළකුණේ වෙයි. අන්‍යයන් ද සතුන් මැරීමෙන් වැළකීමෙහි සමාදන් කරවන්නේ වෙයි. තමා ත් සොරකම් කිරීමෙන් වැළකුණේ වෙයි. අන්‍යයන් ද සොරකම් කිරීමෙන් වැළකීමෙහි සමාදන් කරවන්නේ වෙයි. තමා ත් වැරදි කාම සේවනයෙන් වැළකුණේ වෙයි. අන්‍යයන් ද වැරදි කාම සේවනයෙන් වැළකීමෙහි සමාදන් කරවන්නේ වෙයි. තමා ත් බොරු කීමෙන් වැළකුණේ වෙයි. අන්‍යයන් ද බොරු කීමෙන් වැළකීමෙහි සමාදන් කරවන්නේ වෙයි. තමා ත් මත්පැන් මත්ද්‍රව්‍ය භාවිත කිරීමෙන් වැළකුණේ වෙයි. අන්‍යයන් ද මත්පැන් මත්ද්‍රව්‍ය භාවිතයෙන් වැළකීමෙහි සමාදන් කරවන්නේ වෙයි. මහණෙනි, මොහු සත්පුරුෂයාට ත් වඩා සත්පුරුෂයා යැයි කියනු ලැබේ.

සාදු! සාදු!! සාදු!!!

සප්පුරිස සූත්‍රය නිමා විය.

4.5.1.2.
දුතිය සප්පුරිස සූත්‍රය
සත්පුරුෂයා ගැන වදාළ දෙවෙනි දෙසුම

මහණෙනි, ඔබට අසත්පුරුෂයා ගැන ත්, අසත්පුරුෂයාට ත් වඩා අසත්පුරුෂයා ගැන ත්, සත්පුරුෂයා ගැන ත්, සත්පුරුෂයාට ත් වඩා සත්පුරුෂයා ගැන ත් දේශනා කරන්නෙමි. එය අසව්. ....(පෙ)....

මහණෙනි, අසත්පුරුෂයා යනු කවරෙක් ද? මහණෙනි, මෙහිලා ඇතැමෙක් සැදැහැ නැත්තේ වෙයි. ලැජ්ජා නැත්තේ වෙයි. පවට භය නැත්තේ

වෙයි. කුසීත වෙයි. මුලා සිහි ඇත්තේ වෙයි. ප්‍රඥා රහිත වූයේ වෙයි. මහණෙනි, මොහු අසත්පුරුෂයා යැයි කියනු ලැබේ.

මහණෙනි, අසත්පුරුෂයාට ත් වඩා අසත්පුරුෂයා යනු කවරෙක් ද? මහණෙනි, මෙහිලා ඇතැමෙක් තමා ත් සැදැහැ නැත්තේ වෙයි. අන්‍යයන් ව ද ශ්‍රද්ධාව නැති කිරීම පිණිස සමාදන් කරවයි. තමා ත් ලැජ්ජා නැත්තේ වෙයි. අන්‍යයන් ව ද ලැජ්ජාව නැති කිරීම පිණිස සමාදන් කරවයි. තමා ත් පවට භය නැත්තේ වෙයි. අන්‍යයන් ව ද පවට භය නැති කිරීම පිණිස සමාදන් කරවයි. තමා ත් කුසීත වෙයි. අන්‍යයන් ව ද කුසීත බව පිණිස සමාදන් කරවයි. තමා ත් මුලා සිහි ඇත්තේ වෙයි. අන්‍යයන් ව ද සිහි මුලා කිරීම පිණිස සමාදන් කරවයි. තමා ත් ප්‍රඥා රහිත වූයේ වෙයි. අන්‍යයන් ව ද දුෂ්ප්‍රාඥ බවෙහි සමාදන් කරවයි. මහණෙනි, මොහු අසත්පුරුෂයාට ත් වඩා අසත්පුරුෂයා යැයි කියනු ලැබේ.

මහණෙනි, සත්පුරුෂයා යනු කවරෙක් ද? මහණෙනි, මෙහිලා ඇතැමෙක් සැදැහැ ඇත්තේ වෙයි. ලැජ්ජා ඇත්තේ වෙයි. පවට භය ඇත්තේ වෙයි. අරඹන ලද වීරිය ඇත්තේ වෙයි. සිහි ඇත්තේ වෙයි. ප්‍රඥාවන්ත වූයේ වෙයි. මහණෙනි, මොහු සත්පුරුෂයා යැයි කියනු ලැබේ.

මහණෙනි, සත්පුරුෂයාට ත් වඩා සත්පුරුෂයා යනු කවරෙක් ද? මහණෙනි, මෙහිලා ඇතැමෙක් තමා ත් සැදැහැ ඇත්තේ වෙයි. අන්‍යයන් ව ද ශ්‍රද්ධාව ඇති කිරීම පිණිස සමාදන් කරවයි. තමා ත් ලැජ්ජා ඇත්තේ වෙයි. අන්‍යයන් ව ද ලැජ්ජාව ඇති කිරීම පිණිස සමාදන් කරවයි. තමා ත් පවට භය ඇත්තේ වෙයි. අන්‍යයන් ව ද පවට භය ඇති කිරීම පිණිස සමාදන් කරවයි. තමා ත් පටන් ගත් වීරිය ඇත්තේ වෙයි. අන්‍යයන් ව ද ආරද්ධ වීරිය පිණිස සමාදන් කරවයි. තමා ත් සිහි ඇත්තේ වෙයි. අන්‍යයන් ව ද සිහිය පිණිස සමාදන් කරවයි. තමා ත් ප්‍රඥාවන්ත වූයේ වෙයි. අන්‍යයන් ව ද ප්‍රඥාවෙහි සමාදන් කරවයි. මහණෙනි, මොහු සත්පුරුෂයාට ත් වඩා සත්පුරුෂයා යැයි කියනු ලැබේ.

සාදු! සාදු!! සාදු!!!

දුතිය සප්පුරිස සූත්‍රය නිමා විය.

4.5.1.3.
තතිය සප්පුරිස සූත්‍රය
සත්පුරුෂයා ගැන වදාළ තුන්වෙනි දෙසුම

මහණෙනි, ඔබට අසත්පුරුෂයා ගැන ත්, අසත්පුරුෂයාට ත් වඩා අසත්පුරුෂයා ගැන ත්, සත්පුරුෂයා ගැන ත්, සත්පුරුෂයාට ත් වඩා සත්පුරුෂයා ගැන ත් දේශනා කරන්නෙමි. එය අසව්. ....(පෙ)....

මහණෙනි, අසත්පුරුෂයා යනු කවරෙක් ද? මහණෙනි, මෙහිලා ඇතැමෙක් සතුන් මරන්නේ වෙයි. සොරකම් කරන්නේ වෙයි. වැරදි කාම සේවනයෙහි යෙදෙන්නේ වෙයි. බොරු කියන්නේ වෙයි. කේලාම් කියන්නේ වෙයි. දරුණු වචන කියන්නේ වෙයි. නිසරු බස් කියන්නේ වෙයි. මහණෙනි, මොහු අසත්පුරුෂයා යැයි කියනු ලැබේ.

මහණෙනි, අසත්පුරුෂයාට ත් වඩා අසත්පුරුෂයා යනු කවරෙක් ද? මහණෙනි, මෙහිලා ඇතැමෙක් තමා ත් සතුන් මරන්නේ වෙයි. අන්‍යයන් ද සතුන් මැරීමෙහි යොදවන්නේ වෙයි. තමා ත් සොරකම් කරන්නේ වෙයි. අන්‍යයන් ද සොරකම් කිරීමෙහි යොදවන්නේ වෙයි. තමා ත් වැරදි කාම සේවනයෙහි යෙදෙන්නේ වෙයි. අන්‍යයන් ද වැරදි කාම සේවනයෙහි යොදවන්නේ වෙයි. තමා ත් බොරු කියන්නේ වෙයි. අන්‍යයන් ද බොරු කීමෙහි යොදවන්නේ වෙයි. තමා ත් කේලාම් කියන්නේ වෙයි. අන්‍යයන් ද කේලාම් කීමෙහි යොදවන්නේ වෙයි. තමා ත් පරුෂ වචන කියන්නේ වෙයි. අන්‍යයන් ද පරුෂ වචන කීමෙහි යොදවන්නේ වෙයි. තමා ත් නිසරු බස් කියන්නේ වෙයි. අන්‍යයන් ද නිසරු බස් කීමෙහි යොදවන්නේ වෙයි. මහණෙනි, මොහු අසත්පුරුෂයාට ත් වඩා අසත්පුරුෂයා යැයි කියනු ලැබේ.

මහණෙනි, සත්පුරුෂයා යනු කවරෙක් ද? මහණෙනි, මෙහිලා ඇතැමෙක් සතුන් මැරීමෙන් වැළකුණේ වෙයි. සොරකම් කිරීමෙන් වැළකුණේ වෙයි. වැරදි කාම සේවනයෙහි යෙදීමෙන් වැළකුණේ වෙයි. බොරු කීමෙන් වැළකුණේ වෙයි. කේලාම් කීමෙන් වැළකුණේ වෙයි. දරුණු වචන කීමෙන් වැළකුණේ වෙයි. නිසරු බස් කීමෙන් වැළකුණේ වෙයි. මහණෙනි, මොහු සත්පුරුෂයා යැයි කියනු ලැබේ.

මහණෙනි, සත්පුරුෂයාට ත් වඩා සත්පුරුෂයා යනු කවරෙක් ද?

මහණෙනි, මෙහිලා ඇතැමෙක් තමා ත් සතුන් මැරීමෙන් වැළකුණේ වෙයි. අන්‍යයන් ද සතුන් මැරීමෙන් වැළකීමෙහි සමාදන් කරවන්නේ වෙයි. තමා ත් සොරකම් කිරීමෙන් වැළකුණේ වෙයි. අන්‍යයන් ද සොරකම් කිරීමෙන් වැළකීමෙහි සමාදන් කරවන්නේ වෙයි. ....(පෙ).... තමා ත් කේලාම් කීමෙන් වැළකුණේ වෙයි. අන්‍යයන් ද කේලාම් කීමෙන් වැළකීමෙහි සමාදන් කරවන්නේ වෙයි. තමා ත් දරුණු වචන කීමෙන් වැළකුණේ වෙයි. අන්‍යයන් ද දරුණු වචන කීමෙන් වැළකීමෙහි සමාදන් කරවන්නේ වෙයි. තමා ත් නිසරු බස් කීමෙන් වැළකුණේ වෙයි. අන්‍යයන් ද නිසරු බස් කීමෙන් වැළකීමෙහි සමාදන් කරවන්නේ වෙයි. මහණෙනි, මොහු සත්පුරුෂයාට ත් වඩා සත්පුරුෂයා යැයි කියනු ලැබේ.

සාදු! සාදු!! සාදු!!!

තතිය සප්පුරිස සූත්‍රය නිමා විය.

4.5.1.4.
චතුත්ථ සප්පුරිස සූත්‍රය
සත්පුරුෂයා ගැන වදාළ සිව්වෙනි දෙසුම

මහණෙනි, ඔබට අසත්පුරුෂයා ගැන ත්, අසත්පුරුෂයාට ත් වඩා අසත්පුරුෂයා ගැන ත්, සත්පුරුෂයා ගැන ත්, සත්පුරුෂයාට ත් වඩා සත්පුරුෂයා ගැන ත් දේශනා කරන්නෙමි. එය අසව්. ....(පෙ)....

මහණෙනි, අසත්පුරුෂයා යනු කවරෙක් ද? මහණෙනි, මෙහිලා ඇතැමෙක් සතුන් මරන්නේ වෙයි. ....(පෙ).... අනුන් සතු දෙයට ලෝභ කරන්නේ වෙයි. ද්වේෂ කරන්නේ වෙයි. මිසදිටු ගත්තේ වෙයි. මහණෙනි, මොහු අසත්පුරුෂයා යැයි කියනු ලැබේ.

මහණෙනි, අසත්පුරුෂයාට ත් වඩා අසත්පුරුෂයා යනු කවරෙක් ද? මහණෙනි, මෙහිලා ඇතැමෙක් තමා ත් සතුන් මරන්නේ වෙයි. අන්‍යයන් ද සතුන් මැරීමෙහි යොදවන්නේ වෙයි. ....(පෙ).... තමා ත් අනුන් සතු දෙයට ලෝභ කරන්නේ වෙයි. අන්‍යයන් ද අනුන් සතු දෙයට ලෝභ කිරීමෙහි යොදවන්නේ වෙයි. තමා ත් ද්වේෂ කරන්නේ වෙයි. අන්‍යයන් ද ද්වේෂ කිරීමෙහි යොදවන්නේ වෙයි. තමා ත් මිසදිටු ගත්තේ වෙයි. අන්‍යයන් ද මිසදිටු ගැනීමෙහි යොදවන්නේ

වෙයි. මහණෙනි, මොහු අසත්පුරුෂයාට ත් වඩා අසත්පුරුෂයා යැයි කියනු ලැබේ.

මහණෙනි, සත්පුරුෂයා යනු කවරෙක් ද? මහණෙනි, මෙහිලා ඇතැමෙක් සතුන් මැරීමෙන් වැළකුණේ වෙයි. ....(පෙ).... අන් සතු දෙයට ලෝභ නොකරන්නේ වෙයි. ද්වේෂ නොකරන්නේ වෙයි. සම්දිටු ගත්තේ වෙයි. මහණෙනි, මොහු සත්පුරුෂයා යැයි කියනු ලැබේ.

මහණෙනි, සත්පුරුෂයාට ත් වඩා සත්පුරුෂයා යනු කවරෙක් ද? මහණෙනි, මෙහිලා ඇතැමෙක් තමා ත් සතුන් මැරීමෙන් වැළකුණේ වෙයි. අන්‍යයන් ද සතුන් මැරීමෙන් වැළකීමෙහි සමාදන් කරවන්නේ වෙයි. ....(පෙ).... තමා ත් අන්සතු දෙයට ලෝභ නොකරන්නේ වෙයි. අන්‍යයන් ද අන් සතු දෙයට ලෝභ නොකිරීමෙහි සමාදන් කරවන්නේ වෙයි. තමා ත් ද්වේෂ නොකරන්නේ වෙයි. අන්‍යයන් ද ද්වේෂ නොකිරීමෙහි සමාදන් කරවන්නේ වෙයි. තමා ත් සම්දිටු ගත්තේ වෙයි. අන්‍යයන් ද සම්දිටු ගැනීමෙහි සමාදන් කරවන්නේ වෙයි. මහණෙනි, මොහු සත්පුරුෂයාට ත් වඩා සත්පුරුෂයා යැයි කියනු ලැබේ.

සාදු! සාදු!! සාදු!!!

චතුත්ථ සප්පුරිස සූත්‍රය නිමා විය.

4.5.1.5.
පංචම සප්පුරිස සූත්‍රය
සත්පුරුෂයා ගැන වදාළ පස්වෙනි දෙසුම

මහණෙනි, ඔබට අසත්පුරුෂයා ගැන ත්, අසත්පුරුෂයාට ත් වඩා අසත්පුරුෂයා ගැන ත්, සත්පුරුෂයා ගැන ත්, සත්පුරුෂයාට ත් වඩා සත්පුරුෂයා ගැන ත් දේශනා කරන්නෙමි. එය අසව්. ....(පෙ)....

මහණෙනි, අසත්පුරුෂයා යනු කවරෙක් ද? මහණෙනි, මෙහිලා ඇතැමෙක් වැරදි දෘෂ්ටිය ඇත්තේ වෙයි. වැරදි සංකල්පනා ඇත්තේ වෙයි. වැරදි වචන භාවිතය ඇත්තේ වෙයි. වැරදි කායික ක්‍රියා ඇත්තේ වෙයි. වැරදි ජීවිකාව ඇත්තේ වෙයි. වැරදි වීරිය ඇත්තේ වෙයි. වැරදි සිහිය ඇත්තේ වෙයි. වැරදි සමාධිය ඇත්තේ වෙයි. මහණෙනි, මොහු අසත්පුරුෂයා යැයි කියනු ලැබේ.

මහණෙනි, අසත්පුරුෂයාට ත් වඩා අසත්පුරුෂයා යනු කවරෙක් ද? මහණෙනි, මෙහිලා ඇතැමෙක් තමා ත් වැරදි දෘෂ්ටිය ඇත්තේ වෙයි. අන්‍යයන් ද වැරදි දෘෂ්ටියෙහි යොදවන්නේ වෙයි. තමා ත් වැරදි සංකල්පනා ඇත්තේ වෙයි. අන්‍යයන් ද වැරදි සංකල්පනාවෙහි යොදවන්නේ වෙයි. තමා ත් වැරදි වචන භාවිතය ඇත්තේ වෙයි. අන්‍යයන් ද වැරදි වචන භාවිතයෙහි යොදවන්නේ වෙයි. තමා ත් වැරදි කායික ක්‍රියා ඇත්තේ වෙයි. අන්‍යයන් ද වැරදි කායික ක්‍රියාවෙහි යොදවන්නේ වෙයි. තමා ත් වැරදි ජීවිකාව ඇත්තේ වෙයි. අන්‍යයන් ද වැරදි ජීවිකාවෙහි යොදවන්නේ වෙයි. තමා ත් වැරදි වීරිය ඇත්තේ වෙයි. අන්‍යයන් ද වැරදි වීර්යයෙහි යොදවන්නේ වෙයි. තමා ත් වැරදි සිහිය ඇත්තේ වෙයි. අන්‍යයන් ද වැරදි සිහියෙහි යොදවන්නේ වෙයි. තමා ත් වැරදි සමාධිය ඇත්තේ වෙයි. අන්‍යයන් ද වැරදි සමාධියෙහි යොදවන්නේ වෙයි. මහණෙනි, මොහු අසත්පුරුෂයාට ත් වඩා අසත්පුරුෂයා යැයි කියනු ලැබේ.

මහණෙනි, සත්පුරුෂයා යනු කවරෙක් ද? මහණෙනි, මෙහිලා ඇතැමෙක් නිවැරදි දෘෂ්ටිය ඇත්තේ වෙයි. නිවැරදි සංකල්පනා ඇත්තේ වෙයි. නිවැරදි වචන භාවිතය ඇත්තේ වෙයි. නිවැරදි කායික ක්‍රියා ඇත්තේ වෙයි. නිවැරදි ජීවිකාව ඇත්තේ වෙයි. නිවැරදි වීරිය ඇත්තේ වෙයි. නිවැරදි සිහිය ඇත්තේ වෙයි. නිවැරදි සමාධිය ඇත්තේ වෙයි. මහණෙනි, මොහු සත්පුරුෂයා යැයි කියනු ලැබේ.

මහණෙනි, සත්පුරුෂයාට ත් වඩා සත්පුරුෂයා යනු කවරෙක් ද? මහණෙනි, මෙහිලා ඇතැමෙක් තමා ත් නිවැරදි දෘෂ්ටිය ඇත්තේ වෙයි. අන්‍යයන් ද නිවැරදි දෘෂ්ටියෙහි යොදවන්නේ වෙයි. තමා ත් නිවැරදි සංකල්පනා ඇත්තේ වෙයි. අන්‍යයන් ද නිවැරදි සංකල්පනාවෙහි යොදවන්නේ වෙයි. තමා ත් නිවැරදි වචන භාවිතය ඇත්තේ වෙයි. අන්‍යයන් ද නිවැරදි වචන භාවිතයෙහි යොදවන්නේ වෙයි. තමා ත් නිවැරදි කායික ක්‍රියා ඇත්තේ වෙයි. අන්‍යයන් ද නිවැරදි කායික ක්‍රියාවෙහි යොදවන්නේ වෙයි. තමා ත් නිවැරදි ජීවිකාව ඇත්තේ වෙයි. අන්‍යයන් ද නිවැරදි ජීවිකාවෙහි යොදවන්නේ වෙයි. තමා ත් නිවැරදි වීරිය ඇත්තේ වෙයි. අන්‍යයන් ද නිවැරදි වීර්යයෙහි යොදවන්නේ වෙයි. තමා ත් නිවැරදි සිහිය ඇත්තේ වෙයි. අන්‍යයන් ද නිවැරදි සිහියෙහි යොදවන්නේ වෙයි. තමා ත් නිවැරදි සමාධිය ඇත්තේ වෙයි. අන්‍යයන් ද නිවැරදි සමාධියෙහි යොදවන්නේ වෙයි. මහණෙනි, මොහු සත්පුරුෂයාට ත් වඩා සත්පුරුෂයා යැයි කියනු ලැබේ.

සාදු! සාදු!! සාදු!!!

පංචම සප්පුරිස සූත්‍රය නිමා විය.

4.5.1.6.
ඡට්ඨ සප්පුරිස සූත්‍රය
සත්පුරුෂයා ගැන වදාළ හයවෙනි දෙසුම

මහණෙනි, ඔබට අසත්පුරුෂයා ගැන ත්, අසත්පුරුෂයාට ත් වඩා අසත්පුරුෂයා ගැන ත්, සත්පුරුෂයා ගැන ත්, සත්පුරුෂයාට ත් වඩා සත්පුරුෂයා ගැන ත් දේශනා කරන්නෙමි. එය අසව්. ....(පෙ)....

මහණෙනි, අසත්පුරුෂයා යනු කවරෙක් ද? මහණෙනි, මෙහිලා ඇතැමෙක් වැරදි දෘෂ්ටිය ඇත්තේ වෙයි. ....(පෙ).... වැරදි ඥානය ඇත්තේ වෙයි. වැරදි විමුක්තිය ඇත්තේ වෙයි. මහණෙනි, මොහු අසත්පුරුෂයා යැයි කියනු ලැබේ.

මහණෙනි, අසත්පුරුෂයාට ත් වඩා අසත්පුරුෂයා යනු කවරෙක් ද? මහණෙනි, මෙහිලා ඇතැමෙක් තමා ත් වැරදි දෘෂ්ටිය ඇත්තේ වෙයි. අන්‍යයන් ද වැරදි දෘෂ්ටියෙහි යොදවන්නේ වෙයි. ....(පෙ).... තමා ත් වැරදි ඥානය ඇත්තේ වෙයි. අන්‍යයන් ද වැරදි ඥානයෙහි යොදවන්නේ වෙයි. තමා ත් වැරදි විමුක්තිය ඇත්තේ වෙයි. අන්‍යයන් ද වැරදි විමුක්තියෙහි යොදවන්නේ වෙයි. මහණෙනි, මොහු අසත්පුරුෂයාට ත් වඩා අසත්පුරුෂයා යැයි කියනු ලැබේ.

මහණෙනි, සත්පුරුෂයා යනු කවරෙක් ද? මහණෙනි, මෙහිලා ඇතැමෙක් නිවැරදි දෘෂ්ටිය ඇත්තේ වෙයි. ....(පෙ).... නිවැරදි ඥානය ඇත්තේ වෙයි. නිවැරදි විමුක්තිය ඇත්තේ වෙයි. මහණෙනි, මොහු සත්පුරුෂයා යැයි කියනු ලැබේ.

මහණෙනි, සත්පුරුෂයාට ත් වඩා සත්පුරුෂයා යනු කවරෙක් ද? මහණෙනි, මෙහිලා ඇතැමෙක් තමා ත් නිවැරදි දෘෂ්ටිය ඇත්තේ වෙයි. අන්‍යයන් ද නිවැරදි දෘෂ්ටියෙහි යොදවන්නේ වෙයි. ....(පෙ).... තමා ත් නිවැරදි ඥානය ඇත්තේ වෙයි. අන්‍යයන් ද නිවැරදි ඥානයෙහි යොදවන්නේ වෙයි. තමා ත් නිවැරදි විමුක්තිය ඇත්තේ වෙයි. අන්‍යයන් ද නිවැරදි විමුක්තියෙහි යොදවන්නේ වෙයි. මහණෙනි, මොහු සත්පුරුෂයාට ත් වඩා සත්පුරුෂයා යැයි කියනු ලැබේ.

සාදු! සාදු!! සාදු!!!

ඡට්ඨ සප්පුරිස සූත්‍රය නිමා විය.

4.5.1.7.
පඨම පාප - කල්‍යාණ සූත්‍රය
පවිටු - කල්‍යාණ පුද්ගලයා ගැන වදාළ පළමු දෙසුම

මහණෙනි, ඔබට පවිටු පුද්ගලයා ගැන ත්, පාපියාට ත් වඩා පවිටු පුද්ගලයා ගැන ත්, කල්‍යාණ පුද්ගලයා ගැන ත්, කල්‍යාණයාට ත් වඩා කල්‍යාණ පුද්ගලයා ගැන ත් දේශනා කරන්නෙමි. එය අසව්. ....(පෙ)....

මහණෙනි, පවිටු පුද්ගලයා යනු කවරෙක් ද? මහණෙනි, මෙහිලා ඇතැමෙක් සතුන් මරන්නේ වෙයි. ....(පෙ).... වැරදි දෘෂ්ටිය ඇත්තේ වෙයි. මහණෙනි, මොහු පවිටු පුද්ගලයා යැයි කියනු ලැබේ.

මහණෙනි, පාපියාට ත් වඩා පවිටු පුද්ගලයා යනු කවරෙක් ද? මහණෙනි, මෙහිලා ඇතැමෙක් තමා ත් සතුන් මරන්නේ වෙයි. අන්‍යයන් ද සතුන් මැරීමෙහි යොදවන්නේ වෙයි ....(පෙ).... තමා ත් වැරදි දෘෂ්ටිය ඇත්තේ වෙයි. අන්‍යයන් ද වැරදි දෘෂ්ටියෙහි යොදවන්නේ වෙයි. මහණෙනි, මොහු පාපියාට ත් වඩා පවිටු පුද්ගලයා යැයි කියනු ලැබේ.

මහණෙනි, කල්‍යාණ පුද්ගලයා යනු කවරෙක් ද? මහණෙනි, මෙහිලා ඇතැමෙක් සතුන් මැරීමෙන් වැළකුණේ වෙයි. ....(පෙ).... නිවැරදි දෘෂ්ටිය ඇත්තේ වෙයි. මහණෙනි, මොහු කල්‍යාණ පුද්ගලයා යැයි කියනු ලැබේ.

මහණෙනි, කල්‍යාණයාට ත් වඩා කල්‍යාණ පුද්ගලයා යනු කවරෙක් ද? මහණෙනි, මෙහිලා ඇතැමෙක් තමා ත් සතුන් මැරීමෙන් වැළකුණේ වෙයි. අන්‍යයන් ව ද සතුන් මැරීමෙන් වැළකීමෙහි සමාදන් කරවන්නේ වෙයි. ....(පෙ).... තමා ත් නිවැරදි දෘෂ්ටිය ඇත්තේ වෙයි. අන්‍යයන් ද නිවැරදි දෘෂ්ටියෙහි යොදවන්නේ වෙයි. මහණෙනි, මොහු කල්‍යාණයාට ත් වඩා කල්‍යාණ පුද්ගලයා යැයි කියනු ලැබේ.

සාදු! සාදු!! සාදු!!!

පඨම පාප - කල්‍යාණ සූත්‍රය නිමා විය.

4.5.1.8.

දුතිය පාප - කල්‍යාණ සූත්‍රය

පවිටු - කල්‍යාණ පුද්ගලයා ගැන වදාළ දෙවෙනි දෙසුම

මහණෙනි, ඔබට පවිටු පුද්ගලයා ගැන ත්, පාපියාට ත් වඩා පවිටු පුද්ගලයා ගැන ත්, කල්‍යාණ පුද්ගලයා ගැන ත්, කල්‍යාණයාට ත් වඩා කල්‍යාණ පුද්ගලයා ගැන ත් දේශනා කරන්නෙමි. එය අසව්. ....(පෙ)....

මහණෙනි, පවිටු පුද්ගලයා යනු කවරෙක් ද? මහණෙනි, මෙහිලා ඇතැමෙක් වැරදි දෘෂ්ටිය ඇත්තේ වෙයි. ....(පෙ).... වැරදි ඥානය ඇත්තේ වෙයි. වැරදි විමුක්තිය ඇත්තේ වෙයි. මහණෙනි, මොහු පවිටු පුද්ගලයා යැයි කියනු ලැබේ.

මහණෙනි, පාපියාට ත් වඩා පවිටු පුද්ගලයා යනු කවරෙක් ද? මහණෙනි, මෙහිලා ඇතැමෙක් තමා ත් වැරදි දෘෂ්ටිය ඇත්තේ වෙයි. අන්‍යයන් ද වැරදි දෘෂ්ටියෙහි යොදවන්නේ වෙයි. ....(පෙ).... තමා ත් වැරදි ඥානය ඇත්තේ වෙයි. අන්‍යයන් ද වැරදි ඥානයෙහි යොදවන්නේ වෙයි. තමා ත් වැරදි විමුක්තිය ඇත්තේ වෙයි. අන්‍යයන් ද වැරදි විමුක්තියෙහි යොදවන්නේ වෙයි. මහණෙනි, මොහු පාපියාට ත් වඩා පවිටු පුද්ගලයා යැයි කියනු ලැබේ.

මහණෙනි, කල්‍යාණ පුද්ගලයා යනු කවරෙක් ද? මහණෙනි, මෙහිලා ඇතැමෙක් නිවැරදි දෘෂ්ටිය ඇත්තේ වෙයි. ....(පෙ).... නිවැරදි ඥානය ඇත්තේ වෙයි. නිවැරදි විමුක්තිය ඇත්තේ වෙයි. මහණෙනි, මොහු කල්‍යාණ පුද්ගලයා යැයි කියනු ලැබේ.

මහණෙනි, කල්‍යාණයාට ත් වඩා කල්‍යාණ පුද්ගලයා යනු කවරෙක් ද? මහණෙනි, මෙහිලා ඇතැමෙක් තමා ත් නිවැරදි දෘෂ්ටිය ඇත්තේ වෙයි. අන්‍යයන් ද නිවැරදි දෘෂ්ටියෙහි යොදවන්නේ වෙයි. ....(පෙ).... තමා ත් නිවැරදි ඥානය ඇත්තේ වෙයි. අන්‍යයන් ද නිවැරදි ඥානයෙහි යොදවන්නේ වෙයි. තමා ත් නිවැරදි විමුක්තිය ඇත්තේ වෙයි. අන්‍යයන් ද නිවැරදි විමුක්තියෙහි යොදවන්නේ වෙයි. මහණෙනි, මොහු කල්‍යාණයාට ත් වඩා කල්‍යාණ පුද්ගලයා යැයි කියනු ලැබේ.

සාදු! සාදු!! සාදු!!!

දුතිය පාප - කල්‍යාණ සූත්‍රය නිමා විය.

4.5.1.9.
පඨම පාපධම්ම - කල්‍යාණධම්ම සූත්‍රය
පවිටු ධර්ම - කල්‍යාණ ධර්ම ඇති පුද්ගලයා ගැන වදාළ පළමු දෙසුම

මහණෙනි, ඔබට පවිටු ධර්ම ඇති පුද්ගලයා ගැන ත්, පවිටු ධර්මයාට ත් වඩා පවිටු ධර්ම ඇති පුද්ගලයා ගැන ත්, කල්‍යාණ ධර්ම ඇති පුද්ගලයා ගැන ත්, කල්‍යාණ ධර්මයාට ත් වඩා කල්‍යාණ ධර්ම ඇති පුද්ගලයා ගැන ත් දේශනා කරන්නෙමි. එය අසව්. ....(පෙ)....

මහණෙනි, පවිටු ධර්ම ඇති පුද්ගලයා යනු කවරෙක් ද? මහණෙනි, මෙහිලා ඇතැමෙක් සතුන් මරන්නේ වෙයි. ....(පෙ).... වැරදි දෘෂ්ටිය ඇත්තේ වෙයි. මහණෙනි, මොහු පවිටු ධර්ම ඇති පුද්ගලයා යැයි කියනු ලැබේ.

මහණෙනි, පවිටු ධර්මයාට ත් වඩා පවිටු ධර්ම ඇති පුද්ගලයා යනු කවරෙක් ද? මහණෙනි, මෙහිලා ඇතැමෙක් තමා ත් සතුන් මරන්නේ වෙයි. අන්‍යයන් ද සතුන් මැරීමෙහි යොදවන්නේ වෙයි ....(පෙ).... තමා ත් වැරදි දෘෂ්ටිය ඇත්තේ වෙයි. අන්‍යයන් ද වැරදි දෘෂ්ටියෙහි යොදවන්නේ වෙයි. මහණෙනි, මොහු පවිටු ධර්මයාට ත් වඩා පවිටු ධර්ම ඇති පුද්ගලයා යැයි කියනු ලැබේ.

මහණෙනි, කල්‍යාණ ධර්ම ඇති පුද්ගලයා යනු කවරෙක් ද? මහණෙනි, මෙහිලා ඇතැමෙක් සතුන් මැරීමෙන් වැළකුණේ වෙයි. ....(පෙ).... නිවැරදි දෘෂ්ටිය ඇත්තේ වෙයි. මහණෙනි, මොහු කල්‍යාණ ධර්ම ඇති පුද්ගලයා යැයි කියනු ලැබේ.

මහණෙනි, කල්‍යාණ ධර්ම ඇතියාට ත් වඩා කල්‍යාණ ධර්ම ඇති පුද්ගලයා යනු කවරෙක් ද? මහණෙනි, මෙහිලා ඇතැමෙක් තමා ත් සතුන් මැරීමෙන් වැළකුණේ වෙයි. අන්‍යයන් ව ද සතුන් මැරීමෙන් වැළකීමෙහි සමාදන් කරවන්නේ වෙයි. ....(පෙ).... තමා ත් නිවැරදි දෘෂ්ටිය ඇත්තේ වෙයි. අන්‍යයන් ද නිවැරදි දෘෂ්ටියෙහි යොදවන්නේ වෙයි. මහණෙනි, මොහු කල්‍යාණ ධර්ම ඇතියාට ත් වඩා කල්‍යාණ ධර්ම ඇති පුද්ගලයා යැයි කියනු ලැබේ.

සාදු! සාදු!! සාදු!!!

පඨම පාපධම්ම - කල්‍යාණධම්ම සූත්‍රය නිමා විය.

4.5.1.10.
දුතිය පාපධම්ම - කල්‍යාණධම්ම සූත්‍රය
පවිටු ධර්ම - කල්‍යාණ ධර්ම ඇති පුද්ගලයා ගැන වදාළ දෙවෙනි දෙසුම

මහණෙනි, ඔබට පවිටු ධර්ම ඇති පුද්ගලයා ගැන ත්, පවිටු ධර්මයාට ත් වඩා පවිටු ධර්ම ඇති පුද්ගලයා ගැන ත්, කල්‍යාණ ධර්ම ඇති පුද්ගලයා ගැන ත්, කල්‍යාණ ධර්මයාට ත් වඩා කල්‍යාණ ධර්ම ඇති පුද්ගලයා ගැන ත් දේශනා කරන්නෙමි. එය අසව්. ....(පෙ)....

මහණෙනි, පවිටු ධර්ම ඇති පුද්ගලයා යනු කවරෙක් ද? මහණෙනි, මෙහිලා ඇතැමෙක් වැරදි දෘෂ්ටිය ඇත්තේ වෙයි. ....(පෙ).... වැරදි ඥානය ඇත්තේ වෙයි. වැරදි විමුක්තිය ඇත්තේ වෙයි. මහණෙනි, මොහු පවිටු ධර්ම ඇති පුද්ගලයා යැයි කියනු ලැබේ.

මහණෙනි, පවිටු ධර්ම ඇතියාට ත් වඩා පවිටු ධර්ම ඇති පුද්ගලයා යනු කවරෙක් ද? මහණෙනි, මෙහිලා ඇතැමෙක් තමා ත් වැරදි දෘෂ්ටිය ඇත්තේ වෙයි. අන්‍යයන් ද වැරදි දෘෂ්ටියෙහි යොදවන්නේ වෙයි. ....(පෙ).... තමා ත් වැරදි ඥානය ඇත්තේ වෙයි. අන්‍යයන් ද වැරදි ඥානයෙහි යොදවන්නේ වෙයි. තමා ත් වැරදි විමුක්තිය ඇත්තේ වෙයි. අන්‍යයන් ද වැරදි විමුක්තියෙහි යොදවන්නේ වෙයි. මහණෙනි, මොහු පවිටු ධර්ම ඇතියාට ත් වඩා පවිටු ධර්ම ඇති පුද්ගලයා යැයි කියනු ලැබේ.

මහණෙනි, කල්‍යාණ ධර්ම ඇති පුද්ගලයා යනු කවරෙක් ද? මහණෙනි, මෙහිලා ඇතැමෙක් නිවැරදි දෘෂ්ටිය ඇත්තේ වෙයි. ....(පෙ).... නිවැරදි ඥානය ඇත්තේ වෙයි. නිවැරදි විමුක්තිය ඇත්තේ වෙයි. මහණෙනි, මොහු කල්‍යාණ ධර්ම ඇති පුද්ගලයා යැයි කියනු ලැබේ.

මහණෙනි, කල්‍යාණ ධර්ම ඇතියාට ත් වඩා කල්‍යාණ ධර්ම ඇති පුද්ගලයා යනු කවරෙක් ද? මහණෙනි, මෙහිලා ඇතැමෙක් තමා ත් නිවැරදි දෘෂ්ටිය ඇත්තේ වෙයි. අන්‍යයන් ද නිවැරදි දෘෂ්ටියෙහි යොදවන්නේ වෙයි. ....(පෙ).... තමා ත් නිවැරදි ඥානය ඇත්තේ වෙයි. අන්‍යයන් ද නිවැරදි ඥානයෙහි යොදවන්නේ වෙයි. තමා ත් නිවැරදි විමුක්තිය ඇත්තේ වෙයි. අන්‍යයන් ද නිවැරදි විමුක්තියෙහි යොදවන්නේ වෙයි. මහණෙනි, මොහු කල්‍යාණ ධර්ම

ඇතියාට ත් වඩා කල්‍යාණ ධර්ම ඇති පුද්ගලයා යැයි කියනු ලැබේ.

සාදු! සාදු!! සාදු!!!

දුතිය පාපධම්ම - කල්‍යාණධම්ම සූත්‍රය නිමා විය.

පළමුවෙනි සප්පුරිස වර්ගය අවසන් විය.

- එහි පිළිවෙල උද්දානයයි :

සත්පුරුෂ සූත්‍ර සයකි, පාප-කල්‍යාණ සූත්‍ර දෙකක් සහ පාපධම්ම - කල්‍යාණධම්ම සූත්‍ර දෙකක් වශයෙන් මෙහි සූත්‍ර දශයකි.

2. පරිසසෝභන වර්ගය

4.5.2.1.
පරිසසෝභන සූත්‍රය
පිරිස හොබවන්නා ගැන වදාළ දෙසුම

සැවැත් නුවර දී ය ....

මහණෙනි, මේ පිරිස දූෂණය කරන්නෝ සතර දෙනෙකි. ඒ කවර සතර දෙනෙක් ද යත්;

මහණෙනි, දුස්සීල වූ පවිටු ගතිගුණ ඇති භික්ෂුව පිරිස දූෂණය කරන්නේ වෙයි. මහණෙනි, දුස්සීල වූ පවිටු ගතිගුණ ඇති භික්ෂුණිය පිරිස දූෂණය කරන්නී වෙයි. මහණෙනි, දුස්සීල වූ පවිටු ගතිගුණ ඇති උපාසකයා පිරිස දූෂණය කරන්නේ වෙයි. මහණෙනි, දුස්සීල වූ පවිටු ගතිගුණ ඇති උපාසිකාව පිරිස දූෂණය කරන්නී වෙයි. මහණෙනි, මේ වනාහී පිරිස දූෂණය කරන්නෝ සතර දෙනා ය.

මහණෙනි, මේ පිරිස සෝභමාන කරන්නෝ සතර දෙනෙකි. ඒ කවර සතර දෙනෙක් ද යත්;

මහණෙනි, සිල්වත් වූ කල්‍යාණ ගතිගුණ ඇති භික්ෂුව පිරිස සෝභමාන කරන්නේ වෙයි. මහණෙනි, සිල්වත් වූ කල්‍යාණ ගතිගුණ ඇති භික්ෂුණිය පිරිස සෝභමාන කරන්නී වෙයි. මහණෙනි, සිල්වත් වූ කල්‍යාණ ගතිගුණ ඇති උපාසකයා පිරිස සෝභමාන කරන්නේ වෙයි. මහණෙනි, සිල්වත් වූ කල්‍යාණ ගතිගුණ ඇති උපාසිකාව පිරිස සෝභමාන කරන්නී වෙයි. මහණෙනි, මේ වනාහී පිරිස සෝභමාන කරන්නෝ සතර දෙනා ය.

සාදු! සාදු!! සාදු!!!

පරිසසෝභන සූත්‍රය නිමා විය.

4.5.2.2.
පඨම නිරය - සග්ග නික්ඛිත්ත සූත්‍රය
නිරයේ - ස්වර්ගයේ ඉපදීම ගැන වදාළ පළමු දෙසුම

මහණෙනි, සතර කරුණකින් යුතු වූ තැනැත්තා යම් සේ ඔසොවාගෙන පැමිණි බරක් බිම තබන්නේ ද, එසෙයින් ම නිරයෙහි උපදින්නේ වෙයි. ඒ කවර සතරකින් ද යත්;

කාය දුශ්චරිතයෙනි. වචී දුශ්චරිතයෙනි. මනෝ දුශ්චරිතයෙනි. මිථ්‍යා දෘෂ්ටියෙනි.

මහණෙනි, මේ සතර කරුණින් යුතු වූ තැනැත්තා යම් සේ ඔසොවාගෙන පැමිණි බරක් බිම තබන්නේ ද, එසෙයින් ම නිරයෙහි උපදින්නේ වෙයි.

මහණෙනි, සතර කරුණකින් යුතු වූ තැනැත්තා යම් සේ ඔසොවාගෙන පැමිණි බරක් බිම තබන්නේ ද, එසෙයින් ම සුගතියෙහි උපදින්නේ වෙයි. ඒ කවර සතරකින් ද යත්;

කාය සුචරිතයෙනි. වචී සුචරිතයෙනි. මනෝ සුචරිතයෙනි. සම්‍යක් දෘෂ්ටියෙනි.

මහණෙනි, මේ සතර කරුණින් යුතු වූ තැනැත්තා යම් සේ ඔසොවාගෙන පැමිණි බරක් බිම තබන්නේ ද, එසෙයින් ම සුගතියෙහි උපදින්නේ වෙයි.

සාදු! සාදු!! සාදු!!!

පඨම නිරය - සග්ග නික්ඛිත්ත සූත්‍රය නිමා විය.

4.5.2.3.
දුතිය නිරය - සග්ග නික්ඛිත්ත සූත්‍රය
නිරයේ - ස්වර්ගයේ ඉපදීම ගැන වදාළ දෙවෙනි දෙසුම

මහණෙනි, සතර කරුණකින් යුතු වූ තැනැත්තා යම් සේ ඔසොවාගෙන පැමිණි බරක් බිම තබන්නේ ද, එසෙයින් ම නිරයෙහි උපදින්නේ වෙයි. ඒ

කවර සතරකින් ද යත්;

කාය දුෂ්චරිතයෙනි. වචී දුෂ්චරිතයෙනි. මනෝ දුෂ්චරිතයෙනි. කෙලෙහි ගුණ නොදන්නා බව, කෙලෙහි ගුණ සිහි නොකරන බව ය.

මහණෙනි, මේ සතර කරුණින් යුතු වූ තැනැත්තා යම් සේ ඔසොවාගෙන පැමිණි බරක් බිම තබන්නේ ද, එසෙයින් ම නිරයෙහි උපදින්නේ වෙයි.

මහණෙනි, සතර කරුණකින් යුතු වූ තැනැත්තා යම් සේ ඔසොවාගෙන පැමිණි බරක් බිම තබන්නේ ද, එසෙයින් ම සුගතියෙහි උපදින්නේ වෙයි. ඒ කවර සතරකින් ද යත්;

කාය සුචරිතයෙනි. වචී සුචරිතයෙනි. මනෝ සුචරිතයෙනි. කෙලෙහි ගුණ දන්නා බව, කෙලෙහි ගුණ සිහි කරන බව ය.

මහණෙනි, මේ සතර කරුණින් යුතු වූ තැනැත්තා යම් සේ ඔසොවාගෙන පැමිණි බරක් බිම තබන්නේ ද, එසෙයින් ම සුගතියෙහි උපදින්නේ වෙයි.

සාදු! සාදු!! සාදු!!!

දුතිය නිරය - සග්ග නික්ඛිත්ත සූත්‍රය නිමා විය.

4.5.2.4.

තතිය නිරය - සග්ග නික්ඛිත්ත සූත්‍රය

නිරයේ - ස්වර්ගයේ ඉපදීම ගැන වදාළ තෙවෙනි දෙසුම

(මහණෙනි, සතර කරුණකින් යුතු වූ තැනැත්තා ....(පෙ)....)

සතුන් මරන්නේ වෙයි. සොරකම් කරන්නේ වෙයි. වැරදි කාම සේවනයේ යෙදෙන්නේ වෙයි. බොරු කියන්නේ වෙයි. ....(පෙ).... (ඔසොවාගෙන පැමිණි බරක් බිම තබන්නේ ද, එසෙයින් ම නිරයෙහි උපදින්නේ වෙයි.)

(මහණෙනි, සතර කරුණකින් යුතු වූ තැනැත්තා ....(පෙ)....)

සතුන් මැරීමෙන් වැළකුණේ වෙයි. සොරකම් කිරීමෙන් වැළකුණේ වෙයි. වැරදි කාම සේවනයේ යෙදීමෙන් වැළකුණේ වෙයි. බොරු කීමෙන්

වැළකුණේ වෙයි. ....(පෙ).... (ඔසොවාගෙන පැමිණි බරක් බිම තබන්නේ ද, එසෙයින් ම සුගතියෙහි උපදින්නේ වෙයි.)

සාදු! සාදු!! සාදු!!!

තතිය නිරය - සග්ග නික්ඛිත්ත සූත්‍රය නිමා විය.

4.5.2.5.
චතුත්ථ නිරය - සග්ග නික්ඛිත්ත සූත්‍රය
නිරයේ - ස්වර්ගයේ ඉපදීම ගැන වදාළ සිව්වෙනි දෙසුම

(මහණෙනි, සතර කරුණකින් යුතු වූ තැනැත්තා ....(පෙ)....)

වැරදි දෘෂ්ටි ඇත්තේ වෙයි. වැරදි සංකල්ප ඇත්තේ වෙයි. වැරදි වචන භාවිතය ඇත්තේ වෙයි. වැරදි කායික ක්‍රියා ඇත්තේ වෙයි. ....(පෙ).... (ඔසොවාගෙන පැමිණි බරක් බිම තබන්නේ ද, එසෙයින් ම නිරයෙහි උපදින්නේ වෙයි.)

(මහණෙනි, සතර කරුණකින් යුතු වූ තැනැත්තා ....(පෙ)....)

නිවැරදි දෘෂ්ටි ඇත්තේ වෙයි. නිවැරදි සංකල්ප ඇත්තේ වෙයි. නිවැරදි වචන භාවිතය ඇත්තේ වෙයි. නිවැරදි කායික ක්‍රියා ඇත්තේ වෙයි. ....(පෙ).... (ඔසොවාගෙන පැමිණි බරක් බිම තබන්නේ ද, එසෙයින් ම සුගතියෙහි උපදින්නේ වෙයි.)

සාදු! සාදු!! සාදු!!!

චතුත්ථ නිරය - සග්ග නික්ඛිත්ත සූත්‍රය නිමා විය.

4.5.2.6.
පඤ්චම නිරය - සග්ග නික්ඛිත්ත සූත්‍රය
නිරයේ - ස්වර්ගයේ ඉපදීම ගැන වදාළ පස්වෙනි දෙසුම

(මහණෙනි, සතර කරුණකින් යුතු වූ තැනැත්තා ....(පෙ)....)

වැරදි ජීවිකාව ඇත්තේ වෙයි. වැරදි වීරිය ඇත්තේ වෙයි. වැරදි සිහිය ඇත්තේ වෙයි. වැරදි සමාධිය ඇත්තේ වෙයි. ....(පෙ).... (ඔසොවාගෙන පැමිණි බරක් බිම තබන්නේ ද, එසෙයින් ම නිරයෙහි උපදින්නේ වෙයි.)

(මහණෙනි, සතර කරුණකින් යුතු වූ තැනැත්තා ....(පෙ)....)

නිවැරදි ජීවිකාව ඇත්තේ වෙයි. නිවැරදි වීරිය ඇත්තේ වෙයි. නිවැරදි සිහිය ඇත්තේ වෙයි. නිවැරදි සමාධිය ඇත්තේ වෙයි. ....(පෙ).... (ඔසොවාගෙන පැමිණි බරක් බිම තබන්නේ ද, එසෙයින් ම සුගතියෙහි උපදින්නේ වෙයි.)

සාදු! සාදු!! සාදු!!!

පඤ්චම නිරය - සග්ග නික්ඛිත්ත සූත්‍රය නිමා විය.

4.5.2.7.
ඡට්ඨම නිරය - සග්ග නික්ඛිත්ත සූත්‍රය
නිරයේ - ස්වර්ගයේ ඉපදීම ගැන වදාළ සයවෙනි දෙසුම

(මහණෙනි, සතර කරුණකින් යුතු වූ තැනැත්තා ....(පෙ)....)

නුදුටු දේ දුටු බව කියන්නේ වෙයි. නොඇසූ දේ ඇසූ බව කියන්නේ වෙයි. ආඝ්‍රාණය නොකළ දේ ආඝ්‍රාණය කළ බව කියන්නේ වෙයි, අනුභව නොකළ දේ අනුභව කළ බව කියන්නේ වෙයි, ස්පර්ශය නොලැබූ දේ ස්පර්ශය ලැබූ බව කියන්නේ වෙයි. සිතෙන් නොදැන ගත් දේ සිතෙන් දැනගත් බව කියන්නේ වෙයි. ....(පෙ).... (ඔසොවාගෙන පැමිණි බරක් බිම තබන්නේ ද, එසෙයින් ම නිරයෙහි උපදින්නේ වෙයි.)

(මහණෙනි, සතර කරුණකින් යුතු වූ තැනැත්තා ....(පෙ)....)

නුදුටු දේ නුදුටු බව කියන්නේ වෙයි. නොඇසූ දේ නොඇසූ බව කියන්නේ වෙයි. ආඝ්‍රාණය නොකළ දේ ආඝ්‍රාණය නොකළ බව කියන්නේ වෙයි, අනුභව නොකළ දේ අනුභව නොකළ බව කියන්නේ වෙයි, ස්පර්ශය නොලැබූ දේ ස්පර්ශය නොලැබූ බව කියන්නේ වෙයි. සිතෙන් නොදැන ගත් දේ සිතෙන් නොදැනගත් බව කියන්නේ වෙයි. ....(පෙ).... (ඔසොවාගෙන පැමිණි

බරක් බිම තබන්නේ ද, එසෙයින් ම සුගතියෙහි උපදින්නේ වෙයි.)

සාදු! සාදු!! සාදු!!!

ඡට්ඨ නිරය - සග්ග නික්ඛිත්ත සූත්‍රය නිමා විය.

4.5.2.8.
සත්තම නිරය - සග්ග නික්ඛිත්ත සූත්‍රය
නිරයේ - ස්වර්ගයේ ඉපදීම ගැන වදාළ සත්වෙනි දෙසුම

(මහණෙනි, සතර කරුණකින් යුතු වූ තැනැත්තා ....(පෙ)....)

දුටු දේ නුදුටු බව කියන්නේ වෙයි. ඇසූ දේ නොඇසූ බව කියන්නේ වෙයි. ආඝ්‍රාණය කළ දේ ආඝ්‍රාණය නොකළ බව කියන්නේ වෙයි, අනුභව කළ දේ අනුභව නොකළ බව කියන්නේ වෙයි, ස්පර්ශය ලැබූ දේ ස්පර්ශය නොලැබූ බව කියන්නේ වෙයි. සිතෙන් දැන ගත් දේ සිතෙන් නොදැනගත් බව කියන්නේ වෙයි. ....(පෙ).... (ඔසොවාගෙන පැමිණි බරක් බිම තබන්නේ ද, එසෙයින් ම නිරයෙහි උපදින්නේ වෙයි.)

(මහණෙනි, සතර කරුණකින් යුතු වූ තැනැත්තා ....(පෙ)....)

දුටු දේ දුටු බව කියන්නේ වෙයි. ඇසූ දේ ඇසූ බව කියන්නේ වෙයි. ආඝ්‍රාණය කළ දේ ආඝ්‍රාණය කළ බව කියන්නේ වෙයි, අනුභව කළ දේ අනුභව කළ බව කියන්නේ වෙයි, ස්පර්ශය ලැබූ දේ ස්පර්ශය ලැබූ බව කියන්නේ වෙයි. සිතෙන් දැන ගත් දේ සිතෙන් දැනගත් බව කියන්නේ වෙයි. ....(පෙ).... (ඔසොවාගෙන පැමිණි බරක් බිම තබන්නේ ද, එසෙයින් ම සුගතියෙහි උපදින්නේ වෙයි.)

සාදු! සාදු!! සාදු!!!

සත්තම නිරය - සග්ග නික්ඛිත්ත සූත්‍රය නිමා විය.

4.5.2.9.
අට්ඨම නිරය - සග්ග නික්ඛිත්ත සූත්‍රය
නිරයේ - ස්වර්ගයේ ඉපදීම ගැන වදාළ අටවෙනි දෙසුම

(මහණෙනි, සතර කරුණකින් යුතු වූ තැනැත්තා ....(පෙ)....)

සැදැහැ නැත්තේ වෙයි. දුස්සීල වෙයි. පවට ලැජ්ජා නැත්තේ වෙයි. පවට භය නැත්තේ වෙයි. ....(පෙ).... (ඔසොවාගෙන පැමිණි බරක් බිම තබන්නේ ද, එසෙයින් ම නිරයෙහි උපදින්නේ වෙයි.)

(මහණෙනි, සතර කරුණකින් යුතු වූ තැනැත්තා ....(පෙ)....)

සැදැහැ ඇත්තේ වෙයි. සිල්වත් වෙයි. පවට ලැජ්ජා ඇත්තේ වෙයි. පවට භය ඇත්තේ වෙයි. ....(පෙ).... (ඔසොවාගෙන පැමිණි බරක් බිම තබන්නේ ද, එසෙයින් ම සුගතියෙහි උපදින්නේ වෙයි.)

සාදු! සාදු!! සාදු!!!

අට්ඨම නිරය - සග්ග නික්ඛිත්ත සූත්‍රය නිමා විය.

4.5.2.10.
නවම නිරය - සග්ග නික්ඛිත්ත සූත්‍රය
නිරයේ - ස්වර්ගයේ ඉපදීම ගැන වදාළ නවවෙනි දෙසුම

මහණෙනි, සතර කරුණකින් යුතු වූ තැනැත්තා යම් සේ ඔසොවාගෙන පැමිණි බරක් බිම තබන්නේ ද, එසෙයින් ම නිරයෙහි උපදින්නේ වෙයි. ඒ කවර සතරකින් ද යත්;

සැදැහැ නැත්තේ වෙයි. දුස්සීල වෙයි. කුසීත වෙයි. දුෂ්ප්‍රාඥ වෙයි.

මහණෙනි, මේ සතර කරුණින් යුතු වූ තැනැත්තා යම් සේ ඔසොවාගෙන පැමිණි බරක් බිම තබන්නේ ද, එසෙයින් ම නිරයෙහි උපදින්නේ වෙයි.

මහණෙනි, සතර කරුණකින් යුතු වූ තැනැත්තා යම් සේ ඔසොවාගෙන පැමිණි බරක් බිම තබන්නේ ද, එසෙයින් ම සුගතියෙහි උපදින්නේ වෙයි. ඒ කවර සතරකින් ද යත්;

සැදැහැවත් වෙයි. සිල්වත් වෙයි. පටන් ගත් වීරිය ඇත්තේ වෙයි. ප්‍රඥාවන්ත වෙයි.

මහණෙනි, මේ සතර කරුණින් යුතු වූ තැනැත්තා යම් සේ ඔසොවාගෙන පැමිණි බරක් බිම තබන්නේ ද, එසෙයින් ම සුගතියෙහි උපදින්නේ වෙයි.

සාදු! සාදු!! සාදු!!!

නවම නිරය - සග්ග නික්ඛිත්ත සූත්‍රය නිමා විය.

දෙවෙනි පරිසසෝභන වර්ගය අවසන් විය.

- එහි පිළිවෙල උද්දානයයි :

පරිසසෝභන සූත්‍රය සහ නිරය සග්ග සූත්‍ර නවයක් වශයෙන් මෙහි සූත්‍ර දශයකි.

3. සුචරිත වර්ගය

4.5.3.1.
වචී සුචරිත සූත්‍රය
වචී සුචරිතය ගැන වදාළ දෙසුම

සැවැත් නුවර දී ය ....

මහණෙනි, වචී දුෂ්චරිත සතරකි. ඒ කවර සතරක් ද යත්;

බොරු කීම ය. කේලාම් කීම ය. දරුණු වචන කීම ය. නිසරු බස් කීම ය.

මහණෙනි, මේ වනාහී වචී දුෂ්චරිත සතර යි.

මහණෙනි, වචී සුචරිත සතරකි. ඒ කවර සතරක් ද යත්;

සත්‍ය වචන කීම ය. කේලාම් නොකීම ය. මොළොක් වචන කීම ය. නුවණින් පිරිසිඳ ගත් වචන කීම ය.

මහණෙනි, මේ වනාහී වචී සුචරිත සතර යි.

සාදු! සාදු!! සාදු!!!

වචීසුචරිත සූත්‍රය නිමා විය.

4.5.3.2.
පඨම බාල - පණ්ඩිත සූත්‍රය
බාලයා - පණ්ඩිතයා ගැන වදාළ පළමු දෙසුම

මහණෙනි, සතර කරුණකින් යුක්ත වූ බාල වූ අව්‍යක්ත වූ අසත්පුරුෂයා සාරා ගත් ගුණ ඇති ව, වනසා ගත් ජීවිතයක් පරිහරණය කරයි. දොස් සහිත ද වෙයි. නුවණැත්තන්ගෙන් උපවාද ලැබිය යුතු කෙනෙක් වෙයි. බොහෝ පව් ද රැස් කරයි. ඒ කවර සතර කරුණකින් ද යත්;

කාය දුෂ්චරිතයෙන් ය. වචී දුෂ්චරිතයෙන් ය. මනෝ දුෂ්චරිතයෙන් ය. මිථ්‍යා දෘෂ්ටියෙන් ය.

මහණෙනි, මේ සතර කරුණෙන් යුක්ත වූ බාල වූ අව්‍යක්ත වූ අසත්පුරුෂයා සාරා ගත් ගුණ ඇති ව, වනසා ගත් ජීවිතයක් පරිහරණය කරයි. දොස් සහිත ද වෙයි. නුවණැත්තන්ගෙන් උපවාද ලැබිය යුතු කෙනෙක් වෙයි. බොහෝ පව් ද රැස් කරයි.

මහණෙනි, සතර කරුණකින් යුක්ත වූ පණ්ඩිත වූ ව්‍යක්ත වූ සත්පුරුෂයා සාරා නොගත් ගුණ ඇති ව, වනසා නොගත් ජීවිතයක් පරිහරණය කරයි. දොස් රහිත ද වෙයි. නුවණැත්තන්ගෙන් උපවාද නොලැබිය යුතු කෙනෙක් වෙයි. බොහෝ පින් ද රැස් කරයි. ඒ කවර සතර කරුණකින් ද යත්;

කාය සුචරිතයෙන් ය. වචී සුචරිතයෙන් ය. මනෝ සුචරිතයෙන් ය. සම්‍යක් දෘෂ්ටියෙන් ය.

මහණෙනි, මේ සතර කරුණෙන් යුක්ත වූ පණ්ඩිත වූ ව්‍යක්ත වූ සත්පුරුෂයා සාරා නොගත් ගුණ ඇති ව, වනසා නොගත් ජීවිතයක් පරිහරණය කරයි. දොස් රහිත ද වෙයි. නුවණැත්තන්ගෙන් උපවාද නොලැබිය යුතු කෙනෙක් වෙයි. බොහෝ පින් ද රැස් කරයි.

සාදු! සාදු!! සාදු!!!

පඨම බාල - පණ්ඩිත සූත්‍රය නිමා විය.

4.5.3.3.
දුතිය බාල - පණ්ඩිත සූත්‍රය
බාලයා - පණ්ඩිතයා ගැන වදාළ දෙවෙනි දෙසුම

මහණෙනි, සතර කරුණකින් යුක්ත වූ බාල වූ අව්‍යක්ත වූ අසත්පුරුෂයා සාරා ගත් ගුණ ඇති ව, වනසා ගත් ජීවිතයක් පරිහරණය කරයි. දොස් සහිත ද වෙයි. නුවණැත්තන්ගෙන් උපවාද ලැබිය යුතු කෙනෙක් වෙයි. බොහෝ පව් ද රැස් කරයි. ඒ කවර සතර කරුණකින් ද යත්;

කාය දුෂ්චරිතයෙන් ය. වචී දුෂ්චරිතයෙන් ය. මනෝ දුෂ්චරිතයෙන් ය. කෙළෙහි ගුණ නොදැනීමෙන් හා කෙළෙහි ගුණ සිහි නොකිරීමෙන් ය.

(මහණෙනි, මේ සතර කරුණෙන් යුක්ත වූ බාල වූ අව්‍යක්ත වූ අසත්පුරුෂයා ....(පෙ).... බොහෝ පව් ද රැස් කරයි.)

(මහණෙනි, සතර කරුණකින් යුක්ත වූ පණ්ඩිත වූ ව්‍යක්ත වූ සත්පුරුෂයා ....(පෙ)....)

කාය සුචරිතයෙන් ය. වචී සුචරිතයෙන් ය. මනෝ සුචරිතයෙන් ය. කෙළෙහි ගුණ දැනීමෙන් හා කෙළෙහි ගුණ සිහි කිරීමෙන් ය.

(මහණෙනි, මේ සතර කරුණෙන් යුක්ත වූ පණ්ඩිත වූ ව්‍යක්ත වූ සත්පුරුෂයා ....(පෙ).... බොහෝ පින් ද රැස් කරයි.)

සාදු! සාදු!! සාදු!!!

දුතිය බාල - පණ්ඩිත සූත්‍රය නිමා විය.

4.5.3.4.
තතිය බාල - පණ්ඩිත සූත්‍රය
බාලයා - පණ්ඩිතයා ගැන වදාළ තෙවෙනි දෙසුම

(මහණෙනි, මේ සතර කරුණෙන් යුක්ත වූ බාල වූ අව්‍යක්ත වූ අසත්පුරුෂයා ....(පෙ)....)

සතුන් මරන්නේ වෙයි. සොරකම් කරන්නේ වෙයි. වැරදි කාම සේවනයෙහි යෙදෙන්නේ වෙයි. බොරු කියන්නේ වෙයි.

(මහණෙනි, මේ සතර කරුණෙන් යුක්ත වූ බාල වූ අව්‍යක්ත වූ අසත්පුරුෂයා ....(පෙ).... බොහෝ පව් ද රැස් කරයි.)

(මහණෙනි, සතර කරුණකින් යුක්ත වූ පණ්ඩිත වූ ව්‍යක්ත වූ සත්පුරුෂයා ....(පෙ)....)

සතුන් මැරීමෙන් වැළකුණේ වෙයි. සොරකම් කිරීමෙන් වැළකුණේ වෙයි. වැරදි කාම සේවනයෙහි යෙදීමෙන් වැළකුණේ වෙයි. බොරු කීමෙන් වැළකුණේ වෙයි.

(මහණෙනි, සෙතර කරුණෙන් යුක්ත වූ පණ්ඩිත වූ ව්‍යක්ත වූ සත්පුරුෂයා ....(පෙ).... බොහෝ පින් ද රැස් කරයි.)

සාදු! සාදු!! සාදු!!!

තතිය බාල - පණ්ඩිත සූත්‍රය නිමා විය.

4.5.3.5.
චතුත්ථ බාල - පණ්ඩිත සූත්‍රය
බාලයා - පණ්ඩිතයා ගැන වදාළ සිව්වෙනි දෙසුම

(මහණෙනි, මේ සතර කරුණෙන් යුක්ත වූ බාල වූ අව්‍යක්ත වූ අසත්පුරුෂයා ....(පෙ)....)

වැරදි දෘෂ්ටිය ඇත්තේ වෙයි. වැරදි සංකල්ප ඇත්තේ වෙයි. වැරදි වචන භාවිතය ඇත්තේ වෙයි. වැරදි කායික ක්‍රියා ඇත්තේ වෙයි.

(මහණෙනි, මේ සතර කරුණෙන් යුක්ත වූ බාල වූ අව්‍යක්ත වූ අසත්පුරුෂයා ....(පෙ).... බොහෝ පව් ද රැස් කරයි.)

(මහණෙනි, සතර කරුණකින් යුක්ත වූ පණ්ඩිත වූ ව්‍යක්ත වූ සත්පුරුෂයා ....(පෙ)....)

නිවැරදි දෘෂ්ටිය ඇත්තේ වෙයි. නිවැරදි සංකල්ප ඇත්තේ වෙයි. නිවැරදි වචන භාවිතය ඇත්තේ වෙයි. නිවැරදි කායික ක්‍රියා ඇත්තේ වෙයි.

(මහණෙනි, මේ සතර කරුණෙන් යුක්ත වූ පණ්ඩිත වූ ව්‍යක්ත වූ සත්පුරුෂයා ....(පෙ).... බොහෝ පින් ද රැස් කරයි.)

සාදු! සාදු!! සාදු!!!

චතුත්ථ බාල - පණ්ඩිත සූත්‍රය නිමා විය.

4.5.3.6.
පඤ්ච‍ම බාල - පණ්ඩිත සූත්‍රය
බාලයා - පණ්ඩිතයා ගැන වදාළ පස්වෙනි දෙසුම

(මහණෙනි, මේ සතර කරුණෙන් යුක්ත වූ බාල වූ අව්‍යක්ත වූ අසත්පුරුෂයා ....(පෙ)....)

වැරදි ජීවිකාව ඇත්තේ වෙයි. වැරදි වීරිය ඇත්තේ වෙයි. වැරදි සිහිය ඇත්තේ වෙයි. වැරදි සමාධිය ඇත්තේ වෙයි.

(මහණෙනි, මේ සතර කරුණෙන් යුක්ත වූ බාල වූ අව්‍යක්ත වූ අසත්පුරුෂයා ....(පෙ).... බොහෝ පව් ද රැස් කරයි.)

(මහණෙනි, සතර කරුණකින් යුක්ත වූ පණ්ඩිත වූ ව්‍යක්ත වූ සත්පුරුෂයා ....(පෙ)....)

නිවැරදි ජීවිකාව ඇත්තේ වෙයි. නිවැරදි වීරිය ඇත්තේ වෙයි. නිවැරදි සිහිය ඇත්තේ වෙයි. නිවැරදි සමාධිය ඇත්තේ වෙයි.

(මහණෙනි, මේ සතර කරුණෙන් යුක්ත වූ පණ්ඩිත වූ ව්‍යක්ත වූ සත්පුරුෂයා ....(පෙ).... බොහෝ පින් ද රැස් කරයි.)

සාදු! සාදු!! සාදු!!!

පඤ්ච‍ම බාල - පණ්ඩිත සූත්‍රය නිමා විය.

4.5.3.7.
ඡට්ඨම බාල - පණ්ඩිත සූත්‍රය
බාලයා - පණ්ඩිතයා ගැන වදාළ සයවෙනි දෙසුම

(මහණෙනි, මේ සතර කරුණෙන් යුක්ත වූ බාල වූ අව්‍යක්ත වූ අසත්පුරුෂයා ....(පෙ)....)

නුදුටු දේ දුටු බව කියන්නේ වෙයි. නොඇසූ දේ ඇසූ බව කියන්නේ වෙයි. ආඝ්‍රාණය නොකළ දේ ආඝ්‍රාණය කළ බව කියන්නේ වෙයි, අනුභව නොකළ දේ අනුභව කළ බව කියන්නේ වෙයි, ස්පර්ශය නොලැබූ දේ ස්පර්ශය ලැබූ බව කියන්නේ වෙයි. සිතෙන් නොදැන ගත් දේ සිතෙන් දැනගත් බව කියන්නේ වෙයි.

(මහණෙනි, මේ සතර කරුණෙන් යුක්ත වූ බාල වූ අව්‍යක්ත වූ අසත්පුරුෂයා ....(පෙ).... බොහෝ පව් ද රැස් කරයි.)

(මහණෙනි, සතර කරුණකින් යුක්ත වූ පණ්ඩිත වූ ව්‍යක්ත වූ සත්පුරුෂයා ....(පෙ)....)

නුදුටු දේ නුදුටු බව කියන්නේ වෙයි. නොඇසූ දේ නොඇසූ බව කියන්නේ වෙයි. ආඝ්‍රාණය නොකළ දේ ආඝ්‍රාණය නොකළ බව කියන්නේ වෙයි, අනුභව නොකළ දේ අනුභව නොකළ බව කියන්නේ වෙයි, ස්පර්ශය නොලැබූ දේ ස්පර්ශය නොලැබූ බව කියන්නේ වෙයි. සිතෙන් නොදැන ගත් දේ සිතෙන් නොදැනගත් බව කියන්නේ වෙයි.

(මහණෙනි, මේ සතර කරුණෙන් යුක්ත වූ පණ්ඩිත වූ ව්‍යක්ත වූ සත්පුරුෂයා ....(පෙ).... බොහෝ පින් ද රැස් කරයි.)

සාදු! සාදු!! සාදු!!!

ඡට්ඨම බාල - පණ්ඩිත සූත්‍රය නිමා විය.

4.5.3.8.
සත්තම බාල - පණ්ඩිත සූත්‍රය
බාලයා - පණ්ඩිතයා ගැන වදාළ සත්වෙනි දෙසුම

(මහණෙනි, මේ සතර කරුණෙන් යුක්ත වූ බාල වූ අව්‍යක්ත වූ අසත්පුරුෂයා ....(පෙ)....)

දුටු දේ නුදුටු බව කියන්නේ වෙයි. ඇසූ දේ නොඇසූ බව කියන්නේ වෙයි. ආඝ්‍රාණය කළ දේ ආඝ්‍රාණය නොකළ බව කියන්නේ වෙයි, අනුභව කළ දේ අනුභව නොකළ බව කියන්නේ වෙයි, ස්පර්ශය ලැබූ දේ ස්පර්ශය නොලැබූ බව කියන්නේ වෙයි. සිතෙන් දැන ගත් දේ සිතෙන් නොදැනගත් බව කියන්නේ වෙයි.

(මහණෙනි, මේ සතර කරුණෙන් යුක්ත වූ බාල වූ අව්‍යක්ත වූ අසත්පුරුෂයා ....(පෙ).... බොහෝ පව් ද රැස් කරයි.)

(මහණෙනි, සතර කරුණකින් යුක්ත වූ පණ්ඩිත වූ ව්‍යක්ත වූ සත්පුරුෂයා ....(පෙ)....)

දුටු දේ දුටු බව කියන්නේ වෙයි. ඇසූ දේ ඇසූ බව කියන්නේ වෙයි. ආඝ්‍රාණය කළ දේ ආඝ්‍රාණය කළ බව කියන්නේ වෙයි, අනුභව කළ දේ අනුභව කළ බව කියන්නේ වෙයි, ස්පර්ශයලැබූ දේ ස්පර්ශය ලැබූ බව කියන්නේ වෙයි. සිතෙන් දැන ගත් දේ සිතෙන් දැනගත් බව කියන්නේ වෙයි.

(මහණෙනි, මේ සතර කරුණෙන් යුක්ත වූ පණ්ඩිත වූ ව්‍යක්ත වූ සත්පුරුෂයා ....(පෙ).... බොහෝ පින් ද රැස් කරයි.)

සාදු! සාදු!! සාදු!!!

සත්තම බාල - පණ්ඩිත සූත්‍රය නිමා විය.

4.5.3.9.
අට්ඨම බාල - පණ්ඩිත සූත්‍රය
බාලයා - පණ්ඩිතයා ගැන වදාළ අටවෙනි දෙසුම

(මහණෙනි, මේ සතර කරුණෙන් යුක්ත වූ බාල වූ අව්‍යක්ත වූ අසත්පුරුෂයා ....(පෙ)....)

සැදැහැ නැත්තේ වෙයි. දුස්සීල වෙයි. පවට ලැජ්ජා නැත්තේ වෙයි. පවට භය නැත්තේ වෙයි.

(මහණෙනි, මේ සතර කරුණෙන් යුක්ත වූ බාල වූ අව්‍යක්ත වූ අසත්පුරුෂයා ....(පෙ).... බොහෝ පව් ද රැස් කරයි.)

(මහණෙනි, සතර කරුණකින් යුක්ත වූ පණ්ඩිත වූ ව්‍යක්ත වූ සත්පුරුෂයා ....(පෙ)....)

සැදැහැ ඇත්තේ වෙයි. සිල්වත් වෙයි. පවට ලැජ්ජා ඇත්තේ වෙයි. පවට භය ඇත්තේ වෙයි.

(මහණෙනි, මේ සතර කරුණෙන් යුක්ත වූ පණ්ඩිත වූ ව්‍යක්ත වූ සත්පුරුෂයා ....(පෙ).... බොහෝ පින් ද රැස් කරයි.)

සාදු! සාදු!! සාදු!!!

අට්ඨම බාල - පණ්ඩිත සූත්‍රය නිමා විය.

4.5.3.10.
නවම බාල - පණ්ඩිත සූත්‍රය
බාලයා - පණ්ඩිතයා ගැන වදාළ නවවෙනි දෙසුම

(මහණෙනි, මේ සතර කරුණෙන් යුක්ත වූ බාල වූ අව්‍යක්ත වූ අසත්පුරුෂයා ....(පෙ)....)

සැදැහැ නැත්තේ වෙයි. දුස්සීල වෙයි. කුසීත වෙයි. දුෂ්ප්‍රාඥ වෙයි.

(මහණෙනි, මේ සතර කරුණෙන් යුක්ත වූ බාල වූ අව්‍යක්ත වූ අසත්පුරුෂයා ....(පෙ).... බොහෝ පව් ද රැස් කරයි.)

(මහණෙනි, සතර කරුණකින් යුක්ත වූ පණ්ඩිත වූ ව්‍යක්ත වූ සත්පුරුෂයා ....(පෙ)....)

සැදෑහැවත් වෙයි. සිල්වත් වෙයි. පටන් ගත් වීරිය ඇත්තේ වෙයි. ප්‍රඥාවන්ත වෙයි.

මහණෙනි, මේ සතර කරුණෙන් යුක්ත වූ පණ්ඩිත වූ ව්‍යක්ත වූ සත්පුරුෂයා සාරා නොගත් ගුණ ඇති ව, වනසා නොගත් ජීවිතයක් පරිහරණය කරයි. දොස් රහිත ද වෙයි. නුවණැත්තන්ගෙන් උපවාද නොලැබිය යුතු කෙනෙක් වෙයි. බොහෝ පින් ද රැස් කරයි.

සාදු! සාදු!! සාදු!!!

නවම බාල - පණ්ඩිත සූත්‍රය නිමා විය.

4.5.3.11.
කවි සූත්‍රය
කවියා ගැන වදාළ දෙසුම

මහණෙනි, මේ කවි කියන්නෝ සතර දෙනෙකි. ඒ කවර සතර දෙනෙක් ද යත්; සිත සිතා කවි කියන කවියා ය. අසන ලද කවි කියන කවියා ය. අර්ථවත් කවි කියන කවියා ය. ප්‍රතිභානයෙන් කවි කියන කවියා ය. මහණෙනි, මේ වනාහී කවි කියන්නෝ සතර දෙනා ය.

සාදු! සාදු!! සාදු!!!

කවි සූත්‍රය නිමා විය.

තුන්වෙනි සුචරිත වර්ගය අවසන් විය.

- එහි පිළිවෙල උද්දානයයි :

වචීසුචරිත සූත්‍රය, බාල-පණ්ඩිත සූත්‍ර නවයක් සහ කවි සූත්‍රය වශයෙන් මෙහි සූත්‍ර එකොළොසකි.

4. කම්ම වර්ගය

4.5.4.1.
පඨම කම්ම සූත්‍රය
කර්මය ගැන වදාළ පළමු දෙසුම

සැවැත් නුවර දී ය ....

මහණෙනි, මා විසින් මේ කර්ම සතර ස්වකීය විශිෂ්ට ඥානයෙන් සාක්ෂාත් කොට ප්‍රකාශ කරන ලද්දේ ය. ඒ කවර සතරක් ද යත්;

මහණෙනි, අඳුරු විපාක ඇති අඳුරු කර්මයක් ඇත්තේ ය. මහණෙනි, දීප්තිමත් විපාක ඇති දීප්තිමත් කර්මයක් ඇත්තේ ය. මහණෙනි, අඳුරු වූ ත්, දීප්තිමත් වූ ත් විපාක ඇති අඳුරු වූ ත්, දීප්තිමත් වූ ත් කර්මයක් ඇත්තේ ය. මහණෙනි, කර්ම ක්ෂය වීම පිණිස පවතින්නා වූ අඳුරු ත් නොවන දීප්තිමත් නොවන විපාක ඇති අඳුරු ත් නොවන දීප්තිමත් නොවන කර්මයක් ඇත්තේ ය.

මහණෙනි, මා විසින් මේ කර්ම සතර ස්වකීය විශිෂ්ට ඥානයෙන් සාක්ෂාත් කොට ප්‍රකාශ කරන ලද්දේ ය.

සාදු! සාදු!! සාදු!!!

පඨම කම්ම සූත්‍රය නිමා විය.

4.5.4.2.
දුතිය කම්ම සූත්‍රය
කර්මය ගැන වදාළ දෙවෙනි දෙසුම

මහණෙනි, මා විසින් මේ කර්ම සතර ස්වකීය විශිෂ්ට ඥානයෙන් සාක්ෂාත් කොට ප්‍රකාශ කරන ලද්දේ ය. ඒ කවර සතරක් ද යත්;

මහණෙනි, අඳුරු විපාක ඇති අඳුරු කර්මයක් ඇත්තේ ය. මහණෙනි, දීප්තිමත් විපාක ඇති දීප්තිමත් කර්මයක් ඇත්තේ ය. මහණෙනි, අඳුරු වූ ත්, දීප්තිමත් වූ ත් විපාක ඇති අඳුරු වූ ත්, දීප්තිමත් වූ ත් කර්මයක් ඇත්තේ ය. මහණෙනි, කර්ම ක්ෂය වීම පිණිස පවතින්නා වූ අඳුරු ත් නොවන දීප්තිමත් නොවන විපාක ඇති අඳුරු ත් නොවන දීප්තිමත් නොවන කර්මයක් ඇත්තේ ය.

1. මහණෙනි, අඳුරු විපාක ඇති අඳුරු කර්මය යනු කුමක් ද?

මහණෙනි, මෙහිලා ඇතැමෙක් දොස් සහිත වූ කාය කර්ම රැස්කරන්නේ වෙයි. දොස් සහිත වූ වචී කර්ම රැස්කරන්නේ වෙයි. දොස් සහිත වූ මනෝ කර්ම රැස් කරන්නේ වෙයි. හේ දොස් සහිත වූ කාය කර්ම රැස්කොට, දොස් සහිත වූ වචී කර්ම රැස් කොට, දොස් සහිත වූ මනෝ කර්ම රැස්කොට දොස් සහිත වූ ලෝකයක උපදින්නේ ය. දොස් සහිත වූ ලෝකයක උපන් ඔහුට දොස් සහිත වූ විපාක ස්පර්ශයෝ ස්පර්ශ වෙති. ඔහු දොස් සහිත විපාක ස්පර්ශයන්ගෙන් ස්පර්ශය ලබන්නේ ඒකාන්තයෙන් දුක්ඛිත වූ දොස් සහිත වූ වේදනාවක් විඳින්නේ වෙයි. තිරිසත්වයෝ එබඳු ය. මහණෙනි, මෙය අඳුරු විපාක ඇති අඳුරු කර්මය යැයි කියනු ලැබේ.

2. මහණෙනි, දීප්තිමත් විපාක ඇති දීප්තිමත් කර්මය යනු කුමක් ද?

මහණෙනි, මෙහිලා ඇතැමෙක් දොස් රහිත වූ කාය කර්ම රැස්කරන්නේ වෙයි. දොස් රහිත වූ වචී කර්ම රැස්කරන්නේ වෙයි. දොස් රහිත වූ මනෝ කර්ම රැස් කරන්නේ වෙයි. හේ දොස් රහිත වූ කාය කර්ම රැස්කොට, දොස් රහිත වූ වචී කර්ම රැස්කොට, දොස් රහිත වූ මනෝ කර්ම රැස්කොට දොස් රහිත වූ ලෝකයක උපදින්නේ ය. දොස් රහිත වූ ලෝකයක උපන් ඔහුට දොස් රහිත වූ විපාක ස්පර්ශයෝ ස්පර්ශ වෙති. ඔහු දොස් රහිත විපාක ස්පර්ශයන්ගෙන් ස්පර්ශය ලබන්නේ ඒකාන්තයෙන් සැපවත් වූ දොස් රහිත වූ වේදනාවක්

විඳින්නේ වෙයි. සුභකිණ්ණ දෙවියෝ එබඳු ය. මහණෙනි, මෙය දීප්තිමත් විපාක ඇති දීප්තිමත් කර්මය යැයි කියනු ලැබේ.

3. මහණෙනි, අඳුරු වූ ත්, දීප්තිමත් වූ ත් විපාක ඇති අඳුරු වූ ත්, දීප්තිමත් වූ ත් කර්මය යනු කුමක් ද?

මහණෙනි, මෙහිලා ඇතැමෙක් දොස් සහිත වූ ත් දොස් රහිත වූ ත් කාය කර්ම රැස්කරන්නේ වෙයි. දොස් සහිත වූ ත් දොස් රහිත වූ ත් වචී කර්ම රැස්කරන්නේ වෙයි. දොස් සහිත වූ ත් දොස් රහිත වූ ත් මනෝ කර්ම රැස් කරන්නේ වෙයි. හේ දොස් සහිත වූ ත් දොස් රහිත වූ ත් කාය කර්ම රැස්කොට, දොස් සහිත වූ ත් දොස් රහිත වූ ත් වචී කර්ම රැස්කොට, දොස් සහිත වූ ත් දොස් රහිත වූ ත් මනෝ කර්ම රැස්කොට දොස් සහිත වූ ත් දොස් රහිත වූ ත් ලෝකයක උපදින්නේ ය. දොස් සහිත වූ ත් දොස් රහිත වූ ත් ලෝකයක උපන් ඔහුට දොස් සහිත වූ ත් දොස් රහිත වූ ත් විපාක ස්පර්ශයෝ ස්පර්ශ වෙති. ඔහු දොස් සහිත වූ ත් දොස් රහිත වූ ත් විපාක ස්පර්ශයන්ගෙන් ස්පර්ශය ලබන්නේ දුක් සහිත වූ ත්, දුක් රහිත වූ ත්, සැපෙන් දුකින් මිශ්‍ර වූ වේදනාවක් විඳින්නේ වෙයි. මිනිස්සු එබඳු ය. ඇතැම් දෙවියෝ ත්, ඇතැම් විනිපාතිකයෝ ත් එබඳු ය. මහණෙනි, මෙය අඳුරු වූ ත්, දීප්තිමත් වූ ත් විපාක ඇති අඳුරු වූ ත්, දීප්තිමත් වූ ත් කර්මය යැයි කියනු ලැබේ.

4. මහණෙනි, කර්මය ක්ෂය වීම පිණිස පවතින්නා වූ අඳුරු ත් නොවන දීප්තිමත් නොවන විපාක ඇති අඳුරු ත් නොවන දීප්තිමත් නොවන කර්මය යනු කුමක් ද?

මහණෙනි, එහිලා යම් කර්මයක් අඳුරු වූ ත්, අඳුරු විපාක ඇත්තේ ත් වේ ද, ඒ කර්මය ප්‍රහාණය කිරීමට යම් චේතනාවක් ඇද්ද, යම් කර්මයක් දීප්තිමත් වූ ත්, දීප්තිමත් විපාක ඇත්තේ ත් වේ ද, ඒ කර්මය ප්‍රහාණය කිරීමට යම් චේතනාවක් ඇද්ද, යම් කර්මයක් අඳුරු වූ ත් දීප්තිමත් වූ ත්, අඳුරු වූ ත් දීප්තිමත් වූ ත් විපාක ඇත්තේ ත් වේ ද, ඒ කර්මය ප්‍රහාණය කිරීමට යම් චේතනාවක් ඇද්ද, මහණෙනි, මෙය කර්මය ක්ෂය වීම පිණිස පවතින්නා වූ අඳුරු ත් නොවන දීප්තිමත් නොවන විපාක ඇති අඳුරු ත් නොවන දීප්තිමත් නොවන කර්මය යැයි කියනු ලැබේ.

මහණෙනි, මා විසින් මේ කර්ම සතර ස්වකීය විශිෂ්ට ඥානයෙන් සාක්ෂාත් කොට ප්‍රකාශ කරන ලද්දේ ය.

සාදු! සාදු!! සාදු!!!

දුතිය කම්ම සූත්‍රය නිමා විය.

4.5.4.3.
තතිය කම්ම සූත්‍රය
කර්මය ගැන වදාළ තෙවෙනි දෙසුම

එකල්හී සිඛාමොග්ගල්ලාන බ්‍රාහ්මණ තෙමේ භාග්‍යවතුන් වහන්සේ කරා පැමිණියේ ය. පැමිණ භාග්‍යවතුන් වහන්සේ සමඟ සතුටු වූයේ ය. සතුටු විය යුතු පිළිසඳර කතා බහ නිමවා එකත්පස් ව වාඩි වූයේ ය. එකත්පස් ව හුන් සිඛාමොග්ගල්ලාන බ්‍රාහ්මණ තෙමේ භාග්‍යවතුන් වහන්සේට මෙය පැවසුවේ ය.

"භවත් ගෞතමයන් වහන්ස, බොහෝ දිනකට පෙර සෝණකායන මාණවකයා මා ළඟට පැමිණියේ ය. පැමිණ මට මෙය පැවසුවේ ය. 'ශ්‍රමණ ගෞතම තෙමේ සියළු කර්මයන් නොකිරීම පණවනවා නොවැ. සියළු කර්මයන්ගේ නොකිරීම පණවන්නේ ලොවෙහි විනාශයක් කියන්නේ නොවැ. භවත, මේ ලෝකය කර්මය සත්‍යය කොට ඇත. කර්ම රැස් කිරීමෙන් ම පවතියි' යනුවෙනි."

"බ්‍රාහ්මණය, මම් වනාහී සෝණකායන නම් මාණවකයෙකු නොදැක්කෙමි. දන්නේ ද නැත. එසේ ඇති කල්හී මෙබඳු වූ කතා සල්ලාපයක් කෙසේ නම් වන්නේ ද?

බ්‍රාහ්මණය, මා විසින් මේ කර්ම සතර ස්වකීය විශිෂ්ට ඥානයෙන් සාක්ෂාත් කොට ප්‍රකාශ කරන ලද්දේ ය. ඒ කවර සතරක් ද යත්;

බ්‍රාහ්මණය, අඳුරු විපාක ඇති අඳුරු කර්මයක් ඇත්තේ ය. බ්‍රාහ්මණය, දීප්තිමත් විපාක ඇති දීප්තිමත් කර්මයක් ඇත්තේ ය. බ්‍රාහ්මණය, අඳුරු වූ ත්, දීප්තිමත් වූ ත් විපාක ඇති අඳුරු වූ ත්, දීප්තිමත් වූ ත් කර්මයක් ඇත්තේ ය. බ්‍රාහ්මණය, කර්ම ක්ෂය වීම පිණිස පවතින්නා වූ අඳුරු ත් නොවන දීප්තිමත් නොවන විපාක ඇති අඳුරු ත් නොවන දීප්තිමත් නොවන කර්මයක් ඇත්තේ ය.

බ්‍රාහ්මණය, අඳුරු විපාක ඇති අඳුරු කර්මය යනු කුමක් ද? බ්‍රාහ්මණය, මෙහිලා ඇතැමෙක් දොස් සහිත වූ කාය කර්ම රැස්කරන්නේ වෙයි. දොස් සහිත වූ වචී කර්ම රැස්කරන්නේ වෙයි. දොස් සහිත වූ මනෝ කර්ම රැස් කරන්නේ වෙයි. හේ දොස් සහිත වූ කාය කර්ම රැස්කොට, දොස් සහිත වූ වචී කර්ම රැ

ස්කොට, දොස් සහිත වූ මනෝ කර්ම රැස්කොට දොස් සහිත වූ ලෝකයක උපදින්නේ ය. දොස් සහිත වූ ලෝකයක උපන් ඔහුට දොස් සහිත වූ විපාක ස්පර්ශයෝ ස්පර්ශ වෙති. ඔහු දොස් සහිත විපාක ස්පර්ශයන් ගෙන් ස්පර්ශය ලබන්නේ ඒකාන්තයෙන් දුක්ඛිත වූ දොස් සහිත වූ වේදනාවක් විඳින්නේ වෙයි. නිරිසත්වයෝ එබඳු ය. බ්‍රාහ්මණය, මෙය අඳුරු විපාක ඇති අඳුරු කර්මය යැයි කියනු ලැබේ.

බ්‍රාහ්මණය, දීප්තිමත් විපාක ඇති දීප්තිමත් කර්මය යනු කුමක් ද? බ්‍රාහ්මණය, මෙහිලා ඇතැමෙක් දොස් රහිත වූ කාය කර්ම රැස්කරන්නේ වෙයි. දොස් රහිත වූ වචී කර්ම රැස්කරන්නේ වෙයි. දොස් රහිත වූ මනෝ කර්ම රැ ස් කරන්නේ වෙයි. හේ දොස් රහිත වූ කාය කර්ම රැස්කොට, දොස් රහිත වූ වචී කර්ම රැස්කොට, දොස් රහිත වූ මනෝ කර්ම රැස්කොට දොස් රහිත වූ ලෝකයක උපදින්නේ ය. දොස් රහිත වූ ලෝකයක උපන් ඔහුට දොස් රහිත වූ විපාක ස්පර්ශයෝ ස්පර්ශ වෙති. ඔහු දොස් රහිත විපාක ස්පර්ශයන් ගෙන් ස්පර්ශය ලබන්නේ ඒකාන්තයෙන් සැපවත් වූ දොස් රහිත වූ වේදනාවක් විඳින්නේ වෙයි. සුභකිණ්ණ දෙවියෝ එබඳු ය. බ්‍රාහ්මණය, මෙය දීප්තිමත් විපාක ඇති දීප්තිමත් කර්මය යැයි කියනු ලැබේ.

බ්‍රාහ්මණය, අඳුරු වූ ත්, දීප්තිමත් වූ ත් විපාක ඇති අඳුරු වූ ත්, දීප්තිමත් වූ ත් කර්මය යනු කුමක් ද? බ්‍රාහ්මණය, මෙහිලා ඇතැමෙක් දොස් සහිත වූ ත් දොස් රහිත වූ ත් කාය කර්ම රැස්කරන්නේ වෙයි. දොස් සහිත වූ ත් දොස් රහිත වූ ත් වචී කර්ම රැස්කරන්නේ වෙයි. දොස් සහිත වූ ත් දොස් රහිත වූ ත් මනෝ කර්ම රැස් කරන්නේ වෙයි. හේ දොස් සහිත වූ ත් දොස් රහිත වූ ත් කාය කර්ම රැස්කොට, දොස් සහිත වූ ත් දොස් රහිත වූ ත් වචී කර්ම රැ ස්කොට, දොස් සහිත වූ ත් දොස් රහිත වූ ත් මනෝ කර්ම රැස්කොට දොස් සහිත වූ ත් දොස් රහිත වූ ත් ලෝකයක උපදින්නේ ය. දොස් සහිත වූ ත් දොස් රහිත වූ ත් ලෝකයක උපන් ඔහුට දොස් සහිත වූ ත් දොස් රහිත වූ ත් විපාක ස්පර්ශයෝ ස්පර්ශ වෙති. ඔහු දොස් සහිත වූ ත් දොස් රහිත වූ ත් විපාක ස්පර්ශයන්ගෙන් ස්පර්ශය ලබන්නේ දුක් සහිත වූ ත්, දුක් රහිත වූ ත්, සැපෙන් දුකින් මිශ්‍ර වූ වේදනාවක් විඳින්නේ වෙයි. මිනිස්සු එබඳු ය. ඇතැම් දෙවියෝ ත්, ඇතැම් විනිපාතිකයෝ ත් එබඳු ය. බ්‍රාහ්මණය, මෙය අඳුරු වූ ත්, දීප්තිමත් වූ ත් විපාක ඇති අඳුරු වූ ත්, දීප්තිමත් වූ ත් කර්මය යැයි කියනු ලැබේ.

බ්‍රාහ්මණය, කර්මය ක්ෂය වීම පිණිස පවතින්නා වූ අඳුරු ත් නොවන දීප්තිමත් නොවන විපාක ඇති අඳුරු ත් නොවන දීප්තිමත් නොවන කර්මය

යනු කුමක් ද?

බ්‍රාහ්මණය, එහිලා යම් කර්මයක් අඳුරු වූ ත්, අඳුරු විපාක ඇත්තේ ත් වේ ද, ඒ කර්මය ප්‍රහාණය කිරීමට යම් චේතනාවක් ඇද්ද, යම් කර්මයක් දීප්තිමත් වූ ත්, දීප්තිමත් විපාක ඇත්තේ ත් වේ ද, ඒ කර්මය ප්‍රහාණය කිරීමට යම් චේතනාවක් ඇද්ද, යම් කර්මයක් අඳුරු වූ ත් දීප්තිමත් වූ ත්, අඳුරු වූ ත් දීප්තිමත් වූ ත් විපාක ඇත්තේ ත් වේ ද, ඒ කර්මය ප්‍රහාණය කිරීමට යම් චේතනාවක් ඇද්ද, බ්‍රාහ්මණය, කර්මය ක්ෂය වීම පිණිස පවතින්නා වූ අඳුරු ත් නොවන දීප්තිමත් නොවන විපාක ඇති අඳුරු ත් නොවන දීප්තිමත් නොවන කර්මය යැයි කියනු ලැබේ.

බ්‍රාහ්මණය, මා විසින් මේ කර්ම සතර ස්වකීය විශිෂ්ට ඥානයෙන් සාක්ෂාත් කොට ප්‍රකාශ කරන ලද්දේ ය.”

සාදු! සාදු!! සාදු!!!

තතිය කම්ම සූත්‍රය නිමා විය.

4.5.4.4.
චතුත්ථ කම්ම සූත්‍රය
කර්මය ගැන වදාළ සිව්වෙනි දෙසුම

මහණෙනි, මා විසින් මේ කර්ම සතර ස්වකීය විශිෂ්ට ඥානයෙන් සාක්ෂාත් කොට ප්‍රකාශ කරන ලද්දේ ය. ඒ කවර සතරක් ද යත්;

මහණෙනි, අඳුරු විපාක ඇති අඳුරු කර්මයක් ඇත්තේ ය. මහණෙනි, දීප්තිමත් විපාක ඇති දීප්තිමත් කර්මයක් ඇත්තේ ය. මහණෙනි, අඳුරු වූ ත්, දීප්තිමත් වූ ත් විපාක ඇති අඳුරු වූ ත්, දීප්තිමත් වූ ත් කර්මයක් ඇත්තේ ය. මහණෙනි, කර්ම ක්ෂය වීම පිණිස පවතින්නා වූ අඳුරු ත් නොවන දීප්තිමත් නොවන විපාක ඇති අඳුරු ත් නොවන දීප්තිමත් නොවන කර්මයක් ඇත්තේ ය.

1.   මහණෙනි, අඳුරු විපාක ඇති අඳුරු කර්මය යනු කුමක් ද? මහණෙනි, මෙහිලා ඇතැමෙක් සතුන් මරන්නේ වෙයි. සොරකම් කරන්නේ වෙයි. වැරදි කාමසේවනයෙහි යෙදෙන්නේ වෙයි. බොරු කියන්නේ වෙයි. මත්පැන් මත්ද්‍රව්‍ය

භාවිතා කරන්නේ වෙයි. මහණෙනි, මෙය අඳුරු විපාක ඇති අඳුරු කර්මය යැයි කියනු ලැබේ.

2. මහණෙනි, දීප්තිමත් විපාක ඇති දීප්තිමත් කර්මය යනු කුමක් ද? මහණෙනි, මෙහිලා ඇතැමෙක් සතුන් මැරීමෙන් වැළකුණේ වෙයි. සොරකම් කිරීමෙන් වැළකුණේ වෙයි. වැරදි කාමසේවනයෙන් වැළකුණේ වෙයි. බොරු කීමෙන් වැළකුණේ වෙයි. මත්පැන් මත්ද්‍රව්‍ය භාවිතා කිරීමෙන් වැළකුණේ වෙයි. මහණෙනි, මෙය දීප්තිමත් විපාක ඇති දීප්තිමත් කර්මය යැයි කියනු ලැබේ.

3. මහණෙනි, අඳුරු වූ ත්, දීප්තිමත් වූ ත් විපාක ඇති අඳුරු වූ ත්, දීප්තිමත් වූ ත් කර්මය යනු කුමක් ද? මහණෙනි, ඇතැමෙක් දොස් සහිත වූ ත්, දොස් රහිත වූ ත් කාය සංස්කාර රැස් කරන්නේ වෙයි. ....(පෙ).... (වචී සංස්කාර ....(පෙ).... මනෝ සංස්කාර රැස් කරන්නේ වෙයි) මහණෙනි, මෙය අඳුරු වූ ත්, දීප්තිමත් වූ ත් විපාක ඇති අඳුරු වූ ත්, දීප්තිමත් වූ ත් කර්මය යැයි කියනු ලැබේ.

4. මහණෙනි, කර්මය ක්ෂය වීම පිණිස පවතින්නා වූ අඳුරු ත් නොවන දීප්තිමත් නොවන විපාක ඇති අඳුරු ත් නොවන දීප්තිමත් නොවන කර්මය යනු කුමක් ද? මහණෙනි, එහිලා යම් කර්මයක් අඳුරු වූ ත්, අඳුරු විපාක ඇත්තේ ත් වේ ද, ඒ කර්මය ප්‍රහාණය කිරීමට යම් චේතනාවක් ඇද්ද, ...(පෙ).... මහණෙනි, කර්මය ක්ෂය වීම පිණිස පවතින්නා වූ අඳුරු ත් නොවන දීප්තිමත් නොවන විපාක ඇති අඳුරු ත් නොවන දීප්තිමත් නොවන කර්මය යැයි කියනු ලැබේ.

මහණෙනි, මා විසින් මේ කර්ම සතර ස්වකීය විශිෂ්ට ඥානයෙන් සාක්ෂාත් කොට ප්‍රකාශ කරන ලද්දේ ය.

සාදු! සාදු!! සාදු!!!

චතුත්ථ කම්ම සූත්‍රය නිමා විය.

4.5.4.5.
පඤ්චම කම්ම සූත්‍රය
කර්මය ගැන වදාළ පස්වෙනි දෙසුම

මහණෙනි, මා විසින් මේ කර්ම සතර ස්වකීය විශිෂ්ට ඥානයෙන් සාක්ෂාත් කොට ප්‍රකාශ කරන ලද්දේ ය. ඒ කවර සතරක් ද යත්;

මහණෙනි, අඳුරු විපාක ඇති අඳුරු කර්මයක් ඇත්තේ ය. මහණෙනි, දීප්තිමත් විපාක ඇති දීප්තිමත් කර්මයක් ඇත්තේ ය. මහණෙනි, අඳුරු වූ ත්, දීප්තිමත් වූ ත් විපාක ඇති අඳුරු වූ ත්, දීප්තිමත් වූ ත් කර්මයක් ඇත්තේ ය. මහණෙනි, කර්ම ක්ෂය වීම පිණිස පවතින්නා වූ අඳුරු ත් නොවන දීප්තිමත් නොවන විපාක ඇති අඳුරු ත් නොවන දීප්තිමත් නොවන කර්මයක් ඇත්තේ ය.

1. මහණෙනි, අඳුරු විපාක ඇති අඳුරු කර්මය යනු කුමක් ද? මහණෙනි, මෙහිලා ඇතැමෙක් තම මව් මරන්නේ වෙයි. තම පියා මරන්නේ වෙයි. රහතුන් මරන්නේ වෙයි. දුෂ්ට සිතින් තථාගතයන්ගේ සිරුරෙහි ලේ සොලවන්නේ වෙයි. සංඝභේදය කරන්නේ වෙයි. මහණෙනි, මෙය අඳුරු විපාක ඇති අඳුරු කර්මය යැයි කියනු ලැබේ.

2. මහණෙනි, දීප්තිමත් විපාක ඇති දීප්තිමත් කර්මය යනු කුමක් ද? මහණෙනි, මෙහිලා ඇතැමෙක් සතුන් මැරීමෙන් වැළකුණේ වෙයි. සොරකම් කිරීමෙන් වැළකුණේ වෙයි. වැරදි කාමසේවනයෙන් වැළකුණේ වෙයි. බොරු කීමෙන් වැළකුණේ වෙයි. කේළාම් කීමෙන් වැළකුණේ වෙයි. ඵරුෂ වචනයෙන් වැළකුණේ වෙයි. නිසරු බස් දෙඩීමෙන් වැළකුණේ වෙයි. අන් සතු දෙයට ලෝභ නොකරන්නේ වෙයි. කෝප රහිත සිත් ඇත්තේ වෙයි. සම්‍යක් දෘෂ්ටියෙන් යුක්ත වූයේ වෙයි. මහණෙනි, මෙය දීප්තිමත් විපාක ඇති දීප්තිමත් කර්මය යැයි කියනු ලැබේ.

3. මහණෙනි, අඳුරු වූ ත්, දීප්තිමත් වූ ත් විපාක ඇති අඳුරු වූ ත්, දීප්තිමත් වූ ත් කර්මය යනු කුමක් ද? මහණෙනි, ඇතැමෙක් දොස් සහිත වූ ත්, දොස් රහිත වූ ත් කාය සංස්කාර රැස් කරන්නේ වෙයි. ....(පෙ).... (වචී සංස්කාර ....(පෙ).... මනෝ සංස්කාර රැස් කරන්නේ වෙයි) මහණෙනි, මෙය අඳුරු වූ ත්, දීප්තිමත් වූ ත් විපාක ඇති අඳුරු වූ ත්, දීප්තිමත් වූ ත් කර්මය යැයි කියනු ලැබේ.

4. මහණෙනි, කර්මය ක්ෂය වීම පිණිස පවතින්නා වූ අඳුරු ත් නොවන දීප්තිමත් නොවන විපාක ඇති අඳුරු ත් නොවන දීප්තිමත් නොවන කර්මය යනු කුමක් ද? මහණෙනි, එහිලා යම් කර්මයක් අඳුරු වූ ත්, අඳුරු විපාක ඇත්තේ ත් වේ ද, ඒ කර්මය ප්‍රහාණය කිරීමට යම් චේතනාවක් ඇද්ද, ...(පෙ).... මහණෙනි, කර්මය ක්ෂය වීම පිණිස පවතින්නා වූ අඳුරු ත් නොවන දීප්තිමත් නොවන විපාක ඇති අඳුරු ත් නොවන දීප්තිමත් නොවන කර්මය යැයි කියනු ලැබේ.

මහණෙනි, මා විසින් මේ කර්ම සතර ස්වකීය විශිෂ්ට ඥානයෙන් සාක්ෂාත් කොට ප්‍රකාශ කරන ලද්දේ ය.

සාදු! සාදු!! සාදු!!!

පඤ්චම කම්ම සූත්‍රය නිමා විය.

4.5.4.6.
ඡට්ඨ කම්ම සූත්‍රය
කර්මය ගැන වදාළ සයවෙනි දෙසුම

මහණෙනි, මා විසින් මේ කර්ම සතර ස්වකීය විශිෂ්ට ඥානයෙන් සාක්ෂාත් කොට ප්‍රකාශ කරන ලද්දේ ය. ඒ කවර සතරක් ද යත්;

මහණෙනි, අඳුරු විපාක ඇති අඳුරු කර්මයක් ඇත්තේ ය. මහණෙනි, දීප්තිමත් විපාක ඇති දීප්තිමත් කර්මයක් ඇත්තේ ය. මහණෙනි, අඳුරු වූ ත්, දීප්තිමත් වූ ත් විපාක ඇති අඳුරු වූ ත්, දීප්තිමත් වූ ත් කර්මයක් ඇත්තේ ය. මහණෙනි, කර්ම ක්ෂය වීම පිණිස පවතින්නා වූ අඳුරු ත් නොවන දීප්තිමත් නොවන විපාක ඇති අඳුරු ත් නොවන දීප්තිමත් නොවන කර්මයක් ඇත්තේ ය.

1. මහණෙනි, අඳුරු විපාක ඇති අඳුරු කර්මය යනු කුමක් ද? මහණෙනි, මෙහිලා ඇතැමෙක් දොස් සහිත වූ කාය සංස්කාර රැස් කරන්නේ වෙයි. ....(පෙ).... මහණෙනි, මෙය අඳුරු විපාක ඇති අඳුරු කර්මය යැයි කියනු ලැබේ.

2. මහණෙනි, දීප්තිමත් විපාක ඇති දීප්තිමත් කර්මය යනු කුමක් ද? මහණෙනි, මෙහිලා ඇතැමෙක් දොස් රහිත වූ කාය සංස්කාර රැස් කරන්නේ

වෙයි ....(පෙ).... මහණෙනි, මෙය දීප්තිමත් විපාක ඇති දීප්තිමත් කර්මය යැයි කියනු ලැබේ.

3. මහණෙනි, අඳුරු වූ ත්, දීප්තිමත් වූ ත් විපාක ඇති අඳුරු වූ ත්, දීප්තිමත් වූ ත් කර්මය යනු කුමක් ද? මහණෙනි, ඇතැමෙක් දොස් සහිත වූ ත්, දොස් රහිත වූ ත් කාය සංස්කාර රැස් කරන්නේ වෙයි. ....(පෙ).... මහණෙනි, මෙය අඳුරු වූ ත්, දීප්තිමත් වූ ත් විපාක ඇති අඳුරු වූ ත්, දීප්තිමත් වූ ත් කර්මය යැයි කියනු ලැබේ.

4. මහණෙනි, කර්මය ක්ෂය වීම පිණිස පවතින්නා වූ අඳුරු ත් නොවන දීප්තිමත් නොවන විපාක ඇති අඳුරු ත් නොවන දීප්තිමත් නොවන කර්මය යනු කුමක් ද? සම්මා දිට්ඨිය ය. ....(පෙ).... සම්මා සමාධිය ය. මහණෙනි, කර්මය ක්ෂය වීම පිණිස පවතින්නා වූ අඳුරු ත් නොවන දීප්තිමත් නොවන විපාක ඇති අඳුරු ත් නොවන දීප්තිමත් නොවන කර්මය යැයි කියනු ලැබේ.

මහණෙනි, මා විසින් මේ කර්ම සතර ස්වකීය විශිෂ්ට ඥානයෙන් සාක්ෂාත් කොට ප්‍රකාශ කරන ලද්දේ ය.

සාධු! සාධු!! සාධු!!!

ඡට්ඨ කම්ම සූත්‍රය නිමා විය.

4.5.4.7.
සත්තම කම්ම සූත්‍රය
කර්මය ගැන වදාළ සත්වෙනි දෙසුම

මහණෙනි, මා විසින් මේ කර්ම සතර ස්වකීය විශිෂ්ට ඥානයෙන් සාක්ෂාත් කොට ප්‍රකාශ කරන ලද්දේ ය. ඒ කවර සතරක් ද යත්;

මහණෙනි, අඳුරු විපාක ඇති අඳුරු කර්මයක් ඇත්තේ ය. මහණෙනි, දීප්තිමත් විපාක ඇති දීප්තිමත් කර්මයක් ඇත්තේ ය. මහණෙනි, අඳුරු වූ ත්, දීප්තිමත් වූ ත් විපාක ඇති අඳුරු වූ ත්, දීප්තිමත් වූ ත් කර්මයක් ඇත්තේ ය. මහණෙනි, කර්ම ක්ෂය වීම පිණිස පවතින්නා වූ අඳුරු ත් නොවන දීප්තිමත් නොවන විපාක ඇති අඳුරු ත් නොවන දීප්තිමත් නොවන කර්මයක් ඇත්තේය.

1. මහණෙනි, අඳුරු විපාක ඇති අඳුරු කර්මය යනු කුමක් ද? මහණෙනි, මෙහිලා ඇතැමෙක් දොස් සහිත වූ කාය සංස්කාර රැස් කරන්නේ වෙයි. ....(පෙ).... මහණෙනි, මෙය අඳුරු විපාක ඇති අඳුරු කර්මය යැයි කියනු ලැබේ.

2. මහණෙනි, දීප්තිමත් විපාක ඇති දීප්තිමත් කර්මය යනු කුමක් ද? මහණෙනි, මෙහිලා ඇතැමෙක් දොස් රහිත වූ කාය සංස්කාර රැස් කරන්නේ වෙයි ....(පෙ).... මහණෙනි, මෙය දීප්තිමත් විපාක ඇති දීප්තිමත් කර්මය යැයි කියනු ලැබේ.

3. මහණෙනි, අඳුරු වූ ත්, දීප්තිමත් වූ ත් විපාක ඇති අඳුරු වූ ත්, දීප්තිමත් වූ ත් කර්මය යනු කුමක් ද? මහණෙනි, ඇතැමෙක් දොස් සහිත වූ ත්, දොස් රහිත වූ ත් කාය සංස්කාර රැස් කරන්නේ වෙයි. ....(පෙ).... මහණෙනි, මෙය අඳුරු වූ ත්, දීප්තිමත් වූ ත් විපාක ඇති අඳුරු වූ ත්, දීප්තිමත් වූ ත් කර්මය යැයි කියනු ලැබේ.

4. මහණෙනි, කර්මය ක්ෂය වීම පිණිස පවතින්නා වූ අඳුරු ත් නොවන දීප්තිමත් නොවන විපාක ඇති අඳුරු ත් නොවන දීප්තිමත් නොවන කර්මය යනු කුමක් ද? සති සම්බොජ්ඣංගය, ධම්මවිචය සම්බොජ්ඣංගය, විරිය සම්බොජ්ඣංගය, පීති සම්බොජ්ඣංගය, පස්සද්ධි සම්බොජ්ඣංගය, සමාධි සම්බොජ්ඣංගය, උපෙක්ඛා සම්බොජ්ඣංගය ය. මහණෙනි, කර්මය ක්ෂය වීම පිණිස පවතින්නා වූ අඳුරු ත් නොවන දීප්තිමත් නොවන විපාක ඇති අඳුරු ත් නොවන දීප්තිමත් නොවන කර්මය යැයි කියනු ලැබේ.

මහණෙනි, මා විසින් මේ කර්ම සතර ස්වකීය විශිෂ්ට ඥානයෙන් සාක්ෂාත් කොට ප්‍රකාශ කරන ලද්දේ ය.

සාදු! සාදු!! සාදු!!!

සත්තම කම්ම සූත්‍රය නිමා විය.

4.5.4.8.
සාවජ්ජ - අනවජ්ජ කම්ම සූත්‍රය
වැරදි - නිවැරදි කර්මය ගැන වදාළ දෙසුම

මහණෙනි, කරුණු සතරකින් සමන්විත වූ පුද්ගලයා ඔසොවාගෙන පැමිණි බරක් බිම තබන පරිද්දෙන් නිරයෙහි උපදින්නේ ය. ඒ කවර සතරකින් ද යත්;

වැරදි කාය කර්මයෙන් ය. වැරදි වචී කර්මයෙන් ය. වැරදි මනෝ කර්මයෙන් ය. වැරදි දෘෂ්ටියෙන් ය.

මහණෙනි, මේ කරුණු සතරින් සමන්විත වූ පුද්ගලයා ඔසොවාගෙන පැමිණි බරක් බිම තබන පරිද්දෙන් නිරයෙහි උපදින්නේ ය.

මහණෙනි, කරුණු සතරකින් සමන්විත වූ පුද්ගලයා ඔසොවාගෙන පැමිණි බරක් බිම තබන පරිද්දෙන් සුගතියෙහි උපදින්නේ ය. ඒ කවර සතරකින් ද යත්;

නිවැරදි කාය කර්මයෙන් ය. නිවැරදි වචී කර්මයෙන් ය. නිවැරදි මනෝ කර්මයෙන් ය. නිවැරදි දෘෂ්ටියෙන් ය.

මහණෙනි, මේ කරුණු සතරින් සමන්විත වූ පුද්ගලයා ඔසොවාගෙන පැමිණි බරක් බිම තබන පරිද්දෙන් සුගතියෙහි උපදින්නේ ය.

සාදු! සාදු!! සාදු!!!

සාවජ්ජ-අනවජ්ජ කම්ම සූත්‍රය නිමා විය.

4.5.4.9.
සබ්‍යාපජ්ජ - අබ්‍යාපජ්ජ කම්ම සූත්‍රය
දොස් සහිත - නිදොස් කර්මය ගැන වදාළ දෙසුම

මහණෙනි, කරුණු සතරකින් සමන්විත වූ පුද්ගලයා ඔසොවාගෙන

පැමිණි බරක් බිම තබන පරිද්දෙන් නිරයෙහි උපදින්නේ ය. ඒ කවර සතරකින් ද යත්;

දොස් සහිත කාය කර්මයෙන් ය. දොස් සහිත වචී කර්මයෙන් ය. දොස් සහිත මනෝ කර්මයෙන් ය. දොස් සහිත දෘෂ්ටියෙන් ය.

මහණෙනි, මේ කරුණු සතරින් සමන්විත වූ පුද්ගලයා ඔසොවාගෙන පැමිණි බරක් බිම තබන පරිද්දෙන් නිරයෙහි උපදින්නේ ය.

මහණෙනි, කරුණු සතරකින් සමන්විත වූ පුද්ගලයා ඔසොවාගෙන පැමිණි බරක් බිම තබන පරිද්දෙන් සුගතියෙහි උපදින්නේ ය. ඒ කවර සතරකින් ද යත්;

නිදොස් කාය කර්මයෙන් ය. නිදොස් වචී කර්මයෙන් ය. නිදොස් මනෝ කර්මයෙන් ය. නිදොස් දෘෂ්ටියෙන් ය.

මහණෙනි, මේ කරුණු සතරින් සමන්විත වූ පුද්ගලයා ඔසොවාගෙන පැමිණි බරක් බිම තබන පරිද්දෙන් සුගතියෙහි උපදින්නේ ය.

සාදු! සාදු!! සාදු!!!

සබ්‍යාපජ්ජ - අබ්‍යාපජ්ජ කම්ම සූත්‍රය නිමා විය.

4.5.4.10.
සමණ සූත්‍රය
ශ්‍රමණයා ගැන වදාළ දෙසුම

මහණෙනි, පළමු ශ්‍රමණයා ද සිටින්නේ මේ බුදු සසුනෙහි ම ය. දෙවෙනි ශ්‍රමණයා ද සිටින්නේ මේ බුදු සසුනෙහි ම ය. තුන්වෙනි ශ්‍රමණයා ද සිටින්නේ මේ බුදු සසුනෙහි ම ය. සිව්වෙනි ශ්‍රමණයා ද සිටින්නේ මේ බුදු සසුනෙහි ම ය. අන්‍ය වූ ශාසනයන් හි ශ්‍රමණයන්ගෙන් හිස් ය. මහණෙනි, ඔය කරුණ පිළිබඳ ව මැනැවින් සිංහනාද කරව්.

1. මහණෙනි, පළමුවෙනි ශ්‍රමණයා යනු කවරෙක් ද? මහණෙනි, මෙසසුනෙහි භික්ෂුව සංයෝජන තුනක් ක්ෂය කිරීමෙන් සෝවාන් වූයේ වෙයි. අපායට නොයන ස්වභාව ඇත්තේ වෙයි. නියත වශයෙන් ම නිවන අවබෝධ

කරන්නේ වෙයි. මහණෙනි, මේ පළමු ශ්‍රමණයා ය.

2. මහණෙනි, දෙවෙනි ශ්‍රමණයා යනු කවරෙක් ද? මහණෙනි, මෙසසුනෙහි භික්ෂුව තුන් සංයෝජනයක් ක්ෂය කිරීමෙන් රාග, ද්වේෂ, මෝහයන් තුනී වීමෙන් සකදාගාමී වෙයි. එක් වරක් පමණක් මෙලොවට අවුත් දුක් අවසන් කරන්නේ වෙයි. මහණෙනි, මේ දෙවන ශ්‍රමණයා ය.

3. මහණෙනි, තුන්වෙනි ශ්‍රමණයා යනු කවරෙක් ද? මහණෙනි, මෙසසුනෙහි භික්ෂුව ඕරම්භාගීය සංයෝජන පස ක්ෂය කිරීමෙන් සුද්ධාවාස බඹලොව ඕපපාතික ව උපදින්නේ වෙයි. නැවත මෙලොවට හැරී නොඑන ස්වභාවයෙන් යුතුව එහි පිරිනිවන් පාන්නේ වෙයි. මහණෙනි, මේ තුන්වෙනි ශ්‍රමණයා ය.

4. මහණෙනි, සිව්වෙනි ශ්‍රමණයා යනු කවරෙක් ද? මහණෙනි, මෙසසුනෙහි භික්ෂුව ආශ්‍රවයන් ක්ෂය කිරීමෙන් අනාශ්‍රව වූ චේතෝ විමුක්තිය ත්, ප්‍රඥා විමුක්තිය ත් මේ ජීවිතයේ දී ම ස්වකීය විශිෂ්ට ඥානයෙන් අත්දැක එයට පැමිණ වාසය කරයි. මහණෙනි, මේ සතරවෙනි ශ්‍රමණයා ය.

මහණෙනි, පළමු ශ්‍රමණයා ද සිටින්නේ මේ බුදු සසුනෙහි ම ය. දෙවෙනි ශ්‍රමණයා ද සිටින්නේ මේ බුදු සසුනෙහි ම ය. තුන්වෙනි ශ්‍රමණයා ද සිටින්නේ මේ බුදු සසුනෙහි ම ය. සිව්වෙනි ශ්‍රමණයා ද සිටින්නේ මේ බුදු සසුනෙහි ම ය. අන්‍ය වූ ශාසනයන් හි ශ්‍රමණයන්ගෙන් හිස් ය.

සාදු! සාදු!! සාදු!!!

සමණ සූත්‍රය නිමා විය.

4.5.4.11.
සප්පුරිසානිසංස සූත්‍රය
සත්පුරුෂයා නිසා ලැබෙන අනුසස් ගැන වදාළ දෙසුම

මහණෙනි, සත්පුරුෂයා නිසා අනුසස් සතරක් කැමති විය යුත්තේ ය. ඒ කවර සතරක් ද යත් ;

ආර්ය වූ සීලයෙන් දියුණු වෙයි. ආර්ය වූ සමාධියෙන් දියුණු වෙයි. ආර්ය වූ ප්‍රඥාවෙන් දියුණු වෙයි. ආර්ය වූ විමුක්තියෙන් දියුණු වෙයි.

මහණෙනි, සත්පුරුෂයා නිසා මේ අනුසස් සතර කැමති විය යුත්තේය.

සාදු! සාදු!! සාදු!!!

සප්පුරිසානිසංස සූත්‍රය නිමා විය.

සිව්වෙනි කම්ම වර්ගය අවසන් විය.

● එහි පිළිවෙල උද්දානයයි :

කම්ම සූත්‍ර හත ය, සාවජ්ජ අනවජ්ජ කම්ම සූත්‍රය, සබ්‍යාපජ්ජ අබ්‍යාපජ්ජ කම්ම සූත්‍රය, සමණ සූත්‍රය සහ සප්පුරිසානිසංස සූත්‍රය වශයෙන් මෙහි සූත්‍ර එකොළොසකි.

5. ආපත්තිභය වර්ගය

4.5.5.1.
පාප භික්ඛු සූත්‍රය
පවිටු භික්ෂුව ගැන වදාළ දෙසුම

එක් සමයක භාග්‍යවතුන් වහන්සේ කොසඹෑ නුවර ඝෝෂිතාරාමයෙහි වැඩවසන සේක. එකල්හී ආයුෂ්මත් ආනන්දයන් වහන්සේ භාග්‍යවතුන් වහන්සේ යම් තැනක වැඩසිටි සේක් ද, එතැනට පැමිණියහ. පැමිණ භාග්‍යවතුන් වහන්සේට සකසා වන්දනා කොට එකත්පස් ව හිඳගත්හ. එකත්පස් ව හුන් ආයුෂ්මත් ආනන්දයන් වහන්සේට භාග්‍යවතුන් වහන්සේ මෙය වදාළ සේක.

"කිම ? ආනන්දය, ඒ අර්බුදය සංසිඳී ගියේ ද?"

"ස්වාමීනී, කෙසේ නම් ඒ අර්බුදය සංසිඳෙන්නේ ද? ස්වාමීනී, ආයුෂ්මත් අනුරුද්ධයන්ගේ බාහිය නම් සද්ධිවිහාරික භික්ෂුව මුළුමනින් ම සංඝභේදයට සිටින්නේ නොවැ. එහිලා ආයුෂ්මත් අනුරුද්ධයන් වහන්සේ එක වචනයක් වත් කිව යුතු යැයි නොසිතත්."

"ආනන්දය, කවදා නම් අනුරුද්ධ තෙමේ සංඝයාගේ අර්බුදයකට මැදිහත් වූයේ ද? ආනන්දය, යම් මේ අර්බුදයෝ හටගනිත් නම් ඒ සියල්ල ඔබ හෝ සාරිපුත්ත, මොග්ගල්ලානයන් හෝ මැදිහත් වී සංසිඳිය යුත්තාහ.

ආනන්දය, කරුණු සතරක් දකින්නට ලැබෙන පාප භික්ෂුව සංඝභේදයෙන් සතුටු වෙයි. ඒ කවර කරුණු සතරක් ද යත්;

1. ආනන්දය, මෙහිලා පවිටු භික්ෂුව දුස්සීල වෙයි. පවිටු ධර්ම ඇත්තේ වෙයි. අපවිත්‍ර ක්‍රියා ඇත්තේ වෙයි. සැක සහගත හැසිරීම් ඇත්තේ වෙයි. සැඟවී කරන කටයුතු ඇත්තේ වෙයි. අශ්‍රමණ ව ශ්‍රමණ බවට ප්‍රතිඥා දෙන්නේ වෙයි.

අබ්‍රහ්මචාරී ව බ්‍රහ්මචාරී බව පෙන්වන්නේ වෙයි. ඇතුළත කුණු වූයේ වෙයි. කෙලෙසුන්ගෙන් තෙත් වූයේ වෙයි. හටගත් කෙලෙස් කසල ඇත්තේ වෙයි. ඔහුට මෙසේ සිතෙයි. 'ඉදින් භික්ෂූහු මා ගැන දුස්සීල ය, පවිටු ධර්ම ඇත්තේ ය, අපවිත්‍ර ක්‍රියා ඇත්තේ ය, සැක සහගත හැසිරීම් ඇත්තේ ය, සැඟවී කරන කටයුතු ඇත්තේ ය, අශ්‍රමණ ව ශ්‍රමණ බවට ප්‍රතිඥා දෙන්නේ ය, අබ්‍රහ්මචාරී ව බ්‍රහ්මචාරී බව පෙන්වන්නේ ය, ඇතුළත කුණු වූයේ ය, කෙලෙසුන්ගෙන් තෙත් වූයේ ය, හටගත් කෙලෙස් කසල ඇත්තේ ය යන කරුණු දන්නාහු නම් සංඝයා සමඟි ව මාව නෙරපන්නාහු ය. නමුත් සංඝයා ව අසමඟි කළ විට මාව නෙරපන්නේ නැත' යනුවෙනි. ආනන්දය, මේ පළමුවෙනි කරුණ දකින්නට ලැබෙන පවිටු භික්ෂුව සංඝභේදයෙන් සතුටු වෙයි.

2. තව ද ආනන්දය, පවිටු භික්ෂුව මිථ්‍යා දෘෂ්ටි ඇත්තේ වෙයි. දෑඩි අන්ත ගාමී දෘෂ්ටියකින් යුක්ත වූයේ වෙයි. ඔහුට මෙසේ සිතෙයි. 'ඉදින් භික්ෂූහු මා ගැන මිථ්‍යා දෘෂ්ටි ඇත්තෙක් ය, දෑඩි අන්තගාමී දෘෂ්ටියකින් යුතු කෙනෙක් ය යන කරුණු දන්නාහු නම් සංඝයා සමඟි ව මාව නෙරපන්නාහු ය. නමුත් සංඝයා ව අසමඟි කළ විට මාව නෙරපන්නේ නැත' යනුවෙනි. ආනන්දය, මේ දෙවෙනි කරුණ දකින්නට ලැබෙන පවිටු භික්ෂුව සංඝභේදයෙන් සතුටු වෙයි.

3. තව ද ආනන්දය, පවිටු භික්ෂුව මිථ්‍යා ආජීවයෙන් යුක්ත වෙයි. මිථ්‍යා ආජීවයෙන් ජීවිතය ගෙවයි. ඔහුට මෙසේ සිතෙයි. 'ඉදින් භික්ෂූහු මා ගැන මිථ්‍යා ආජීව ඇත්තෙක් ය, මිථ්‍යා ආජීවයෙන් ජීවිතය ගෙවන කෙනෙක් ය යන කරුණු දන්නාහු නම් සංඝයා සමඟි ව මාව නෙරපන්නාහු ය. නමුත් සංඝයා ව අසමඟි කළ විට මාව නෙරපන්නේ නැත' යනුවෙනි. ආනන්දය, මේ තුන්වෙනි කරුණ දකින්නට ලැබෙන පවිටු භික්ෂුව සංඝභේදයෙන් සතුටු වෙයි.

4. තව ද ආනන්දය, පවිටු භික්ෂුව ලාභ කැමති වෙයි. සත්කාර කැමති වෙයි. ගැරහීම් නොකැමති වෙයි. ඔහුට මෙසේ සිතෙයි. 'ඉදින් භික්ෂූහු මා ගැන ලාභ කැමති කෙනෙක් ය, සත්කාර කැමති කෙනෙක් ය, ගැරහීම් නොකැමති කෙනෙක් ය යන කරුණු දන්නාහු නම් සංඝයා සමඟි ව මා හට සත්කාර නොකරන්නාහු ය. ගෞරව නොකරන්නාහු ය. බුහුමන් නොකරන්නාහු ය. නොපුදන්නාහු ය. නමුත් සංඝයා ව අසමඟි කළ විට අසමඟි වූ සංඝයා මට සත්කාර කරන්නාහ. ගෞරව කරන්නාහ. බුහුමන් කරන්නාහ. පුදන්නාහ.' යනුවෙනි. ආනන්දය, මේ සිව්වෙනි කරුණ දකින්නට ලැබෙන පවිටු භික්ෂුව සංඝභේදයෙන් සතුටු වෙයි.

ආනන්දය, මේ කරුණු සතර දකින්නට ලැබෙන පාප භික්ෂුව සංඝභේදයෙන් සතුටු වෙයි.

සාදු! සාදු!! සාදු!!!

පාපභික්ඛු සූත්‍රය නිමා විය.

4.5.5.2.
ආපත්තිභය සූත්‍රය
වරදට භය වීම ගැන වදාළ දෙසුම

මහණෙනි, මේ ආපත්ති භය සතරකි. ඒ කවර සතරක් ද යත්;

1. මහණෙනි, යම් සේ අපරාධකාරී සොරෙකු අල්ලාගෙන රජුට පෙන්වත් ද, 'දේවයිනි, මේ ඔබගේ අපරාධකාරී සොරා ය. දේවයිනි, මොහුට දඬුවම් පමුණුවනු මැනැවි' යි. එවිට රජු ඔවුන්ට මෙසේ කියයි. 'භවත්නි, යව්. මේ පුරුෂයා දැඩි රැහැනෙන් දෙඅත් පිටුපසට කොට දැඩි සේ බැඳ, හිස මුඩු කොට, දරුණු හඬ ඇති වධ බෙර වයමින් වීදියෙන් වීදියට, මංසන්ධියෙන් මංසන්ධියට ඇදගෙන ගොස් දකුණු දොරටුවෙන් නික්ම නගරයට දකුණු දෙසින් හිස සිඳිව්.' ඉක්බිති රජුගේ ඒ පුරුෂයෝ අර සොරා දැඩි රැහැනෙන් දෙඅත් පිටුපසට කොට දැඩි සේ බැඳ, හිස මුඩු කොට, දරුණු හඬ ඇති වධ බෙර වයමින් වීදියෙන් වීදියට, මංසන්ධියෙන් මංසන්ධියට ඇදගෙන ගොස් දකුණු දොරටුවෙන් නික්ම නගරයට දකුණු දෙසින් හිස සිඳිත්. එවිට එහි එක්තරා තැනක සිටිනා පුරුෂයෙකුට මෙසේ සිතෙයි. 'අහෝ ! මේ පුරුෂයා ඒකාන්තයෙන් ම යම්බඳු ගැරහිය යුතු, හිස සිඳිය යුතු කර්මයක් කළේ ම ය. එනිසා ම යම් කර්මයක් නිසා රාජපුරුෂයෝ මොහු දැඩි රැහැනෙන් දෙඅත් පිටුපසට කොට දැඩි සේ බැඳ, හිස මුඩු කොට, දරුණු හඬ ඇති වධ බෙර වයමින් වීදියෙන් වීදියට, මංසන්ධියෙන් මංසන්ධියට ඇදගෙන ගොස් දකුණු දොරටුවෙන් නික්ම නගරයට දකුණු දෙසින් හිස සිඳිත් ද, ඒ පුද්ගලයා මම නම් මෙබඳු වූ ගැරහිය යුතු, හිස සිඳිය යුතු පාප කර්මයක් නොකරමි' යි.

මහණෙනි, ඒ අයුරින් ම යම්කිසි භික්ෂුවකට හෝ භික්ෂුණියකට හෝ මෙසේ පාරාජිකා ධර්මයන් පිළිබඳ ව තියුණු වූ භය සංඥාව එළඹ සිටින්නේ වෙයි ද, ඔහුට මෙය කැමති විය යුත්තේ ය. එනම් නොපැමිණි පාරාජිකාවකට

නොපැමිණෙන්නේ ය. පැමිණි පාරාජිකාවට ධර්මානුකූලව ප්‍රතිකර්ම කරන්නේ ය යන කරුණ යි.

2. මහණෙනි, යම් සේ පුරුෂයෙක් කලු වස්ත්‍රයක් හැඳ, කෙස් විසිරුවාගෙන, මොහොලක් කර තබාගෙන, මහාජනයාට වැඳ මෙසේ කියයි නම්, 'භවත්නි, මම මොහොල් පහරට නිසි ගැරහිය යුතු පාප කර්මයක් කළෙමි. ඉදින් ආයුෂ්මත්හු මට දෙන යම් දඬුවමකින් සතුටුවහු නම් එය කරනු' යි. එවිට එකත්පස් ව සිටි එක්තරා පුරුෂයෙකුට මෙසේ සිතෙයි. 'භවත්නි, මේ පුරුෂයා ඒකාන්තයෙන් ම ගැරහිය යුතු, මොහොල් පහර දිය යුතු පාප කර්මයක් කළේ ම ය. එනිසා ය මෙතෙමේ කලු වතක් හැඳ, කෙස් විසිරුවාගෙන, මොහොලක් කරට ගෙන ජනයාට වැඳ මෙසේ කියන්නේ. 'මම මොහොල් පහරට නිසි ගැරහිය යුතු පාප කර්මයක් කළෙමි. ඉදින් ආයුෂ්මත්හු මට දෙන යම් දඬුවමකින් සතුටුවහු නම් එය කරනු' යනුවෙන්. ඉදින් ඒ පුරුෂයා මම නම් එබඳු මොහොලින් පහර දිය යුතු, ගැරහිය යුතු පාප කර්මයක් නොකරමි' යි.

මහණෙනි, ඒ අයුරින් ම යම්කිසි භික්ෂුවකට හෝ භික්ෂුණියකට හෝ මෙසේ සංඝාදිසේස ධර්මයන් පිළිබඳ ව තියුණු වූ භය සංඥාව එළඹ සිටින්නේ වෙයි ද, ඔහුට මෙය කැමති විය යුත්තේ ය. එනම් නොපැමිණි සංඝාදිසේසයකට නොපැමිණෙන්නේ ය. පැමිණි සංඝාදිසේසයකට ධර්මානුකූලව ප්‍රතිකර්ම කරන්නේ ය යන කරුණ යි.

3. මහණෙනි, යම් සේ පුරුෂයෙක් කලු වස්ත්‍රයක් හැඳ, කෙස් විසිරුවා ගෙන, අළු පොදියක් කර තබාගෙන, මහාජනයාට වැඳ මෙසේ කියයි නම්, 'භවත්නි, මම අළු පොදියෙන් ලැබෙන පහරට නිසි ගැරහිය යුතු පාප කර්මයක් කළෙමි. ඉදින් ආයුෂ්මත්හු මට දෙන යම් දඬුවමකින් සතුටුවහු නම් එය කරනු' යි. එවිට එකත්පස් ව සිටි එක්තරා පුරුෂයෙකුට මෙසේ සිතෙයි. 'භවත්නි, මේ පුරුෂයා ඒකාන්තයෙන් ම ගැරහිය යුතු, අළු පොදියෙන් පහර දිය යුතු පාප කර්මයක් කළේ ම ය. එනිසා ය මෙතෙමේ කලු වතක් හැඳ, කෙස් විසිරුවාගෙන, අළු පොදියක් කරට ගෙන ජනයාට වැඳ මෙසේ කියන්නේ. 'මම අළු පොදියෙන් ලැබෙන පහරට නිසි ගැරහිය යුතු පාප කර්මයක් කළෙමි. ඉදින් ආයුෂ්මත්හු මට දෙන යම් දඬුවමකින් සතුටුවහු නම් එය කරනු' යනුවෙන්. ඉදින් ඒ පුරුෂයා මම නම් එබඳු අළු පොදියෙන් පහර දිය යුතු, ගැරහිය යුතු පාප කර්මයක් නොකරමි' යි.

මහණෙනි, ඒ අයුරින් ම යම්කිසි භික්ෂුවකට හෝ භික්ෂුණියකට හෝ මෙසේ පාචිත්තිය ධර්මයන් පිළිබඳ ව තියුණු වූ භය සංඥාව එළඹ සිටින්නේ

වෙයි ද, ඔහුට මෙය කැමති විය යුත්තේ ය. එනම් නොපැමිණි පාචිත්තියකට නොපැමිණෙන්නේ ය. පැමිණි පාචිත්තියකට ධර්මානුකූලව ප්‍රතිකර්ම කරන්නේ ය යන කරුණ යි.

4. මහණෙනි, යම් සේ පුරුෂයෙක් කලු වස්ත්‍රයක් හැඳ, කෙස් විසිරුවා ගෙන, මහාජනයාට වැඳ මෙසේ කියයි නම්, 'භවත්නි, මම ගැරහිය යුතු, උපවාද කළ යුතු පාප කර්මයක් කළෙමි. ඉදින් ආයුෂ්මත්හු මට දෙන යම් දඬුවමකින් සතුටුවහු නම් එය කරනු' යි. එවිට එකත්පස් ව සිටි එක්තරා පුරුෂයෙකුට මෙසේ සිතෙයි. 'භවත්නි, මේ පුරුෂයා ඒකාන්තයෙන් ම ගැරහිය යුතු, උපවාද කළ යුතු පාප කර්මයක් කළේ ම ය. එනිසා ය මෙතෙමේ කලු වතක් හැඳ, කෙස් විසිරුවාගෙන ජනයාට වැඳ මෙසේ කියන්නේ. 'මම ගැරහිය යුතු, උපවාද කළ යුතු පාප කර්මයක් කළෙමි. ඉදින් ආයුෂ්මත්හු මට දෙන යම් දඬුවමකින් සතුටුවහු නම් එය කරනු' යනුවෙන්. ඉදින් ඒ පුරුෂයා මම නම් එබඳු ගැරහිය යුතු, උපවාද කළ යුතු පාප කර්මයක් නොකරමි' යි.

මහණෙනි, ඒ අයුරින් ම යම්කිසි භික්ෂුවකට හෝ භික්ෂුණියකට හෝ මෙසේ පාටිදේසනීය ධර්මයන් පිළිබඳ ව තියුණු වූ භය සංඥාව එළඹ සිටින්නේ වෙයි ද, ඔහුට මෙය කැමති විය යුත්තේ ය. එනම් නොපැමිණි පාටිදේසනීය ඇවතකට නොපැමිණෙන්නේ ය. පැමිණි පාටිදේසනීය ඇවතට ධර්මානුකූලව ප්‍රතිකර්ම කරන්නේ ය යන කරුණ යි.

මහණෙනි, මේ වනාහී සතරක් වූ ආපත්ති භය යි.

සාදු! සාදු!! සාදු!!!

ආපත්තිභය සූත්‍රය නිමා විය.

4.5.5.3.
සික්ඛානිසංස සූත්‍රය
ශික්ෂාවෙහි අනුසස් ගැන වදාළ දෙසුම

මහණෙනි, ශික්ෂාව අනුසස් කොට, ප්‍රඥාව උතුම් කොට, විමුක්තිය සාරය කොට, සිහිය අධිපති කොට මේ බඹසර හැසිරෙනු ලැබේ.

1. මහණෙනි, මේ බඹසර ශික්ෂාව අනුසස් කොට ඇත්තේ කෙසේ ද?

මහණෙනි, මෙහිලා මා විසින් ශ්‍රාවකයන් හට ආභිසමාචාරික ශික්ෂාවෝ පණවන ලද්දාහු ය. ඒ නොපැහැදුනවුන්ගේ පැහැදීම පිණිස ය. පැහැදුනවුන්ගේ වඩාත් පැහැදීම පිණිස ය. මහණෙනි, මා විසින් ශ්‍රාවකයන් හට නොපැහැදුනවුන්ගේ පැහැදීම පිණිස ත්, පැහැදුනවුන්ගේ වඩා පැහැදීම පිණිස ත් යම් යම් අයුරකින් ශික්ෂාපදයෝ පණවන ලද්දාහු ද, ඒ ඒ අයුරින් ශික්ෂාකාමී භික්ෂුව ඒ ශික්ෂාපද කෙරෙහි නොකඩ කොට රකින්නේ වෙයි. සිදුරු නැති ව රකින්නේ වෙයි. පැල්ලම් නැති ව රකින්නේ වෙයි. කැලැල් නැති ව රකින්නේ වෙයි. තව ද මහණෙනි, මා විසින් ශ්‍රාවකයන් හට නිවන් මගට මුල්වෙන ආදිබ්‍රහ්මචරියක ශික්ෂාපද පණවන ලද්දාහු ය. ඒ සියළු අයුරින් මනාලෙස දුක් ක්ෂය වීම පිණිස ය. මහණෙනි, මා විසින් ශ්‍රාවකයන් හට නිවන් මගට මුල් වන ආදිබ්‍රහ්මචරියක ශික්ෂාපදයෝ යම් යම් අයුරකින් පණවන ලද්දාහු ද, ඒ ඒ අයුරින් ශික්ෂාකාමී භික්ෂුව ඒ ශික්ෂාපද කෙරෙහි නොකඩ කොට රකින්නේ වෙයි. සිදුරු නැති ව රකින්නේ වෙයි. පැල්ලම් නැති ව රකින්නේ වෙයි. කැලැල් නැති ව රකින්නේ වෙයි. මහණෙනි, මෙසේ මේ බඹසර ශික්ෂාව අනුසස් කොට ඇත්තේ වෙයි.

2. මහණෙනි, මේ බඹසර ප්‍රඥාව උතුම් කොට ඇත්තේ කෙසේ ද?

මහණෙනි, මෙහිලා මා විසින් ශ්‍රාවකයන් හට මුළුමනින් ම මනාකොට දුක් ක්ෂය වීම පිණිස චතුරාර්ය සත්‍ය ධර්මයෝ දෙසන ලද්දාහු ය. මහණෙනි, මා විසින් ශ්‍රාවකයන් හට මුළුමනින් ම මනාකොට දුක් ක්ෂය වීම පිණිස චතුරාර්ය සත්‍ය ධර්මයෝ යම් යම් අයුරකින් දෙසන ලද්දාහු ද, ප්‍රඥාවට කැමති භික්ෂු තෙම ඒ ඒ අයුරින් ඒ ධර්මයන් ප්‍රඥාවෙන් මනාකොට අවබෝධ කරගනියි. මහණෙනි, මෙසේ මේ බඹසර ප්‍රඥාව උතුම් කොට ඇත්තේ වෙයි.

3. මහණෙනි, මේ බඹසර විමුක්තිය සාර කොට ඇත්තේ කෙසේ ද?

මහණෙනි, මෙහිලා මා විසින් ශ්‍රාවකයන් හට මුළුමනින් ම මනාකොට දුක් ක්ෂය වීම පිණිස චතුරාර්ය සත්‍ය ධර්මයෝ දෙසන ලද්දාහු ය. මහණෙනි, මා විසින් ශ්‍රාවකයන් හට මුළුමනින් ම මනාකොට දුක් ක්ෂය වීම පිණිස චතුරාර්ය සත්‍ය ධර්මයෝ යම් යම් අයුරකින් දෙසන ලද්දාහු ද, විමුක්තිකාමී භික්ෂු තෙම ඒ ඒ අයුරින් ඒ ධර්මයන් විමුක්තියෙන් ස්පර්ශ කරන්නේ වෙයි. මහණෙනි, මෙසේ මේ බඹසර විමුක්තිය සාර කොට ඇත්තේ වෙයි.

4. මහණෙනි, මේ බඹසර සිහිය අධිපති කොට ඇත්තේ කෙසේ ද?

මෙසේ අසම්පූර්ණ වූ හෝ ආභිසමාචාරික ශික්ෂාව සම්පූර්ණ කරන්නෙමි. සම්පූර්ණ වූ හෝ ආභිසමාචාරික ශික්ෂාව ඒ ඒ තැන ප්‍රඥාවෙන්

අනුග්‍රහ කරන්නෙමි යි තමා තුළ ම සිහිය මැනැවින් පිහිටුවා ගන්නේ වෙයි. මෙසේ අසම්පූර්ණ වූ හෝ ආදිබ්‍රහ්මචරියක ශික්ෂාව සම්පූර්ණ කරන්නෙමි. සම්පූර්ණ වූ හෝ ආදිබ්‍රහ්මචරියක ශික්ෂාව ඒ ඒ තැන ප්‍රඥාවෙන් අනුග්‍රහ කරන්නෙමි යි තමා තුළ ම සිහිය මැනැවින් පිහිටුවා ගන්නේ වෙයි. මෙසේ නුවණින් නොදකින ලද චතුරාර්ය සත්‍යය ධර්මය නුවණින් දකින්නෙමි යි කියා හෝ නුවණින් දකින ලද චතුරාර්ය සත්‍යය ධර්මය ඒ ඒ තැන ප්‍රඥාවෙන් අනුග්‍රහ කරන්නෙමි යි තමා තුළ ම සිහිය මැනැවින් පිහිටුවා ගන්නේ වෙයි. මෙසේ ස්පර්ශ නොකළ විමුක්තිය ස්පර්ශ කරන්නෙමි යි කියා හෝ ස්පර්ශ කළ විමුක්තිය ඒ ඒ තැන ප්‍රඥාවෙන් අනුග්‍රහ කරන්නෙමි යි තමා තුළ ම සිහිය මැනැවින් පිහිටුවා ගන්නේ වෙයි. මහණෙනි, මෙසේ මේ බඹසර සිහිය අධිපති කොට ඇත්තේ වෙයි.

මහණෙනි, ශික්ෂාව අනුසස් කොට, ප්‍රඥාව උතුම් කොට, විමුක්තිය සාරය කොට, සිහිය අධිපති කොට මේ බඹසර හැසිරෙනු ලැබේ.

සාදු! සාදු!! සාදු!!!

සික්ඛානිසංස සූත්‍රය නිමා විය.

4.5.5.4.
සෙය්‍යා සූත්‍රය
නිදන ඉරියව් ගැන වදාළ දෙසුම

මහණෙනි, මේ නිදන ඉරියව් සතරකි. ඒ කවර සතරක් ද යත්;

ප්‍රේත සෙය්‍යාව, කාමභෝගී සෙය්‍යාව, සිංහ සෙය්‍යාව, තථාගත සෙය්‍යාව.

1. මහණෙනි, ප්‍රේත සෙය්‍යාව යනු කුමක් ද? මහණෙනි, බොහෝ සෙයින් මළමිනී උඩු අතට සයනය කරත්. මහණෙනි, මෙය ප්‍රේත සෙය්‍යාව යැයි කියනු ලැබේ.

2. මහණෙනි, කාමභෝගී සෙය්‍යාව යනු කුමක් ද? මහණෙනි, කාමභෝගී පුද්ගලයෝ බොහෝ සෙයින් වම් අතට සයනය කරත්. මහණෙනි, මෙය කාමභෝගී සෙය්‍යාව යැයි කියනු ලැබේ.

3. මහණෙනි, සිංහ සෙය්‍යාව යනු කුමක් ද? මහණෙනි, මෘගරාජ වූ සිංහ තෙමේ දකුණු පාදයට වම් පාදය මදක් මෑත් කොට දෙකලවා අතර වලිගය බහා තබා දකුණු ඇලයෙන් සයනය කරයි. හේ නැගිට උඩු කය ඔසොවා යටි කය දෙස මැනැවින් බලයි. ඉදින් මහණෙනි, මෘග රාජ වූ සිංහ තෙමේ තම ශරීර අවයවයන්ගේ විසිරීමක් හේ පැතිරීමක් හෝ කිසිවක් දකියි නම් එයින් මහණෙනි, මෘගරාජ වූ සිංහ තෙමේ අසතුටට පත් වෙයි. ඉදින් මහණෙනි, මෘග රාජ වූ සිංහ තෙමේ තම ශරීර අවයවයන්ගේ විසිරීමක් හේ පැතිරීමක් හෝ කිසිවක් නොදකියි නම් එයින් මහණෙනි, මෘගරාජ වූ සිංහ තෙමේ සතුටට පත් වෙයි. මහණෙනි, මෙය සිංහ සෙය්‍යාව යැයි කියනු ලැබේ.

4. මහණෙනි, තථාගත සෙය්‍යාව යනු කුමක් ද? මහණෙනි, මෙහිලා තථාගතයන් වහන්සේ කාමයන්ගෙන් වෙන් ව ....(පෙ).... පළමු ධ්‍යානය ....(පෙ).... දෙවෙනි ධ්‍යානය ....(පෙ).... තුන්වෙනි ධ්‍යානය ....(පෙ).... සතරවෙනි ධ්‍යානය උපදවාගෙන වාසය කරයි. මහණෙනි, මෙය තථාගත සෙය්‍යාව යැයි කියනු ලැබේ.

මහණෙනි, මේ වනාහී නිදන ඉරියව් සතර යි.

සාදු! සාදු!! සාදු!!!

සෙය්‍යා සූත්‍රය නිමා විය.

4.5.5.5.
ථූපාරහ සූත්‍රය
ස්ථූප කොට වැඳීමට සුදුසු පුද්ගලයන් ගැන වදාළ දෙසුම

මහණෙනි, ස්ථූප කොට වැඳීමට සුදුසු පුද්ගලයෝ මේ සතර දෙනෙකි. ඒ කවර සතර දෙනෙක් ද යත්;

තථාගත අරහත් සම්මා සම්බුදුරජාණෝ ස්ථූප කොට වැඳීමට සුදුසුයහ. පසේබුදුරජාණෝ ස්ථූප කොට වැඳීමට සුදුසුයහ. තථාගත ශ්‍රවකයන් වහන්සේ ස්ථූප කොට වැඳීමට සුදුසුයහ. සක්විති රජහු ස්ථූප කොට වැඳීමට සුදුසුයහ.

මහණෙනි, මේ සතර දෙනා ස්ථූප කොට වැඳීමට සුදුසු පුද්ගලයෝ ය.

සාදු! සාදු!! සාදු!!!

ථූපාරහ සූත්‍රය නිමා විය.

4.5.5.6.
පඤ්ඤාවුද්ධි සූත්‍රය
ප්‍රඥාව දියුණු වීම ගැන වදාළ දෙසුම

මහණෙනි, ප්‍රඥාව දියුණු වීම පිණිස සතර ධර්මයක් උපකාරී වෙති. ඒ කවර සතර ධර්මයක් ද යත්;

සත්පුරුෂයන් ඇසුරු කරන බව ත්, සද්ධර්ම ශ්‍රවණය ත්, නුවණ යොදා මෙනෙහි කිරීම ත්, ධර්මානුධම්ම ප්‍රතිපදාව ත් ය.

මහණෙනි, ප්‍රඥාව දියුණු වීම පිණිස මේ සතර ධර්මයෝ උපකාරී වෙති.

සාදු! සාදු!! සාදු!!!

පඤ්ඤාවුද්ධි සූත්‍රය නිමා විය.

4.5.5.7.
බහුකාර සූත්‍රය
බොහෝ උපකාර ගැන වදාළ දෙසුම

මහණෙනි, මනුෂ්‍යයාට බොහෝ උපකාර පිණිස පවතින ධර්මයෝ සතරකි. ඒ කවර සතර ධර්මයක් ද යත්;

සත්පුරුෂයන් ඇසුරු කරන බව ත්, සද්ධර්ම ශ්‍රවණය ත්, නුවණ යොදා මෙනෙහි කිරීම ත්, ධර්මානුධම්ම ප්‍රතිපදාව ත් ය.

මහණෙනි, මේ වනාහී මනුෂ්‍යයාට බොහෝ උපකාර පිණිස පවතින ධර්මයෝ සතර ය.

සාදු! සාදු!! සාදු!!!

බහුකාර සූත්‍රය නිමා විය.

4.5.5.8.
අනරියවෝහාර සූත්‍රය
අනාර්ය ව්‍යවහාරය ගැන වදාළ දෙසුම

මහණෙනි, මේ අනාර්ය ව්‍යවහාර සතරකි. ඒ කවර සතරක් ද යත්;

නුදුටු දේ දුටු බව කියන්නේ වෙයි. නොඇසූ දේ ඇසූ බව කියන්නේ වෙයි. ආඝ්‍රාණය නොකළ දේ ආඝ්‍රාණය කළ බව කියන්නේ වෙයි, අනුභව නොකළ දේ අනුභව කළ බව කියන්නේ වෙයි, ස්පර්ශය නොලැබූ දේ ස්පර්ශය ලැබූ බව කියන්නේ වෙයි. සිතෙන් නොදැන ගත් දේ සිතෙන් දැනගත් බව කියන්නේ වෙයි.

මහණෙනි, මේ වනාහී අනාර්ය ව්‍යවහාර සතර යි.

සාදු! සාදු!! සාදු!!!

අනරියවෝහාර සූත්‍රය නිමා විය.

4.5.5.9.
අරියවෝහාර සූත්‍රය
ආර්ය ව්‍යවහාරය ගැන වදාළ දෙසුම

මහණෙනි, මේ ආර්ය ව්‍යවහාර සතරකි. ඒ කවර සතරක් ද යත්;

නුදුටු දේ නුදුටු බව කියන්නේ වෙයි. නොඇසූ දේ නොඇසූ බව කියන්නේ වෙයි. ආඝ්‍රාණය නොකළ දේ ආඝ්‍රාණය නොකළ බව කියන්නේ වෙයි, අනුභව නොකළ දේ අනුභව නොකළ බව කියන්නේ වෙයි, ස්පර්ශය නොලැබූ දේ ස්පර්ශය නොලැබූ බව කියන්නේ වෙයි. සිතෙන් නොදැන ගත් දේ සිතෙන් නොදැනගත් බව කියන්නේ වෙයි.

මහණෙනි, මේ වනාහී ආර්ය ව්‍යවහාර සතර යි.

සාදු! සාදු!! සාදු!!!

අරියවෝහාර සූත්‍රය නිමා විය.

4.5.5.10.
අනරියවෝහාර සූත්‍රය
අනාර්ය ව්‍යවහාරය ගැන වදාළ දෙසුම

මහණෙනි, මේ අනාර්ය ව්‍යවහාර සතරකි. ඒ කවර සතරක් ද යත්;

දුටු දේ නුදුටු බව කියන්නේ වෙයි. ඇසූ දේ නොඇසූ බව කියන්නේ වෙයි. ආඝ්‍රාණය කළ දේ ආඝ්‍රාණය නොකළ බව කියන්නේ වෙයි, අනුභව කළ දේ අනුභව නොකළ බව කියන්නේ වෙයි, ස්පර්ශය ලැබූ දේ ස්පර්ශය නොලැබූ බව කියන්නේ වෙයි. සිතෙන් දැන ගත් දේ සිතෙන් නොදැන ගත් බව කියන්නේ වෙයි.

මහණෙනි, මේ වනාහී අනාර්ය ව්‍යවහාර සතර යි.

සාදු! සාදු!! සාදු!!!

අනරියවෝහාර සූත්‍රය නිමා විය.

4.5.5.11.
අරියවෝහාර සූත්‍රය
ආර්ය ව්‍යවහාරය ගැන වදාළ දෙසුම

මහණෙනි, මේ ආර්ය ව්‍යවහාර සතරකි. ඒ කවර සතරක් ද යත්;

දුටු දේ දුටු බව කියන්නේ වෙයි. ඇසූ දේ ඇසූ බව කියන්නේ වෙයි. ආඝ්‍රාණය කළ දේ ආඝ්‍රාණය කළ බව කියන්නේ වෙයි, අනුභව කළ දේ අනුභව කළ බව කියන්නේ වෙයි, ස්පර්ශය ලැබූ දේ ස්පර්ශය ලැබූ බව කියන්නේ වෙයි. සිතෙන් දැන ගත් දේ සිතෙන් දැන ගත් බව කියන්නේ වෙයි.

මහණෙනි, මේ වනාහී ආර්ය ව්‍යවහාර සතර යි.

සාදු! සාදු!! සාදු!!!

අරියවෝහාර සූත්‍රය නිමා විය.

පස්වෙනි ආපත්ති භය වර්ගය අවසන් විය.

- එහි පිළිවෙල උද්දානයයි :

පාපභික්ඛු සූත්‍රය, ආපත්ති සූත්‍රය, සික්ඛා සූත්‍රය, සෙය්‍ය සූත්‍රය, ථූපාරහ සූත්‍රය, පඤ්ඤාවුද්ධි සූත්‍රය, බහුකාර සූත්‍රය හා වෝහාර සූත්‍ර සතර වශයෙන් මෙහි සූත්‍ර එකොළොසකි.

පස්වෙනි මහා පණ්ණාසකය නිමා විය.

6. අභිඤ්ඤා වර්ගය

4.6.1.
අභිඤ්ඤා සූත්‍රය
විශිෂ්ට ඥානය ගැන වදාළ දෙසුම

සැවැත් නුවර දී ය ....

මහණෙනි, මේ ධර්මයෝ සතරකි. ඒ කවර සතරක් ද යත්;

මහණෙනි, විශිෂ්ට ඥානයෙන් පිරිසිඳ දැක්ක යුතු ධර්මයක් ඇත. මහණෙනි, විශිෂ්ට ඥානයෙන් ප්‍රහාණය කළ යුතු ධර්මයක් ඇත. මහණෙනි, විශිෂ්ට ඥානයෙන් ප්‍රගුණ කළ යුතු ධර්මයක් ඇත. මහණෙනි, විශිෂ්ට ඥානයෙන් සාක්ෂාත් කළ යුතු ධර්මයක් ඇත.

1.   මහණෙනි, විශිෂ්ට ඥානයෙන් පිරිසිඳ දැක්ක යුතු ධර්මය කුමක් ද? පංච උපාදානස්කන්ධය යි. මහණෙනි, මෙය විශිෂ්ට ඥානයෙන් පිරිසිඳ දැක්ක යුතු ධර්මය යැයි කියනු ලැබේ.

2.   මහණෙනි, විශිෂ්ට ඥානයෙන් ප්‍රහාණය කළ යුතු ධර්මය කුමක් ද? අවිද්‍යාව ත්, භව තණ්හාව ත් ය. මහණෙනි, මෙය විශිෂ්ට ඥානයෙන් ප්‍රහාණය කළ යුතු ධර්මය යැයි කියනු ලැබේ.

3.   මහණෙනි, විශිෂ්ට ඥානයෙන් ප්‍රගුණ කළ යුතු ධර්මය කුමක් ද? සමථ භාවනාව ත්, විදර්ශනා භාවනාව ත් ය. මහණෙනි, මෙය විශිෂ්ට ඥානයෙන් ප්‍රගුණ කළ යුතු ධර්මය යැයි කියනු ලැබේ.

4.   මහණෙනි, විශිෂ්ට ඥානයෙන් සාක්ෂාත් කළ යුතු ධර්මය කුමක් ද? විද්‍යාව ත්, විමුක්තිය ත් ය. මහණෙනි, මෙය විශිෂ්ට ඥානයෙන් සාක්ෂාත් කළ යුතු ධර්මය යැයි කියනු ලැබේ.

මහණෙනි, මේ වනාහී ධර්මයෝ සතර යි.

සාදු! සාදු!! සාදු!!!

අභිඤ්ඤා සූත්‍රය නිමා විය.

4.6.2.
පරියේසනා සූත්‍රය
සෙවීම් ගැන වදාළ දෙසුම

මහණෙනි, මේ අනාර්ය සෙවීම් සතරකි. ඒ කවර සතරක් ද යත්;

මහණෙනි, මෙහිලා ඇතැමෙක් තමා ත් මහළු වන ස්වභාවයෙන් යුතු ව මහළු වන ස්වභාවයෙන් යුතු දෙයක් ම සොයයි. තමා ත් රෝගී වන ස්වභාවයෙන් යුතු ව රෝගී වන ස්වභාවයෙන් යුතු දෙයක් ම සොයයි. තමා ත් මැරෙන වන ස්වභාවයෙන් යුතු ව මැරෙන ස්වභාවයෙන් යුතු දෙයක් ම සොයයි. තමා ත් කිලිටි වන ස්වභාවයෙන් යුතු ව කිලිටි වන ස්වභාවයෙන් යුතු දෙයක් ම සොයයි.

මහණෙනි, මේ වනාහී අනාර්ය සෙවීම් සතර යි.

මහණෙනි, මේ ආර්ය සෙවීම් සතරකි. ඒ කවර සතරක් ද යත්;

මහණෙනි, මෙහිලා ඇතැමෙක් තමා මහළු වන ස්වභාවයෙන් යුතු ව සිට මහළු වන ස්වභාවයෙහි ආදීනව දැක මහළු නොවන අනුත්තර වූ ක්ලේශ යෝගයෙන් මිදීම වූ අමා නිවන සොයයි. තමා රෝගී වන ස්වභාවයෙන් යුතු ව සිට රෝගී වන ස්වභාවයෙහි ආදීනව දැක රෝගී නොවන අනුත්තර වූ ක්ලේශ යෝගයෙන් මිදීම වූ අමා නිවන සොයයි. තමා මැරෙන ස්වභාවයෙන් යුතු ව සිට මැරෙන ස්වභාවයෙහි ආදීනව දැක නොමැරෙන අනුත්තර වූ ක්ලේශ යෝගයෙන් මිදීම වූ අමා නිවන සොයයි. තමා කිලිටි වන ස්වභාවයෙන් යුතු ව සිට කිලිටි වන ස්වභාවයෙහි ආදීනව දැක නොකිලිටි අනුත්තර වූ ක්ලේශ යෝගයෙන් මිදීම වූ අමා නිවන සොයයි.

මහණෙනි, මේ වනාහී ආර්ය සෙවීම් සතර යි.

සාදු! සාදු!! සාදු!!!

පරියේසනා සූත්‍රය නිමා විය.

4.6.3.
සංගහවත්ථු සූත්‍රය
සංග්‍රහවස්තු ගැන වදාළ දෙසුම

මහණෙනි, මේ සංග්‍රහ වස්තු සතරකි. ඒ කවර සතරක් ද යත්;

දානය ය, ප්‍රිය වචනය ය, අර්ථ චර්යාව ය, සමානාත්මතාවය ය.

මහණෙනි, මේ වනාහී සංග්‍රහ වස්තු සතර යි.

සාදු! සාදු!! සාදු!!!

සංගහවත්ථු සූත්‍රය නිමා විය.

4.6.4.
මාලුංක්‍යපුත්ත සූත්‍රය
මාලුංක්‍යපුත්ත තෙරුන්ට වදාළ දෙසුම

එකල්හී ආයුෂ්මත් මාලුංක්‍යපුත්ත තෙරණුවෝ භාග්‍යවතුන් වහන්සේ වෙත පැමිණියහ. පැමිණ භාග්‍යවතුන් වහන්සේට සකසා වන්දනා කොට එකත්පස් ව හිඳගත්හ. එකත්පස් ව හුන් ආයුෂ්මත් මාලුංක්‍යපුත්ත තෙරණුවෝ භාග්‍යවතුන් වහන්සේට මෙය සැළ කළහ.

"ස්වාමීනී, භාග්‍යවතුන් වහන්සේගේ යම් ධර්මයක් අසා දැන හුදෙකලාව තනි ව වාසය කරමින් අප්‍රමාදී ව කෙලෙස් තවන වීර්යය ඇති කාය ජීවිත දෙකෙහි අනපේක්ෂිත ව වාසය කරන්නෙම් ද, මා හට භාග්‍යවතුන් වහන්සේ සංක්ෂේපයෙන් ධර්මයක් දේශනා කරන සේක් නම් මැනැවි."

"මාලුංක්‍යපුත්ත, එසේ නම් දැන් තරුණ භික්ෂූන්ට කුමක් කියම් ද? එහිලා දිරා ගිය, වයෝවෘද්ධ, මහළු වූ, ඔබ ත් තථාගතයන්ගෙන් සංක්ෂේප වූ අවවාදයක් ඉල්ලනවා නොවැ."

"ස්වාමීනී, භාග්‍යවතුන් වහන්සේ සංක්ෂේපයෙන් ධර්මයක් දේශනා කරන සේක්වා ! සුගතයන් වහන්සේ සංක්ෂේපයෙන් ධර්මයක් දේශනා කරන සේක්වා! භාග්‍යවතුන් වහන්සේගේ භාෂිතයෙහි අර්ථය දැනගන්නෙම් නම් මැනැව. භාග්‍යවතුන් වහන්සේගේ ධර්මයට හිමිකරුවෙක් වන්නෙම් නම් මැනැව."

"මාලුංක්‍යපුත්ත, යම් තැනක භික්ෂුව තුළ තෘෂ්ණාව උපදිනවා නම් උපදින්නේ මේ තෘෂ්ණාව උපදින කරුණු සතරේ ය. ඒ කවර කරුණු සතරක් ද යත්;

මාලුංක්‍යපුත්ත, භික්ෂුව තුළ තෘෂ්ණාව උපදිනවා නම් උපදින්නේ චීවර හෝ හේතු කොට ගෙන ය. මාලුංක්‍යපුත්ත, භික්ෂුව තුළ තෘෂ්ණාව උපදිනවා නම් උපදින්නේ දානය හෝ හේතු කොට ගෙන ය. මාලුංක්‍යපුත්ත, භික්ෂුව තුළ තෘෂ්ණාව උපදිනවා නම් උපදින්නේ කුටි සෙනසුන් හෝ හේතු කොට ගෙන ය. මාලුංක්‍යපුත්ත, භික්ෂුව තුළ තෘෂ්ණාව උපදිනවා නම් උපදින්නේ මෙසේ ඇති නැති කරුණු හෝ හේතු කොට ගෙන ය.

මාලුංක්‍යපුත්ත, යම් තැනක භික්ෂුව තුළ තෘෂ්ණාව උපදිනවා නම් උපදින්නේ මේ තෘෂ්ණාව උපදින කරුණු සතරේ ය.

මාලුංක්‍යපුත්ත, යම් කලෙක භික්ෂුව තුළ තෘෂ්ණාව ප්‍රහීණ වූයේ වෙයි ද, මුලින් ම සිඳී ගියේ වෙයි ද, කරටිය සුන් තල් ගසක් මෙන් වූයේ ද, අභාවයට පත් වූයේ ද, යළි නූපදින ස්වභාවයට පත්වූයේ ද, මාලුංක්‍යපුත්ත මේ භික්ෂුව තෘෂ්ණාව සිඳ දැම්මේ ය. සංයෝජනයන් කණපිට පෙරළුවේ ය. මනා අවබෝධයෙන් මාන්නය දුරු කළේ ය. දුක් නිමාවකට පත් කළේ යැයි කියනු ලැබේ."

එකල්හී ආයුෂ්මත් මාලුංක්‍යපුත්ත තෙරණුවෝ භාග්‍යවතුන් වහන්සේ විසින් දෙන ලද මේ අවවාදයෙන් යුක්ත ව හුනස්නෙන් නැගී භාග්‍යවතුන් වහන්සේට සකසා වන්දනා කොට, පැදකුණු කොට පිටත් ව ගියහ. ඉක්බිති ආයුෂ්මත් මාලුංක්‍යපුත්ත තෙරණුවෝ හුදෙකලාව තනි ව වසමින් අප්‍රමාදී ව කෙලෙස් තවන වීර්යය ඇති ව කාය ජීවිත දෙකෙහි අනපේක්ෂිත ව වාසය කරන්නේ කුලපුත්‍රයෝ යම් කරුණක් අරභයා මනාකොට ගිහි ගෙය අත්හැර පැවිදි වෙත් ද, ඒ බඹසරෙහි අවසානය වූ අනුත්තර වූ නිවන මේ ජීවිතයේ දී ම තම විශිෂ්ට නුවණින් අත්දැක එයට පැමිණ වාසය කළේ ය. ඉපදීම ක්ෂය වූයේ ය. බඹසර වාසය නිමවන ලදී. කළ යුත්ත කරන ලදී. නිවන පිණිස කළ යුතු අනෙකක් නැතැයි දැනගත්හ. ආයුෂ්මත් මාලුංක්‍යපුත්තයන් වහන්සේ ද

එක්තරා රහතන් වහන්සේ නමක් බවට පත්වූහ.

සාදු! සාදු!! සාදු!!!

මාලුංක්‍යපුත්ත සූත්‍රය නිමා විය.

4.6.5.
කුල සූත්‍රය
පවුල ගැන වදාළ දෙසුම

මහණෙනි, යම්කිසි පවුල් භෝග සම්පත් වලින් මහත් බවට පැමිණ ඇත්නම්, ඒ හැම පවුල්හි ඒ භෝග සම්පත් බොහෝ කල් නොපවතින්නේ මේ සතර කරුණෙන් හෝ මෙයින් එකක් නිසා ය. ඒ කවර සතර කරුණක් ද යත්;

විනාශ වූ දෙය යළි නොසොයති. දිරාගිය දෙය ප්‍රතිසංස්කරණය නොකරති. සීමාවක් නැති ව ආහාර පාන අනුභවයේ යෙදෙති. දුස්සීල වූ ස්ත්‍රියක් හෝ පුරුෂයෙක් මුල්තැන සිටිති.

මහණෙනි, යම්කිසි පවුල් භෝග සම්පත් වලින් මහත් බවට පැමිණ ඇත්නම්, ඒ හැම පවුල්හි ඒ භෝග සම්පත් බොහෝ කල් නොපවතින්නේ මේ සතර කරුණෙන් හෝ මෙයින් එකක් නිසා ය.

මහණෙනි, යම්කිසි පවුල් භෝග සම්පත් වලින් මහත් බවට පැමිණ ඇත්නම්, ඒ හැම පවුල්හි ඒ භෝග සම්පත් බොහෝ කල් පවතින්නේ මේ සතර කරුණෙන් හෝ මෙයින් එකක් නිසා ය. ඒ කවර සතර කරුණක් ද යත්;

විනාශ වූ දෙය යළි සොයති. දිරාගිය දෙය ප්‍රතිසංස්කරණය කරති. සීමාවක් ඇති ව ආහාර පාන අනුභවයේ යෙදෙති. සිල්වත් වූ ස්ත්‍රියක් හෝ පුරුෂයෙක් මුල්තැන සිටිති.

මහණෙනි, යම්කිසි පවුල් භෝග සම්පත් වලින් මහත් බවට පැමිණ ඇත්නම්, ඒ හැම පවුල්හි ඒ භෝග සම්පත් බොහෝ කල් පවතින්නේ මේ සතර කරුණෙන් හෝ මෙයින් එකක් නිසා ය.

සාදු! සාදු!! සාදු!!!

කුල සූත්‍රය නිමා විය.

4.6.6.
පඨම ආජානීය සූත්‍රය
ආජානේය අශ්වයා ගැන වදාළ පළමු දෙසුම

මහණෙනි, සිව් කරුණකින් යුක්ත වූ රජුගේ සොඳුරු ආජානේය අශ්වයා රාජ යෝග්‍ය වෙයි. රාජ පරිහරණයට සුදුසු වෙයි. රජුගේ අංගයක් ය යන සංඛ්‍යාවට වැටෙයි. ඒ කවර කරුණු සතරකින් ද යත්;

මහණෙනි, මෙහිලා රජුගේ සොඳුරු ආජානේය අශ්වයා මනා පැහැයෙන් යුක්ත වෙයි. සවිශක්තියෙන් යුක්ත වෙයි. ජවයෙන් යුක්ත වෙයි. ආරෝහපරිනාහයෙන් යුක්ත වෙයි.

මහණෙනි, මේ සිව් කරුණෙන් යුක්ත වූ රජුගේ සොඳුරු ආජානේය අශ්වයා රාජ යෝග්‍ය වෙයි. රාජ පරිහරණයට සුදුසු වෙයි. රජුගේ අංගයක් ය යන සංඛ්‍යාවට වැටෙයි.

මේ අයුරින් ම මහණෙනි, සිව් ධර්මයකින් සමන්විත වූ භික්ෂුව ආහුණෙය්‍ය වෙයි. පාහුණෙය්‍ය වෙයි. දක්ඛිණෙය්‍ය වෙයි. අංජලිකරණීය වෙයි. ලොවට උතුම් පින්කෙත වෙයි. ඒ කවර සිව් දහමකින් ද යත්;

මහණෙනි, මෙහිලා භික්ෂුව මනා පැහැයෙන් යුක්ත වෙයි. සවිශක්තියෙන් යුක්ත වෙයි. ජවයෙන් යුක්ත වෙයි. ආරෝහපරිනාහයෙන් යුක්ත වෙයි.

1. මහණෙනි, භික්ෂුවක් මනා පැහැයෙන් යුතු වන්නේ කෙසේ ද? මහණෙනි, මෙහිලා භික්ෂුව සිල්වත් වෙයි. ....(පෙ).... ශික්ෂාපදයන්හි සමාදන් ව හික්මෙයි. මහණෙනි, මෙසේ භික්ෂුව මනා පැහැයෙන් යුක්ත වෙයි.

2. මහණෙනි, භික්ෂුවක් සවිශක්තියෙන් යුක්ත වන්නේ කෙසේ ද? මහණෙනි, මෙහිලා භික්ෂුව පටන් ගත් වීරිය ඇත්තේ වෙයි. අකුසල ධර්මයන් ප්‍රහාණය පිණිස, කුසල ධර්මයන් උපදවා ගැනීම පිණිස බලවත් වූ දැඩි පරාක්‍රමයකින් යුක්ත වූයේ කුසල් දහම් පිළිබඳ ව අත්නොහරින වීර්යය ඇත්තේ වෙයි. මහණෙනි, මෙසේ භික්ෂුව සවිශක්තියෙන් යුක්ත වූයේ වෙයි.

3. මහණෙනි, භික්ෂුවක් ජවසම්පන්න වන්නේ කෙසේ ද? මහණෙනි, භික්ෂුව මෙය දුක යැයි ඒ වූ සැටියෙන් ම අවබෝධ කරයි. මේ දුකෙහි හටගැනීම යැයි ඒ වූ සැටියෙන් ම අවබෝධ කරයි. මේ දුකෙහි නිරෝධය යැයි

ඒ වූ සැටියෙන් ම අවබෝධ කරයි. මේ දුක නිරුද්ධ වන ප්‍රතිපදාව යැයි ඒ වූ සැටියෙන් ම අවබෝධ කරයි. මහණෙනි, මෙසේ භික්ෂුව ජවසම්පන්න වෙයි.

4. මහණෙනි, භික්ෂුවක් ආරෝහපරිනාහයෙන් යුක්ත වන්නේ කෙසේ ද? මහණෙනි, මෙහිලා භික්ෂුව සිවුරු, පිණ්ඩපාත, සේනාසන, ගිලන්පස බෙහෙත් පිරිකර ලබන සුළු වෙයි. මෙසේ භික්ෂුව ආරෝහපරිනාහයෙන් යුක්ත වූයේ වෙයි.

මහණෙනි, මේ සිව් ධර්මයෙන් සමන්විත වූ භික්ෂුව ආහුණෙය්‍ය වෙයි. පාහුණෙය්‍ය වෙයි. දක්ඛිණෙය්‍ය වෙයි. අංජලිකරණීය වෙයි. ලොවට උතුම් පින්කෙත වෙයි.

සාදු! සාදු!! සාදු!!!

පඨම ආජානීය සූත්‍රය නිමා විය.

4.6.7.
දුතිය ආජානීය සූත්‍රය
ආජානේය අශ්වයා ගැන වදාළ දෙවෙනි දෙසුම

මහණෙනි, සිව් කරුණකින් යුක්ත වූ රජුගේ සොඳුරු ආජානේය අශ්වයා රාජ යෝග්‍ය වෙයි. රාජ පරිහරණයට සුදුසු වෙයි. රජුගේ අංගයක් ය යන සංඛ්‍යාවට වැටෙයි. ඒ කවර කරුණු සතරකින් ද යත්;

මහණෙනි, මෙහිලා රජුගේ සොඳුරු ආජානේය අශ්වයා මනා පැහැයෙන් යුක්ත වෙයි. සවිශක්තියෙන් යුක්ත වෙයි. ජවයෙන් යුක්ත වෙයි. ආරෝහපරිනාහයෙන් යුක්ත වෙයි.

මහණෙනි, මේ සිව් කරුණෙන් යුක්ත වූ රජුගේ සොඳුරු ආජානේය අශ්වයා රාජ යෝග්‍ය වෙයි. රාජ පරිහරණයට සුදුසු වෙයි. රජුගේ අංගයක් ය යන සංඛ්‍යාවට වැටෙයි.

මේ අයුරින් ම මහණෙනි, සිව් ධර්මයකින් සමන්විත වූ භික්ෂුව ආහුණෙය්‍ය වෙයි. පාහුණෙය්‍ය වෙයි. දක්ඛිණෙය්‍ය වෙයි. අංජලිකරණීය වෙයි. ලොවට උතුම් පින්කෙත වෙයි. ඒ කවර සිව් දහමකින් ද යත්;

මහණෙනි, මෙහිලා භික්ෂුව මනා පැහැයෙන් යුක්ත වෙයි. සවිශක්තියෙන් යුක්ත වෙයි. ජවයෙන් යුක්ත වෙයි. ආරෝහපරිනාහයෙන් යුක්ත වෙයි.

1. මහණෙනි, භික්ෂුවක් මනා පැහැයෙන් යුතු වන්නේ කෙසේ ද? මහණෙනි, මෙහිලා භික්ෂුව සිල්වත් වෙයි. ....(පෙ).... ශික්ෂාපදයන්හි සමාදන් ව හික්මෙයි. මහණෙනි, මෙසේ භික්ෂුව මනා පැහැයෙන් යුක්ත වෙයි.

2. මහණෙනි, භික්ෂුවක් සවිශක්තියෙන් යුක්ත වන්නේ කෙසේ ද? මහණෙනි, මෙහිලා භික්ෂුව පටන් ගත් වීරිය ඇත්තේ වෙයි. අකුසල ධර්මයන් ප්‍රහාණය පිණිස, කුසල ධර්මයන් උපදවා ගැනීම පිණිස බලවත් වූ දැඩි පරාක්‍රමයකින් යුක්ත වූයේ කුසල් දහම් පිළිබඳ ව අත්නොහරින වීරියය ඇත්තේ වෙයි. මහණෙනි, මෙසේ භික්ෂුව සවිශක්තියෙන් යුක්ත වූයේ වෙයි.

3. මහණෙනි, භික්ෂුවක් ජවසම්පන්න වන්නේ කෙසේ ද? මහණෙනි, මෙහිලා භික්ෂුව ආශ්‍රවයන් ක්ෂය කොට අනාශ්‍රව වූ චිත්ත විමුක්තිය ත්, ප්‍රඥා විමුක්තිය ත් සිය විශිෂ්ට ඥානයෙන් ප්‍රත්‍යක්ෂ කොට එයට පැමිණ වාසය කරයි. මහණෙනි, මෙසේ භික්ෂුව ජවසම්පන්න වෙයි.

4. මහණෙනි, භික්ෂුවක් ආරෝහපරිනාහයෙන් යුක්ත වන්නේ කෙසේ ද? මහණෙනි, මෙහිලා භික්ෂුව සිවුරු, පිණ්ඩපාත, සේනාසන, ගිලන්පස බෙහෙත් පිරිකර ලබන සුළු වෙයි. මෙසේ භික්ෂුව ආරෝහපරිනාහයෙන් යුක්ත වූයේ වෙයි.

මහණෙනි, මේ සිව් ධර්මයෙන් සමන්විත වූ භික්ෂුව ආහුණෙය්‍ය වෙයි. පාහුණෙය්‍ය වෙයි. දක්ඛිණෙය්‍ය වෙයි. අංජලිකරණීය වෙයි. ලොවට උතුම් පින්කෙත වෙයි.

සාදු! සාදු!! සාදු!!!

දුතිය ආජානීය සූත්‍රය නිමා විය.

4.6.8.
බල සූත්‍රය
බල ගැන වදාළ දෙසුම

මහණෙනි, මේ බල සතරකි. ඒ කවර සතරක් ද යත්;

වීර්යය නම් වූ බලය, සිහිය නම් වූ බලය, සමාධිය නම් වූ බලය, ප්‍රඥාව නම් වූ බලය ය.

මහණෙනි, මේ වනාහී බල සතර යි.

සාදු! සාදු!! සාදු!!!

බල සූත්‍රය නිමා විය.

4.6.9.
අරඤ්ඤසේනාසන සූත්‍රය
ආරණ්‍ය සේනාසනය ගැන වදාළ දෙසුම

මහණෙනි, සතර කරුණකින් යුතු භික්ෂුව අරණ්‍ය, ඈත වනය, ඉතා දුර සෙනසුන් සේවනය කරන්නට සුදුසු නොවෙයි. ඒ කවර සතරක් ද යත්;

කාම විතර්කයෙන් යුක්ත වෙයි. ව්‍යාපාද විතර්කයෙන් යුක්ත වෙයි. විහිංසා විතර්කයෙන් යුක්ත වෙයි. දුෂ්ප්‍රාඥ වූයේ ජඩ වූයේ කෙළතොළු වූයේ වෙයි.

මහණෙනි, මේ සතර කරුණෙන් යුතු භික්ෂුව අරණ්‍ය, ඈත වනය, ඉතා දුර සෙනසුන් සේවනය කරන්නට සුදුසු නොවෙයි.

මහණෙනි, සතර කරුණකින් යුතු භික්ෂුව අරණ්‍ය, ඈත වනය, ඉතා දුර සෙනසුන් සේවනය කරන්නට සුදුසු වෙයි. ඒ කවර සතරක් ද යත්;

නෙක්ඛම්ම විතර්කයෙන් යුක්ත වෙයි. අව්‍යාපාද විතර්කයෙන් යුක්ත වෙයි. අවිහිංසා විතර්කයෙන් යුක්ත වෙයි. ප්‍රඥාවන්ත වූයේ ජඩ නොවූයේ

කෙළතොළු නොවූයේ වෙයි.

මහණෙනි, මේ සතර කරුණෙන් යුතු භික්ෂුව අරණ්‍ය, ඈත වනය, ඉතා දුර සෙනසුන් සේවනය කරන්නට සුදුසු වෙයි.

සාදු! සාදු!! සාදු!!!

අරඤ්ඤසේනාසන සූත්‍රය නිමා විය.

4.6.10.
සාවජ්ජ - අනවජ්ජ සූත්‍රය
වැරදි - නිවැරදි ගැන වදාළ දෙසුම

මහණෙනි, සතර කරුණකින් යුක්ත වූ බාල වූ අව්‍යක්ත වූ අසත්පුරුෂයා සාරා ගත් ගුණ ඇති ව, වනසා ගත් ජීවිතයක් පරිහරණය කරයි. දොස් සහිත ද වෙයි. නුවණැත්තන්ගෙන් උපවාද ලැබිය යුතු කෙනෙක් වෙයි. බොහෝ පව් ද රැස් කරයි. ඒ කවර සතර කරුණකින් ද යත්;

වැරදි කාය කර්මයෙන් ය. වැරදි වචී කර්මයෙන් ය. වැරදි මනෝ කර්මයෙන් ය. වැරදි දෘෂ්ටියෙන් ය.

මහණෙනි, මේ සතර කරුණෙන් යුක්ත වූ බාල වූ අව්‍යක්ත වූ අසත්පුරුෂයා සාරා ගත් ගුණ ඇති ව, වනසා ගත් ජීවිතයක් පරිහරණය කරයි. දොස් සහිත ද වෙයි. නුවණැත්තන්ගෙන් උපවාද ලැබිය යුතු කෙනෙක් වෙයි. බොහෝ පව් ද රැස් කරයි.

මහණෙනි, මේ සතර කරුණකින් යුක්ත වූ පණ්ඩිත වූ ව්‍යක්ත වූ සත්පුරුෂයා සාරා නොගත් ගුණ ඇති ව, වනසා නොගත් ජීවිතයක් පරිහරණය කරයි. දොස් රහිත ද වෙයි. නුවණැත්තන්ගෙන් උපවාද නොලැබිය යුතු කෙනෙක් වෙයි. බොහෝ පින් ද රැස් කරයි. ඒ කවර සතර කරුණකින් ද යත්;

නිවැරදි කාය කර්මයෙන් ය. නිවැරදි වචී කර්මයෙන් ය. නිවැරදි මනෝ කර්මයෙන් ය. නිවැරදි දෘෂ්ටියෙන් ය.

මහණෙනි, මේ සතර කරුණෙන් යුක්ත වූ පණ්ඩිත වූ ව්‍යක්ත වූ සත්පුරුෂයා සාරා නොගත් ගුණ ඇති ව, වනසා නොගත් ජීවිතයක් පරිහරණය

කරයි. දොස් රහිත ද වෙයි. නුවණැත්තන්ගෙන් උපවාද නොලැබිය යුතු කෙනෙක් වෙයි. බොහෝ පින් ද රැස් කරයි.

සාදු! සාදු!! සාදු!!!

සාවජ්ජ - අනවජ්ජ සූත්‍රය නිමා විය.

හයවෙනි අභිඤ්ඤා වර්ගය අවසන් විය.

● එහි පිළිවෙල උද්දානයයි :

අභිඤ්ඤා සූත්‍රය, පරියේසනා සූත්‍රය, සංගහ සූත්‍රය, මාලුංක්‍යපුත්ත සූත්‍රය, කුල සූත්‍රය, ආජනීය සූත්‍ර දෙක, බල සූත්‍රය, අරඤ්ඤ සූත්‍රය සහ කම්ම වශයෙන් මෙහි සූත්‍ර දශයකි.

7. කම්මපථ වර්ගය

4.7.1.

පාණාතිපාත සූත්‍රය

සතුන් මැරීම ගැන වදාළ දෙසුම

සැවැත් නුවර දී ය ....

මහණෙනි, සතර කරුණකින් යුක්ත වූ තැනැත්තා ඔසොවාගෙන පැමිණි බරක් බිම තබන්නේ යම් සේ ද, එසෙයින් ම නිරයෙහි උපදින්නේ වෙයි. ඒ කවර සතර කරුණකින් ද යත්;

තමා ත් සතුන් මරන්නේ වෙයි. අන්‍යයන් ද සතුන් මැරීමෙහි යොදවන්නේ වෙයි. සතුන් මැරීම අනුමත කරන්නේ වෙයි. සතුන් මැරීමෙහි ගුණ කියන්නේ වෙයි.

මහණෙනි, මේ සතර කරුණෙන් යුක්ත වූ තැනැත්තා ඔසොවාගෙන පැමිණි බරක් බිම තබන්නේ යම් සේ ද, එසෙයින් ම නිරයෙහි උපදින්නේ වෙයි.

මහණෙනි, සතර කරුණකින් යුක්ත වූ තැනැත්තා ඔසොවාගෙන පැමිණි බරක් බිම තබන්නේ යම් සේ ද, එසෙයින් ම සුගතියෙහි උපදින්නේ වෙයි. ඒ කවර සතර කරුණකින් ද යත්;

තමා ත් සතුන් මැරීමෙන් වැළකුණේ වෙයි. අන්‍යයන් ද සතුන් මැරීමෙන් වැළකීමෙහි සමාදන් කරවන්නේ වෙයි. සතුන් මැරීමෙන් වැළකීම අනුමත කරන්නේ වෙයි. සතුන් මැරීමෙන් වැළකීමෙහි ගුණ කියන්නේ වෙයි.

මහණෙනි, මේ සතර කරුණෙන් යුක්ත වූ තැනැත්තා ඔසොවාගෙන

පැමිණි බරක් බිම තබන්නේ යම් සේ ද, එසෙයින් ම සුගතියෙහි උපදින්නේ වෙයි.

සාදු! සාදු!! සාදු!!!

පාණාතිපාත සූත්‍රය නිමා විය.

4.7.2.
අදින්නාදාන සූත්‍රය
සොරකම් කිරීම ගැන වදාළ දෙසුම

මහණෙනි, සතර කරුණකින් යුක්ත වූ තැනැත්තා ඔසොවාගෙන පැමිණි බරක් බිම තබන්නේ යම් සේ ද, එසෙයින් ම නිරයෙහි උපදින්නේ වෙයි. ඒ කවර සතර කරුණකින් ද යත්;

තමා ත් සොරකම් කරන්නේ වෙයි. අන්‍යයන් ද සොරකම් කිරීමෙහි යොදවන්නේ වෙයි. සොරකම් කිරීම අනුමත කරන්නේ වෙයි. සොරකම් කිරීමෙහි ගුණ කියන්නේ වෙයි.

මහණෙනි, මේ සතර කරුණෙන් ....(පෙ).... නිරයෙහි උපදින්නේ වෙයි.

මහණෙනි, සතර කරුණකින් ....(පෙ).... සුගතියෙහි උපදින්නේ වෙයි. ඒ කවර සතර කරුණකින් ද යත්;

තමා ත් සොරකම් කිරීමෙන් වැළකුණේ වෙයි. අන්‍යයන් ද සොරකම් කිරීමෙන් වැළකීමෙහි සමාදන් කරවන්නේ වෙයි. සොරකම් කිරීමෙන් වැළකීම අනුමත කරන්නේ වෙයි. සොරකම් කිරීමෙන් වැළකීමෙහි ගුණ කියන්නේ වෙයි.

මහණෙනි, මේ සතර කරුණෙන් ....(පෙ).... සුගතියෙහි උපදින්නේ වෙයි.

සාදු! සාදු!! සාදු!!!

අදින්නාදාන සූත්‍රය නිමා විය.

4.7.3.
කාමමිච්ඡාචාර සූත්‍රය
කාම මිථ්‍යාචාරය ගැන වදාළ දෙසුම

මහණෙනි, සතර කරුණකින් යුක්ත වූ තැනැත්තා ඔසොවාගෙන පැමිණි බරක් බිම තබන්නේ යම් සේ ද, එසෙයින් ම නිරයෙහි උපදින්නේ වෙයි. ඒ කවර සතර කරුණකින් ද යත්;

තමා ත් කාමයෙහි වරදවා හැසිරෙන්නේ වෙයි. අන්‍යයන් ද කාමයෙහි වරදවා හැසිරීමෙහි යොදවන්නේ වෙයි. කාමයෙහි වරදවා හැසිරීම අනුමත කරන්නේ වෙයි. කාමයෙහි වරදවා හැසිරීමෙහි ගුණ කියන්නේ වෙයි.

මහණෙනි, මේ සතර කරුණෙන් ....(පෙ).... නිරයෙහි උපදින්නේ වෙයි.

මහණෙනි, සතර කරුණකින් ....(පෙ).... සුගතියෙහි උපදින්නේ වෙයි. ඒ කවර සතර කරුණකින් ද යත්;

තමා ත් කාමයෙහි වරදවා හැසිරීමෙන් වැළකුණේ වෙයි. අන්‍යයන් ද කාමයෙහි වරදවා හැසිරීමෙන් වැළකීමෙහි සමාදන් කරවන්නේ වෙයි. කාමයෙහි වරදවා හැසිරීමෙන් වැළකීම අනුමත කරන්නේ වෙයි. කාමයෙහි වරදවා හැසිරීමෙන් වැළකීමෙහි ගුණ කියන්නේ වෙයි.

මහණෙනි, මේ සතර කරුණෙන් ....(පෙ).... සුගතියෙහි උපදින්නේ වෙයි.

සාදු! සාදු!! සාදු!!!

කාමමිච්ඡාචාර සූත්‍රය නිමා විය.

4.7.4.
මුසාවාද සූත්‍රය
බොරු කීම ගැන වදාළ දෙසුම

මහණෙනි, සතර කරුණකින් යුක්ත වූ තැනැත්තා ඔසොවාගෙන පැමිණි බරක් බිම තබන්නේ යම් සේ ද, එසෙයින් ම නිරයෙහි උපදින්නේ වෙයි. ඒ

කවර සතර කරුණකින් ද යත්;

තමා ත් බොරු කියන්නේ වෙයි. අන්‍යයන් ද බොරු කීමෙහි යොදවන්නේ වෙයි. බොරු කීම අනුමත කරන්නේ වෙයි. බොරු කීමෙහි ගුණ කියන්නේ වෙයි.

මහණෙනි, මේ සතර කරුණෙන් ....(පෙ).... නිරයෙහි උපදින්නේ වෙයි.

මහණෙනි, සතර කරුණකින් ....(පෙ).... සුගතියෙහි උපදින්නේ වෙයි. ඒ කවර සතර කරුණකින් ද යත්;

තමා ත් බොරු කීමෙන් වැළකුණේ වෙයි. අන්‍යයන් ද බොරු කීමෙන් වැළකීමෙහි සමාදන් කරවන්නේ වෙයි. බොරු කීමෙන් වැළකීම අනුමත කරන්නේ වෙයි. බොරු කීමෙන් වැළකීමෙහි ගුණ කියන්නේ වෙයි.

මහණෙනි, මේ සතර කරුණෙන් ....(පෙ).... සුගතියෙහි උපදින්නේ වෙයි.

සාදු! සාදු!! සාදු!!!

මුසාවාද සූත්‍රය නිමා විය.

4.7.5.
පිසුණාවාචා සූත්‍රය
කේලාම් කීම ගැන වදාළ දෙසුම

මහණෙනි, සතර කරුණකින් යුක්ත වූ තැනැත්තා ඔසොවාගෙන පැමිණි බරක් බිම තබන්නේ යම් සේ ද, එසෙයින් ම නිරයෙහි උපදින්නේ වෙයි. ඒ කවර සතර කරුණකින් ද යත්;

තමා ත් කේලාම් කියන්නේ වෙයි. අන්‍යයන් ද කේලාම් කීමෙහි යොදවන්නේ වෙයි. කේලාම් කීම අනුමත කරන්නේ වෙයි. කේලාම් කීමෙහි ගුණ කියන්නේ වෙයි.

මහණෙනි, මේ සතර කරුණෙන් ....(පෙ).... නිරයෙහි උපදින්නේ වෙයි.

මහණෙනි, සතර කරුණකින් ....(පෙ).... සුගතියෙහි උපදින්නේ වෙයි. ඒ කවර සතර කරුණකින් ද යත්;

තමා ත් කේලාම් කීමෙන් වැළකුණේ වෙයි. අන්‍යයන් ද කේලාම් කීමෙන් වැළකීමෙහි සමාදන් කරවන්නේ වෙයි. කේලාම් කීමෙන් වැළකීම අනුමත කරන්නේ වෙයි. කේලාම් කීමෙන් වැළකීමෙහි ගුණ කියන්නේ වෙයි.

මහණෙනි, මේ සතර කරුණෙන් ....(පෙ).... සුගතියෙහි උපදින්නේ වෙයි.

සාදු! සාදු!! සාදු!!!

පිසුණාවාචා සූත්‍රය නිමා විය.

4.7.6.
ඵරුසාවාචා සූත්‍රය
දරුණු වචන කීම ගැන වදාළ දෙසුම

මහණෙනි, සතර කරුණකින් යුක්ත වූ තැනැත්තා ඔසොවාගෙන පැමිණි බරක් බිම තබන්නේ යම් සේ ද, එසෙයින් ම නිරයෙහි උපදින්නේ වෙයි. ඒ කවර සතර කරුණකින් ද යත්;

තමා ත් දරුණු වචන කියන්නේ වෙයි. අන්‍යයන් ද දරුණු වචන කීමෙහි යොදවන්නේ වෙයි. දරුණු වචන කීම අනුමත කරන්නේ වෙයි. දරුණු වචන කීමෙහි ගුණ කියන්නේ වෙයි.

මහණෙනි, මේ සතර කරුණෙන් ....(පෙ).... නිරයෙහි උපදින්නේ වෙයි.

මහණෙනි, සතර කරුණකින් ....(පෙ).... සුගතියෙහි උපදින්නේ වෙයි. ඒ කවර සතර කරුණකින් ද යත්;

තමා ත් දරුණු වචන කීමෙන් වැළකුණේ වෙයි. අන්‍යයන් ද දරුණු වචන කීමෙන් වැළකීමෙහි සමාදන් කරවන්නේ වෙයි. දරුණු වචන කීමෙන් වැළකීම අනුමත කරන්නේ වෙයි. දරුණු වචන කීමෙන් වැළකීමෙහි ගුණ කියන්නේ වෙයි.

මහණෙනි, මේ සතර කරුණෙන් ....(පෙ).... සුගතියෙහි උපදින්නේ වෙයි.

සාදු! සාදු!! සාදු!!!

ඵරුසාවාචා සූත්‍රය නිමා විය.

4.7.7.
සම්ඵප්පලාප සූත්‍රය
නිසරු බස් කීම ගැන වදාළ දෙසුම

මහණෙනි, සතර කරුණකින් යුක්ත වූ තැනැත්තා ඔසොවාගෙන පැමිණි බරක් බිම තබන්නේ යම් සේ ද, එසෙයින් ම නිරයෙහි උපදින්නේ වෙයි. ඒ කවර සතර කරුණකින් ද යත්;

තමා ත් නිසරු බස් කියන්නේ වෙයි. අන්‍යයන් ද නිසරු බස් කීමෙහි යොදවන්නේ වෙයි. නිසරු බස් කීම අනුමත කරන්නේ වෙයි. නිසරු බස් කීමෙහි ගුණ කියන්නේ වෙයි.

මහණෙනි, මේ සතර කරුණෙන් ....(පෙ).... නිරයෙහි උපදින්නේ වෙයි.

මහණෙනි, සතර කරුණකින් ....(පෙ).... සුගතියෙහි උපදින්නේ වෙයි. ඒ කවර සතර කරුණකින් ද යත්;

තමා ත් නිසරු බස් කීමෙන් වැළකුණේ වෙයි. අන්‍යයන් ද නිසරු බස් කීමෙන් වැළකීමෙහි සමාදන් කරවන්නේ වෙයි. නිසරු බස් කීමෙන් වැළකීම අනුමත කරන්නේ වෙයි. නිසරු බස් කීමෙන් වැළකීමෙහි ගුණ කියන්නේ වෙයි.

මහණෙනි, මේ සතර කරුණෙන් ....(පෙ).... සුගතියෙහි උපදින්නේ වෙයි.

සාදු! සාදු!! සාදු!!!

සම්ඵපප්පලාප සූත්‍රය නිමා විය.

4.7.8.
අභිජ්ඣාලු සූත්‍රය
විෂම ලෝභය ගැන වදාළ දෙසුම

මහණෙනි, සතර කරුණකින් යුක්ත වූ තැනැත්තා ඔසොවාගෙන පැමිණි බරක් බිම තබන්නේ යම් සේ ද, එසෙයින් ම නිරයෙහි උපදින්නේ වෙයි. ඒ කවර සතර කරුණකින් ද යත්;

තමා ත් අන් සතු දෙයට ලෝභ වෙයි. අන්‍යයන් ද අන් සතු දෙයට ලෝභ

වීමෙහි යොදවන්නේ වෙයි. අන් සතු දෙයට ලෝභ කිරීම අනුමත කරන්නේ වෙයි. අන් සතු දෙයට ලෝභ වීමෙහි ගුණ කියන්නේ වෙයි.

මහණෙනි, මේ සතර කරුණෙන් ....(පෙ).... නිරයෙහි උපදින්නේ වෙයි.

මහණෙනි, සතර කරුණකින් ....(පෙ).... සුගතියෙහි උපදින්නේ වෙයි. ඒ කවර සතර කරුණකින් ද යත්;

තමා ත් අන් සතු දෙයට ලෝභ කිරීමෙන් වැළකුණේ වෙයි. අන්‍යයන් ද අන් සතු දෙයට ලෝභ කිරීමෙන් වැළකීමෙහි සමාදන් කරවන්නේ වෙයි. අන් සතු දෙයට ලෝභ කිරීමෙන් වැළකීම අනුමත කරන්නේ වෙයි. අන් සතු දෙයට ලෝභ කිරීමෙන් වැළකීමෙහි ගුණ කියන්නේ වෙයි.

මහණෙනි, මේ සතර කරුණෙන් ....(පෙ).... සුගතියෙහි උපදින්නේ වෙයි.

සාදු! සාදු!! සාදු!!!

අභිජ්ඣාලු සූත්‍රය නිමා විය.

4.7.9.
බ්‍යාපන්න චිත්ත සූත්‍රය
කෝප සිත ගැන වදාළ දෙසුම

මහණෙනි, සතර කරුණකින් යුක්ත වූ තැනැත්තා ඔසොවාගෙන පැමිණි බරක් බිම තබන්නේ යම් සේ ද, එසෙයින් ම නිරයෙහි උපදින්නේ වෙයි. ඒ කවර සතර කරුණකින් ද යත්;

තමා ත් ද්වේෂ සිත් ඇත්තේ වෙයි. අන්‍යයන් ද ද්වේෂයෙහි යොදවන්නේ වෙයි. ද්වේෂ කිරීම අනුමත කරන්නේ වෙයි. ද්වේෂයෙහි ගුණ කියන්නේ වෙයි.

මහණෙනි, මේ සතර කරුණෙන් ....(පෙ).... නිරයෙහි උපදින්නේ වෙයි.

මහණෙනි, සතර කරුණකින් ....(පෙ).... සුගතියෙහි උපදින්නේ වෙයි. ඒ කවර සතර කරුණකින් ද යත්;

තමා ත් ද්වේෂයෙන් වැළකුණේ වෙයි. අන්‍යයන් ද ද්වේෂ කිරීමෙන් වැළකීමෙහි සමාදන් කරවන්නේ වෙයි. ද්වේෂ කිරීමෙන් වැළකීම අනුමත

කරන්නේ වෙයි. ද්වේෂ කිරීමෙන් වැළකීමෙහි ගුණ කියන්නේ වෙයි.

මහණෙනි, මේ සතර කරුණෙන් ....(පෙ).... සුගතියෙහි උපදින්නේ වෙයි.

සාදු! සාදු!! සාදු!!!

බ්‍යාපන්නචිත්ත සූත්‍රය නිමා විය.

4.7.10.
මිච්ඡාදිට්ඨි සූත්‍රය
වැරදි දෘෂ්ටිය ගැන වදාළ දෙසුම

මහණෙනි, සතර කරුණකින් යුක්ත වූ තැනැත්තා ඔසොවාගෙන පැමිණි බරක් බිම තබන්නේ යම් සේ ද, එසෙයින් ම නිරයෙහි උපදින්නේ වෙයි. ඒ කවර සතර කරුණකින් ද යත්;

තමා ත් වැරදි දෘෂ්ටි ඇත්තේ වෙයි. අන්‍යයන් ද වැරදි දෘෂ්ටියෙහි යොදවන්නේ වෙයි. වැරදි දෘෂ්ටිය අනුමත කරන්නේ වෙයි. වැරදි දෘෂ්ටියෙහි ගුණ කියන්නේ වෙයි.

මහණෙනි, මේ සතර කරුණෙන් ....(පෙ).... නිරයෙහි උපදින්නේ වෙයි.

මහණෙනි, සතර කරුණකින් ....(පෙ).... සුගතියෙහි උපදින්නේ වෙයි. ඒ කවර සතර කරුණකින් ද යත්;

තමා ත් නිවැරදි දෘෂ්ටි ඇත්තේ වෙයි. අන්‍යයන් ද නිවැරදි දෘෂ්ටියෙහි යොදවන්නේ වෙයි. නිවැරදි දෘෂ්ටිය අනුමත කරන්නේ වෙයි. නිවැරදි දෘෂ්ටියෙහි ගුණ කියන්නේ වෙයි.

මහණෙනි, මේ සතර කරුණෙන් ....(පෙ).... සුගතියෙහි උපදින්නේ වෙයි.

සාදු! සාදු!! සාදු!!!

මිච්ඡාදිට්ඨි සූත්‍රය නිමා විය.

හත්වෙනි කම්මපථ වර්ගය අවසන් විය.

8. රාගාදී පෙය්‍යාලය

4.8.1.
චතුසතිපට්ඨාන සූත්‍රය
සතර සතිපට්ඨානය ගැන වදාළ දෙසුම

සැවැත් නුවර දී ය ....

මහණෙනි, විශිෂ්ට ඥානයෙන් රාගය අවබෝධ කරනු පිණිස සතර ධර්මයක් වැඩිය යුත්තාහු ය. ඒ කවර සතරක් ද යත්;

මහණෙනි, මෙහිලා භික්ෂුව කෙලෙස් තවන වීර්යයෙන් යුතුව, නුවණින් යුතුව, සිහියෙන් යුතුව, ලෝකයෙහි ඇලීම් ගැටීම් දුරුකොට, කය පිළිබඳව කායානුපස්සනා භාවනාවෙන් වාසය කරයි. වේදනාවන් පිළිබඳ ව ....(පෙ).... සිත පිළිබඳ ව ....(පෙ).... කෙලෙස් තවන වීර්යයෙන් යුතුව, නුවණින් යුතුව, සිහියෙන් යුතුව, ලෝකයෙහි ඇලීම් ගැටීම් දුරුකොට, ධර්මයන් පිළිබඳව ධම්මානුපස්සනා භාවනාවෙන් වාසය කරයි.

මහණෙනි, විශිෂ්ට ඥානයෙන් රාගය අවබෝධ කරනු පිණිස මේ සතර ධර්මය වැඩිය යුත්තාහු ය.

4.8.2.
චතුසම්මප්පධාන සූත්‍රය
සතර සම්‍යක් පධාන ගැන වදාළ දෙසුම

මහණෙනි, විශිෂ්ට ඥානයෙන් රාගය අවබෝධ කරනු පිණිස සතර

ධර්මයක් වැඩිය යුත්තාහු ය. ඒ කවර සතරක් ද යත්;

මහණෙනි, මෙහිලා භික්ෂුව නූපන් පාපී අකුසල් දහම් නූපදවීම පිණිස, කැමැත්ත උපදවයි. උත්සාහ කරයි. වීර්යය පටන් ගනියි. සිත දැඩි කොට ගනියි. පධන් වෙර අරඹයි. උපන් පාපී අකුසල් දහම් ප්‍රහාණය පිණිස ....(පෙ).... නූපන් කුසල් දහම් ඉපදවීම පිණිස ....(පෙ).... උපන් කුසල් දහම් පැවැත්ම පිණිස, නොමුලා වීම පිණිස, වැඩිදියුණු වීම පිණිස, විපුල බවට පත් වීම පිණිස, දියුණු කොට සම්පූර්ණ කරගැනීම පිණිස කැමැත්ත උපදවයි. උත්සාහ කරයි. වීර්යය පටන් ගනියි. සිත දැඩි කොට ගනියි. පධන් වෙර අරඹයි.

මහණෙනි, විශිෂ්ට ඥානයෙන් රාගය අවබෝධ කරනු පිණිස මේ සතර ධර්මය වැඩිය යුත්තාහු ය.

4.8.3.
චතුරිද්ධිපාද සූත්‍රය
සතර ඉර්ධිපාද ගැන වදාළ දෙසුම

මහණෙනි, විශිෂ්ට ඥානයෙන් රාගය අවබෝධ කරනු පිණිස සතර ධර්මයක් වැඩිය යුත්තාහු ය. ඒ කවර සතරක් ද යත්;

මහණෙනි, මෙහිලා භික්ෂුව බලවත් කැමැත්ත මුල් කරගත් දැඩි වීර්යයෙන් යුතුව වඩන සමාධියෙන් යුතුව ඉර්ධිපාදය දියුණු කරයි. විරිය සමාධි ....(පෙ).... චිත්ත සමාධි ....(පෙ).... දහම් විමසීම මුල් කරගත් දැඩි වීර්යයෙන් යුතුව වඩන සමාධියෙන් යුතුව ඉර්ධිපාදය දියුණු කරයි.

මහණෙනි, විශිෂ්ට ඥානයෙන් රාගය අවබෝධ කරනු පිණිස මේ සතර ධර්මය වැඩිය යුත්තාහු ය.

4.8.4.-30

මහණෙනි, රාගය පිරිසිඳ අවබෝධ කරනු පිණිස සතර ධර්මයක් වැඩිය යුත්තාහු ය. ....(පෙ).... නැසීම පිණිස ....(පෙ).... ප්‍රහාණය පිණිස ....(පෙ).... ක්ෂය වීම පිණිස ....(පෙ).... වැනසීම පිණිස ....(පෙ).... නොඇල්ම පිණිස ....(පෙ).... නිරෝධය පිණිස ....(පෙ).... අත්හැරීම පිණිස ....(පෙ).... දුරුකිරීම පිණිස මේ සතර ධර්මයෝ වැඩිය යුත්තාහු ය.

4.8.31.-60

මහණෙනි, ද්වේෂය පිරිසිඳ අවබෝධ කරනු පිණිස සතර ධර්මයක් වැඩිය යුත්තාහු ය. ....(පෙ).... නැසීම පිණිස ....(පෙ).... ප්‍රහාණය පිණිස ....(පෙ).... ක්ෂය වීම පිණිස ....(පෙ).... වැනසීම පිණිස ....(පෙ).... නොඇල්ම පිණිස ....(පෙ).... නිරෝධය පිණිස ....(පෙ).... අත්හැරීම පිණිස ....(පෙ).... දුරුකිරීම පිණිස මේ සතර ධර්මයෝ වැඩිය යුත්තාහු ය.

4.8.61.-480

මහණෙනි, මෝහයේ පිරිසිඳ අවබෝධ කරනු පිණිස සතර ධර්මයක් වැඩිය යුත්තාහු ය. ....(පෙ).... ක්‍රෝධය ....(පෙ).... බද්ධ වෛරය ....(පෙ).... ගුණමකු බව ....(පෙ).... එකට එක කිරීම ....(පෙ).... ඊර්ෂ්‍යාව ....(පෙ).... මසුරු බව ....(පෙ).... මායාව ....(පෙ).... වංචාව ....(පෙ).... දැඩි බව ....(පෙ).... සාරම්භය ....(පෙ).... මානය ....(පෙ).... මදය ....(පෙ).... ප්‍රමාදය ....(පෙ).... විශිෂ්ට ඥානයෙන් දකිනු පිණිස ....(පෙ).... පිරිසිඳ දකිනු පිණිස ....(පෙ).... නැසීම පිණිස ....(පෙ).... ප්‍රහාණය පිණිස ....(පෙ).... ක්ෂය වීම පිණිස ....(පෙ).... වැනසීම පිණිස ....(පෙ).... නොඇල්ම පිණිස ....(පෙ).... නිරෝධය පිණිස ....(පෙ).... අත්හැරීම පිණිස ....(පෙ).... දුරුකිරීම පිණිස මේ සතර ධර්මයෝ වැඩිය යුත්තාහු ය.

මහණෙනි. මෙහිලා භික්ෂුව කය පිළිබඳව කායානුපස්සනාවෙන් ....(පෙ).... වේදනාවන් පිළිබඳ ව වේදනානුපස්සනාවෙන් ....(පෙ).... සිත පිළිබඳ ව චිත්තානුපස්සනාවෙන් ....(පෙ).... ධර්මය පිළිබඳ ව ධම්මානුපස්සනාවෙන් වාසය කරයි. ....(පෙ).... අකුසල් දහම් නූපදවීම පිණිස ....(පෙ).... ප්‍රහාණය පිණිස ....(පෙ).... කුසල් දහම් ඉපදවීම පිණිස ....(පෙ).... පිරිපුන් වීම පිණිස කැමැත්ත උපදවයි ....(පෙ).... ඡන්ද සමාධියෙන් යුතු බලවත් වීරිය ඇති සංස්කාරයෙන් යුතු ඉර්ධිපාදය ....(පෙ).... වීරිය සමාධි ....(පෙ).... චිත්ත සමාධි ....(පෙ).... වීමංසා සමාධියෙන් යුතු බලවත් වීරිය ඇති සංස්කාරයෙන් යුතු ඉර්ධිපාදය වඩයි. මහණෙනි, ප්‍රමාදය විශිෂ්ට ඥානයෙන් අවබෝධ කරනු පිණිස ....(පෙ).... දුරු කිරීම පිණිස මේ සතර ධර්මයෝ වැඩිය යුත්තාහු ය.

රාගාදී පෙය්‍යාලය නිමා විය.

චතුක්ක නිපාතය අවසන් විය.

දසබලසේලප්පභවා නිබ්බානමහාසමුද්දපරියන්තා
අට්ඨංග මග්ගසලිලා ජිනවචනනදී චිරං වහතූති.

දසබලයන් වහන්සේ නමැති ශෛලමය පර්වතයෙන් පැන නැගී
අමා මහ නිවන නම් වූ මහා සාගරය අවසන් කොට ඇති
ආර්ය අෂ්ටාංගික මාර්ගය නම් වූ සිහිල් දිය දහරින් හෙබි
උතුම් ශ්‍රී මුඛ බුද්ධ වචන ගංගාව (ලෝ සතුන්ගේ සසර දුක නිවාලමින්)
බොහෝ කල් ගලාබස්නා සේක්වා !

(සළායතන සංයුත්තය - උද්දාන ගාථා)

සාදු! සාදු!! සාදු!!!

නමෝ තස්ස භගවතෝ අරහතෝ සම්මාසම්බුද්ධස්ස.
ඒ භාග්‍යවත් අරහත් සම්මා සම්බුදුරජාණන් වහන්සේට නමස්කාර වේවා!

මේ උතුම් ගෞතම බුදු සසුනේදීම මේ ආශ්චර්යවත් ශ්‍රී සද්ධර්මය මැනැවින් උගෙන තම තමන්ගේ නුවණ මෙහෙයවා ධර්මයෙහි හැසිරීමෙන් ආර්ය ශ්‍රාවකයන් බවට පත්ව සතර අපා දුකෙන් සදහටම මිදෙනු කැමැති ලංකාවාසී සැදැහැවත් නුවණැතියන් හට වඩාත් හොඳින් තේරුම් ගැනීම පිණිස මහත් ශ්‍රද්ධාවෙන් යුතුව සිංහල භාෂාවට අංගුත්තර නිකායෙහි චතුක්ක නිපාතය ඇතුළත් දෙවෙනි කොටස පරිවර්තනය කිරීමෙන් ලත් සකල විපුල පුණ්‍ය සම්භාර ධර්මයන් පින් කැමැති සියල්ලෝම සතුටින් අනුමෝදන් වෙත්වා! අප සියලු දෙනාටම වහ වහා උතුම් චතුරාර්ය සත්‍ය ධර්මය සත්‍ය ඤාණ වශයෙන්ද, කෘත්‍ය ඤාණ වශයෙන්ද, කෘත ඤාණ වශයෙන්ද අවබෝධ වීම පිණිස ඒකාන්තයෙන්ම මේ පුණ්‍ය වාසනාව උපකාර වේවා!

සාදු! සාදු!! සාදු!!!

නමෝ තස්ස භගවතෝ අරහතෝ සම්මාසම්බුද්ධස්ස.

www.ingramcontent.com/pod-product-compliance
Lightning Source LLC
Chambersburg PA
CBHW081226090426
42738CB00016B/3200
9789556870299